工业和信息化线上人才培养工程

“产品创新管理”系列创新人才培养项目考试教材

首席产品官·卓越产品经理·卓越系统工程师·卓越项目经理

产品创新管理

成海清——著

企业管理出版社
ENTERPRISE MANAGEMENT PUBLISHING HOUSE

图书在版编目（CIP）数据

产品创新管理 / 成海清著．—北京：企业管理出版社，2023.8
ISBN 978-7-5164-2858-0

Ⅰ．①产⋯　Ⅱ．①成⋯　Ⅲ．①企业管理—产品开发　Ⅳ．① F273.2

中国国家版本馆 CIP 数据核字（2023）第 121003 号

书　　名：产品创新管理
书　　号：ISBN 978-7-5164-2858-0
作　　者：成海清
责任编辑：尤　颖　徐金凤　李雪松　张艾佳
出版发行：企业管理出版社
经　　销：新华书店
地　　址：北京市海淀区紫竹院南路 17 号　　**邮　　编**：100048
网　　址：http://www.emph.cn　　**电子信箱**：emph001 @163.com
电　　话：编辑部（010）68701638　　发行部（010）68701816
印　　刷：北京联兴盛业印刷股份有限公司
版　　次：2023 年 8 月第 1 版
印　　次：2023 年 8 月第 1 次印刷
开　　本：889mm × 1194mm　1/16
印　　张：44 印张
字　　数：1034 千字
定　　价：198.00 元

建立高效创新体系，培养卓越创新人才

本书是笔者《产品创新管理——方法与案例》（2011 年）一书的升级版，是笔者《产品经理实务》（2018 年）、《首席产品官》（2019 年）系列创新管理书籍的进阶版。

科技创新型企业正在成为中国经济高质量发展的主力军。越来越多的生产型企业、销售型企业、项目型企业正在向创新型企业、产品型企业、“专精特新”型企业转型升级，正在由运营驱动发展走向创新驱动发展。

笔者在近 20 年的创新研究、咨询与培训实践中，与众多科技创新型企业的创新领导者就产品创新的重要性达成了以下共识。

产品投资是企业最重要的投资。

产品创新是企业最重要的创新。

产品管理是企业最重要的管理。

产品经理是企业最重要的人才！

经营企业就是经营产品，经营产品就是经营企业！

写作本书的核心目标是帮助科技创新型企业树立正确创新观念，建立高效创新体系，培养卓越创新人才，开发精品创新产品，实现持续稳健增长！

一、建立高效创新体系

偶然成功是运气，持续创新靠体系。建立系统、完整、科学、高效的研发与产品创新管理体系，实现企业持续成功创新“可复制”。

笔者及知行信顾问团队在深入研究集成产品开发体系（Integrated Product Development，IPD）、门径管理系统（Stage-Gate System，SGS）、产品及周期优化法（Product And Cycle-time Excellence，PACE）及美国产品开发与管理协会（Product Development and Management Association，PDMA）的新产品开发体系等产品创新管理方法体系的基础上，提出了切合中国科技企业创新实际的 RDIM® 研发与产品创新管理体系（见图序 -1）。

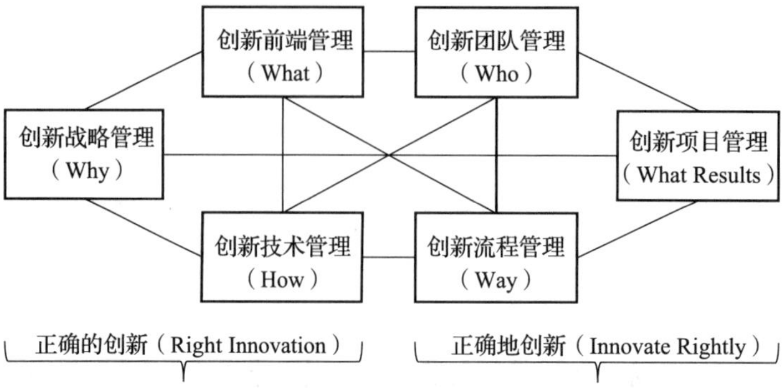

图序 -1　知行信 RDIM® 研发与产品创新管理体系

RDIM® 体系涵盖了企业持续成功创新的六大关键管理要素，帮助科技企业做“正确的创新”，“正确地创新”。RDIM® 体系具有系统性、完整性、前瞻性、针对性和实操性等特点。10 余年来，RDIM® 体系在不同地域、不同行业、不同规模、不同发展阶段、不同管理素养的数百家科技企业中广泛应用，验证了其适应性与有效性。

本书第一篇进行产品创新管理概述，第二篇介绍创新战略管理，第三篇介绍创新前端管理，第四篇介绍产品开发管理，第五篇介绍产品交付管理，第六篇介绍产品标准化管理，第七篇介绍创新体系建设。

二、培养卓越创新人才

创新型企业需要创新体系建设与创新人才培养并重。卓越的创新人才采用高效的创新体系，实现企业持续成功创新“可复制”。

创新人才不等于技术人才，创新人才包括领导类、管理类和技术类等三类。知行信在近 20 年的创新研究、咨询与培训实践基础上，总结出了“1+6”创新人才培养体系（见图序 -2）。

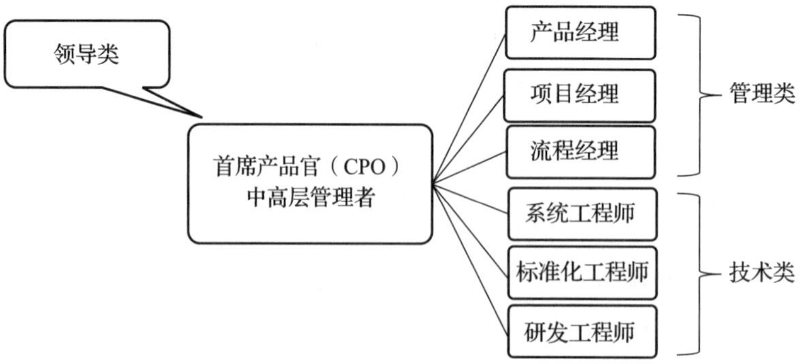

图序 -2　知行信“1+6”创新人才培养体系

首席产品官是企业的创新领导者，产品经理、系统工程师（System Engineer，SE）和项目经理是各条产品线经营的“金三角”团队组合。这四类创新人才是科技创新型企业需要优先、重点培养的核心创新人才。

2022 年，工业和信息化部教育与考试中心推出了“产品创新管理”系列创新人才线上培养项目，为“专精特新”科技企业重点培养“1+3”核心创新人才（见图序 -3）。

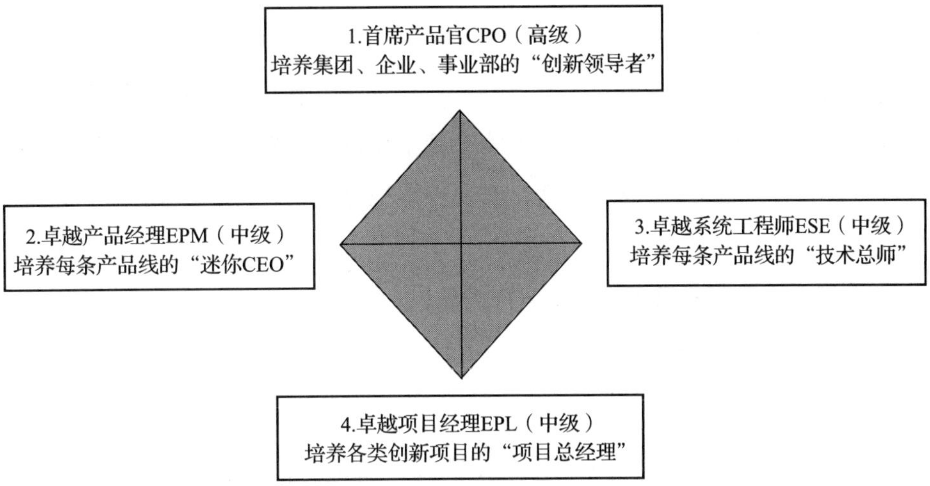

图序 -3 “专精特新”科技企业“1+3”核心创新人才培养项目

知行信公司有幸被遴选为工业和信息化“产品创新管理”系列创新人才培养项目的实施单位，负责整体课程设计、线上课程讲授、学习教材编写、考试题库建设等工作。2022 年已经有两批学员参加了学习和考试。

写作本书的目的之一就是为各类核心创新人才的培养提供“易学易用”的学习教材。表序 -1 列出了本书中各类核心创新人才需要重点学习的内容。

表序 -1 “1+3”核心创新人才学习内容与培养目标

《产品创新管理》书籍	首席产品官 CPO（高级）	卓越产品经理 EPM（中级）	卓越系统工程师 ESE（中级）	卓越项目经理 EPL（中级）
第一篇，产品创新管理概述	***	**	**	**
第二篇，创新战略管理	***	***	**	*
第三篇，创新前端管理	**	***	**	*
第四篇，产品开发管理	**	***	**	**
第五篇，产品交付管理	**	***	**	*
第六篇，产品标准化管理	**	**	***	*
第七篇，创新体系建设	***	**	**	***
培养目标	培养集团、企业、事业部的“创新领导者”	培养每条产品线的“迷你 CEO”	培养每条产品线的“技术总师”	培养各类创新项目的“项目总经理”
胜任岗位	能够胜任科技企业首席产品官（CPO）及与研发创新相关的中高层管理职位	能够胜任产品管理部部长、产品总监、产品线经理、产品经理等职位	能够胜任研发总监、技术总监、研发部经理、产品线系统工程师、标准化工程师等职位	能够胜任项目管理办公室（PMO）主任、项目总监、项目经理、项目管理工程师等职位

说明：***，重点掌握；**，一般掌握；*，一般了解。

三、走向持续成功创新

创新型企业要结合企业实际，建立规范、有效、高效的研发与产品创新管理体系，要系统规划和有效培养足够专业、足够数量的各类创新人才。基于高效的创新体系和卓越的创新人才，持续开发和上市精品创新产品，实现持续成功创新，实现持续稳健增长，“由胜利走向胜利”，成为行业创新领导者，并持续保持领先。

知行信创新法则：**源于客户需求，终于客户满意！**

知行信产品创新管理 4D 流程体系如图序 -4 所示。

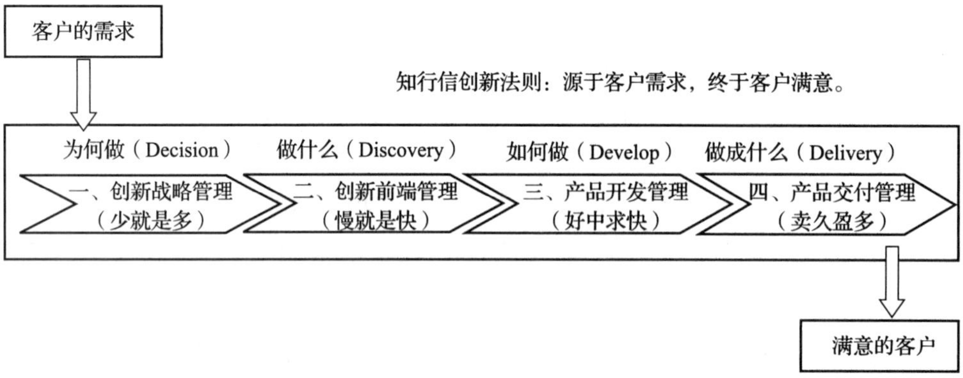

图序 -4　知行信产品创新管理 4D 流程体系

本书特别适合进行复杂产品开发的科技创新型企业中高层管理者与研发骨干阅读。首席产品官（Chief Products Officer，CPO）、董事长、总经理、首席技术官（Chief Technology Officer，CTO）、事业部总经理、产品总监、技术总监、研发总监、项目总监、流程总监和系统工程师（系统架构师）等创新型企业的中高层管理者是重点阅读人群。复杂产品开发普遍具有开发投入大、开发周期长、开发风险高、开发管理难等特点，需要创新型企业“严肃地玩”。知识密集型的技术服务类企业、设计类企业、传统优势企业、服务业企业、互联网企业、科技创业团队等重视产品创新管理，有意实施“产品线经营机制”的企业也可从本书获取很多真知灼见。

期待每家科技创新型企业都能实现“四更”目标。

客户更满意。

企业更赚钱。

员工更幸福。

社会更美好！

创新创造美好生活！

知行合一，止于至善！

成海清

2023 年 7 月

美国公司的 CEO，足够专注于产品上了吗？

我认为答案是否定的。

少花点时间在财务上，

少花点时间在会议室，

少花点时间在 PPT 上，

多花点时间把产品打磨到极致。

公司存在的根本意义是什么？

为什么要有公司？

公司本身是没有价值的，

它只有在创造产品和服务时才有价值。

所以我衷心地向各位朋友建议，

花更多时间在工厂车间，

花更多时间和客户在一起。

不一定需要突破性的创新，

你只需要让你的产品变得更好，

这是真正重要的事。

埃隆·马斯克

特斯拉创始人、CEO、产品架构师

CONTENTS 目 录

第一篇

产品创新管理概述

第二篇 创新战略管理

第三篇 创新前端管理

第四篇

产品开发管理

第五篇

产品交付管理

第六篇

产品标准化管理

第一篇

产品创新管理概述

本篇分为四章，概要介绍产品创新管理的基本内容，为后续各章内容的学习奠定基础。

第一章，理解产品概念。了解产品的特征、产品创新的主要类型，建议运营型企业要尽快转变为创新型企业，实现创新驱动企业发展。

第二章，产品创新管理方法体系简介。简要介绍SGS、PACE、IPD和知行信RDIM® 研发与产品创新管理体系。企业可以从创新绩效、产品竞争力与创新体系有效性三个方面评价企业创新能力成熟度，明确改进重点。介绍科技企业创新管理要点，企业可以借鉴如何建设、推行与持续优化企业创新体系。

第三章，企业持续成功创新之道。只有树立正确创新观念，建立高效创新体系，培养卓越创新人才，创新型企业才能持续开发和上市精品创新产品，实现企业持续成功创新，实现企业持续稳健增长。

第四章，创新人才培养。创新型企业既要培养技术类创新人才，也要培养领导类与管理类创新人才。领导类创新人才：首席产品官与企业中高层管理者；管理类创新人才：产品经理、项目经理和流程经理；技术类创新人才：系统工程师、标准化工程师、各专业研发工程师。

第一章
理解产品概念

本章介绍产品、产品创新、创新型企业的基本概念，为后续深入学习产品创新管理体系奠定基础。

本章分为三节。

第一节，什么是产品。产品是客户愿意花钱购买的任何东西，产品是客户满足需求的手段，产品是企业赚钱的工具。提到产品，首先应该认识到产品是可以重复销售的标准化的东西。

第二节，什么是产品创新。企业最重要的创新是产品创新，而不是技术创新、管理创新或商业模式创新。创新型企业要由微小改进型创新走向重大改进型创新，由重大改进型创新走向突破性创新。

第三节，由运营型企业转变为创新型企业。销售型企业、生产型企业、项目型企业要转变为创新型企业、产品型企业，实现创新驱动发展，实现企业高质量发展。

本章后附特斯拉电动汽车的精品产品战略，供各创新型企业学习借鉴。

第一节 什么是产品

创新者思考

（1）我们公司有哪些形态的产品？

（2）我们的各类产品的标准化程度高吗？

（3）我们公司主要是通过产品创新赚钱吗？

本节与大家分享对产品的认识，企业中高层管理者可以对照看看企业是否存在一些产品认识误区。

一、硬件、软件、服务与解决方案都是产品

产品包括硬件、软件、服务，以及集成了硬件、软件和服务的解决方案等，如图 1-1 所示。

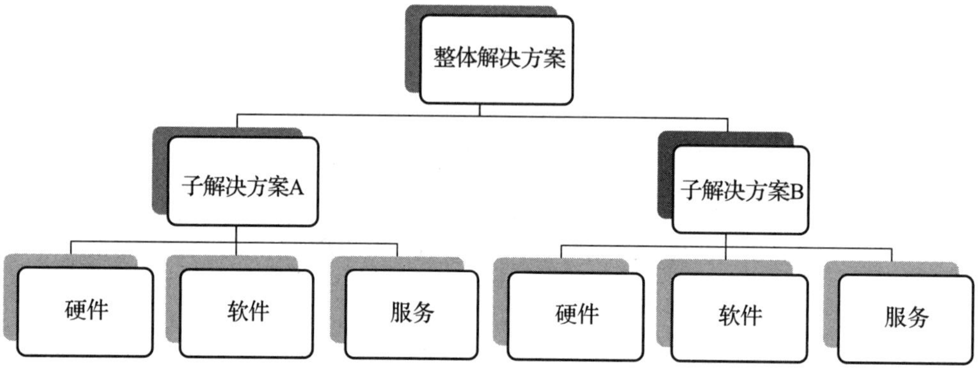

图 1-1 产品的多种形态

简而言之，**产品是客户愿意花钱购买的任何东西**。只要客户愿意花钱购买，只要客户认为值，不管有形还是无形，不管是硬件还是软件，不管是单一实物还是整体解决方案（Whole Solution），都是“产品”。

创新案例

华为公司的产品类型

从图 1-2 可以看出，华为公司针对企业客户的产品既有路由器、交换机等有形产品，也有云操

作系统等软件产品，还有咨询和评估等服务产品，还包括电子政务、智能城市等行业解决方案产品。

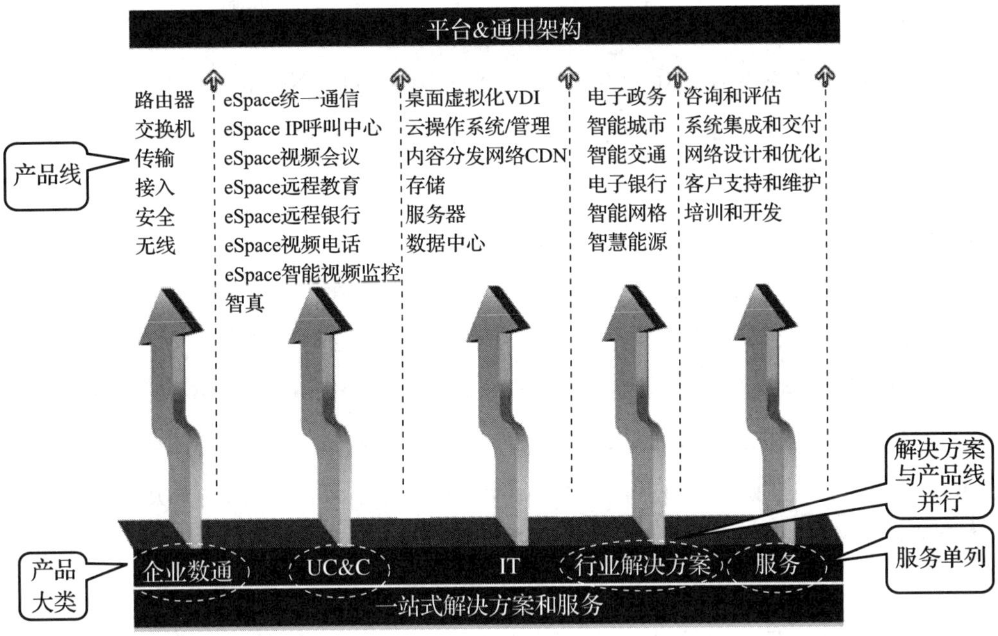

图 1-2　华为公司企业产品列表

对于产品的形态，很多企业存在以下认识误区。

1. 不认为软件是产品

一些做软硬件结合的产品的企业只核算硬件成本，不核算软件成本，将软件作为"赠品"送给客户。这样导致企业内部软件开发部门的同事缺乏"成就感"，软件部门的绩效难以衡量，软件部门的价值难以体现。

还有一些做纯软件的企业，也不认为自己是在做产品，而是在做"项目"。每做一个类似项目，都当成全新项目去做，都重新写代码，导致重复工作量大、项目交付周期长、质量问题多、客户满意度低，回款周期长，企业赚钱难。

其实，软件也是一种产品，软件也应该产品化、标准化，也应该核算成本，进行定价。即使对客户的报价中不直接体现软件价格，在企业内部也应该核算部门之间的"交易价格"。比如微软公司的 Windows 操作系统、Word 和 Excel 等办公软件都是产品，都定价销售。

2. 不认为服务是产品

由于服务的无形性，导致很多企业不认为服务是产品，未能将服务产品化、标准化，未能将服务定价进行单独销售。比如一些做安防系统的企业，销售给客户的产品过了保质期还需要进行维护。一些企业要么继续无偿提供维护服务，要么不再进行维护。其实，这些企业可以对保质期后的产品或系统的维护服务进行定价，提供有偿服务。这样既可以为公司带来收入，也可以提高客户满意度，甚至可以带来后续的重复销售、交叉销售或引荐销售机会。其实，即使在保质期内的服务也是应该当成服务产品核算成本和价格的，只是不一定直接体现在对客户的报价中而已。

通过对服务进行产品化管理与经营，很多公司庞大的服务部门可以由成本中心转化为“利润中心”。

3. 不认为解决方案是产品

一些提供集成服务的企业只是在“做项目”，为不同客户提供不同的解决方案，甚至将个性化的解决方案当成公司的主要“卖点”进行宣传。这样做的结果往往是项目交付周期长、交付质量差、客户满意度低、企业利润率低。

其实，解决方案也是产品，企业要设立“解决方案产品经理”，要将解决方案产品化，在标准化的解决方案产品的基础上再针对客户的定制化需求提供适当的个性化功能模块，实现“**大规模定制**”。这样做既提高了公司的规模经济性，也满足了客户的定制化需求，双方皆大欢喜。

当然，一个企业是否能够为客户提供“**整体解决方案（Whole Solution）**”，主要取决于企业的产品在客户解决方案中的地位。如果企业的产品在客户解决方案中居于核心或重要地位，企业有可能成为解决方案的服务提供商。相反，如果企业的产品在客户解决方案中居于次要或“边缘化”的地位，企业要主动追求“被集成”，通过其他主流厂商的解决方案将公司产品销售出去。

综上所述，硬件是产品，软件是产品，服务是产品，由硬件、软件与服务组合形成的解决方案也是产品。

二、产品是可以重复销售的标准化的东西

企业为什么要做可规模化生产的商品，而不做完全个性化的艺术品呢？主要原因是企业要面向规模广大的细分市场，要实现“规模经济性”，要以客户能够接受的价格销售产品。

比如汽车，如果一款汽车一年只生产和销售 100 台，那可能主要是“手工打磨”，单台汽车的售价可能需要 1000 万元。如果该款汽车一年生产和销售 100 万台，那单台汽车的售价可能只需要 30 万元。

产品有如下主要特点。

（1）**产品是标准化的，可以重复销售，可以卖给尽可能多的人**。比如苹果公司的 iPhone 手机 2022 年上半年的全球销量超过 1 亿部。

（2）**允许在标准化的“基型产品（Basic Products）”的基础上做适当的个性化订制，或者推出配置不同的多款大同小异的系列产品，以适当满足客户的个性化需求**。比如客户可以定制不同动力、颜色、外观、内饰及安全配置的汽车等。

（3）**大规模订制是未来产品创新的主流方向**。单一产品很难取得很大批量的销售量（像苹果公司 iPhone 手机这样单款产品年销售量上亿台的经典案例很难“复制”），完全个性化的产品很难赚钱。大多数企业做产品要在完全标准化与完全定制化之间取得平衡，在较高标准化的基础上提供个性化定制，如图 1-3 所示。

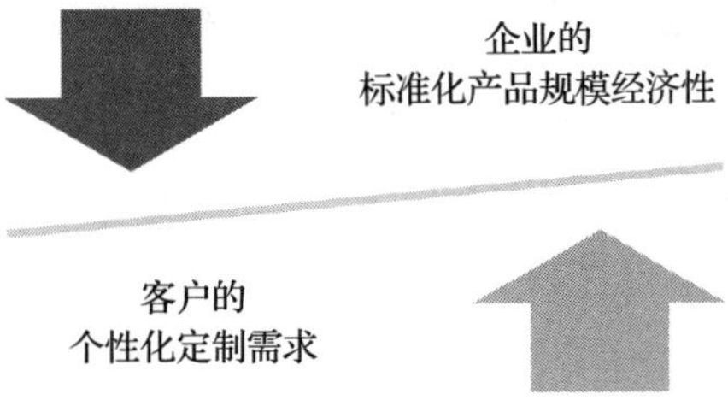

图 1-3　产品要在完全标准化与完全定制化之间取得平衡

产品需要“标准化”，产品要能“重复销售”。“项目型”公司要走向“产品型”公司，要在标准化、模块化、平台化的“基型产品”的基础上满足客户的个性化需求，实现“大规模定制”。平台化开发、模块化设计是产品实现“大规模定制”的有效方法。

产品标准化管理的详细内容，请参见第六篇。

三、产品是客户满足需求的手段

客户购买企业的产品，不是为了拥有产品本身，而是希望通过产品满足自己的需求，或者产品能够解决自己的问题，如图 1-4 所示。

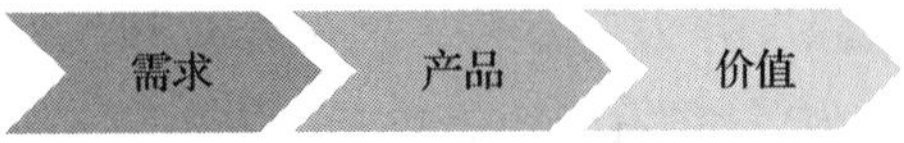

图 1-4　客户购买的是价值

对于客户而言，**不能满足自己需求的产品就不是好产品**。购买钻机的客户需要的是在墙上打出符合自己需要的孔，而不是拥有钻机本身。去酒店住宿的客人需要的是舒舒服服地睡个好觉，而不是为了去欣赏酒店精美的装修。

总体来说，客户购买的是“价值”，而不是产品。对于客户而言，贵与不贵是相对于“值”与“不值”而言的。大多数情况下，客户都是基于值或不值的权衡做出理性购买决策的。

（1）物超所值，购买。

（2）物值相符，可买可不买。

（3）物不符值，不买。

对于产品价值的认识，很多企业存在一些“自以为是”的误区。

1. 技术越先进，产品就越好

一些企业喜欢宣传产品炫酷的“黑科技”(如手机)，认为产品技术含量越高，客户就会越喜欢。

2. 功能越多，产品就越好

一些企业的产品患了“功能疲劳综合症”，产品堆砌了很多花里胡哨的功能，但是客户并不愿意为这些“冗余功能”买单。比如某品牌汽车厂商曾经宣传其电子驾驶系统有 300 多项功能。客户每天学习一项功能，都要用将近一年时间才能掌握这些功能，而这些功能对于汽车驾驶者而言到底有多大意义呢？

3. 性能参数越高，产品就越好

一些企业盲目追求产品的某些性能参数（如手机摄像头像素、汽车百公里加速时间），将很高的性能参数作为产品的主要卖点。这样做，大幅增加了产品成本，却不一定能讨客户欢心。

4. 质量越好，产品就越好

一些企业将产品“质量”简单理解为结实、耐用、摔不烂。比如某手机厂商将手机从 10 层楼摔下来也不会烂作为产品卖点，难道客户买手机是用来摔的？现代社会，质量主要是指客户需求的满足度。客户满意的产品，“质量”就好；客户不满意的产品，“质量”就不好。

5. 价格越便宜，产品就越好

一些企业的领导者还是采用“制造思维”在做创新，期待通过尽可能降低产品成本，以低价竞争获得客户和市场。须知，对于客户而言，价格是相对价值而言的。客户认为“不值”的产品，价格再便宜客户也不会购买；相反，客户认为“超值”的产品，价格贵一些客户也会购买。客户做出购买决策是基于价值 / 价格的权衡，“值得”才会买，“不值得”就不会买。企业靠低价作为竞争优势的年代已经一去不复返了！这也能解释苹果公司的 iPhone 手机价格很贵，但是在全球卖得最多；而一些“山寨”智能手机不到 1000 元，买的人却很少。

6.“卖点”越多，产品就越好

一些企业人为制造一些“卖点”并大肆宣传，但是客户却无动于衷。比如某新能源汽车宣传语：“购买我们的汽车的 20 大理由”。只有客户看重的“卖点”才是真正有意义的卖点。客户不看重的所谓“卖点”其实只是噱头，根本无法打动客户。过度宣传的产品也可能会因涉嫌虚假宣传而违法。

7. 个性化定制越多，产品就越好

一些企业非常强调产品的个性化，认为产品的个性化程度越高，客户就会越喜欢。其实，个性化也要适度。首先，个性化的功能或性能要被客户真正看重才有意义，客户不看重的个性化只是增加产品成本而已。其次，产品个性化程度太高，通常成本也会很高，产品的稳定性、可靠性会下降，产品的交付周期通常也会很长。比如劳斯莱斯就是纯手工定制的奢侈汽车，非常小众，企业整体盈利能力与奔驰、宝马等汽车厂商相比不可同日而语。

8. 价格越贵，产品就越好

一些产品故意定高价，期望客户在高价格与高品质之间画等号，期望通过高价吸引客户购买，其结果往往适得其反，导致“曲高和寡”。比如个别通过持续广告“轰炸”的茶叶每斤卖到 5000 元以上。其实，高价格不一定意味着高品质，低价格也不一定意味着低品质，关键是产品的价格要与其价值匹配，价格水平要大部分目标客户都愿意接受。

综上，**产品应该是“精益的”，应该是“刚刚好的”，产品功能与性能应该既无不足，亦无冗余。**产品的关键是能否满足客户需求，能否超出客户期望，能否让客户感受到“值得”，感受到“超值”！

四、产品是企业赚钱的工具

对于客户而言，产品是满足需求的手段。对于提供产品的企业而言，产品则是企业赚钱的工具。企业只有通过销售产品赚到钱之后，才有可能将利润的一部分继续投入新产品的研发。这样，企业才能走上“持续成功创新”的良性循环之路。

从图 1-5 中可以看出，企业首先要洞察客户需求，然后通过创新开发出满足客户需求的产品，客户确认企业的产品可以满足自己的需求后，就会支付高于产品成本的购买费用给企业。这样，企业就创造了“财富”。由此可见，创新的真谛是——“源于客户需求，终于客户满意”。在洞察客户需求和满足客户需求之间所做的所有工作都可以认为是“创新”。

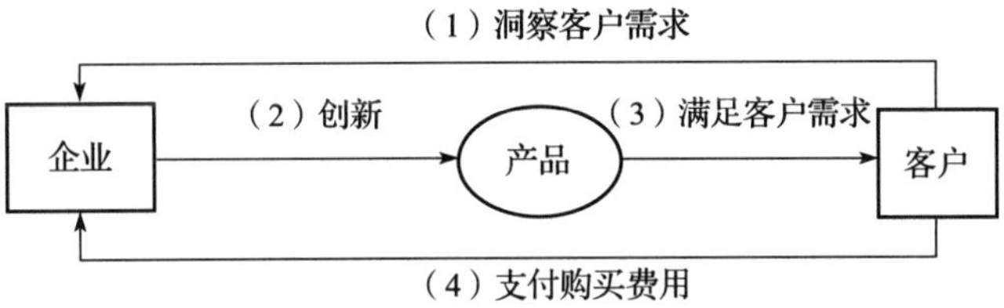

图 1-5　企业—产品—客户之间的逻辑关系图

管理学大师德鲁克认为，企业存在的目的就是“创造客户”。德鲁克的下面这段话很好地阐述了企业是如何创造客户、如何创造财富的。

> 做企业的，推出一项新产品、新服务或新流程，要满足客户未被满足的需求或潜在的需求，创造出新的客户满意。
>
> 客户有新的所得，才会从不买到买，从买得少到买得多，或者愿意付出比过去更高的价格。这反映在企业的收入和利润上，就是创造了新的财富。

在通过什么赚钱方面，不同的企业有不同的认识。正是这些认识上的不同，导致企业的经营理念不同，最终企业发展的可持续性和经营业绩也差距悬殊。理念决定决策，决策决定行动，行动决定结果。

以下是一些企业在赚钱理念方面的认识误区。

1. 通过政策赚钱

一些企业主要利用各级政府的优惠政策、补贴、资助资金赚钱。一旦这些补贴减少或取消，企业很快就陷入经营困境。常年的“输血”，导致这些企业缺乏“造血”功能，缺乏市场竞争力。比如新能源汽车、光伏发电等行业，由于政府补贴“退坡”，不少企业出现经营效益大幅下滑，甚至走向衰亡。现在，很多地方政府对企业的帮扶逐步由“授人以鱼”改为“授人以渔”，通过政府购买专业机构服务的方式帮助企业提升管理能力、创新能力。

2. 通过融资赚钱

一些企业主要通过一轮又一轮的融资“活着”，一旦融不到资，这些企业很快就倒下，比如某些共享单车创业企业、新能源汽车“造车新势力”企业。没有受客户欢迎的、有市场竞争力的产品支撑的所谓“独角兽企业”“明星企业”迟早是要“原形毕露”的。泡沫不管怎么吹，不管吹多大，总有破灭的那一天。

3. 通过商业模式创新赚钱

一些企业不关心产品本身，甚至不清楚产品到底是什么，期望通过所谓的商业模式创新获取回报。很多O2O、电子商务企业及一些餐饮等传统企业，制造一些很时髦的概念，利用融资“跑马圈地”，很短时间内做到了较大规模，但由于产品本身客户不能接受，在几年内又轰然倒下，比如“互联网 + 洗车”、网上卖二手手机、共享雨伞等。

4. 通过模仿赚钱

中国改革开放40年多来，很多企业通过模仿赚到了钱。一些企业简单模仿甚至抄袭知名企业的产品，将性能做到领先企业的70%，价格做到领先企业的1/3，赚到了第一桶金。但是，面向未来，这些企业的生存会越来越困难。一是因为法律法规对知识产权的保护越来越强，模仿企业的违法成本会越来越高；二是因为消费者对产品品质和企业品牌越来越看重，越来越不愿意购买模仿企业的产品。

5. 通过低成本赚钱

通过低成本赚钱曾经是中国大多数制造型企业崛起的原因，也是现在这些企业陷入困境的重要原因。在产品过剩时代，消费者越来越趋向于购买少量较高价位的高品质产品，而不是购买大量的低价低质产品。一味地降成本（Cost Down）、一味地打价格战的企业是很难有出路的，这些企业转型升级的根本出路是自主创新。

6. 通过宣传赚钱

一些企业期望通过一段时间的广告大规模“狂轰滥炸”实现快速增长。短期来看，这些企业的销售量会有一定的增长，但从中长期看，还是要取决于产品本身的市场竞争力。产品不好，广告的效果只会昙花一现，很多曾经是电视广告“标王”的酒类企业、电子产品企业现在都已不复存在了。产品好，适度的广告投入是锦上添花；产品不好，广告投入再多最后也会打水漂。须知，品牌最终不是靠广告宣传出来的，而是靠消费者“口口相传”积累来的。**产品自己会说话**！

“不忘初心、方得始终”！创新型企业要真正认识到产品才是企业赚钱的工具，要通过开发出满足客户需求，甚至超出客户期望的精品创新产品“创造客户”，实现企业预期的研发创新投资回报。

创新者行动

公司首席产品官（CPO）组织中高层管理者分析公司的产品形态，分析产品的标准化程度，分析公司存在哪些产品认识误区，明确改进举措，持续开发精品创新产品，实现企业持续、健康增长。

第二节　什么是产品创新

创新者思考

（1）产品创新是否是公司最重要的创新？为什么？

（2）我们公司开展的主要是哪种类型的创新？

（3）产品创新有哪些主要特点？

（4）导致公司产品创新失败的直接原因有哪些？根本原因是什么？

本节重点讨论企业对产品创新的认识，企业中高层管理者可以对照本节讨论内容思考企业应该如何提升产品创新的成功率，如何提升产品创新的投资回报率。

一、企业创新的主要方面

每个企业的领导人都会强调创新对于企业生存和发展的重要性。但是，不同企业的领导者对于创新的内涵、创新的重点有不同的理解。创新有技术创新、流程创新、制度创新、文化创新、商业模式创新等很多种。对于企业而言，我们认为最重要、最根本的创新是产品创新，而不是技术创新或商业模式创新等。各类创新应服从和服务于产品创新，通过产品创新创造客户（衣食父母），获取投资回报。企业各类创新之间的关系如图 1-6 所示。

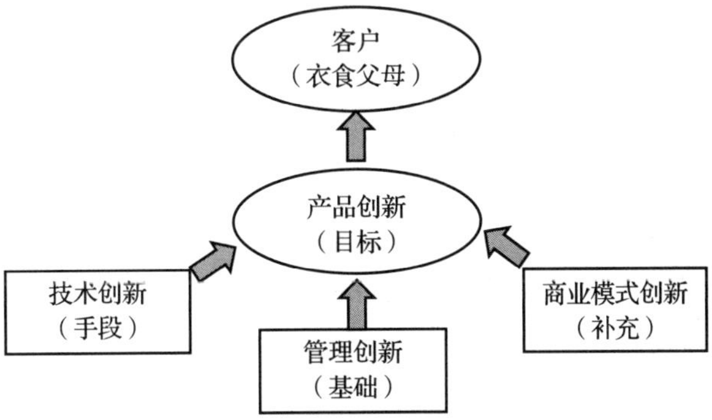

图 1-6　企业各类创新之间的关系

企业通过研发新技术实现产品功能与性能，满足客户需求，因此技术创新是手段。

企业通过建立和遵循规范的研发与产品创新管理体系，保证企业有效、高效、持续、成功地创新，因此管理创新是基础。

企业通过各种可能的商业模式，将产品低成本地在尽可能短的时间内卖给尽可能多的客户，因此商业模式创新是补充。

企业的技术创新、管理创新和商业模式创新等最终通过产品创新创造价值。一个企业如果技术很好、管理很好、商业模式也很好，就是产品不好，这样的企业是难以持续存活的。

在对各类创新的认识上，一些企业存在以下误区。

1. 过度偏执于技术创新

一些企业进行公司介绍时，非常喜欢介绍以下内容：公司是国家高新技术企业，是国家级（省级、市级）技术中心（工程中心）企业，有多少发明专利、"黑科技"、硕士博士，与哪些知名高校院士合作，等等。甚至有的企业将技术先进与产品卓越画等号，声称"技术这么先进，难道产品还不好吗"？须知，技术再先进，如果不能用于产品，或者虽然用于产品，但实现的产品功能或性能不是客户所看重的，那么，这样的技术对客户而言毫无意义，对企业而言也只是浪费创新资源。摩托罗拉的铱星项目就是典型的技术偏执，在耗费几十亿美元之后不但项目没有取得商业化成功，也很大程度上影响了公司的可持续发展。

2. 过度热衷于管理创新

一些公司的高层管理者热衷于引进各种时髦的管理理论，在公司发起一场又一场组织变革运动。比如有的公司将主要用于体力劳动者的管理方法用于知识工作者，将公司划分为多个自负盈亏的小单元，公司内部各部门之间都是"买卖关系"，导致公司员工日常工作中花费大量时间"算账"，公司也很难集中资源做大事。

还有一些公司的领导者不断"发明"各种管理理论，这些管理理论经常见诸媒体，也有不少企业管理者到这些公司"游学"、取经。但是这些公司的创新产品却很少见诸市场。有家过于重视管理理论创新的集团公司的销售人员每天要花半天的时间填写和提交各种报表，跑业务的时间反倒很少。

还有的公司僵化地导入和应用 IPD（集成产品开发）体系，整个集团严格按照华为公司的做法运作。为了保持管理的一致性，集团不允许不同规模、不同产品性质、不同管理素养的下属企业（事业部）在 IPD 体系的基础上做任何改变。这些做法导致了严重的形式主义，导致下属企业管理层、员工反对、消极执行 IPD 体系，"弄巧成拙"。有些企业为了形式上"合规"，派根本没有履职能力的车间班组长担任"制造代表"，"凑个人数"。

管理固然非常重要，但是管理是为经营服务的，管理一定要"适度"，一定要切合企业具体实际，一定要有效和高效。如果为了管理而管理，企业很可能会走向官僚和低效。

3. 过度看重商业模式创新

与 2000 年全球网络泡沫非常类似，最近几年中国的互联网泡沫也大行其道。互联网思维、"互联网 +"、O2O、P2P、PPP、"风口的猪"、"生态圈"、"生态化反"等新名词、新概念层出不穷，互联网企业一时风光无限。一些没有"加上"互联网概念的企业都感到"低人一等"，或者唯恐即将被时代所淘汰。其实，互联网只是工具，产品好才是真的好！比如网上订餐短期或许能提高餐厅的销售额，但长期来看，餐厅的出品才是制胜之宝。很多 O2O 企业靠融资活着，钱烧完了，企业也就倒闭了。这些昙花一现的企业很多只关注商业模式创新，不关注产品本身，甚至连要做什么产品都没有想清楚。

技术创新、管理创新与商业模式创新服务于产品创新，企业通过产品创新满足客户需求，实现投资回报。企业在产品创新中凝聚和凝结了技术创新、管理创新与商业模式创新的能力与水平。

不论规模多大的企业，最终收入和利润都是来源于每款产品的收入和利润，如图 1-7 所示。

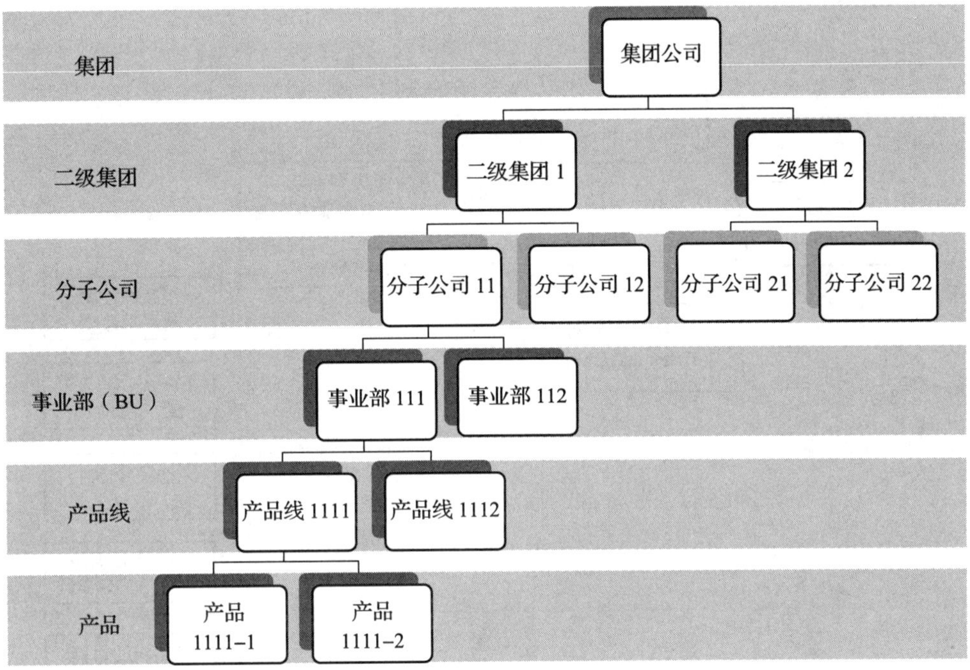

图 1-7 集团公司产品管理层级

企业的每款产品均赚钱，整个企业就赚钱。企业每款产品均亏钱，企业就亏钱。企业有些产品赚钱，有些产品亏钱，企业的经营业绩就可能忽上忽下，难以实现稳定增长。

经营产品就是经营企业（Product is Your Business）！经营企业就是经营产品！通过每款产品的稳健经营，实现企业持续稳健增长。

我们与众多创新型企业的创新领导者就产品创新的重要性达成了以下共识。

“产品投资”是企业最重要的投资！

“产品创新”是企业最重要的创新！

“产品管理”是企业最重要的管理！

“产品经理”是企业最重要的人才！

二、产品创新类型

产品创新可以分为两大类。

（1）**突破性创新**：做世界上没人做过的产品（New to the World）。

（2）**改进型创新**：将有人做过的产品做得更好（Better and Cheaper）。

根据改进幅度的不同，改进型创新又可以分为两类。

（1）**重大改进型创新**：在现有产品的基础上改进幅度在 30% 以上的新产品。

（2）**微小改进型创新**：在现有产品的基础上改进幅度在 30% 以下的新产品。

改进幅度 30% 只是一个大概的度量标准，主要看客户对产品的改进幅度是否有明显的感知。图 1-8 总结了产品创新的三种类型。

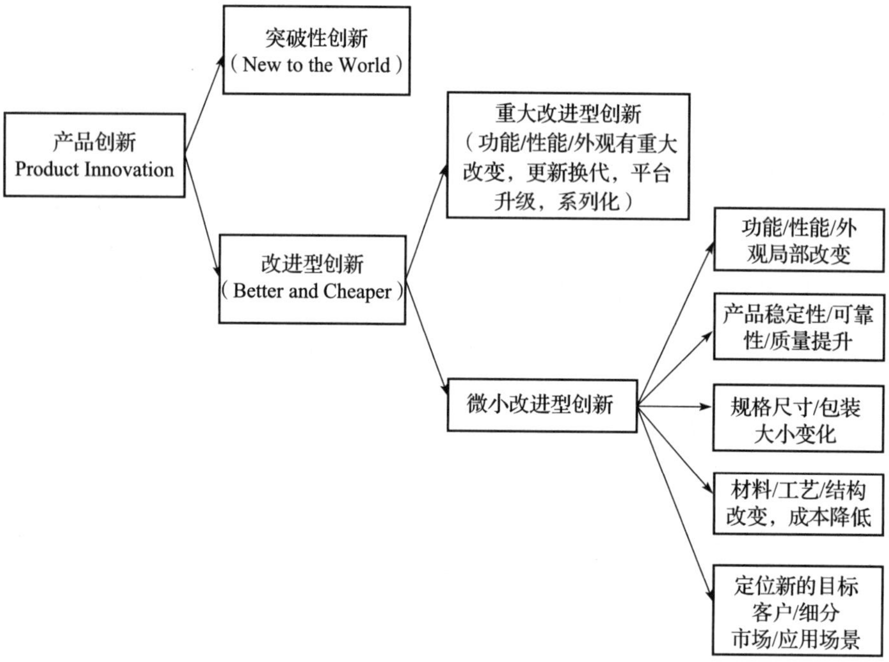

图 1-8　产品创新的三种类型

比如苹果公司推出 iPhone 智能手机、特斯拉推出纯电动汽车、美国人工智能公司 Open AI 推出 ChatGPT 智能聊天机器人是突破性创新。这些企业开创了一个新的产业，成为行业“标准制定者”，成为创新领导者。

改进型创新通常是在创新“领导者（Leader）”的基础上进行快速的逆向工程研发，并适当改进、优化领导者产品的部分不足之处。进行改进型创新的企业通常是“快速跟随者（Fast Follower）”。比如智能手机领域的三星、华为、荣耀、OPPO、VIVO、小米等。快速跟随者要在创新领导者产品的基础上做出“更好、更便宜（Better and Cheaper）”的重大改进型产品，才有可能抢占部分市场份额。比如当苹果公司推出有两个摄像头的智能手机时，国内某厂商在随后 3 个月左右的时间内推出有三个摄像头的手机，并且电池续航时间更长，价格只有苹果同类手机的 1/2 左右，这样也能够吸引部分对价格敏感，对品牌不是非常看重的消费者购买。

重大改进型创新通常意味着基于新一代平台推出的新一代产品。微小改进型创新通常是在现有平台上推出的中期改款产品或者针对不同细分市场推出的“大同小异”的系列产品。比如苹果公司 iPhone6 相对 iPhone5 来说是具有重大改进的全新一代产品，而 iPhone6s 是相对于 iPhone6 的中期改款的微小改进型产品。

创新型企业要由微小改进型创新走向重大改进型创新；由重大改进型创新走向突破性创新；不能停留在微小改进型创新“不能自拔”，如图 1-9 所示。

图 1-9 三种产品创新方式

只停留在微小改进型创新的企业，很难有中长期的未来。只停留在重大改进型创新的企业，不可能成为创新领导者。只有进行突破性创新，才有可能开创新的行业，成为“行业标准制定者”，成为全球市场领导者。当然，要进行突破性创新，需要深刻洞察客户的隐性需求、未来需求，需要有强烈的企业家精神和成为“颠覆者”的勇气，需要投入巨大的资本和足够的时间周期进行前沿技术、基础技术、核心技术的研发与突破。华为、比亚迪与大疆等科技企业是国内从事突破性创新的典型代表。

市场领导者的产品创新理念：**与其更好（Better），不如不同（Different）**！

图 1-10 呈现了企业产品创新阶梯。

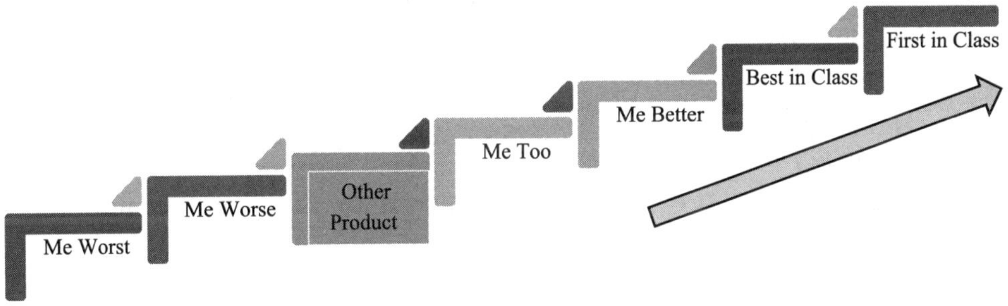

图 1-10 企业产品创新阶梯

如果企业在其他产品（Other Product）的基础上没做明显的改变，做的是同质化产品（Me Too），只能靠打价格战获取一些市场份额，但很难盈利，更不可能胜出。企业要做出重大改进型产品（Me Better）以获得市场竞争力，通过持续积累、持续创新成为行业领导者（Best in Class）。在成为某个行业领导者的基础上，开创新的业务领域，成为新的业务领域的标准制定者（First in Class）。比如苹果公司在 iPod 音乐播放器实现领先的基础上，率先开发出了 iPhone 智能手机，成为智能手机领域的标准制定者，持续领先者。

如果技术积累不够，管理水平不高，企业可能做出的产品（Me Worse）还不如现有产品。比如关键性能达不到客户要求，产品的稳定性、可靠性不好，产品的外观、设计难以吸引客户，产品的成本控制不好，产品维修频繁，等等。这样的产品是不可能有市场竞争力的，这样的企业也将很快从市场上消失。

三、产品创新的主要特点

真正意义上的产品创新不是简单的模仿或抄袭，而是具有较大的创新性。综观国内外企业的产品创新实践，我们总结了科技企业产品创新的如下主要特点。

1. 开发周期长

真正具有创新性的新产品开发，从创意产生到新产品上市的周期一般为 1 ～ 3 年，短的也需要 6 个月以上。复杂程度高的新产品开发，如医疗器械的开发，加上临床检测可能需要 5 年以上。不确定性高的新产品开发，如药品开发等，可能需要 10 年以上。新产品开发周期越长，不确定性越大，所谓“夜长梦多”。因为开发周期长，客户需求可能会发生变化，竞争对手会推出同类新产品，可能会出现“破坏性技术”，政策法规会发生变化，企业内部的人员也可能会有流动。

在当今的“不确定性”社会里，很难预料 3 年之后会发生什么，**“唯一确定的是不确定”“唯一不变的是变化”**。

2. 开发投入大

从事新产品开发工作是很“奢侈”的事，资金投入最少几十万元，一般的项目需要投入几百万元，大一些的项目可能需要投入上千万元，芯片、操作系统及药品等开发可能需要投入上亿元，甚至数十亿元。新产品开发的资金投入主要包括人员费用、设备费用及差旅费用等。

从创意到立项分析阶段的投入主要集中在市场研究方面；开发测试阶段的投入主要集中在开发团队的薪酬、样品制作及测试设备投入等方面；上市阶段的投入主要集中在批量生产、市场营销及销售等方面。

随着新产品开发的进行，越往后面的阶段走，资金投入越大。比如，一款医疗器械产品的开发，在市场研究阶段的投入可能只需要 50 万元，在开发阶段的投入可能需要 500 万元，而在上市阶段的投入可能需要 5000 万元。我们需要确定的是，投入越来越大，风险要越来越可控，这样我们才越来越“敢投”。

3. 开发风险高

从某种意义上说，新产品开发就是一场高风险的“赌博”。国际最佳实践的研究表明，优秀的公司每 4 个新产品创意有 1 个取得商业化的成功；比较差的公司每 10 个新产品创意只有 1 个取得成功；平均来看，每 7 个新产品创意才有 1 个取得商业化的成功。新产品的创新性越高，失败的风险越大。而且，失败的新产品项目的损失需要靠成功的新产品项目去弥补。因此，创新型企业要追求比较高的利润率，以应对创新失败风险。越到新产品开发的后期，企业投入越大，所以越到后期应该风险越小，这样企业才敢于做更大的投入。

4. 开发管理难

新产品开发与企业其他职能性事务不同，很难由一个部门独立完成。很多企业认为新产品开发是“研发部门的事”。实际上，研发部门离开了市场部门、采购部门、生产部门、财务部门、销售部门及服务部门等的有效配合，是很难成功地开发出一款新产品的。传统的职能式组织模式认为，分工越细，效率越高。这对制造型企业可能比较合适，因为这些企业所做的事情重复性很高，不确定性比较低。

但是，新产品开发创新性很强，不确定性很高，如果没有多个部门紧密配合，是很难取得理想结果的。现实情况是，很多企业的“部门墙”很厚，研发部门与其他职能部门之间沟通和配合很不理想。一些部门认为新产品开发与本部门没有太多关系，认为只是给研发部门“帮忙”，有空的时候就帮一下，没空的时候就顾不上了。职能部门之间的沟通和协作障碍，给新产品开发管理工作带来了很大的难度。职能部门之间沟通不畅是导致产品开发延期的重要原因。比如某企业由于研发物料采购延期，导致新产品开发项目整体延期 3 ～ 4 个月的情形经常出现。

产品创新的以上特点，决定了产品创新管理是企业各类管理任务中挑战最大、复杂度最高的管理任务之一。创新型企业要通过严谨的流程和严肃的评审，及时终止没有前景的项目，将有限的创新资源投入到投资回报最大的少数创新项目组合之中。创新型企业必须有效地管理产品创新，通过持续开发和上市成功的创新产品，实现企业的可持续发展。

四、分析导致企业产品创新失败的根本原因

先找失败根源，再寻成功之道！

失败的根本原因找到了，解决问题的对策也就明朗了。企业创新业绩难以符合期望主要有两方面的原因：一是产品本身不好（从 0 → 1 的创新工作没做好），二是产品卖得不好（从 1 → M 的运营工作没做好）。如果是产品卖得不好，主要改善销售、宣传与订单交付工作；如果是产品本身不好，需要再深入分析导致产品本身不好的根本原因（见图 1-11）。

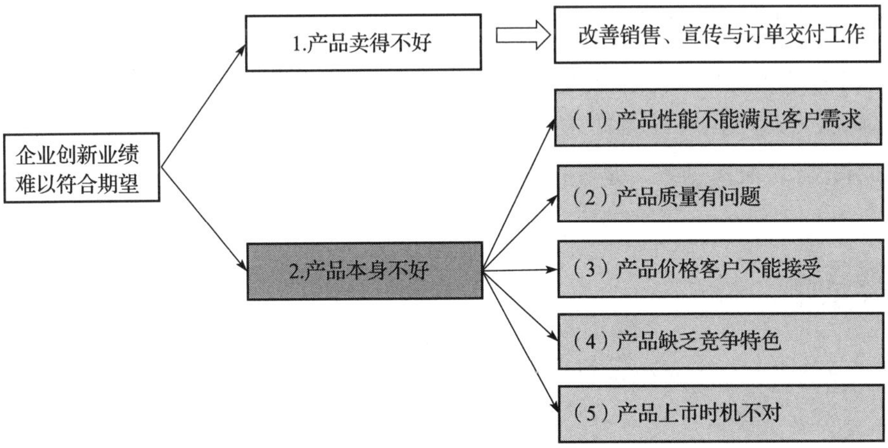

图 1-11　影响企业创新业绩的主要原因分析

我们总结了导致产品本身不好的五个方面的主要原因，并在此基础上进一步分析了产生这五个方面问题的更深层次的原因（见表 1-1）。企业可以基于这些问题及原因分析，对照找到企业需要重点解决的创新问题及解决这些创新问题的主要方法。

表 1-1 分析导致产品本身不好的根本原因

主要原因方面	根本原因（请在相应框内打“√”）	需要学习的主要创新方法
1. 产品性能不能满足客户需求	□ 1.1 未能有效了解客户需求 □ 1.2 客户需求未能有效转化为产品定义 □ 1.3 技术不能实现客户需求 □ 1.4 开发过程管理有效性低 □ 其他原因：	
2. 产品质量有问题	□ 2.1 技术不过关 □ 2.2 开发过程管理有效性低 □ 其他原因：	
3. 产品价格客户不能接受	□ 3.1 产品成本太高 □ 3.2 产品定价策略有误 □ 其他原因：	
4. 产品缺乏竞争特色	□ 4.1 产品本身没有特色 □ 4.2 产品本身有特色，但很容易被模仿和超越 □ 其他原因：	
5. 产品上市时机不对	□ 5.1 产品上市太早 □ 5.2 产品上市太晚 □ 其他原因：	
6. 其他原因	□ □ □	

对照表 1-1，企业可以基于对导致产品创新失败的根本原因的分析，明确需要学习和掌握的主要创新方法。比如导致产品创新失败的第一个原因是产品功能 / 性能不能满足客户需求，而产品功能 / 性能不能满足客户需求的根本原因又包括四个方面，其中第一个方面是未能有效了解客户需求。对应地，企业需要学习和掌握有效了解客户需求的方法。

对于具有一定规模的科技创新型企业而言，系统的问题需要系统解决。“头疼医头、脚疼医脚”的应付式解决方式不但可能劳而无功，甚至可能会带来更多负效应。“系统诊断、总体规划、分步实施、急用先行、快速见效”是我们建议的产品创新管理体系建设总体思路。

创新者行动

公司首席产品官（CPO）组织中高层管理者分析公司产品类型、产品创新的重要性与特点，分析导致企业产品创新失败的直接原因、根本原因，采取改进举措，以持续开发和上市精品创新产品，实现企业持续、健康增长。

第三节　由运营型企业转变为创新型企业

企业是盈利性组织。不盈利的企业是“罪恶”的企业，盈利能力弱的企业是缺乏市场竞争力的企业。企业亏损意味着企业耗费了很多社会资源却没有创造出应有的价值，企业盈利能力弱说明企业管理水平低。长期亏损或盈利很少的企业会导致以下后果。

（1）企业倒闭或只是形式上存在。

（2）企业没有足够的资金投入面向未来的研发与创新。**越投资未来，就越有未来；越不投资未来，就越没有未来！**

（3）企业难以吸引和留住优秀人才。

企业要实现持续盈利，实现持续、健康、快速成长，要做好两件事：创新和运营（见图 1-12）。

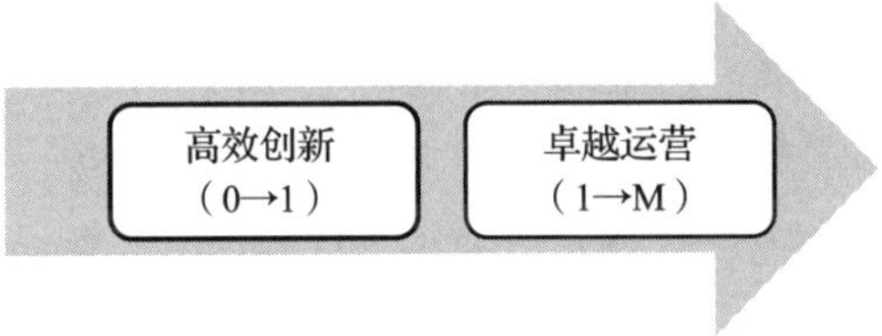

图 1-12　企业经营两件要事

企业通过高效创新做出“好卖”的产品，通过卓越运营将“好卖”的产品“卖好”，卖给尽可能多的人，将钱收回来，实现预期投资回报目标。创新做的是 0 → 1 的工作，运营做的是 1 → M 的工作。M 可以理解为很多（Many），也可理解为赚钱（Money），更可以理解为赚很多很多的钱（Many Many Money）。**没有 0 → 1，就没有 1 → M！**因此，创新是企业成长的发动机，发动机不转或转得不好，企业是不可能持续生存和发展的。

企业既要高效创新，也要卓越运营，两者不可偏废。对于很多传统企业而言，运营相对做得好一些，创新方面需要加大力度，要由运营驱动发展走向创新驱动发展。

一、运营型企业的典型特征

典型的运营型企业包括销售型企业、生产型企业和项目型企业。这些企业通常具有以下特征。

（1）重视低成本，不重视战略机会洞察。

（2）重视模仿，不重视创新与超越。

（3）重视规模（产能），不重视智力资本投入。

（4）公司高层忙于日常运营事务不能自拔，无暇顾及产品创新工作。

二、持续、快速变化的时代需要“创新驱动发展”

追求持续健康成长的企业需要由运营型企业转变为创新型企业，主要原因如下。

（1）客户需求持续变化，客户由求量走向求质。

（2）竞争对手你追我赶，“跨界打劫”层出不穷。

（3）“破坏性技术”正在颠覆很多行业，很多企业一夜之间变得没有存在的价值。

（4）政策法规变化、国际形势变化、人口趋势变化，“唯一不变的是变化”。

现在是一个充满了不确定性，持续、快速变化的时代，企业要想适应这些变化，就要“因需而变”，“以变应变”。创新型企业其实就是“因需而变”的企业，企业要根据客户需求、竞争情况、市场环境、行业发展、政策法规等的变化持续改进现有产品，持续开发创新产品，甚至主动否定、颠覆自己的现有产品。

创新案例

通快（Trumpf）公司的自我颠覆

通快（Trumpf）公司1923年创立于德国，起初是一家机械厂，如今已经发展为工业用机床、激光技术和电子技术领域的世界领先企业。2022年，通快公司的员工人数达到了16554人，营业额为42.228亿欧元，年研发投入超过年营业收入的10%。

在20世纪80年代通快公司主动由机械方法切割转变为激光技术切割，自我否定，自我颠覆，实现持续引领。

图 1-13　通快公司机床与系统

机床与激光装置是通快公司的专攻术业。为实现灵活的板材与管件加工，TRUMPF提供用于弯折、冲裁、激光冲裁复合工艺、2D与3D切割应用或激光焊接的设备与系统。此外，TRUMPF还一并提供有关增材制造的所有关键性激光技术。

通快公司目标：我们想让客户、员工、企业所有者和社会共同满意。以国际高标准衡量，在我们的任何工作领域及体现在我们所有的产品和服务上，我们在技术和工作组织方面都处于领先地位。我们追求不断的、明显超过业界平均水平的增长。同样，我们获得了可观的利润，以此可以自力更生地承担我们高昂的研发成本和投资。

三、由运营驱动发展型企业转变为创新驱动发展型企业

销售型、生产型、项目型等运营型企业要转变为创新型企业、产品型企业（见图 1-14）。

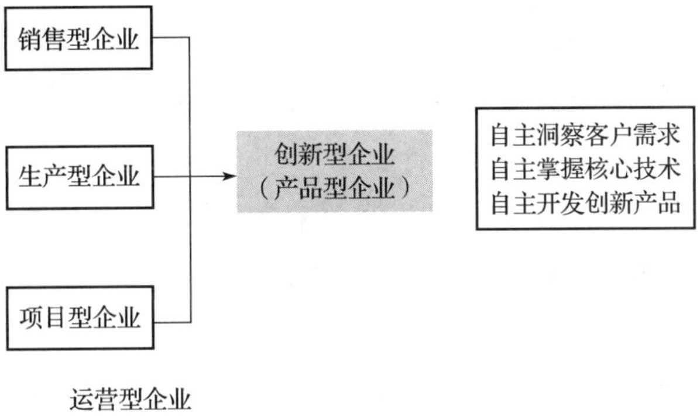

图 1-14　由运营型企业转变为创新型企业

创新型企业的典型特征是“三自主”：自主洞察客户需求、自主掌握核心技术、自主开发创新产品。

1. 自主洞察客户需求

科技创新型企业不是被动代工的企业，需要自主确定目标市场，自主定义目标客户，自主洞察客户需求，进而发现创新机会。洞察客户需求的能力是科技创新型企业的首要核心能力。产品经理是洞察客户需求的关键角色，客户需求不能只是来自销售、客服等部门，而要直接来自目标客户，甚至来自“客户的客户”。

2. 自主掌握核心技术

在洞察客户需求的基础上，科技创新型企业需要基于客户需求进行产品线战略规划，需要规划各代产品的主要功能与性能，需要规划产品平台和技术路线图，需要进行核心技术、关键技术预研，需要解决各类“卡脖子”的技术问题。

3. 自主开发创新产品

自主洞察客户需求与自主研发核心技术是手段，自主开发创新产品是目标。科技创新型企业通过开发精品创新产品、高效交付客户订单实现创新投资回报，实现企业高质量创新发展。

四、创新型企业的主要特征

以下总结了创新型企业的 10 条主要特征，供创新型企业中高层管理者参考。

（1）公司高层领导重视创新、鼓励创新、带头创新。

（2）公司研发投入强度大，持续投入。

（3）公司研发人员占比高，研发人员薪酬高。

（4）公司重视客户需求研究，中高层领导经常与客户在一起。

（5）公司重视研发与产品创新管理体系建设与应用，并持续改善与提升。

（6）公司重视产品经理、系统工程师和项目经理等核心创新人才培养。

（7）公司重视开放式创新，与众多合作伙伴长期保持互利共赢的合作关系。

（8）公司创新产品收入、利润占比高。

（9）公司盈利水平高，现金流充足。

（10）公司是行业的领导者，能够持续保持领先。

为了实现企业持续生存和发展，运营型企业应该转变为创新型企业。有以下观点与大家分享。

1. 企业领导者关注什么，企业就会成为什么

企业领导者关注销售，企业就会成为销售驱动型公司；企业领导者关注生产，企业就会成为成本驱动型公司；企业领导者关注创新，企业就会成为创新型公司。

2. 产能过剩时代只有创新型企业才能持续生存和发展

销售驱动和成本驱动最终导致的结果就是企业之间陷入同质化竞争，利润率低，难以持续生存和发展。

3. 企业领导者只有关注创新才能真正把握企业的命运

企业通过持续洞察客户不断变化的需求，进而开发和交付满足客户需求，甚至超出客户期望的精品创新产品，才能从激烈的市场竞争中脱颖而出，走向成功与卓越。首席执行官只有成为首席产品官，企业的命运才能真正掌握在自己手里。

创新者行动

公司首席产品官（CPO）组织中高层管理者分析公司当前是运营型企业还是创新型企业，对照创新型企业的主要特征，制定实现创新驱动发展的主要举措，通过持续成功创新，成为创新领导者。

创新案例

特斯拉的精品产品战略

特斯拉2003年7月1日创立于美国硅谷。特斯拉努力为每一个普通消费者提供其消费能力范围内的纯电动车辆。特斯拉的愿景是：加速全球向可持续能源的转变。

一、特斯拉发展简史

2004年2月，埃隆·马斯克向特斯拉投资630万美元，但条件是出任公司董事长、拥有所有事务的最终决定权，而马丁·艾伯哈德作为特斯拉之父任公司的CEO。

2008年2月，特斯拉开始交付第一款汽车产品——两门运动型跑车Roadster，这是全球首款量产版电动敞篷跑车。

2008年10月，为了维持现金流，马斯克又拿出了自己仅存的6000万美元，用于生产和工程的流动资金。

2010年6月，特斯拉登陆纳斯达克，融资2.26亿美元。

2012年，发布第二款汽车产品——四门纯电动豪华轿跑车Model S。

2013年5月，特斯拉股票市值突破100亿美元。5月9日，马斯克在个人博客中写道，“只想对客户和投资人说声‘谢谢’，你们给了特斯拉一个穿越漫漫长夜的机会，没有你们，我们走不到今日。”

2015年9月，开始交付第三款汽车产品——豪华纯电动全尺寸SUV Model X。

2016年3月，发布Model 3，于2017年年末开始交付。

2018年10月，开建上海超级工厂。

2019年2月，马斯克宣布将毫无保留地开放所有特斯拉电动汽车的专利，任何人都可以善意使用，以应对环境变化。马斯克认为，开放专利只会增强、而不会削弱特斯拉的地位。他说，技术领导地位不取决于专利，而取决于一个公司吸引和调动人才的能力。

2021年，特斯拉全年共生产新车930422辆，全年交付936172辆。

2022年3月，特斯拉位于柏林郊外的新工厂正式开始生产电动汽车。

2022年8月15日，特斯拉CEO埃隆·马斯克在推特上发文称，特斯拉已生产了超过300万辆汽车，其中上海工厂就生产了100万辆。

2022年10月24日，特斯拉中国官方微博显示，即日起，中国大陆地区特斯拉在售Model 3及Model Y售价调整，最大降价幅度达到3.7万元。

2022年12月2日，特斯拉公司在其内华达州超级工厂举行交付仪式，向百事公司交付了首批Tesla Semi电动半挂卡车。

2022年12月，特斯拉已经为其Model S和Model X电动汽车上线了Steam平台，现在可以玩成千上万的游戏。

2022年全年，特斯拉全球共交付了131万辆汽车，同比增长40%；共生产了137万辆汽车，同比增长47%。

2022 年，特斯拉全年实现营收 538 亿美元，实现净利润 55 亿美元，位列《财富》世界 500 强排行榜第 242 位。

2023 年 3 月 1 日，特斯拉公司全球副总裁朱晓彤在公司首次投资者日活动上表示，特斯拉在 2023 年到达生产 400 万辆电动汽车的里程碑，该公司的超级工厂的目标是每 45 秒生产一辆汽车。

二、特斯拉纯电动汽车“三步走”战略

特斯拉纯电动汽车“三步走”战略：树立高端品牌形象，做少数的产品，实现高效创新（见表 1-2）。

表 1-2 特斯拉纯电动汽车“三步走”战略

	第一阶段 高端、高性能、运动型 小众市场	第二阶段 接近豪华车品牌 高端市场	第三阶段 大批量、低成本 大众市场
战略目标	测试纯电动车系统	规模化量产	大众化、盈利
车型	Roadster 敞篷跑车	Model S D 级轿跑 Model X 豪华 SUV	Model 3 B 型轿车 Model Y 紧凑 SUV
简况	2008 年 2 月，开始交付 Roadster，售价 11 万美元，成本 12 万美元，限量 2500 辆，2012 年停产 2020 年，新一代 Roadster 开售，售价 20 万美元起	Model S：2014 年 6 月开始销售，现有两款车型，基础价格分别为 78.99 万元和 100.99 万元 Model X：2015 年 9 月开始销售，现有两款车型，基础价格分别为 87.99 万元和 103.99 万元	Model 3：2017 年 7 月开始销售，现有两款车型，基础价格分别为 22.99 万元和 32.99 万元 Model Y：2020 年 3 月首批交付，现有三款车型，基础价格分别为 26.19 万元、31.19 万元和 36.19 万元

特斯拉采取高举高打的策略，首先做高端、高性能、高价格的纯电动敞篷跑车，树立企业高端品牌形象。接下来做豪华轿跑车、豪华 SUV，实现规模化量产。最后面向大众市场，实施“降维打击”，推出 B 型轿车、紧凑型 SUV，价格控制在 20 万～40 万元区间，实现大规模量产，得到良好的投资回报。

三、极简的产品线

特斯拉“走量”的产品线就两条：Model 3 和 Model Y。型号产品共 5 款，基础售价 22 万～36 万元（见图 1-15）。

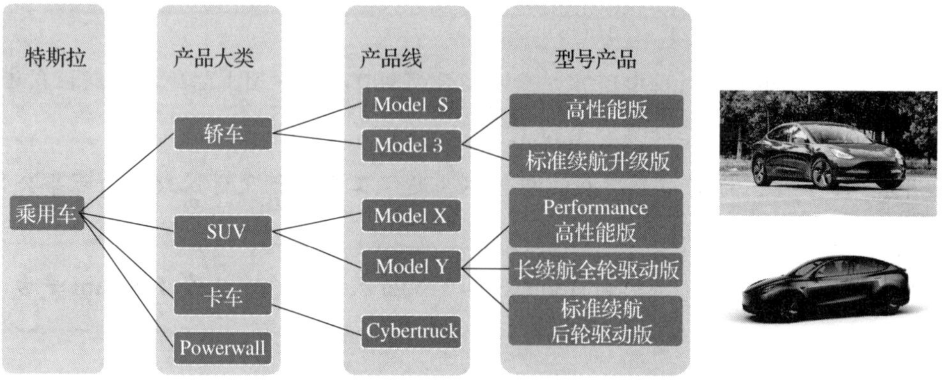

图 1-15 特斯拉轿车产品线

其实，Model Y 也可以理解为“大号”的 Model 3，基本配置“大同小异”，只是尺寸比 Model 3 要大一些而已。特斯拉电动车的产品设计思想与苹果公司 iPhone 智能手机的设计思想是高度一致的（见表 1-3）。

表 1-3 特斯拉电动汽车与苹果智能手机比较

特斯拉电动汽车	苹果 iPhone 手机
Model 3 标准版（22.99 万元起）	iPhone 14 基本型（5999 元起）
Model 3 高性能版（32.99 万元起）	iPhone 14Pro（7999 元起）
Model Y 标准版（26.19 万元起）	iPhone 14 Plus（6999 元起）
Model Y 高性能版（36.19 万元起）	iPhone 14 Pro Max（8999 元起）

特斯拉和苹果公司一样，都只做一款精品产品，但面向尽可能多的消费者，实现尽可能大的规模经济性。特斯拉的 Model 3 相当于苹果公司 6.1 英寸显示屏的 iPhone 手机。特斯拉的 Model Y 相当于苹果公司 6.7 英寸显示屏的 iPhone 手机。特斯拉的高性能版车型，相当于苹果公司智能手机的 Pro 机型。可见，世界一流创新企业的产品设计思想是高度一致的，都是精品思维，都是极简思维，值得我们学习与借鉴。

四、基于标准化的个性化

Model 3 除了有标准版和高性能版两款车型选择外，还提供诸多个性化的选择：5 种颜色、2 种轮毂、两种颜色内饰（座椅）、增强版自动辅助驾驶功能（32000 元）、完全自动驾驶能力（64000 元）等。通过这些个性化选项的选择，你的车就“与众不同”了。但是，对于特斯拉而言，开放的这些选项都是标准化的模块化选项，都是提前准备好了的，是有“规模经济性”的，而不是消费者在买车时提出来需要“定制”的。这实际上就是符合“大规模定制”原则的产品线规划与管理策略。

最后，我们需要分享的是，特斯拉公司创始人马斯克在公司的职务不是董事长，而是首席执行官和产品架构师。产品架构师其实就是我们倡导的首席产品官（CPO）。可见，企业一把手重视产品，亲自参与产品规划与设计，是世界一流创新企业的关键最佳实践。

马斯克建议美国公司的 CEO：关注产品，少开会！

第二章

产品创新管理方法体系简介

企业要持续开发出精品创新产品，要由运营型企业转变为创新型企业，就必须建立高效的产品创新管理体系，实现企业持续成功创新“可复制”。

本章内容分为三节。

第一节，主要的产品创新管理方法体系。介绍SGS、PACE和IPD等西方主要的产品创新管理方法体系，企业可从中吸取有价值的创新思想与方法。

第二节，评价企业创新能力成熟度。从创新绩效、产品竞争力和企业创新体系的有效性等方面评价企业创新能力成熟度，发现企业应该重点改善的方面。

第三节，科技企业创新体系建设要点。科技企业创新管理体系建设的主要内容包括：创新战略规划、集团公司两级研发创新体系建设、产品创新管理4P体系建设、各类创新人才培养、产品标准化管理体系建设、订单交付管理4P体系建设等，企业可对照明确企业创新管理体系建设或优化的重点。

本章后附创新案例介绍了华为公司导入与持续优化IPD体系的有效做法，各企业可以学习借鉴。

第一节 主要的产品创新管理方法体系

创新者思考

（1）我们公司采用的是哪种产品创新管理方法体系？

（2）我们对该方法体系的原理与要点有深刻的理解吗？

（3）该方法体系怎么应用才能为公司创造更大价值？

国际特别是北美在产品创新管理方法的研究和实践方面有 50 年左右的历史，有多位学者和多个机构对产品创新管理进行了深入的研究。

加拿大的库柏（Robert G. Cooper）教授是系统研究新产品开发管理方法的国际知名学者，其提出的门径管理体系（Stage-Gate Systems）在多家知名企业得到应用。

美国 PRTM 咨询公司是一家最早从事新产品开发管理咨询的专业机构，于 1986 年提出了产品及周期优化法（PACE）。

IBM 在 PACE 的基础上，基于自身实践总结出了集成产品开发（IPD）模式。深圳华为公司于 1998 年开始聘请 IBM 公司作为咨询顾问，系统引进 IPD 模式，并取得了成功。后来，从华为公司离职的一些员工开始成立咨询机构，传播 IPD 方法。

美国产品开发与管理协会（PDMA）成立于 1976 年，是世界上最早的产品创新管理非盈利研究机构。PDMA 先后出版了新产品开发管理手册（Hand book）1 本，工具书（Tool book）3 本。PDMA 于 1984 年创办的《产品创新管理》（*Journal of Product Innovation Management*，JPIM）杂志是世界上最权威的产品创新管理专业期刊。

国内的研究以技术创新为重点。浙江大学的许庆瑞院士、清华大学的傅家骥教授是技术创新研究方面的代表。武汉理工大学的胡树华教授对汽车产品的产品创新有较深入的研究。一些高校的中青年学者也在开展一些关于新产品开发管理的研究，但当前的研究还集中在比较宏观的层面，能指导企业进行产品创新实践的研究比较少。

下面对主要的产品创新管理方法体系做一个简要的介绍，各企业可以从这些创新方法体系中吸收有价值的理念和方法。

一、门径管理方法（SGS）

SGS 被称为门径管理系统，用于管理、指导并加速产品创新活动。门径管理流程（见图 2-1）

是由加拿大 McMaster 大学 Robert G. Cooper 教授最先提出的，该流程方法为近 80% 的北美企业所采用。Cooper 教授也因此被尊称为“门径管理之父”。门径管理方法把产品创新流程划分成一系列预先设定的阶段，每一个阶段由一组预先规定的、跨职能的、同时进行的活动组成。

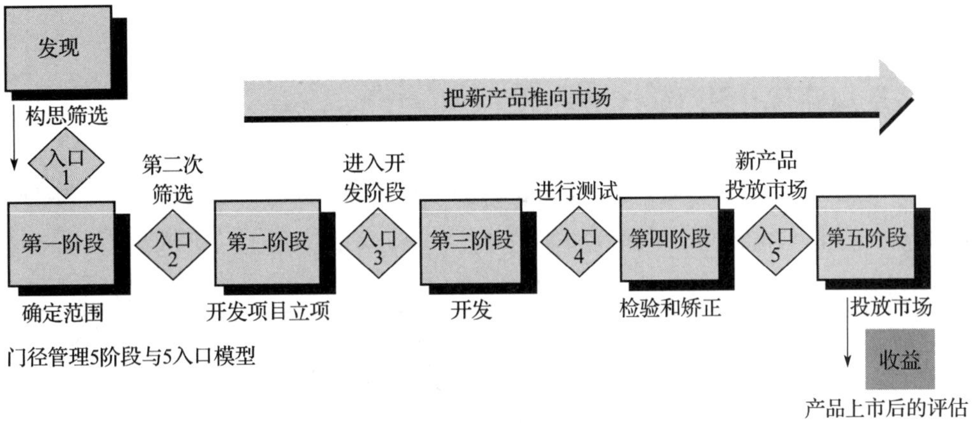

图 2-1　门径管理流程

通向每一个阶段（Stage）的是一个入口（Gate）。这些入口控制着流程，并且起到质量控制和生 / 杀决策检查点的作用，“门径管理流程”也因此而得名。

门径管理流程包括从创意产生到新产品上市共 6 个阶段。

（1）**发现**：旨在发现和揭示机会并产生创意（有的企业不将发现阶段作为一个流程阶段）。

（2）**确定范围**：对项目进行快速、初步的调查——主要是对二手材料进行研究。

（3）**开发项目立项**：对项目进行深入的可行性研究，研究内容主要包括客户需求研究、产品定义和项目可行性分析等。

（4）**开发**：对新产品进行具体的设计和开发，以及设计运营和生产流程。

（5）**检验和矫正**：在市场、实验室、工厂测试和使用产品，以证实和修正开发的新产品。

（6）**投放市场**：商业化——开始全面地运营或者生产、营销和销售。

每一个阶段的入口都具有相似的结构，它包括以下几部分。

（1）一套明确的交付件。

（2）项目评审准则。

（3）确定的产出或者结果。

通过门径管理流程，希望实现如下 7 个目标。

（1）保证端到端的实施质量。

（2）优选项目，降低风险。

（3）多职能的并行工程。

（4）强调跨职能团队的参与。

（5）反映客户需求的强烈的市场导向。

（6）强调前期准备工作的质量。

（7）强调选择具有竞争特色和优势的项目。

北美近 80% 的企业先后实施了门径管理流程，但是在中国这一方法还仅为学术界及部分咨询公司所知晓。Cooper 教授所著的《新产品开发流程管理》一书对该方法进行了比较系统、全面的介绍，但是偏理论，可操作性不够强。

二、产品及周期优化法（PACE）

产品及周期优化法（见图 2-2）（Product And Cycle-time Excellence，PACE）是由 PRTM（Pittiglio Rabin Todd & McGrath）咨询公司于 1986 年提出的。

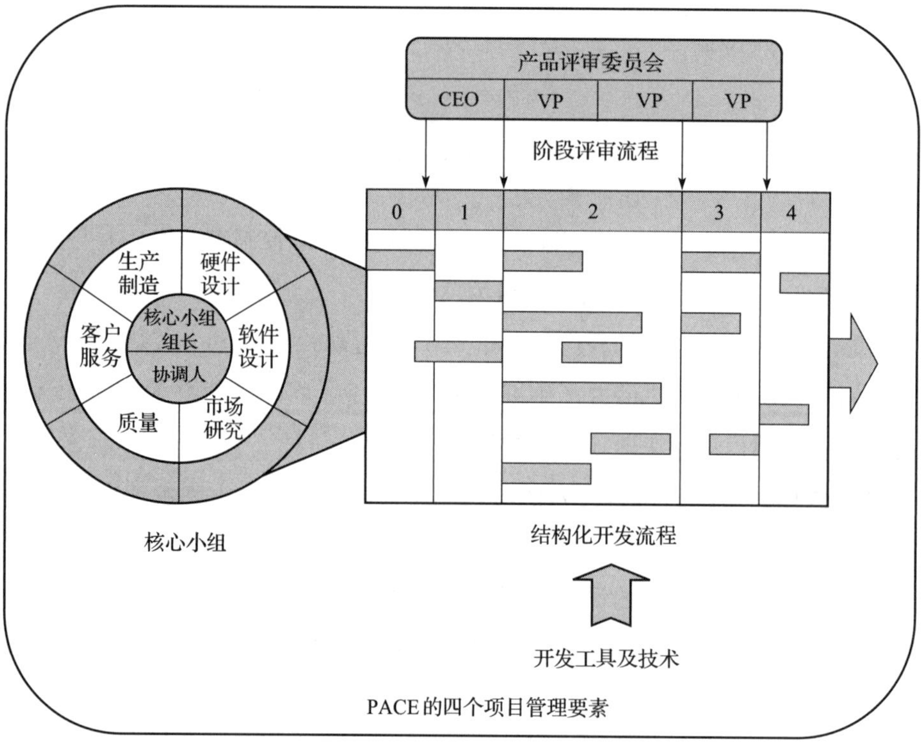

图 2-2 产品及周期优化法（PACE）

PACE 将产品开发中的关键因素综合在一起，以解决许多现有产品开发流程的缺陷。归结起来主要有如下七个要素。

1. 决策

在 PACE 流程中，新产品决策是通过阶段评审流程实施的，这种阶段评审需要在开发流程中一些具体定义点上做出决策。一个产品开发项目必须在预定时间内达到明确定义的目标，才能获准进入下一阶段。决策实施者主要为产品审批委员会（Product Approval Committee，PAC）。

2. 项目小组构成

项目小组的构成是产品开发流程的一个关键要素。一个高效的项目小组能极大地增进沟通、协调和决策。PACE 采用核心团队模式（Core Team Approach）的组织方法。核心团队是有权开发特定产品的一个小型跨部门项目小组。一个典型的核心小组有五到八个成员，有权利也有责任管理所有与开发该特定产品相关的任务。这些特定任务分配到核心小组的每个成员身上，每个成员都利用为该项目服务的人员完成这些任务。

3. 开发活动的结构

在 PACE 范围内，核心小组用结构化开发流程开发产品，这将确保一致性并避免各小组创立各自的流程。一个通用的结构化流程也可以为持续改进打下基础。按照 PACE 的方法，一个结构化开发流程包括几个等级。在阶段评审流程所提供的框架中，一般有 15 ～ 20 个主要步骤来定义一个公司的产品开发流程，每一步骤又分成 10 ～ 30 项任务，规定每一步骤如何在公司里得以实施。这些任务为每一步骤定义出标准周期时间，因此可以根据这些基本步骤编制进度表、预估资源需求、制订计划及进行管理。每一项任务还可进一步细分成各种各样的开发活动。根据任务的性质，每一步骤的开发活动数量从几个到二十或四十个不等。

4. 开发工具与技术

PACE 流程没有给新技术或新工具下定义。PACE 关注的焦点是在整个产品开发流程中，适时地运用合适的技术或工具。PACE 概述了一系列技术设计和自动开发工具，以及它们是怎样适用于该流程的。

5. 产品战略

产品战略是新产品开发的起点。在 PACE 内，产品战略提供了一个框架，供 PACE 在阶段评审流程中决策和设立优先顺序之用，并同时为核心小组确立了指南，供其定义产品时使用。产品战略包括明确现有产品线的扩展机遇和新产品线的创造机遇。

6. 技术管理

技术管理是整个产品开发流程的不变组成部分，技术管理的作用是发现应用新技术的机会，并且促进技术开发项目，从而扩大公司的核心竞争能力和使多种产品受益。

7. 管道管理

管道管理给项目排列优先次序并分配资源，并且将职能部门能力和项目要求协调起来。

阶段评审流程、核心小组、结构化开发流程、开发工具和技术这四个项目管理要素形成了 PACE 的基础。这些要素对于每一个产品开发项目都是必要的，它们只有在整个流程的框架内才会有效。任何一个要素的成功都依赖于整个产品开发流程中的其他要素。PACE 的系统结构可以看作七个互相关联的要素，用于项目管理和跨项目管理。

尽管 PACE 在国外取得了较多的成功案例，但对于更多的企业而言，它仍是一种难以实践的理论。毕竟经由 PRTM 咨询辅导而掌握 PACE 的企业是十分有限的，种种因素限制了它的推广和应用。而且我们注意到，并不是所有的企业都适合 PACE，除了它须由 PRTM 专门协助构建外，主要还因为它对企业的研发管理体系的基础有较高的要求。尽管如此，PACE 中的先进要素、理念、方法是值得我们学习和借鉴的。

PRTM 咨询公司成立于 1976 年，2011 年被普华永道收购。

三、集成产品开发方法（IPD）

集成产品开发（见图 2-3）（Integrated Product Development，简称 IPD）是一套产品开发的模式、理念与方法。

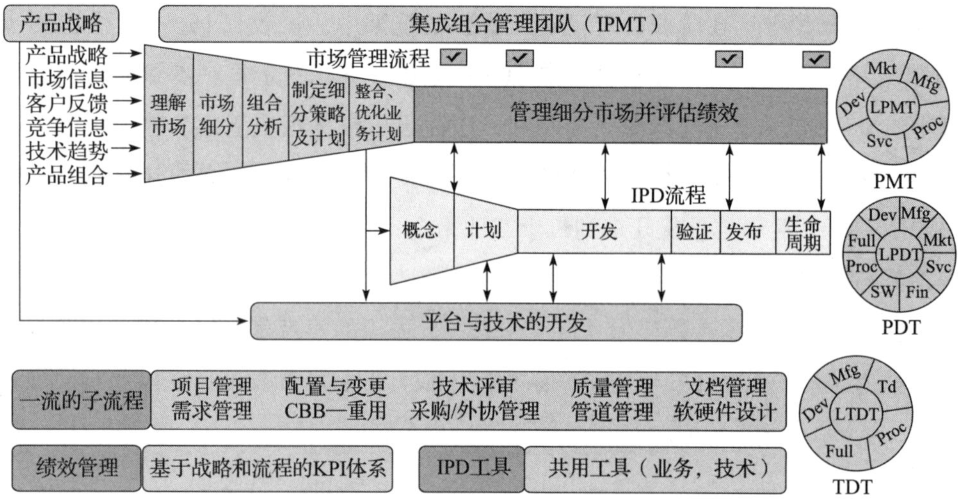

图 2-3　集成产品开发方法框架

狭义的 IPD 是指产品开发团队（Product Development Team，PDT）负责的从概念到生命周期管理的内容。广义的 IPD 包括产品战略、市场管理、新产品开发、平台与技术开发等内容。

IPD 体系主要包括四类创新团队。

（1）集成组合管理团队（IPMT）负责创新项目决策。

（2）产品管理团队（Product Management Team，PMT）负责寻找创新机会，论证创新项目。

（3）产品开发团队（PDT）负责新产品开发。

（4）技术开发团队（TDT）负责平台与技术开发。

IPD 吸收了很多 PACE 的理论精华，并做了相应的取舍和优化。最先将 IPD 付诸实践的是 IBM 公司。IBM 公司在实践中取得成效的同时，不断对这一方法论加以改进和完善，形成了 IPD 的思想及一整套的产品开发模式和方法。

IPD 作为先进的产品开发理念，其核心思想可概括如下。

1. 新产品开发是一项投资决策

IPD 强调要对产品开发进行有效的投资组合分析，并在开发流程中设置检查点，通过阶段性评审来决定项目是继续、暂停、枪毙还是改变方向。

2. 基于市场的开发

IPD 强调产品创新一定是基于市场需求和竞争分析的创新。为此，IPD 把正确定义产品概念、市场需求作为流程的第一步，一开始就做正确的事。

3. 跨部门、跨系统的协同

采用跨部门的产品开发团队（PDT），通过有效的沟通、协调及决策，达到尽快将产品推向市场的目的。

4. 异步开发模式，也称并行工程

就是通过严密的计划、准确的接口设计，把原来的许多后续活动提前进行，这样可以缩短产品上市时间。

5. 重用性

采用共用构建模块（Common Building Block，CBB），提高产品开发的效率和质量。

6. 结构化的流程

产品开发项目的相对不确定性，要求开发流程在非结构化与过于结构化之间找到平衡。

除了 IBM，早期还有波音公司也采用了 IPD 模式。目前在世界上 IPD 为许多知名公司如诺基亚、杜邦、思科等企业所采用。华为公司在 IBM 的帮助下实施了 IPD 方法，通过 5 年多的努力取得了较好的成效。总体来说，IPD 更适用于有一定规模和基础的企业，中小型企业使用的话需要进行较大幅度的裁剪。

四、几种产品创新管理方法体系的比较

通过介绍上述三种产品创新管理方法体系不难发现，新产品开发流程是基本一致的，总体上涵盖了创意立项（做什么）、开发测试（如何做）、上市及生命周期管理（做成什么）等阶段。表 2-1 对各种方法的主要优点与主要不足进行了比较。

表 2-1　三种主要的产品创新管理方法体系比较

产品创新管理方法	主要优点	主要不足
门径管理方法（SGS）	• 将新产品开发流程分为多个阶段和入口，简明易懂 • 可根据开发项目的风险大小和周期长短灵活调整，适应性强	• 各阶段活动内容缺乏具体深入研究，可操作性不强
产品及周期优化法（PACE）	• 源于咨询实践总结，实用性强	• 缺乏系统的理论总结和提升 • 公开资料少，不便于学习和应用
集成产品开发方法（IPD）	• 源于 PACE 方法，是 IBM 自身新产品开发实践的总结，聚焦于流程改进，在华为公司有应用	• 系统、详细 • 过于复杂，缺乏灵活性，中小型企业难以应用

通过以上的介绍和比较可以看出，产品创新管理方法的总结和应用主要源于北美地区。中国由于正处于由制造走向创造的阶段，大多数企业的产品创新管理还处于以经验做法为主的不规范阶段。与欧美企业相比，中国创新型企业的规模普遍偏小，管理水平普遍偏低，尚未掌握有效的产品创新管理方法，总结自己的方法论更为时尚早。但是，在欧美有效的方法并不一定能直接用于中国创新型企业的实践。IPD 方法在很多中小高新技术企业导入不成功的主要原因就是简单地照搬照抄西方的做法，“只僵化不优化”。我们有必要在系统学习和掌握国际最佳实践方法的基础上，

结合中国创新型企业的实际情况，通过实践总结出一套适合中国创新型企业，特别是中小科技企业创新实践需要的创新方法体系，用以指导中国企业的创新实践。

创新者行动

公司首席产品官（CPO）可组织中高层管理者分析公司研发与产品创新管理体系建设情况，研讨公司应该重点学习哪些创新方法，研讨如何才能建立和执行适合企业实际的规范、有效、高效的产品创新管理体系。

第二节　评价企业创新能力成熟度

创新者思考

（1）公司的创新绩效符合预期吗？

（2）公司的产品具有很强的市场竞争力吗？

（3）我们具有系统、完整、科学、高效的产品创新管理体系吗？

高效的创新体系带来成功的创新产品，成功的创新产品带来卓越的创新绩效。相反，如果创新绩效不好，就要反思是否缺乏好的创新产品。如果缺乏好的创新产品，就要反思企业是否缺乏高效的创新体系（见图 2-4）。

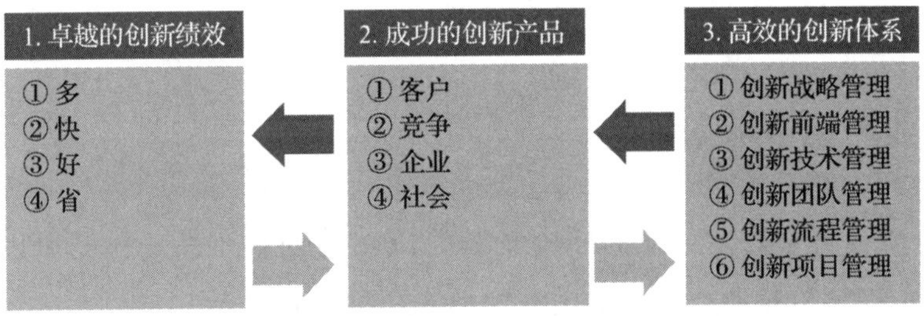

图 2-4　创新绩效—创新产品—创新体系之间的逻辑关系

创新型企业需要做到“三好”：体系好，产品好，绩效好！

基于以上逻辑，企业可以一步一步地对自身的创新能力进行评价，对存在的主要创新管理问题进行诊断。

一、评价企业创新绩效

我们可以从“多、快、好、省”四个方面评价企业的创新绩效，如图 2-5 所示。

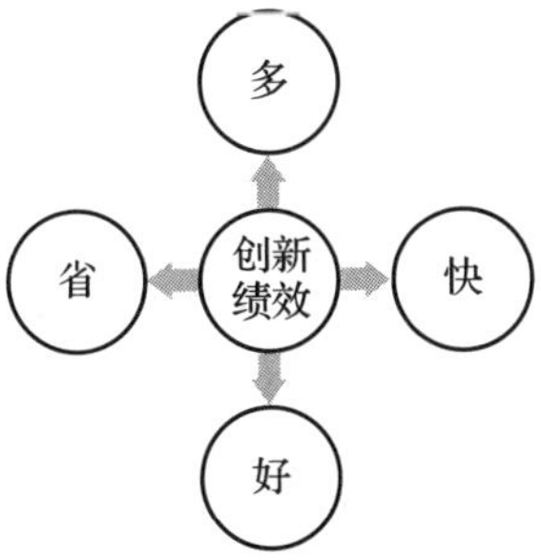

图 2-5　企业创新绩效评价的四个方面

“快、好、省”主要是创新项目层面的创新绩效评价指标，而“多”则是公司层面的创新绩效评价指标。对于创新型企业而言，“快、好、省”的创新项目越“多”，企业的创新绩效就越“好”。

表 2-2 对创新绩效的四个方面进行了具体描述，企业可以通过与主要“友商”、创新标杆企业对比，对创新绩效进行“卓越、良好、一般、较差、很差”5 级评价。

表 2-2　企业创新绩效评价表

序号	创新绩效评价的主要方面	卓越	良好	一般	较差	很差
（1）	多：在近 3 年，由新产品贡献的营业收入和利润占总体收入和利润的比重高吗					
（2）	快：公司新产品开发和上市的速度比主要竞争对手更快吗					
（3）	好：公司开发的新产品能满足客户需求，甚至超出客户期望吗					
（4）	省：公司新产品的综合成本比主要竞争对手的同类产品的成本更低吗					

如果四个方面评价均为“一般”及以下，说明企业的创新绩效需要大幅改善，否则企业将缺乏市场竞争力；如果四个方面评价均为“良好”或“卓越”，说明企业具有较强的市场竞争力，可以通过对创新体系的持续优化和改进，保持领先地位。

二、评价企业产品市场竞争力

如果企业创新绩效不够好，直接的原因是缺乏成功的创新产品。我们可以从“客户、竞争、企业和社会”四个方面评价企业产品的市场竞争力（见图 2-6）。

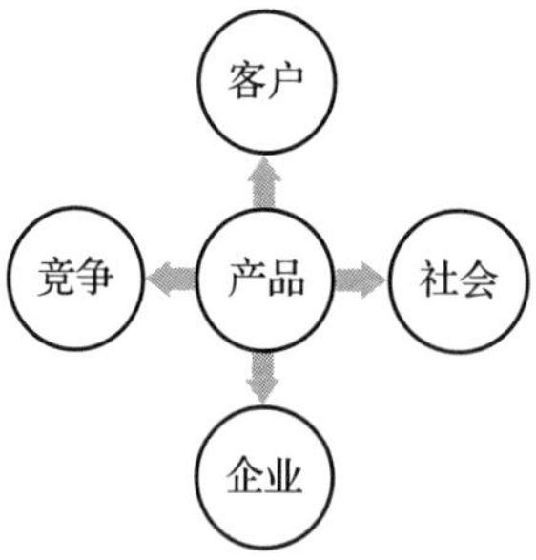

图 2-6　企业产品市场竞争力评价的四个方面

表 2-3 对企业产品竞争力评价的四个方面进行了具体描述，通过与主要“友商”、创新标杆企业比较，企业可以对产品竞争力进行“卓越、良好、一般、较差、很差”5 级评价。

表 2-3　企业产品市场竞争力评价表

序号	产品竞争力评价的主要方面	卓越	良好	一般	较差	很差
（1）	客户方面：满足客户需求，甚至超出客户期望					
（2）	竞争方面：具备竞争特色，不能轻易被模仿或追赶					

续表

序号	产品竞争力评价的主要方面	卓越	良好	一般	较差	很差
(3)	企业方面：具有高附加值，产品生命周期长					
(4)	社会方面：符合安全、健康、环保（SHE）等法律、法规及标准要求					

如果某款产品或某类产品的竞争力评价的四个方面都是“一般”或以下，说明产品缺乏市场竞争力，不可能有良好的市场表现；如果产品竞争力评价的四个方面都是“良好”及以上，那么产品将有较好的市场竞争力，取得符合预期的销售业绩的可能性很大。

产品竞争力评价方法可以用于事后评价，反思产品上市后销售业绩不理想的主要原因。产品竞争力评价更应该在产品规划和开发过程中进行，确保四个方面的评价均为“良好”及以上时才开发和上市该新产品，确保新产品“不输在起跑线上”。相反，如果产品上市前四个方面有一个或多个方面评价为“一般”及以下，则要么整改产品，要么及时终止产品上市。比如，某产品在竞争方面评价为“很差”，即基本上没有难以模仿的竞争特色，那么即使强行上市，其结果也是面临激烈的同质化竞争，陷入打价格战的困境，最终难以实现预期的投资回报。

如果企业创新绩效总是不好，产品总是缺乏市场竞争力，那么就要系统反思企业产品创新管理体系的有效性了。

三、评价企业创新能力成熟度

通过近 20 年的持续深入研究和咨询实践，知行信顾问团队总结出了一套具有自主知识产权的研发与产品创新管理体系（Research and Development and Innovation Management，RDIM®），如图 2-7 所示。

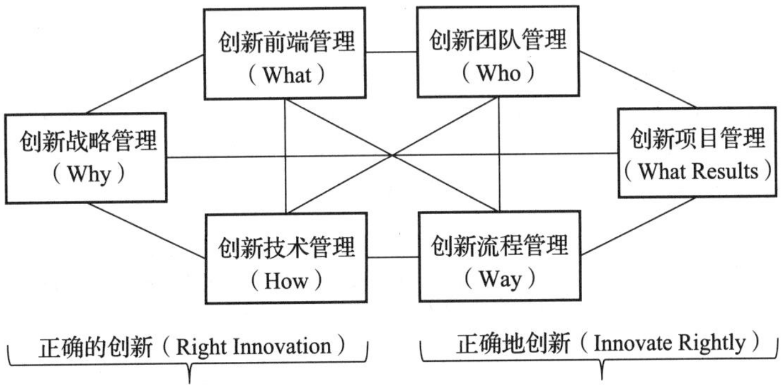

图 2-7 知行信研发与产品创新管理体系（RDIM®）

知行信 RDIM® 体系融合了门径管理系统（Stage-Gate System，SGS）、集成产品开发体系（Integrated Product Development，IPD）、产品及周期优化法（Product And Cycle-time Excellence，PACE）及美国产品开发与管理协会（Product Development and Management Association，PDMA）的新产品开发专业人士认证体系（New Product Development Professional，NPDP）等产品创新管理方法体系的精

髓，具有系统性、完整性、前瞻性和实操性等特点。10余年来，RDIM®体系在不同地域、不同行业、不同规模、不同发展阶段、不同管理素养的数百家科技企业中广泛应用，验证了其适应性与有效性。

RDIM®体系分为六大子系统，每个子系统又分为若干管理模块。我们将RDIM®体系的六大子系统总结为5W1H。其中，创新战略管理、创新前端管理和创新技术管理主要回答如何“做正确的事”，即如何做“正确的创新（Right Innovation）”；创新团队管理、创新流程管理和创新项目管理主要回答如何“正确地做事”，即如何“正确地创新（Innovate Rightly）”。本书将分别深入介绍RDIM体系六大子系统的核心内容。

创新型企业既要“做正确的创新”，也要“正确地进行创新”，这才是真正意义上的“高效创新（Effective Innovation）”。

知行信顾问团队基于RDIM®体系开发了企业创新能力成熟度评价模型ICMM™（Innovation Capability Maturity Model），将企业创新能力成熟度分为不规范、有规范、有效和高效4级。创新型企业可以据此对自身产品创新管理体系的规范性和有效性进行评价（见图2-8）。

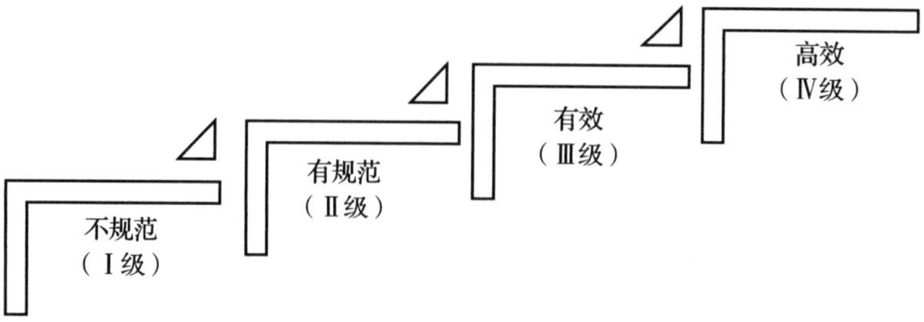

图2-8 知行信企业创新能力成熟度评价模型（ICMM™）

表2-4对企业创新能力成熟度的4级进行了具体描述，企业可以对照该评级标准对自身的创新能力成熟度进行评价。

表2-4 企业创新能力成熟度（ICMM™）评级描述

评级	名称	描述
Ⅰ级	不规范	主要是经验式管理，项目质量及项目成功率主要取决于个别核心人员的经验、能力和责任心
Ⅱ级	有规范	形成了基本的创新管理规范，但规范本身科学性不够，规范的实施不够严格，项目质量及项目成功率很大程度上仍取决于个别核心人员的经验、能力和责任心
Ⅲ级	有效	形成了比较系统和科学的创新管理规范，项目运作以创新管理规范为依据，依据规范运行能重复取得项目的成功，对个人的依赖大幅减少
Ⅳ级	高效	公司能够根据实际需要不断优化创新管理体系，对创新管理体系进行版本管理，项目质量及项目成功率基本上不取决于某个个人。公司无论在创新成果还是创新管理方面都是行业学习的标杆

知行信顾问团队对RDIM®体系的六大子系统分别进行了创新能力成熟度描述（详见本书最后的附录A），企业可对照描述将自身评级填入表2-5。

表 2-5 企业创新能力成熟度评价表

	Ⅰ级（不规范）	Ⅱ级（有规范）	Ⅲ级（有效）	Ⅳ级（高效）	改进重点与改进措施
1. 创新战略管理					
2. 创新前端管理					
3. 创新技术管理					
4. 创新团队管理					
5. 创新流程管理					
6. 创新项目管理					
整体水平					

在对六大子系统分别进行评级的基础上，可以对企业创新能力成熟度整体水平进行评级。

如果整体评级为Ⅰ级或Ⅱ级，说明企业创新能力成熟度低，基于这样的产品创新管理体系难以持续开发出精品创新产品，难以持续取得卓越创新绩效。

如果整体评级为Ⅲ级或Ⅳ级，说明企业创新能力成熟度高，基于这样的产品创新管理体系能够持续开发出精品创新产品，能够持续取得卓越创新绩效，能够实现持续成功创新“可复制”。

“偶然成功是运气，持续创新靠体系！”建立并持续优化产品创新管理体系是企业首席产品官的主要职责。

创新者行动

公司首席产品官（CPO）组织中高层管理者进行企业创新能力成熟度自评，分别评价企业创新绩效、创新产品和创新体系，明确需要重点改善的方面，制定并执行改善方案与计划，成为高效创新企业。

第三节 科技企业创新体系建设要点

创新者思考

（1）我们的研发创新工作主要面临哪些挑战？

（2）我们能有效规划创新战略吗？

（3）我们能有效建立集团—企业两级研发创新体系吗？

（4）我们能有效建立企业产品创新管理体系吗？

（5）我们能有效培养各类创新人才吗？

（6）我们能有效进行产品标准化管理吗？

（7）我们能又好又快、低成本地交付客户订单吗？

科技企业（Hi- Tech Company）是指产品技术含量高，企业研发人员占比高的创新型企业。科技企业是相对于传统销售型企业、生产型企业和项目型企业而言的。为了实现高质量发展，有越来越多的传统企业正在向科技创新型企业转型升级。

持续开发和上市精品创新产品，通过持续成功创新实现持续稳健增长是科技创新型企业的核心目标。科技企业需要建立系统、完整、科学、高效的研发与产品创新管理体系，通过系统的确定性应对市场的不确定性，实现持续成功创新“可复制”。

存在以下创新挑战或问题的企业需要尽快建立、完善或重构研发与产品创新管理体系。

（1）企业创始人希望建立基业长青的企业，希望企业持续稳健增长，希望企业的发展摆脱对包括自己在内的“个别能人”的依赖，希望通过创新体系的确定性应对市场变化的不确定性，希望实现持续成功创新，成为市场创新领导者。

（2）企业进入的业务领域前景很好，企业发展速度很快，研发人员快速增加，但研发人员来自“五湖四海”，具有不同的企业背景与管理素养，企业急需建立起一套系统、一致、有效的研发与产品创新管理体系，快速让研发人员达成共识，提升研发人员的工作质量和工作效率，提升公司新产品开发成功率，缩短公司新产品开发和上市周期，提升研发人员人均产值、人均利润与人均薪酬，提升公司研发创新投资回报率。

（3）企业是从制造型企业走向研发创新型企业，已经建立起了基于ISO9000等的初步规范的产品开发管理流程体系，或者学习和应用了部分源于华为公司的IPD（集成产品开发）的方法和工具，但是企业习惯了“职能式”运作模式，各部门认为“新产品开发是研发部的事”，产品开发流程主要在“研发部内部”运行，采购、生产、销售、质量、运维和财务等职能部门基本上没有“主动参与”新产品开发过程，“部门墙”很厚，部门之间沟通协调效率低下，产品和项目缺乏真正的“主人”，新产品开发流程执行不严肃，甚至流于形式。

（4）企业产品形态复杂、技术含量高、涉及专业多、客户要求严苛、法律法规要求严格、开发周期长、开发投入大、市场竞争激烈、产品开发失败对企业造成的直接损失与机会损失巨大，企业迫切需要建立一套系统、完整、科学、有效、高效的研发与产品创新管理体系，尽可能“一次做对”，尽可能规避各种风险，尽可能提升新产品开发成功率，持续开发和上市精品创新产品。

（5）企业新产品开发项目总是延期，新产品质量难以保证，新产品成本总是超出预期，研发人员总是“重复犯同样的错误”，甚至是重复犯低级错误，骨干研发人员总是忙于定制研发或订单交付项目“救火”，而没有足够的时间和精力从事“重要而不紧急”的新产品开发、技术预研和产品平台开发工作。

知行信在近20年的科技企业创新管理咨询与培训实践的基础上，总结了科技企业创新体系建设的六项主要内容（见图2-9）。

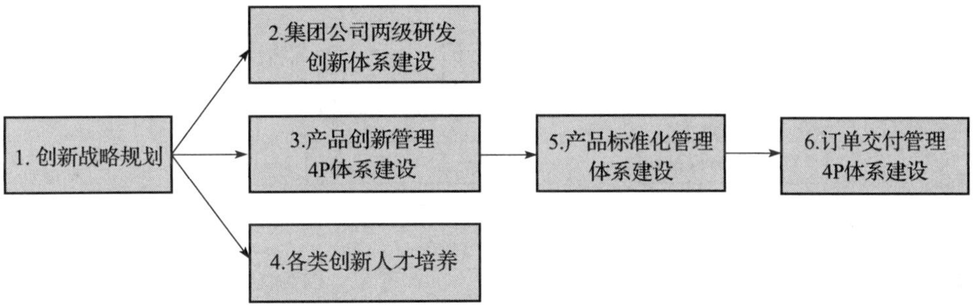

图 2-9　科技企业创新体系建设的主要内容

“精准战略、高效创新、卓越运营”是科技企业的三大关键经营抓手。创新战略规划是“精准战略”的主要内容，集团公司两级研发创新体系建设、产品创新管理4P体系建设、各类创新人才培养、产品标准化管理体系建设是“高效创新”的主要内容，订单交付管理4P体系建设是“卓越运营”的主要内容。

表2-6呈现了本书各章节介绍内容与创新体系建设的主要内容的对照。

表 2-6　本书各章节介绍的主要创新体系建设内容对照表

创新体系建设的主要内容	对应本书章节
1. 创新战略规划	第二篇，第五至第七章
2. 集团公司两级研发创新体系建设	第七篇，第二十一章第一节
3. 产品创新管理4P体系建设	第三至第五篇，第八至第十五章；第七篇，第二十至第二十三章
4. 各类创新人才培养	第一篇，第四章
5. 产品标准化管理体系建设	第六篇，第十六至第十九章
6. 订单交付管理4P体系建设	第七篇，第二十四章

以下分别简要介绍这六个方面的内容，科技企业中高层管理者可以对照企业实际，明确需要重点改进或提升的方面。

一、创新战略规划

为了抓住明天和后天的机会，在今天就要决策和行动。创新战略规划（Innovation Strategic Planning，ISP）涵盖企业业务范围、业务重点决策与创新资源分配。创新战略规划的目的是通过提前洞察市场趋势与客户需求，规划未来业务，提前预研，以便在未来市场窗口期适时上市新产品，成为市场领导者。有效的创新战略规划是创新领导者（Leader）和快速跟随者（Fast Follower）实现未来战略目标的必要手段。规划未来，才能赢得未来！创新战略规划与管理需要企业董事长、总经理、首席产品官（CPO）、首席技术官（CTO）等创新领导者主责，需要产品线经理、产品线管理团队及各职能部门积极参与。

创新战略规划包括设计产品线经营机制、梳理现有产品线、洞察新的战略机会、企业创新战略决策与创新资源分配、产品线战略规划与管理、产品差异化战略定位等内容（见图 2-10）。

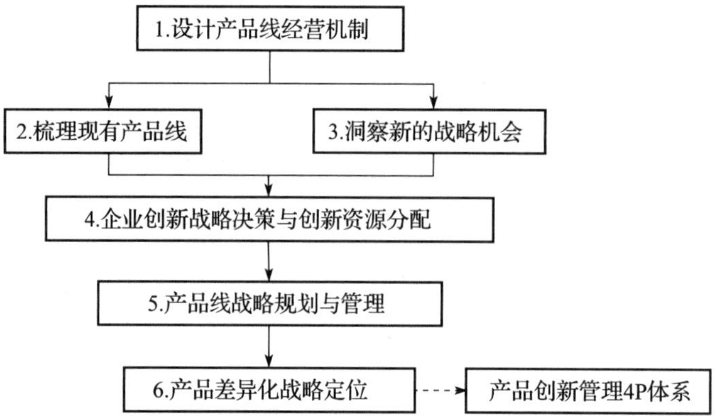

图 2-10 创新战略规划（ISP）的主要内容

在公司聚焦的业务范围内，深入洞察市场趋势与客户需求，激发突破性的新产品创意，开发和上市创新产品，实现企业创新战略规划的中长期目标。

表 2-7 总结了企业创新战略规划（ISP）的主要内容与主要目标。

表 2-7 企业创新战略规划（ISP）的主要内容与主要目标

模块	主要内容	主要目标
1. 建立产品线经营机制	（1）制定企业产品线经营制度 （2）任命各产品线经理、产品线管理团队	建立专业的产品线管理团队，对产品线中长期经营目标负责，确保公司中长期战略目标实现
2. 梳理现有产品线	（1）梳理公司所有产品线、产品型号，对所有产品进行编码 （2）制定产品线、产品型号决策准则 （3）基于决策准则，对所有产品线、产品型号进行生杀决策	删除不赚钱的产品线、产品型号，将公司有限的创新资源聚焦于投资回报最大的产品线、产品型号组合，提升公司创新投资回报率

续表

模块	主要内容	主要目标
3. 洞察新的战略机会	（1）制定战略机会定义准则 （2）通过外部环境分析洞察新的战略机会 （3）通过内部实力分析洞察新的战略机会 （4）对战略机会进行决策与管理	适时洞察新的战略机会，把握新的战略机会，实现企业持续稳健增长，提升公司营业收入与盈利能力
4. 企业创新战略决策与创新资源分配	（1）明确企业细分市场与目标客户 （2）明确企业业务领域与业务重点 （3）明确企业研发创新资源投入强度 （4）按照事业部、产品线科学分配创新资源 （5）按照创新项目类型科学分配创新资源	明确业务领域与业务重点，科学分配创新资源，提升创新资源投资回报率
5. 产品线战略规划与管理	（1）任命产品线经理、产品线管理团队 （2）明确产品线中长期战略目标 （3）洞察与规划客户需求 （4）规划产品线 （5）规划产品平台 （6）规划技术路线图 （7）制订并执行年度产品开发计划 （8）对产品线进行有效的日常经营与管理	通过产品线的有效规划、经营和管理，实现各产品线预期的中长期战略目标，进而实现企业中长期战略目标
6. 产品差异化战略定位	（1）目标客户定位：细分市场，明确目标客户 （2）客户价值定位：洞察客户痛点需求，策划产品差异化卖点 （3）商业模式定位：决策运营与合作模式，降低产品成本，进行战略定价	在产品开发前策划客户真正看重的产品差异化卖点，针对卖点设计与开发产品，确保产品“赢在起跑线上”，提升新产品成功率，提升企业研发创新投资回报率

存在以下挑战或问题的科技创新型企业需要强化创新战略规划与管理。

（1）各个职能部门看起来都非常关注产品，都与新产品开发与管理相关，但是没有一个部门、一个职位负责产品经营，没人对产品的全生命周期负责、对产品的投资回报负责，产品管理实际上处于放任自流的状态。

（2）公司产品类别很多、产品线很多、产品型号很多、定制需求很多，大多数产品缺乏“规模经济性”，产品只有上市，没有退市，很多不赚钱的产品还在“产品货架”上，还在进行宣传与销售，影响公司整体创新投资回报。

（3）整个公司忙于现有产品的改进、升级、降成本，没有专职、专业的团队负责新的战略机会的洞察，不能及时进入新的相关业务领域或细分市场，错失市场战略机会，影响企业中长期战略目标的实现。

（4）公司缺乏明确的研发创新投资占销售收入比例决策，研发创新投入强度不够，或者投入缺乏连续性，难以抢占市场先机、成为市场领导者。现有的研发创新投资缺乏明确、科学的战略性分配，主要研发创新资源投资于改进型产品、降成本产品，对于全新产品、技术预研、产品模块化平台开发等投入不足，导致企业难以推出真正具有市场竞争力的创新性产品，产品盈利能力不强，研发创新投资回报不理想。

（5）公司缺乏正式任命的、专业的产品线经理、产品线管理团队，新产品开发是被动型、响应型的，没有基于市场研究和客户需求洞察进行产品线规划、产品平台规划、技术路线图规划，不能做到“规划一代、预研一代、开发一代、上市一代”，产品线中长期战略目标难以实现。

（6）新产品的“卖点”不是在产品线规划阶段“规划”和“策划”出来的，而是在产品上市后“总结”和“提炼”出来的，这些杜撰的所谓“卖点”不能真正打动客户，缺乏真正的竞争差异化，影响产品销量，影响产品盈利水平，甚至导致产品上市失败。

二、集团公司两级研发创新体系建设

对于有多家技术、产品相似度很高的下属企业或者事业部的集团型公司而言，将所有基础研究、技术开发工作分散到各个企业（事业部）的做法是低效的，是难以构建公司研发创新核心竞争力的。

建立集团中央研究院—企业（事业部）两级研发创新体系，分工协作开展研发创新工作是西门子等世界一流创新企业的关键最佳实践。中央研究院主责战略性的、面向公司中长期发展的、共性的规划、研究与开发工作；企业（事业部）直接面向客户，主责中短期的产品规划、个性技术开发、产品开发和订单交付工作。

以下是某成套机械装备集团公司两级研发创新体系分工示例（见图 2-11）。该集团下属有 10 家企业，每家企业负责成套装备解决方案的一个环节。

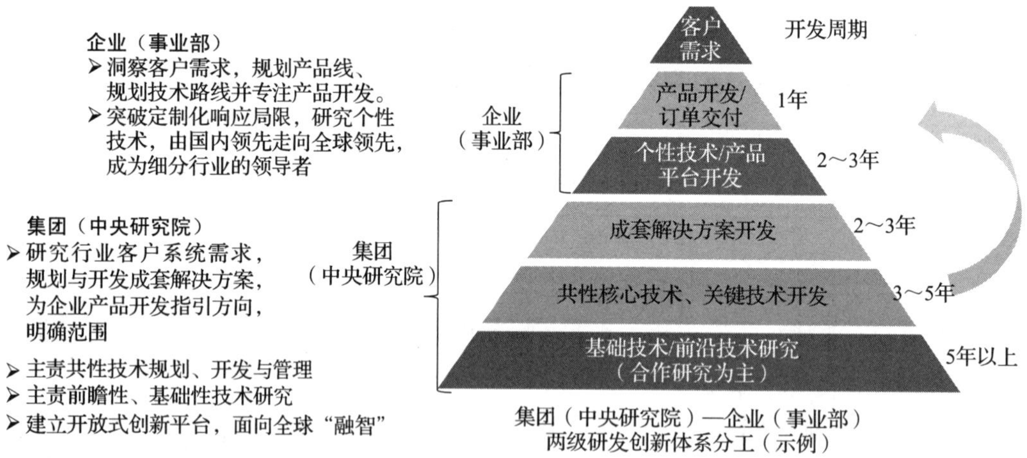

图 2-11 集团公司两级研发创新体系框架

图 2-12 是某科技集团上市公司的两级研发创新体系组织模式设计框架。

不同企业中央研究院的定位与职责会有所不同。集团科技创新决策委员会是集团科技创新的最高决策机构，集团分管副总负责整个集团研发创新的日常管理工作。集团创新管理部负责中央研究院、各企业（事业部）研发创新管理流程与制度建设、监督执行。集团创新专家委员会包括内部专家与外部专家，负责重大研发创新项目的论证。集团中央研究院主责集团基础技术、前沿技术、共性技术、颠覆性技术等的研发与应用，各企业（事业部）主责所负责领域的产品开发与订单交付工作。

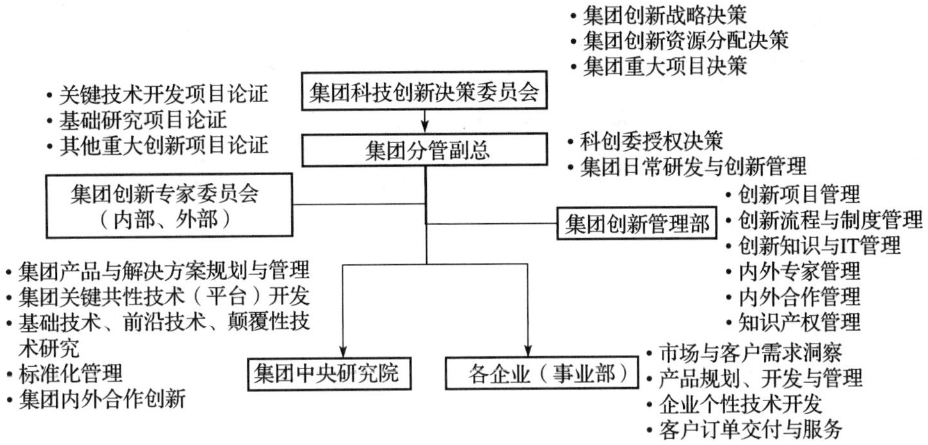

图 2-12　集团公司两级研发创新体系组织模式（示例）

表 2-8 总结了集团公司两级研发创新体系建设的主要内容与主要目标。

表 2-8　"集团公司两级研发创新体系建设"主要内容与主要目标

模块	主要内容	主要目标
1. 设计集团企业两级研发创新体系组织模式	（1）设计两级研发创新体系组织架构 （2）明确集团科技创新管理委员会定位与职责 （3）明确集团分管研发创新副总（集团首席产品官）职责 （4）明确集团创新专家委员会职责与运作程序 （5）明确集团科技创新管理部职责、岗位与编制 （6）明确中央研究院、各企业（事业部）的研发创新角色与职责	通过建立两级研发创新体系，中央研究院负责集团中长期基础技术、共性核心技术研究，能够提升集团中长期创新竞争力，能够为各个企业（事业部）提供强有力的共性技术支撑，让各企业（事业部）更加有效和高效地进行产品开发与订单交付，提升整个集团的研发创新投资回报率，提升整个集团的中长期创新竞争力
2. 设计中央研究院组织模式	（1）设计中央研究院组织架构 （2）明确中央研究院各部门职责、岗位与编制 （3）制定中央研究院各部门的部门说明书 （4）制定中央研究院各部门各个岗位的岗位说明书	建立、完善、优化集团中央研究院组织结构与人员编制，确保各类研发创新项目能够有序、有效地开展，适时支撑各企业（事业部）的创新发展，确保公司中长期创新竞争力
3. 规范集团各类研发创新项目开展流程与管理制度	（1）规范集团重大研发创新项目决策流程与管理制度 （2）规范基础研究项目开展流程与制度 （3）规范技术开发项目开展流程与制度 （4）规范合作开发项目开展流程与制度	通过规范集团各类研发创新项目开展流程与管理制度，确保各类研发创新项目能够适时开展并取得预期的项目成果，提升集团研发创新项目投资回报率，提升集团公司中长期创新竞争力

具有以下特征的集团企业需要适时考虑建立或优化两级研发创新体系。

（1）研发团队、研发项目主要分散在各个企业，各个企业的研发团队规模几十人到几百人不等，各个企业研发人员专业性强弱不一。

（2）总部基本上没有研发团队，没有直接开展的研发项目。

（3）缺乏集团层面的成套解决方案、主导产品线的系统规划和管理，导致各个企业技术标准不统一，重复开发技术与产品，严重浪费公司创新资源，严重影响客户体验，严重影响公司的中长期竞争力。

（4）对基础技术、前沿技术、颠覆性技术等缺乏集团级的研究与跟踪，缺乏有效的对外合作，严重影响各个企业现有产品竞争力，严重影响公司长期生存与发展。

（5）各个企业 80% 左右的研发人员主要忙于订单交付和现有产品的微小改进，在产品线规划、新产品开发、现有产品版本升级、核心技术（关键技术）开发、新业务领域战略机会洞察、技术标准化、功能模块化，以及产品平台开发等方面投入人员、时间和精力严重不足，严重影响现有产品竞争力，影响企业中长期竞争力。

（6）各个企业重复开发机械、电气、软件等共性技术（模块、子系统），并且标准不统一，浪费公司研发资源，影响客户对成套产品的体验，影响客户价值实现，影响公司品牌形象。

（7）各个企业对机械、液压、电气、软件、外观设计、工艺等专业人员的专业性的要求基本一致，但是各企业同类专业人员之间缺乏技术分享与交流，专业人员也不能在各个企业之间合理流动。

（8）各个企业存在很多同类原材料 / 零部件标准件的选型与采购，但这些原材料 / 零部件缺乏集团层面的选型标准，采购也是各个企业独立进行，缺乏集团层面的规模经济性。

（9）缺乏集团层面的技术知识共享系统，企业之间的专业人员不能高效相互学习与交流，不同企业重复开发同类技术，浪费公司创新资源。

（10）缺乏集团层面的统一、标准的研发与产品创新管理体系，各个企业都强调自己的“特点与不同”，集团无法对各个企业的研发创新项目进行统筹决策与管理，无法对各个企业的研发创新绩效进行有效考核与激励。

三、产品创新管理 4P 体系建设

产品创新管理涵盖从创意到退市的产品全生命周期管理。有效、高效的产品创新管理能够帮助创新型企业快速、保质、低成本地开发和上市成功的创新产品，提升企业新产品开发和上市成功率，提升企业创新投资回报率，实现企业持续有机增长。

知行信在近 20 年的创新研究与咨询实践中，总结出了产品创新管理 4P 体系（见图 2-13），帮助创新型企业实现持续成功创新“可复制”。

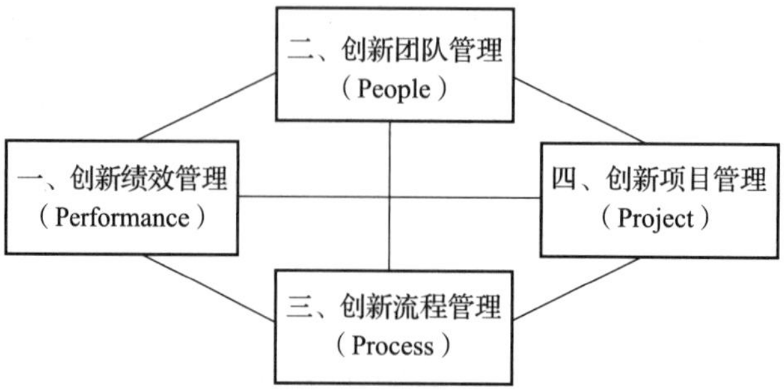

图 2-13　知行信产品创新管理 4P 体系

知行信产品创新管理 4P 体系包括创新绩效管理（Performance）、创新团队管理（People）、创新流程管理（Process）和创新项目管理（Project）四部分，分别回答“做成什么”“谁来做”“如何做”“做什么”的问题。实现预期的创新投资回报是企业产品创新管理的目标，企业要通过有效的创新项目管理实现创新绩效目标。企业进行有效的创新项目管理的前提是建立有效的跨职能创新团队和公司级的端到端的新产品开发管理流程。

规范有效、公司级、端到端的产品创新管理流程体系（见图 2-14）是确保企业持续成功创新“可复制”的关键。端到端的新产品开发流程分为创新前端管理、产品开发管理和产品交付管理（Product Delivery Management）三个大的阶段，细分为 8 个阶段、8 个决策评审点。

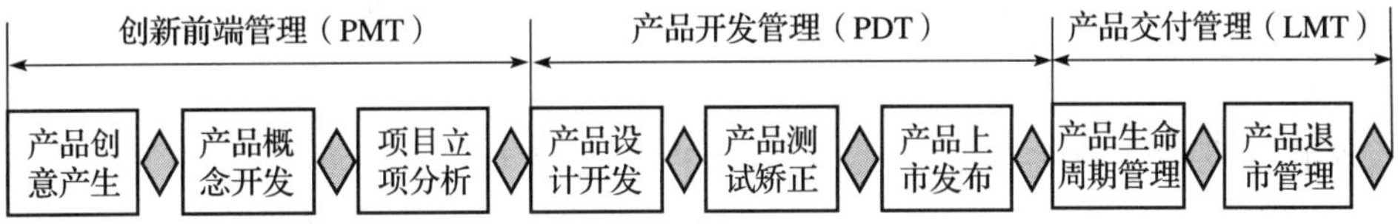

图 2-14　规范有效、公司级、端到端的产品创新管理流程体系

产品经理及产品管理团队（PMT）对产品进行端到端的全生命周期管理，是产品的“主人”。

创新前端管理包括产品创意产生、产品概念开发和项目立项分析三个阶段，是产品开发的“输入”，由产品管理团队主责。创新前端管理的有效性很大程度上决定了产品的成败，创新不应该“输在起跑线上”。产品开发管理包括产品设计开发、产品测试矫正和产品上市发布三个阶段，需要任命强有力的项目经理和跨职能产品开发团队（PDT）进行管理。产品开发团队要对产品成功上市负责，而不是对样机制作或产品转量产负责。产品交付管理包括产品生命周期管理（Product Life-Cycle Management，PLM）和产品退市管理（Product Discontinuation Management）两个阶段，由产品管理团队负责，核心目标是通过有效的产品生命周期管理，通过持续销售和交付产品，实现产品预期的投资回报。

表 2-9 总结了产品创新管理 4P 体系建设的主要内容与主要目标。

表 2-9　“产品创新管理 4P 体系建设”主要内容与主要目标

模块	主要内容	主要目标
1. 创新绩效管理	（1）制定企业创新项目绩效考核制度 （2）制定企业创新团队激励制度	通过设计以团队和结果为导向的有效的考核与激励制度，引导创新团队实现项目目标，持续改善创新绩效，持续提升人均产值、人均利润与人均薪酬
2. 创新团队管理	（1）建立面向创新驱动发展的企业创新组织模式 （2）明确产品审批委员会（PAC）的职责与成员组成 （3）明确产品管理、项目管理和流程管理部门的部门职责、岗位与编制 （4）完善各部门的部门说明书、岗位说明书 （5）建立跨职能产品开发团队组织模式	强化产品管理、项目管理和流程管理，建立跨职能产品开发团队，大幅提升职能部门之间的沟通协调效率与质量，大幅提升新产品开发和上市的成功率，大幅提升企业创新投资回报率
3. 创新流程管理	（1）导入流程体系建设与管理方法 （2）规范创新前端管理阶段各个子流程 （3）规范产品开发管理阶段各个子流程 （4）规范产品交付管理阶段各个子流程 （5）规范新产品项目决策评审流程 （6）规范产品创新管理各阶段共用子流程 （7）明确流程经理职责，建立流程管理制度	通过建立公司级、端到端、有效和高效的产品创新管理流程体系，实现企业持续成功创新“可复制”。大幅缩短新产品开发周期，大幅提升新产品质量，大幅降低新产品成本，大幅提升新产品成功率，大幅提升企业创新投资回报率

续表

模块	主要内容	主要目标
4. 创新项目管理	（1）建立项目管理办公室（PMO），制定项目管理制度 （2）导入单项目管理、项目集管理、项目组合管理方法 （3）培养多名合格的项目经理、项目管理工程师	培养专业的项目经理，由项目管理办公室统筹管理创新资源，提升创新资源的利用效率，提升创新项目管理质量，提升创新项目成功率，提升企业创新资源投资回报率

存在以下问题或挑战的企业需要适时考虑建立、优化或重构产品创新管理体系。

（1）新产品开发项目周期长，开发过程中产品需求、技术方案变更频繁，开发过程中不断“返工（Rework）”，开发周期一再延长，产品上市时间一再推迟，错过产品的最佳上市窗口期。

（2）新产品开发项目质量问题多，开发出的产品稳定性、可靠性不高，很多质量问题在客户使用产品时才“被客户发现”，企业总是“重复犯同样的错误”，甚至总是重复犯“低级错误”。

（3）新产品成本控制不严，新产品的成本严重超出预期，导致产品定价过高，或者利润很低，影响产品销量与盈利能力，甚至导致产品上市失败。

（4）新产品开发主要由“研发部”负责，没有组建真正的跨职能产品开发团队来负责新产品开发工作，各职能部门只是有空时“帮帮忙”。职能部门之间沟通协调困难，项目管理“三多”：“会议多、邮件多、微信群多”。

（5）公司缺乏公司级、端到端的新产品开发流程，项目推进主要依赖个别“能人”的经验。有些公司虽然建立起了基于ISO9000体系或者IPD（集成产品开发）体系的新产品开发流程体系，但是这些流程主要是由研发部制定和执行，很难向其他部门推行，流程执行流于形式。

（6）由于缺乏强有力的跨职能团队与规范的新产品开发流程支撑，新产品开发项目主要靠“项目经理”个人责任心与经验推进，项目经理普遍非常疲惫，充满挫败感。

（7）项目经理有做好项目的责任，但是缺乏资源调动的权力和对项目团队成员考核的权力，项目经理沦为“项目协调人”，实际上很难有效推进项目。

（8）研发人员主要考核个人与过程，而非考核项目团队与项目结果，导致个人业绩很好，但是项目业绩很差，甚至项目失败了，部分研发人员还能发放奖金。

（9）缺乏专业的产品经理与产品管理团队来负责产品的全生命周期管理，导致客户需求研究不深入、项目可行性分析不严谨，很多没有“钱景”的项目进入了新产品开发流程，浪费了公司大量宝贵的研发资源。对产品上市过程及产品生命周期缺乏有效管理，本来很有“钱景”的项目没有实现预期的投资回报。

（10）由于缺乏规范、有效的新产品开发流程，研发新人的培养主要依靠“师父带徒弟”的方式进行，不同的师傅带出来的徒弟技能相差很大。由于缺乏严肃的项目文档与CBB模块提取要求，项目人员变动或离职，导致项目很难交接；或者在不同的项目中重复开发相同的技术、重复开发类似的功能模块，浪费公司宝贵的研发资源。

四、各类创新人才培养

企业所有的事都是人做的。只有专业的人才能做成专业的事。企业一些重要的事情没有做好，关键原因是缺乏足够数量的专业人才。为保证企业持续、健康、快速成长，企业必须有计划地、有效地培养各类必需的专业人才。只有将创新体系建设与创新人才培养并重，创新型企业才能实现“持续成功创新”。

创新人才不只是研发人才！光有大量的研发人员，没有专业的管理人才、经营人才，企业是不可能实现“持续成功创新”的。规划、引聘、选拔各类创新人才，为各类创新人才“赋能”，是企业各级管理者的核心职责。

知行信在近 20 年的创新咨询与培训实践中，总结出了“1+6”创新人才培养体系（见图 2-15）。

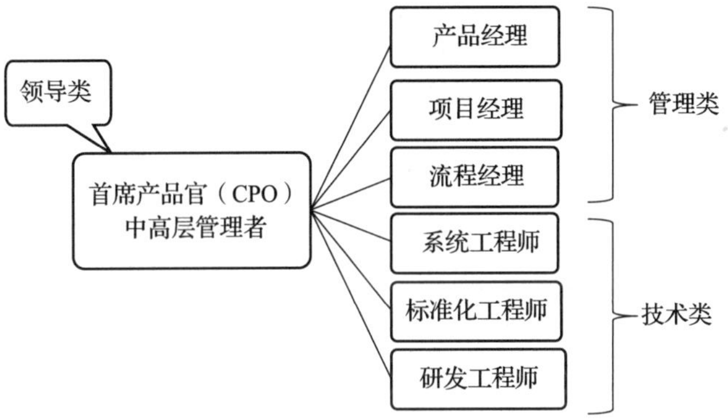

图 2-15　知行信“1+6”创新人才培养体系

该体系包括领导类、管理类和技术类三类创新人才。其中，领导类最重要的创新人才是对企业“持续成功创新”负责的首席产品官（CPO），管理类最重要的创新人才是负责产品全生命周期管理的产品经理，技术类最重要的创新人才是对产品整体技术实现负责的系统工程师。

表 2-10 总结了各类创新人才的培养对象与培养目标。

表 2-10　“1+6”创新人才培养的主要对象与培养目标

创新人才类别	培养对象	培养目标
1. 创新领导者	公司董事长、总经理、首席产品官（CPO）、首席技术官（CTO）等高管，各职能部门负责人、各事业部负责人	（1）对高管在研发创新中的角色与职责有明确认识 （2）对研发与产品创新管理体系有系统认识 （3）能够有效进行创新项目决策
2. 产品经理	公司首席产品官（CPO）、各事业部产品总监、各产品线经理、产品经理、助理产品经理、市场研究人员	（1）能够有效进行市场研究，有效洞察和管理客户需求 （2）能够有效组织产品定义与项目可行性分析工作 （3）能够有效进行产品线规划和管理 （4）能够对产品进行有效的全生命周期管理，能够对产品投资回报负责

续表

创新人才类别	培养对象	培养目标
3. 项目经理	公司项目管理办公室（PMO）总监、专兼职项目经理、项目管理工程师	（1）能够有效组建跨职能产品开发团队 （2）对产品开发全流程有系统、深入了解 （3）能够有效进行技术开发、产品开发项目管理 （4）能够有效进行项目集管理、项目组合管理
4. 流程经理	公司级流程经理、各职能部门流程工程师、质量部门人员	（1）熟练掌握流程体系建设与管理方法 （2）能够有效组织新产品开发等各类创新流程的建设工作 （3）能够有效推动流程执行，能够持续度量与优化流程
5. 系统工程师	各产品线系统工程师，后备骨干	（1）能够与产品线经理一起调研客户需求，进行产品定义和项目可行性分析 （2）能够有效组织产品平台规划、开发与管理 （3）能够有效推行产品线标准化、模块化工作
6. 标准化工程师	各专业骨干研发工程师	（1）掌握原材料 / 零部件归一化管理方法 （2）掌握技术标准化“封装”与重用（Reuse）方法 （3）掌握产品模块化设计方法
7. 研发工程师	各专业研发工程师	（1）了解跨职能产品开发团队组织模式，明确自己在团队中的角色与职责 （2）了解产品全生命周期管理流程，明确自己主责的主要工作与工作开展方法 （3）掌握项目管理的主要方法（计划制订、风险管理等） （4）了解创新团队绩效考核与激励制度

存在以下问题或挑战的企业，需要考虑系统培养各类创新人才。

（1）公司各专业研发人员不断增加，但是产品经理、项目经理等产品经营与管理人才的培养没有跟上，导致研发管理混乱，研发人员越多，研发人均产值与人均利润反而越低。

（2）公司有分管研发的副总，但研发副总主要是对“技术实现”负责，而不是对研发创新投资回报负责。公司各位高管均与产品管理相关，但是企业缺乏真正的创新领导者——对企业“持续成功创新”负责的首席产品官（CPO）。

（3）公司没有产品经理职位，或者虽然有产品经理职位，但是产品经理角色定位不清晰、产品经理专业性不够，公司缺乏专业的“客户代言人”，公司客户需求主要来源于销售人员或者售后服务人员，客户需求洞察不系统、不完整、不深入、不正确。

（4）公司的新产品开发“项目经理”其实是研发部的“研发代表”，缺乏领导跨职能产品开发团队的权责与能力，不能有效协同各职能部门推进项目，不能真正对新产品成功上市负责。

（5）缺乏公司级、专业的流程经理，新产品开发流程主要由研发部制定和推行，其他职能部门普遍不愿遵循。新产品开发流程缺乏监督执行、绩效度量与持续优化，流程建设与管理流于形式。

（6）公司缺乏系统工程师职位或者缺乏专业的系统工程师，各专业研发工程师各自为政设计和开发产品，产品开发过程中频繁返工（Rework），导致产品开发和上市周期大幅延长，产品稳定性、可靠性不高，产品成本超出预期。

（7）公司缺乏掌握系统的产品标准化设计与开发方法的各专业资深工程师，研发物料和标准器件选型混乱，定制部件多，已经掌握的技术缺乏标准化“封装”与重用，产品缺乏模块化平台架构，导致重复开发技术，重复开发同类产品，很多骨干工程师疲于响应订单项目的定制研发需求。

（8）各个专业的研发工程师来自“五湖四海”，有的是刚毕业的大学生、研究生，有的是来自不同行业、不同管理素养的科技企业，公司对这些工程师缺乏系统的团队管理、流程管理和项目管理培训，研发工程师的日常沟通协调缺乏“共同的创新语言”，影响工作协同效果，影响公司创新业绩，影响专业人员士气。

五、产品标准化管理体系建设

从原理上说，很多企业是“项目型企业”，而不是“产品型企业”！这些企业订单交付的产品中定制化比例太高，标准化比例太低，导致很多订单项目盈利情况很不理想，客户满意度不高。进行有效的产品标准化管理，大幅提升产品标准化比例是由“项目型企业”走向“产品型企业”的必由之路。

企业产品标准化管理的核心逻辑：基于模块化的共用产品平台，开发标准化的基型产品；基于标准化的基型产品发布型号产品，或者交付定制化的客户订单，实现“大规模定制”，实现客户与企业“双赢”。标准化与定制化并不冲突，产品标准化做得越好，企业越有时间和精力响应客户定制化需求。可以说，越标准化，越定制化！

知行信产品标准化管理体系主要包括四个方面的内容：原材料 / 零部件归一化管理，技术重用化管理，产品功能模块化设计，产品平台化开发（见图 2-16）。

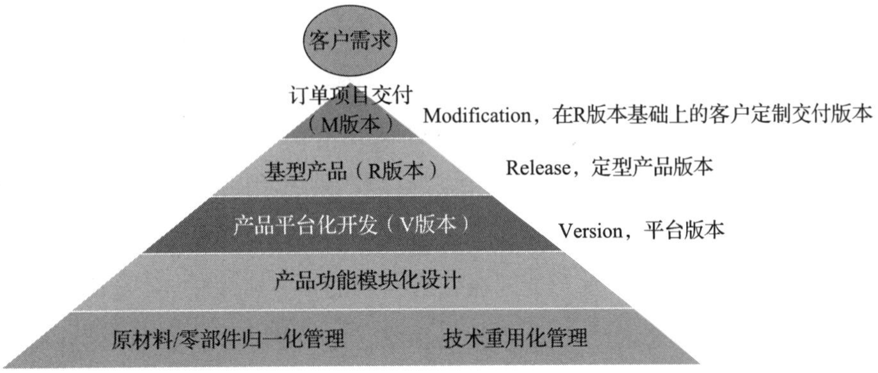

图 2-16　知行信产品标准化管理“四化”体系

原材料 / 零部件归一和技术重用是产品模块化设计的前提，产品模块化设计是产品平台化开发的基础。基于模块化的产品平台定义基型产品，基于基型产品交付定制化的订单。基型产品的标准化率达到 95% 左右，定制只占订单交付项目的 5% 左右是比较好的产品标准化管理。

表 2-11 总结了产品标准化管理的主要内容与主要目标。

表 2-11 “产品标准化管理”的主要内容与主要目标

模块	主要内容	主要目标
1. 原材料 / 零部件归一化管理	（1）设定原材料 / 零部件归一原则 （2）梳理现有原材料 / 零部件 （3）建立原材料 / 零部件优选库 （4）管理与应用原材料 / 零部件优选库	通过梳理现有原材料 / 零部件，建立、管理和应用原材料 / 零部件优选库，尽可能减少原材料 / 零部件品类、品牌和供应商数量，大幅提升原材料 / 零部件采购的“规模经济性”，大幅降低产品成本，大幅减少产品质量问题，大幅缩短新产品开发和上市周期，大幅降低原材料 / 零部件寻源、物流、验证、仓储、出入库成本，大幅降低产品备品备件与运维服务成本
2. 技术重用化管理	（1）技术要素梳理 （2）技术要素定义 （3）技术要素呈现 （4）技术要素重用	通过有效的技术重用管理，持续积累公司各方面的专业技术，尽可能避免重复开发同类技术，缩短新人学习新技术的周期，缩短新产品开发和上市周期，降低新产品成本，减少新产品质量缺陷，降低新产品开发风险，提升新产品开发成功率，提升企业研发创新投资回报率
3. 产品功能模块化设计	（1）模块划分 （2）模块定义 （3）模块设计 （4）模块评审入库 （5）模块调用 （6）模块化运营	通过有效的模块化设计和运营，快速响应客户定制化需求，大幅缩短新产品开发和上市周期，大幅缩短有定制化需求的客户订单交期，大幅减少产品质量缺陷，大幅降低产品成本，便于产品装配、维护和服务
4. 产品平台化开发	（1）产品平台规划 （2）产品平台开发 （3）产品平台管理	通过有效的产品平台规划、开发与管理，快速进行系列化产品开发，快速响应客户的定制化需求，缩短新产品开发和上市周期，降低系列新产品成本，提升系列新产品的稳定性和可靠性，提升公司研发效率，提升公司研发创新投资回报率，持续积累和强化公司核心技术，形成难以模仿的核心竞争力

存在以下问题或挑战的企业，需要考虑系统提升产品标准化管理水平。

（1）企业原材料 / 零部件品类多、品牌多、供应商多，导致原材料 / 零部件采购、供应、验证、管理困难，占用大量仓储空间，入库、出库烦琐，缺乏采购“规模经济性”，备品备件、维修维护、售后服务成本高。

（2）企业在新技术、新产品开发项目中没有强调技术要素的提取与标准化“封装”，“技术”都存储在技术人员的脑袋里，没有形成标准化的、可以“重用（Reuse）”的文档，技术人员离职后相应技术也从企业中流失了。同一家企业的不同事业部、不同研发人员重复开发同类技术，造成严重的研发创新资源浪费。资深研发人员困在现有技术的重复开发中不能自拔，没有时间和精力去研究新的技术，工作缺乏挑战性，缺乏职业成就感。年轻的研发人员缺乏可以快速学习新技术的技术知识库，主要靠“自学”，研发人员成长慢，工作中充满挫败感。

（3）一些企业产品（或解决方案）结构复杂、涉及专业多、开发周期长、产品单值高、客户定制化需求多、产品运维服务难度大，应该采取模块化设计，但是实际上产品的大多数子系统采用的是“一体化设计”，导致客户定制化需求难以满足，订单交付周期长，产品出现问题难以快速、准确定位，产品损坏只能“维修”而不能快速地“更换”模块化部件，严重影响客户满意度，严重影响产品盈利能力。

（4）由于产品不是模块化设计的，产品开发缺乏平台思维，针对不同细分市场的同类产品分别单独开发，而不是基于模块化的共用平台开发，导致产品开发周期长、产品稳定性、可靠性低，产品成本高，产品线更新换代慢，企业产品线整体投资回报率低，企业缺乏基于平台、难以模仿的中长期竞争力。

六、订单交付管理 4P 体系建设

创新型企业需要“高效创新（0→1）”与“卓越运营（1→M）”并重。高效创新是卓越运营的前提，卓越运营是企业实现研发创新预期投资回报目标的保障。

订单交付管理是卓越运营的核心内容。订单交付管理（Order Delivery Management，ODM™）是指从销售机会获取到订单交付回款的端到端的全流程管理。创新型企业通过建立卓越运营体系，大幅提升订单获取机会，大幅缩短订单交付周期，大幅降低订单交付质量问题，大幅降低订单交付成本，大幅提升客户满意度，大幅提升订单项目投资回报率。

知行信在近 20 年的创新研究与咨询实践中，总结出了订单交付管理 4P 体系（见图 2-17），帮助创新型企业实现卓越订单交付“可复制”。

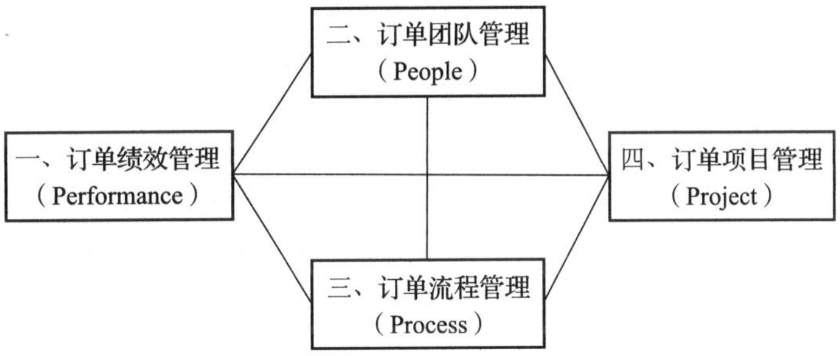

图 2-17　知行信订单交付管理 4P 体系

知行信订单交付管理 4P 体系包括订单绩效管理（Performance）、订单团队管理（People）、订单流程管理（Process）和订单项目管理（Project）四部分，分别回答“做成什么”“谁来做”“如何做”“做什么”的问题。实现预期的订单项目利润目标是企业订单项目管理的目标，企业要通过有效的订单项目管理实现订单绩效目标。企业进行有效的订单项目管理的前提是建立有效的跨职能订单交付团队和公司级的端到端的订单管理流程。

以客户为中心、公司级、端到端的订单交付管理流程体系是确保企业卓越订单交付“可复制”的关键。端到端的订单交付管理流程分为订单前段管理、订单中段管理和订单后段管理 3 个大的阶段，细分为 10 个阶段、10 个决策评审点（见图 2-18）。

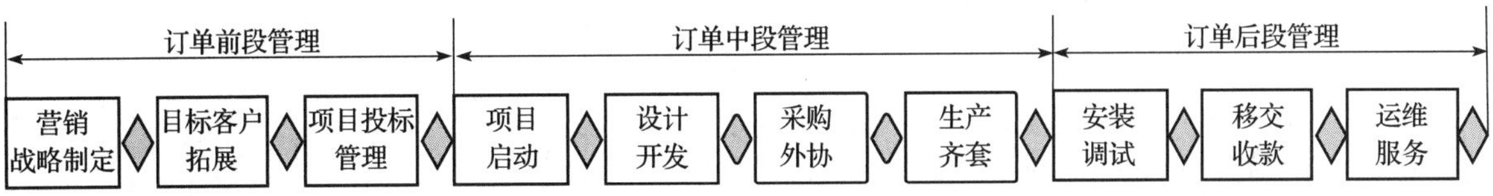

图 2-18　订单交付框架流程

订单交付项目经理及跨职能订单交付团队（ODT）对订单项目进行端到端的全生命周期管理，是订单项目的“主人”。

订单前段管理包括营销战略制定、目标客户拓展和项目投标管理 3 个阶段。标准化程度高的产品是创新型企业卓越地进行定制化订单项目交付的前提。产品经理或解决方案经理应该为大客户经理、售前支持工程师提供标准化程度尽可能高的产品或解决方案，避免大客户经理随意承诺客户，避免售前支持工程师随意制定投标方案。

订单中段管理包括项目启动、设计开发、采购外协与生产齐套 4 个阶段。产品的标准化、模块化程度越高，与客户沟通需求的周期就会越短，订单项目定制设计开发的周期就会越短，自制或外协定制件的数量就会越少，生产齐套的周期就会越短。很多企业由于产品的标准化、模块化程度不高，难以做到“勾选式设计”，导致订单齐套周期太长，最终大幅延长了整个订单交付周期，订单交付质量也难以保证，订单项目成本也大幅增加。

订单后段管理包括安装调试、移交收款与运维服务 3 个阶段。一些企业定义的订单交付周期［订单线索到回款，LTC（Lead To Cash）］不包括运维服务。知行信认为，运维服务也是订单交付管理中非常重要的一部分。对于企业而言，移交收款可能意味着订单交付完毕。但对于客户而言，订单移交后才是产品（设备）使用的开始，客户实现“投资回报”可能还需要几年的时间。优质的运维服务不但可以帮助客户更好地实现“投资回报”，而且很有可能为企业带来更多的重复购买、交叉购买与引荐购买机会。

表 2-12 总结了订单交付管理 4P 体系建设的主要内容与主要目标。

表 2-12 “订单交付管理 4P 体系建设”的主要内容与主要目标

模块	主要内容	主要目标
1. 订单绩效管理	（1）制定企业订单交付项目绩效考核制度 （2）制定企业订单交付团队激励制度	通过设计以团队和结果为导向的有效的考核与激励制度，引导订单交付团队关注订单项目关键绩效目标，持续改善订单交付项目绩效，实现预期的订单项目利润目标
2. 订单团队管理	（1）企业订单管理委员会建立与运行 （2）运营管理部建立与运行 （3）各职能部门订单交付职责定义 （4）跨职能订单项目团队建立与运行 （5）订单交付“铁三角”团队（客户经理、解决方案经理、交付经理）成员选拔与培养	通过跨职能订单交付团队的有效运作，大幅提升职能部门之间的沟通协调效率与质量，大幅缩短订单项目交付周期，大幅提升订单项目利润率
3. 订单流程管理	（1）导入流程体系建设与管理方法 （2）规范订单前段管理阶段各个子流程 （3）规范订单中段管理阶段各个子流程 （4）规范订单后段管理阶段各个子流程 （5）规范订单项目决策评审流程 （6）规范订单管理各阶段共用子流程 （7）明确流程经理职责，建立流程管理制度	建立以客户为中心的、公司级的、端到端的、有效和高效的订单交付管理流程体系，实现企业“卓越订单交付”可复制。大幅缩短订单交付周期，大幅提升订单交付质量，大幅降低订单项目成本，大幅提升客户满意度，大幅提升企业订单项目利润率
4. 订单项目管理	（1）制定订单项目管理制度，促进运营管理部有效运转 （2）导入单项目管理、项目集管理、项目组合管理方法 （3）培养多名合格的订单项目经理、项目管理工程师	通过培养专业的订单交付项目经理，通过运营管理部对各类订单交付项目的有效管理，大幅提升订单项目交付效率与周期，大幅提升订单项目利润率

存在以下特征、问题或挑战的企业需要适时考虑建立、优化或重构订单交付管理体系。

（1）订单交付为系统产品，订单金额大、交付内容多、交付周期长、交付任务复杂。

（2）订单交付时有定制研发、有定制生产、有现场安装调试。解决方案（系统集成）类企业、设备类、软件类企业的订单交付管理往往比较复杂。

（3）订单项目多，订单项目缺乏有效分类与排序，大幅延期交付的项目占比高。

（4）订单交付质量问题多，客户投诉多，客户满意度不高。

（5）订单回款周期长，进度款延期回款多，尾款回收难，公司现金流不理想。

（6）各职能部门职责不清，配合不畅，沟通协调困难。

（7）订单交付综合成本高，人均产值、人均利润低，订单项目利润微薄或亏损。

创新者行动

公司首席产品官（CPO）组织中高层管理者分析企业创新体系建设的六个主要方面分别存在的主要问题，明确改进重点，有效建设和持续优化创新体系，实现企业持续成功创新“可复制”，让创新体系成为企业难以模仿的核心竞争力。

创新案例

华为公司集成产品开发（IPD）体系建设实践

华为创立于1987年，是全球领先的ICT（信息与通信）基础设施和智能终端提供商。2021年华为约有19.5万名员工，业务遍及170多个国家和地区，服务全球30多亿人口。

2021年，华为实现营业收入6368亿元，净利润1137亿元，经营性现金流597亿元。在重压之下仍强力投入研发，持续创新，2021年研发费用额和研发费用率均处于近十年的最高位。近十年华为累计投入的研发费用超过8450亿元，2021年从事研究与开发的人员约10.7万名，约占公司总人数的54.8%。2021年，华为研发费用支出为1427亿元，约占全年收入的22.4%。截至2021年12月31日，华为在全球共持有有效授权专利4.5万余族（超11万件）。

面向未来，华为将沿着数字化、智能化、低碳化方向前进，持续加大投入，依靠人才、科研和创新精神三要素，力求实现技术底座的重构。在这个基础上，华为集结各种ICT技术和全球经验，协助各行各业的客户开展数字化转型，为客户和社会创造价值。

华为30多年的发展可以分为4个阶段，如图2-19所示。

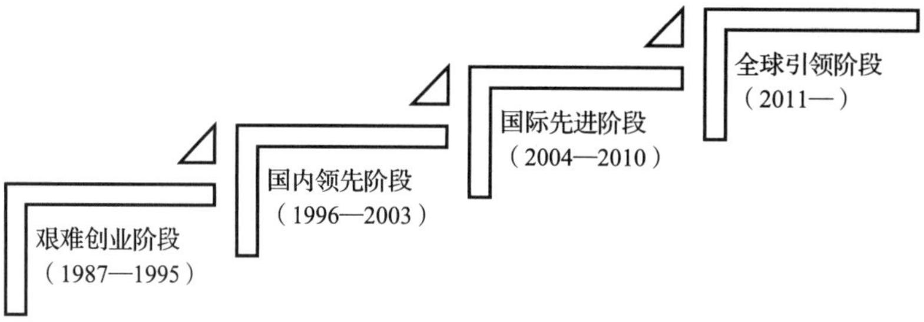

图2-19 华为公司发展阶段划分

华为是在刚刚走出艰难创业阶段，走向快速成长阶段的过程中导入IPD体系的。IPD体系的导入和持续优化为华为持续成功创新奠定了坚实的基础。

一、华为为什么要导入IPD

1. 华为遇到了与IBM当年遇到的非常类似的研发管理问题

1997年任正非到美国考察时，访问了IBM，谈到了公司在研发管理方面存在的问题和困惑。随着公司规模的迅速扩大，华为的产品线越来越长，但是研发效率、产品质量与响应速度等方面爆发出的问题越来越多，集中表现在以下方面。

（1）串行研发导致开发周期很长，产品研发被动地响应市场需求，缺乏整体规划，导致维护成本很高，影响了客户的满意度。

（2）研发部门重视对技术与功能的开发，但对产品的可靠性与稳定性则重视不够，产品研发闭门造车、脱离客户需求，研发浪费十分严重。

（3）产品交付质量不稳定，频发的售后服务冲击了研发节奏、蚕食了利润。

（4）严重依赖英雄，成功难以复制，部门墙较厚，组织能力较弱。

（5）缺乏结构化端到端流程，运作过程割裂，内耗严重，等等。

1997 年，华为研发费用浪费比例和产品开发周期是业界最佳水平的两倍以上。华为销售额虽然连年增长，但产品的毛利率却逐年下降，人均效益只有 Cisco、IBM 等企业的 1/3 ～ 1/6。

2. IBM 有效地解决了自身遇到的研发管理问题

IBM 的高管介绍说，IBM 在发展过程中也面临过同样的问题，这些问题几乎导致 IBM 公司破产。

IBM 创立于 1896 年，1981 年推出世界上第一台个人电脑。经过多年的快速发展，1987 年 IBM 的股票总面值达 1060 亿美元，超过福特汽车公司。取得巨大成功的 IBM 逐渐开始走向保守、僵化和自负，在 1990—1993 年连续亏损，仅 1992 财年就亏损了 81 亿美元，创造了当时美国历史上一年亏损最多的纪录。

1993 年，郭士纳临危受命，通过大刀阔斧的改革让 IBM 起死回生。IBM 建立了“以客户为中心”的企业文化；半年之内裁掉 4.5 万名员工，建立了以绩效和流程标准为主导的决策机制；采用 IPD 研发管理模式，缩短产品上市时间并提高利润，等等。很快，郭士纳的改革呈现出卓越的成效，1994 年 IBM 盈利 30 亿美元，1997 年营业收入高达 785 亿美元，重塑了 IBM 的辉煌。

IBM 公司在 PACE 方法的基础上，结合公司的实际情况，系统地解决了存在的主要研发与创新管理问题，并总结出了集成产品开发（IPD）方法。

3. IBM 是持续成功创新的国际大企业，学习 IBM 才能成为 IBM，才能超越 IBM

任正非指出，华为的目标是要成为国际性的大公司。IBM 是年营业收入近 1000 亿美元的百年企业，其成功经验非常值得华为学习。华为只有学习这些大公司，才能成为大公司。只有学习 IBM 才有可能成为 IBM，甚至超越 IBM。任正非曾当着 IBM 顾问的面说，华为学习 IBM 的目的就是要超越 IBM 这个老师，只有超越了 IBM 这个老师，才能证明华为真正学会了 IBM 的方法；只有超越了 IBM 这个老师，才能证明 IBM 方法是真正有价值的。

“我们在 IBM 整整听了一天管理介绍，对他的管理模型十分欣赏，对项目从预研到寿命终结的投资评审、综合管理、结构性项目开发、决策模型、筛选管道、异步开发、部门交叉职能分组、经理角色、资源流程管理、评分模型……，从早上一直听到傍晚，我身体不好，但不觉累，听得津津有味。后来我发现朗讯也是这么管理的，都源自美国哈佛大学等著名大学的一些管理著述。

“圣诞节美国处处万家灯火，我们却把自己关在硅谷的一家小旅馆里，点燃壁炉，三天没有出门，开了一个工作会议，消化了我们访问的笔记，整理出一厚叠简报，准备带回国内传达。我们只有向这些大公司认真学习，才能使自己少走弯路，少交学费。IBM 是付出数十亿美元直接代价总结出来的，他们经历的痛苦是人类的宝贵财富。

“听了一天的管理介绍，我们对 IBM 管理制度的规范、灵活，以及较快的响应速度有了新的认识；对这样一个庞然大物的有效管理有了更多了解；对我们的成长有了新的启发。华为的官僚化虽还不重，但是苗头已经不少。企业缩小规模就会失去竞争力，而扩大规模，却不能有效管理，又会面临死亡。管理是内部因素，是可以努力的。规模小，面对的都是外部因素，是客观规律，是难以以人的意志为转移的，它必然抗不住风暴。因此，我们只有加强管理与服务，在这条不归路上，才有生存的基础。这就是华为要走规模化、搞活内部动力机制、加强管理与服务的战略出发点。

“在扩张的过程中，管理不善也是非常严重的问题，华为一直想了解世界大公司是如何管理的，有幸IBM给了我们真诚的介绍。回公司又在高层进行了两天的传达与研讨，这100多页简报激起新的改革火花。”（1998年）

4. 华为做的是长线产品，需要系统、规范、有效和高效的研发与创新管理体系才能保证企业持续成功创新

从主观上讲，做长线产品周期长、投入大、参与的人多、管理复杂，需要有系统的研发管理方法做指导；从客观上讲，华为与国际巨头相比还不在一个数量级上，市场竞争非常激烈，没有时间给华为慢慢摸索研发管理方法。

如果我们进入的是短线产品呢，我们无所谓，搞几个人做做，什么IPD也没有必要，就咱们几个说了算，什么文档也不需要，就全记到我们脑子里面，短线产品我们是可以做到的。但是作为长线产品我们是不行的，一个是要缩短研发周期，加强资源配置密度，资源配置的密度就是有非常多的人同时作业，比如说几千人、几万人同时进行一个软件的编辑，同时作业。这个作业就跟一个总参谋部在打仗一样，炮弹什么时候打，飞机什么时候出动，这个时候的综合行动是很复杂的，你可不要炮弹一个个都打到自己脑袋上，这个战争可不是这么打的。

如果我们在这个大规模、综合性的战争中，没有良好的管理方法，我们不仅没有效率而且浪费我们的资源，大家说浪费就浪费一点嘛，浪费就是以死亡作为代价。在战争中，如果说这个总参谋部的作战体系没有一个非常严谨的作战方案和部署的话，那么肯定是一场战役的失败，失败就意味着一个王朝的灭亡。对华为来说，如果我们也是老失败，我们有这么多资源可失败是没有问题的，但现在我们没有这么多资源可失败，也可能失败一次还可以爬起来，失败两次还可以，但是连续几百次的失败，我们华为肯定就会寿终正寝。（1999年）

二、IPD体系的核心内容

集成产品开发（IPD）（见图2-20）是一套产品开发的模式、理念与方法。IPD吸收了很多PACE的理论精华，并做了相应的取舍和优化。IBM公司在实践中取得成效的同时不断对这一方法论加以改进和完善，形成了IPD的思想及一整套的产品开发模式和方法。

IPD的核心理念包括以下六个方面。

1. 新产品开发是一项投资决策

IPD强调要对产品开发进行有效的投资组合分析，并在开发流程中设置检查点，通过阶段性评审来决定项目是继续、暂停、枪毙还是改变方向。

2. 基于市场的开发

IPD强调产品创新一定是基于市场需求和竞争分析的创新。为此，IPD把正确定义产品概念、市场需求作为流程的第一步，一开始就做正确的事。

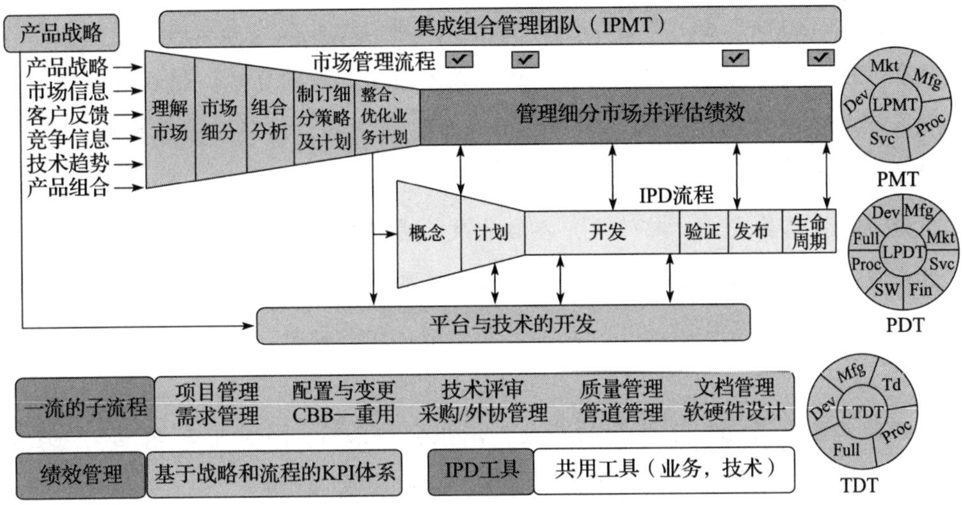

图 2-20　IPD 体系框架

3. 跨部门、跨系统的协同

采用跨部门的产品开发团队（Product Development Team，PDT），通过有效的沟通、协调及决策，达到尽快将产品推向市场的目的。

4. 异步开发模式，也称并行工程

就是通过严密的计划、准确的接口设计，把原来的许多后续活动提前进行，这样可以缩短产品上市时间。

5. 重用性

采用共用构建模块（Common Building Block，CBB），提高产品开发的效率和质量。

6. 结构化的流程

产品开发项目的相对不确定性，要求开发流程在非结构化与过于结构化之间找到平衡。

除了 IBM，早期还有波音公司也采用了 IPD 模式。目前在世界上 IPD 为许多知名公司，如诺基亚、杜邦、思科等企业所采用。华为在 IBM 的帮助下实施了 IPD 方法，通过 5 年以上的努力取得了较好的成效。总体来说，IPD 更适用于有一定规模和基础的企业，中小型企业导入时需要进行较大幅度的裁剪。

三、华为 IPD 实施过程

项目启动之前，IBM 报价 4800 万美元，相当于华为一年的利润！华为财务总裁想砍价，任正非说："你负责砍价，你能否负责承担项目风险？"由于 IBM 一口价，任正非只问一句话："你们有信心把项目做好吗？"IBM 代表沉思片刻，说能。于是，任正非拍板定了项目！加上实施与 IT 等费用，整个变革共计花了 20 亿元。

IPD 体系建设项目 1998 年 8 月开始调研，1999 年 4 月正式启动，2001 年 7 月导入试点项目运行，IBM 顾问密集服务期持续了 27 个月。在此基础上，华为公司在项目实践的基础上，持续对 IPD 体系进行了优化，到 2013 年发布了 IPD6.5 版本。

1. 系统诊断

经过半个多月的访谈，IBM 顾问对华为的研发与创新管理现状做出了全面的剖析与诊断。

在 1998 年 9 月 20 日的报告会上提出了华为研发与创新管理存在的主要问题。

（1）缺乏准确、前瞻的客户需求关注，反复做无用功，浪费资源，造成高成本。

（2）没有跨部门的结构化流程，各部门都有自己的流程，但部门流程之间是靠人工衔接，运作过程割裂。

（3）组织上存在本位主义、部门墙，各自为政，造成内耗。

（4）专业技能不足，作业不规范，依赖英雄，这些英雄的成功难以复制。

（5）项目计划无效，项目实施混乱，无变更控制，版本泛滥。

…………

这些尖锐的问题直接触到了华为的痛处，汇报会结束后，任正非庆幸地说：这次请 IBM 当老师请对了，华为就是要请这种敢跟我们叫板的顾问来做项目。

2. 采用“先僵化，后优化，再固化”的方法学习 IPD

任正非强调华为在管理方面主要向 IBM 学习，不要学习很多管理方法，先学会 IBM 再考虑学习其他管理方法。

我们认为世界上还有非常多的很好的管理，有很多人可能推荐很多好的管理，我说什么管理都学习，那最后的结果就是一个“白痴”。所以我们公司的学习就有一个特点，只向一个顾问学习，只学一种模型，十年、二十年以后华为产值提高到 2000 亿美元时我们可能会说，学习百家，就是诸子百家，然后我们出来一个新东西，但是我认为现在华为连一家都没学明白，何来新东西？我们这些年的改革失败就是老是有新花样、新东西，然后一样都没有用，因此我认为，踏踏实实，沉下心来就是我们就穿一双美国鞋。(1999 年)

面对研发和市场部门的排斥、抵触，1999 年 11 月 16 日，在 IPD 第一阶段总结汇报会上，任正非提出“**先僵化，后优化，再固化**”的变革方针，5 年内不许任何改良，5 年之后局部改动，10 年以后才能结构性改动。“我们是要先买一双美国鞋，不合脚，就削足适履。要先僵化后优化。”

创新一定要在理解的基础上去创新，而不是在没有完全充分理解时就表明一些东西，你那是在出风头，而我想那出风头的人就把他请出我们这个小组去，这是第一点。

当然我们让大家去穿一双美国鞋，是我们让美国顾问告诉我们美国鞋是这个样子，到你们中国鞋是不是可能变一点，但这只有顾问有这个权力，我们没有这个权力，下面的员工不要再提很多新的建议，表明自己很有才能，很有才干。(1999 年)

3. 组建一支强势团队学习和导入 IPD

任正非强调一定要挑选沉得下心、责任心强的员工参加 IPD 团队，一定要踏踏实实、认认真真地学习，不要自以为是。

IPD 项目组成员要流动，要将不理解、不认同 IPD 体系的人赶出项目组，要每月评估一次项目组成员的胜任度。任正非提出，就 IPD 来说，学得明白就上岗，学不明白就撤掉，我们就是这个原则，否则我们无法整改。

任正非指出，IPD 关系到公司未来的生存与发展，各级组织、各级部门都要充分认识到它的重要性。**华为要不断进行自我批判，抛弃一切可以抛弃的东西，虚心向业界最佳学习。**IPD

项目要求全流程参加，试点小组中每个角色要派两个人，便于滚动推广。

不要把IPD行为变成研发部门的行为，IPD是全流程的行为，各个部门都要走到IPD里来。每一个试点PDT的小组里面要增加两个财务人员、两个采购人员、两个生产计划人员……一个是观察员，一个是主要的小组成员，等PDT试点结束后并要扩展到另外一个PDT的时候，那个主要的小组成员退出来，由观察员承担主要职责，并再增加一个观察员。经过这样不断地滚动，可以将我们公司的所有中高层干部全部滚动参加一次实践。这也是对他们前途负责的一次培训。（1999年）

4. 导入试点项目运行IPD

2000年5月17日，华为无线业务部大容量移动交换机VMSC6.0产品作为IPD第一个试点，在IBM顾问指导下经历了10个月的研发周期，整个流程完成了首次试运行。经过在3个产品历时一年的试点，IPD流程在华为取得了比较好的效果，产品研发的总周期降低了50%左右。2002年，所有新启动的项目都按照IPD流程来运作。

基于IPD流程体系，在产品设计之初就引入市场、生产、用户服务、财务、采购等代表，给予他们同等的投票权和发言权。市场代表搜集客户信息形成产品概念，研发代表根据产品概念提出研发方案，估算研发周期、人员、所需仪器设备及所需原材料等信息。财务代表根据相关数据算出须投入的研发人员、仪器设备成本、制造成本、物料成本、产品生命周期销售额、利润等。用户服务代表、生产代表、采购代表、品质代表都须提出各自对产品的专业看法。经过所有的代表同意后，形成业务计划书，提交产品线的IPMT（PAC）评审。

5. 持续优化IPD

自1998年启动项目以来，随着公司规模的扩大及管理需求的变化，华为的IPD研发管理体系经历了长达15年的持续优化，有力支撑了华为的高速增长。2013年，华为公司发布了IPD体系6.5版本，优化过程，如图2-21所示。

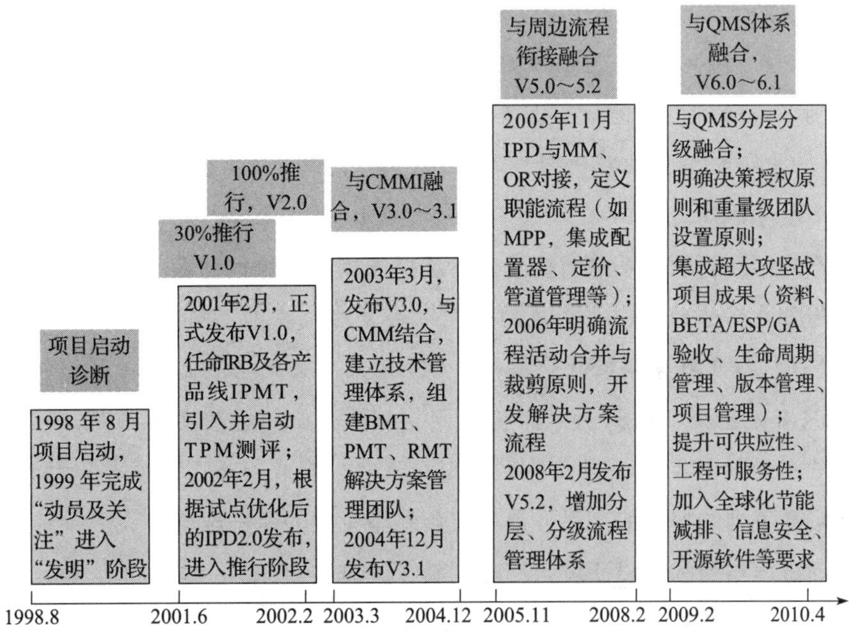

图2-21 华为IPD体系持续优化历程

四、IPD 给华为带来的价值

通过对比试点项目和同类项目开发过程，IPD 体系的导入为华为研发与创新绩效带来了显著的改善。

（1）产品投入市场时间缩短 40% ～ 60%。

（2）产品开发浪费减少 50% ～ 80%。

（3）产品开发生产效率提高 25% ～ 30%。

（4）新产品收益（占全部收益百分比）增加 100%。

IBM 不仅给华为带来了规范的 IPD 流程体系，还带来了知识分享的企业文化。研发的 IT 求助系统和经验库的建设，保障了新手能够快速求助和学习，尽快胜任工作任务。

怎么理解 IPD？我认为其实就是格式化、规范化的方法通过电子流运转起来，不是通过人的感情和人的接触传递。IPD 可以大大提高效率，这种规范化、格式化的东西几十年后还可以找到它，找到它还可以发现它是补在哪件衣服上的，把补丁截下来，用丝绸接上去，就变成二十年以后的机器，所以它实际上就是规范化的方法。（2001 年）

任正非认为，IPD 体系建设给华为带来的最大的价值是改变了公司的研发理念，将研发理念由技术导向转变为客户需求导向。

回想华为到现在为止所犯过的错误，我们怎样认识 IPD 是有价值的？我说，IPD 最根本的是使营销方法发生了改变。我们以前做产品时，只管自己做，做完了向客户推销，说产品如何的好。这种我们做什么客户就买什么的模式在需求旺盛的时候是可行的，我们也习惯于这种模式。但是现在形势发生了变化，如果我们埋头做出"好东西"，然后再推销给客户，那东西就卖不出去。因此，我们要真正认识到客户需求导向是一个企业生存发展的一条非常正确的道路。从本质上讲，IPD 是研究方法、适应模式、战略决策的模式改变，我们坚持走这一条路是正确的。（2003 年）

五、中小科技企业如何建设研发与产品创新管理体系

以上我们花了较大的篇幅，对华为为什么要引入 IPD、导入 IPD 的过程、IPD 的持续优化以及 IPD 给华为带来的价值等进行了比较深入的介绍，目的是给广大中小科技企业以借鉴。结合作者近 20 年为中小科技企业提供研发与产品创新管理咨询服务的实践，为中小科技企业创新体系提出以下参考建议。

1. 研发与产品创新管理体系是科技企业需要优先规范的管理体系

IPD 体系是华为引进的第一个系统的管理方法，在此基础上华为先后引入了 ISC（集成供应链管理）和 LTC（订单线索到回款管理）等管理体系。从原理上说，华为这样决策是科学的，因为科技企业只有先把产品做好，才能谈其他。一些企业的营销团队很强、生产体系也很健全，就是做不出好卖的产品，公司最终也会走向衰败。因此，**规范研发与产品创新管理体系，持续做出有市场竞争力的好卖的产品，是科技创新型企业的第一要务！**

2. 要循序渐进地学习和建设研发与产品创新管理体系

中小企业要根据发展阶段、行业特点、人员素养等确定学习的重点，切忌贪大求全，全盘

照抄。一些研发人员不到100人的科技企业全盘照抄华为IPD体系，导致严重消化不良，产品开发效率反倒大幅降低，最后不得不放弃了对IPD体系的学习和应用。

3. 华为导入IPD的方法不一定适合中小企业

华为采用“先僵化、后优化、再固化”的方法导入IPD体系，有其历史条件，中小企业不建议采取这种“僵化”的变革方法，而应该“急用先学”，将IPD体系的有效方法与企业的实际情况相结合，边导入方法边应用和验证方法，最终形成一套符合企业实际的研发与产品创新管理体系。

4. 要认识到建立和优化研发与产品创新管理体系是一个艰苦的、复杂的、长期的过程

华为导入IPD体系不但花费了大量的财力、人力，而且导入和持续优化的周期很长。华为IPD体系从导入到全面运用花费了5年时间（1998—2002年），华为IPD体系至今一直在持续优化，2013年发布了IPD体系6.5版本。一些企业对IPD体系建设的复杂性、艰巨性和长期性认识不足，由积极拥抱IPD走向被动放弃IPD，甚至忌讳再谈IPD。有些企业请个培训师讲几天课，导入一些IPD的模板和表单，认为就可以建立IPD体系。还有的企业聘请前华为员工担任流程体系建设经理，期待其能帮助企业建设和推行IPD体系，但效果往往大打折扣。

企业高层管理者需要认识到，企业需要的不是一套僵化的照搬照抄的IPD体系，而是要规范企业的研发与产品创新管理，在创新之路上“少犯不必要的错误、少走不必要的弯路、少交不必要的学费、少冒不必要的风险”，多开发精品创新产品。每个创新型企业应该基于企业自身存在的主要研发与产品创新管理问题、行业特点、人员规模、发展阶段、团队管理素养等循序渐进地学习和应用相应的创新方法，逐步改善创新绩效。学习和运用创新方法要“神似”而不能停留于“形似”，生搬硬套管理方法的结果很可能是东施效颦，适得其反！

六、持续成功创新的华为公司值得学习的主要方面

中华五千年历史上没有出过一家大公司，华为用了不到30年的时间就白手起家，成就了一家全球领先的科技创新型企业。华为的实践值得中国绝大部分企业，特别是科技创新型企业学习。要想成为第一，就该学习第一，要学就学最好的！

即使华为公司在明天倒下，华为公司在昨天和今天走过的路也非常值得我们学习和借鉴！

任正非说，华为没那么伟大，华为的成功也没有什么秘密！华为的成功就一个字：“傻”！华为就像阿甘一样，认准方向，朝着目标，傻干、傻付出、傻投入！作者总结了华为“十傻”，与大家分享。

1.“傻理想”：要成为世界级大公司，赚钱不是最重要的

任正非说，中华五千年没出过大公司，华为希望成为大公司，希望在通信领域全球“三分天下有其一”。任正非认为，只有成为大公司才能与大公司竞争。华为坚守理想和目标，不把钱看成中心，认为钱不是最重要的，理想才是最重要的！因而，华为不以“利润最大化”作为企业经营目标，拒绝短视和机会主义，只抓战略机遇，对非战略机遇或短期捞钱机会主动放弃。这是资本和股东做不到的，只有理想主义者可以做得到。

2.“傻干”：持之以恒、专注、执着地做好一件事

30多年来，华为始终对准通信领域这个“城墙口”，聚焦资源，采用密集炮火，实施饱和攻击，终于走向了全球引领地位。华为不盲目多元化，没炒过股票，也没做过房地产，对前进道路两边的各种“鲜花”的诱惑视而不见。

3.“傻付出”：长期坚持艰苦奋斗

自创立以来，华为就始终坚持将“以奋斗者为本，长期坚持艰苦奋斗”作为公司的核心价值观。华为今天的成功是全体华为人“用命博来的”。华为人付出了节假日，付出了青春和身体健康，华为成功靠的是常人难以理解和忍受的长期艰苦奋斗。

4.“傻投入”：在研发与创新方面持续坚持高强度投入，连续投、长期投

华为长期坚持将年营业收入10%以上的费用和公司45%以上的人员投入研发，将研发投入的10%（即年营业收入的1%）以上投入基础研究。

5.“傻分享”：主动稀释个人股权

任正非将个人持有的100%华为股份与员工分享，个人至今持股只有1.4%左右，全公司有10万多人持有公司股份。华为强调不让雷锋吃亏，要让雷锋先富起来。华为强调每年要将利润全部分掉，要将公司现有的优势“耗散”掉，形成新的优势，避免怠惰。

6.“傻管理”：花巨资全面向西方大公司学习管理方法

华为从1998年开始系统向IBM公司学习管理方法，先后导入IPD（集成产品开发）、ISC（集成供应链管理）和IFS（集成财经管理）等管理体系，以打通端到端全流程，提升内部运作效率。任正非强调，在年营业收入没有超过1000亿美元前都坚持向IBM学习，并且只学习IBM这个“老师”。任正非要求华为人慎谈“华为式管理”，慎谈“中国式管理”。

7.“傻融资”：不上市，不圈钱

华为是目前世界500强企业中极个别的没有上市的企业。任正非认为，与其让不创造价值的“资本家”分享公司的盈利，不如让直接的价值创造者——员工分享公司的盈利。华为故意远离资本力量的诱惑与控制，以便能坚守理想，实现企业战略目标。华为不愿意通过股票市场制造成千上万的“一夜暴富”的华为员工，以免员工产生怠惰，瓦解华为的凝聚力和战斗力，不再能坚守“上甘岭”，坚守理想。

8.“傻授权”：实施轮值CEO制度

任正非多次强调，其家族成员永不接班。任正非不希望“企业家的生命成为企业的生命”。任正非将董事长的位置让出来，将CEO的位置也让出来，只担任不怎么管事的总裁一职。公司的日常运作由3位轮值CEO负责。任正非主要通过思想、通过讲话对公司进行管理。任正非为人低调务实，不作秀，不宣传个人，很少面对媒体。

9.“傻服务”：一定要对给我们钱的人最好

华为认为，客户是企业的衣食父母，只有客户给企业钱，所以一定要对客户最好。华为坚持以客户为中心、以客户需求为导向进行组织管理，以优质、低成本的产品服务客户。任正非要求全体华为人面向客户，屁股对着老板，要认认真真、踏踏实实、真心诚意为客户服务。

10.“傻合作”：建立共赢的生态系统

在国际市场竞争中，华为主动采取“以土地换和平”策略，不低价竞争，不将竞争对手赶尽杀绝，主动建立和维护良好的产业生态系统。华为主动与客户、“友商”合作创新。华为善待“同盟军”，在经济危机时确保让同盟军能活下去。

华为很“傻”，但很成功。相反，很多企业很“聪明”，但非常短命。真可谓“傻人有傻福”，“聪明反被聪明误”！

（本节主要内容改编自作者《华为傻创新》一书）

第三章
企业持续成功创新之道

创新者思考

（1）我们的创新观念正确吗?

（2）我们的创新体系高效吗?

（3）我们有足够数量、足够专业的各类创新人才吗?

（4）我们能够持续开发出精品创新产品吗?

（5）我们能够实现持续稳健增长吗?

要么创新，要么死亡（Innovate, or Die）!

企业需要创新。

企业需要成功创新。

企业需要“持续成功创新（Consistent Successful Innovation）”!

只有持续成功创新的企业才能持续存活、持续成长。因此，追求基业长青、永续经营的企业都必须能够持续成功创新。

一些企业家说，创新是找死，不创新是等死！可见创新是企业家的两难决策。

科技企业普遍面临以下研发创新挑战。

（1）产品技术水平要求高，技术不确定性高。

（2）研发投入大，研发投入回报不确定性高。

（3）产品形态复杂，涉及专业多。

（4）客户需求复杂多变，需求洞察难度大。

（5）产品开发周期长，开发过程中变更多、返工多。

（6）对研发人员要求高，研发人员管理难，研发人员创造价值难。

（7）研发与产品创新管理体系建设难、推行难、执行难、优化难。

（8）产品经理、系统工程师、项目经理等核心创新人才引聘难，培养难。

（9）技术、管理知识显性化难、标准化难、重用（Reuse）难。

（10）客户订单个性化需求多，定制研发多，订单交付周期长，运营维护成本高，订单盈利难。

科技企业需要直面研发创新挑战，勇往直前，通过**“转观念、建体系、提能力、出精品、增效益”实现企业“持续成功创新”**（见图 3-1）。

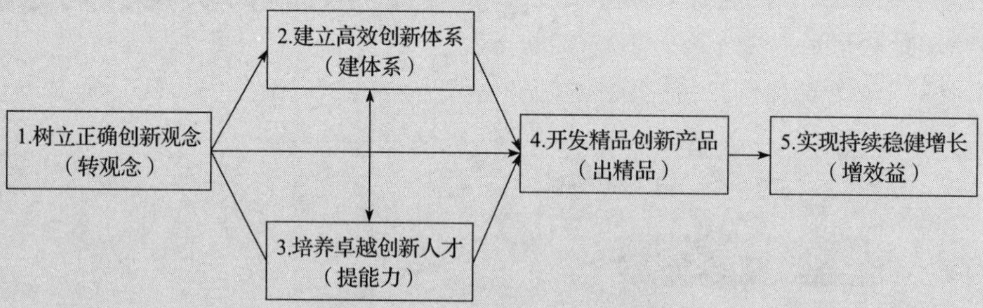

图 3-1　企业持续成功创新之道

创新观念不正确的企业不可能持续成功创新；创新观念正确但缺乏系统、完整、科学、高效的产品创新管理体系的企业也不可能持续成功创新。观念正确、体系规范，但缺乏足够数量、足够专业的各类创新人才的企业还是不能持续成功创新。因此，创新型企业需要转观念、建体系、提能力，这样才能持续出精品，实现持续成功创新，实现持续稳健增长。

本章分为五节。

第一节，树立正确创新观念。企业主要领导、中高层管理者的创新观念对企业的持续成功创新有着决定性的影响。观念决定决策，决策决定行动，行动决定结果。

第二节，建立高效创新体系。创新型企业要通过建立系统、完整、科学、高效的研发与产品创新管理体系，实现企业持续成功创新“可复制”。

第三节，培养卓越创新人才。所有的事情最终都是由人完成的。专业的人才能做成专业的事，卓越的人才能做成卓越的事。创新型企业要系统培养领导类、管理类、技术类等多类创新人才，基于高效的创新体系和卓越的创新人才持续开发和上市精品创新产品。

第四节，开发精品创新产品。转观念是前提，建体系、提能力是手段，出精品是目标。创新型企业要通过持续开发和上市少量精品创新产品，实现企业持续稳健增长。

第五节，实现持续稳健增长。能够实现持续稳健增长的企业才是真正的好企业。能够实现持续稳健增长，说明企业的创新观念是正确的，创新体系是高效的，创新人才是卓越的，说明企业能够持续开发和上市精品创新产品。

第一节　树立正确创新观念

观念决定决策，决策决定行动，行动决定结果。

企业领导者，特别是企业一把手的创新观念对企业的生存和发展往往有着决定性的影响。**过去成功的经验可能成为今后失败的原因**。创新型企业必须勇于打破“路径依赖”，主动“自我否定”，甚至“自我颠覆”，与时偕行，成为“时代的企业”。

世易时移，变化宜矣！

一、常见错误创新观念

表 3-1 总结了常见的错误创新观念，各企业中高层管理者可以对照分析企业情况，基于正确的创新观念改善创新工作，成为卓越的创新型企业。

表 3-1　常见错误创新观念

	错误的创新观念	正确的创新观念
1	产品开发是研发部的事，不是公司领导主要关注的事，公司领导主要关注“大事”	经营企业就是经营产品，经营产品就是经营企业，企业的主要领导要成为“首席产品官（CPO）”，要带头创新
2	销售人员了解客户需求，然后“告诉”研发人员应该开发什么产品	产品经理应该成为销售与研发之间的桥梁与纽带，应由专业的产品经理组织团队进行系统、完整、正确的客户需求收集与管理
3	由研发部负责新产品开发工作，其他职能部门的主要职责是订单交付，只是在有空时帮助研发部做些相关工作	新产品开发是全公司的事，而不是研发部的事，必须成立严肃、专业的跨职能产品开发团队，才有可能高效开发新产品
4	边了解需求，边开发技术，边开发产品，这样做能够加快新产品开发速度	“三边式”开发模式会导致大量返工，开发进度大幅延期，甚至会导致项目夭折，应该在尽可能完整的客户需求调研和尽可能深入的技术预研的基础上启动新产品开发项目
5	由研发部制定新产品开发流程，发布给各个职能部门应用	要由公司副总一级的领导主责新产品开发流程体系的建设，要基于跨职能团队组织模式，建立高效的公司级、端到端、新产品开发流程体系
6	创新人才主要是研发人员，只要研发人员足够专业，就能开发出成功的创新产品	研发人员很重要，产品经理、系统工程师和项目经理等人员同等重要。高效创新需要技术、管理与经营等各类创新人才形成合力，密切协同
7	技术先进的产品就是好产品	技术是实现客户需求的手段，只有技术实现的产品功能、性能满足客户需求，甚至超越客户期望，这样的技术才是有价值的
8	产品功能越多越好，性能指标越高越好	客户需要的是满足需求的产品，冗余的功能与性能指标对于客户而言是“浪费”，对于企业而言提高了产品的成本，降低了产品的稳定性与可靠性

续表

	错误的创新观念	正确的创新观念
9	进入多个业务领域，开发多个型号产品，有利于降低企业创新风险	进入多个无关多元化的业务领域只会稀释公司品牌，降低企业产品竞争力。过多的产品型号会让客户难以选择，产品缺乏规模经济性，难以盈利
10	产品个性化定制越多，客户满意度越高	产品定制比例过大，说明企业对同类客户的共性需求缺乏系统把握。尽可能减少产品订单交付的定制研发比例，能大幅缩短订单交付周期，大幅降低产品成本，大幅提升产品稳定性与可靠性。基于标准化的“基型产品”实现“大规模定制”，是定制型企业的有效解决方案

二、10 大正确创新观念

以下是笔者 10 多年与上百家大中型科技企业高层管理者深入交流后总结的大多数企业需要树立的 10 大创新观念。

（1）新产品开发是投资行为，持续提升研发创新投资回报是创新型企业的核心战略目标。

（2）基于市场战略机会洞察进行创新，创新源于客户需求，终于客户满意。

（3）坚持“少就是多”，进入尽可能少的高度相关的业务领域，开发尽可能少的精品创新产品。

（4）坚持“慢就是快”，在坚实的市场洞察、技术预研以及项目可行性分析的基础上进行新产品开发。

（5）坚持“好中求快”，在不牺牲产品质量与客户满意度的前提下加快新产品开发速度，在“机会窗”上市新产品。

（6）坚持“卖久盈多”，通过产品的更新换代与系列化大幅延长产品生命周期，获取长期、高额创新投资回报。

（7）拒绝“过度定制”，基于模块化的产品平台开发标准化的“基型产品”，基于标准化的“基型产品”交付客户定制化订单，持续提升产品标准化率。越标准化，越定制化！

（8）新产品开发是公司行为，基于跨职能产品开发团队和端到端的公司级新产品开发流程开发创新产品。

（9）系统规划和培养各类创新人才，重点培养各产品线产品经理、系统工程师与项目经理“金三角”团队。

（10）经营产品就是经营企业，公司主要领导要成为公司首席产品官（CPO），要鼓励创新，支持创新，带头创新。

企业高层管理者特别是一把手的观念对企业的发展有着决定性的影响。正确观念源于学习、实践、借鉴、总结、感悟。谦逊与坚毅是卓越领导者的两大共同品质。自负与机会主义是企业持续成功创新的大敌。巨变时代呼唤企业家精神，企业家是社会最宝贵的财富。企业家精神的核心特质是敢于冒险，善于创新。

创新案例

硅谷的创新观念

2018年6月，笔者作为创新顾问陪同某大型央企集团领导、各二级集团负责人共30余人参访了硅谷多家知名创新型企业，并与哥伦比亚大学、斯坦福大学、通用（GE）克劳顿村领导力学院的多位创新教授进行了交流。参访的企业包括英特尔、谷歌、IBM、惠普、Facebook等。笔者总结了体现硅谷创新精神的5个方面内容。

（1）**颠覆**：要做颠覆现有解决方案的创新，“要做不可能的事”。

（2）**改变世界**：创新的目的就是改变世界，让生活更美好。

（3）**解决大问题（Big Problem）**：要解决人类社会未来10～20年将面临的重大问题，比如疾病、健康、贫困、环保、教育等。

（4）**拒绝市场噪音（Noise）**：一旦认准了方向，就要“把耳朵捂起来”，不要受周边短期机会的诱惑，专心致志于选定的事业。

（5）**自燃**：要寻找具有强烈自驱力的卓越专业人才加入创新团队，要让“不燃”的人下车。

创新者行动

企业首席产品官（CPO）组织中高层管理者分析企业在创新观念方面存在哪些误区，树立正确的创新观念，成为卓越的创新型企业。

第二节 建立高效创新体系

高效的创新体系能够帮助企业实现持续成功创新“可复制”。我们认为，研发人员 100 人以上的科技企业要开始系统考虑创新体系的建设工作。如果研发人员超过 300 人还没有有效的创新体系作为支撑，那很可能研发人员越多，人均产值与人均利润会越低。

下面我们讨论创新体系建设常见问题、创新体系建设的主要内容，以及创新体系建设的关键要点。

一、创新体系建设常见问题

科技企业在创新体系建设方面存在以下常见问题。

（1）“人治”为主，公司高管、部门负责人需亲力亲为，创新项目才能推进。

（2）企业运作效率低，三多：会议多、邮件多、微信群多。

（3）有符合 ISO9000 等标准的各种“体系文件”，但是这些文件基本上没有实际应用。

（4）有制度，无流程；有流程，无指南；知道做什么，不知怎么做！

（5）表单只列明要做什么，没有细化的表格、模板与范例，每个人填的表单内容、质量都不一样。

（6）人传人、低效地“师傅带徒弟”，而不是流程与表单高效地“带徒弟”。

（7）制度流程执行流于形式，项目做完了才补项目可行性分析文件。

（8）创新项目评审流于形式，“签字是真的，评审是假的”，“认认真真走形式”！

（9）没有对流程有效性负责的“流程经理”，流程未能持续优化、完善和升级。

（10）未能对项目，特别是失败的项目从流程制度优化视角进行总结与完善，重复犯同样的错误，重复犯低级错误。

二、世界一流企业的关键最佳实践

我们总结了世界一流企业的 10 项关键最佳实践（Key Best Practice，KBP）（见图 3-2），供有志成为世界一流企业的企业对标学习（Benchmarking Study）参考。

企业家精神和公司治理是世界一流企业的基础管理要素，战略管理、创新管理和运营管理是世界一流企业的核心管理要素，人力资源管理等其他 5 项内容构成世界一流企业的支撑管理要素。

1. 管理是“硬实力”，而不是“软实力”

要成为世界一流企业，世界一流企业的关键最佳实践都应该学习和借鉴。一个或者多个方面达不到世界一流，整个企业就很可能难以成为真正的世界一流企业。

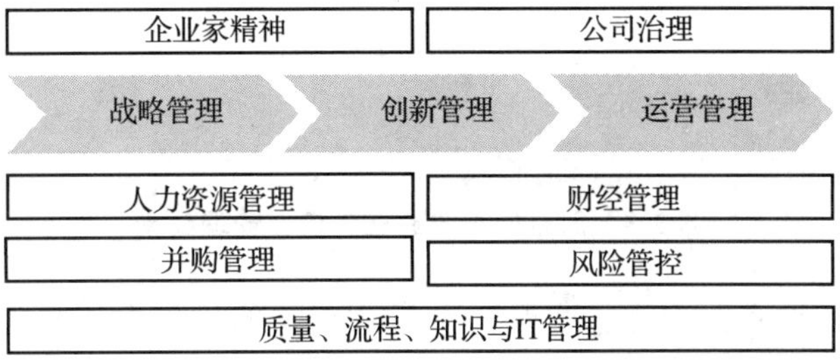

图 3-2　知行信提炼的世界一流企业的 10 项关键最佳实践（KBP）

> 华为创始人任正非说，企业之间的竞争最终是管理水平的竞争。管理已经成为企业高质量发展的“硬实力”，而不是“软实力”。华为公司通过持续对标学习 IBM、丰田等世界一流企业，由追赶走向领先，成为中国首家进入世界 500 强前 100 名的科技企业。《财富》世界 500 强排行榜 IBM 与华为排名的变化（见表 3-2）。

表 3-2 《财富》世界 500 强排行榜 IBM 与华为排名的变化

	2010 年	2015 年	2022 年
IBM	48	82	168
华为	397（首次上榜）	228	96

2. 企业家精神是企业持续成功创新、持续稳健增长的原动力

企业家是以把一件事做到极致作为终身奋斗目标的企业组织的负责人。企业家精神是专注于把一件事做到极致的精神。企业家精神的核心特质是敢于冒险、善于创新。管理学大师德鲁克说，在每一个旷世伟业的背后，总站着一个肩担重任，苦心孤诣的人。如果企业创始人、一把手都不想（不能）全力以赴，不能“以企业为家”，那么企业的中基层再怎么有想法，也不可能保证企业持续、稳健发展。苹果公司的乔布斯、英特尔的安迪格鲁夫、微软的比尔・盖茨、特斯拉的马斯克等都是具有强烈的企业家精神的典型代表。

> 2020 年 5 月 31 日（北京时间）凌晨 3 点 22 分，搭载着两名宇航员的 SpaceX 载人龙飞船，从美国佛罗里达州肯尼迪航天中心 39A 发射台成功发射，并成功在海上回收一级火箭。马斯克说，他做 SpaceX 的初衷，并不是某些人想当然的童年情结，也不是因为它投资回报率高，而是对于人类的未来深有裨益。

德国西蒙教授总结了全球“隐形冠军”企业家的 5 大个性特质：个人与企业是命运共同体、专心致志、持之以恒、勇敢无畏、强感召力。

不同企业，行业不同、发展阶段不同、企业规模不同、所有制形式不同、管理水平不同、存在的问题不同，对标学习的对象与重点也不尽相同。对标学习切忌简单僵化，“形式主义”“神似”远比“形似”重要！期待有越来越多的中国企业对标世界一流，学习世界一流，成为世界一流！

3. 精准战略、高效创新与卓越运营是创新型企业的三大核心管理要素

要成为世界一流企业，我们在战略管理、创新管理和运营管理等方面就要做到精准战略、高效创新和卓越运营（见图 3-3）。

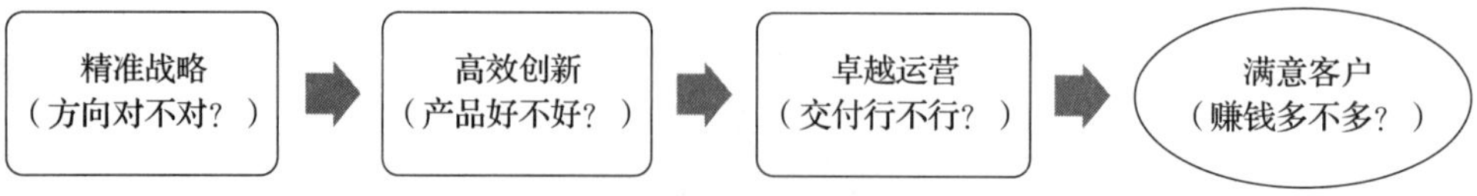

图 3-3　创新型企业的三大核心管理要素

（1）**精准战略**：创新型企业要选择少数的、密切相关的、具有比较优势的、能够胜出的业务领域，持续专注，成为行业创新领导者。

（2）**高效创新**：创新型企业要建立系统、完整、科学、高效的研发与产品创新管理体系，实现企业持续成功创新“可复制”。

（3）**卓越运营**：创新型企业要将“好卖”的产品“卖好”，要建立高效的订单获取、交付与服务体系，实现预期的研发创新投资回报。

三、创新体系建设的主要内容

基于以上三大核心管理要素和知行信 RDIM® 研发与产品创新管理体系，在近 20 年的创新咨询实践的基础上，我们总结了科技创新型企业需要重点建设的六大创新体系内容（见图 3-4）。

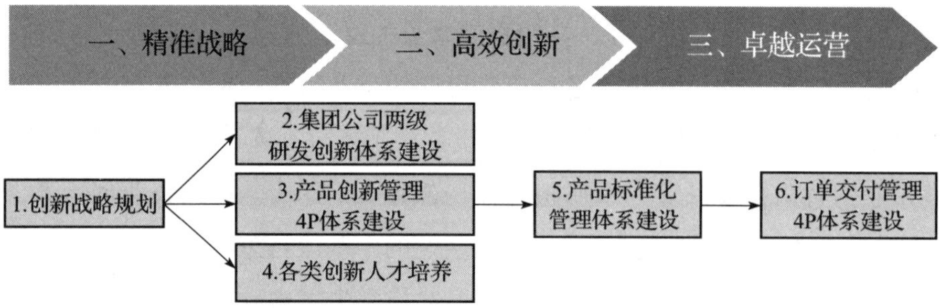

图 3-4　科技企业创新体系建设的主要内容

创新战略规划是“精准战略”的主要内容，集团公司两级研发创新体系建设、产品创新管理 4P 体系建设、各类创新人才培养、产品标准化管理体系建设是“高效创新”的主要内容，订单交付管理 4P 体系建设是“卓越运营”的主要内容。

以上内容在第二章第三节有较为具体的介绍，详细内容介绍请见本书相关章节。

在创新体系的每个方面，创新型企业都应该从不规范走向有规范，从有规范走向有效，从有效走向高效，像华为一样成为创新体系建设与应用的标杆企业（见图 3-5）。

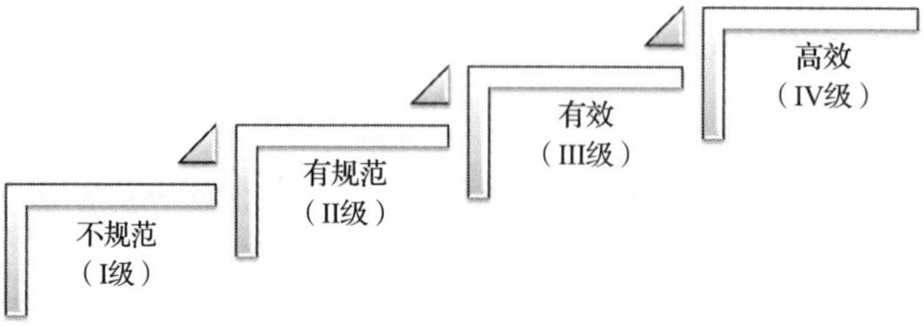

图 3-5　知行信企业创新能力成熟度评价模型（ICMM™）

三、创新体系建设的关键要点

我们总结了科技企业建立高效创新体系的 10 个要点，供创新型企业的中高层管理者参考。

（1）公司高层领导要认识到建立公司级的流程体系是实现企业持续成功创新“可复制”的战略性举措。

（2）要由公司副总级以上领导牵头主责公司创新流程体系建设。

（3）要任命专职、专业的流程经理主责创新流程体系规划、建设、执行、度量与持续优化等工作。

（4）要组建实践经验丰富、认真负责的跨职能团队进行创新流程体系建设。

（5）要借鉴外部最佳实践，但不能机械照搬照抄 IPD 等流程体系，必要时可与外部专业顾问机构合作。

（6）要通过合适的 IT 工具将流程体系固化，提升流程体系运行效率。

（7）要认识到流程体系推行意味着重大的组织变革，要克服各种阻力，坚定前行，确保成功。

（8）要在每个创新项目总结时，从流程视角进行复盘与反思，要及时修订、完善、优化流程体系。

（9）流程面前人人平等，各级领导要带头遵守流程。

（10）流程是为提升创新绩效服务的，周期性度量流程绩效，持续优化、升级流程，创新流程体系要成为企业难以模仿的核心竞争力。

基础不牢，地动山摇！

基于系统、完整、科学、高效的研发与产品创新管理体系才能实现企业持续成功创新“可复制”。创新体系建设既需要体系化的最佳实践，也需要强力推动组织变革。创新体系建设对企业高层管理者的胆识、智慧和毅力都是巨大挑战。创新体系建设是企业持续、健康、快速成长必须做的事，哪怕有千难万险，也要勇往直前。

创新者行动

公司首席产品官（CPO）组织中高层管理者、公司创新体系建设团队分析公司创新体系建设现状，明确需要重点建设的内容及建设先后顺序，让高效的创新体系为企业持续成功创新保驾护航。

第三节 培养卓越创新人才

建立起系统、完整、科学、高效的研发与产品创新管理体系非常重要，这是企业持续开发精品创新产品、持续实现卓越创新绩效的基础。但是，如果光有好的创新体系，缺乏足够数量、足够专业的各类创新人才，创新体系就无法有效运转，创新绩效目标也无从实现。对于期待实现持续成功创新的企业而言，创新体系建设是基础，创新人才培养是保障！有方法，还要有能利用方法将活干好的人。

一、创新人才培养的常见问题

我们总结了科技企业创新人才培养的 10 个方面的常见问题，各企业中高层管理者可以对照看看企业是否存在类似问题，并思考解决办法。

（1）认为创新人才就是技术人才。

（2）没有设立对公司创新投资回报负责的首席产品官（CPO）。

（3）缺乏公司级的、专业的产品决策评审团队。

（4）各职能部门负责人不认为参与新产品开发是核心职责，只是“帮忙”。

（5）没有设立对产品线投资回报负责的产品（线）经理。

（6）缺乏对产品开发和上市负责的领导跨职能团队的项目经理。

（7）缺乏规划、建设、管理与持续优化公司级、端到端的创新流程的流程经理。

（8）缺乏对产品线整体技术负责的系统工程师。

（9）缺乏负责技术标准化、产品功能模块化的标准化工程师。

（10）各类研发工程师的培养缺乏规范的、标准化的知识库，研发人员以“自学”为主。

二、“1+6”创新人才培养体系

知行信顾问团队在 10 多年的创新咨询与培训实践中，总结出“1+6”创新人才培养体系，帮助创新型企业系统地培养企业持续成功创新所需要的各类创新人才。

知行信“1+6”创新人才培养体系（见图 3-6）将创新人才分为领导类、管理类和技术类 3 类。须知，创新人才不只包括技术人才，创新领导人才和创新管理人才也是非常重要的创新人才，甚至比技术人才更重要。

（1）**领导类**：主要是指企业职能部门负责人以上的管理者。对公司创新投资回报负总责的首席产品官（CPO）是重点培养对象。

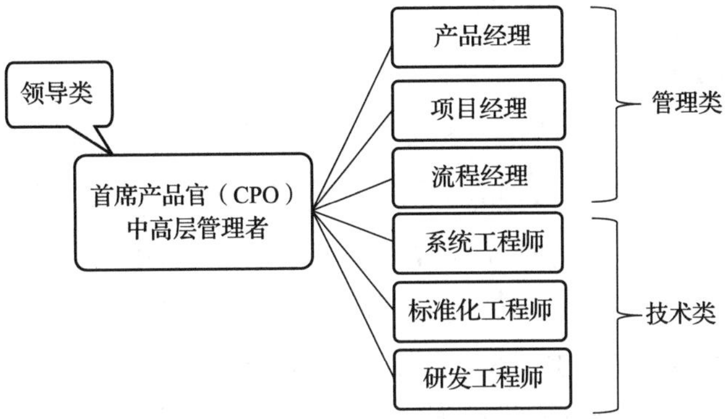

图 3-6 知行信"1+6"创新人才培养体系

（2）**管理类**：包括产品经理、项目经理和流程经理 3 类关键创新人才。产品经理在各大创新型企业中普遍稀缺，是重点培养人才。

（3）**技术类**：包括系统工程师、标准化工程师和研发工程师 3 类创新人才。系统工程师和标准化工程师是重点培养对象。系统工程师是对产品或产品线整体技术负责的人，与产品经理密切配合。标准化工程师是进行企业技术知识标准化和重用的骨干技术人才。

各类创新人才培养的具体内容将在第四章详细介绍。

工业和信息化部教育与考试中心 2022 年面向"专精特新"科技企业推出了"产品创新管理"线上人才培养项目（见图 3-7）。

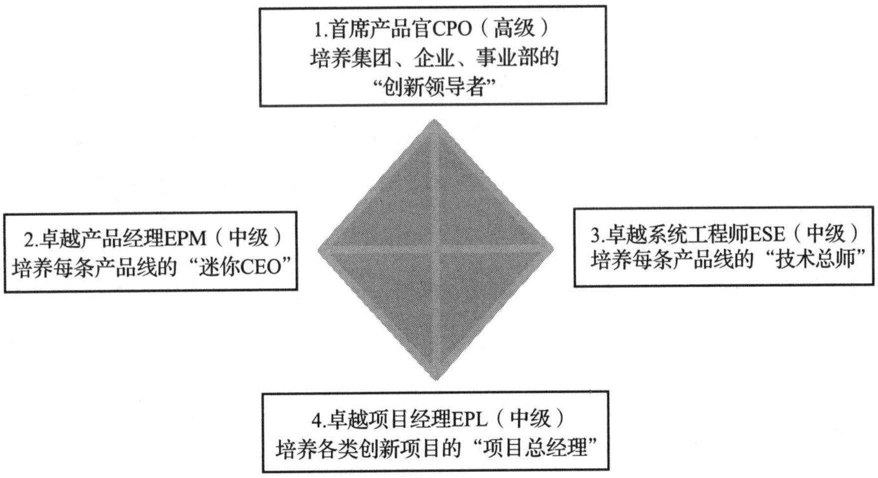

图 3-7 工业和信息化部"1+3""产品创新管理"线上人才培养项目

该项目包括首席产品官、卓越产品经理、卓越系统工程师和卓越项目经理等四类核心创新人才的培养。该项目由知行信顾问团队负责课程设计、视频课程讲授和学员辅导答疑等工作。

本书附录中对该项目有较为详细的介绍。各类"专精特新"科技企业可组织企业高层管理者、中层管理者、各专业研发骨干参加相应课程学习，系统提升各类核心创新人才的专业技能，助力企业创新发展。

三、创新人才培养要点

我们总结了科技企业各类创新人才培养的 10 大要点，供各企业中高层管理者参考。

（1）创新人才不只是技术人才，产品经营人才、产品管理人才是同等重要的创新人才。

（2）企业董事长、总经理等主要高管要成为企业首席产品官（CPO），对企业“持续成功创新”负责。首席产品官领导企业产品创新，带领企业通过有效的产品经营实现企业持续稳健增长。

（3）企业各职能部门负责人以上管理者是企业的创新领导者。在项目排序和资源投入方面，“产品创新项目”的优先级要高于“订单交付项目”。创新领导者要参与创新项目决策评审，要承诺创新项目所需创新资源，要帮助相应职能创新团队成员解决项目问题。

（4）产品经理、系统工程师与项目经理组成企业产品创新“金三角”团队。产品经理主责客户需求洞察，系统工程师主责产品技术实现，项目经理主责项目团队管理。各条产品线“金三角”团队的专业性，很大程度上决定了各条产品线的经营效益。

（5）产品经理是产品经营的灵魂人物，产品经理的专业性与数量很大程度上决定了企业产品经营的效益。产品经理对产品的投资回报负责，是客户的“代言人”，是产品全生命周期的“守护者”，是产品的“迷你 CEO”。

（6）项目经理是产品开发项目跨职能团队的“项目总经理”，而不是“研发小组组长”。产品开发项目团队要对产品成功上市负责，对产品实现盈亏平衡负责，而不是只对做出产品样机或者“转量产”负责。

（7）流程经理是相应流程体系的“流程主人（Process Owner）”，对流程的有效性负责，主责流程体系规划、建设、实施、绩效度量与持续优化。企业层面要有副总以上管理者主责流程体系建设与管理，各职能部门负责人是与部门相关流程的“第一责任人”。产品创新管理流程体系与订单交付管理流程体系是科技企业的两大公司级的核心流程体系。

（8）系统工程师（System Engineer）是对整条产品线的技术实现担负整体责任的技术人员。系统工程师是“一专多能”的技术人才，要求在某个技术领域专精的基础上，对产品线涉及的各类专业技术均有系统的了解。产品经理与系统工程师是“搭档关系”，产品经理回答“客户需要什么”，系统工程师回答“产品如何实现和满足客户需求”。

（9）标准化工程师是指公司内部从事技术标准化、技术重用工作的技术人才。标准化工程师参与或主责的工作主要包括：技术要素标准化与重用，模块化设计与应用，产品平台规划、开发、应用与维护等。标准化工程师的核心职责是将可以“重用（Reuse）”的技术知识进行标准化“封装”，通过 PDM 或 PLM 等 IT 工具进行“安全地分享”，避免重复开发同类技术、模块或平台。

（10）研发工程师是具体负责解决各类技术问题的专业技术人员，比如结构工程师、硬件工程师、软件工程师、工艺工程师、设备工程师和 UI（User Interface，用户界面）工程师等。科技企业要在培养各类专业研发工程师的基础上，根据公司发展需要，在各类研发工程师中选拔和培养足够数量、足够专业的标准化工程师和系统工程师。

创新人才不只是技术人才，领导人才和管理人才同等重要。要任命和培养对公司整体创新投资回报负责的首席产品官，要培养各条产品线的专业的产品经理，要系统培养足够数量、足够专业的各类创新人才。人才是企业最宝贵的财富，企业要善待人才、培养人才、用好人才。

创新案例

苹果公司的人才观：专家领导专家（Experts Lead Experts）

全球知名创新企业苹果公司的人才理念：专家领导专家（Experts Lead Experts）。苹果公司非常强调各个职能领域人员的专业性，其组织结构如图 3-8 所示。

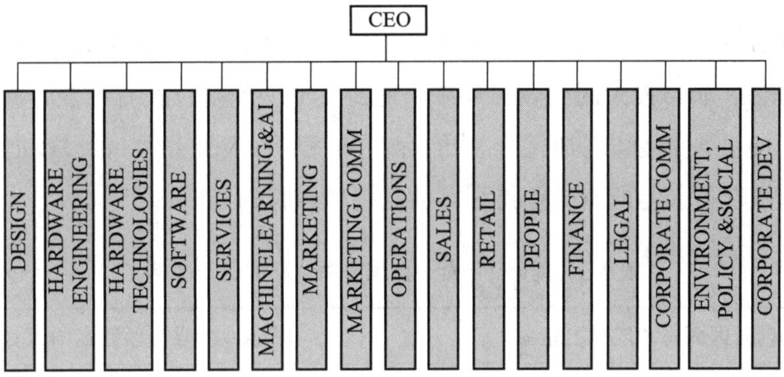

图 3-8 苹果公司组织结构（2019）

苹果公司要求每个专业领域的负责人都要有能够深入细节发现问题、解决问题的能力。苹果公司有一项注重细节的原则：领导者应该了解距其职位三个级别以下的任何工作的详细信息，因为这在高层进行快速有效的跨职能决策时至关重要。

员工们经常要像备战一样向领导做汇报，这些高层领导甚至会深究到 Excel 表格中的某个单元格、某行代码或产品的测试结果。

一位高级副总裁负责领导某一具体的职能部门，而不是某一个产品。例如，苹果的 600 多名相机硬件技术专家，组成了由相机专家 Graham Townsend 领导的小组。他们共同参与研发 iPhone，iPad，笔记本电脑和台式计算机中的照相机功能。

苹果公司应用程序副总裁罗杰·罗斯纳（Roger Rosner）的大致时间分配：40% 的时间自己干活（UI 设计、软件架构设计等），30% 的时间用于学习新的知识或技术，15% 的时间用于指导团队，15% 的时间用于分配工作任务。

苹果公司认为，将专家培养成管理者，比将管理者培养成专家更容易。

创新者行动

公司首席产品官（CPO）组织中高层管理者分析企业创新人才培养情况，明确需要重点培训的创新人才类型、数量及名单，制订并执行培养计划，持续提升各类创新人才的专业性，持续提升创新人才的人均产值、人均利润与人均薪酬。

第四节 开发精品创新产品

转观念、建体系、提能力是手段，出精品、增效益是目标！如果企业树立起了正确的创新观念，建立起了高效的创新管理体系，培养出了足够数量和足够专业的各类创新人才，就能够源源不断地开发出精品创新产品，实现持续成功创新“可复制”。只有能够持续成功创新的企业才能持续、健康、快速地成长。

从表 3-3 中举的例子可以看出，非常弱小的企业，如果能够持续成功创新，就有可能成为世界级企业，比如华为。非常强大的企业，如果不能持续成功创新，就有可能走向衰亡，比如朗讯。由此可以看出，小企业要持续成功创新，才能存活和发展；大企业要持续成功创新，才能持续保持领先地位。持续成功创新是所有企业持续存活和持续成长的必然选择。

表 3-3　能够（不能）持续成功创新的企业举例

能够持续成功创新因而持续成长的企业	不能持续成功创新走向衰亡的企业
● 苹果 ● 谷歌 ● 英特尔 ● 微软 ● 亚马逊 ● 巴斯夫 ● 奔驰 ● 华为 ● 大疆 ● 比亚迪 ● 宁德时代 ● ……	● 诺基亚（手机业务） ● 朗讯 ● 北电 ● 阿尔卡特 ● 柯达 ● 摩托罗拉（手机业务） ● ……

一、对产品的常见错误认识

我们总结了科技企业对产品认识的常见误区，企业中高层管理者可以对照企业实际，有则改之，无则加勉。

（1）高层领导无视、轻视或忽视产品的重要性，主要精力用于与产品管理无关的领域。

（2）期望通过进入很多无关的业务领域“分散风险”，实现企业持续增长。

（3）期望通过频繁并购实现快速增长。

（4）期望通过营销策划、大量投入广告和渠道费用实现快速增长。

（5）过早将公司拆分为多个事业部，各自为政，有限的创新资源无法形成合力，造成重复投资，浪费严重。

（6）向产业链上下游过度延伸，产业链的系统风险都在自己手里，成了行业内的“孤家寡人”。

（7）期望为客户提供整体解决方案，但是“拼凑”的解决方案的每个环节都不强，无法真正吸引和打动客户。

（8）为客户提供高中低各档产品，未形成有效品牌区隔，造成品牌管理混乱，品牌价值稀释，客户流失。

（9）产品更新换代速度太快，产品型号太多，各款产品均缺乏规模经济性。

（10）对客户需求缺乏系统洞察和规划，被动响应各个客户的个性化需求，客户现场维护“救火”频繁。

二、坚守精品产品战略

我们建议创新型要坚守精品产品战略：**坚持少而精，抵制多而杂！**

少就是多（Less is More），多就是少（More is Less）！

创新型企业精品产品战略体现在产品管理的三个层面。

（1）**业务领域少**：进入尽可能少的业务领域，自觉抵制无关多元化。

（2）**产品型号少**：做尽可能少的产品，杜绝产品型号（定制研发）蔓延。

（3）**产品功能少**：做“刚刚好”的产品，产品功能 / 性能既无不足，也无冗余。

创新案例

可口可乐的精品产品战略

可口可乐公司1886年5月8日创立于美国乔治亚州亚特兰大市，是全球知名的碳酸饮料巨头。2020年，可口可乐入选《财富》全球最受赞赏公司榜单第12位，2022年《财富》世界500强排名第359位。

进入到21世纪后，全球每天有17亿人次的消费者在畅饮可口可乐公司的产品，大约每秒钟售出19400瓶饮料。可口可乐每天为全球的人们带来怡神畅快的美妙感受。

2022财年可口可乐公司实现年营业收入428亿美元，归母净利润95亿美元，净利润率22%。

在深圳机场贵宾厅，可口可乐专柜一共摆放了3款产品：可乐、芬达与雪碧。其中，可乐分为含糖与零糖两种，以瓶盖颜色进行区分。含糖可乐瓶盖颜色为红色，零糖可乐瓶盖颜色为黑色（见图3-9）。

可口可乐是全球排名第一的汽水饮料，以其酷爽怡神的口味和自由活力的品牌形象备受消费者，特别是年轻消费者的欢迎。

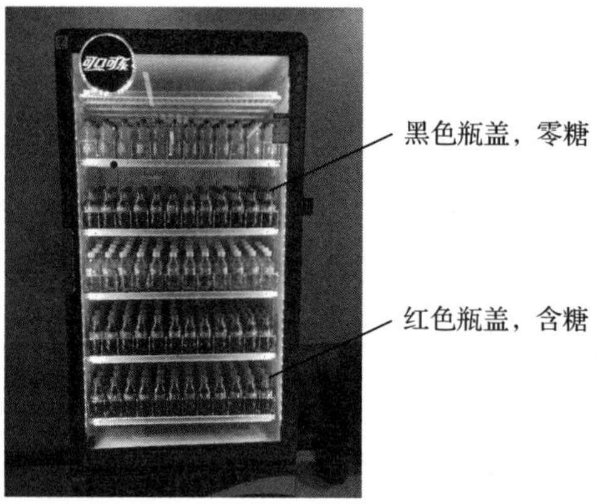

图 3-9　可口可乐的产品陈列（作者在深圳机场贵宾厅现场拍摄）

芬达是世界上最畅销的果味汽水，其名字源于“Fantasy”一字，取其“开怀，有趣”的含义。

雪碧诞生于 1961 年，是柠檬口味汽水饮料的领导品牌，畅销 190 多个国家。

2021 年可口可乐占据全球软饮料市场近 15% 的份额，超过第 2 ～ 4 名友商市场份额的总和。在 2021 年全球软饮料行业品牌市场占有率（按销量）排名中，可口可乐市场份额为 10.5%，排名第一；雪碧市场份额为 9.3%，排名第三；芬达市场份额为 3.7%，排名第四。在排前五名的品牌中有 3 个是可口可乐公司的，在排名前十的品牌中有 5 个是可口可乐公司的，均为碳酸饮料。进入排名前十的另外两个品牌：零糖可口可乐市场份额 2.2%，排名第七；健怡可乐市场份额 1.1%，排名第十。

可口可乐公司是典型的精品产品战略，5 款畅销、长销产品占据了全球软饮料市场 27% 的市场份额（按销量）。

每家企业的“产品货架”都是非常昂贵的。产品品类太多、产品型号太多，既要占据很多货架位置（占用公司资源），也会导致消费者难以选择。“三”是一个神奇的数字，三款产品不多不少，“三生万物”！

三、成功产品创新的 3C 思考框架

要开发和上市成功的精品创新产品，我们建议从客户、友商和企业自身等三个维度进行深入分析。产品创新 3C 思考框架如图 3-10 所示。

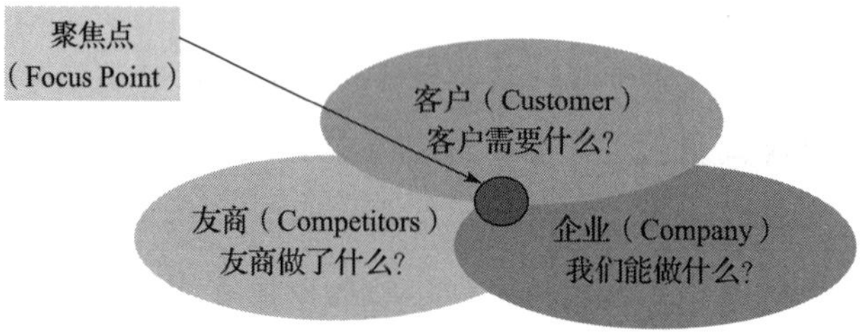

图 3-10　产品创新 3C 思考框架

基于对客户、友商和企业自身情况了解的程度，我们总结了四种创新模式。

（1）**“闭门造车型”创新**：不知道客户需要什么，不知道友商做了什么，我们想做什么就做什么。

（2）**“跟随模仿型”创新**：不知道客户需要什么，知道友商做了什么，友商做什么我们就做什么。

（3）**“盲目自信型”创新**：知道客户需要什么，知道友商做了什么，不知道自己不能做什么，投入到力所难及的创新项目。

（4）**“科学严谨型”创新**：知道客户需要什么，知道友商做了什么，知道自己能做什么，聚焦有需求、有差异、有能力的创新。

在企业产品创新实际中，由于缺乏专业的产品经理，导致对客户需求、友商动态了解不深入的情况比较常见，这会导致“闭门造车型”创新及“跟随模仿型”创新。有些高管比较自负的企业，也会出现“盲目自信型”创新。

我们期待创新型企业都进行**“科学严谨型”创新**，这样创新成功的概率会大幅提升。

创新者行动

公司首席产品官（CPO）组织中高层管理者分析企业产品创新现状，走向**“科学严谨型”创新**，持续开发和上市超出客户期望的精品创新产品，实现企业持续稳健增长。

第五节 实现持续稳健增长

持续稳健增长是企业的不懈追求。能够实现持续稳健增长表明企业能够持续成功创新。企业能够持续成功创新表明企业具有正确的创新观念、高效的创新体系、卓越的创新人才。

不能实现持续稳健增长导致的主要问题，如表 3-4 所示。

表 3-4 不能实现持续稳健增长导致的主要问题

不能实现持续稳健增长导致的主要问题		公司是否存在这方面的问题
（1）	公司收入增长缓慢或收入波动大，甚至多年零增长或负增长	
（2）	公司盈利情况不佳，长期微利甚至亏损	
（3）	公司现金流不好，需要垫资销售，客户回款期长，需要贷款才能维持公司日常运转	
（4）	公司主营产品市场份额占比低，或者市场份额不断下滑	
（5）	公司品牌影响力不高，不是客户首选，主要靠低价和成本高昂的售后服务获取订单	
（6）	公司难以吸引优质供应商、合作伙伴与公司深度合作，或者合作条件严苛	
（7）	公司研发投入占销售收入比例及绝对值与主要友商相比差距较大，影响企业长期创新竞争力	
（8）	公司难以吸引和留住优秀的经营、管理与研发人才	

创新型企业要通过持续开发和上市精品创新产品实现持续稳健增长。企业无论规模大小，其收入和利润最终来源于每个事业部、每条产品线、每款产品的收入和利润。集团企业产品管理层级（见图 3-11）。

经营产品就是经营企业，经营企业就是经营产品。企业每款产品都赚钱，整个企业就赚钱。企业每款产品都能持续赚钱，整个企业就能持续稳健增长了。

客户需求、市场环境、竞争对手、政策法规等都在持续变化，企业要通过持续成功创新和持续适应变化，实现持续存活和持续成长。创新型企业如何走向持续成功创新，如何实现持续稳健增长？笔者有以下体会与各位创新领导者交流。

1. 企业领导者要具有强烈的企业家精神

企业领导者要有将一件事做到极致的理想、恒心和毅力，不要以短期赚钱为导向，要持续投资未来。企业家要敢于冒险，善于创新。即使有再好的创新体系、再多的创新人才，如果企业领导者缺乏企业家精神，这样的企业也是不可能长久的。正如华为公司所主张的：高层要有使命感，中层要有危机感，基层要有饥饿感。

2. 要借助外脑建立起系统、完整、科学、高效的产品创新管理体系

专业的外部咨询机构主要有两大价值：结构化的知识体系和推动组织变革的能力。仅仅靠看几本书、听几次课、从知名企业挖几个人，是很难建立起规范的产品创新管理体系的。产品创新管理体系建设需要高层领导者的洞察力和意志力，需要中基层骨干的学习能力和执行能力。在建立产品持续管理体系 1.0 版本的基础上，企业要严肃执行和持续优化产品创新管理体系，确保产品创新管理体系适应公司发展的需要。

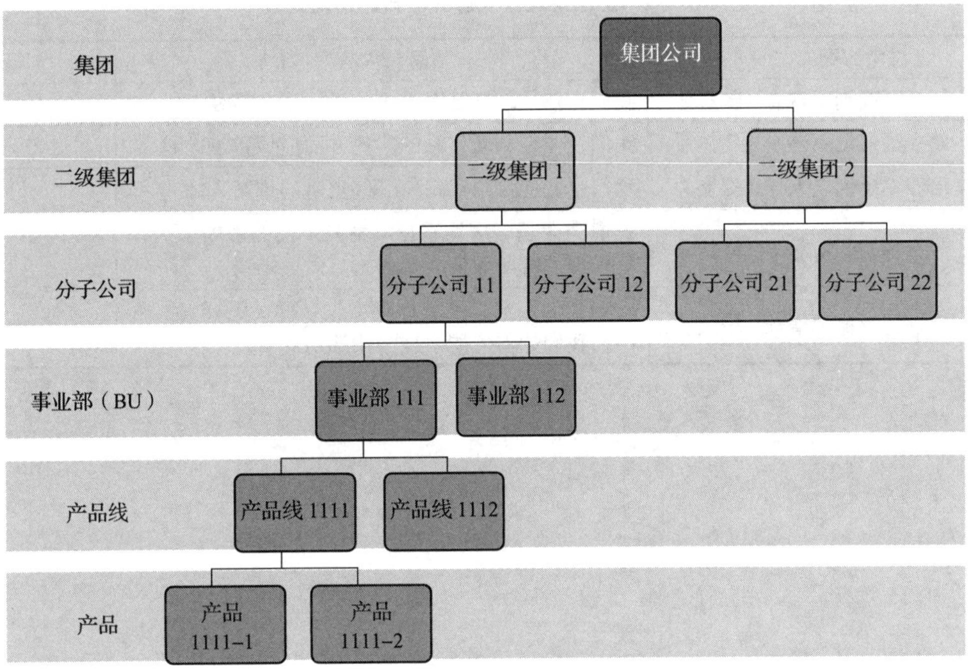

图 3-11　集团企业产品管理层级

3. 要系统培养各类创新人才

创新型企业首先要明确企业层面对产品创新投资回报负总责的人，要任命首席产品官。如果公司暂时没有合适的人胜任首席产品官职责，公司董事长、总经理应该主动承担起首席产品官的职责。其次，公司要重点培养对各条产品线的投资回报负责的产品（线）经理，要确保在产品全生命周期都有人对客户需求和产品的投资回报负责。最后，要根据公司发展的需要，及时培养足够数量、足够专业的各类创新人才。

4. 要践行“学中干”“干中学”

企业家在创新实践中日渐成熟，创新体系在创新项目运用中持续优化与完善，创新人才在创新实践中持续成长与提高。实践是最好的老师，善于总结、持续改善的企业是最有前途的。日积月累，止于至善！

创新者行动

公司首席产品官（CPO）组织中高层管理者分析企业经营现状，总结企业实现持续成功创新，实现持续稳健增长的关键要素（见表 3-5），践行“学中干”“干中学”，成为持续稳健增长的创新领导者。

表 3-5　企业实现持续稳健增长的关键要素

思考方面		思考内容	创新行动
1	树立正确创新观念（转观念）	我们企业在创新观念上应该进行哪些转变	
2	建立高效创新体系（建体系）	我们企业在创新体系的哪些方面应该重点改善	
3	培养卓越创新人才（提能力）	我们企业应该重点培养哪些类型的创新人才	
4	开发精品创新产品（出精品）	我们企业是否应该坚持“精品产品”战略？为什么？现有哪些业务、哪些产品应该精简	
5	实现持续稳健增长（增效益）	影响我们企业“持续稳健增长”的关键要素有哪些？我们如何才能实现“持续稳健增长”	

创新案例

美的集团的“数一”战略

“科技尽善，生活尽美”——美的是一家集智能家居、楼宇科技、工业技术、机器人与自动化和数字化创新业务五大业务板块为一体的全球化科技集团，过去五年研发资金近500亿元，形成美的、小天鹅，华凌、COLMO，库卡，威灵、合康、高创、万东和菱王等多个品牌组合，每年为全球超过4亿用户，包括各领域的重要客户与战略合作伙伴提供满意的产品和服务。迄今，美的在全球拥有约200家子公司、35个研发中心和35个主要生产基地，业务覆盖200多个国家和地区。

一、美的发展简史

1968年，美的创始人何享健先生带领23位顺德北滘居民，筹集5000元开始创业。

1980年，抓住改革开放政策机会，开始制造风扇，进入家电行业。

1981年，注册“美的”商标，标志美的品牌诞生。

1985年，进入空调行业，开始探索家电行业新品类。

2010年，销售额超过1000亿元。

2012年，美的创始人何享健先生退出董事会，方洪波先生接任为新董事长。

2021年，美的实现营业收入3434亿元，净利润290亿元，全球员工数量16万余人，位列《财富》世界500强第245位。

二、美的四大战略主轴

美的以四大战略主轴指导各项业务发展。

（1）**科技领先**：构建研发规模优势，加大对核心、前沿技术的布局和投入。

（2）**数智驱动**：通过全面数字化、全面智能化，内部提升效率，外部紧抓用户。

（3）**用户直达**：与用户直接联系互动，重塑产品服务及业务模式。

（4）**全球突破**：在重点区域寻求市场、渠道和商业模式等维度突破，服务全球用户。

三、构建从先行研究到产品开发的四级研发体系

美的构建“2+4+N”全球化研发网络，建立研发规模优势；布局前沿技术，建立从先行研究到产品开发的四级研发体系（见图3-12）。

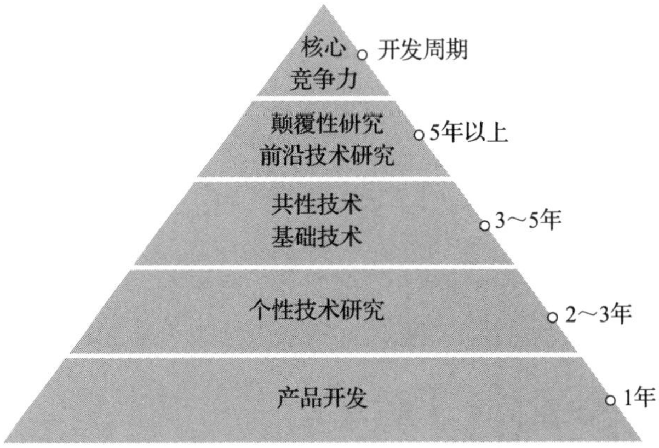

图3-12　美的从先行研究到产品开发的四级研发体系

美的秉承**“要么第一，要么唯一”**，持续加强研发投入，布局全球优势研发资源，构建六大研发中心，涵盖33个研究领域，形成从共性基础技术到个性化关键技术的技术图谱。近5年，美的研发投入超500亿元，研发人数超过1万人，获授权专利数量7.7万件。

四、持续实施“数一”战略

美的集团持续实施“数一”战略，追求各个品类成为细分市场领导者。2019年，29个主营品类中，美的有16个品类在内销市场成为行业第一，如图3-13所示。

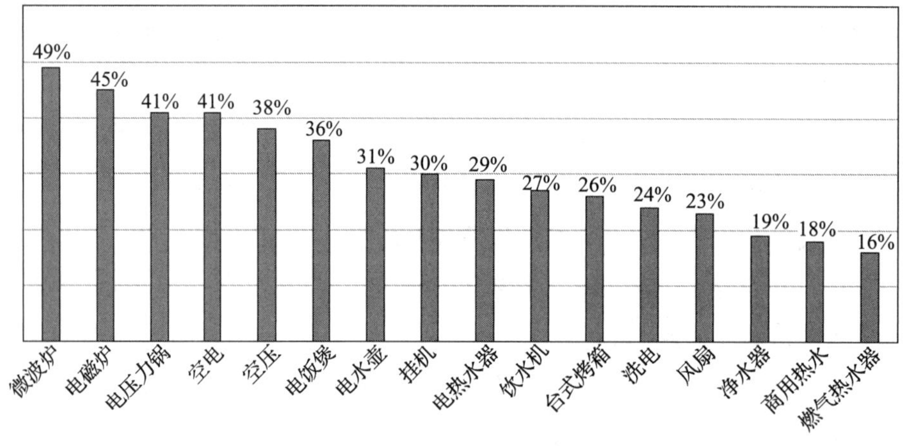

图3-13 美的主营产品及国内市场份额（2019）

2021年，美的集团在中国区域全面推进落实“数一”战略，在15个主要家电品类中，家用空调、干衣机、电饭煲、电风扇、电压力锅、电磁炉、电暖器7个品类在国内线上与线下市场份额均排名行业第一。

2021年，美的电商销售占比继续保持在45%以上，线上与线下市场进一步加速融合。2021年，美的在京东、天猫等主流电商平台连续9年保持家电全品类行业销量第一。

第四章

创新人才培养

创新人才不等于技术人才，创新人才包括领导类、管理类和技术类三类。知行信在近 20 年的创新研究、咨询与培训实践基础上，总结出了“1+6”创新人才培养体系（见图 4-1）。

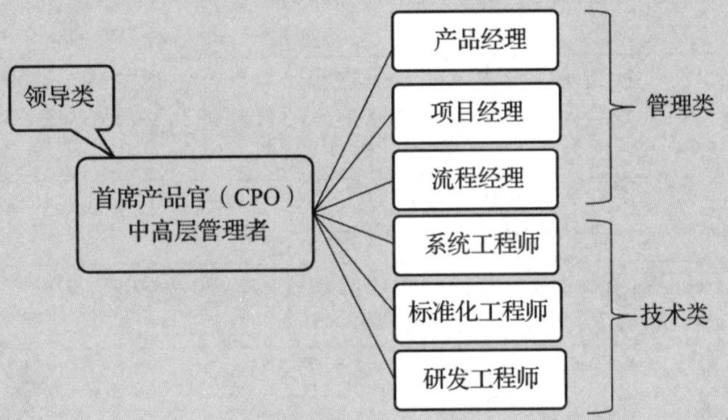

图 4-1　知行信“1+6”创新人才培养体系

领导类创新人才包括公司首席产品官（CPO）、企业中高层管理者；管理类创新人才包括产品经理、项目经理与流程经理；技术类创新人才包括系统工程师、标准化工程师与研发工程师。

产品经理、系统工程师与项目经理是创新型企业产品线经营的三类核心创新人才，构成“产品创新金三角”团队组合，如图 4-2 所示。

产品经理主责客户需求洞察，系统工程师主责产品技术实现，项目经理负责领导跨职能产品开发团队开发和上市创新产品，实现产品的商业化成功。可以说，一家企业如果每条产品线的产品经理、系统工程师和项目经理都很专业，那产品线的经营业绩再差也差不到哪里去。相反，如果每条产品线的产品经理、系统工程师和项目经理都很不专业，那产品线的经营业绩再好也好不到哪里去。因此，我们认为产品经理、系统工程师和项目经理是创新型企业最需要着力培养的核心创新人才。

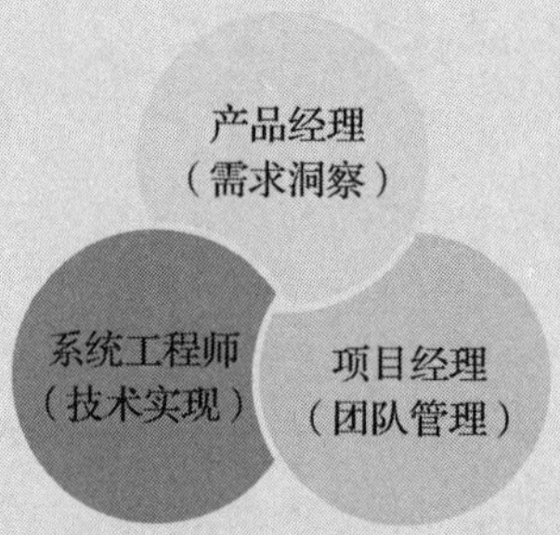

图 4-2 “产品创新金三角”团队组合

表 4-1 总结了创新型企业在创新人才培养方面的常见问题，各企业的首席产品官、中高层管理者、人力资源部门可以进行对照分析，找出企业创新人才培养方面存在的主要问题，结合本章内容的介绍改善创新人才培养方式，培养出尽可能多的各类卓越创新人才，推动公司成为一流创新企业。

表 4-1 创新人才培养的常见问题

创新人才培养的常见问题	是否存在（Y/N）	主要改善措施
（1）缺乏公司层面的、整体的创新人才梯队培养规划与储备，“人到用时方恨少”		
（2）只注重各类研发技术人才的引进和培养，不重视中高层管理者的创新素养培养，不注重产品经理、项目经理和流程经理等经营管理人才的培养		
（3）公司缺乏有效的知识库，研发人员学习与成长主要靠“师傅带徒弟”或者“自学”，新人成长速度慢		
（4）公司层面缺乏对各类创新人才的系统的培养、考核与认证方法，各个部门主管自行凭经验培养人才		
（5）没有意愿和耐心培养人才，主要从同行“挖角”，大量“空降兵”磨合困难，引起公司动荡		
（6）每年招聘大量大学毕业生，但缺乏有效的工作安排与培养，校招生留存率低，浪费了公司大量的资源，影响了公司声誉		

知行信创新人才观主要包括如下内容。

（1）企业所有的事都是人做的。

（2）只有专业的人才能做成专业的事。企业一些重要的事情没有做好，关键原因是缺乏足够数量的专业人才。

（3）为保证企业持续、健康、快速成长，企业必须有计划、有效地培养各类必需的专业人才。

（4）创新体系建设与创新人才培养需要并重。卓越的创新人才遵循高效的创新体系，实现企业“持续成功创新”可复制。

（5）培养卓越创新人才，开发精品创新产品！

规划、引聘、选拔各类创新人才，为创新人才“赋能”是企业各级管理者的核心职责。

以下各节分别介绍七类创新人才的培养方法。

第一节　首席产品官培养

创新者思考

（1）我们公司应该设立首席产品官职位吗？

（2）首席产品官的主要职责应该有哪些？

（3）首席产品官及企业中高层管理者应该如何有效领导创新？

首席产品官（Chief Products Officer，CPO）在中国还是一个“新鲜”的职位，在国际上也是最近5年才开始“流行”。

美国硅谷领先的科技创新型企业都开始设立首席产品官职位。比如谷歌公司的两位创始人就分别担任首席产品官（产品总裁）和首席技术官（技术总裁）职位，董事长、CEO等企业“最高职位”反而是聘请外部职业经理担任的。由此可见，产品创新和技术创新在谷歌公司的极端重要性。或许正是企业的主要领导人始终亲自关注产品和技术，谷歌公司才一直勇立潮头，成为全球最具创新性的企业之一。

首席产品官职位的出现，反映了创新型企业对产品及产品创新的战略重要性的认识。很多科技型企业的尴尬情况是：CEO不管产品，CTO管不了产品（只管技术）。作为企业获取回报的手段的“产品”，反而在公司高层没有人真正负责。

首席产品官的设立及其专业性，很大程度上决定了企业能否持续成功创新，能否实现高质量发展，能否成为创新驱动发展的领先型企业。

首席产品官是领导企业持续成功创新的“灵魂人物”。企业的中高层管理者都应该成为企业的**创新领导者（Innovation Leader）**，在首席产品官的带领下领导公司持续成功创新。

企业高层管理者是指公司副总以上的管理者，包括公司董事长、CEO、总裁、营销副总、研发副总、运营副总、财务副总、人力资源副总等各位CXO。高层管理者一般分管一个或者多个职能部门。比如营销副总可能分管市场、国内销售、国际销售、售后服务等职能部门。

企业中层管理者包括各事业部负责人、各职能部门正副职，包括总监级、经理级别的管理者。企业中层管理者“承上启下”，是实现企业高效创新、卓越运营的中坚力量。中层管理者既要有领导力，又要有管理力；既要“抬头看路”，也要“低头拉车”；既要有全局视野，也要能抓关键细节。

企业中高层管理者的创新观念、创新领导力对于企业持续成功创新非常关键。如果企业中高层管理者理念不一致、行动不一致、相互之间的配合“貌合神离”，企业的创新活动开展将会非常艰难。

本节重点介绍首席产品官的主要职责、首席产品官在产品创新管理方面的“应知应会”，以及首席产品官如何有效领导创新等内容。企业的所有中高层管理者都应该学习和掌握主要的创新理念、体系、方法和工具，这样才能与首席产品官“同频共振”，共同推动公司持续成功创新，成为世界一流创新企业。

一、设立首席产品官职位的重要性

企业在模仿与跟随阶段，CPO 职位设立的必要性和紧迫性不是太强，因为我们的前面有“老师”，我们跟着“老师”学就行了。经过二三十年的发展，很多企业已经由“跟跑”、走向了“并跑”，甚至走向了“领跑”，这时 CPO 角色的重要性就开始凸显出来了。

具体来说，创新型企业设立 CPO 职位的重要性体现在以下方面。

1. 凸显“创新驱动发展”在公司的重要性

由运营驱动走向创新驱动，通过创新驱动实现“高质量发展”已经成为很多公司的共识。设立首席产品官职位，表明公司是在真正践行“创新驱动发展”，以此引导公司各级干部员工、各个职能部门重视创新、参与创新，实现卓越创新绩效。

2. 企业创新工作有最终负责人

很多公司的创新工作“多头并管”，谁都管，但谁都不承担最终责任，实际上创新工作处于“放任自流”的状态。这一方面会严重影响公司的创新绩效，另一方面也影响员工创新的积极性、主动性与责任心。企业正式设立 CPO 职位，一方面，大家能找到最终对创新绩效负责的人；另一方面，也强化了 CPO 本人的使命感和责任感，CPO 自己会更加积极主动地履行职责，真正对创新投资回报负责。

3. 有助于产品创新管理人才梯队的培养与建设

公司层面有公司级的 CPO，事业部层面、产品线层面也应该有相应层级的 CPO。产品线、事业部层面的 CPO，是未来公司级 CPO 的候选人。这样，一家创新型企业就建立起了科学的产品管理人才梯队，就能够确保各条产品线经营绩效目标的实现，就能够确保企业源源不断地培养出各级产品管理人才。

不重视产品创新的企业，是没有长远前途的企业！

缺失首席产品官（CPO）的企业，是创新管理缺位的企业！

二、首席产品官的主要职责

首席产品官是创新型企业的“创新第一责任人”，对企业持续成功创新负责，对企业创新投资回报负责。

创新型企业领导者可以对照如下企业首席产品官（CPO）的主要职责，思考这些职责是谁在承担，企业是否应该设立首席产品官职位，公司中谁最适合当首席产品官。

1. 对企业创新投资回报负责

高新技术企业每年都有一定比例的销售收入投入研发，有的企业投入较少，1% ～ 3%；有的企业投入较大，4% ～ 6%；有的企业投入很大，7% ～ 10%。华为公司近年的研发投入达到了销售收入的 12% 以上。不管投入大小，投入是手段，回报才是目标。很多公司是“研而不发（发财）”，研发投入不小，回报很有限。一些企业老板感叹：不投研发没有未来，投了研发看不到未来！那么企业中谁应该对创新投资回报负责呢？是企业老板（董事长）吗？是总经理吗？是分管研发的副总经理吗？实际上很多公司是“研发部”在负责创新，做不出“好卖”的新产品的责任主要在研发部门。

2. 对企业持续成功创新负责

企业需要创新，需要成功创新，需要“持续成功创新”。偶然成功是运气，持续创新靠体系。只有建设系统、完整、科学、高效的研发与产品创新管理体系，才能帮助企业“从成功走向成功”，“从胜利走向胜利”，实现持续成功创新“可复制”。那么，企业中谁负责建设和持续优化创新体系，谁对企业持续成功创新负责呢？

3. 系统建设与持续优化企业产品创新管理体系

新产品开发是“全公司的事”，而不是“研发部的事”，各相关职能部门不是协助者，更不是“看客”，必须在产品创新中承担相应职责。因此，产品创新需要建立起公司级的跨职能项目团队，需要遵循公司级、端到端、规范的流程体系，需要实施“组织级”的项目管理。创新型企业要成为“团队型组织”“流程型组织”“项目型组织”。那么，公司中应该谁来牵头负责公司级的产品创新管理流程体系的建设？谁来负责组织级的创新项目管理？

4. 系统规划与有效赋能各类创新人才

创新人才不只是技术人才，还包括领导人才和管理人才。比如产品经理、项目经理和流程经理都是非常重要的创新管理人才。创新人才需要提前规划和培养，不能到创新项目启动时才去人才市场“招兵买马”。那么，公司里谁应该系统考虑创新人才的规划和赋能呢？

5. 产品线规划与管理

企业整体业绩目标的实现取决于各条产品线业绩目标的实现。每条产品线的业绩目标都实现了，那么企业的业绩目标也就实现了。因此，企业战略管理的日常“抓手”应该是产品线管理。产品线管理团队成员的选拔、培养和管理直接影响各产品线的经营业绩。那么，企业中谁应该统筹负责各条产品线的规划和管理呢？

6. 创新资源分配与创新项目组合管理

同样的创新资源，不同的分配方式，有可能产生几何级数差异的投资回报。企业在不同产品线应该如何分配创新资源？企业在不同类型的创新项目应该如何分配创新资源？比如企业应该在以下类型项目之间如何分配创新资源：基础研究、技术预研、平台开发、全新产品开发和改进型产品开发等。企业中谁应该主责创新资源的分配？创新资源投入到各类项目中后，谁负责各类创新项目的监控和管理？

7. 开放式创新管理

一家企业规模再大，资金和人才总是有限的。企业不仅需要用好内部创新资源，也要积极利用各种外部创新资源，实行“开放式创新”。华为公司有将近 10 万人的研发队伍，常年为华为公司提供软件开发外包服务的机构的软件人员也有近 10 万人。我们应该与哪些机构开展哪些方面的创新合作？企业中谁应该负责统筹创新合作事宜？

对照以上讨论的 CPO 主要职责，企业高层领导者可以思考以下问题。

（1）我们公司是否有专人负责以上事项？

（2）是否以上事项分散给不同的人管？

（3）是否以上事项是在“部门级”而不是“公司级”进行管理？

（4）是否以上事项名义上有人管，但实际上并没人管？

（5）是否以上事项都归“老板”管，但由于老板总是“太忙”，以上事项实际上没有管，或者没管到位？

由以上 CPO 主要职责讨论可以看出，CPO 是一个公司领导级的职位，而不是一个部门级的职位。企业中谁适合当 CPO，关键取决于公司高管团队中谁负责抓创新工作。如果是创始人（董事长）亲自负责抓创新工作，那创始人应该兼任 CPO。如果是分管研发的副总对创新投资回报负责，那分管研发的副总应该就是 CPO。

本章章后案例介绍了一家涂料集团公司 CPO 的选拔与培养方式，各企业可以参考。

不管哪位高层管理者担任 CPO 职位，其最重要的胜任素质是强烈的企业家精神。CPO 要有将一件事做到极致的理想、恒心和毅力，不要以短期赚钱为导向，要持续投资未来。CPO 要敢于冒险，善于创新。即使有再好的创新体系，有再多的创新人才，如果企业 CPO 缺乏企业家精神，这样的企业也是不可能长久的。正如华为公司所主张的：高层要有使命感，中层要有危机感，基层要有饥饿感。

三、首席产品官的选拔

以下是公司首席产品官选拔的主要标准，供各创新型企业参考。

（1）成功地经营过产品线或者事业部，持续取得过良好的经营业绩。

（2）对行业发展趋势、客户需求变化趋势非常敏感，洞察力很强，能够适时抓住新的战略机会。

（3）熟悉公司市场、技术、竞争、产品等各方面情况。

（4）熟悉公司销售、宣传、采购、生产、运维、财务等各方面情况。

（5）熟悉研发与产品创新管理体系，能够有效推动企业组织模式变革、创新流程体系建设、各类创新人才培养和产品标准化管理等工作。

（6）能够与各类合作伙伴有效开展合作。

（7）具有强烈的企业家精神，对将产品做到极致抱有宗教般的追求，既目标高远，又能脚踏实地。

（8）批判性思维、创造性思维能力强，学习能力强，沟通能力强，领导力强，谦逊坚韧。

（9）爱好运动，身体健康，无不良嗜好，工作精力充沛、高效，工作、生活能够有效平衡，情绪稳定。

（10）鼓励创新，带头创新，愿意在研发创新方面进行持续强投入。

北京某电子上市公司，研发人数500人以上，年营业收入40亿元以上，是行业领先的研发创新型企业。第一代创始团队由于年龄原因，决定退出董事长、总经理等高管职位，需要选拔主要的“接班人”。在物色公司总裁人选时，公司主要股东通过投票表决，选择了一位40岁左右的事业部总经理担任集团公司总裁。

该公司某高管介绍说，公司至少有3位比该候选人资历更深，年龄50岁左右的高管，但是没有被主要股东选中。究其原因，该高管说，被选中的年轻总裁博士毕业就在该公司工作，从工程师逐步成长为研发经理、产品线经理、事业部总经理。选中该位候选人为公司总裁的主要原因是其带领团队洞察市场需求，开发了多款创新产品，都取得了很好的市场业绩。公司主要股东认为，把公司未来发展的命运寄托在该候选人身上让他们更有信心。

四、首席产品官的“应知应会”

首席产品官肩负公司持续成功创新的重大责任，除了深具企业家精神外，还必须成为“创新管理专家”，成为“专家型领导”，引领整个企业“从胜利走向胜利”。

表4-2列出了首席产品官及企业中高层管理者在产品创新管理方面的主要“应知应会”，供大家参考。

表4-2　首席产品官（中高层管理者）的产品创新管理“应知应会”

应知	应会
（1）正确的创新观念 （2）企业持续成功创新的关键要素 （3）产品创新管理体系的主要内容	（1）企业创新战略分析与决策 （2）新的战略机会洞察 （3）创新项目评审决策 （4）战略性的创新资源分配 （5）各类创新人才规划、培养与激励

在作者主持的各类产品创新管理内训课、公开课上，很多科技创新型企业的中基层管理者、研发骨干经常对我说，这个课要是我们公司主要领导来听就好了，这个课是领导应该听的，只要公司领导想明白了，我们执行一定没问题。比如大家从以下几方面谈了看法。

（1）新产品开发不是研发部的事，是全公司的事，应该组建跨职能团队进行新产品开发。

（2）新产品开发流程体系建设不能由一个部门级或者主管级的干部牵头，必须由公司副总一级的高管牵头，组建跨职能团队进行创新流程体系建设。

（3）项目经理应该责权利对等，只有责，没有权（领导权、考核权）和利（激励制度、奖金分配）的项目经理是很难将项目做好的。

（4）应该选拔企业家精神强、市场洞察能力强、学习能力强的骨干员工担任产品经理，而不能由研发骨干、项目经理或者销售经理兼任产品经理。

（5）公司的激励机制应该公开透明，激励应该及时，薪酬应该有行业竞争力，不能只是给研发人员表态：好好干，公司不会亏待你们的。

……

以上只是列举了学员很有同感的一些方面。很多企业领导由于“太忙”没有时间参加学习。或者有些领导觉得“我工作经验非常丰富，都当领导了，还要参加什么培训和学习”。还有些技术出身的领导觉得技术最重要，管理很简单。这些认识误区，导致一些科技企业的领导缺乏系统的研发与产品创新管理体系方法，难以成为产品创新管理专家，难以领导团队高效创新。中基层员工对领导只是“礼貌性”的服从，其实内心并不认可。领导的局限成为阻碍公司高效创新的“瓶颈”。

华为公司导入 IPD 为什么成功？以任正非为代表的高层领导带头学习，对 IPD 体系的原理、方法论与价值有深刻的理解和认识，写了不少文章或者多次发表演讲，向员工宣贯 IPD，带头使用 IPD。

五、首席产品官的培养

企业要持续发展壮大，就需要持续培养各个层面的首席产品官。各级首席产品官是企业实现“创新驱动发展”的灵魂人物，如图 4-3 所示。

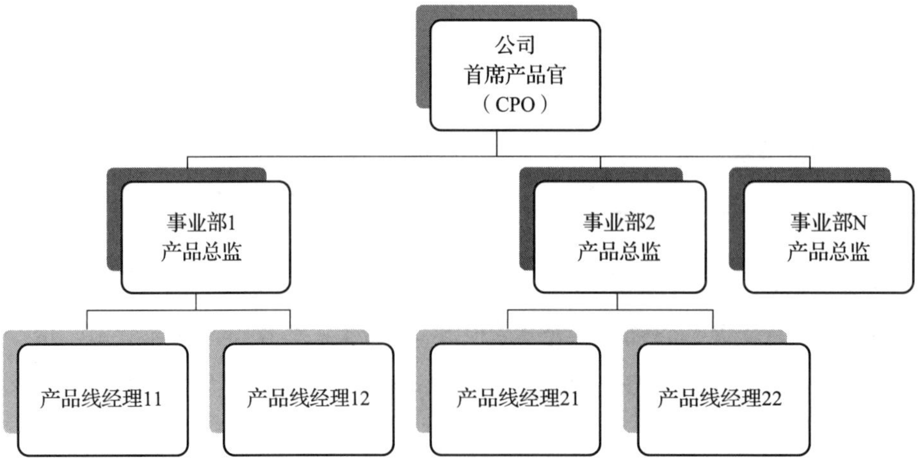

图 4-3　知行信三级产品经理培养机制

创新型企业产品经营人才培养机制包括以下 4 个方面。

（1）创新型企业首先要培养尽可能多的专业的产品线经理，实现每条产品线预期的中长期战略目标。

（2）优秀的产品线经理可以晋升为事业部产品总监或者事业部总经理，实现事业部预期的中长期战略目标。

（3）优秀的事业部产品总监或者事业部总经理可以晋升为具有多个事业部的子公司的首席产品官，实现各子公司预期的中长期战略目标。

（4）优秀的子公司首席产品官可以晋升为集团公司的首席产品官，带领整个集团实现企业持续成功创新“可复制”，成为世界一流创新企业，成为行业创新领导者并持续保持领先地位。

六、首席产品官如何有效领导企业创新

企业任命了 CPO，产品创新管理就有了良好的起点。那么 CPO 应该如何有效地领导创新，实现企业持续成功创新呢？以下建议，供创新型企业首席产品官、中高层管理者参考。

1. 明确创新在公司中的角色与地位

公司高层管理者应该明确告知全体员工和合作伙伴，创新是公司成长和发展的引擎。公司高层管理者将创新视为最重要的工作职责。公司通过持续成功创新实现持续有机增长。

作为“汽车发明者”，奔驰公司 140 年创新激情永不灭！探索、革新、创造、颠覆，为心中所向，“驰”之以恒！奔驰公司的产品宣传语是这样的。

The Best or Nothing!

心所向，驰以恒！

2. 营造积极的创新氛围

公司高层管理者以实际行动鼓励和支持创新。以下是在企业营造积极的创新氛围的有效做法。

（1）建立新产品创意提交系统、指定专人负责新产品创意收集和管理，对员工提交的创意给予快速反馈并对提交创意的员工表示感谢。

（2）对好的创意予以表扬和奖励。

（3）给研发人员适度的弹性时间用于做自己感兴趣的研究工作。

（4）高层管理者定期拜访客户，参加市场调查工作。

（5）高层管理者经常出席各种激发新产品创意的头脑风暴会议。

3. 制定公司的创新目标与创新战略

根据公司的发展目标与战略，制定公司的创新目标与创新战略，将创新目标作为公司高层管理者年度绩效目标的核心部分。

关于创新战略规划，请参见本书第二篇。

4. 建立面向“创新驱动发展”的组织模式

由运营驱动走向创新驱动的典型标志就是企业组织模式由制造型企业的职能型组织模式转变为创新型企业的跨职能团队组织模式。创新型企业要设立公司级的产品管理、项目管理和流程管

理部门，新产品开发要由“研发部的事”上升到“全公司的事”。新产品开发任务要由在各个职能部门之间低效传递转变为在跨职能项目团队内高效推进。

组织模式不变革，企业就无法建立“流程型组织”“项目型组织”，新产品开发项目就无法高效推进，企业“创新驱动发展”就会成为空话。CPO 要对组织变革的必要性、复杂性和艰巨性有深刻的认识，要明知很难，仍然迎难而上，不建立起真正意义上的跨职能团队不罢休。

关于创新型企业组织模式建设请参见本书第二十一章。

5. 系统规划和培养各类创新人才

组织模式变革解决“如何做”的问题，人才培养解决“谁来做”的问题。CPO 一定要认识到创新人才不只是技术人才，还包括领导人才和管理人才。CPO 要基于企业未来的创新战略规划与目标规划各类创新人才，适时引聘、选拔与培养各类创新人才，确保各类创新人才的数量、专业性能够匹配和支撑企业创新发展的需要。

关于创新人才的规划与培养请参见本章后续内容。

6. 建立和实施公司级、端到端的产品创新管理流程体系

建立了符合创新驱动发展的组织模式，系统培养了各类创新人才，就需要通过有效的产品创新管理流程体系实现企业持续成功创新“可复制”。CPO 要主导产品创新管理体系建设，要基于跨职能团队组织模式建立起真正意义上的“公司级”的创新体系，而不是各部门流程的“汇总”。

高层管理者组织建立基于最佳实践的从创意到退市的端到端的新产品开发管理流程，设定流程绩效目标，任命流程经理，对流程的有效性负责。

流程体系需要严谨建设，更需要严肃执行。CPO 要督促各级领导以身作则，带头执行流程、遵循流程，形成良好示范，实现“流程面前人人平等”的流程文化。

公司高层管理者要准时出席决策评审会议，并遵照决策评审准则对新产品项目进行决策评审。高层管理者要成为践行流程、维护流程的榜样。

产品创新管理流程体系建设请参见本书第二十二章。

7. 对创新项目进行严格的生 / 杀决策和组合管理

遵循事先设定的决策评审准则，在每个业务评审点对新产品项目进行严格的生 / 杀决策。对通过决策评审的项目排定开发的优先顺序，确保将公司宝贵的创新资源用于正确的新产品项目组合。不要尝试用公司有限的资源去做太多的项目。

关于创新项目决策评审请参见本书第十章。

8. 给项目团队提供强有力的支持和授权

高层管理者按时、按质、按量地兑现项目资源，保证新产品项目的顺利开展。高层管理者不要过多介入新产品项目的日常运作，要将日常工作和日常决策交给项目团队。

关于创新资源分配请参见本书第五章。

9. 开发和上市精品创新产品，形成示范，持之以恒，成为创新领导者

变革组织模式、培养创新人才、规范流程体系是手段和前提，开发和上市精品创新产品才是目的。所有管理方法最终都是为创造价值服务的。

通过开发和上市精品创新产品，实现公司预期的创新绩效目标；通过开发和上市精品创新产品，验证组织模式的有效性，验证流程体系的有效性，验证创新人才的专业性；通过开发和上市精品创新产品，形成示范效应，引领和督促整个公司“转型升级”。

为了形成示范效应，CPO 要亲自主抓一批有代表性的创新项目。对于经过验证有效的组织模式和流程制度，CPO 要要求相关部门通过合适的 IT 工具“固化”，并遵照执行。

随着公司的发展，公司的产品创新管理体系也要与时偕行，持续优化与升级，做好“版本管理”，确保公司“从胜利走向胜利”，成为创新领导者。“除了胜利，我们已经无路可走”是创新型企业的不懈追求。诚如斯言，CPO 就真正成为企业的创新领导者！

经过 40 多年的改革开放，中国企业普遍学会了“制造与运营”，但普遍尚未学会“创新与颠覆”。很多有一定规模的企业学会了做“跟随者（Follower）”，但尚未学会做“领导者（Leader）”。下一个 40 年，必将有一大批中国企业走向国际，成为全球市场的引领者。

期待越来越多的企业一把手由抓运营、抓销售、抓制造走向抓“创新”，抓“产品”，期待越来越多的企业的首席执行官（CEO）成为“首席产品官（CPO）”，通过“持续成功创新”，领导企业“由胜利走向胜利”，成为全球市场领导者。

创新者行动

公司首席产品官组织公司管理团队、人力资源部门、各事业部负责人、产品管理部负责人、研发中心负责人等讨论确定首席产品官课程学员名单（如表 4-3），明确学习内容、培养方式、考核方式，制订与执行培养方案与计划。

表 4-3 首席产品官培养学员名单

学员对象	学员职位描述	学员名单
公司高管	公司副总以上高层管理者，主要包括公司董事长，总经理，分管研发、营销、生产、财务等的副总，下属企业或事业部负责人，产品总监，技术总监等	
部门经理	各职能部门副职以上管理者，主要包括研发、营销、采购、生产、运维、质量、财务等部门负责人	
创新骨干	主要包括产品线经理、系统工程师、项目经理、各专业研发负责人等	

第二节 产品经理培养

创新者思考

（1）我们公司有产品经理职位吗？我们公司应该设立产品经理职位吗？

（2）我们公司有足够数量、足够专业的产品经理吗？

（3）我们应该如何有效选拔和培养专业的产品经理？

在客户基本需求已经满足、全球化市场竞争日益加剧、低端产能严重过剩、低价战略不再有效的今天，产品经理这一角色对于企业的前途和命运的关键作用日益显现。对于创新型企业而言，提出“得产品经理者得天下”亦不为过。对于企业而言，本文“天下”这个词的主要含义包括：生存空间、盈利水平、市场份额、行业地位等。产品经理是企业“夺取天下”“稳固天下”的关键角色。从某种意义上讲，一个企业能做多强、能做多大、能活多久，很大程度上取决于企业有多少名卓越的产品经理。

本节从产品经理的角色与职责、胜任素质与能力要求、选拔与培养等方面比较系统地介绍产品经理这一职位，帮助企业有效地选拔和培养足够数量的专业的产品经理，持续开发出成功的精品创新产品，实现企业持续、健康、快速成长。

一、为什么需要设立产品经理职位

创新型企业需要自己面对市场，自己洞察客户需求，自己决定做什么产品，不能跟在领先者后面简单模仿。而**产品经理正是“洞察客户需求，开发精品产品”的关键角色**。

企业缺乏专业的产品经理通常会在创新流程的不同阶段出现多种“症状”，如表 4-4 所示。

表 4-4 企业产品经理缺失的典型“症状”

创新流程阶段	产品经理缺失的典型“症状”
创新战略管理	（1）公司创新方向、目标和重点不清晰，创新资源分配不明确，“拍脑袋”决策多，公司创新资源投资回报不理想 （2）产品线缺乏有效规划和管理，没有做到“上市一代、开发一代、规划一代” （3）产品没有真正意义上的差异化，同质化竞争严重
创新前端管理	（1）平庸的新产品创意很多，突破性的新产品创意很少 （2）对客户需求了解不系统、不深入、不完整、不正确，很多项目匆忙上马 （3）项目可行性分析不严谨，半途而废的项目很多

续表

创新流程阶段	产品经理缺失的典型“症状”
产品开发管理	（1）开发过程中产品需求变更频繁，边了解需求、边开发技术、边开发产品，很多项目要么延期上市，要么中途夭折 （2）产品上市无人进行计划和管理，很多产品仅仅开发出样机就“结束战斗”了，成为“独生子产品”
产品交付管理	（1）没人对产品上市绩效进行管理，哪个产品盈利哪个产品亏损不清楚 （2）盈利产品不能有效延长生命周期或系列化，不能有效提升总体利润 （3）亏损产品不能及时终止或退市

有以上“症状”的企业还是在用“制造思维”做创新，营销部门和研发部门之间缺乏一个系统收集和管理客户需求的“产品管理部门”。很多企业还是销售部门“告诉”研发部门做什么产品。企业认为产品很重要，企业想通过产品赚钱，大家都“很忙”，但没有人“对产品的成败负责”！这看起来是一个笑话，但在很多企业却是现实。

产品经理是产品创新“金三角”团队（见图 4-4）组合的核心成员，产品经理的工作是系统工程师和项目经理工作的前置条件。

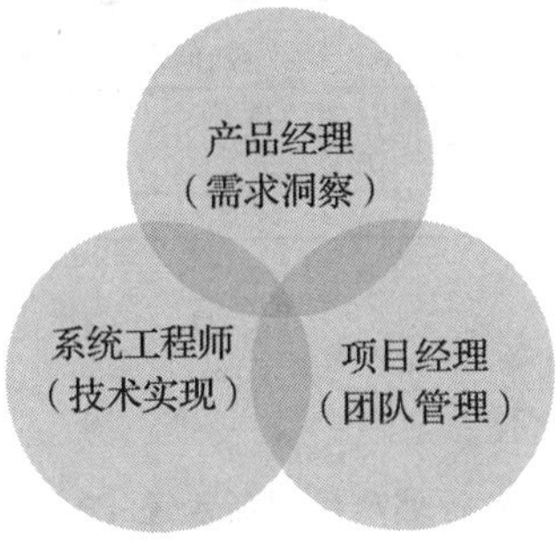

图 4-4　产品创新“金三角”团队组合

产品经理工作的质量，直接影响系统工程师和项目经理工作的质量。如果产品经理没有将客户需求研究清楚，那么系统工程师就无法确定要采用什么技术实现什么产品功能和性能指标，项目经理就不知道应该开发一个什么样的产品，产品开发过程中就会大幅返工（Rework），产品开发周期就会大幅延长，产品开发的失败概率就会大幅上升。

二、产品经理角色认知

从本质上看，产品经理主要有三大核心角色，如图 4-5 所示。

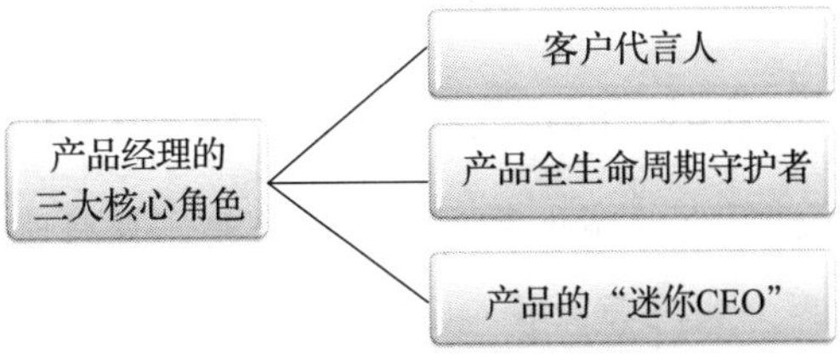

图 4-5　产品经理的三大核心角色

1. 客户代言人

在企业内部，产品经理代表客户的需求与利益，企业以客户为中心，也就是要以产品经理为中心开展工作。产品经理必须“**比客户自己还了解他的需求**”。也就是说，客户说出来的需求产品经理必须知道，**客户没有说出来、没有想到、没有预期的需求产品经理也必须“洞察（Insight）”**。洞察客户需求是产品经理最基本，也是最核心的职责。苹果公司创始人乔布斯就是一位卓越的客户“隐性需求”洞察者。

2. 产品全生命周期守护者

产品经理负责产品的端到端管理，产品经理要做的工作是“100—X”。也就是说，产品成功需要做好的工作是100，团队其他成员做了X，剩下的工作必须由产品经理做好。**创新型企业必须确保在任何时间、任何地点，都有人随时对产品的成功负责**。这个人就是产品经理。

知行信产品创新管理4D流程体系如图4-6所示。

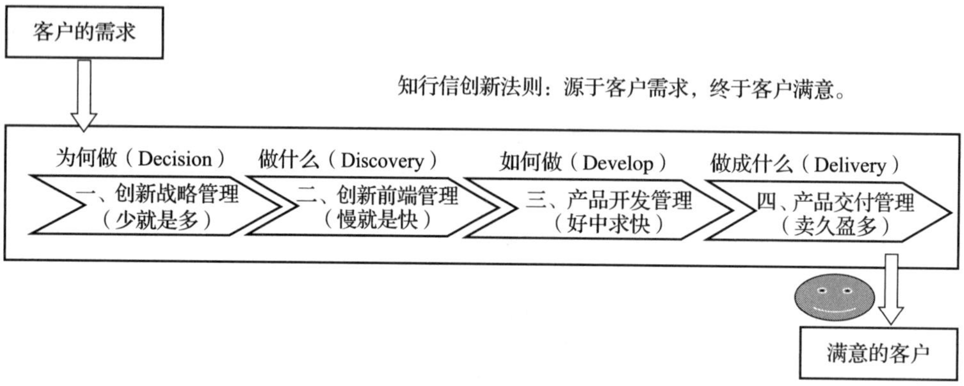

图4-6 知行信产品创新管理4D流程体系

3. 产品的“迷你CEO”

产品经理是产品的“迷你CEO”，对产品的成功上市负责，对产品的投资回报负责。创新型企业设立产品经理制度，选拔和培养多名产品经理的主要目的就是要培养多名“迷你CEO”，将企业由拥有一个“孙悟空（老板）”变为拥有多个大大小小的“孙悟空（产品经理）”。有些企业成长到几个亿之后很难再上台阶的一个主要原因就是企业只有一个“孙悟空”——老板。由于时间、精力和学识等的限制，老板不可能亲自管理多条产品线，不可能所有新产品创意都来自老板！企业的产品创新过度依赖老板的结果就是老板成了企业持续增长的“瓶颈”。如果一个公司有10个产品经理，每个产品经理每年都能为企业创造3个亿的营业收入，那企业年收入不就到30亿元了吗？

创新案例

宝洁公司对产品经理角色的认知

宝洁公司创立于1837年，是全球领先的洗化用品企业，拥有众多品牌和产品线，产品销往170个国家。宝洁公司2022财年实现营业收入802亿美元，净利润147亿美元，净利润率18%。

超过181年以来，宝洁产品始终致力于通过将“所需”与“可能”相结合，使洗衣房、盥洗室、起居室、卧室、厨房、婴儿房和浴室变得日趋舒适，成为家喻户晓的品牌。宝洁公司的产品涵盖婴儿护理、织物护理、女性护理、男士理容、秀发护理、居家护理、口腔护理、个人健康护理、皮肤和个人护理10大品类、28个品牌。

宝洁公司首席研发与创新官Victor Aguilar说："我们致力于为消费者现在和未来面临的日常问题寻找解决方案。这首先要结合对消费者的深刻了解，与影响其日常生活的前沿科学技术，打造出令人无法抗拒的卓越产品，以此为每一个人创造价值"。

20世纪二三十年代，宝洁公司第一次提出了产品经理的概念。以下是宝洁公司对产品经理角色的认知。

（1）产品经理机制是一种矩阵型的组织结构，产品经理只对一种产品负责，他的职责就像一个产品的"总经理"。

（2）产品经理是一个有着独立职能的协调者，公司各部门都必须围绕着产品经理运作，从而实现以消费者为核心来瓜分市场。

（3）任何时候，任何地点，都保证有人（产品经理）对"产品如何满足消费者价值"负责。

三、产品经理的主要职责

基于以上产品经理的角色定位，产品经理的主要职责如下。

（1）组织产品线规划，负责产品线管理，对产品线经营绩效负责。

（2）负责新产品创意激发、收集、管理和评审。

（3）负责新产品概念开发、测试、完善和评审。

（4）组织市场研究工作。

（5）洞察客户需求。

（6）组织产品定义工作。

（7）组织项目可行性分析工作，提交立项分析报告。

（8）在新产品开发过程中验证客户需求，管理需求变更。

（9）组织新产品上市管理工作。

（10）负责产品生命周期管理工作，组织产品退市管理工作。

四、产品经理的胜任素质与能力要求

大家明白了创新型企业为什么需要设立产品经理职位，也明白了产品经理的角色定位与主要职责，下一个问题就是要选择什么样的人培养成产品经理。从知行信近20年的创新咨询实践看，产品经理培养是一项"低成功率"的工作。因此，选拔合适的人进行培养就显得尤为重要。当然，多选择一些人进行培养也能增加产品经理培养的成功概率。

从胜任素质的角度看，产品经理最核心的胜任素质是具有企业家精神，也就是具有从0到1

的精神。产品经理实际上是企业的“内部创业者”，其工作要么是在现有产品的基础上，对现有产品进行改进和完善，或者开发出新的系列产品；要么就是负责一条全新的产品线，组织开发和上市对于企业而言，甚至对于整个世界而言全新的产品。因此，产品经理要乐于面对不确定性，要敢于冒险，要善于创新。**产品经理一定要有对做成一件别人没做过（突破型创新）或者别人没做好（重大改进型创新）的事情的持续激情与耐心！**

在具有强烈的企业家精神的基础上，具有以下能力能够更好地帮助产品经理走向成功。

（1）快速学习能力。

（2）想象力与创造力。

（3）领导能力。

（4）有效沟通能力。

（5）愈挫愈奋能力。

五、产品经理选拔

产品经理最好的获取途径是选拔内部员工进行培养。从外部招聘或者从同行“挖人”的做法效果不会太好。一是当前市场上优秀的产品经理本来就奇缺，很难找到；另外即使好不容易挖到了一个，也可能由于文化、制度、体系等原因而水土不服，中途夭折。有些企业的主要领导说，产品经理培养时间太长，培养来不及了。这其实是一个人才规划问题。如果你 5 年前就开始培养产品经理，那么现在应该有人可用了。同样，如果从现在开始培养产品经理，那么三五年之后可能会培养出几名优秀的产品经理。最好是不要过了三五年之后还是抱怨企业没有合格的产品经理。

一些企业选拔刚毕业不久的大学生当产品经理，这是将产品经理职位“庸俗化”的表现。大学毕业生既无技术经验，也无市场经验，更无企业经营管理心得，对企业产品了解也不多，是无法担当大任的！

我们列出以下产品经理选拔标准，供创新型企业选拔产品经理培养对象参考。

（1）本科以上学历（条件优秀者可适当放宽），具备 5 年以上相关行业工作经验，3 年以上本公司研发、销售、市场等领域工作经验。

（2）上进心强，喜欢面对不确定性，企业家精神强。

（3）创新能力强，有开创精神。

（4）同理心强，善于与客户沟通。

（5）领导力强，能够协同公司内外相关人员有效开展工作。

（6）学习能力强，能够快速学习和掌握新的知识和方法。

（7）诚实坚韧，对结果负责。

产品经理培养对象选拔要点。

（1）要选拔具有强烈企业家精神的员工作为产品经理培养对象。

（2）要选拔学习能力强、学习速度快的员工作为产品经理培养对象。

（3）要选拔有技术背景、有市场经验、熟悉企业产品的员工作为产品经理培养对象。

建议企业每条产品线选择 3 名以上产品经理候选人进行培养，确保企业未来 3 ～ 5 年每条产品线有 1 名以上合格，甚至是优秀的产品经理能担当大任。知行信 2012 年帮助北京某高科技企业从 500 名研发人员中选拔出了 30 多名产品线经理，每条产品线经理对 1 ～ 3 个亿的年营业收入负责。现在，已经有 10 多名产品线经理能够有效负责相应产品线的规划和管理，能够根据规划有节奏地持续推陈出新。

六、产品经理的“应知应会”

对于产品经理而言，“应知”的内容是产品创新管理体系框架及其主要内容，“应会”的内容在产品创新流程的不同阶段有所不同，如表 4-5。

表 4-5　产品经理的“应知应会”

应知	应会
（1）正确的创新观念 （2）企业持续成功创新的关键要素 （3）产品创新管理体系的主要内容	（1）创新战略管理 （2）创新前端管理 （3）产品开发管理 （4）产品交付管理

产品经理“应知”的内容包括研发与产品创新管理体系（RDIM®）的六大子系统：创新战略管理、创新前端管理、创新技术管理、创新团队管理、创新流程管理以及创新项目管理，如图 4-7 所示。

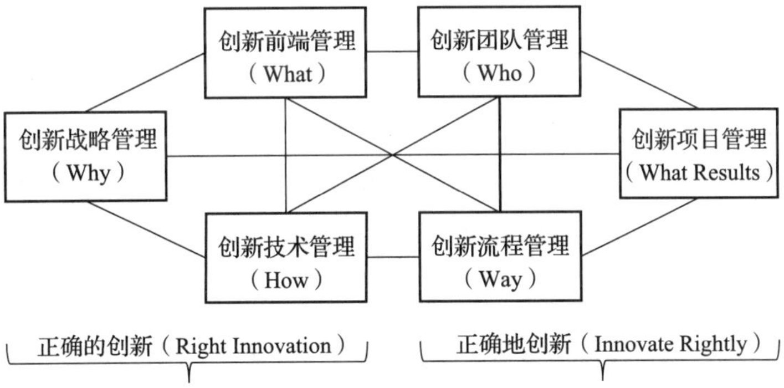

图 4-7　知行信研发与产品创新管理体系（RDIM®）

产品经理“应会”的内容应该通过“干中学”掌握，先逐一系统学习各种创新方法，然后在创新项目实践中反复应用、总结和优化。产品经理“应会”的内容包括创新战略管理、创新前端管理、产品开发管理和产品交付管理阶段的主要创新方法，如图 4-8 所示。

图 4-8 列举了一个专业的产品经理需要掌握的 18 种创新方法。产品经理需要循序渐进地学习和掌握这些创新方法。首先，产品经理应该掌握创新前端的 8 种创新方法。在创新前端中，产品经理需要掌握的最基础的创新方法是客户需求研究方法。如果连客户需求研究方法都不能熟练掌握，那就不能称其为产品经理了。

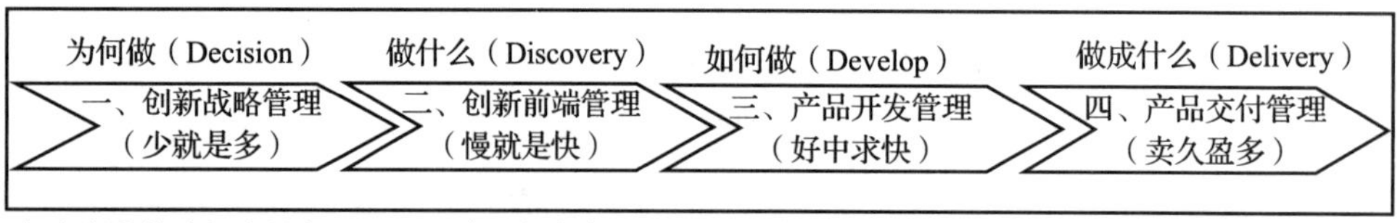

（1）新的战略机会洞察 （2）产品线战略规划与管理 （3）产品差异化战略定位	（1）产品创意产生 （2）产品概念开发 （3）行业研究 （4）竞争研究 （5）客户需求研究 （6）产品定义 （7）产品概念测试 （8）项目立项分析	（1）产品模块化设计 （2）现场测试 （3）客户测试 （4）市场测试 （5）产品上市发布	（1）产品生命周期管理 （2）产品退市管理

图 4-8　产品经理需要掌握的主要创新方法

七、产品经理培养

产品经理的培养应该采取“**创新行动学习法（IAL™）**”，在“干中学”。以下列出产品经理培养路线，供创新型企业培养产品经理参考。

（1）选拔具有企业家精神，符合公司核心价值观，未来 5 ～ 10 年能为公司做出巨大贡献的优秀员工培养为产品经理。

（2）系统学习基于最佳实践的创新方法（本书第二至五篇的内容）。

（3）在创新项目实践中应用所学创新方法（干中学）。

（4）适时总结、优化、系统化创新方法，提高创新方法适应性。

（5）鼓励创新，宽容失败。

（6）坚持！

国内某全球领先的安防产品企业产品经理的培养路线：大学毕业后先做 3 年技术，然后做 3 年市场（销售），再开始产品经理历练。

表 4-6 列举了不同层级的产品经理能力成熟度模型，产品经理可以对照评估自己现在处于哪一级，明确走向更高一级需要重点学习的主要创新方法。创新型企业也可以参考本表对各位产品经理的专业水平进行评估，确定相应职级。

表 4-6　知行信产品经理能力成熟度模型（PMCMM™）

实习产品经理	产品经理	产品线经理	产品总监	首席产品官（CPO）
（1）能够有效进行市场研究工作 （2）能够有效洞察客户需求	（1）能够有效论证一款新产品，提交完整的立项分析报告 （2）能够在产品开发过程中有效进行客户需求变更管理 （3）能够有效组织进行产品上市管理工作 （4）能够有效组织进行产品生命周期管理、产品退市管理工作 （5）能够实现一款产品预期的投资回报	（1）能够有效进行一条产品线的战略规划和日常管理工作 （2）能够有效领导产品线管理团队开展工作 （3）能够实现一条产品线预期的投资回报	（1）能够有效组织进行事业部层面的创新战略分析与决策 （2）能够有效培养和领导多个产品线管理团队 （3）能够在事业部层面对多条产品线进行有效的创新项目评审决策和组合管理 （4）能够实现一个事业部预期的投资回报	（1）能够有效组织进行公司层面的创新战略分析与决策 （2）能够有效领导多个事业部的产品管理团队 （3）能够在公司层面对多个事业部进行战略性的组合管理 （4）能够领导建立和有效运行系统、完整、科学、高效的研发与产品创新管理体系 （5）能够对各类创新人才进行有效规划和赋能 （6）能够实现一家公司多个事业部预期的投资回报

总结以下产品经理培养要点，供各创新型企业中高层管理者参考。

（1）产品经理职位设立是由项目型企业、制造型企业、运营型企业走向创新型企业的必然选择，创新驱动企业发展就是“产品经理”驱动企业发展。

（2）产品经理对产品的投资回报负责，是产品的“迷你 CEO”。产品经理的专业性、数量及能力发挥机会很大程度上决定了科技企业的创新投资回报与增长速度，得产品经理者得“天下”。

（3）产品线经理、事业部产品总监、公司级首席产品官（CPO）都是“产品经理”，只是职责范围、能力要求、业绩目标不同而已。

（4）掌握系统、完整、科学、高效的产品创新管理体系、方法与工具，是各级产品经理创造价值的“基础技能”“核心技能”，专业创造价值，专业赢得尊重！

（5）企业要为各级产品经理的成长与能力发挥提供组织、流程、制度保证，高效的创新体系与卓越的产品经理是企业实现“持续成功创新”的关键最佳实践。

八、产品经理的职业生涯规划

产品经理是从事产品规划和管理工作的人员的统称，基于管理幅度的不同，产品经理可以有不同的名称，如表 4-7 所示。

表 4-7 产品经理头衔与管理幅度

产品经理头衔	管理幅度
产品经理	管理一款产品或者一条产品线
产品线经理	管理一条或者多条相似产品线
产品总监	管理多个产品品类，或者管理一个事业部的所有产品
首席产品官（CPO）	管理一家企业多个事业部的所有产品组合

随着产品经理能力的增强，管理产品的幅度不断增大，职位也不断提升，这其实也正是产品经理的“职业生涯规划”。有些企业可能会有解决方案经理这样的角色，负责整合公司的多条产品线，形成一个“产品包”，为某类行业客户提供整体解决方案。其实，解决方案也是产品，解决方案经理也是产品经理的一种。对解决方案级产品经理的能力要求原则上要高于产品线经理。

图 4-9 中，我们描述了与年龄关联的产品经理职业生涯规划示意图，供各位有志于从事产品创新管理工作的朋友参考。

行业不同、个人“悟性”不同、个人勤奋程度不同、职业平台和机遇不同，产品经理的“进步速度”可能也会有所不同。进步比较慢的产品经理要从企业家精神、创新能力、创新方法掌握程度及勤奋程度等方面进行反思。进步比较快的产品经理也无须“沾沾自喜”，要反思基础是否牢固，未来后劲是否很足，是否能够“从优秀走向卓越”。

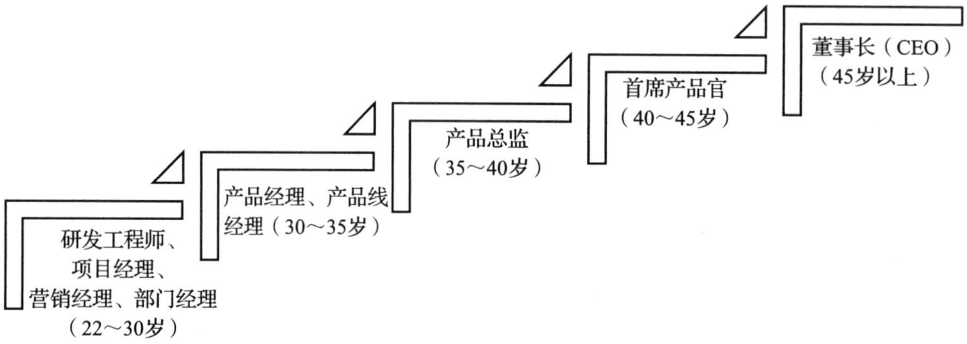

图 4-9 产品经理职业生涯规划（示意）

从以上介绍中，大家对产品经理角色的作用及其重要性有了较为深入的了解，同时对产品经理的选拔和培养的挑战性也有了较为深入的认识。在“创新驱动发展”的“新常态”下，立志成为市场领导者的创新型企业的领导者，需要尽快做出“艰难的决策”：是自己培养专业的产品经理开发创新产品，还是止步于做一个没有长远未来的“跟随者”！

产品经理培养是投资于未来！越投资于未来，越有未来；越不投资于未来，越没有未来！早投资，早受益！

创新的时代呼唤产品经理，全球化剧烈竞争的时代呼唤卓越的产品经理！

得产品经理者得天下！

咨询实例

某软件企业的产品经理选拔与培养

深圳某行业软件开发企业，缺乏产品思维和产品线思维，一直在不停地“做项目”。企业 300 名软件工程师，有 250 人以上常年在客户现场“写代码”“做实施”。公司项目总是“缺人”，不停地招聘新人，有些软件工程师第一天入职，第二天就被派往了项目现场，入职培训都“来不及了”。这样做的结果是项目总是延期，客户满意度不高，项目回款不及时，公司现金流非常紧张。由于各个类似项目重复劳动多，人员浪费严重，公司人均产值、人均利润不高，人均薪酬也缺乏竞争力，软件人员对待遇普遍不满意。客户满意度不高、回款期长、现金流紧张、利润率低，公司领导对现状也非常不满意。

顾问团队通过现场调研发现，该公司是典型的“项目型公司”，而不是“产品型公司”。公司没有产品管理部门，没有产品经理，只有销售部门负责“拉单子”，研发部门负责“做单子”。研发部门实际上主要是项目实施部门，没人做平台开发和“基型产品”开发工作，同类项目模块层面的重用率不超过 30%，主要是一些软件组件层面的重用。

顾问团队帮助该公司组建产品管理部门，从研发部门选拔技术全面、项目经验丰富、进取心强的研发骨干担任产品经理。每条产品线任命产品线经理和系统工程师，两者紧密配合，通过已经做过的同类项目归纳共性需求，定义产品平台和基型产品。组织研发工程师进行软件模块开发和“封装”，基于功能模块组成产品平台，基于产品平台开发基型产品，基于基型产品响应客户项目的个性化需求。

通过一年多的艰苦努力，公司各条产品线均建立起了明确、有效的产品线管理团队，定制项目开发都是在基型产品的基础上进行的。产品的标准化率达到了80%以上，也就是说，响应同类定制项目的需求，有80%的内容已经准备好了，定制开发团队响应个性化需求的比例只占20%左右。通过采用基于产品平台和基型产品的定制项目交付，定制项目周期普遍缩短50%以上，项目差错率减少80%以上，及时回款率提升到80%以上，客户满意度也大幅提升。项目效益提升了，项目团队的人均产值、人均利润也同步提升了，项目团队的人均薪酬也大幅改善了，公司的利润率也大幅提升了。该公司由项目型公司走向产品型公司，实现了客户、员工和公司的“三赢”！

创新者行动

公司首席产品官组织人力资源部门、各事业部负责人、产品管理部负责人、研发中心负责人等讨论确定产品经理学员名单（见表4-8），明确学习内容、培养方式、考核方式，制订与执行培养方案与计划。

表4-8　产品经理培养学员名单

学员对象	学员职位描述	学员名单
现有产品经理	各事业部各产品线总监、产品线经理、产品经理	
拟培养为产品经理的研发骨干	各事业部市场研究经理（专员）、系统工程师、专业组长、标准化工程师、研发骨干	

第三节 项目经理培养

创新者思考

（1）我们公司有专职的项目经理吗？我们的项目经理足够专业吗？

（2）我们的项目经理领导的是跨职能产品开发团队吗？

（3）我们公司的组织模式、流程体系能够支撑项目经理有效开展工作吗？

产品经理、系统工程师、项目经理组成创新型企业产品创新“金三角”团队组合（见图 4-10）。

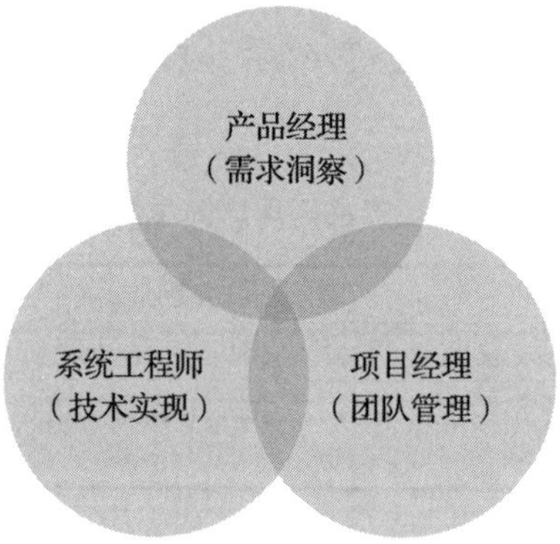

图 4-10　产品创新“金三角”团队组合

这三个角色对于企业持续成功创新是最为关键的，是最需要着力培养的三类创新人才。

产品经理洞察客户需求，系统工程师主责技术实现，项目经理组织跨职能团队负责产品设计开发、测试矫正与上市发布，对产品成功上市负责。很多公司在需求不清楚、技术不清楚、团队资源也不清楚的情况下启动新产品开发项目，这样的新产品开发项目经理将非常“郁闷”，甚至感觉“生不如死”。“边了解需求、边开发技术、边开发产品”的“三边”开发模式，往往导致项目中途夭折，或者新产品上市大幅延期，项目投资回报不理想。

做过优秀的系统工程师或者项目经理的创新人才更有可能成长为卓越的产品经理。**卓越的项目经理不一定能成长为卓越的产品经理，但卓越的产品经理一定首先是卓越的项目经理**！连项目都做不好的人是不可能成为称职的产品经理的！

本书指的项目经理是“跨职能新产品开发团队”的项目负责人（Project Leader），是公司级的项目经理，而不是研发部内部负责技术开发的研发小组组长。

下面简要介绍项目经理的“应知应会”、项目经理的培养及项目经理的职业生涯规划。详细的项目管理介绍内容请见第二十三章。

一、项目经理的主要职责

不管是技术开发项目、新产品开发项目还是订单交付项目的项目经理，都有以下主要职责。

（1）对项目交付成果负责，对项目成败负责。

（2）设定项目目标。

（3）制订项目计划。

（4）组建与领导项目团队

（5）监控项目过程。

（6）交付项目成果。

项目经理要掌握相应的项目管理方法与工具，才有可能有效履行这些职责，成为成功的项目经理，专业的项目经理，卓越的项目经理！

二、项目经理的选拔

以下是项目经理选拔的主要标准，供创新型企业参考。

（1）喜欢跟人打交道，而不是喜欢跟技术打交道；

（2）喜欢迎接新的挑战；

（3）喜欢解决复杂问题；

（4）视不确定性为常态，不讨厌不确定性；

（5）既有全局观，又能抓细节；

（6）享受项目成功的喜悦；

（7）对人生成就有较高期许。

项目经理的核心工作是协同项目团队，推进项目，实现项目目标。因此，项目经理的核心能力是人际沟通能力。一些企业由于担心研发人员“不服”技术水平不高的项目经理，选拔不擅长与人交往的“技术牛人”当项目经理。其结果往往是这些技术牛人项目管理没做好，技术工作也耽误了，这些技术牛人往往会非常失落，“郁闷和不爽”，甚至会选择离职。

其实，项目经理也是一个非常专业的职位，项目经理应该凭借自己专业的项目管理水平“服众”，而不是靠技术水平服众。当然，做过研发，有较好的技术背景再当项目经理是比较好的。

三、项目经理的“应知应会”

项目经理要协同来自不同职能和专业的跨职能团队成员有效开展工作，项目经理对公司的组织模式及端到端的创新流程应该非常熟悉。本质上讲，项目经理应该是“基于流程进行项目管理”，而不只是基于个人魅力和经验进行项目管理。

我们将项目经理的“应知应会”总结如表 4-9 所示。

表 4-9 项目经理的“应知应会”

应知	应会
（1）产品创新管理体系及各子系统的主要内容 （2）客户、客户的客户的需求 （3）公司产品开发所需主要技术及其发展趋势 （4）公司主要供应商、合作伙伴及竞争对手 （5）公司行业、市场环境	（1）跨职能团队组织模式及其特点（如何管人） （2）端到端的新产品开发管理流程（如何做事） （3）项目管理方法（如何取得结果） （4）项目团队考核与激励（如何激励团队）

相对于研发人员而言，项目经理更要“懂管理”，由技术人员转型当项目经理要“由技术走向管理”。项目经理要“让人做事并取得结果”。卓越的项目经理要“让正确的人、心情愉快地、高效地做正确的事，并取得超出期望的结果”。

新产品开发项目经理应该掌握本书第七篇创新体系建设的所有内容。订单交付项目经理应该重点掌握第二十四章的内容。

一些企业的项目经理没听说过 PMP（国际项目经理认证），一些企业的项目经理连 WBS（Work Breakdown Structure，工作分解结构）都不知道。试想一下，这些缺乏基础最佳实践方法指导的项目经理，怎么可能交付超出期望的项目成果？

当然，考过了 PMP 证书只能说明员工了解了项目管理的基本概念，并不能说明能够胜任实际的项目经理职位。要成为卓越的项目经理一定要把有效的方法学习与大量的项目管理实践相结合，“事非经过不知难”，实践出真知！

四、项目经理的培养

项目经理的培养也要践行“行动学习法”，也要在“干中学”“边学边干”“边干边学”，做到知行合一，“螺旋式上升”。

1. 项目经理的核心能力要求

项目经理需要具有以下 5 项核心能力。

（1）有商业头脑。

（2）能与客户及利益相关者进行有效的沟通。

（3）熟练掌握项目管理方法。

（4）会使用项目管理工具。

（5）具有领导力。

2. 卓越项目经理成长要点

基于项目经理的核心能力要求，我们提出卓越项目经理的成长要点如下。

（1）心怀理想。

（2）精通项目管理“应知应会”。

（3）由易到难的项目管理实践。

（4）持续反思与改进。

（5）坚持！

3. 项目经理实践建议

以下是项目经理项目实践中有效做法的建议。

（1）"打开门" 欢迎项目团队成员即时沟通。

（2）"关上门" 集中时间处理重要的工作。

（3）"走出去" 进行 "现场办公"。

（4）以身作则，率先垂范。

（5）面对挑战，解决问题。

（6）动态调整资源分配。

4. 项目经理培养要点

以下是公司项目管理办公室（PMO）进行项目经理培养的要点。

（1）创新型企业要设立项目管理办公室（PMO）对创新项目进行统筹管理。

（2）要将创新项目与订单交付项目分开进行管理。

（3）要培养足够专业、足够数量、公司级的专、兼职项目经理。

（4）要建立、健全公司研发与产品创新管理体系，让项目经理能够基于创新体系高效、高质量地开展项目管理工作。

（5）创新型企业要成为流程型、项目型组织，要通过有效、高效的项目管理持续提升企业研发创新投资回报。

五、项目经理的职业生涯规划

项目经理也是一个专业性很强的职业，也有相应的职业生涯规划，如图 4-11 所示。

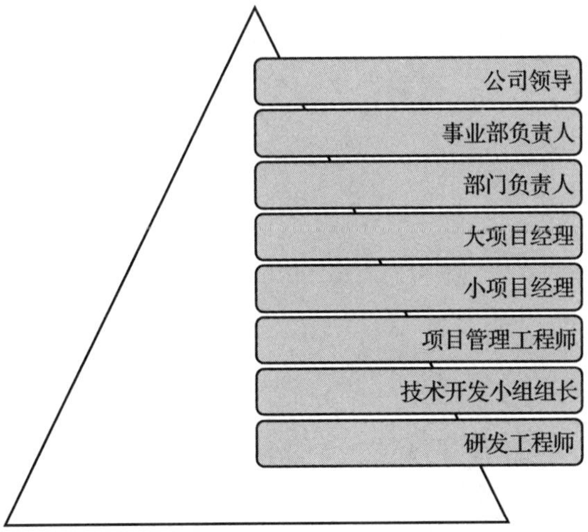

图 4-11　项目经理的职业生涯规划

科技创新型企业要留意从研发人员中选拔“情商”较高的项目经理苗子，可以先做技术开发小组组长，然后做跨职能产品开发团队中的研发代表，再做相对比较简单的新产品开发项目的项目经理，最后成长为复杂产品开发项目团队的项目经理。

原理上说，部门经理及以上职位的管理者，应该都有项目经理的经历，而且应该是卓越的项目经理才有可能提拔为公司中高层管理者。试想一下，如果一个企业的中高层管理者连项目经理都没有当过，或者当过项目经理但是不称职，其有可能做好更为复杂的部门或公司管理工作吗？深圳某知名通信企业明确规定，没有考过项目管理证书的员工不能当项目经理，没有当过合格的项目经理的员工不能提拔为主管以上公司管理者。

创新者行动

公司项目管理办公室（PMO）会同人力资源部门、研发中心、各创新团队负责人研讨项目经理的培养思路，持续培养更多的优秀的项目经理、卓越的项目经理。将议定的项目经理培养对象填入表 4-10，制订学习方案与学习计划，组织学习与考核。

表 4-10 项目经理培养学员名单

学员对象	学员职位描述	学员名单
现有项目经理	各事业部各产品线项目经理	
拟培养为项目经理的研发骨干	各事业部项目管理工程师、研发小组组长、研发骨干	

第四节 流程经理培养

创新者思考

（1）我们公司有流程经理职位吗？我们公司应该设立流程经理职位吗？

（2）我们的流程经理专业吗？

（3）我们的流程经理能够有效开展流程体系建设、推行和持续优化工作吗？

“流程经理（Process Manager）”一词，对很多公司而言非常陌生。甚至有些公司的中高层管理者第一次听到流程经理一词时会问：流程还需要“经理”吗？我们的回答是肯定的，流程需要“经理”，而且需要非常强有力的、能够对流程绩效负责的“经理”。

普遍意义上来说，“管理就是流程（Management is Process）”！凡是重复进行的、重要的、容易犯错的事情都应该通过流程进行规范和管理。而进行流程规划、建设和管理就需要流程经理这一角色。

根据管理幅度的不同，企业流程经理可以分为公司级流程经理和部门级流程经理。公司级流程经理负责跨部门的公司级流程体系建设与管理，比如产品创新管理流程体系和订单交付管理流程体系。部门级流程经理负责与部门相关的公司级流程及部门内部流程体系的建设与管理。根据企业规模及工作任务饱和度不同，各级流程经理可能是专职的，也可能是兼职的。华为公司总部流程管理部的专职流程经理人数超过 300 人。

一、流程经理的主要职责

流程经理负责流程的规划、建设与度量，主要职责如下。

（1）**流程规划**：制订未来需要建设或优化的流程计划。

（2）**流程建设**：组织团队建设新流程或优化现有流程，并将流程通过 IT 工具落地。

（3）**流程度量**：适时检查流程的有效性、高效性，适时优化流程。

流程经理要对流程的有效性负责。流程经理不但要主责“修路”，还要经常性地检查“车在路上跑得怎么样”，通过检查车辆的通行情况，及时维修或者优化“道路”。因此，企业流程体系建设不是一次性的工作，而是长期性的、常态化的工作，需要有常态化的“流程经理”进行有效管理。

二、流程经理的选拔

流程经理是公司重要的管理岗位，流程经理的专业性很大程度上决定了流程体系建设与执行的质量，而流程体系建设与执行的质量很大程度上决定了项目的质量。企业应选拔管理素养好、责任心强、实际工作经验丰富的管理者担任流程经理。

创新型企业专兼职流程经理选拔可以从以下方面考虑。

（1）熟悉相应职能工作，是相应职能工作的内部“最佳实践”拥有者。

（2）能承诺时间用于流程建设与优化工作。

（3）逻辑思维能力强，学习能力强。

（4）工作认真细致，对结果负责。

（5）能与相关职能员工密切配合工作，团队精神强。

（6）能认识到流程建设与优化工作对公司的价值，有“志愿者”意识。

（7）有推动流程执行的意愿和能力，在同事中威信较高。

（8）是公司拟培养的潜在管理者。

三、流程经理的“应知应会”

流程经理必须熟悉公司业务，熟悉公司组织模式，才能有效建设和管理流程体系。创新型企业产品创新管理体系流程经理的“应知应会”总结如表 4-11，供参考。

表 4-11　流程经理的“应知应会”

应知	应会
（1）产品创新管理体系及各子系统的主要内容 （2）客户、客户的客户的需求 （3）公司主要供应商、合作伙伴 （4）公司行业、市场环境	（1）公司组织模式及各职能分工 （2）流程体系建设与管理方法 （3）组织变革推动方法

四、流程经理的培养

流程经理的培养也应该践行“干中学”，循序渐进地培养各级流程经理。

1. 流程经理的培养步骤

创新型企业要循序渐进培养各级流程经理，以下是流程经理培养步骤。

（1）选拔管理素养好、责任心强、部门某方面的“最佳实践拥有者”负责相应流程的撰写或优化，培养其具有写好一个流程的能力。比如研发部可以选拔合适的结构工程师负责公司结构开发流程的撰写。

（2）在能写好一个流程的基础上，让其负责整个部门流程的撰写与管理，成为部门级的流程经理。

（3）在担当部门级流程经理合格的基础上，推荐成为公司级流程经理。

2. 流程经理培养要点

以下流程经理培养要点，供创新型企业中高层管理者参考。

（1）要成立公司级的流程管理部门，统筹公司级的流程体系建设工作。

（2）要任命副总级别的公司领导担任公司流程体系建设负责人，确保能够建立起公司级的流程体系，确保公司级的流程体系能够得到有效推行。

（3）要任命专职（兼职）的公司级的流程经理，分别专责产品创新管理和订单交付管理等公司级流程体系的建设。

（4）公司级的流程体系建设也要由各相关职能部门代表组成的“跨职能项目团队”进行，而不只是各个部门各自撰写的流程的“汇总”。

（5）公司级的流程体系既要明确各职能代表的专业分工，又要强调项目成功是项目团队成员“共同的职责”。

（6）“流程面前，人人平等”。公司流程管理部门、质量管理部门、项目管理部门要敢于与流程破坏者“作斗争”。公司各级领导更要成为流程遵循的带头人，要以身作则，率先垂范。

（7）要明确“流程是为项目服务的”，有效的流程体系要能够提高项目运作的效率和质量，能够降低项目风险，提高项目成功率。企业不能“为了遵循流程而遵循流程”，不能机械、僵化地执行不合时宜的流程。流程体系建设要“与时偕行”，根据公司业务的发展、组织结构的变化等适时优化、完善，甚至重构。

五、流程经理的职业生涯规划

很多公司对流程经理职位的重视程度非常不够。一家年营业收入百亿级的上市公司，负责研发与产品创新管理流程体系建设的人只是主管级，“人微言轻”，很难有效推动流程体系的建设与实施。

专业的流程经理对公司管理效率、管理效益提升非常关键，对公司的“长治久安”、持续健康发展非常关键。创新型企业一定要非常注重流程经理人才队伍的建设，一定要有一名公司高管整体负责公司流程体系的建设与管理。

流程经理的成长是循序渐进的，公司要有意识、有计划地培养各级流程经理人才队伍。选择有项目管理经验的员工转型做流程经理是比较好的流程经理选拔方式。做过项目经理，对流程的各个环节比较熟悉，对流程存在的主要堵点、痛点深有感触，对建设好流程体系的内生动力也更强。

流程经理的职业生涯规划如图 4-12 所示。

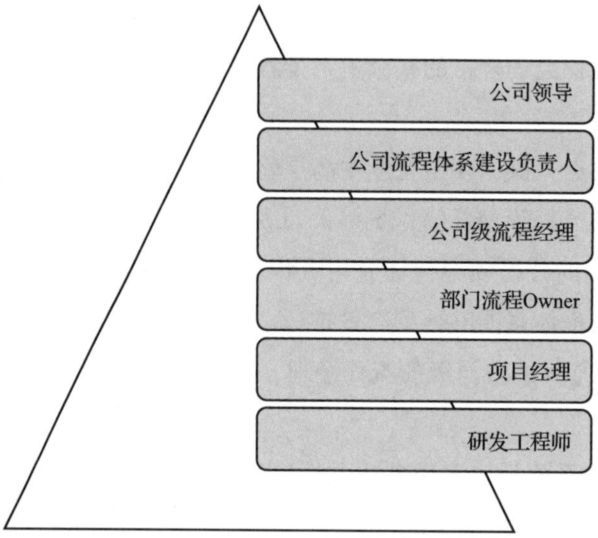

图 4-12　流程经理的职业生涯规划

创新者行动

公司分管流程体系建设的领导会同人力资源部门、研发中心、各创新团队负责人研讨流程经理培养思路，持续培养更多的优秀的流程经理、卓越的流程经理。将议定的流程经理培养对象名单填入表 4-12，制订学习方案与学习计划，组织学习与考核。

表 4-12　流程经理培养学员名单

学员对象	学员职位描述	学员名单
公司级流程经理	公司研发创新管理流程经理、各事业部研发创新管理流程经理	
部门级流程经理	各事业部各职能部门经理、副经理，流程管理专员	

第五节　系统工程师培养

创新者思考

（1）我们公司需要设立系统工程师职位吗？

（2）系统工程师的主要职责有哪些？

（3）我们应该如何有效选拔和培养专业的系统工程师？

系统工程师（System Engineer）是指对整条产品线的技术担负整体责任的技术人员。在软件行业，系统工程师也称为架构师（Architect）。一些软硬件结合产品开发的企业系统工程师也称为技术总工、技术负责人、主任工程师等。

产品经理、系统工程师和项目经理组成产品创新的“金三角”团队组合，如图 4-13 所示。在产品全生命周期中，产品经理和系统工程师需要紧密配合，共同经营产品线，共同对产品线的经营目标负责。产品经理回答“做什么（What）”、系统工程师回答“怎么做（How）”。

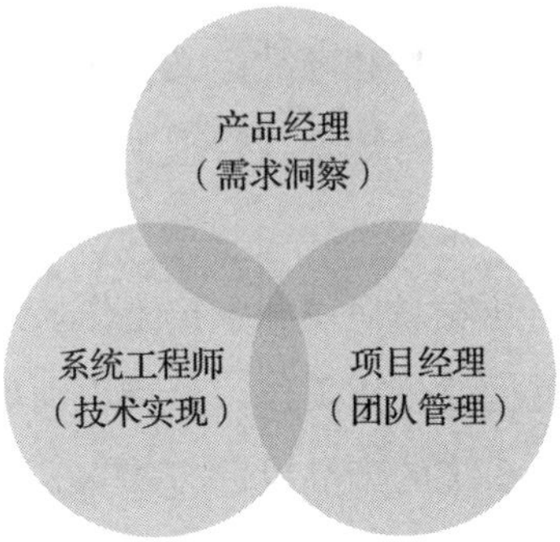

图 4-13　产品创新“金三角”团队组合

一些系统工程师缺失或者系统工程师不专业的企业，产品经理与技术体系协调沟通非常困难。产品经理要与不同专业的技术人员进行沟通，不同技术专业之间经常出现矛盾或冲突。

一、系统工程师缺失（不专业）造成的不利影响

一些科技企业没有设立明确的系统工程师职位，相关工作由研发部经理或者骨干工程师兼任。一些企业虽然设立了系统工程师职位，任命了系统工程师，但是系统工程师的职责不清晰，系统工程师自己都不知道应该做哪些事情。还有一些企业，系统工程师去协调跨技术专业的事项，各

技术专业负责人配合不积极，甚至有抵触情绪。

以下是系统工程师职位缺失或者履责不专业可能给企业造成的不利影响。

（1）不能有效进行产品线的平台规划、技术路线图规划，不能提前进行技术预研、产品平台开发工作，不能做到“上市一代、开发一代、预研一代、储备一代”，难以在未来窗口期上市新产品，难以实现产品线中长期经营目标，难以成为市场领导者，或者难以保持市场领导地位。

（2）在新产品立项分析时，不能进行有效的技术可行性分析，不能有效识别关键技术问题，不能在解决关键技术问题的前提下再进行新产品开发，新产品开发过程中边开发技术、边开发产品，导致产品上市大幅延期或中途夭折。

（3）不能跨专业、多维度、系统地进行产品设计（DFX，Design for X），可能导致开发出来的产品难以制造、难以装配、难以维护，严重影响客户体验与客户满意度，影响市场销售，影响产品投资回报。

二、系统工程师的主要职责

系统工程师是“一专多能”的技术人才，要求在某个技术领域专精的基础上，对产品线涉及的各类专业技术均有系统的了解。比如一家装备制造企业的系统工程师，需要熟悉的技术专业可能包括：结构、机械、液压、电气、软件、外观设计和工艺等。

广义的系统工程师还应该对产品的可制造性负责，关注实现产品量产的工艺研发、设备研发等工作，确保产品以适当的成本，保质保量地实现量产、交付与服务。

系统工程师的主要职责如下。

（1）与产品经理共同负责客户需求洞察和产品定义工作。

（2）与产品线经理一起负责产品线战略规划与管理工作。

（3）负责组织产品线的技术预研工作。

（4）负责产品线产品平台规划、开发、应用和维护工作。

（5）负责新产品开发项目技术可行性分析工作，负责识别项目核心技术和关键技术。

（6）整体负责跨专业、多维度、系统的产品设计（DFX）工作，确保产品的可制造性、可装配性和可维护性。

（7）负责组织新产品开发过程中的技术评审工作。

（8）负责产品线的技术重用、模块化设计等标准化工作。

（9）负责产品线技术知识库的建设与管理工作。

（10）参与培养各专业标准化工程师、研发工程师。

三、系统工程师的选拔

以下是系统工程师选拔的主要标准，供创新型企业参考。

（1）要在某个技术领域成为专家，对某个技术领域有深刻的理解。

（2）要有系统思维能力，能够从产品商业化成功的视角考虑各类技术如何实现，考虑产品各个子系统、模块之间的关联关系。

（3）要有快速学习能力，能够快速掌握产品各类专业技术的基本内容。

（4）要有良好的产品标准化思维，能够组织产品模块化设计和平台化开发等工作。

（5）要有较强的领导与管理能力，能够有效组织各类专业技术人员攻克技术难关。

四、系统工程师的“应知应会”

由系统工程师的主要职责，可以明确系统工程师的“应知应会”（见表 4-13）。

表 4-13　系统工程师的“应知应会”

应知	应会
（1）产品创新管理体系及各子系统的主要内容 （2）客户及客户的客户的需求 （3）公司主要供应商、合作伙伴 （4）公司行业、市场环境	（1）客户需求研究方法 （2）产品定义方法 （3）技术可行性分析方法 （4）技术预研方法 （5）技术评审方法 （6）技术要素标准化与重用方法 （7）原材料 / 零部件归一管理方法 （8）模块化设计方法 （9）产品平台开发与管理方法 （10）产品线规划与管理方法

由以上系统工程师的“应知应会”可以看出，系统工程师既要懂技术，也要懂管理，要具备很好的团队精神和领导力，能够与产品经理、项目经理及项目团队成员高效协同工作。

系统工程师需要重点掌握本书第六篇产品标准化管理各章节的内容。系统工程师也要对端到端的产品创新管理流程体系有比较深入的了解，以便与产品经理、项目经理密切配合工作。

五、系统工程师的培养

系统工程师的培养也是一个“干中学”的过程，也需要循序渐进。需要注意的是，创新型企业应该有规划地培养系统工程师，应该将技术水平高、学习能力强、管理素养好的技术人员纳入系统工程师培养库，有意识地进行历练和培养。

一般由各专业研发工程师成长为标准化工程师，再成长为系统工程师，如图 4-14 所示。

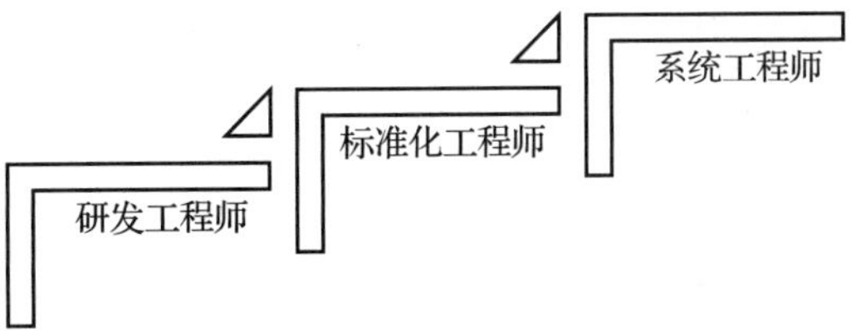

图 4-14　系统工程师成长路线图

具体而言，系统工程师可以参照以下路径进行培养。

（1）先做 3 年以上的专业技术，成为某一技术领域的专家。

（2）出任相对比较简单的新产品开发项目的研发代表，初步了解公司产品涉及的各个技术专业。

（3）出任相对比较复杂的新产品开发项目的研发代表，深入了解公司产品涉及的各个技术专业。

（4）出任一条产品线的系统工程师，与产品经理、项目经理及项目团队成员紧密配合，逐步掌握系统工程师的“应知应会”。

（5）出任一个产品系列或者一个事业部的技术负责人，负责管理和指导多条产品线的系统工程师有效、高效开展工作。

系统工程师培养要点包括以下三方面。

（1）系统工程师是科技创新型企业非常重要的职位，系统工程师与产品线经理一起负责产品线经营，共同对产品线经营目标实现负责。

（2）系统工程师除了要掌握相应的专业技术知识外，也要系统学习和掌握主要的产品创新管理方法与工具，做到与产品线经理“同频共振”。

（3）专业的系统工程师是非常好的潜在产品线经理培养对象。

六、系统工程师的职业生涯规划。

系统工程师职业生涯广阔，可以往技术线、管理线或经营线发展，如图 4-15 所示。

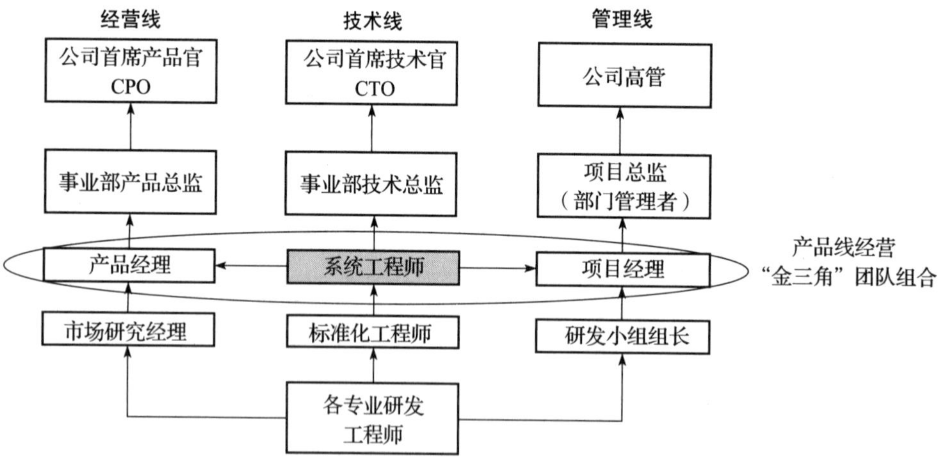

图 4-15 系统工程师的职业生涯规划

系统工程师的主要职业发展路线包括以下几方面。

（1）继续往技术线发展，成为事业部技术总监、公司首席技术官（CTO）

（2）往管理线发展，成为项目经理、项目总监（部门经理）、公司高管。

（3）往经营线发展，成为产品线经理、事业部产品总监（总经理）、公司首席产品官（CPO）。

创新者行动

公司首席技术官（CTO）组织研发中心负责人、人力资源负责人研讨系统工程师的选拔与培养思路，持续培养更多优秀、卓越的系统工程师。将议定的系统工程师培养对象名单填入表 4-14，制订学习方案与学习计划，组织学习与考核。

表 4-14 系统工程师培养学员名单

学员对象	学员职位描述	学员名单
现有系统工程师	各事业部各产品线系统工程师	
拟培养为系统工程师的研发骨干	各事业部各专业技术经理、研发小组组长、标准化工程师、研发骨干	

第六节 标准化工程师培养

创新者思考

（1）我们公司有专职或者兼职的标准化工程师职位吗？

（2）我们的标准化工程师的主要职责有哪些？

（3）我们应该如何有效培养各专业的标准化工程师？

标准化工程师对于很多创新型企业而言是一个新的职位。标准化工程师是指公司内部从事技术标准化、技术重用工作的技术人才。标准化工程师可能是专职的，也可能是兼职的。标准化工程师参与或主责的工作主要包括：技术要素标准化与重用，模块化设计与应用，产品平台规划、开发、应用与维护等。

创新型企业既要开发新技术，又要“重用”已有技术。很多企业重视新技术开发，但是忽视已有技术重用，造成大量创新资源浪费，削弱了公司的技术竞争力，损害了公司的创新投资回报。

一、标准化工程师的主要职责

标准化工程师的主要职责包括以下几项。

（1）技术标准化、重用与维护。

（2）模块化设计、应用与维护。

（3）产品平台开发、应用与维护。

以上 3 项职责中，标准化工程师基于能力、水平以及公司的需要，可能参与其中一项或多项工作。

标准化工程师的核心职责是将可以“重用（Reuse）”的技术知识进行标准化“封装”，通过 PDM 或 PLM 等 IT 工具进行“安全地分享”，避免重复开发同类技术、模块或平台。

标准化工程师不一定是专职的。其实各专业的每个研发工程师都应该同时成为“标准化工程师”，在进行技术研发工作的同时，将技术进行标准化“封装”，在全公司范围内进行“重用（Reuse）”，避免同类技术重复开发。

二、标准化工程师的选拔

创新型企业要从各专业优秀的研发工程师中选拔标准化工程师。标准化工程师的主要选拔标准如下。

（1）具备两年以上研发工作经验，在专业领域具有较强的专业性。

（2）具有较强的逻辑思维能力、系统思维能力、总结提炼能力、文档撰写能力。

（3）具有分享精神，愿意将自己掌握的专业技术知识分享给大家。

三、标准化工程师的“应知应会”

标准化工程师的核心能力是指对相关专业技术的深刻理解，归纳提炼能力和文字表达能力也很重要，如表4-15所示。

表4-15 标准化工程师的“应知应会”

应知	应会
（1）技术开发与重用流程 （2）模块化设计与应用流程 （3）产品平台规划、开发与管理流程	（1）技术要素重用方法 （2）模块化设计方法 （3）产品平台开发方法

标准化工程师要重点掌握本书第六篇产品标准化管理各章节的内容。

四、标准化工程师的培养

标准化工程师的培养也要践行“干中学”，循序渐进地提升标准化工程师的专业水平。企业内部专业技术水平高的专业技术人才才有可能成长为标准化工程师。有些工程师解决实际技术问题的能力很强，但是不善于归纳总结和书面呈现，这样的人才也很难成为标准化工程师。标准化工程师要求“会做（专业技术能力强）”又“会说（归纳总结和书面呈现能力强）”！

标准化工程师可以参照以下路径进行培养。

（1）历练专业技术，成为某方面的技术专家。

（2）将技术开发成果进行标准化，经评审后提交公司技术要素库进行重用，成长为技术重用标准化工程师。

（3）将技术、零部件、生产工艺等“封装”为功能模块，经评审后提交公司模块库进行重用，成长为模块化工程师。

（4）将技术、功能模块等组合成产品平台，基于产品平台进行系列产品开发或定制项目交付，成长为产品平台开发工程师。

（5）优秀的产品平台开发工程师可以选拔、培养成产品线系统工程师。

标准化工程师培养要点如下。

（1）通过原材料/零部件归一管理、技术重用管理、模块化设计、平台化开发等产品标准化工作，持续提升产品标准化率，持续提升产品投资回报率。

（2）标准化工程师需要具备较高的专业水准，较好的总结提炼能力。

（3）标准化工程师不一定是一个专职职位，每个研发工程师都应该成为“标准化工程师”。

五、标准化工程师的职业生涯规划

由优秀的研发工程师成长为标准化工程师，由标准化工程师成长为系统工程师，再由系统工程师往技术、管理或经营的中高层职位发展。标准化工程师的职业生涯规划如图 4-16 所示。

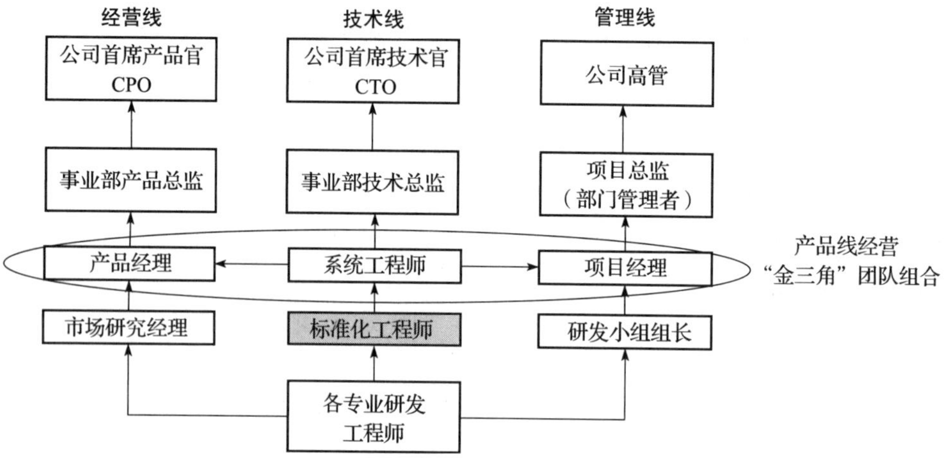

图 4-16　标准化工程师的职业生涯规划

创新者行动

公司研发中心负责人组织系统工程师研讨标准化工程师的选拔与培养思路，持续培养更多优秀的标准化工程师。将议定的标准化工程师培养对象名单填入表 4-16，制订学习方案与学习计划，组织学习与考核。

表 4-16　标准化工程师培养学员名单

学员对象	学员职位描述	学员名单
现有标准化工程师	各事业部各产品线、各专业标准化工程师	
拟培养为标准化工程师的研发骨干	各事业部各产品线、各技术专业研发骨干	

第七节　研发工程师培养

创新者思考

（1）我们公司有足够数量、足够专业的各专业研发工程师吗？

（2）我们的研发工程师的主要职责有哪些？

（3）我们应该如何有效培养各专业的研发工程师？

研发工程师是具体负责解决各类技术问题的专业技术人员，比如结构工程师、硬件工程师、软件工程师和 UI（User Interface，用户界面）工程师等。

广义的研发工程师也包括负责生产工艺、制造设备研发的工程师。

创新型企业要在培养各类专业研发工程师的基础上，根据公司发展需要，在各类研发工程师中选拔和培养足够数量、足够专业的标准化工程师和系统工程师。

一、研发工程师的主要职责

研发工程师的核心职责是解决各类专业技术问题，具体而言，研发工程师的主要职责包括以下方面。

（1）及时、准确地分析和解决专业技术问题。

（2）及时、完整、准确地撰写和提交技术文档。

（3）做好相关技术的标准化和重用工作。

（4）培养、指导新的技术人员。

研发工程师可能参与技术预研项目，也可能参与新产品开发项目，还有可能参与订单交付项目的定制研发工作。创新型企业要根据各个研发工程师的专业水平、个人意愿及公司需要，合理安排和分配研发工程师的工作任务。需要注意的是，资深的高级技术人员最好不要频繁参与订单交付项目的定制研发工作。对公司来说，这样的安排投入回报不划算。另外这样做也很容易导致这些高级技术人员“郁闷和不爽”，甚至会另谋高就。

二、研发工程师的招聘与选拔

很多科技企业研发工程师的招聘成本很高，可能筛选 100 份以上的简历才能面试 10 个人，面试10个以上的候选人才能招聘到一个合格的研发工程师。招聘入职的研发人员如果培养不当，可能两年之内流失率超过50%。如果是校招毕业生，有的企业两年之内流失率超过70%。这样，公司在研发人力资源方面的“投资回报”很可能不理想。

关于研发工程师的招聘与选拔，有如下建议供科技企业人力资源部门、研发部门参考。

（1）要明确每个职位的具体要求，包括岗位职责、任职技能要求、工作经验要求等。明确的职位要求能够为研发人员的招聘和面试提供有效的指导。

（2）要由经验丰富的资深工程师或者系统工程师面试或者考核研发人员，这样才能看出候选人的真实水平。

（3）要在试用期内安排合适的工作任务，快速考察和评估试用者的专业水准。

（4）除了评估新入职者的现有专业技术水平外，也要考察新入职者的学习态度和学习能力。

（5）要慎用过于自负、自傲、“不合群”的技术人员。

（6）对于校招生要重点考察个人品质、学习能力，要将校招生的规模控制在企业能够“吸收”和“消化”的范围。

三、研发工程师的“应知应会”

研发工程师应当掌握的主要是相关专业技术，如果有较强的项目管理能力，有利于项目团队的合作，有利于更加有效和高效地做好各类创新项目。研发工程师的“应知应会”如表4-17所示。

表4-17 研发工程师的“应知应会”

应知	应会
1 技术开发与重用流程 2 新产品开发管理流程 3 项目管理方法	（1）相应专业技术水平 （2）技术矛盾解决方法（TRIZ） （3）创造性思维方法 （4）技术文档撰写方法 （5）技术标准化方法

研发工程师要重点掌握本书第六篇产品标准化管理各章节的内容。

四、研发工程师的培养

研发工程师的培养也应该将“赋能”与实践相结合。给研发工程师“赋能”的主要方式包括以下几点。

（1）参加公司内外的专业技术培训。

（2）公司技术重用库的知识分享。

（3）导师制，“师傅带徒弟”。

（4）公司内外的技术交流、分享会议。

（5）自学。

创新型企业一定要非常重视各类专业技术人才的培养，这是企业解决技术问题、开发和上市成功的创新产品的前提与基础。对于一家科技创新型企业而言，如果不能掌握核心技术，不能保持核心技术领先，那这家公司是不可能成为市场领导者的。比如作为一家新能源汽车企业，如果不能在三电技术（电池、电机、电控）方面保持领先，那这家公司很难开发出有市场竞争力的创新产品，很难成为市场领导者。面向未来的创新型企业需要“客户需求洞察”与“核心技术领先”双轮驱动！

研发工程师培养要点有以下条。

（1）研发工程师首先要持续提升专业水平，通过解决产品技术问题为公司创造价值。

（2）研发工程师要提高产品标准化水平，要对可以“重用”的技术知识适时进行显性化提炼、总结与分享，避免重复开发同类技术。

（3）研发工程师要了解新产品开发流程的相关内容，要掌握相关项目管理方法，以便更加高效地参加各类创新项目，为公司做出更大贡献。

五、研发工程师的职业生涯规划

科技企业数量最多的专业人才为研发工程师，很多科技企业的研发人数占全员人数的30% ～ 50%。研发人员是公司最贵、最难管理、最难“出效益”的群体。对研发工程师的有效管理和领导，能够大大提高科技企业的人均产值、人均利润和人均薪酬。华为公司通过持续建立和优化主要的管理体系，对 10 万名高素质的研发人员进行了有效管理，实现了公司人均产值近 400 万元，人均利润 40 万元，人均收入 80 万元的良好业绩。

研发工程师是各类创新人才成长的“摇篮”，创新型企业要从优秀的研发工程师中选拔和培养各类创新人才。研发工程师的职业生涯规划（见图 4-17）可能有如下多种。

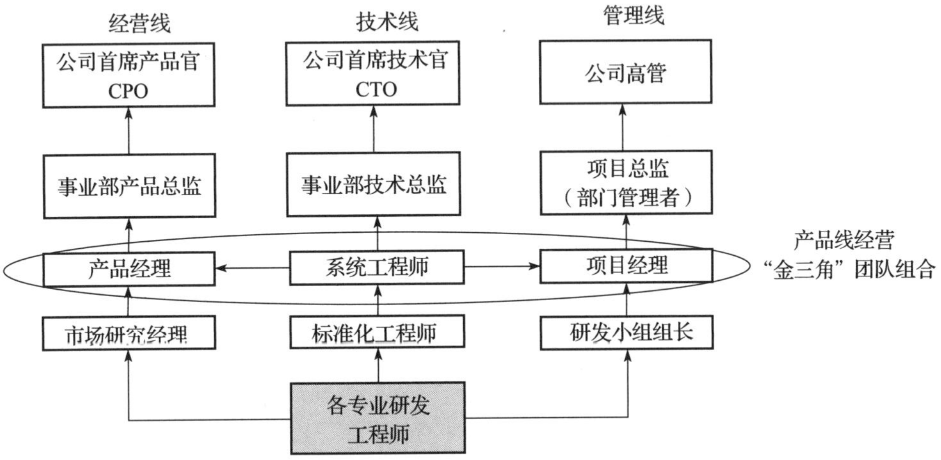

图 4-17　研发工程师的职业生涯规划

（1）**始终朝技术方向发展**：工程师→高级工程师→资深工程师→技术专家→首席科学家。技术人员不一定“技而优则仕”，不一定要朝管理和经营方向发展。美国硅谷非常崇尚“工程师文化”，在硅谷的IBM等科技企业，很多软件从业人员为60岁还是“软件工程师”感到很自豪！

（2）**朝技术管理方向发展**：研发工程师→标准化工程师→系统工程师。

（3）**朝项目管理方向发展**：工程师→研发代表→项目经理→高级项目经理→资深项目经理。

（4）**朝经营方向发展**：工程师→研发代表→项目经理→产品经理→产品线经理→产品总监。

很多研发人员在30～35岁会面临“职业瓶颈”“职业迷茫”“职业疲惫”，建议及早进行职业生涯规划，主动掌控自己的命运。有如下建议供研发工程师职业生涯规划参考。

（1）如果对技术感兴趣，对人际交往不感兴趣，自我评估技术学习能力强、学习速度快，能够持续跟上技术进度的速度，建议持续往技术研发或者技术管理方向发展。

（2）如果对技术兴趣不大，或者认为学习能力很难跟上技术进步的速度，但是人际沟通能力强，可以往项目管理、职能部门管理等方向发展。

（3）如果具有强烈的企业家精神，很想做成0→1的事情，很想做出极致的精品创新产品，获得尊重与认可，实现自我价值，建议往产品经理方向发展，成为“产品经营者”。

创新者行动

公司研发中心负责人组织系统工程师研讨各专业研发工程师的选拔与培养思路，持续培养更多优秀的研发工程师。将议定的研发工程师培养对象名单填入表4-18，制订学习方案与学习计划，组织学习与考核。

表4-18 研发工程师培养学员名单

学员对象	学员职位描述	学员名单
拟培养为研发工程师的研发骨干	各事业部各专业研发骨干	

咨询实例

某涂料集团公司首席产品官的选拔与培养

深圳某家具涂料企业，年营业规模达20亿元。公司的销售能力很强，基本上每家大的家具厂都有该公司的销售人员“驻点服务”。但是公司的产品缺乏难以模仿的差异化，没有树立领先的品牌形象，主要靠打价格战获取订单。公司的新产品开发是由“研发部”负责，但是销售部门总是抱怨研发部开发的产品缺乏竞争力。研发部门对此感到非常“愤怒”：我们开发的新产品不好，那你们告诉我们应该开发什么新产品，我们照做即可。据此，前几年每年年初都由销售部门提出新产品开发计划，研发部按计划开发和交付新产品。但是，结果并没有明显改善，根据销售部门提出的需求开发出的新产品销售情况也不乐观。公司管理者对如何有效管理产品创新陷入了迷茫。

作者受邀给公司董事会成员、高层管理者，以及中层管理者进行产品创新管理培训。咨询顾问指出，公司销售力很强但产品力不强的根本原因是公司的组织模式中缺乏“产品管理部门”，销售部门和研发部门配合是不可能常态化地开发出有市场竞争力的创新产品的。咨询顾问建议公司引入“产品线管理机制”，在集团公司和子公司层面分别设立首席产品官。集团公司首席产品官整体负责公司的研发与创新管理工作，直接负责集团级共性产品的规划、开发和管理，对集团公司创新投资回报负责。子公司首席产品官在集团公司首席产品官领导下开展工作，为区域市场个性客户提供解决方案，对区域市场创新投资回报负责。

公司董事会认真研究了咨询顾问的意见，决定引入产品线管理机制，在集团及子公司任命两级首席产品官和两级产品线经理。首先要确定的是集团级首席产品官人选。集团董事会一共有6名董事，包括董事长、总裁、研发总经理、人力资源副总、1名子公司总经理和1名行政副总。董事长说，自己已经多年没在市场一线工作了，自己主要负责公司战略方向和投资决策，不适合当首席产品官。总裁说，自己主管销售，并且负责公司日常整体管理，没有足够的时间和精力做好首席产品官的工作。人力资源副总、行政副总和子公司总经理也认为自己缺乏深厚的技术背景，不适合当首席产品官。最后，董事会一致同意选举研发总经理张总为公司首席产品官。主要原因如下。

（1）研发总经理40岁出头，年富力强，学习能力强，有很大的发展潜力。

（2）研发总经理从事技术研发及研发管理工作15年以上，对行业、客户及技术趋势均有深入的认识。

（3）研发总经理自己觉得现在的状态很“尴尬”，有技术但是做不出好产品，非常认同产品线管理的理念，主动改变的意愿非常强。

（4）研发总经理本身是公司6名董事之一，在公司拥有较高的威信，出任首席产品官能够“服众”，不太担心各职能部门、各子公司不听指挥。

公司董事会很快任命研发总经理张总为公司首席产品官，并同步引入顾问团队，导入创新方法，建立创新体系、培养创新人才，为首席产品官顺利开展工作“保驾护航”。职位变化了，行为马上也变化了。张总当研发总经理时只对“技术实现”负责，现在当首席产品官要对“产品成功”负责。张总原先80%以上的时间都是待在研发中心内部“搞研发”，现在80%的时间都是和领先用户（Lead User）在一起了。为了开发某新型涂料，张总亲自带队，直接将研发队伍部署在某家具厂客户现场，与核心供应商、领先用户三方一起“协同创新”。

经过两年的产品创新管理体系建设及各类创新人才培养，该公司的“产品力”大幅提升，实现了“销售力”与“产品力”双轮驱动。公司提出了3年翻一番的收入增长目标。公司已经在东南亚设厂，开拓国际市场客户。公司新增的建筑涂料、工业涂料等事业部也“复制”家具涂料的产品线管理机制，依靠具有市场竞争力的创新产品，在市场上站稳了脚跟，为持续、健康、快速增长奠定了坚实的创新管理基础。

第二篇

创新战略管理

不谋万世者，不足谋一时；不谋全局者，不足谋一域。

——［清］陈澹然

在知行信产品创新管理4D流程体系中，创新战略管理是4D体系的第一个阶段，回答“为何做（Why）”的问题（见图篇2-1）。

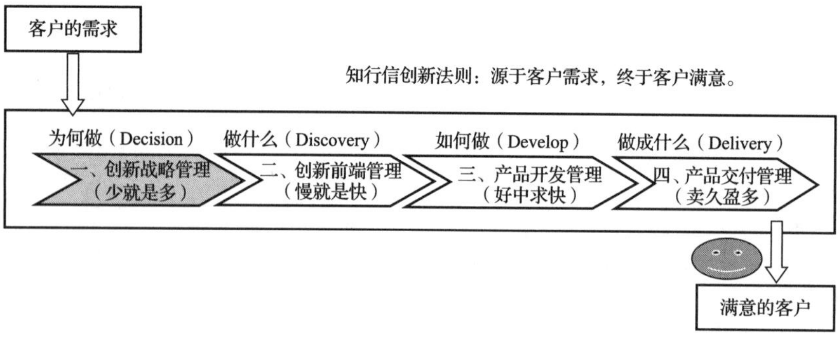

图篇 2-1 知行信产品创新管理 4D 流程体系

企业首席产品官需要决策（Decision）进入什么业务领域，需要回答为什么要进入该业务领域。常言道：男怕入错行，女怕嫁错郎。如果业务方向选择错误，那么再怎么努力也很难实现预期的战略目标。

创新战略管理准则：少就是多！

创新型企业要进入尽可能少的业务领域，做尽可能少的精品创新产品，成为行业领导者，并且持续保持领导地位。即使进入多个业务领域，也应该尽可能进入高度相关的业务领域，要能够尽可能共享公司品牌、技术、客户、人才、销售渠道、供应链、产能、售后服务及管理体系等。英特尔、苹果、谷歌、特斯拉、华为等是实行聚焦战略的创新标杆企业。

创新战略管理包括企业创新战略分析与决策、产品线战略规划与管理和产品差异化战略定位三方面内容，这三个方面是沿着“企业→产品线→产品”三个层面逐层展开，逐层深入的（见图篇2-2）。

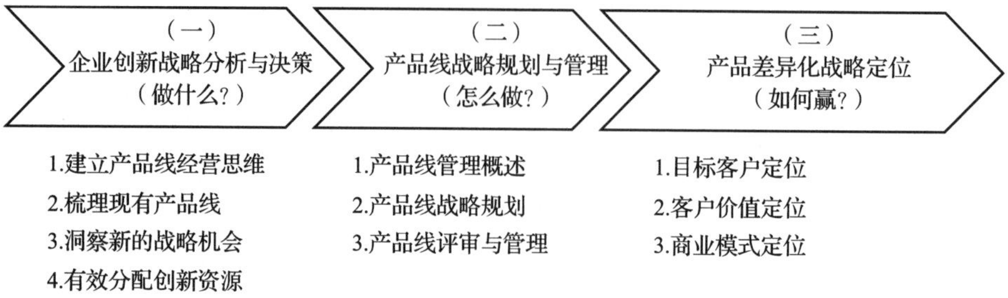

图篇 2-2 创新战略管理的三方面内容

本篇分三章，分别介绍以上三方面内容。

第五章，企业创新战略分析与决策。主要内容包括建立产品线经营思维、梳理现有产品线、洞察新的战略机会和有效分配创新资源等。企业创新战略分析与决策是企业首席产品官（CPO）的核心职责，CPO要明确公司做什么、不做什么；先做什么、后做什么；多做什么、少做什么。CPO要通过不同产品线、不同类型创新项目的创新资源有效分配实现公司整体创新投入回报最大化。战略业务领域聚焦与适时决策是企业实现持续稳健增长的关键举措。

第六章，产品线战略规划与管理。主要内容包括产品线管理概述、产品线战略规划、产品线决策和管理等。产品线战略规划与管理是产品线经理的核心职责。产品线经理及产品线经营管理团队通过有效的产品线规划和管理实现产品线预期的收入和利润目标。创新型企业通过多条产品线的有效经营实现企业持续创新发展。

第七章　产品差异化战略定位。主要内容包括目标客户定位、客户价值定位和商业模式定位等。产品差异化战略定位是产品经理的关键工作。产品创新不能"输在起跑线上"！只有差异化的产品才能带来高附加值，才能避免价格战，才能成为主流客户的首选，才能从激烈的同质化市场竞争中胜出！

请企业首席产品官组织企业高层管理团队对照表篇2-1，审视企业在创新战略管理方面是否存在以下常见问题，并从本篇后续章节的介绍中寻求相关问题的解决方法。

表篇 2-1　创新战略管理常见问题描述

创新战略管理常见问题描述	公司管理现状与改善重点
（1）公司发展方向不清晰，发展重点不明确，发展方向经常摇摆或变化，业务领域决策轻率 （2）进入的业务领域太多、太杂，哪块都缺乏强有力的竞争优势，哪块都未能做到细分市场数一数二 （3）产品线缺乏明确、具体的定义和规划，公司日常新技术、新产品开发计划性不强，重要而不紧急的战略性开发项目总是不断延期，很可能2～3年后无合适的产品可卖 （4）产品缺乏难以模仿的差异化，同质化竞争激烈，主要靠打价格战获得一些市场份额，企业盈利能力不强 （5）公司缺乏明确的研发创新资源投入预算，缺乏明确的研发创新资源投入分配决策，总体新产品开发成功率不高，研发创新投资回报率低	

第五章
企业创新战略分析与决策

企业创新战略决策原则：**聚焦（Focus），聚焦（Focus），再聚焦（Focus）**！

少就是多（Less is More），多就是少（More is Less）！

企业创新战略分析是企业首席产品官的核心职责。企业首席产品官要领导公司中高层管理者建立产品线经营思维，梳理现有产品线，洞察新的战略机会，有效分配创新资源（见图 5-1）。

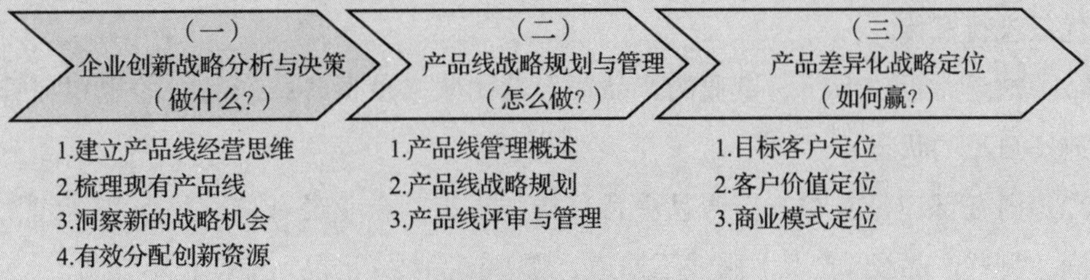

图 5-1　创新战略管理的主要内容

本章分为 4 节。

第一节，建立产品线经营思维。创新型企业要树立经营产品线就是经营企业的思想，通过每条产品线的有效经营实现公司持续稳健增长。

第二节，梳理现有产品线。对于产品线、产品型号很多的企业，建议每年对产品线、产品型号进行“盘家底”，及时清除没有“钱景”的产品线，提升公司整体研发创新投资回报率。

第三节，洞察新的战略机会。创新型企业需要建立“战略 Marketing 部门”，常态化地“扫描”公司内外环境的变化，及时洞察新的战略机会，寻找新的业务增长点，确保企业持续增长。

第四节，有效分配创新资源。创新型企业要在不同类型的项目、不同产品线科学地分配创新资源，让有限的创新资源实现投资回报最大化。

第一节 建立产品线经营思维

创新者思考

（1）我们公司是项目型企业还是产品型企业？

（2）我们是通过每条产品线的有效经营实现公司的中长期战略目标吗？

（3）我们有专业的团队有效管理各条产品线吗？

很多企业缺乏产品线经营思维，企业经营的思维模式还停留在“制造思维”“运营思维”“营销思维”“低成本思维”“规模思维”“项目思维”等层面，期待通过强化销售能力、制造能力、运营能力等实现公司持续增长。

企业缺乏“产品线经营思维”的典型症状如下。

（1）缺乏产品概念，企业忙于做一个又一个的订单交付项目，将“个性化定制”作为公司的竞争优势进行宣传。

（2）缺乏常设、专门、专业的产品线经营团队来负责各条产品线的规划和管理，产品线管理处于放任自流的状态。

（3）财务部门没有参与新产品项目分析与决策，企业没有核算每条产品线、每款产品的收入和利润，哪些产品线（产品）赚钱不知道，哪些产品线（产品）亏钱也不知道。

创新型企业应该任命首席产品官（CPO），统筹公司的研发创新工作，对公司研发创新的投资回报负责。

创新型企业应该设立专门的产品管理部门，将产品管理部门作为公司发展战略的“执行部门”，任命专业的产品线团队“经营”各条产品线，对各条产品线的投资回报负责（见图 5-2）。

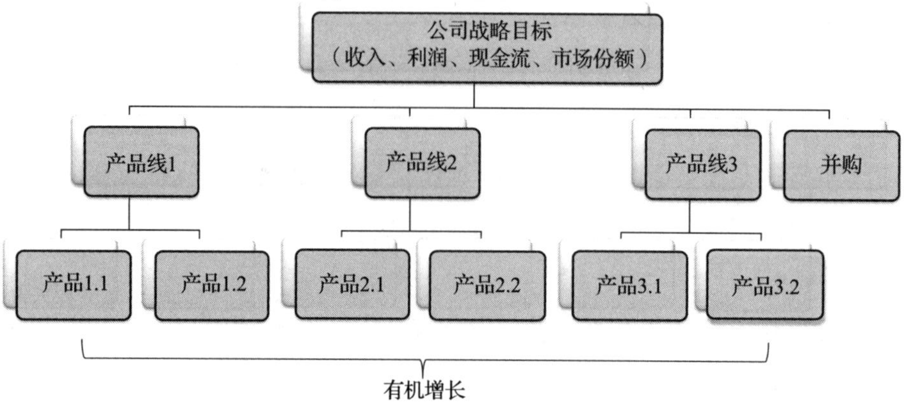

图 5-2　产品线经营框架

由图 5-2 可以看出，企业实现增长的方式有两种，一种是通过自主研发创新实现“有机增长”，另一种是通过并购扩大企业规模。如果一家企业主要是通过并购实现增长，那么该公司原则上已经成为一家“投资公司”。

立足自主研发创新的“有机增长”应该成为企业的主要增长模式，企业应该通过多条产品线的有效经营实现企业的增长目标。很多企业分解年度增长目标时往往是按照销售区域给销售人员“压任务”，而销售人员往往会“反弹”。销售人员会说，只要公司的产品有足够的市场竞争力，我们完成销售目标没有问题。由此可见，“产品好”是“卖好”的前提。因此，创新型企业不但要按照销售区域分解销售任务，更应该按照产品线分解收入和利润目标。**产品线经营团队的核心目标是做出“好卖”的产品，让销售团队“卖好”。**

咨询实例

深圳某软件企业由“项目型企业”走向“产品型企业”

深圳某行业软件开发企业，缺乏产品思维和产品线思维，一直在不停地“做项目”。企业300 名软件工程师，有 250 人以上常年在客户现场“写代码”“做实施”。公司项目总是“缺人”，不停地招聘新人，有些软件工程师第一天入职，第二天就被派往了项目现场，入职培训都“来不及了”。这样做的结果是项目总是延期，客户满意度不高，项目回款不及时，公司现金流非常紧张。由于各个类似项目重复劳动多，人员浪费严重，公司人均产值不高，人均利润不高，人均薪酬也缺乏竞争力，软件人员对待遇普遍不满意。公司董事长笑称，我们已经不是一家软件科技公司，而是一家劳务派遣公司。我们公司的主要任务就是给各个项目招人、派人。

通过与公司董事长及管理团队深入沟通，顾问团队为该公司导入产品思维和产品线思维，成立产品管理部，任命各条产品线的产品线经理、系统工程师和产品线管理团队成员，在“做产品”的基础上“做项目”。建立“共用平台—基型产品—定制项目”三层产品管理机制。通过平台化开发、模块化设计、产品化管理，实现共用平台达到 50% 左右的产品线共用，基型产品做到 85% 左右的同类项目共用，每个项目需要在客户现场实施的定制开发量控制在 15% 左右。这样，大部分软件开发人员主要在后台进行平台开发和产品开发工作，只有少部分软件人员需要到客户现场进行“定制交付”。

通过两年的产品化管理，该公司建立起了端到端的软件产品开发管理流程，建立起了基于共用组件和共用功能模块的产品平台，项目平均交付周期缩短 30% 以上，质量缺陷减少 90% 以上，客户满意度提升到 95% 以上。由于订单交付项目绩效的大幅改善，人均产值也提升近 100%，人均薪酬提升 30% 以上。

创新者行动

由“项目型企业”走向“产品型企业”，分产品线任命产品线经营管理团队，重点培养专业的产品线经理、系统工程师。

第二节 梳理现有产品线

创新者思考

（1）我们的产品线多吗？产品型号多吗？

（2）我们的每条产品线、每款产品都赚钱吗？

（3）我们是否应该删除不赚钱的产品线、不赚钱的产品型号？

很多公司产品线太多、产品型号太多，谁也不知道公司有多少产品线，有多少产品型号，甚至存在重复开发类似产品线、类似产品型号的情形。各条产品线的盈亏情况更加没人知道，由此也无法对各条产品线进行及时、正确的生 / 杀决策。

对于产品型号多、产品线种类多、缺乏有效的产品线管理的企业，有必要对公司现有产品线、产品型号进行系统梳理。在对公司所有产品线进行系统的“盘家底”的基础上，对各产品线进行严肃的“生 / 杀决策”，尽可能减少产品线种类，尽可能减少产品型号，实行“精品产品战略”，大幅提升企业研发创新投资回报率。

在理解产品线划分方法的基础上，进行产品线梳理，进而进行产品线决策。

一、明确产品线分划分方法

一般来说，产品线可以划分为四个层面：产品大类、产品系列、产品线和产品。

我们通过奥迪汽车的产品线划分说明以上 4 个名词的含义，如图 5-3 所示。

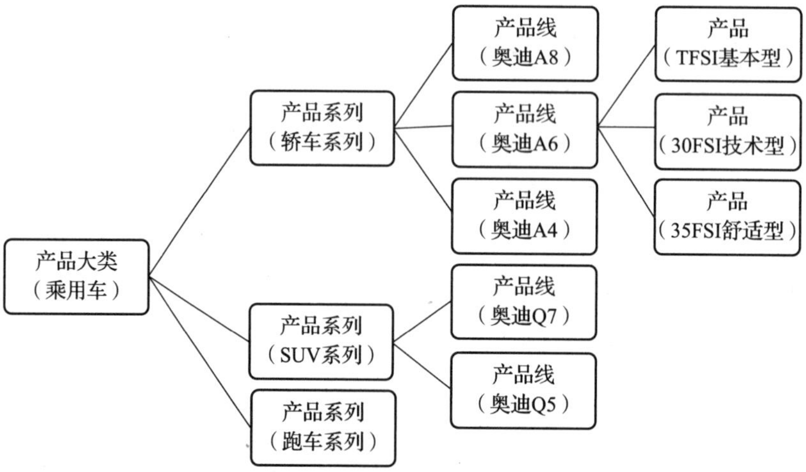

图 5-3 奥迪汽车的产品线划分（示例）

（1）**产品大类**：指满足同类需求的具有相似功能的多个系列产品的集合，比如汽车厂商的乘用车是一个大类，客车是一个大类，货车又是一个大类。一般一个产品大类的产品能够共用公司级的产品平台，共用很多技术、模块化部件。

（2）**产品系列**：同类应用多条产品线的组合，比如乘用车中轿车、SUV 和跑车分属不同系列。

（3）**产品线**：同一细分市场同类应用多个产品的组合，比如轿车中不同档次的产品线。

（4）**产品**：同一产品线中具有不同功能或配置的型号产品，型号产品直接定价销售给客户，比如奥迪 A6 产品线中 30FSI 技术型产品。

注意：定义一条产品线的核心标准是基于共同的需求和共同的技术，而不是按共同的客户划分。产品系列和产品线也可以简单称为一级产品线和二级产品线。要基于“完全穷尽、相互独立”的基本原则进行产品线划分，呈现公司所有产品线、所有产品型号。

创新者行动

明确公司产品线划分方法，对公司现有产品线进行划分梳理，完整呈现。

二、梳理现有产品线

从财务视角对现有产品线进行梳理，统计每条产品线、每款型号产品过去 3 年的销售数量、销售金额、利润和市场份额等财务信息，预测每条产品线、每款型号产品未来 3 年的销售数量、销售金额、利润和市场份额等信息。

现有产品线梳理由各产品线现任（拟任）产品线经理主责，财务、销售等职能部门参与。

参考表 5-1 呈现公司所有产品线和所有产品。销售收入和利润数据应尽可能真实可信。

表 5-1　现有产品线梳理表

产品系列	产品线	产品	产品状况	销售额 / 利润			销售额 / 利润预测			初步决策建议
				Y–3	*Y*–2	*Y*–1	*Y* 年	*Y*+1	*Y*+2	

填表说明：

（1）表中产品状况分为 3 类：销售中、开发中、规划中。

（2）表中 *Y* 表示当前年，*Y*–3 表示 3 年前，*Y*+1 表示明年。

（3）历年销售额 / 利润尽可能准确地进行核算，这是产品线、产品生 / 杀决策的主要依据。

（4）未来销售额 / 利润预测数据应该尽可能客观，有明确的假设依据。

（5）产品层面的初步决策建议包括 5 种：立即退市，×× 年内退市，扩展市场，改进升级，降成本。

某激光装备企业年营业收入不到 3 亿元，产品有 100 多款；某涂料企业年营业收入 30 亿元，产品有近万款。对于大多数规模较大的企业而言，产品不是太少了，而是太多了。或者说，是精品产品太少了，平庸的产品太多了。我们要思考的问题是：苹果公司是世界上最赚钱的公司之一，为什么做那么少的产品？或者说，是否正是由于苹果公司只专注于做极少数的精品产品，苹果公司才成为了世界上最赚钱的公司之一？

我们一再强调产品管理的核心原则：**少就是多，多就是少（Less is More，More is Less）！聚焦（Focus），聚焦（Focus），再聚焦（Focus）！**

咨询实例

深圳某复合肥上市公司的产品线梳理

2013 年顾问团队帮助深圳某复合肥上市公司梳理产品线，砍掉了 40% 左右亏损和盈利非常少的产品。对保留下来的产品线，成立专门的产品线经营团队进行管理。2014 年，该公司年营业收入与上年相比基本持平，还是 20 亿元左右，但是税后利润达到了近 3 亿元，增长了一倍。事实证明：砍掉不赚钱的产品就是增加盈利！

创新者行动

分产品线组织团队进行产品线梳理，呈现每条产品线、每款型号的产品过去 3 年的历史财务数据和未来 3 年的预测财务数据，作为产品线、型号产品生 / 杀决策的主要依据。

三、对现有产品线进行生 / 杀决策

在对现有产品线进行梳理的基础上，创新型企业需要制定产品线生 / 杀决策准则，对现有产品线进行艰难、坚定的生 / 杀决策，并制定保留下来的产品线的管理策略。

1. 制定产品线生 / 杀决策准则

制定产品线生 / 杀决策准则可以从以下维度思考。

（1）**战略一致性**：该产品线是否符合公司发展的“主航道”。

（2）**市场规模及成长性**：该产品线是否符合公司定义的最小市场规模、最低成长速度。

（3）**盈利能力与战略价值**：该产品线是否符合公司定义的最低利润率，或者利润率不高但是对于其他产品线的发展具有战略价值。

（4）**技术实现难度**：该产品线的核心技术能否在公司设定的周期内实现。

（5）**失败风险**：该产品线遭遇各种“破坏性打击”的可能性。

创新型企业可以基于以上产品线生 / 杀决策准则对各条产品线进行打分，对某个方面打分很低或者整体分数很低的产品线应做出枪毙决策。

比如某条产品线不符合公司发展的“主航道”，那么该产品线不管有多赚钱，也应该枪毙。缺乏战略一致性决策准则是导致很多企业进入多个无关业务领域，产品线无序“蔓延”的主要原因。

比如某房地产企业拓展矿泉水、新能源汽车等与房地产主业关联度很低的新产业，最终损失了很多资金，主业也受到很大影响。

又比如，如果某条产品线的市场与盈利前景都很好，但公司没有掌握相应的核心技术，也不可能在产品上市“窗口期”内掌握该核心技术，那么该产品线也应该放弃。比如某互联网企业在电池、电机、电控等“三电”核心技术都没有掌握的情况下进入新能源汽车产业，持续研发6年以上都没能推出一款新能源汽车。

2. 对现有产品线进行生 / 杀决策

对于难以进行生 / 杀决策的产品线可从现有市场份额和未来盈利潜力两个维度进行可视化对比，选择更具潜力的产品线。

可以采取“贴纸法”将公司现有所有产品线贴在图5-4的适当位置，通过产品线之间可视化的相对对比，做出更有效的产品线生 / 杀决策。

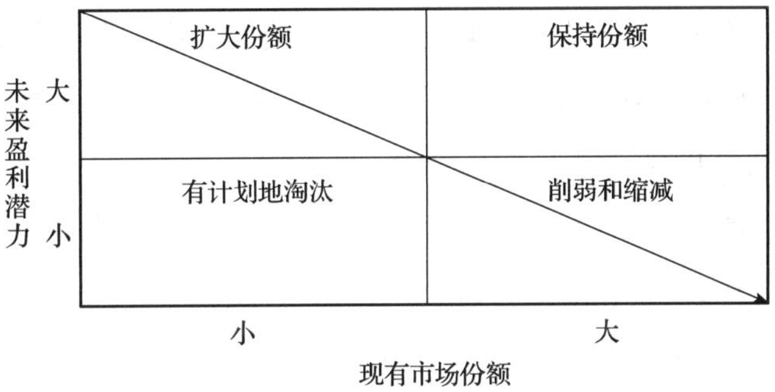

图5-4 现有产品线生 / 杀决策分析矩阵

在相同的市场份额或未来盈利潜力的情况下，优先保留对角线之上的产品线。也就是说，企业应该尽可能保留、强化现有市场份额大，未来盈利潜力也大的产品线。

3. 制定保留下来的产品线的管理策略

除了做出立即退市决策的产品线外，对保留下来的产品线，可以采取以下4种管理策略。

（1）**保持份额**：现有市场份额大，未来盈利潜力大。

（2）**扩大份额**：现有市场份额小，但未来盈利潜力大。

（3）**削弱和缩减**：现有市场份额大，但未来盈利潜力小。

（4）**有计划地淘汰**：现有市场份额小，未来盈利潜力小。

创新者行动

公司首席产品官梳理公司现有产品线，制定产品线生 / 杀决策准则，组织公司管理团队对公司现有产品线进行艰难、坚定的“生 / 杀决策”，对保留下来的产品线进行有效经营和管理。

第三节 洞察新的战略机会

创新者思考

（1）我们公司需要持续洞察新的业务机会吗?

（2）我们公司有专门的部门、专业的人员负责新的战略机会洞察吗?

（3）我们公司能够持续洞察、抓住新的战略机会吗?

创新型企业既要经营好现有产品线，也要持续寻找新的战略机会。既要经营好“当下”，也要为明天和后天“下注”。梳理现有产品线的一个目的是“汰劣存优”，提升现有产品线的投资回报；另外一个目的是为新的战略机会“释放”宝贵的创新资源。

战略机会洞察（Strategic Opportunities Insight，SOI™）是通过系统的企业内外环境分析，寻找企业有能力把握的重大战略机会点，实现企业持续增长。

只有在“主航道”内持续洞察战略机会点，企业才有可能持续进入“值得”进入的战略领域，才有可能适时抓住战略机会，开发出创新产品推向市场，实现企业持续、稳健增长。

具有如下特征的企业需要重视战略机会洞察工作：行业发展速度快，市场环境易变，市场竞争激烈，新技术层出不穷，一个行业很有可能一夜之间被“颠覆”。消费电子、家用电器、通信、互联网、IT、软件、人工智能等技术快速发展的高新技术企业需要持续、高效“扫描”各种可能的战略机会。

存在以下挑战的企业需要尽快改善战略机会洞察工作。

（1）现有主营业务快速萎缩，企业亟须寻找新的战略机会点支撑公司发展。

（2）现有业务还在增长，但是增长比较缓慢，未来增长空间有限，企业需要进入新的业务领域，实现持续增长。

（3）企业缺乏寻找新的业务增长点的有效方法，难以找到值得介入的新的业务领域，公司持续增长面临重大挑战。

（4）企业找到了一些新的业务增长点，但是公司董事会、高层管理者看法不一致，迟迟未能决策，很可能贻误市场时机。

（5）企业发现了很多战略机会，但是难以将战略机会转化为盈利的产品。

较大规模的创新型企业要设立“战略 Marketing”等专门的团队负责创新机会洞察，持续孵化新业务。华为公司 2010 年就有 300 人以上的团队持续研究“华为现在不做的业务”，持续寻找新的战略机会点。

在理解战略机会的基础上，采取多种方法洞察新的战略机会，并对战略机会进行有效管理。

一、理解战略机会

战略机会是指符合企业战略“主航道”，能为企业未来增长创造巨大收益的业务领域。战略机会应当具备以下“三大”基本特征。

1. 战略价值大

在企业定义的战略“主航道”内，能够增强公司品牌形象，能够与现有业务形成互补，能够利用现有核心能力。比如苹果公司在 iPod 音乐播放器取得巨大市场成功的基础上，推出 iPhone 智能手机。2022 年，iPhone 智能手机占苹果公司年营业收入的 50% 以上。

2. 市场规模大

市场总体年销售收入大，且具备连续 10 年以上高速增长的潜力，形成规模销售后对公司利润贡献大。相关数值可以根据企业实际情况定义。比如新能源汽车市场规模巨大，并且占汽车整体保有量的比例将持续提升。2022 年中国新能源汽车销量近 700 万台，占汽车新车总销量的 25.6%。对于电池材料、动力电池、汽车零部件、汽车生产装备等相关产业的企业而言，新能源汽车产业是一个高度景气的“黄金赛道”。

3. 胜出概率大

市场集中度低，未形成“寡头垄断”，公司有相关核心技术积累，能够快速推出有市场竞争力的创新产品。企业要具备相应内部核心能力才能抓住外部的战略机会。机遇偏爱有准备的头脑！

创新案例

谷歌公司的战略机会筛选准则

谷歌公司战略机会筛选准则：这个想法必须涉及一个能够影响数亿人甚至几十亿人的巨大挑战或机遇。这个想法必须提供一种与市场上现存的解决方案截然不同的方法。

谷歌不希望在已有的做事方法上做改进，而是另辟蹊径。将突破性解决方案变成现实的科技至少必须具备可行性，且在不久的将来可以实现。

二、洞察战略机会

基于 10 多年的创新研究与咨询实践，知行信将战略机会洞察总结为“五步曲”（见图 5-5）。

对于创新型企业而言，战略机会洞察能力非常重要，只有进入了“正确”的业务领域，企业才有“赢得整场战争”的机会。

通过高效的产品创新管理，将战略机会转化为多款“好卖”的创新产品，才能表明企业的战略真正“落地”了。

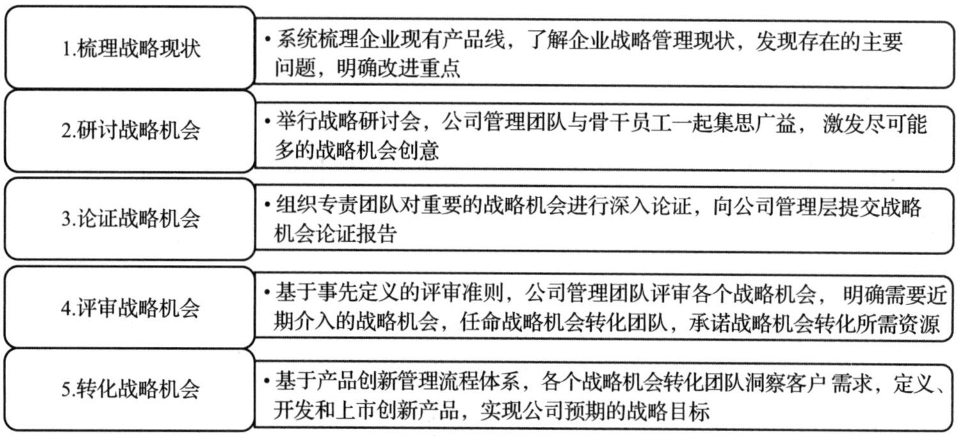

图 5-5　知行信战略机会洞察“五步曲”

通过卓越的订单交付管理，将多款“好卖”的产品“卖好”，实现预期的投资回报，实现企业的“战略意图”——成为所进入业务领域的“领导者”或者“快速跟随者”。

创新型企业要在企业主航道内从“想、可、能”三个方面的结合点寻找战略机会点。如图 5-6 所示，“想”是指企业希望实现的战略目标，“可”是指外部是否存在可能的创新机会，“能”是指企业是否具备抓住外部创新机会的实力。“想、可、能”的交汇处就是企业可能的战略机会点来源。

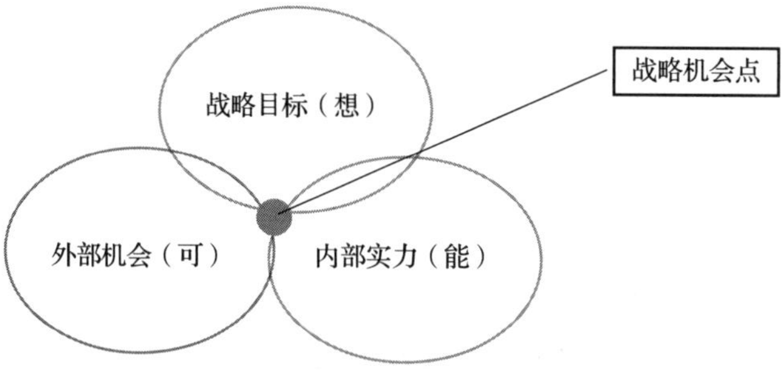

图 5-6　从“想、可、能”三个方面的结合点寻找战略机会点

举行“创新战略研讨会”是企业洞察战略机会“五步曲”中非常重要的一环。10 多年来，知行信资深顾问为数十家创新型企业主持了“创新战略研讨会”，均取得了良好的效果。

创新战略研讨会参加人员包括董事会成员、公司领导、部门负责人以上管理者及部分骨干人员，一般控制在 50 人以内。创新战略研讨会一般为期“两天一晚”，在放松、安静的封闭环境下举行。

创新型企业可以召开“创新战略研讨会”，邀请公司部门负责人以上管理者及部分骨干员工参加，通过集思广益、群策群力的方式思考和分析公司可能的战略机会点。创新战略研讨会可以自行组织，也可以邀请专业的创新顾问主持。图 5-7 是一个创新战略研讨会的框架流程，供创新型企业参考。

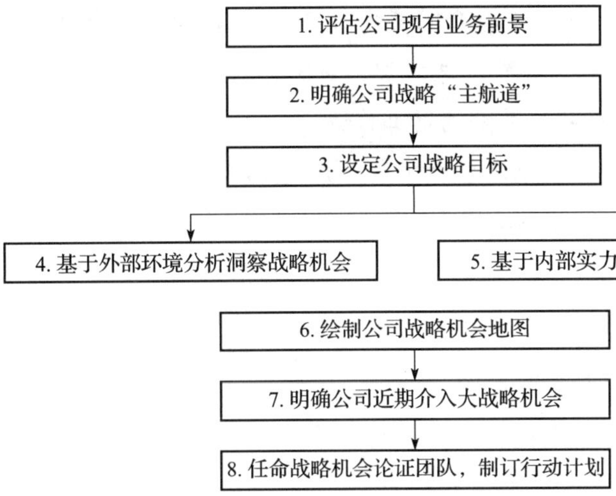

图 5-7 知行信创新战略研讨会步骤

通过举行有效的战略研讨会，企业能够取得以下成果。

（1）**激发创意**：集思广益激发尽可能多的、可能的战略机会，为后续战略机会论证提供尽可能多的可能选项。

（2）**掌握方法**：采用“创新行动学习法（IAL™），老师方法讲授与学员现场演练相结合，学员能够有效掌握战略机会洞察的主要方法和工具。

（3）**达成共识**：通过分组研讨和主题分享，公司不同部门、不同层级的管理者和骨干员工能够深入沟通和交流，消除误解和分歧，为战略决策与战略执行奠定良好的基础。

咨询实例

某集团企业新业务群（BG）的战略机会洞察

知行信顾问团队为北京某千亿级 LED 显示屏企业主持“基于市场研究的战略机会洞察工作坊”，采用系统方法洞察新的战略机会。

该公司举行战略机会洞察工作坊基于以下背景。

（1）经过数十年的不懈专注与努力，集团显示屏业务占据全球 25% 的市场份额，带领中国显示产业实现了从无到有，从有到大，从大到强。

（2）集团公司希望在现有显示屏业务的基础上，寻找新的战略机会，打造新的千亿级的事业群（BG），实现集团持续、稳健增长。

（3）某新的 BG 成立了 5 个业务单元（BU），组建了 200 多人的团队负责洞察新的战略机会点。

（4）由于缺乏系统方法，各 BU 提交的战略机会要么缺乏吸引力，要么论证非常粗浅，BG 领导很难决策。

（5）BG 领导期望各 BU 团队掌握系统的战略机会洞察方法，持续不断地洞察具有广阔前景的战略机会，实现 BG 打造千亿级事业群的战略目标。

知行信创新顾问与 BG 领导共同设计工作坊课程，共同主持战略机会洞察工作坊。知行信创新顾问负责整体课程体系设计、战略机会洞察方法导入，BG领导结合公司实际点评现有战略机会点。BG领导、各BU领导、各产品线经理、系统工程师及研发骨干、各职能部门领导共60余人参加了为期2天1晚的战略机会洞察工作坊。

通过举行战略机会洞察工作坊，各BU骨干团队系统掌握了主要的战略机会洞察方法，领会了BG领导对战略机会洞察的期望与要求，每个BU在工作坊现场集思广益，提出了10个以上可能的战略机会点。

各BU在实际工作中采用系统的战略机会洞察方法，孵化出了多个具有百亿级市场规模的新业务，有力地支撑了BG战略目标的实现。

（一）从企业战略目标维度洞察战略机会

企业战略目标包括宏观层面的愿景目标和微观层面的经营目标。

1. 宏观层面的愿景目标

宏观层面的愿景目标是指企业的战略意图，企业希望在所进入的领域成为领导者还是快速跟随者。

（1）**领导者（Leader）**：希望在什么领域成为领导者？成为国内领导者还是全球领导者？作为领导者，每代产品都必须做到**首先上市（First to Market）**。

（2）**快速跟随者（Fast Follower）**：希望在什么领域成为快速跟随者？追赶的标杆企业是哪些？这些标杆企业现在处于什么样的收入/利润水平？作为快速跟随者，在领先者每代产品上市后3～6个月之内必须推出同代产品，而且推出的同代产品一般应该比领先者的同代产品有所改进并且更加便宜（**Better and Cheaper**）。

对于创新型企业而言，要么成为领导者，要么成为快速跟随者。做快速跟随者是手段，而不是目标，快速跟随者的最终目标是超越现有领导者，自己成为领导者。

比如在新能源汽车领域，特斯拉是领导者，原有的燃油汽车企业及新兴的“造车新势力”是跟随者。唯有快速跟随者才有可能分享一部分市场份额。

2. 微观层面的经营目标

微观层面的经营目标主要是收入、利润、现金流和市场份额等目标。企业宏观层面的战略目标决定了微观层面的经营目标值。作为领导者，要追求主流客户占有率领先，要追求领先的市场份额和更高的利润率。

创新案例

华为公司由快速跟随者逐步走向领导者

华为公司发展的前20年在电信设备领域都是快速跟随者，追赶的主要对象包括爱立信和诺基亚等领导者。在5G时代，华为已经从快速跟随者成长为领导者，逐步由“跟车”走向

“领路”，进入了“战略迷茫期”。

现在华为公司的愿景目标是：我们力争成为运营商客户面向未来转型的战略合作伙伴，成为领先的企业 ICT 基础设施提供商，成为消费者喜爱和信赖的、全球领先的智能终端品牌。

（二）通过外部环境分析洞察战略机会

企业最终的发展战略机会来源于外部，特别是来源于对目标客户真正需求的深刻洞察。创新型企业可以通过宏观环境、利益相关者环境、竞争者环境和目标客户需求四个维度由浅入深、由表及里进行有效分析，洞察可能的战略机会，如图 5-8 所示。

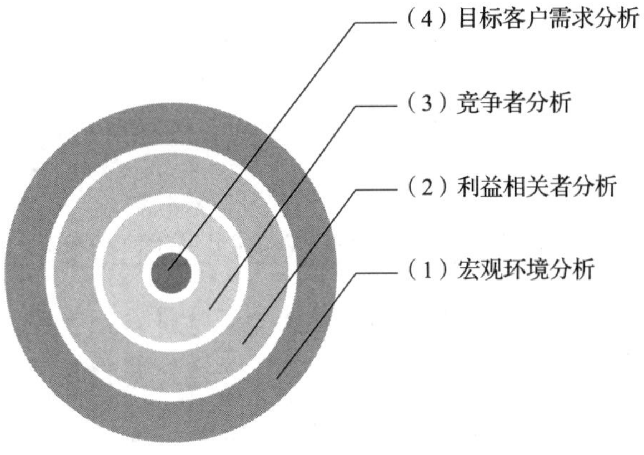

图 5-8　通过外部环境分析洞察战略机会

1. 宏观环境分析

宏观环境分析包括政治、经济、社会文化、技术、环境和法律（PESTEL）等环境变化的分析。

宏观环境的变化往往是“不可逆的”，创新型企业应该洞察趋势、顺应趋势，把握趋势，而不应“与趋势为敌”！比如，光伏、风电等清洁能源逐步替代石油、煤炭等化石能源已经成为全球共识，清洁能源在能源供应的比例正在持续提升。现有与化石能源相关的产业链企业，比如煤炭开采设备制造企业、火电装备制造企业等是否需要尽快“转型升级”，寻找新的战略增长点？

2. 利益相关者分析

利益相关者包括供应商、合作伙伴、互补者、管理者、投资者和影响者等多类角色。

这些角色对企业的发展有着非常直接的影响。比如充电桩与新能源汽车是互补的关系。充电桩分布广泛、数量众多，会促进新能源汽车销量的增长。反过来，新能源汽车保有量的持续增长，也会促进充电桩的投资建设，促进充电桩产品的升级换代。

3. 竞争者分析

竞争者包括直接竞争者和间接竞争者。

比如，对于中国移动来说，中国电信、中国联通是直接竞争者，而腾讯的微信则是间接竞争者。大家使用微信后已经很少打电话了，也基本上不发短信了，这对各电信运营商的收入和盈利带来了很大的不利影响。

4. 目标客户需求分析

从价值链视角看，企业的客户包括经销商、零售商和终端客户，也包括“客户的客户（Customer's Customer）”。

对于B-B企业而言，终端客户中还包括各种类型的客户角色：决策者、购买者、使用者、维护者和影响者。对于这些不同类型的客户和客户中的不同角色的需求的洞察，是创新型企业战略机会洞察的最重要来源。目标客户的“痛点需求”是企业创新的关键机会点。比如，现在新能源汽车还存在比较普遍的“里程焦虑”痛点：充电时间长，充一次电跑的公里数有限。如果有一家企业能够开发出“充电5分钟，行驶1万公里”的新能源汽车，是不是会创造巨大的战略机会？

通过“持续扫描”和系统分析外部环境，创新型企业可以洞察到很多可能的战略机会。即使在外部环境恶劣的情况下，不少创新型企业也能够在“危中窥机”“化危为机”。

咨询实例

深圳某家具油漆企业通过洞察国家法规环境的变化把握战略机会

深圳某家具油漆制造企业敏锐地洞察到家具漆由“油性漆”转为“水性漆”一定会成为国家的强制政策法规。该公司主动求变，率先预研“水性漆”关键技术，在市场上领先同行推出全系“水性漆”产品，得到了广大消费者的高度认可，成为了“水性漆”市场的领先品牌。该企业还提前布局，主动关闭北京、深圳等中心城市的生产厂，将生产厂转移到专业的化工园区和东南亚国家，保证了“水性漆”新品的按时投产供货，及时满足市场需求。

（三）从内部实力分析维度洞察战略机会

外因通过内因起作用。外部机会再多，也只有企业“力所能及”的外部机会才是真正属于企业的战略机会。内部实力可以从企业资源、团队能力和品牌声誉三个维度进行分析，如图5-9所示。

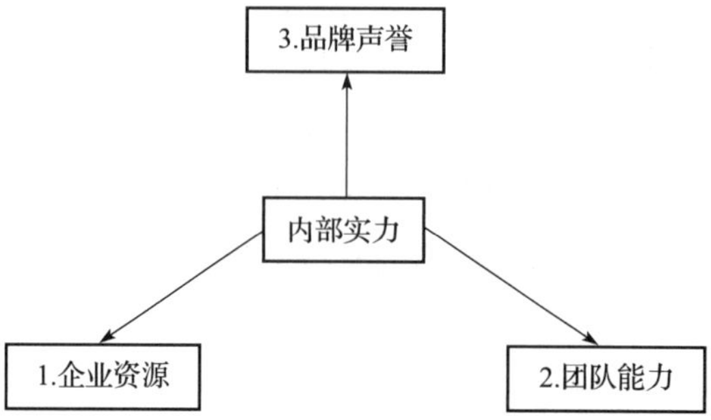

图5-9　通过内部实力分析洞察战略机会

1. 企业资源分析

企业资源包括内部资源和外部资源。

内部资源主要包括人才、专利、资金、设备、厂房（写字楼）等。外部资源主要包括客户关系、供应商关系、技术合作伙伴、渠道合作伙伴等。如果某个战略机会能够利用企业现有的内外资源，企业就可以减少前期投入，提升企业抓住该战略机会的概率。比如某企业如果与客户的关系很好，卖更多同类产品给该客户的概率就比较高。

2. 团队能力分析

团队能力主要是指隐含在员工头脑中的和已经显性化的知识资产。

团队能力主要包括战略规划能力、研发创新能力、销售服务能力、运营交付能力和企业管控能力等。如果企业当前及未来的团队能力无法把握某个战略机会，那么进入这个战略领域失败的概率将会非常高。比如华为公司将在运营商业务积累的团队技术能力、管理能力“移植”到企业业务、消费者业务，加快了企业进入这些业务的速度，提升了这些业务的成功率。

3. 品牌声誉分析

品牌声誉包括公司总体声誉和公司各个品牌的声誉。

公司总体声誉体现在知名度、美誉度和引荐度等方面。知名度高不等于美誉度高。靠大量、高频广告投入等方式“积累”的知名度不一定能够转化为客户的美誉度，不一定能够转化为客户的购买行为。企业的美誉度最终来源于客户购买产品并应用后的口碑传播。品牌声誉主要体现在该品牌产品的重复购买率、交叉购买率和引荐购买率。进入与公司品牌声誉匹配的战略领域能够增强公司的品牌声誉，提升公司进入该领域的成功概率。进入与公司品牌声誉不匹配的战略领域会“稀释”公司的品牌声誉，进入该领域的成功概率也不会高。比如做空调领先的企业进入手机、新能源汽车等与公司“主航道”品牌形象不匹配的领域，不但新进入的领域很难成功，还可能会稀释公司现有品牌形象，影响空调产品的销售，给竞争对手制造赶超机会。

创新案例

华为公司基于内部实力拓展新的战略机会

2021 年 10 月 29 日，华为宣布成立“5 大军团”。

（1）煤矿军团。

（2）海关和港口军团。

（3）智慧公路军团。

（4）数据中心能源军团。

（5）智能光伏军团。

这些军团与运营商 BG、企业 BG、消费者 BG 同属一级部门。这些军团从企业业务中独立出来，针对特定行业的具体业务场景提供系统解决方案，把握特定行业战略机会，在公司发展的关键时期，担负起冲锋突围的重任。

任正非认为，军团就是把基础研究的科学家、技术专家、产品专家、工程专家、销售专家、交付与服务专家全都汇聚在一个部门，缩短产品进步的周期。

就煤矿军团来说，华为的初衷是希望利用这个组织为煤矿的5G化带来重大改革，实现智能化、无人化煤业。华为煤矿军团最出名的成果，则是其推出的鸿蒙矿山操作系统。2021年9月14日，“矿鸿”正式发布，意味着鸿蒙OS在C端之后，再向B端拓展。

在任正非看来，煤矿也许会成为华为很重要的一个业务增长点。华为可以通过ICT技术与煤炭开采技术的结合，帮助煤炭行业进行数字化、智能化转型，实现“安全、少人无人、高效”的生产模式，也让煤矿工人以后工作时可以“穿西装打领带”。

（四）分析公司可能的战略机会点

通过以上“想、可、能”的系统分析，企业可以洞察很多可能的战略机会。总体而言，基于现有品牌形象、现有业务“主航道”和现有核心能力扩展战略机会领域，推进速度更快、成功概率更高。创新型企业可以基于现有主营业务，从三个方面思考和分析可能的战略机会领域，如图5-10所示。

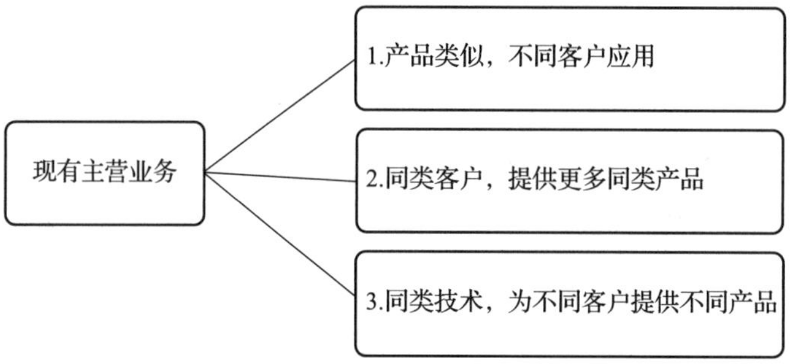

图5-10 从三个方面思考和分析可能的战略机会领域

基于现有主营业务，可以从三个方面扩展新的战略机会领域。

1. 产品类似，不同客户应用

这是最快速、成功概率最高的一种战略机会拓展方式。对现有产品形态、功能、性能做很少改变，就可以开发出“新产品”，满足新的客户类型的需求。这类战略机会扩展的产品开发成本一般很低，产品开发周期一般比较短。比如，在家用电脑的基础上，适当提高处理器速度，增加硬盘空间就可以推出面向办公客户的新电脑。

2. 同类客户，提供更多同类产品

可以利用客户的品牌忠诚度，利用现有销售渠道、销售方式向同类客户“交叉销售”新产品。这类战略机会的拓展客户相同、核心技术大同小异，但产品的形态、功能等有比较大的区别。这类战略机会扩展的营销成本一般很低。比如我们购买了苹果公司的 iPhone 手机体验不错，成了“果粉”，还会购买苹果公司的 iPad 平板、笔记本电脑、台式电脑和 iWatch 手表等消费电子产品。

3. 同类技术，为不同客户提供不同产品

利用公司掌握的核心技术作为平台，为不同类型的客户提供不同类型的产品。相对前面两种战略机会的扩展，这种战略机会扩展方式客户营销成本更高，产品开发难度更大。但由于核心技术可以重用，新产品开发的成功率是比较高的。比如三一重工基于集团公司在机械、液压、电气和软件等数十年核心技术的积累，面向不同应用场景、不同客户推出不同类型的工程机械。三一重工的工程机械品类主要有：土石方挖掘机、混凝土泵车、起重机、路面摊铺机、旋挖钻机、工程掘进机和集装箱空箱堆高机等。

产品、客户、技术三者最好有一个方面是企业具有核心能力或比较优势的。基于这三者之一进行战略机会扩展，成功概率更高。相反，如果一个企业进入的新业务领域，产品、客户、技术没有一个可以利用，那成功的概率会很低。因为在每个“赛道”，都有很多“赛手”在激烈竞争，缺乏相应核心能力或比较优势的企业是很难胜出的。空调做得好的企业为何做手机很难成功？因为这两类业务在产品形态、客户对象和核心技术三个方面均基本上没有交集，从做空调拓展到做手机，这三方面的能力都需要重新培育。“用我们的手机能够控制我们的空调”是很牵强的业务关联理由。

创新案例

某空港业务公司的战略机会扩展

某空港业务公司的主营业务是登机桥业产品，经过近 30 年的聚焦发展，登机桥业务占据了中国 90% 的市场份额，欧洲市场占有率约为 50%。2010 年，该公司年营业收入约 5 亿元，到 2020 年该公司年营业收入增长约为 50 亿元，10 年增长了 10 倍，利润率也一直保持在 10% 左右，实现了高速、高质量增长。未来 3 ～ 5 年，该公司年营业收入有望突破 100 亿元，成为中集集团一个重要的业务板块。近 8 年来，该公司基于登机桥这一主营业务，基于机场这一主要客户，进行了有效的战略机会拓展。

（1）产品类似，不同客户应用：由登机桥业务扩展到登船桥业务，客户由机场扩展到邮轮公司。

（2）同类客户，提供更多同类产品：该公司的主要客户为机场，公司现在为机场提供的机电类产品包括行李传送带、旅客摆渡车、食品运输车、机场专用空调等。

（3）同类技术，为不同客户提供不同产品：基于企业掌握的机械、电控、液压等核心技术，开发立体停车库产品，进入市场广阔的立体停车场建设市场。

不同战略机会领域，该公司基于战略目标和内部实力的不同，分别采取了自研、合资和并购等进入策略。比如立体停车场业务通过自研方式进入，机场专用空调业务通过合资方式进入，行李运送系统业务通过并购方式进入。

三、管理战略机会

通过以上“想、可、能”的系统分析，企业要将洞察到的诸多战略机会按照介入时机进行规划，对于有望近期介入的战略机会点要进行取舍决策。

1. 规划可能的战略机会点

任何战略机会都有介入的**市场机会窗（Window of Opportunity）**。市场机会只在一定时间段的窗口期内打开，错过了该窗口期，企业很难实现预期的战略目标。

以下是战略机会的三种介入时机及可能的结果。

（1）**过早介入**：企业很可能成为“先烈”，客户没有“教育”过来，自己先死了。

（2）**过晚介入**：企业很可能“起了个大早、赶了个晚集”，错过市场机会。

（3）**适时介入**：企业才有可能成为“先驱”，实现预期的战略目标。

可见，“适时介入”才是有效的战略机会管理策略。企业可以将多个战略机会基于介入时机的不同分为近期介入、中期介入和远期介入三类，如表 5-2 所示。

表 5-2　战略机会的介入时机管理

介入时机	介入时间	管理策略	战略机会点
近期介入	未来 1 ～ 2 年	任命产品线管理团队，纳入产品创新管理流程进行管理	
中期介入	未来 3 ～ 5 年	指定跟踪团队，做前期业务可行性分析和技术预研	
远期介入	未来 6 ～ 10 年	纳入战略机会池管理，指定专人（团队）持续跟踪，适时进行前期基础研究	

2. 评审希望近期介入的战略机会点

对于希望近期介入的战略机会点，创新型企业可以基于技术成功概率和未来盈利潜力等维度进行评审，选择优先介入的战略机会点，如图 5-11 所示。

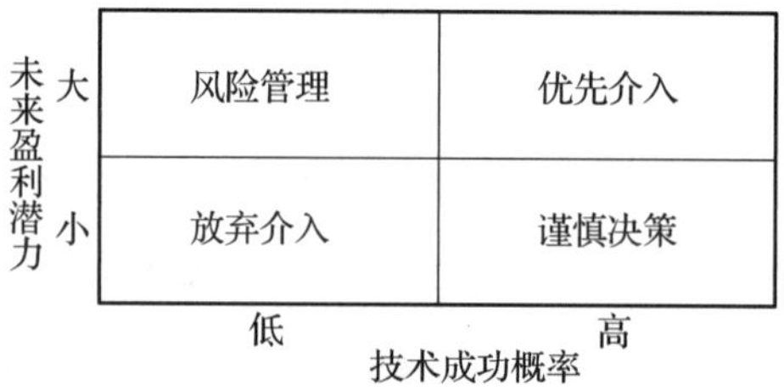

图 5-11　评审希望近期介入的战略机会点

同样可以采取贴纸法将公司所有希望近期介入的战略机会点贴在图 5-10 的适当位置，通过战略机会点之间可视化的相对对比，做出更有效的战略机会点取舍决策。

在相同的技术成功概率或未来盈利潜力的情况下，优先选择对角线之上的战略机会点。

对希望近期介入的战略机会点，可以采取以下 4 种管理策略。

（1）**优先介入**：技术成功概率高，未来盈利潜力大。

（2）**风险管理**：技术成功概率低，但未来盈利潜力大。

（3）**谨慎决策**：技术成功概率高，但未来盈利潜力小。

（4）**放弃介入**：技术成功概率低，且未来盈利潜力小。

3. 将战略机会转化为收益

对于决定优先介入的战略机会，应该纳入产品创新管理流程，在创新前端深入论证战略机会，孵化出新业务。知行信产品创新管理 4D 流程体系如图 5-12 所示。

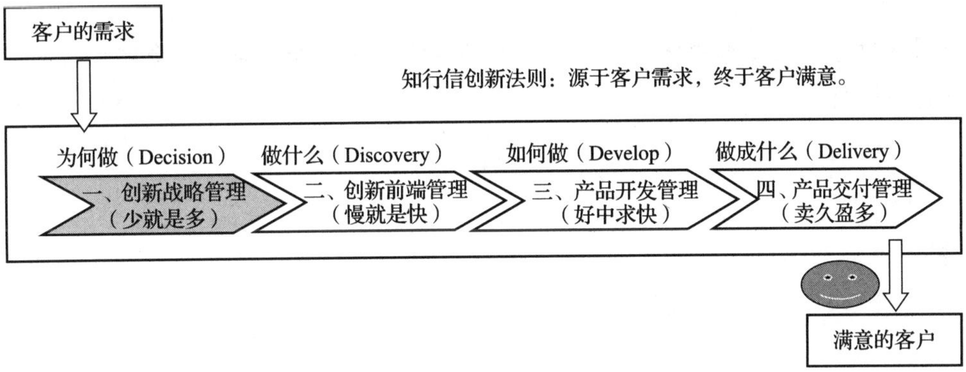

图 5-12　知行信产品创新管理 4D 流程体系

咨询实例

某能源设备上市企业的战略机会洞察

某能源设备制造企业，上市后融资了约 10 亿元。为了实现公司持续、健康、快速发展，公司董事会决定成立公司战略市场部，组建 3～5 人的专业团队专注于新的战略机会的识别与论证。该公司战略市场部通过系统分析外部环境和内部实力，发现现有的能源设备每年只有 10 亿元左右的市场规模，而且市场规模呈逐步萎缩趋势，该市场难以支撑公司的可持续发展，公司必须尽快介入新的业务增长点。

战略市场部团队通过深入调研其主营产品客户发现，相较于购买能源设备而言，客户更希望有专业厂商能够提供能源设备管理整体解决方案，而整体解决方案年市场规模近 100 亿元。该公司战略市场部团队分析认为，公司的设备在整体解决方案中居于核心地位，通过 20 多年的持续服务，公司与近百家同类客户建立起了良好的关系，对客户的整体需求有深入的认识，公司应该将为能源企业提供能源管理整体解决方案作为公司近期介入的关键战略机会点。

基于战略市场部团队的分析和论证，公司董事会决定将为能源企业提供能源管理整体解决方案作为未来新的战略增长点，公司由设备制造商向整体解决方案服务商转型升级。公司抽调精兵强将，成立解决方案产品线管理团队，全面负责解决方案产品的策划、设计、开发与实施交付管理。为了有效地实施解决方案订单交付项目，公司聘请知行信顾问团队，建立起了端到端的订单交付管理流程体系，培养出了多个以客户为中心、以客户需求为导向的“订单交付铁三角团队”：客户经理、解决方案经理与交付项目经理。

通过3年左右的转型升级，公司的解决方案产品和服务得到了主流客户的认可，年营业收入实现了倍增，公司从竞争激烈的能源设备“红海”中走了出来，成了能源管理整体解决方案提供商市场领导者。

创新者行动

结合公司实际，组建专业团队，持续洞察新的战略机会，并将战略机会转化为实际收益，实现公司的可持续增长。

第四节　有效分配创新资源

创新者思考

（1）我们公司的研发创新投入强度足够吗？

（2）我们能够科学分配有限的创新资源吗？

（3）我们能够持续实现研发创新资源投入回报最大化吗？

只有开始花钱，战略才能落地！

也就是说，企业只有对现有或规划中的各条产品线开始进行创新资源投入，才会有创新产品上市，企业才有可能实现回报。

越投资未来，企业越有未来；越不投资未来，企业越没有未来。

“种瓜得瓜，种豆得豆”。

但是，对于任何企业而言，能投入的创新资源的数量是有限的。在创新资源投入方面，企业首席产品官的关键任务是：将有限的创新资源投入到最有“钱景”的少数产品线组合之中，以实现公司总体投资回报的最大化。

创新资源主要包括钱、人及人的时间。资金和人才都需要基于公司创新战略提前规划，这样才不至于频频出现“人到用时方恨少”的局面。

咨询实例

某医疗器械企业的创新资源规划与分配

某医疗器械企业董事长说，我们每年年初在董事会上都提出今年要做10个以上的新产品，但是到年底总结时发现，真正能够有效实施的新产品开发项目不超过3个。公司当年的主要收入还是来自3年前上市的产品，随着现有产品的老化，公司将陷入3年之后无合适产品可卖的困境。

知行信创新顾问通过现场系统诊断发现，公司董事会每年只是提出要做哪些项目，对项目所需资源缺乏细致分析，对项目所需资源也缺乏明确承诺。由于项目所需资源无法保证，很多项目要么一再延期，要么长期搁置。

创新顾问建议该公司进行有效的产品线战略规划，基于产品线战略规划提前规划、引聘和培养各类创新人才。对于各种类型的创新项目进行有效的组合管理，排列项目的优先顺序，对需要启动的项目承诺所需的创新资源。这样，企业的创新战略才有可能真正落地，而不只是停留在董事会的决议中。

一、明确创新资源的投入总量与投入分配

企业创新资源分配需要回答以下两个问题。

1. 投入总量问题

公司每年将销售收入的多大比例投入研发和创新？此投入比例与同行主要竞争对手相比能否创造竞争优势？

2. 投入分配问题

相同的投入总量，采取不同的分配方式可能产生差别很大的投资回报率。企业需要在不同产品线及不同类型项目间进行合理的创新资源分配。

二、创新资源投入组合的三大原则

创新资源投入组合应符合以下三大原则。

1. 战略一致性原则

创新资源分配方式符合公司的战略规划方向和重点吗？能确保公司战略目标实现吗？投资的产品线组合应与公司愿景、使命及战略一致。不遵守投资的战略一致性是很多企业机会主义导向、盲目多元化扩张的原因。企业要明确并遵循发展“主航道”，不要在非战略领域浪费任何战略资源！

2. 长短期平衡原则

公司的资源分配方式既考虑了公司短期生存的需要，也考虑了公司未来发展的需要吗？公司投资的产品线组合要长短期兼顾，既要有近期能够获利的产品线，也要有中长期能够获利的产品线。有些企业的投资过于短期化，赢得了短期的“一场战斗”，但很可能输掉中长期的“整场战争”。当然，只考虑未来的发展，不考虑眼下的生存也是不理性的。

3. 价值最大化原则

公司的资源分配方式能实现整体创新资源投资回报最大化吗？要保证有限的创新资源投入能实现公司总体投资回报最大化。保证战略一致性、进行长短期平衡最终都是为了实现企业整体创新资源投资回报最大化。

三、创新资源投入分配

创新资源投入组合可以按照创新项目类型分配，也可以按照产品线分配。

1. 按照创新项目类型分配创新资源

创新资源投入组合可以按照创新项目类型划分。图 5-13 中各类创新项目创新资源分配比例是个示例，各企业可以根据实际情况设定。

如果一家公司 80% 以上的创新资源都投入微小改进型产品开发，那该公司 3 年以后很可能

“无产品可卖”。同理，如果一家公司 80% 以上的创新资源都投入全新产品开发，那该公司很可能活不过 3 年。处于不同发展阶段、产品创新程度不同的企业，应该根据企业的实际情况分配创新资源，既要确保“今天能活下去”，也要确保“明后天能活得更好”。

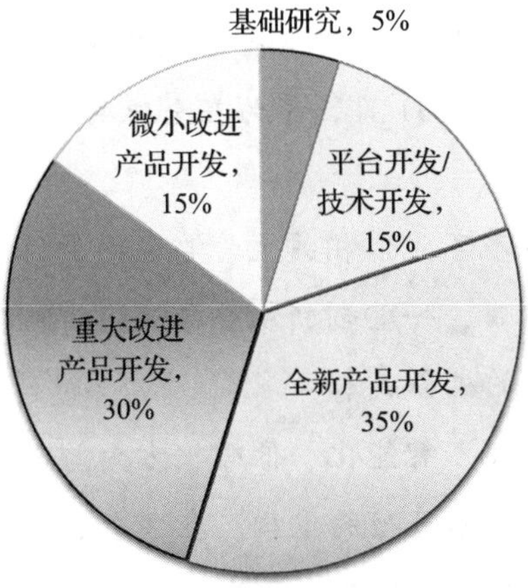

图 5-13　按创新项目类型分配创新资源（示例）

2. 按照产品线分配创新资源

创新资源投入组合也可以按照产品系列划分，如图 5-14 所示。图中各产品系列创新资源分配比例是个示例，各企业可以根据实际情况设定。

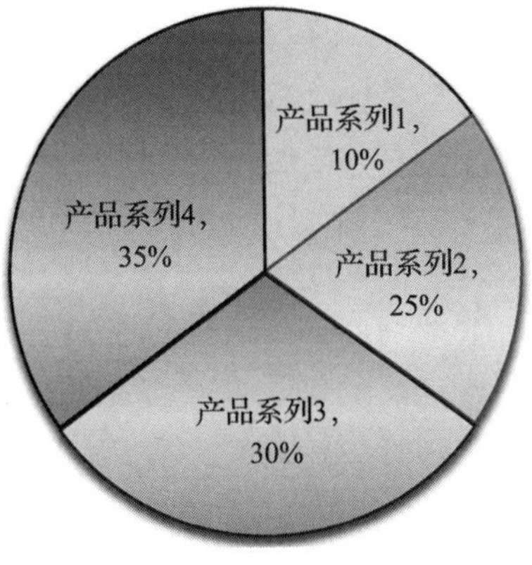

图 5-14　按产品系列分配创新资源（示例）

创新案例

华为公司 30 年持续研发创新“强投入”

华为从零起步，在 30 年左右的时间内崛起，成为世界通信行业领先企业，这与该公司在研发与创新方面长期、持续、大比例投入密切相关。从公司成立一直到现在，华为始终坚持以不少于销售收入 10% 的费用和 45% 的员工投入研发，并将研发投入的 10% 用于前沿技术、核心技术及基础技术的研究。面向未来，华为持续加大投入，构建合作共赢的产业生态。

2021 年，华为实现营业收入 6368 亿元，净利润 1137 亿元，经营性现金流 597 亿元。在重压之下华为公司仍强力投入研发，持续创新，2021 年研发费用额和研发费用率均处于近十年的最高位。近 10 年，华为累计投入的研发费用超过 8450 亿元。2021 年，从事研究与开发的人员约 10.7 万名，约占公司总人数的 54.8%。2021 年，研发费用支出为人民币 1427 亿元，约占全年收入的 22.4%。截至 2021 年 12 月 31 日，华为在全球共持有有效授权专利 4.5 万余族（超 11 万件）。

在华为，年度预算研发经费花不完，相关主管要被问责。原因是什么？因为这些主管没有找到足够多的值得投资的创新项目，一些创新机会华为没有抓住，就很可能被其他“友商”抓住了，这对华为而言意味着很大的机会成本。

面向未来，华为将沿着数字化、智能化、低碳化方向前进，持续加大投入，依靠人才、科研和创新精神三要素，力求实现技术底座的重构。在这个基础上，华为集结各种 ICT 技术和全球经验，协助各行各业的客户开展数字化转型，为客户和社会创造价值。

创新者行动

制定公司投资组合决策原则，对不同类型项目、不同产品线进行有效的资源分配，并动态管理投资组合，实现公司整体投资回报最大化。

创新案例

德国温特霍尔特餐饮服务公司的重新聚焦（Refocus）战略

洗碗机有很多应用市场，不同细分市场上客户的需求差别很大。

温特霍尔特餐饮服务公司的负责人说："我们分析了商业洗碗机的整体市场，发现我们在全球的市场份额远低于5%。在这个市场里，我们是一个微不足道的跟随者。这促使我们重新制定了战略，聚焦于酒店和餐饮业。在这个细分市场，我们始终是客户的第一选择。"该公司在这个细分市场已经占到全球15%～20%的市场份额，而且还在持续攀升。

该公司通过对洗碗设备各个细分市场的深入分析，选择聚焦宾馆/饭店这个"刚需""高频"的细分市场，并且力争成为该细分市场的全球领导者。温特霍尔特餐饮服务公司对客户、产品进行了"重新聚焦（Refocus)"，精准定义细分市场，为客户提供深度、全面的价值链解决方案。该公司不但为聚焦的细分市场的客户提供洗碗设备，还提供洗洁精、水处理服务及其他相关服务，为客户提供整体解决方案，提升客户"黏性"，提升企业品牌形象，提升企业营业收入与利润率。

温特霍尔特餐饮服务公司"压缩宽度""聚焦深度"的"重新聚焦"战略值得很多细分市场众多、产品线庞杂、产品竞争力不强的企业借鉴（见图5-15）。

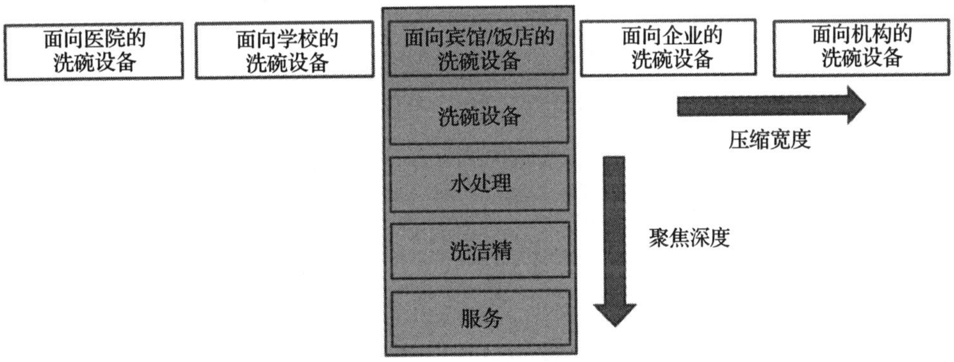

图5-15 温特霍尔特餐饮服务公司洗碗设备解决方案

（资料来源：根据西蒙《隐形冠军》案例改写）

第六章

产品线战略规划与管理

上一章，我们讨论了企业如何进行创新战略分析与决策，明确了应该重点投资哪些业务领域。接下来，我们就要有效规划和管理各个业务领域的各条产品线，确保实现每条产品线的战略目标，从而实现公司整体战略目标（见图 6-1）。

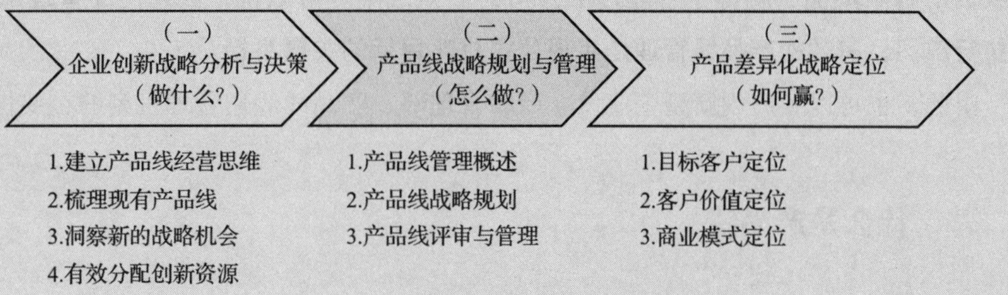

图 6-1　创新战略管理的主要内容

企业创新战略分析与决策是公司首席产品官（CPO）的主要职责，而产品线战略规划和管理则是产品线经理的核心职责。各条产品线的经营目标实现了，公司的创新战略目标也就实现了。

企业通过每条产品线的规划和管理实现公司战略目标，每条产品线必须由专业的产品线管理团队进行有效管理。

有效的产品线战略规划，专业的产品线管理团队，严肃的产品线创新资源承诺，是确保企业中长期战略目标实现的关键抓手！

本章分为三节。

第一节，产品线管理概述。通过有效的产品线战略规划和管理，实现每条产品线的经营目标，从而实现公司整体的战略目标。

第二节，产品线战略规划。基于客户需求规划进行产品线规划、产品平台规划与产品技术路线图规划。

第三节，产品线决策与管理。公司高层管理者承诺每条通过评审的产品线所需的创新资源，通过有效的产品线日常管理实现产品线经营目标。

第一节 产品线管理概述

创新者思考

（1）我们公司的每条产品线均有专门的团队进行常态化的管理吗？

（2）我们公司的每条产品线均有书面的中长期战略规划吗？

（3）我们能够基于产品线战略规划进行产品线日常管理吗？

从有机增长的视角看，企业战略目标的实现源于各条产品线战略目标的实现，而各条产品线战略目标的实现源于产品线内每款产品的收入和利润。因此，管理好每条产品线，管理好每条产品线内的每款产品，就等于管理好了公司的创新战略。可以说，**公司产品管理部门就是公司的战略执行部门，有效的产品线管理是实现公司战略目标的关键举措**。

由此，也可以看出创新型企业设立产品管理部、产品线经理管理机制的重要性了。

一、什么是产品线

产品线是同一细分市场同类应用多个产品的组合，比如轿车中不同档次的产品线。产品大类—产品系列—产品线—型号产品是产品线管理的相对层次结构。关于产品线划分的详细介绍请参见“企业创新战略分析与决策”一章。

1. 产品线的主要特点

定义一条产品线的核心标准是基于共同的需求和共同的技术，而不是按共同的客户划分。产品线的主要特点如下。

（1）面向同类需求，而不是同类客户。

（2）产品具有同类功能。

（3）基于一个产品平台开发。

（4）同一产品线的不同产品在功能、指标与配置等方面有细微差别。

（5）同一产品线的产品通过规划实现周期性的升级，实现产品线整体投资回报最大化。

2. 实物、软件、服务、解决方案都是产品，都需要进行规划和管理

很多企业只注重实物产品的规划和管理，忽略了软件产品、服务产品、解决方案产品的规划和管理。甚至一些企业不将软件、服务和解决方案作为“产品”，没有成立相应的产品线经营团队进行有效规划和管理（见图 6-2）。

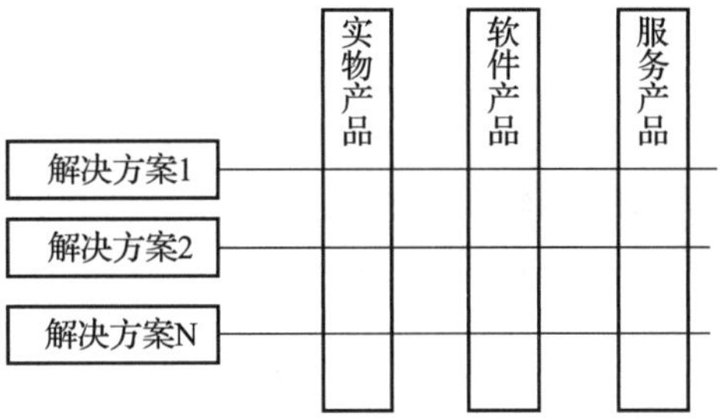

图 6-2　解决方案产品与实物产品、软件产品、服务产品之间的关系

以上各种类型的产品均须“标准化”，均须任命产品线经理和产品线经营团队进行产品线规划，均须对每款产品进行常态化的全生命周期管理。

3. 审视公司的产品线管理水平

各企业首席产品官、事业部总经理、产品总监和产品线经理可以结合以下问题的思考和回答，审视公司的产品线管理水平，明确改进重点与改进举措。

（1）我们有清晰的产品线划分吗？产品线之间是否有冲突？

（2）我们有一致的产品型号编码吗？

（3）我们的同类产品线是太多、太少还是合适？

（4）我们一条产品线中的产品型号数量是太多、太少还是合适？

（5）我们的型号产品是基于模块化的共用平台进行配置还是需要个性化开发？

（6）我们的各条产品线有清晰的 3 ～ 5 年开发路线图规划吗？

创新案例

华为公司企业业务的产品线管理

华为公司基于平台和通用架构规划和管理产品线。华为公司的企业业务不但有路由器、交换机等实物产品线，还有 eSpace 远程教育、视频会议等软件产品线，有咨询和评估、客户支持和维护等服务产品线，也有电子政务、智能城市等行业解决方案产品线（见图 6-3）。

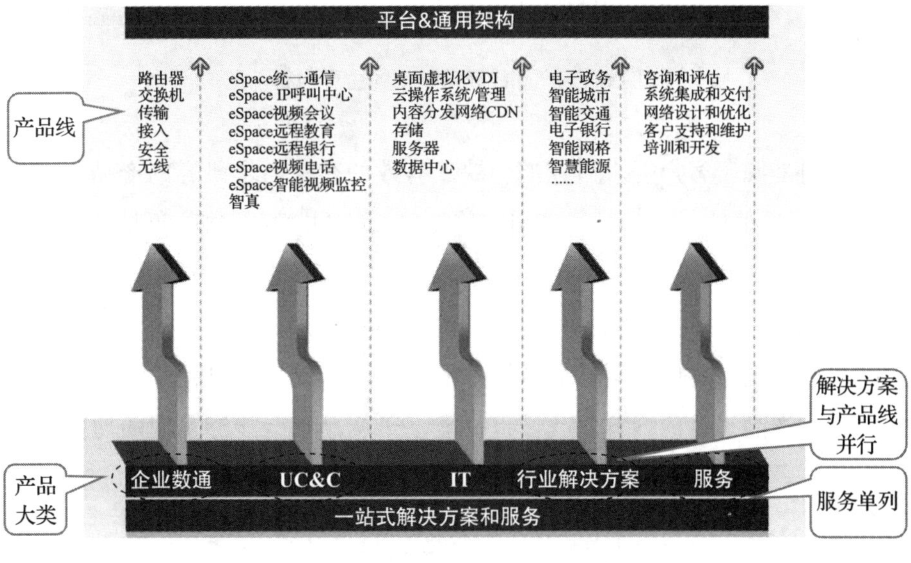

图 6-3　华为公司企业业务的产品线呈现

创新者行动

参照华为公司案例，可视化地呈现公司各类产品线，列出各类产品线型号产品清单，审视公司产品线管理的有效性，明确改进重点与改进举措。

二、产品线战略规划的主要内容

产品线战略规划是指企业以 3 ～ 5 年为期，滚动规划每条产品线的产品路线图、平台开发路线图及技术路线图，提前预研关键技术与产品平台，确保各款产品按期上市，实现产品线预定的整体经营目标。

具体而言，产品线战略规划的主要内容包括以下 6 个方面。

（1）设定产品线战略目标。

（2）规划客户需求。

（3）规划产品路线图。

（4）规划产品平台。

（5）规划技术路线图。

（6）制订和执行产品线年度工作计划。

产品线规划的逻辑是客户需求→产品路线图→产品平台→技术路线图，如图 6-4 所示。

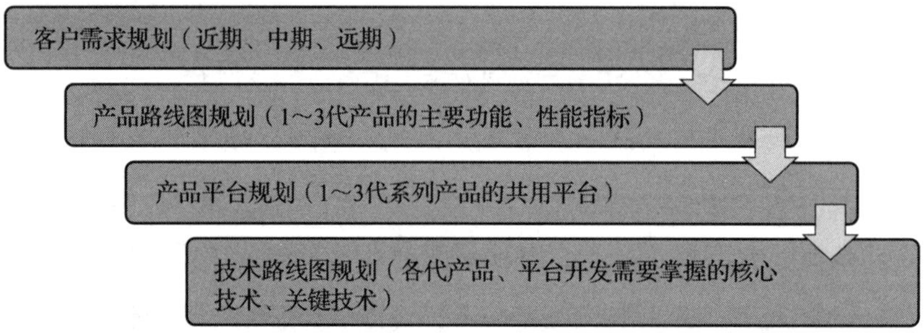

图 6-4　产品线战略规划的主要内容

产品线战略规划是源于客户需求研究的。缺乏有效的客户需求研究的产品线规划是“闭门造车”，是没有什么实际价值的。产品线管理团队首先要系统洞察目标客户近期、中期和远期的核心需求，才有可能知道客户未来会需要具备哪些功能（性能）的产品，知道客户需要什么样的产品后才有可能定义产品共用平台，才有可能知道要预研哪些核心技术、关键技术。

当然，产品线战略规划的思考不是简单线性的，是一个反复的过程。我们可能基于要实现的产品功能、性能定义产品平台的内容。我们也可能基于产品平台能够实现的功能与性能优化产品型号的规划。

规划是为了提前行动，以便实现未来预期的目标，如图 6-5 所示。

图 6-5　产品线战略规划与实现逻辑

规划的逻辑是自上而下的，开发的逻辑则是自下而上的。为了开发和上市能满足客户 3 年后需求的新产品，应该当年就基于技术路线图预研核心技术、关键技术，明年构建好产品平台，第三年才能确保新产品顺利上市。“罗马城不是一日建成的”，企业不要指望当年年初开始调研客户需求，当年年底满足客户需求的新产品就上市了！

春种秋收！

规划未来，才能赢得未来！

产品线战略规划法则：上市一代、开发一代、预研一代、储备一代。

为了实现明天的战略目标在今天就采取行动。如果你今天还在“忽悠”昨天的产品，那么你明天就将被市场抛弃！

三、产品线规划的价值

凡事预则立，不预则废！

产品线规划的核心目的是“**为了抓住明天的机会而在今天就开始行动**”。

有效的产品线规划和管理能够给创新型企业带来以下好处。

（1）通过产品线规划，从逻辑上验证产品线未来经营目标实现的可能性。

（2）通过产品线规划和评审，使公司管理层与产品线管理团队就创新资源的投入达成一致。

（3）通过产品平台的规划、开发和维护，构建公司差异化的、难以模仿的持续竞争优势，提高技术的复用度，降低单个产品开发成本，加快单个产品开发速度，提升产品质量。

（4）通过产品线规划，使产品管理团队、产品开发团队、平台开发团队及技术开发团队成员对开发项目的重点内容与开发节奏达成一致意见。

四、产品线规划不当的不良后果

人无远虑，必有近忧！

一家企业如果缺乏有效的产品线规划和管理，通常会出现以下问题。

（1）公司未来 3 ～ 5 年可能陷入“无合适产品可卖”的困境，公司制定的未来 3 ～ 5 年的收入和利润等经营目标无法达成，公司缺乏持续增长的核心竞争力。

（2）公司创新资源投入短视、低效，绝大部分创新资源投入微小改进项目或订单交付项目，公司核心技术人员常年忙于“救火”。重要而不紧急的全新产品开发项目、重大改进产品开发项目、产品平台开发项目及关键技术预研项目一再延期，错过很多新产品的最佳上市窗口期。

（3）关键管理和技术人员看不到公司的长远发展希望，自身也得不到有效成长，选择离职或者消极被动应付工作。

五、组建产品线经营团队

创新型企业需要打破“部门墙”，组建常态化的跨职能产品线管理团队，负责产品线全生命周期的管理，对产品线经营业绩负责。通过产品线管理团队组织模式的有效运作，牵引整个公司由运营驱动发展走向“以客户为中心、以客户需求为导向”的创新驱动发展。

一般来说，产品线管理团队由“1+3”共四个关键角色组成，即产品线经理、营销代表、技术代表和财务代表，如图 6-6 所示。

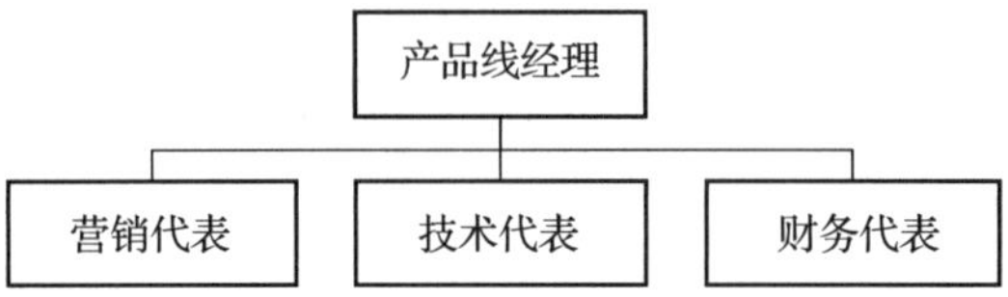

图 6-6　产品线管理团队的“1+3”组织模式

产品线经理是产品线管理的核心角色，产品线经理选拔和培养的有效性很大程度上决定了产品线经营业绩的好坏。当然，没有其他三个角色的强力支撑，产品线经理也不可能有效、高效地管理好产品线。技术代表一般是指系统工程师。在产品线管理中，产品线经理回答“客户需要什么样的产品”，系统工程师回答“如何做出满足客户需求的产品”。

产品线管理团队各个角色的主要职责如表 6-1 所示。

表 6-1　产品线管理团队各个角色的主要职责

团队角色	主要职责
产品线经理	（1）领导产品线管理团队，对产品线投资回报负责 （2）主责产品线规划与管理工作，对产品线全生命周期管理负责 （3）主责客户需求研究与客户需求管理工作 （4）主责战略机会分析工作，为公司创新战略决策提供依据 （5）主责创新前端管理、产品上市管理、产品生命周期管理和产品退市管理
营销代表	（1）主责市场分析和竞争分析工作 （2）主责产品宣传、销售工作 （3）主责产品渠道建设工作
技术代表	（1）主责产品技术平台规划、建设与维护工作 （2）主责产品技术可行性分析、技术预研工作 （3）参与客户需求研究、产品定义工作
财务代表	（1）主责产品成本核算工作 （2）主责产品融资、现金流管理工作 （3）主责产品定价和价格管理工作

各个企业可以根据企业的实际情况，设立产品线管理角色，并明确各个角色的主要职责。不过，以上“1+3”的角色设置，是产品线管理的基本配置。在一些企业，产品线经理也可能兼任技术代表或者营销代表，但一般不可能兼任财务代表。

创新案例

谷歌公司的产品线管理

2018 年 6 月，我们作为创新顾问，陪同国内某大型央企高管团队参访美国硅谷的多家创新型企业。在谷歌公司参访时，接待我们的正好有一个资深产品线经理。我们借机与他交流了谷歌公司的产品线经理组织模式。

该产品线经理说，他是整个产品线的负责人，负责产品线的整体规划和管理，对产品线经营业绩和可持续发展负责。他自己兼任产品线经理和架构师，名片上印了两个职位：Product Owner & Architect。

我们问他是否也兼任产品开发项目的项目经理。他的回答是当项目很少并且项目非常重要时，他自己也会兼任产品开发项目的项目经理。当产品线项目比较多时，他会任命多个项目经理分担自己的管理压力。

六、产品线管理需要树立的“三种思维模式”

要做好产品线战略规划与管理，实现产品线预期的中长期经营目标，我们建议创新型企业的每个产品线经营团队树立“三种思维模式”：经营思维、平台思维和预研思维。

1. 经营思维

产品线是企业最基础的“经营单元”，经营产品线就是经营企业！通过每条产品线的有效经营，实现企业整体中长期战略目标。

2. 平台思维

基于模块化的共用平台开发系列产品，可以大大缩短各款产品的开发和上市周期，提升各款产品质量，降低各款产品成本。企业产品平台的规划、开发与管理能力，很大程度上决定该平台上各款产品的市场竞争力。

3. 预研思维

产品线规划的核心目的是通过提前启动技术预研、产品平台开发和下一代产品开发，在未来“窗口期”上市下一代产品，抓住市场先机，成为市场领导者。**抓预研，赢未来！**

创新者行动

明确公司产品线战略规划的主要内容，采用“产品线经营”组织模式，任命每条产品线的经营管理团队，重点提升产品线的产品线经理和系统工程师的专业性。

第二节 产品线战略规划

经营公司就是经营产品线，经营产品线就是经营公司！

以下具体介绍产品线战略规划的主要内容：设定产品线战略目标、规划客户需求、规划产品路线图、规划产品平台、规划技术路线图，以及制订产品线年度工作计划。

产品线战略规划不是一个简单的、线性的由上到下的过程，需要反复多次集思广益研讨确定。

一、设定产品线战略目标

设立产品线管理机制，任命产品线管理团队的核心目的是实现公司预期的产品线战略目标。产品线战略目标分为愿景目标和经营目标。产品线愿景目标也称为产品线核心战略愿景，是产品线战略目标的宏观描述。产品线经营目标包括未来 3 ～ 5 年的收入、利润、现金流和市场地位等微观目标。

在进行产品线规划时，可以先大致设定产品线战略目标，在产品线详细规划时再适当调整和优化战略目标。产品线战略目标的设定要具有挑战性，也要具备现实性，最好是经过努力可以达成的目标。

1. 设定产品线愿景目标

核心战略愿景（Core Strategic Vision，CSV）是产品线要实现的愿景目标，是关于如何实现该目标及公司为何会取得成功的陈述。核心战略愿景陈述要求聚焦、清晰、完整和可行，由产品线经理负责。

核心战略愿景的作用主要包括以下几个方面。

（1）明确公司的目标和策略，有效地与客户、员工和股东进行沟通。

（2）指导产品线战略的制定，指导产品线技术开发和产品开发。

（3）保证相关战略的决策和行动与产品线战略的一致性。

核心战略愿景需要回答以下 3 个核心问题。

（1）我们要实现什么愿景目标？

（2）我们如何才能实现这些目标？（通过什么方式和途径）

（3）我们为什么会成功？（独特的客户价值定位）

咨询实例

某电脑外围设备制造商的核心战略愿景陈述

我们要在5年内成为世界前3名的电脑外围设备供应商。我们要通过建立一个比竞争对手更好的产品开发流程体系、更有竞争力的价格、更有效的成本控制，以及更好的客户服务来实现我们的愿景。我们将不断为客户提供更简便易用、价格适中、设计时尚的创新产品。

2. 设定产品线经营目标

在陈述核心战略愿景的基础上，产品线经理要组织产品线管理团队成员设定产品线未来3～5年的具体的经营目标（见表6-2）。

表6-2　设定产品线经营目标

年份	销售收入/亿元	利润/亿元	年度经营现金流/亿元	市场份额/百分比	市场地位（第×名）
CY+1					
CY+2					
CY+3					
CY+4					
CY+5					

注：CY指今年，实际填表时可以用实际年份替代。

产品线战略目标设定需要尽可能客观，要有假设依据，不能简单地凭空拍脑袋填写。当数据假设条件变化时，相应数据也要进行调整。

创新者行动

产品线经理组织产品线经营团队设定产品线愿景目标与经营目标，评估目标的挑战性与现实性。

二、规划客户需求

产品创新法则：**源于客户需求，终于客户满意。**

企业开发的产品要能满足客户需求，要能让客户满意，客户才可能会购买，企业才能获得销售收入，实现投资回报。因此，洞察客户需求是产品线规划和管理的起点。

洞察客户需求的具体方法将在第三篇相关章节中详细介绍。通过系统、完整、深入、正确地洞察目标客户需求，产品线管理团队要建立“客户需求库”，要对客户需求进行规划和动态管理，要将客户需求规划和管理作为产品线规划和管理的起点，如图6-7所示。

图 6-7 中产品版本及实现时间是示例，企业可根据产品线的实际情况进行定义。在不同产品版本中要实现的客户需求也是需要进行动态管理的。

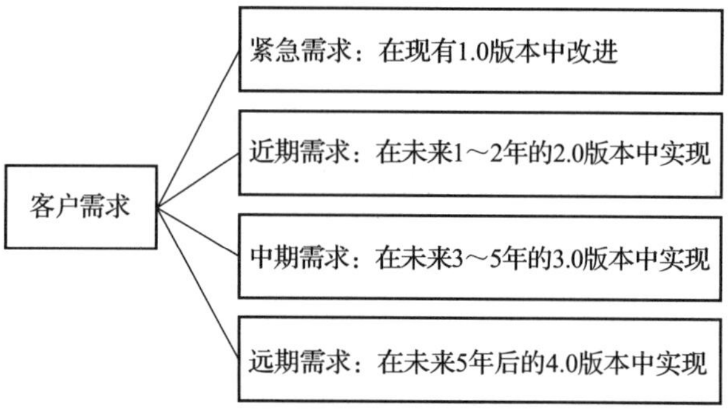

图 6-7　客户需求规划（示例）

以下情形可能会影响客户需求规划。

1. 客户需求变化

一方面是企业对客户需求的洞察不断深入，另一方面是客户需求本身发生了变化。比如当消费者普遍接受了微信等网上支付方式时，银行、为银行提供智能柜台、自助存取款机等设备的企业的相关需求规划及产品规划就需要大幅调整了。

2. 竞争对手新产品上市

如果竞争对手将企业本来规划在产品 3.0 版本中满足的需求提前在 2.0 版本中实现了，那么企业可能也需要在 2.0 版本中满足该需求。这样，产品才能有竞争力。比如，当苹果公司的某代手机推出了后置双摄镜头时，其他厂商也需调整产品规划，提前推出该项功能。

3. 技术能力变化

一方面，某项核心技术提前实现了，规划在产品 3.0 版本中满足的某项客户需求可能能够提前在产品 2.0 版本中实现；另一方面是某项核心技术的实现延后了，规划在产品 2.0 版本中满足的需求可能要推延到产品 3.0 版本中才能实现。

4. 政策法规变化

强制性政策法规的变化也可能会提前或延后某项客户需求的满足。比如当国家对新能源汽车的补贴调整为续驶里程不低于 300 千米时，某厂商正在开发中的续驶里程为 250 千米的新能源汽车车型就必须调整为续驶里程 300 千米以上。

❯ 创新者行动

产品线经理主责建立产品线“客户需求库”，将客户需求分为紧急需求、近期需求、中期需求和远期需求四类，对客户需求进行动态管理。

三、规划产品路线图

产品路线图（Product Roadmap）规划的主要目的是排列同一产品线不同产品开发的先后顺序和上市时间。

1. 产品路线图规划原则

产品路线图规划的主要原则如下。

（1）产品线涵盖所有主要的目标细分市场。在一个产品线内的不同产品要针对不同的细分市场，否则就没必要分为多个产品。

（2）每款产品要足够聚焦，以避免产品繁多和市场混乱。不要试图为所有人开发所有产品。

（3）产品线开发计划是有时间阶段的。同一产品线的不同产品应该依次推出。

（4）相似的产品线要协同推出，比如在推出高端产品的同时也可推出低端产品。

2. 产品路线图规划方法

基于客户需求规划制定产品路线图。产品路线图规划要采取“**上市一代、开发一代、预研一代**”的策略，以保证公司的可持续发展。

图 6-8 是一个产品路线图规划的示例。

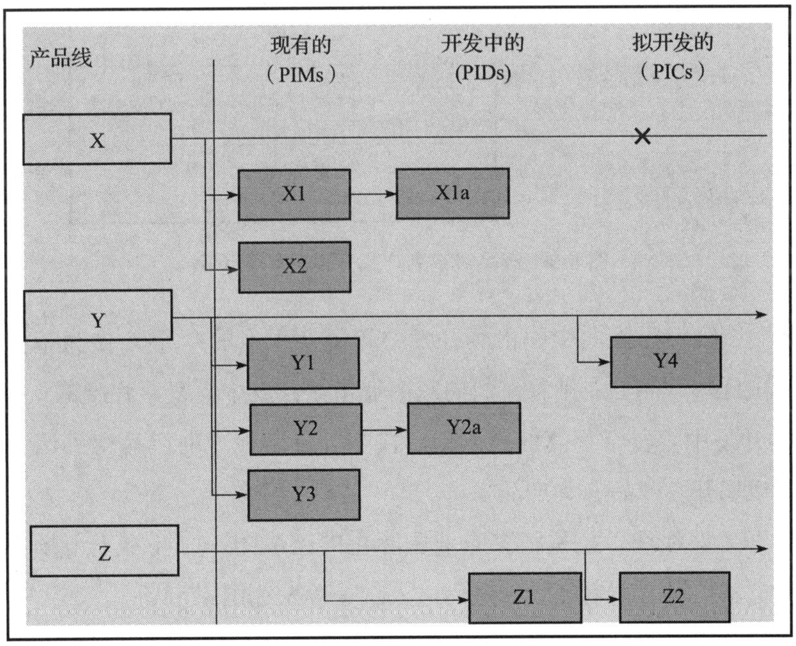

图 6-8　产品路线图规划示例

如图 6-8 所示，某企业共规划了 X、Y、Z 3 条产品线。企业最好在上图中标注出每款产品的上市及退市时间。该企业每条产品线均按开发和上市的先后顺序将产品分为以下 3 类。

（1）**现有的**（Products in the Market，PIMs）：已经上市销售的产品。

（2）**开发中的**（Products in Development，PIDs）：已经进入开发阶段的产品。

（3）**规划中的**（Product Innovation Charters，PICs）：正在规划中、尚未进入开发阶段的产品。

通过图 6-8，我们可以直观地获知以下产品线规划信息。

（1）当前有两条产品线（X、Y），总共有 5 款产品已上市。

（2）有两款即将上市的产品（X1a，Y2a）正处于开发管道中。

（3）X 产品线标记“×”，表示在不久的将来该产品线将退市。

（4）公司规划了一条新产品线 Z。该产品线第一款产品正在开发，第二款产品正在规划之中。

通过图 6-8，我们也可以看出该公司在产品线规划方面的战略意图。

（1）该公司将一些资源投入到了现有产品的升级方面（X1a，Y2a）。

（2）该公司做出了终止一条产品线（X）的决策。

（3）该公司计划新增一条全新的产品线（Z）。

3. 系列产品开发策略

产品线系列产品的开发一般从中等复杂程度的产品开始。先开发出一个**基型产品**（Basic Product），然后通过该基型产品的“变型”，开发面向低端市场和高端市场的系列产品。这样做，第一个产品的开发成本可能比较高，但是随着系列产品的开发和上市，整个产品系列的单位产品成本能大大摊薄。图 6-9 描述了一条产品线系列产品的开发路线图。

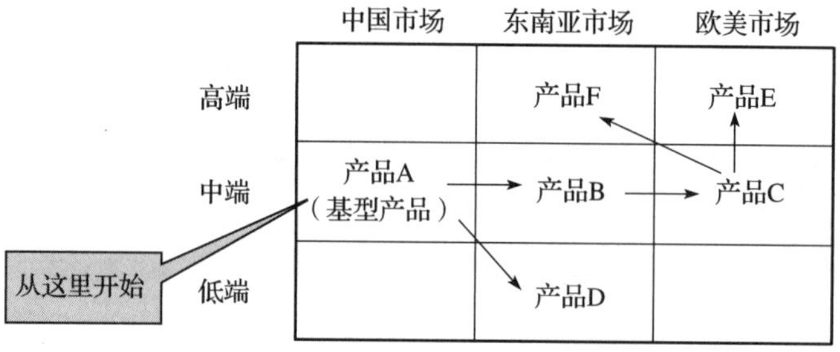

图 6-9　产品线系列产品开发路线图示例

如图 6-9 所示，该公司先面向中国市场开发中等复杂程度的产品 A 作为基型产品，然后面向东南亚市场快速推出低端产品 D。接着，面向东南亚市场开发中等复杂程度的产品 B，接下来面向欧美发达国家市场开发中等复杂程度的产品 C。在中等复杂程度的产品得到国际市场认可的基础上，面向国际高端市场开发产品 F 和产品 E。

以上系列产品开发路线图，也是很多企业国际化的路线图。先在本土市场占据领先地位，然后向东南亚等类似市场扩展，积累经验，最后进入欧美等发达国家市场。

创新案例

苹果公司 iPhone 手机的产品线规划

苹果公司通过精心规划，每两年左右推出新一代 iPhone 手机。在两代产品之间推出中期改款版本，比如在 iPhone5 和 iPhone6 之间推出 iPhone5S，以保持产品的新颖性，持续吸引消费者购买公司产品，获取尽可能多的客户，如图 6-10 所示。

从 2007 年推出第一代 iPhone 手机到 2022 年推出 iPhone14，苹果公司一直引领高端智能手机市场，“一直被模仿，从未被超越”。苹果手机占据了全球 2/3 的高端市场，自发布以来一直是全球最为畅销的智能手机。2021 年，苹果手机占据全球智能手机收入的 44%，达到了 1960 亿美元。苹果一款手机的收入占苹果公司年度总收入的 50% 以上。

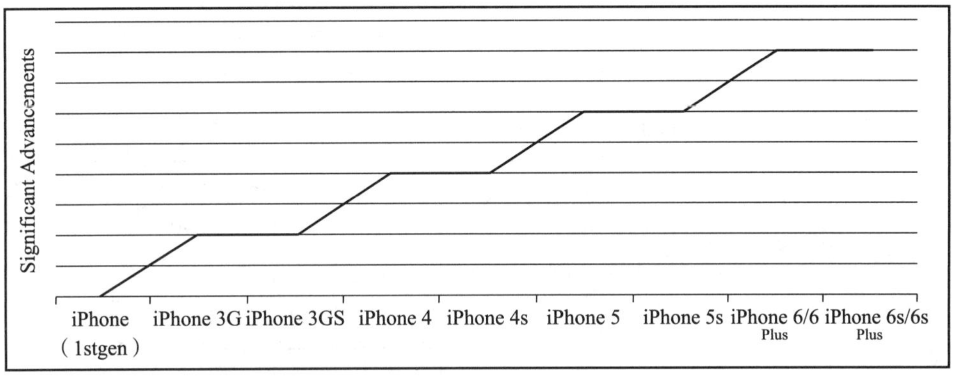

图 6-10 苹果公司 iPhone 手机的更新换代示意图

依据 2022 年第二季度的数据，在全球智能手机市场，苹果公司 iPhone 手机销量占比 17%，营业收入占比 42%，独占利润的 80%。国内智能手机合计占了 60% 的销量，营收的 40%，但利润合计却只有 5%。

苹果公司采用精品产品战略，通过一款产品的持续升级换代，持续保持全球领先。精品产品战略带来的是产品售价高，利润率高，销售收入高，品牌形象好。

创新者行动

基于系列产品开发策略，产品线经理组织团队规划产品线的产品路线图，做到上市一代、开发一代、预研一代。

四、规划产品平台

产品平台（Product Platform）是指多个产品共用的结构或基本架构，或者是多系列产品成功商业化的基础。产品平台可以是技术、部件、子系统及流程等。对于科技企业而言，产品平台主要是用于一系列产品或产品线的共同的技术、模块或部件的集合。产品平台决定了最终产品的成本结构、功能及差异化。产品平台很大程度上决定了企业该系列产品的竞争优势。

当一款新产品的开发成本很高，但是可以开发系列产品时，应该考虑建立产品平台。图 6-11 描述了产品平台与产品线之间的关系。

从图 6-11 可以看出，技术要素 A、B、C 是细分市场 1、2、3 各个产品共用的平台要素，即细分市场 1 ～ 3 开发的产品都是基于这些共用平台要素的。在共用平台的基础上，每款产品根据细分市场客户的差异化需求，还需要开发一些特有的技术要素。共用平台要素的复用（Reuse）能大大加快该市场系列产品开发的速度，并提高新产品的可靠性。而各款产品特有的技术要素又能保证产品满足客户的个性化需求。这样，企业就在客户的个性化需求和企业自身的规模经济性需要之间取得了适度的平衡，实现了**大规模订制**（Mass Customization）。可以说，**产品平台的规划和建设，对于企业而言是战略性的举措，而不只是一项技术性工作。**

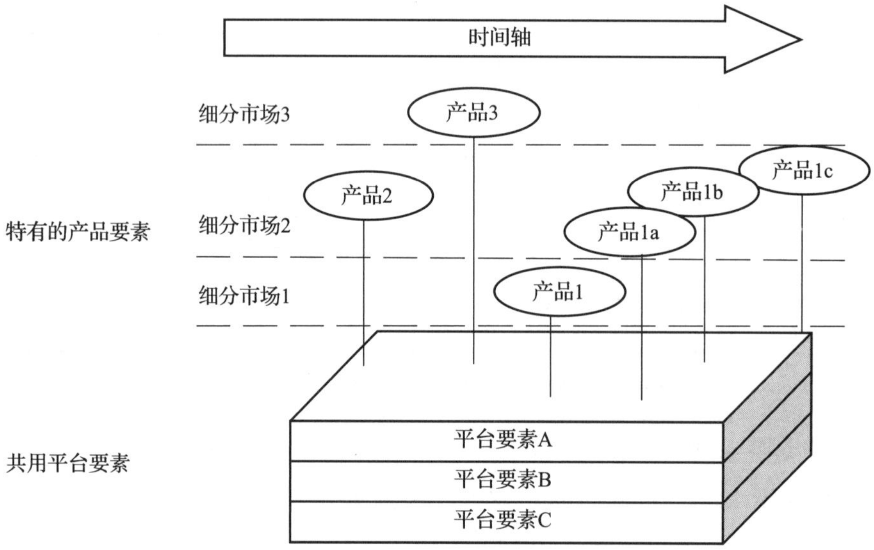

图 6-11 基于产品平台的系列化产品开发

基于共用产品平台开发系列产品主要有如下好处。

（1）产品平台能让管理者在正确的时间聚焦于关键的决策，平台决策几年做一次，而不需要每几个月做一次。

（2）产品平台能使多个产品快速而又一致地进行开发，有效降低开发成本和制造成本。

（3）平台方法促使企业对产品线战略进行长远考虑，能在一个平台上开发出多代产品。

（4）产品平台能大大提升运营效率，有效降低成本。主要降低成本的方面包括：开发人工成本、原材料成本、供应链成本（工具、工艺、设备等）。

（5）有助于管理者进行产品平台生命周期管理，及时更新或关闭某个产品平台。

创新案例

惠普打印机的产品平台与产品线规划

惠普系列彩色打印机的开发均基于三大关键技术组成的共用平台，分别为成像技术、内部打印服务器技术和打印管理软件技术（见图 6-12）。

惠普的这三大技术决定了其打印机产品与其他竞争者同类产品的主要差异，这也是惠普彩色打印机系列产品竞争优势的主要来源。

产品线	细分市场	主要性能	系列产品及价格
8500系列	快速和高性能的彩色打印需求部门	每分钟打印6页彩色、24页黑白，页面尺寸从3.9“×7.5”到12“×18 .5”	· $5999——8500：3屉纸，32MB，不联网 · $6799——8500N：3屉纸，32MB，联网 · $8699——8500DN：4屉纸，64MB，联网
4500系列	比较低的价格/性能要求的细分市场	每分钟打印4页彩色、16页黑白，页面尺寸8.5“×14”	· $2499——4500：2屉纸，32MB，不联网 · $2949——4500N：2屉纸，64MB，联网 · $3799——8500DN：3屉纸，64MB，联网

产品平台（共用技术）	HP WebJet打印管理软件
	HP JetDirect 600N EIO内部打印服务器
	HP ImageREt2400成像技术

图 6-12　惠普公司彩色打印机产品平台与产品线规划（示例）

在由这三大技术组成的共用平台的基础上，惠普公司将彩色打印机分为 8500 和 4500 两大系列，分别对应高端市场和中低端市场。两条产品线产品的主要区别体现在打印速度和页面尺寸方面。每条产品线又根据打印机装纸屉数、内存大小及是否联网规划了 3 款产品。每款产品也相应采取阶梯式定价，价格区间从 2499 美元到 8699 美元不等，为客户提供了较大的选择空间。

创新者行动

规划产品平台，明确产品平台共用的技术与模块，呈现基于产品平台的产品线规划图。

五、规划技术路线图

产品路线图及产品平台的规划为技术路线图的规划提供了输入。

平台共用技术往往是产品线的核心技术，平台技术不能攻克，整条产品线的核心功能可能就无法实现。比如电机、电控和电池等“三电”技术是电动汽车的核心共用技术，如果某新能源汽车厂商的这三大技术无法过关，则该公司很难开发出有竞争力的电动汽车。

除平台技术外，实现系列产品中各款产品独特功能或性能指标的关键技术如果无法解决，则该产品的某些“卖点”功能就无法实现。比如某款新能源汽车希望将旋钮升降式换挡器作为汽车的高科技卖点之一，但该换挡器的可靠性技术一直难以攻克，那么该卖点功能也不可能实现。

产品开发是以技术开发作为前提和基础的。特别是一些难度比较大、不确定性比较高、开发周期长的技术需要在产品开发前进行“**技术预研**”。**只有在关键技术问题得以解决的前提下项目才能进入新产品开发流程**，否则很有可能由于关键技术问题迟迟不能解决而导致新产品开发项目一再延期或者中途夭折。所以，企业需要制订与新产品开发相对应的技术开发计划，如图 6-13 所示。

由图 6-13 可见，技术 T3 是产品 P3、P4 开发所需要的，技术 T4 是产品 P4 开发所需要的。这些关键技术需要在相应的产品开发之前“前置”开发完成，否则可能由于关键技术问题迟迟不能得到解决而导致新产品上市大幅延期，或者新产品开发项目中途夭折。通过直观地建立技术开发与产品开发之间的对应关系，可以明确技术开发的前置周期，确保新产品开发是在关键技术问题得到解决的基础上进行的。这样，可以大幅降低新产品开发风险，大幅缩短新产品开发周期，抢占市场先机。

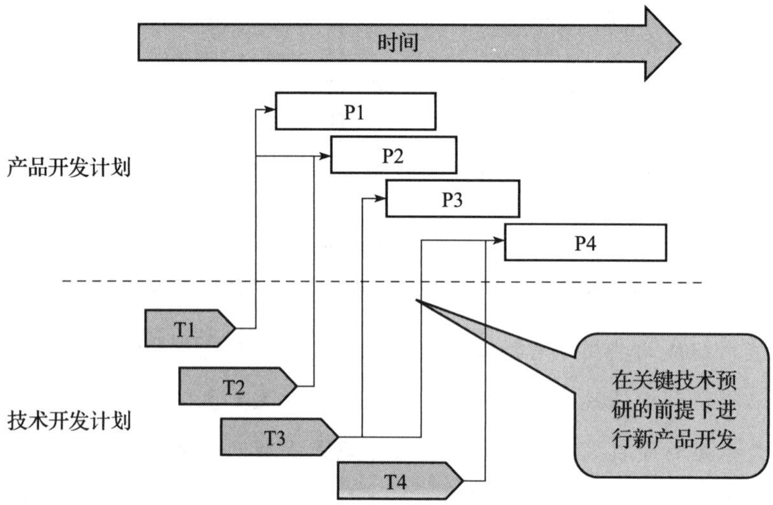

图 6-13　技术开发路线图示例

关于技术预研的详细介绍请参见第十七章。

科技企业各类技术均须有效规划、预研和管理。图 6-14 列出了主要的技术类型，科技企业管理者可以参考确定公司的主要技术类型，并制定各类技术项目规范的开发与管理流程。

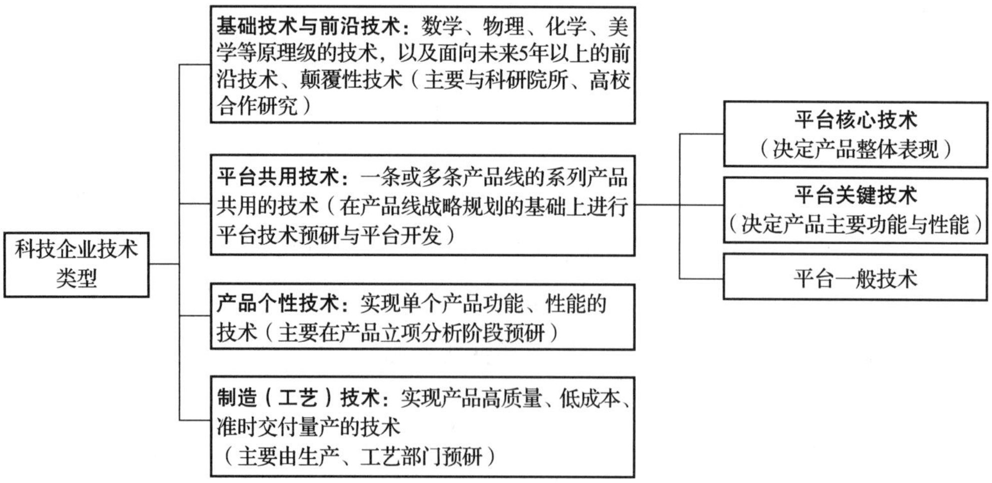

图 6-14　科技企业技术类型

创新者行动

基于产品路线图规划和产品平台规划，整理出需要预研的各类技术清单，基于规范的流程对各类技术进行有效预研与管理。

六、制订产品线年度开发计划

在产品线规划的基础上，要进一步制订系列产品中每个产品的开发计划，这样创新战略才能真正“落地”。

每个新产品以季度为单位列出立项分析、设计开发、测试矫正和新产品上市四个关键阶段的计划时间。

产品开发是以技术开发作为前提和基础的。特别是一些难度比较大、不确定性比较高、开发周期长的技术需要在产品开发前进行“预研”。只有在关键技术问题得以解决的前提下项目才能进入新产品开发流程，否则，很有可能由于关键技术问题迟迟不能解决而导致新产品开发项目一再延期，甚至中途夭折。所以，企业需要制订与新产品开发相对应的技术开发计划。

创新型企业可以参照表 6-3 制订产品线年度技术、平台、产品开发计划。

表 6-3　产品线年度开发计划模板

开发内容	项目组长	团队成员与分工	起止时间	交付成果清单
技术 1				
技术 2				
技术 3				
产品平台 XX				
产品 XX				

创新者行动

制订与产品线相关的技术、平台及型号产品年度开发计划，承诺项目资源，保证各个创新项目按时、按质、按量开展与交付。

第三节 产品线决策与管理

产品线经理组织跨职能团队进行产品线战略规划，公司首席产品官组织中高层管理团队对产品线战略规划文件进行评审，评审通过的产品线承诺产品线经营所需创新资源。产品线经理领导产品线管理团队对产品线进行日常管理，通过各款产品有节奏地开发与上市，实现产品线中长期经营目标。

公司每条产品线的中长期经营目标实现了，公司整体的中长期经营目标也就实现了。因此说，每条产品线的有效规划和经营是实现公司中长期战略目标的关键抓手。

一、产品线战略规划文件的评审

各产品线经营团队经内部自评后，向公司产品审批委员会（PAC）提交产品线战略规划文件。公司产品审批委员会基于预先设定的产品线战略规划文件评审准则对各产品线进行严肃评审。

产品线战略规划文件评审要点如下。

（1）公司领导组织制定产品线战略规划文件评审准则。

（2）公司董事长 / 总经理组织分管领导、各相关职能部门负责人按照产品线战略规划文件评审准则检查并评审各产品线战略规划文件。

（3）公司领导提出修改意见，产品线规划团队按照修改意见修改后再次提交评审。

（4）评审通过的产品线，公司任命产品线经理、产品线管理团队进行管理。

公司根据产品线战略规划要求承诺并提供相应创新资源。

（5）周期性（每半年或一年）优化并评审产品线战略规划文件。

产品线战略规划文件评审准则的制定要考虑系统性、完整性、可行性、目标可达成性，以及突发变量等，如表 6-4 所示。

表 6-4 产品线战略规划文件评审准则（参考）

序号	评审准则	评审准则描述	评审（是 / 否）
1	系统性	是按战略目标设定、客户需求规划、产品线规划、产品平台规划、新产品开发计划的逻辑展开的吗	
2	完整性	每部分内容的规划符合“完全穷尽、相互独立”的原则吗	
3	可行性	假设数据有依据吗？技术可实现吗？相关专业人员及其时间能保证吗？资金投入足够吗	
4	目标可达成性	按此规划行动能实现该产品线预定的收入、利润目标吗	
5	突发变量	有否突发的市场环境变化使得该产品线的规划和实施变得没有价值	

公司产品审批委员会（PAC）要为通过评审的产品线承诺与分配创新资源，确保产品线中长期经营目标的实现。

创新资源规划与分配要点包括以下内容。

（1）创新资源类型：资金、人、人的时间。

（2）基于产品线战略规划制定公司创新资源规划。

（3）公司研发中心等相关职能部门负责根据公司创新资源规划招聘和培养各专业创新人才，确保创新人才数量、专业性能匹配创新项目的需要。

（4）公司应将创新人才的年度人均产值、人均利润作为重要的评价指标，评价创新资源的投入回报。

（5）通过在不同类型项目、不同产品线间进行合理的创新资源分配，实现公司总体投资回报最大化。

创新案例

谷歌公司战略投资的 7-2-1 原则

谷歌公司按照业务类型进行战略性创新资源分配。

现有业务（70%）：成长业务（20%）：未来业务（10%）

现有业务是指已经有产品上市的业务，公司投入 70% 左右的创新资源确保现有业务成为公司的“现金牛”。

成长业务是指正在孵化中的业务，公司投入 20% 左右的创新资源进行预研，期望能够孵化出 3 ～ 5 年后的核心业务。

未来业务是指论证、规划中的业务，公司投入 10% 左右的创新资源进行探索与基础研究，期望能够寻找到未来 5 ～ 10 年的新的战略机会点。

创新者行动

公司首席产品官组织产品审批委员会（PAC）成员制定科学的产品线战略规划文件评审准则，对每条产品线的战略规划文件进行严肃评审。

二、产品线日常管理

产品线经营管理团队基于评审通过的产品线战略规划文件对产品线进行日常管理，对产品线的经营绩效目标负责。

产品线管理团队要密切监控市场环境、竞争环境、技术环境及客户需求等的变化，及时修正或优化产品线战略规划文件。

产品线平台、产品、技术或战略目标等有重大变化时，应该及时提请公司产品决策团队对产品线战略规划进行评审。

产品线经理应该建立“可视化的”日常工作看板（参考表 6-5），将重要工作事项列入工作看板，及时跟进完成，确保产品线战略目标的实现。

表 6-5　产品线经理日常工作看板（示例）

工作分类	项目 / 任务事项	主要工作内容	需提交的交付件	主责人 / 团队成员	起止时限
1. 产品线战略规划					
2. 产品平台规划与开发					
3. 新产品创意激发与管理					
4. 新产品需求研究与立项分析	项目可行性分析	（1）需求调研 （2）产品定义 （3）项目立项分析	项目立项分析报告	张三 / 李四	2011 年 9 月 12 日—2011 年 10 月 30
5. 新产品开发管理					
6. 技术预研管理					
7. 团队建设					
8. 风险管理					
9. 其他重要事项					

创新者行动

产品线经理建立“可视化的”日常工作看板，并适时跟进落实各项重点工作，确保产品线年度、中长期经营目标的实现。

创新案例

比亚迪新能源汽车的产品平台规划与产品线管理

比亚迪是一家致力于“用技术创新，满足人们对美好生活的向往”的高新技术企业。比亚迪成立于1995年2月，注册资金500万元，初创员工20人左右。经过20多年的高速发展，已在全球设立30多个工业园，实现全球六大洲的战略布局。比亚迪业务布局涵盖电子、汽车、新能源和轨道交通等领域，并在这些领域发挥着举足轻重的作用，从能源的获取、存储，再到应用，全方位构建零排放的新能源整体解决方案。比亚迪是上市公司，营业额和总市值均超过千亿元。

一、汽车研发创新机构

比亚迪的创新理念：“技术为王，创新为本”。比亚迪的研发创新机构包括：中央研究院、汽车工程研究院、汽车智慧生态研究院、卡车研究院、客车研究院、产品规划及汽车新技术研究院，如图6-15所示。其中汽车工程研究院主要从事传统燃油动力和新能源动力两大领域所有乘用车车型及平台的研发和设计工作。

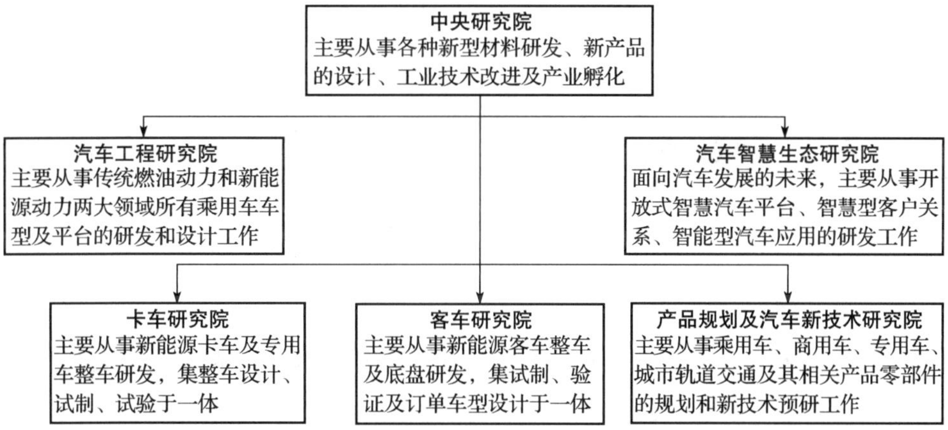

图6-15　比亚迪的研发创新机构

二、汽车目标细分市场

2003年1月，比亚迪通过收购西安秦川汽车有限责任公司进入汽车整车业务。2005年9月，比亚迪自主研发的首款汽车F3上市。

比亚迪是目前全球唯一一家同时掌握新能源汽车电池、电机、电控及充电配套、整车等核心技术的车企。自2008年推出全球首款量产的插电式混合动力车型以来，比亚迪凭借雄厚的技术实力，不断创新，目前已经形成乘用车、商用车和叉车三大产品系列，涵盖私家车、出租车、城市公交、道路客运、城市商品物流、城市建筑物流、环卫车七大常规领域和仓储、港口、机场、矿山专用车辆四大特殊领域，实现全领域覆盖。比亚迪新能源汽车以过硬的产品品质和创新的运营模式，获得了国内外客户的广泛认可，足迹遍及全球六大洲、50 多个国家和地区，累计 300 多个城市（见图 6-16）。

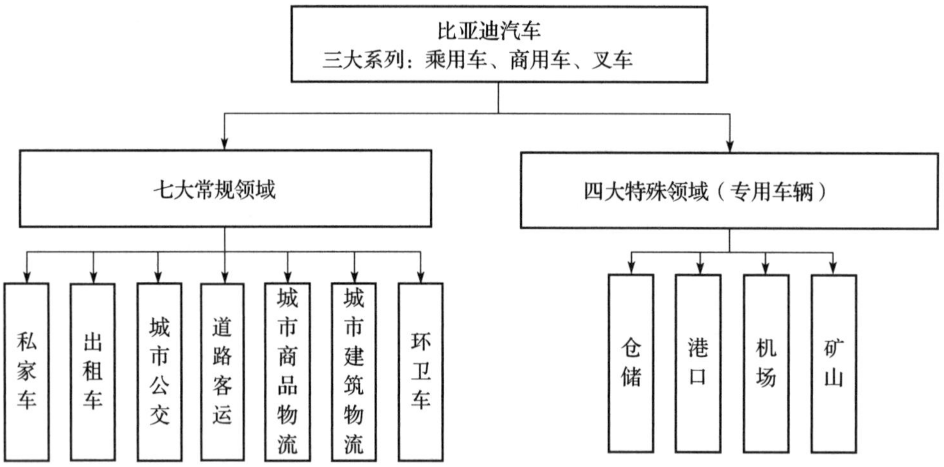

图 6-16　比亚迪汽车的细分市场

三、汽车技术进步路线

比亚迪汽车从燃油车起步，逐步走向混合动力车和纯电动车。作为新能源汽车引领者，比亚迪乘用车现已构建起传统燃油、混合动力、纯电动车全擎全动力产品体系（见图 6-17）。

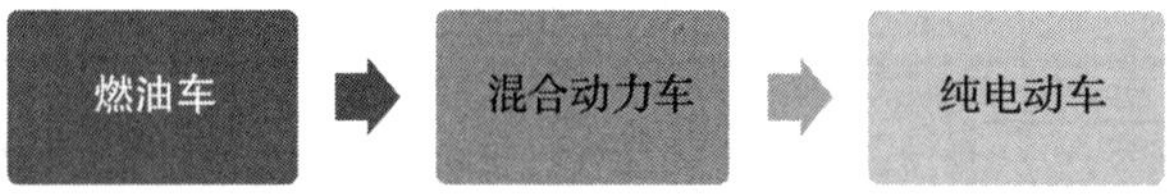

图 6-17　比亚迪汽车的技术路线图

四、汽车产品平台规划

比亚迪采用平台开发战略，基于市场发展趋势、客户需求及技术进步程度等先后发布了 3 代纯电动车专属 e 平台，如图 6-18 所示。

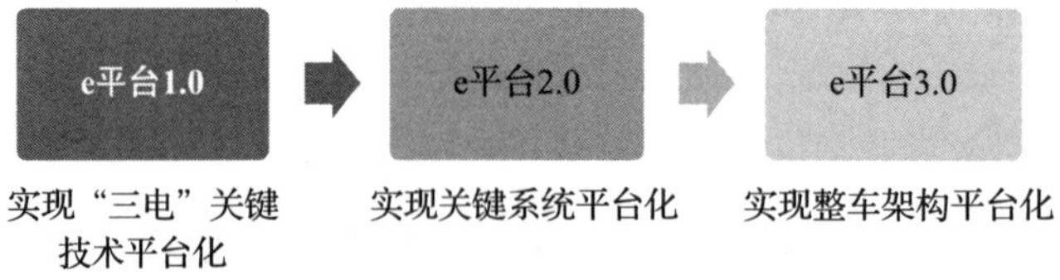

图 6-18　比亚迪新能源汽车的产品平台演进

2021 年 9 月 8 日，比亚迪发布了纯电专属平台 e 平台 3.0，“打造安全放心的智能电动汽车”，让消费者“闭眼买，放心开”。比亚迪电动汽车 e 平台 3.0 是公司级的产品平台，实现了从小型车到大型车的全覆盖，对行业开放共享，有望将全球智能电动车的发展进程提速至少 3 年，如表 6-6 所示。

表 6-6　比亚迪 e 平台 3.0 的主要特点

e 平台 3.0 的四大特点	平台特点描述
安全	延续使用超安全刀片电池 整车刚性再加强，让燃油车结构强度的上限成为纯电动汽车的下限
高效	通过八合一点动力总成，最大行驶里程突破 1000 千米 充电 5分钟，行驶 150 千米 热效率最大提升 20% 实现 -30 摄氏度到 60 摄氏度的宽域工作温度 全新电四驱动力系统，零百加速快至 2.9 秒
智能	智能动力域 智能车控域 智能座舱域 智能驾驶域 软硬件解耦的车用操作系统 BYD OS
美学	整车的前后悬更短，轴距更大，人的空间大幅拓展 更低的车身姿态，更长的轴距设计为整车空气动力学设计提供了更自由的发挥空间，整车的风阻系数低至 0.21

五、汽车产品线规划

2022 年上半年，比亚迪基于 e 平台 3.0 发布全新车系海豹。基于续航里程及驱动方式的不同，海豹车系发布了四款车型，销售价格从 21.28 万元到 28.98 万元不等（见图 6-19）。

图 6-19　比亚迪海洋豹系列产品

2022 年，比亚迪全年汽车销量 186 万辆，是特斯拉在国内销量的 4 倍，成为全球新能源汽车销量冠军。2022 年上半年比亚迪发布高端 MPV 腾势 D9、海豹等新车型，下半年又发布了高端品牌仰望，逐步实现高端化。

第七章

产品差异化战略定位

本篇第五章企业创新战略分析与决策，决定企业做什么和不做什么，是企业首席产品官（CPO）需要回答的问题。

本篇第六章产品线战略规划与管理，决定每条产品线要做哪些产品，要实现什么样的战略目标，是产品线管理团队要回答的问题。

本章产品差异化战略定位，决定产品如何从激烈的竞争中胜出，是每款产品的产品经理要回答的问题。企业创新战略决策、产品线战略规划最终要落实到产品层面，要通过产品的开发和上市实现企业、产品线预期的经营目标（见图 7-1）。

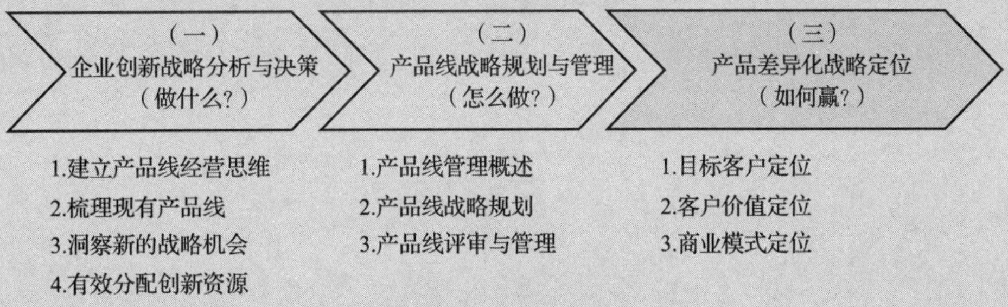

图 7-1　创新战略管理的主要内容

产品即企业（Product is Your Business）。一款产品的产品经理也就是一个小企业的"迷你 CEO"。经营企业就是经营产品。产品本身才是企业战略管理最基础和最重要的单元。苹果公司正是凭借 iPhone 手机等少数几款精品产品成为富可敌国的全球创新领导者。产品战略定位是产品管理的起点。**产品经理不能"输在起跑线上"！**产品战略定位决定了企业如何进行产品的设计、开发、生产和上市。对于一款产品而言，**"战略定位决定成败"！**

企业做任何产品，必须先回答 3 个问题：卖给谁？卖什么？怎么卖？这 3 个问题分别对应着产品战略定位三要素：目标客户定位（卖给谁）、客户价值定位（卖什么）和商业模式定位（如何卖）（见图 7-2）。

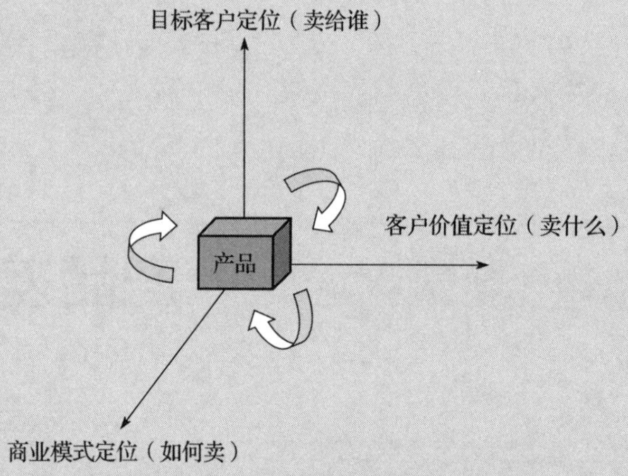

图 7-2　产品战略定位三要素

产品战略定位法则：**没有差异化，就没有一切（No Different, No Matter）！**

创新型企业需要“不同凡想（Think Different）”。

在产品战略定位这三个方面，一款产品至少要有一个方面与众不同，否则就很可能陷入同质化竞争的泥潭。在这三个要素中，目标客户定位、商业模式定位相对容易模仿，差异化很难长久；但客户价值定位通常难以模仿，能够长久。因此，作为一款产品的“迷你 CEO”的产品经理，在正式设计和开发一款产品前，必须对产品的这三个战略要素进行清晰定位。

第一节 目标客户定位

创新者思考

（1）我们在产品开发前有明确的目标客户“画像”吗？

（2）我们的目标客户的共同需求是什么？

（3）我们选择细分市场的标准是什么？

目标客户定位是一个由外而内，由表及里的过程。

产品经理给公司销售人员做产品培训时，销售人员通常都会问产品经理三个基本问题。

（1）去哪儿？

（2）见谁？

（3）说啥？

这三个问题正好对应产品目标客户定位的三个层面：地理范围定位（去哪）、行为特征定位（见谁）、共同需求定位（说啥）（见图 7-3）。

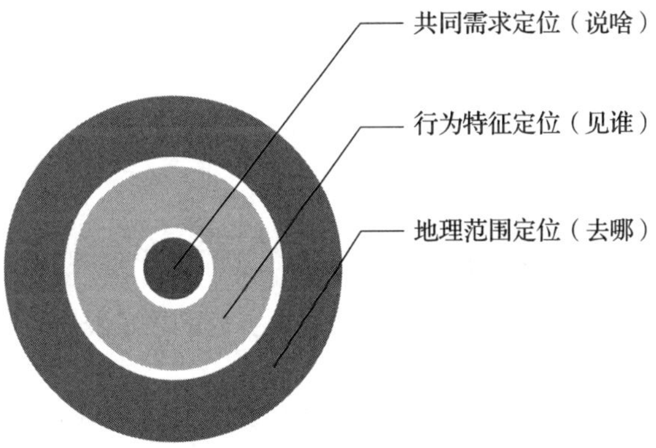

图 7-3 目标客户定位的三个层面

目标客户定位的三个层面是循序渐进、层层深入的。首先，我们要了解目标客户主要在哪些地域，以便销售人员出门后知道往哪儿跑；其次，我们要了解目标客户具有哪些典型特征，方便销售人员找到合适的客户对象；最后，我们要了解目标客户真正看重的共同需求有哪些，方便销售人员说正确的话，以打动目标客户。

以上我们以产品销售为例来说明了什么是目标客户定位，但目标客户定位不只是为销售服务的，目标客户定位是客户价值定位和商业模式定位的前提和基础。此外，企业的资源和能力是有限的，企业不可能为所有客户提供所有产品和服务。因此，企业必须明确定位目标客户群，明确细分市场，以便为选定的细分市场的目标客户提供有针对性的产品和服务。

一、地理范围定位

地理范围定位回答“客户在哪儿”的问题，具体需要回答以下问题。

（1）目标客户主要在国内还是国外？国外主要分布在哪些洲、哪些国家？

（2）国内主要分布在哪些区域？

（3）区域中主要分布在城市还是乡镇？

（4）主要是哪些客户对象？

在表 7-1 中，通过一层一层的思考，逐步聚焦目标客户的地理范围，为进一步的行为特征定位及共同需求定位缩小包围圈。

表 7-1　某复合肥产品的目标客户地理范围定位（示例）

地理范围定位	描述
国别：国内、国际、全球	国内
区域：东部、南部、西部、北部、中部	南部、西部、中部地区
城乡：城市、郊区、乡镇、乡村	郊区、乡村
对象：政府、企业、机构、个人	蔬菜、水果、粮食作物种植户
小结：目标客户的地理范围定位	分布在国内南部、中西部地区的郊区、乡村的蔬菜、水果、粮食作物种植户

二、行为特征定位

行为特征定位回答“客户是什么样的”，需要明确目标客户对象及目标客户的典型特征。

我们同样以某复合肥产品为例定位目标客户的行为特征，如表 7-2 所示。

表 7-2　某复合肥产品的目标客户行为特征定位

行为特征定位	描述
主要目标客户对象	蔬菜、水果、粮食作物种植大户
主要目标客户的行为特征	种植面积大，肥料需求量大
小结：目标客户的行为特征定位	种植面积大、肥料需求量大的蔬菜、水果、粮食作物种植大户

行为特征定位比地理范围定位更进了一步，逐步看清了目标客户是什么样的人。

三、共同需求定位

共同需求定位是最有效的目标客户定位维度！简而言之，有共同需求的客户都是目标客户，而不管客户分布在哪里，具有什么样的行为特征。

共同需求定位需要回答的主要问题：目标客户购买我们的产品主要是为了满足哪些需求？主要是为了解决哪些问题？

详细的客户需求研究方法我们在第三篇的相关章节中详细介绍。

我们继续以某复合肥产品为例理解目标客户的共同需求定位（见表 7-3）。

表 7-3 某复合肥产品的目标客户共同需求定位

共同需求定位	描述
目标客户共同看重的需求有哪些	（1）肥料能够促进粮食作物安全、健康、快速成长 （2）肥料便于使用 （3）肥料能够帮助种植户提高收益

通过表 7-3 中对共同需求定位的描述，我们真正知道了我们的目标客户是谁。具有以上三个方面需求的客户就是该复合肥产品真正的目标客户。相应地，地理范围定位和行为特征定位只是作为参考。

在以上逐层分析的基础上，我们可以对产品目标客户定位进行总结，为后续客户价值定位及商业模式定位提供输入。

我们继续以某复合肥产品为例总结目标客户定位的三个方面（见表 7-4）。

表 7-4 某复合肥产品的目标客户定位总结

目标客户定位	定位描述
1. 地理范围定位	分布在国内南部、中西部地区的郊区、乡村的蔬菜、水果、粮食作物种植户
2. 行为特征定位	种植面积大、肥料需求量大的蔬菜、水果、粮食作物种植大户
3. 共同需求定位	（1）肥料能够促进粮食作物安全、健康、快速成长 （2）肥料便于使用 （3）肥料能够帮助种植户提高收益
总结：目标客户定位描述	分布在国内南部、中西部地区的郊区、乡村的蔬菜、水果、粮食作物种植大户，他们的种植面积大，对肥料的需求量大。他们希望肥料能够促进粮食作物安全、健康、快速地成长；希望肥料便于使用，能够帮助他们提高收益

目标客户定位决定了产品的细分市场。产品细分市场的选择要适度，没必要太大，也不能太小。选择太大的目标市场可能导致战线太长，产品型号或定制太多，公司精力和资源过度分散，最终哪一块也做不好。细分市场选择太小，可能无法实现公司的规模化增长，导致公司无持续发展空间。

创新者行动

对公司拟开发产品进行地理范围、行为特征与共同需求定位，并对目标客户定位进行总结。

第二节 客户价值定位

创新者思考

（1）我们的产品在设计开发之前会明确差异化的卖点吗？

（2）我们定义的产品差异化卖点是源于对客户痛点需求的洞察吗？

（3）我们能够“定量”地实现产品的差异化卖点吗？

进行差异化的客户价值定位是产品规避同质化竞争，从激烈的同类产品竞争中脱颖而出的关键。客户价值定位需要回答的核心问题是：在众多同类产品中，客户为什么要买你的产品而不买其他竞争产品，即使你的产品价格比人家更贵。你必须明确告诉目标客户购买你的产品的理由，而且这些理由要能真正打动客户。

创新案例

苹果公司 iPhone7 手机的差异化价值定位

iPhone 7 的出现，让 iPhone 的体验在许多重大方面都有了质的飞跃。它带来了先进的新摄像头系统、更胜以往的性能和电池续航力、富有沉浸感的立体声扬声器、色彩更明亮丰富的 iPhone 显示屏，以及防溅抗水的特性。它周身的每一处，都闪耀着强大科技的光芒。这，就是 iPhone 7。

从 iPhone 7 手机的介绍可以看出，苹果公司在全力宣传该手机的与众不同之处，宣传该手机给客户带来的新的体验，以期打动客户购买该手机而不是其他竞品手机。iPhone 的广告语更是特别强调该手机的与众不同：“iPhone 手机，唯一的不同，是处处都不同！”“有了 iPhone，其他只能是其他！”由此可见，苹果公司之所以成为全球极具创新精神的企业，其主要创新之处就在于其产品给客户带来独特的价值，且其价值远远超出客户期望，让客户“欲罢不能”。

下面我们先来理解什么是客户价值，然后从客户类型、客户角色和客户不同的体验周期了解客户看重的价值要素，最后进行差异化的客户价值定位并制定实现差异化价值定位的行动举措。

一、理解客户价值

客户购买的是价值（Value），而不是产品！

客户价值是指客户从产品中得到的东西。客户购买一个钻机，不是为了拥有钻机本身，而是为了能在墙上打出其所需要的孔。我们出去旅游度假，不只是为了看看不同的风景，而是为了放松心情、愉悦自我、享受亲人关爱等。

我们可以从客户感知形态和客户价值性质两个方面来理解客户价值。

1. 产品价值、服务价值与体验价值

从客户感知形态看，客户感知价值可以分为产品价值、服务价值与体验价值（见图 7-4）。

从图 7-4 可以看出，与客户感知价值相对应的是客户感知成本，客户的诉求是以尽可能低的感知成本获得尽可能多的感知价值。

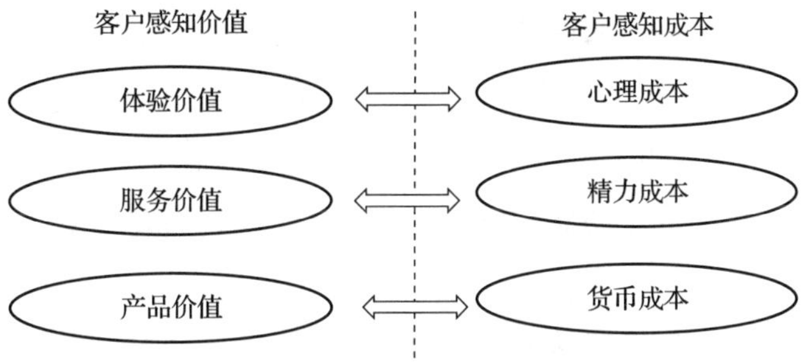

图 7-4 客户价值的三个方面

客户感知价值是指影响客户对企业及其产品的价值的感知和评价的要素。客户感知价值由三个核心驱动要素构成：产品价值、服务价值和体验价值。相应地，客户在获得企业提供的价值的同时，也必然会付出一定的成本和代价。与客户感知价值相对应的就是客户感知成本。客户感知成本也由三大驱动要素构成：货币成本、精力成本和心理成本。

产品价值是指客户从企业提供的产品本身所感知和获得的价值。

服务价值是指客户在与企业的人员接触的全过程中从企业所感知和获得的无形的价值。

体验价值是指客户从企业提供的产品或服务中所体味到的源于内心感受的价值。

从产品价值到服务价值，再到体验价值，是一个从具体到抽象的过程，也是一个从实物感受到心理感受的过程。

货币成本是指客户购买企业产品、维修保养及与使用相关支出的货币的总和。

精力成本是指客户在认知、选择、购买、消费和丢弃产品的全过程中所付出的时间、体力及脑力成本的总和。

心理成本是指客户在产品的购买或消费过程中感受到的心理上的“不幸感”。

与客户感知价值一样，从货币成本到精力成本，再到心理成本，是一个从具体到抽象的过程，也是一个从实体感受到心理感受的过程。

在各类产品普遍过剩的时代，服务价值和体验价值是企业创新的主要方向。在满足了基本需求之后，客户越来越期待从体验价值中得到满足。

2. 保健价值、期望价值与惊喜价值

从客户价值要素性质视角，我们可将客户价值分为保健价值、期望价值与惊喜价值，如图 7-5 所示。

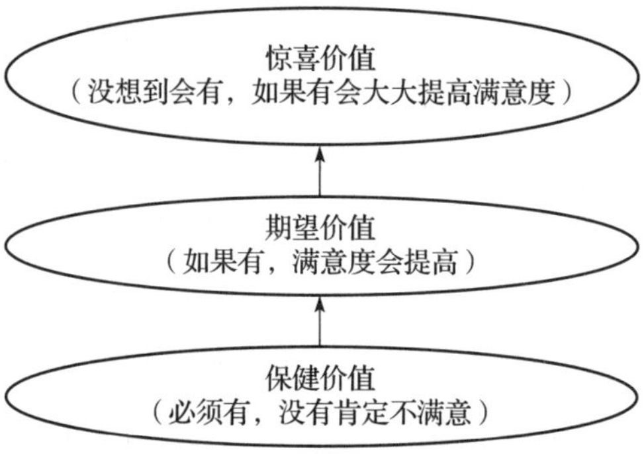

图 7-5　保健价值、期望价值与惊喜价值

保健价值是产品必须提供的，如果没有肯定不满意。比如汽车如果没有安全气囊，客户一定不会购买。

期望价值是希望产品能提供的。如果不提供，客户满意度也不会有太大的影响；如果提供了，客户满意度会有所提高。比如汽车的驾驶座椅自动记忆功能，驾驶者期望有，但如果没有，一般也不会影响购买决策。

惊喜价值是没想到会有，如果产品提供，则客户满意度会大大提高。比如汽车在低于安全车距时的自动刹车系统，对于大多数汽车来说就属于惊喜价值。

客户做出购买决策时，通常会先看保健价值能否满足，然后再看期望价值能否满足，最后才考虑是否有惊喜价值。如果保健价值都不能满足的话，就谈不上期望价值和惊喜价值了。对于大多数产品而言，在保健价值和期望价值方面一般很难拉开差距，很难形成明显的差异化。**惊喜价值往往是产品差异化的主要来源**。

创新案例

别克全新一代 GL8 的惊喜价值

别克 GL8 一直在国内 MPV 市场上居于领先地位。全新一代 GL8 在第二排提供了头等舱座椅，大幅提升了长途旅行的舒适性。前排和第二排座椅均具有加热、通风和按摩等舒适配置。从图 7-6 可以看出，其广告图片呈现的重点就是第二排座椅，广告语“坐享其程”表达的也是该车乘坐舒适性这一核心卖点。

图 7-6　全新一代 GL8 宣传图片

由本案例可以看出，**卓越的产品背后一定有一个卓越的产品经理，有一支卓越的产品管理团队**。该产品管理团队通过深入调研客户需求，发现舒适性是目标客户非常看重的价值要素，于是通过产品设计和开发，在全新一代产品中提供很多舒适配置，形成差异化的卖点，使客户有舒适的乘坐体验，给客户带来惊喜价值，激发目标客户的购买意愿。新一代 GL8 的售价比上一代车型整体提升了 50% 以上，并且比上一代销售得更好。由此可见，对于创新产品而言，价格往往不是问题，是否具有差异化的客户价值才是重点！

二、多维度洞察客户看重的价值要素

产品价值定位源于客户需求洞察，特别是源于客户“痛点需求”洞察。洞察客户是产品经理的核心职责。产品经理要组织团队从多个维度洞察客户需求，洞察客户看重的价值要素，如表 7-5 所示。

表 7-5 客户需求洞察的主要维度

客户需求洞察的主要维度	具体方面
1. 不同类型的客户	经销商、零售商、终端客户、客户的客户
2. 不同性质的客户	满意客户、抱怨客户、流失客户、沉默客户、直接友商客户、间接友商客户、非客户
3. 客户内部的不同角色	决策者、购买者、使用者、维护者、影响者
4. 客户与企业及其产品的接触点	知晓、购买、送货、使用、维修、丢弃

关于客户需求洞察的详细介绍，请参见第三篇的相关章节。

通过对不同类型的客户、不同性质的客户、客户内部的不同角色的需求调研，洞察客户全体验周期的每个“接触点”的“痛点”需求，通过差异化的产品定位将客户“痛点”需求转换为产品“卖点”功能（见图 7-7）。

图 7-7 知行信“三点式”创新

产品差异化价值定位原理：**没有痛点，就没有回报（No Pain，No Gain）**！

找不到客户的真正“痛点”需求，就不能定位产品的真正“卖点”。很多产品的所谓“卖点”其实是企业自己“杜撰”的，是不可能真正打动客户的，是不能真正吸引客户购买的，最终还是陷入同质化竞争的泥潭，通过打价格战获取一些市场份额，产品很难赚钱。比如某新能源汽车的宣传语是“购买我们汽车的 20 大理由”，其实是该产品没有找到客户购买该汽车的“真正理由”。

创新案例

特斯拉 Cybertruck 电动皮卡：比卡车更实用，比跑车性能更好

2019 年 11 月 22 日，特斯拉首席执行官埃隆·马斯克（Elon Musk）在美国加州洛杉矶举办的活动上发布了该公司第一辆电动皮卡，名为 Cybertruck（见图 7-8），其风格与市面上的皮卡完全不同，其灵感来源于 1982 年科幻电影《银翼杀手》。形似大型金属块的 Cybertruck 起售价为 39900 美元。

图 7-8　Cybertruck 电动皮卡

Cybertruck 能够在 2.9 秒内从 0 加速到时速 96 千米，而它的拖拽能力可以达到 6.3 吨。

Cybertruck 拥有高达 3500 磅的有效负载能力和可调节空气悬架，是特斯拉有史以来最强大的产品，其外部存储空间达 100 立方英尺且可以上锁，包括非常坚固、足以站立的后部车盖。

“我们认为，电动皮卡 Cybertruck 在文化精神层面的引领要比在实际经济意义上具有更高价值。”摩根士丹利分析师亚当·乔纳斯说。

Cybertruck 皮卡是典型的“PPT 造车”。消费者只是看了图片和宣传片，没有看到过实车，更谈不上试乘试驾。截至 2023 年 3 月，该车全球累计订单已经超过了 200 万辆。以预定该车需预交 1000 元订金计算，特斯拉收取该车的订金额已经超过 20 亿元。虽然该车交付一再跳票，仍然挡不住消费者的预定热情。

汽车行业是一个竞争非常激烈的产业，中低价位的车型价格战已呈白热化的趋势。但特斯拉 Cybertruck 皮卡凭借超酷的设计、超强的性能、适中的价格和公司品牌的加持，赢得了众多消费者的青睐。可见，对于市场而言，缺的不是购买力，缺的是真正具有超出客户期望的独特差异化的创新产品！

三、绘制差异化的产品价值曲线

通过深入洞察目标客户需求，企业需要找出 5 ～ 7 个客户看重的价值要素。将这些价值要素与主要竞争对手进行比较，寻求差异化的客户价值定位。企业可以通过绘制如图 7-9 所示的价值曲线对各价值要素进行直观比较。

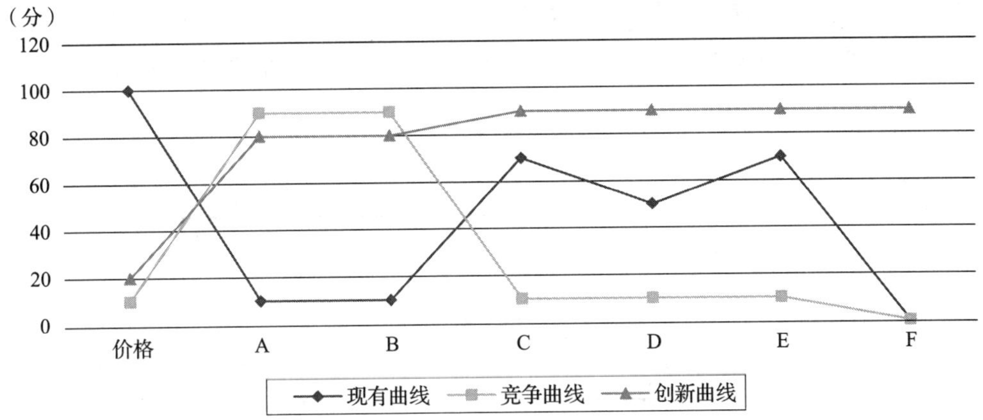

图 7-9 客户价值曲线比较

在图 7-9 中，横轴表示客户看重的主要的价值要素，价格是其中的一个，A-F 代表各个价值要素，一般列 5 ～ 7 个主要的方面。纵轴表示各价值要素的相对评分值。60 分以下表示需要重大改善，60 ～ 80 分表示尚可，80 ～ 90 分表示优秀。

现有曲线表示企业现有产品的表现。竞争曲线表示主要竞争对手同类产品的表现，主要竞争对手如有多家，竞争曲线可相应画多条。创新曲线表示综合现有产品表现和主要竞争对手同类产品表现后希望改善的下一代产品的价值曲线。

通过绘制价值曲线，可以直观地看出很多有价值的信息。

（1）如果企业的价值曲线与主要竞争对手的价值曲线几乎重合，说明企业与其他主要竞争对手正在进行激烈的同质化竞争。对客户而言，这几家公司的产品没有什么差异。

（2）如果企业的价值曲线与主要竞争对手的价值曲线走势趋同，但是整体高于或低于主要竞争对手的价值曲线，说明企业与主要竞争对手正在进行的也是无差异化的竞争，只是企业产品的品质在整体上比主要竞争对手更高或更低。

咨询实例

某心电图机产品的价值曲线绘制与分析

通过对不同客户类型、终端客户内不同角色、终端客户不同体验周期的深入调研，某医疗器械公司总结出某心电图机产品客户最看重的 6 个价值要素：稳定性、可靠性、准确性、易用性、界面友好性和外观美观性。基于这 6 个价值要素，该企业分别绘制出了现有曲线、竞争曲线和创新曲线（见图 7-10）。

从图 7-10 可以看出，该公司的现有产品与主要竞争对手相比缺乏竞争优势，除界面友好性和外观美观性得分比主要竞争对手稍高外，其他 4 个方面的得分均低于主要竞争对手。得分稍高的两个方面也不足以与主要竞争对手拉开差距，形成竞争优势。在稳定性、可靠性和准确性这 3 个客户非常看重的价值要素方面，该公司与主要竞争对手差距很大。由以上直观分析可以看出，该公司的产品与主要竞争对手相比处于劣势，缺乏竞争优势。在价格上，该公司的产品与主要竞品相比也差距较大。由于产品缺乏竞争力，相应地价格也缺乏竞争力。该公司迫切需要对产品进行针对性的重大改善，以提升产品市场竞争力和价格水平，进而提升产品的盈利能力。

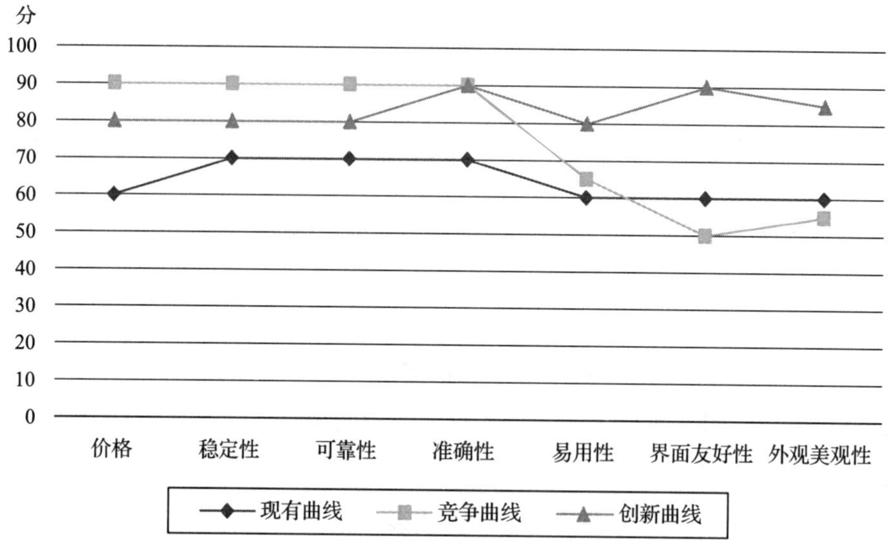

图 7-10 某心电图机产品的客户价值曲线比较

从该公司绘制的创新曲线可以看出，该公司希望在产品稳定性、可靠性和准确性这 3 个主要方面缩小与主要竞争对手的差距。毕竟这些方面差距的缩小需要时间，需要核心技术的积累。同时，这 3 个方面较大幅度的提升往往也意味着产品成本的大幅提升。此外，该公司希望大幅提升产品的易用性、界面友好性和外观美观性，凭借这 3 个方面与主要竞争对手拉开差距，形成差异化的产品卖点，给客户带来更好的使用体验。

由以上分析可以看出，该公司的产品差异化定位战略如下：在稳定性、可靠性和准确性等主要保健价值方面缩小与主要竞争对手的差距，做到让客户满意。在易用性、界面友好性和外观美观性等主要体验价值方面大幅拉开与主要竞争对手的差距，形成差异化的产品卖点。在重要保健价值与主要竞争对手相当、重要体验价值大幅超越主要竞争对手的定位下，适当提高产品定价，进而提升产品盈利能力和品牌形象。

四、制定创新价值曲线的实现措施

以上客户价值要素定位只是明确了想要实现的价值曲线，企业还必须明确如何从现有价值曲线走向创新价值曲线的措施，以指导新产品的设计和开发。

咨询实例

某心电图机产品创新价值曲线实现措施

在上述心电图机产品案例中，通过市场调研、与主要竞争对手比较分析，企业明确了要将易用性、界面友好性和外观美观性作为差异化的卖点。企业产品线管理团队进一步明确了各个价值要素的定义及实现创新价值曲线的具体措施，如表 7-6 所示。

表 7-6 某心电图机产品创新价值曲线的实现措施（示例）

价值要素	价值要素定义	创新价值曲线的实现措施
1. 易用性	1.1 任何角度都可以看清显示屏	（1）采用不会反光的显示屏 （2）增大显示屏 （3）增大显示屏上的字体及字体的清晰度
	1.2 各种导线容易辨识，不会缠绕在一起	（1）不同导线采用不同颜色 （2）同类导线捆扎在一起
2. 界面友好性	2.1 便于操作	（1）软件菜单由三层改为一层 （2）关键信息直接呈现在界面上
	2.2 看着舒服	（1）优化界面设计 （2）不同模块用不同颜色标识
3. 外观美观性	……	
……		

通过价值要素定义和创新曲线实现措施描述，客户看重的各个价值要素具体化了，这为具体的产品设计和开发明确了重点，帮助企业用尽可能少的投入实现尽可能大的差异化，大幅提升客户的满意度和产品的市场竞争力。

创新者行动

系统调研目标客户需求，了解主要竞争对手同类产品的特点，绘制创新价值曲线，并提出创新价值曲线实现措施，指导新产品设计与开发，“定量”地实现产品差异化。

第三节　商业模式定位

创新者思考

（1）我们是基于大多数目标客户都能接受的价格进行产品定价吗？

（2）我们降低产品成本的主要方式有哪些？

（3）公司经营的哪些环节我们应该自己做？哪些环节应该外包？为什么？

目标客户定位回答了产品卖给谁的问题。

客户价值定位回答了产品如何提供差异化的卖点以打动目标客户的问题。

商业模式定位则要回答如何尽可能低成本地在尽可能短的时间内将产品卖给尽可能多的人的问题。

目标客户定位、客户价值定位与商业模式定位分别回答“卖给谁”“卖什么”“怎么卖”这三大关键问题。目标客户定位、客户价值定位主要是产品层面的创新，而商业模式定位则主要是企业运营管理层面的创新。

创新型企业需要基于产品的战略定价进行商业模式创新。

战略定价（Strategic Pricing）是指企业根据大多数目标客户都能接受的价格水平进行产品价格政策制定。战略定价能使企业迅速占据广大的市场份额，形成规模效应，取得定价的主动权，并且一路领先，建立和保持持续的经营优势（见图 7-11）。

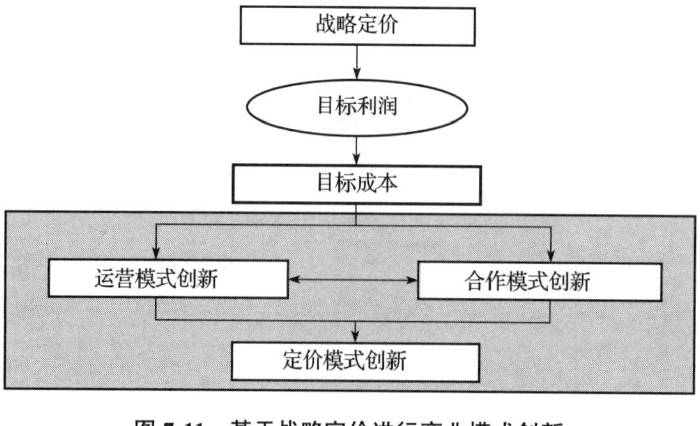

图 7-11　基于战略定价进行商业模式创新

目标利润（Target Profits）是指企业希望从产品获得的利润水平。目标利润的确定可根据行业平均利润水平、企业发展的风险和企业的经营能力等因素确定。为保持企业的可持续发展，企业的利润水平一般要高于行业的平均水平，这样企业才可能有更多的资金用于现有产品的完善和新产品的开发，以更好地实现客户价值，保持企业的持续经营优势。

如企业所在行业发展的风险较大，则也应考虑有较高的利润水平。如高新技术企业新产品开发的不确定性较高、一次性投入较大、沉没成本较高，则应考虑比传统产业更高的利润水平，以抵御高风险。

此外，企业的经营能力也影响企业的利润水平。如企业的经营能力很强，能以较低的成本为目标客户提供超出客户期望的产品，则其利润水平可以定得较高。相反，如果企业的经营能力还需较大幅度的提升，则一开始不要期望有太高的利润水平，应先求生存后求发展。

目标利润值直接影响企业面临的**目标成本（Target Costs）**压力。

由以上战略定价和目标利润的分析，可得到产品目标成本的算式。

目标成本 = 战略定价 – 目标利润

例如，某产品的战略定价是 100 元，企业期望的利润率是 20%，即期望利润为 20 元，则该产品的目标成本必须控制在 80 元以内。

目标成本是企业聚集内外资源，通过商业模式创新要实现的目标。如果目标成本不能保证，企业就不能保证期望的利润水平，甚至战略定价也不能保证，这样就既不能实现客户价值，也不能实现企业价值，更谈不上建立和保持企业的持续经营优势。所以，**降低产品成本与提升客户价值同等重要**。降低产品成本是在客户价值实现的过程中持续进行的。

客户价值提升和产品成本降低要两手同时抓，并且两手都要硬。

目标成本的确定是商业模式定位的前提，商业模式定位的主要目的就是实现产品的目标成本。

商业模式定位主要从运营模式创新、合作模式创新和定价模式创新三个方面考虑。

（1）**运营模式创新**：我们的运营流程的哪些环节需要增加、去除或外包？

（2）**合作模式创新**：哪些事情应该我们自己做，哪些事情应该寻求合作伙伴的配合？

（3）**定价模式创新**：我们如何在不牺牲目标利润的前提下让产品定价能得到大多数目标客户的认可？

关于多种定价模式的详细介绍，请参见第四篇“产品上市发布”相关章节。

以下分别对三个方面进行简要介绍。

一、运营模式创新

运营模式创新主要从企业运营流程视角寻求在保证客户价值实现的前提下尽可能降低产品成本。运营流程是企业日常经营活动的主要部分，企业应当认真比照行业内的竞争对手及相关产业的成功实践，创造一些能显著降低产品成本的与众不同的运营活动，减少或去除一些对客户价值提升没有多大贡献的运营活动。成本创新不是简单地压低原材料采购价格、支付员工较低的薪酬、削减各项员工福利、牺牲环保等。

通过流程优化降低企业管理成本是企业降低成本非常重要的内容。

客户价值实现过程的成本创新应当以不牺牲客户、员工和各利益相关者的利益为原则。

图 7-12 涵盖了企业日常经营管理的主要管理要素，其中战略管理、创新管理和运营管理是企业日常管理的三项核心要素。这三大核心事项是企业投入人力、物力和财力最多的。企业需要比照行业标杆，对照以上管理要素，思考和回答以下问题。

（1）哪些管理要素是企业的关键成功要素，是企业的核心能力，一定要牢牢把握？

（2）哪些管理要素能够进一步提高效率、降低成本？

（3）哪些管理要素应该外包或者部分外包？

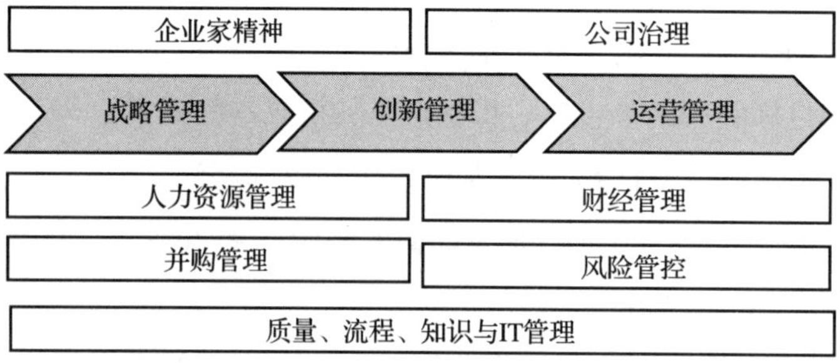

图 7-12　知行信总结的世界一流企业的 10 项关键最佳实践

企业可以从战略重要性和成本两个维度决定哪些管理要素需要自己做，哪些管理要素可以外包。

由图 7-13 可见，对于具有战略重要性的管理要素，无论成本高低，都要坚持自己做，比如客户需求研究和产品核心技术开发等。如果一个企业将具有战略重要性的核心管理要素都外包了，那么该企业就会空心化，就会失去市场竞争力。比如做软件的不应该外包关键算法开发，做汽车的不应外包自动驾驶技术开发，做硬件的不应该外包关键芯片开发等。

对于非战略重要性的管理要素，如果自己做成本更低，那么可以自己做；如果外包给别人做成本更低，那么应该外包。“麻雀虽小、五脏俱全”或事无巨细都自己完成的企业很难实现规模经济性，很难有效降低产品成本。

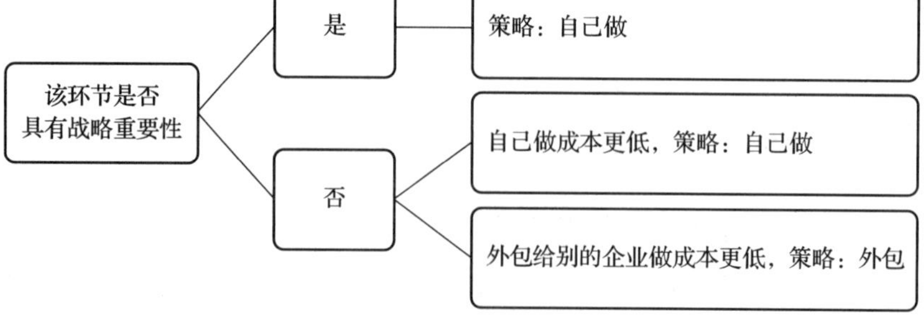

图 7-13　企业管理环节外包决策原则

创新案例

耐克公司的管理环节外包决策

耐克是全球领先的运动服装、运动鞋厂商，主要专注于做好产品设计与品牌宣传工作，而将生产、销售等工作都外包给专业的企业去做。比如，耐克专心研究人们在从事不同运动时所需要的鞋子，开发出了适合不同人群的篮球鞋、足球鞋、网球鞋、跑步鞋和休闲鞋等。耐克将洞察客户需求，进而设计和开发满足客户需求，甚至超出客户期望的产品作为公司的核心管理要素，从而持续引领市场潮流，保持全球领导地位。

二、合作模式创新

受资源和能力的限制，每个企业都只能专注于做自己最擅长的事情，在很多价值实现环节上要与外部的伙伴进行分工合作，实施**开放式创新（Open Innovation）**。与合适的外部伙伴进行合作，不但可以利用合作伙伴的专业优势保证相关价值环节的质量，而且可以减少企业的一次性投入，缩短产品交付周期，降低产品成本，提升客户满意度，提升公司盈利能力。当然，选择不合适的合作伙伴或与合作伙伴之间的关系管理不善，也有可能影响客户满意度，并且加大产品成本。所以，**合作伙伴的选择及合作关系的管理是合作成功的关键。**

根据上述流程环节外包原则，对于企业非战略重要性的环节和内容，如果外部合作伙伴做成本更低，我们就应该外包出去。因此，企业在经营的各个方面都有寻求外部机构合作的机会。图 7-14 列出了企业合作模式创新的多个方面。

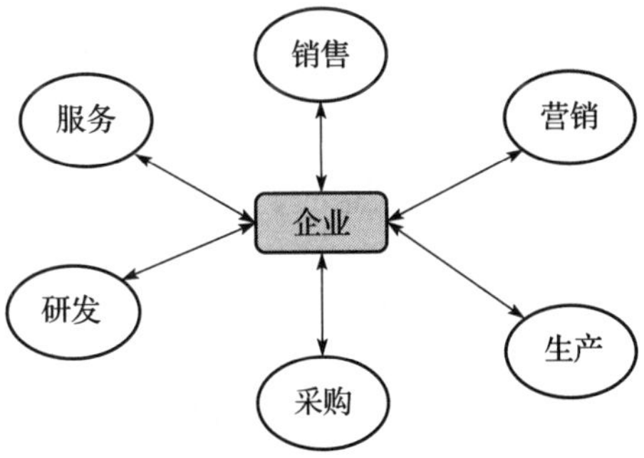

图 7-14　合作模式创新的多个方面

企业可以结合对以下问题的思考，在多个方面寻求合适的合作伙伴。

（1）我们应该优先在哪些方面寻求与外部机构的合作？为什么？

（2）在这些方面我们能够找到合适的合作伙伴吗？他们有意愿与我们合作吗？

（3）我们应该如何有效管理这些合作伙伴？如何有效规避合作风险？

创新案例

华为公司的合作模式创新

2022 年，华为公司员工总数约 20 万人，华为公司员工分布大概比例如下。

（1）研发与创新 45%。

（2）营销与服务 35%。

（3）制造与运营 15%。

（4）管理与后勤 5%。

由以上人员分布可以看出，华为公司非常重视研发与创新、营销与服务，这两部分的人员占公司总人数的 80%。华为公司持续在研发与创新方面加强投入，厚积薄发，由模仿走向了全球引领。

华为公司非常重视市场拓展和客户服务，在全球 170 多个国家和地区建立了办事处，贴近客户，提供服务。

华为公司的制造与运营体系人员占比很低，主要原因是华为公司将不太增值的制造环节外包给了富士康等代工企业。同时，华为公司的智能制造做得很好，大部分生产线都实现了“机器换人”，生产的自动化程度很高。

华为公司的管理与后勤人员占比也比较低，主要是因为华为公司持续优化和简化各个方面的流程和制度，实施“小机关”制度，将决策重心前移，“让听得见炮声的人做决策”。

三、定价模式创新

对于一些企业而言，有时运营流程的成本创新或合作模式的成本创新都还不足以实现目标成本的要求，那么企业可以考虑在定价模式方面进行创新来降低产品成本。**定价模式创新**（Pricing Innovation）是指在不改变战略定价标准的前提下采用与同类产品不同的定价模式来满足目标客户的价值需要，以降低产品成本，提高客户对产品的接受度。

定价模式创新主要有如下几种方式。

1. 租赁模式

企业通过将产品的购买模式改变为租赁模式：一方面客户通过花费较少的前期投入及时获得了所需的产品与服务；另一方面企业通过出租产品快速实现了产品销售，也获得了理想的回报。租赁定价模式适合产品单值高、客户使用频率低或客户难以一次性支付大额款项的产品。电梯、机器设备、软件、LED 显示屏等产品均有采取租赁模式的案例。

IBM 将服务器等价值高昂的设备租赁给企业使用，按月收取费用，一方面保证了租赁方市场份额的拓展，另一方面又使企业不必一次性花费巨资购买这些设备，而且不用担心设备升级换代和维护保养问题。这是一种双赢的解决方案。

2. 分期付款

对于一些产品单值高、客户又希望早些拥有的产品，可以考虑采取分期付款模式。房产就是一种典型的分期付款模式。有些厂商的笔记本电脑也采取分期付款模式吸引支付能力较弱的年轻人购买。

某品牌笔记本电脑售价4800元，采取等额分期支付的方式，消费者分12期免息支付购买费用，每月只需支付400元。这样，年轻的白领能够在没有较大经济压力的情况下提前一年拥有一台笔记本电脑。对于厂商而言，通过分期付款方式也激发了潜在客户的购买意愿，增加了销量。

3. 转移支付

转移支付是指厂商向一类客户提供服务但从另一类客户获取回报。比如谷歌免费向广大网络用户提供搜索引擎、新闻和电子邮箱等服务，主要收入来源则是付费广告。这种“羊毛出在猪身上”的收费模式如今在互联网行业非常普遍。这种收费模式的要点是互联网企业提供的服务对网络用户是否有足够的吸引力和黏性，是否是高频和刚需，能否长期黏住大批用户。只有这样，才能吸引足够多的广告主长期支付足够多的广告费用，维持互联网企业的生存和发展。博客网站、视频网站、汽车网站等很多垂直应用网站的主要收入来源都是广告收入，而不是向用户收费。

4. 分成模式

分成模式是指某企业在出售产品给另一企业时不直接收费，而是从该企业以后的收益中收取一定比例的费用。如某咨询公司为一些中小企业提供常年管理顾问服务，不收取常规的项目咨询费用，而是从该企业的年度收入中收取一定比例的费用。对于被服务企业而言，不必马上支付费用但可享受管理咨询服务，而对于咨询公司而言，最终获得的回报可能比收取项目咨询费用更大。这种模式在软件企业也比较普遍。如网络游戏软件开发方与游戏运营方合作，由开发方免费提供游戏软件给运营方负责运营，最后开发方从运营方分取一定比例的游戏运营收入。在实体经济不景气的情况下，一些商场、街铺也采取分成模式。商场方不是每月固定收取场地租金，而是从商户每月的收入中分取一定比例的费用。这对商场方选择商户的专业性提出了更高的要求。

5. 分时享用

客户享有某一产品一定时段或次数的使用权，但是不必购买该产品。这种定价模式在一些价格昂贵但不会经常使用的产品中经常采用，如公务用直升机、豪华游艇、度假酒店、高尔夫会员卡等。如某人可能会购买一家旅游度假区酒店的某套别墅一年多少天的使用权，而无须支付全部别墅费用。

当然，在某行业看来是定价创新的模式在另一行业可能是正常的定价模式，但采用与同类产品不同的有效定价模式就是创新。如公务直升机采取分时享用的方式是一种创新，而高尔夫球场通过卖会员卡的方式提供服务也是一种分时享用的方式，但却是高尔夫球场的普遍定价模式。

以上讨论的商业模式定位的三个方面——运营模式创新、合作模式创新及定价模式创新需要企业综合考虑。不同的企业根据行业特点及企业的实际需要，可能会在一个方面进行重点创新或在几个方面都有创新。如果涉及多个方面的创新或在一个方面的多个价值环节进行创新，企业要考虑多个方面创新的相互配合，不能相互矛盾。

需要强调的是，**商业模式创新是补充，产品创新才是根本**。如果产品本身不好，只是强调商业模式创新，很可能昙花一现，难以持久。“互联网＋”创业失败率很高，主要原因就是这些企业只看重商业模式创新，不看重产品创新本身。共享单车、共享充电宝等领域“一哄而上，一哄而散”的现象就是典型。一些互联网企业过度追求“生态圈”建设，追求所谓“生态化反”，追求“极致性价比”，追求“网红带货”，可能风光一时，但难以持续稳健成长。“起风的时候猪都能飞上天”，但是哪家企业都不能保证自己始终处于“风口”上，风来得快，去得也快！

创新者行动

确定产品战略定价和目标利润，采取多种商业模式创新方法保证产品的目标成本实现。

创新案例

宁德时代的产品差异化价值定位与商业模式创新

宁德时代新能源科技股份有限公司（以下简称宁德时代）是全球领先的新能源创新科技公司，致力于为全球新能源应用提供一流解决方案和服务。

2011 年，创始团队二次创业，创立宁德时代。

2018 年，宁德时代在深交所上市。

2021 年，动力电池系统使用量连续五年全球第一，储能电池产量市占率全球第一。

2022 年前三季度，宁德时代实现营业收入 2100 亿元，预计全年净利润将达 291 亿元至 315 亿元。

2022 年 12 月，宁德时代市值超过 1 万亿元，是 A 股科技企业中股票市值最高的上市公司。

在 2022 年全球动力电池厂商排名中，宁德时代以 34% 的份额遥遥领先，排名第二的 LG 的市场份额只有 14%，如表 7-7 所示。

表 7-7　2022 年全球动力电池厂商市场份额排名

排名	厂商	市场份额
1	宁德时代	34%
2	LG	14%
3	比亚迪	12%
4	松下	10%
5	S K	7%
6	三星 SDI	5%
7	中创新航	4%
8	国轩高科	3%
9	欣旺达	2%
10	蜂巢能源	1%
	其他	8%

宁德时代专注于动力电池业务，10 余年的时间由零起步成为全球领先的动力电池厂商，既有新能源汽车大发展的时代背景，也与宁德时代创始团队的企业家精神、企业的创新理念及战略定位等密不可分。

本文简要分析宁德时代动力电池产品的差异化战略定位与商业模式创新。

一、贴近客户，成为领先客户的首选供应商

宁德时代 2011 年创立，2012 年就抓住机会与知名豪华汽车厂商宝马公司合作，为宝马公司提供新能源汽车动力电池。2013 年，又为全球最大客车厂宇通开发客车动力电池。2018 年，与东风汽车、广汽集团分别成立合资公司生产动力电池；2019 年，与吉利汽车、一汽集团分别成立合资公司，生产动力电池。

2021年宁德时代前五大客户销售总额占比为31.32%，其中第一大客户特斯拉销售额为130.4亿元，占年度销售总额比例为10%。

2014年，宁德时代在德国设立全资子公司。2017年，在法、美、加、日设立全资子公司。贴近客户，及时洞察客户需求、友商动态、行业趋势，快速响应客户需求，为客户提供优质服务。

成为特斯拉等领先客户（Lead User）的首选供应商，既体现了公司产品的竞争力，也提升了公司的品牌声誉，便于获取更多主流客户订单。此外，成为领先客户的首选供应商，还能优先洞察领先客户未来的需求，提早进行技术与产品储备，保持技术与产品在行业的领先地位。

二、基于客户痛点需求洞察进行产品创新

宁德时代创新团队深刻洞察用户对新能源汽车的各种短板的焦虑和抱怨，直面这些挑战，通过多种技术和解决方案来解决用户焦虑，助力全面电动化进程，如图7-15所示。

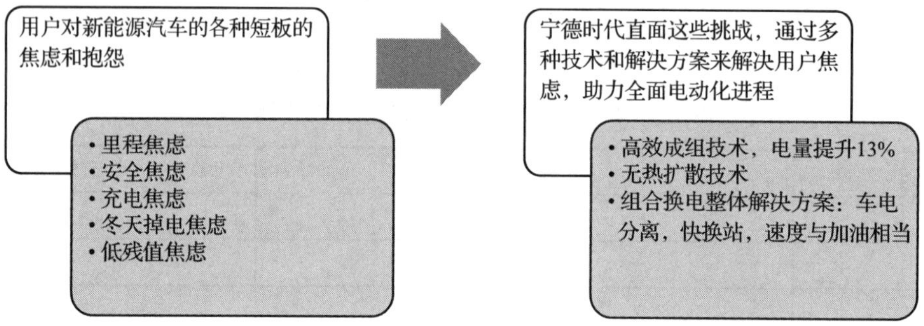

图7-15 用户对新能源汽车的焦虑及宁德时代的解决方案

宁德时代基于对新能源汽车用户痛点需求的深刻洞察，通过材料及材料体系创新、系统结构创新、极限制造创新及商业模式创新四大创新体系，为各类用户提供系统的解决方案。宁德时代的多种动力电池解决方案（见图7-16）。

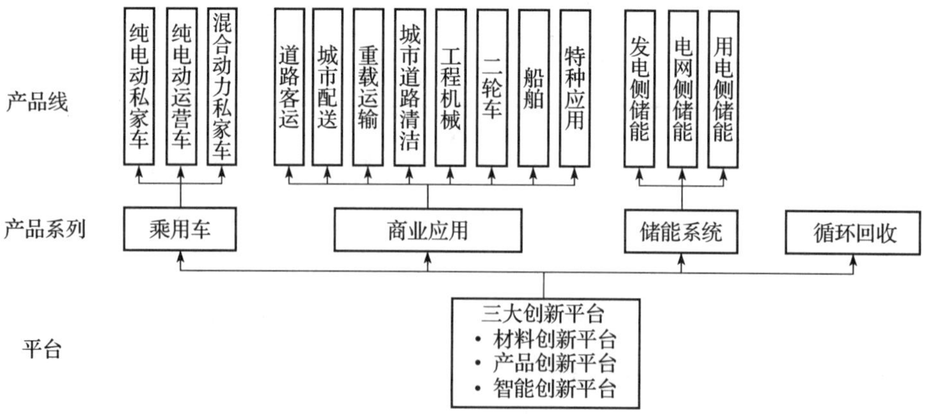

图7-16 宁德时代的多种动力电池解决方案

宁德时代持续研发前沿技术，基于对电池特性的深入理解和多年的实践经验，不断实现产品的迭代创新，始终为用户带来站在时代前沿的新能源解决方案。

宁德时代动力电池解决方案（产品）的主要差异化价值定位包括以下几方面。

（1）**高比能**：电芯能量密度 330Wh/kg。从此探索世界，只以心为边界。

（2）**长寿命**：寿命最高可达 16 年或 200 万千米。真正的承诺，经得起时间的考验。

（3）**超快充**：最快 5 分钟，充至 80% 电量。一寸光阴一寸金。

（4）**真安全**：四维安全防护，打造航天级安全电池。环环相扣，让每一次出行安然无虞。

（5）**自控温**：温升 4℃ /min。充电一刻钟，畅行雪地中。

（6）**智管理**：电池 24 小时全周期全方位监控。让电池更懂你。

三、全价值链的商业模式创新

商业模式创新是宁德时代四大创新体系之一，如图 7-17 所示。通过有效的全价值链商业模式创新，宁德时代持续推出符合客户需求、高度差异化、价格适中的动力电池产品。

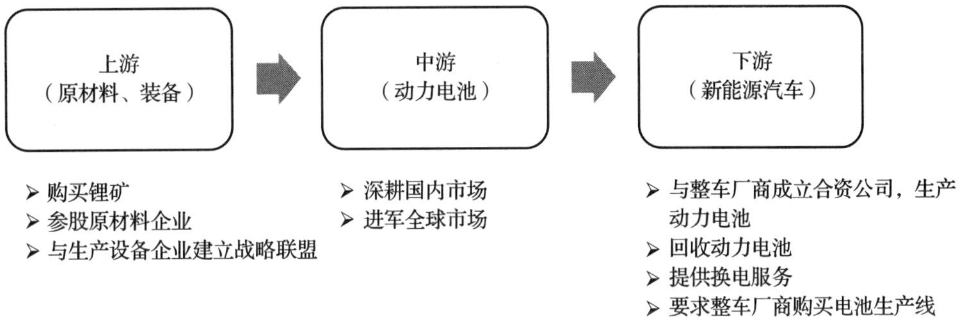

图 7-17　宁德时代全价值链的商业模式创新

上游：通过购买锂矿和参股原材料企业，稳定原材料供应与价格。通过参股或与动力电池设备制造企业建立战略联盟，确保动力电池设备符合公司的需求并且能够优先供应，使生产设备成为公司核心竞争力之一。

中游：在深耕国内市场的同时，积极进军全球市场，提升公司产品的全球竞争力与全球市场份额。2022 年年底，宁德时代德国工厂首批电芯由 G2 厂房的第一条电芯产线顺利下仓，意味着宁德时代已具备对欧洲客户的本地生产及供货能力。

下游：与多个整车厂商成立合资公司，生产动力电池，或者要求整车厂商购买电池生产线，与新能源汽车整车厂商“深度绑定”，确保动力电池的销量。依托子公司广东邦普，宁德时代与客户携手打造“电池生产→使用→梯次利用→回收与资源再生”的生态闭环。生产标准化的换电电池，提供换电服务，将动力电池与整车厂商“分离”。2023 年 2 月，宁德时代向部分车企推出“锂矿返利计划”。碳酸锂是动力电池的主要原材料，但碳酸锂的价格波动非常大，过去两年，碳酸锂价格上涨了十倍左右。宁德时代年底以 20 万元 / 吨的碳酸锂价格给战略合作伙伴结算动力电池价格，返还差价给车企，但是要求车企承诺将约 80% 的电池采购量提供给宁德时代。

第三篇

创新前端管理

在知行信产品创新管理4D流程体系中，创新前端管理是第二个阶段，是发现（Discovery）阶段，回答“做什么（What）”的问题（见图篇3-1）。

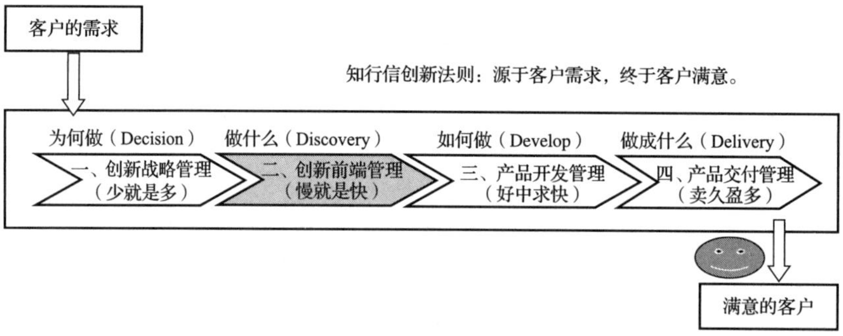

图篇3-1　知行信产品创新管理4D流程体系

创新战略管理阶段明确了公司发展的“主航道”，明确了公司的业务领域。创新前端管理阶段就要在公司发展的“主航道”内洞察具体的创新机会，找到值得公司投资的创新项目。

创新前端（Front End of Innovation，FEI）又称模糊前端（Fuzzy Front End，FFE），包括渐进明晰的、允许反复的三个阶段：产品创意产生、产品概念开发和项目立项分析（见图篇3-2）。

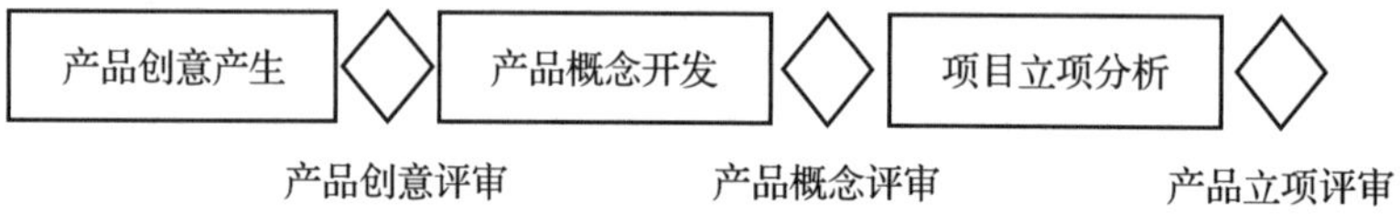

图篇3-2　创新前端管理的三个阶段

表篇3-1列举了创新前端管理的常见问题，创新型企业的中高层管理者可以对照企业实际，分析公司管理现状，明确改善要点。

表篇3-1　创新前端管理常见问题

常见问题	公司管理现状与改善要点
（1）突破性的新产品创意很少，或者创意虽多但都很平庸，难以对众多新产品创意进行有效筛选与评审	
（2）公司没有设专人负责市场研究工作，对客户需求理解不系统、不完整、不深入、不正确，闭门造车现象严重，开发出的产品难以满足客户需求	
（3）没有将客户需求有效地转化为产品功能定义，开发出的产品冗余功能多，产品稳定性差，产品成本高，市场竞争力不强	

续表

常见问题	公司管理现状与改善要点
（4）项目立项分析不严谨，在开发过程中经常发现关键原材料难以采购，开发出来的产品难以生产或难以维护，新产品开发项目中途夭折多，或者开发进度总是大幅延期，延误上市时机	
（5）新产品项目决策评审缺乏规范的评审流程和科学的评审准则，主要领导个人说了算，或者只是形式上的集体决策，很多没有“钱景”的项目进入了开发流程，新产品开发项目投资回报率低	

创新前端管理准则：**慢就是快！**

创新前端管理是产品线管理团队、产品经理的核心职责。产品经理的专业性很大程度上体现在创新前端管理水平。

通过系统、深入的市场研究，激发尽可能多的新产品创意，筛选有“钱景”的新产品创意进行深入的客户需求研究、产品定义与项目可行性分析，向公司产品审批委员会（PAC）提交项目立项分析报告。经公司产品审批委员会评审通过的新产品项目进入设计开发阶段。

创新前端应该尽可能选择最有“钱景”的新产品创意，应该尽可能深入地进行客户需求研究、产品定义和项目可行性分析工作。如果说创意是一句话，那概念就是一页纸，立项分析就是一本书。

创新前端的工作做得越扎实，产品设计开发过程中的返工（Rework）就越少，新产品成功的概率就越大。在创新前端多花1个月，在设计开发阶段可能会节省6个月的设计开发、测试矫正时间。

所以说，**创新前端的“慢”是为了设计开发阶段的“快”**！

本篇分为三章。

第八章，产品创意产生。在企业内营造良好的创新氛围，激发尽可能多的突破性新产品创意。

第九章，产品概念开发。通过完善和优化新产品概念，选择最有“钱景”的新产品创意进入项目立项分析阶段。

第十章，项目立项分析。对拟进入开发阶段的新产品创意进行系统的市场研究，深入洞察客户需求，科学进行产品定义，进行严谨的项目立项分析，通过严肃的项目立项评审，选择投资回报最大的新产品项目进入设计开发阶段。

第八章

产品创意产生

产品创意产生是公司级、端到端的（End to End，E2E）新产品开发流程的第一个阶段，是新产品开发的源头（见图 8-1）。

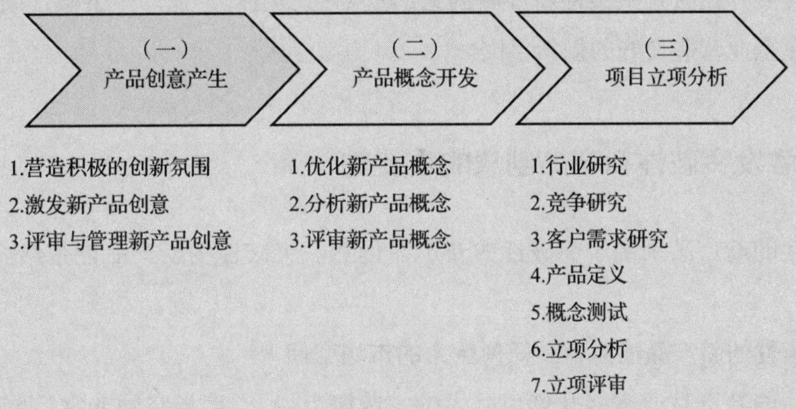

图 8-1　创新前端管理的三个阶段

“问渠那得清如许？为有源头活水来。”新产品开发的前提是要有足够多、足够新颖的新产品创意供公司筛选。缺乏足够多的创意的新产品开发就是无源之水、无本之木。

种子的基因很大程度上决定了其是否可以长成参天大树。新产品创意的质量也同样决定了能否开发出卓越的创新产品。

在创意产生阶段，**“数量是成功的朋友”**。企业首先应该通过多种方式激发出尽可能多的新颖的新产品创意，然后通过有效的创意优化和筛选流程，选择最有前景的创意进入概念开发阶段。

本章分为三节。

第一节，营造良好的创新氛围。创新型企业要在企业营造积极的创新氛围，发动全员激发出尽可能多的新产品创意。

第二节，激发突破性的新产品创意。创新型企业要采取科学的方法，激发出尽可能多的突破性的新产品创意。

第三节，评审与管理新产品创意。产品管理团队对新产品创意进行比较“温柔”的决策，建立新产品创意库，常态化地管理新产品创意。

第一节 营造良好的创新氛围

创新者思考

（1）新产品创意的数量与质量对于公司的创新发展重要吗？

（2）我们公司能够源源不断地激发出突破性的新产品创意吗？

（3）我们公司具有良好的创新氛围吗？

本节简要介绍激发突破性新产品创意的重要性、阻碍企业产生突破性新产品创意的主要原因，以及如何在企业营造良好的创新氛围。

一、激发突破性新产品创意的重要性

突破性的新产品来源于突破性的新产品创意。突破性的新产品能带给企业的好处主要有如下方面。

1. 突破性的新产品能为企业开创巨大的市场空间

突破性的新产品通常能开创出巨大的"蓝海市场"，市场空间非常广阔。苹果公司2010年推出的iPad平板电脑，上市80天就卖出了300万台，远远高于任何品牌的台式电脑或笔记本电脑的日均销售量。

2. 突破性的新产品能帮助企业成为行业的领导者或者标准制定者

成为行业领导者，并且与跟随者拉开差距的最好的方式就是开发和上市突破性的新产品。英特尔公司通过突破性创新在电脑芯片市场上一直领先，占据80%以上的市场份额，成为行业的领导者，也是标准的制定者。特斯拉率先推出纯电动新能源汽车，成为新能源汽车标准制定者与市场领导者。

3. 突破性的新产品能为公司带来良好的品牌形象

公司的品牌形象主要不是靠广告宣传出来的，而是通过产品的使用由客户传播形成的。**"产品自己会说话"**！产品本身就是最好的品牌宣传媒介。时尚、个性、特色是现代人的追求，创新性强的产品能给客户带来更多的体验价值和惊喜价值，创新型企业比模仿型企业的品牌知名度和美誉度要高得多。苹果公司凭借持续推出突破性的消费电子产品，其知名度和美誉度要远远高于其他消费类电子生产厂商，苹果公司已成为时尚和创新的代名词。品牌美誉度高的产品能够给企业带来"品牌溢价"。同类的新产品，品牌美誉度高的产品的售价通常比一般的要高出5%～20%，而且销售数量更多。**价格卖得更贵、销售数量还更多，这正是“创新”带来的“价值”！**

4. 突破性的新产品能为公司带来更高的利润率

由于突破性的新产品特色鲜明，又不容易被模仿，因而企业具有较高的定价权，能够持续保持较高的利润率。苹果公司的手机占全球智能手机销量 20% 左右，但利润却占全球智能手机利润的 90% 左右。

二、阻碍企业产生突破性新产品创意的主要原因

突破性新产品是大多数企业的追求，但是要开发出突破性的新产品非常不容易。有统计表明，在各种类型的新产品中，真正突破性的新产品仅仅占 10% 左右。

为什么大多数企业难以开发出突破性的新产品？根本原因有以下方面。

1. 公司领导者缺乏创新意识和长远抱负

一些企业的领导者缺乏真正的企业家精神，满足于做跟随者，认为这样做研发投入少、风险低、见效快。模仿策略在市场不饱和、竞争不激烈的情况下是有效的。但是随着模仿者的快速增多、市场容量的日渐饱和，市场很快出现同质化竞争的局面，大多数企业很难持续生存和发展。很多突破性创新的案例一再说明，“**没有做不到，只有想不到**”。在突破性创新方面，如果连想都不敢想，那么成为现实就根本不可能了。

比如，国内某消费电子企业追求“极致性价比”，致力于“生态圈”的打造，各类产品最主要的特点就是“便宜”，缺乏真正的特点与创新，年营业收入虽然做到了千亿元，但是利润率仅 3% 左右，企业中长期可持续发展前景堪忧。

2. 公司的新产品创意绝大部分来源于公司主要领导

很多企业在创业初期都是靠创业者的一两个好点子发展起来的。随着公司规模的扩大，公司的新产品创意还是来源于公司的一两个最高领导。有些企业的创始人明确地对员工说，你们不要跟我谈什么创新，你们把我想出来的创意做好就不错了。还有一家做智能手机的企业，年营业收入达到 100 亿元以上，主要的新产品创意还是来自董事长一人。这家公司的市场总监满脸无奈地说，我们虽然有十几个人在做产品规划，但是我们公司真正的产品经理只有一个，就是我们的老板。一些企业新产品开发流程图的第一项任务就是“老板提出创意”。也就是说，如果老板不能提出创意，企业就没有新的产品开发项目。这种创意来源过于依赖一两个人的企业，一方面会抑制员工们的创新激情，另一方面很可能会出现“成也老板，败也老板”的局面。企业发展到一定规模，老板很可能成为企业发展的“瓶颈”。

3. 过于强调新产品项目的上市速度

有些企业认为新产品的竞争就是速度的竞争，新产品上市的速度越快越好。这种现象在手机、平板电脑等消费类电子行业比较普遍。过于强调新产品上市速度，一方面会导致项目执行质量下降，结果虽然新产品上市很快，但由于质量问题不断，新产品“退市速度”也很快。牺牲质量的速度不但不可取，而且是对公司宝贵的创新资源的巨大浪费！另一方面，迫于上市速度的压力，

企业决策者会倾向于选择那些开发周期短、风险低的项目。这些项目容易做，而且能很快做好。但是这些项目往往是非常“平庸的项目”，是大多数竞争者都在做、都能做好的项目。常言道：“慢工出细活。”没有较长的周期，没有较大的投入，是不可能做出“一鸣惊人”的创新产品来的。

4. 创新团队忙于“救火”的项目

一些企业的新产品开发团队从年头到年尾都“非常忙”，但主要忙于“定制”项目，忙于响应客户或销售人员频繁提出的“紧急需求”。研发人员的绝大部分时间和精力用于应付源源不断的“救火”项目，重要而又不紧急的创新项目总是被迫一再延期。最终，三五年过去了，企业可能忽然发现没有合适的产品可卖了。

5. 新产品项目评审准则错误

有些企业员工一提出新产品创意，公司老板或高管马上就问：“能赚钱吗？能赚多少钱？”在创意筛选阶段，有些企业过于看重财务回报指标，因而倾向于选择投入少、风险低的项目。因为这些项目一眼看去显得更好，开发成本更低，确定性更高。但是创新性越高的项目，在前期越看不太清楚，很难算出明确的投资回报。很可能由于企业采用与传统项目一样的筛选决策准则，导致很多创新性强的项目过早被扼杀。

某大型电信设备制造企业，有100多人的创新团队负责与现有产品线不同的新产品线业务的孵化，但是创新团队提出来的项目报到上级领导那儿后，要么由于风险太高，迟迟没有下文；要么被认为没有前景，很快被枪毙。新产品创意筛选的“严苛”准则成了阻碍该公司激发突破性新产品创意的“拦路虎”。

三、营造良好的创新氛围

有什么样的创新环境就会有什么样的创新成果。如果一个公司从上到下的氛围都是“鼓励创新，宽容失败”，那么很可能会有源源不断的新产品创意涌现。如果公司的文化是跟随、模仿，甚至抄袭，则很难有真正的创新产品面世。要激发突破性的新产品创意，首先要在企业内外营造良好的创新氛围。

企业可以从以下几个方面考虑营造良好的创新氛围。

1. 中高层领导者重视创新，鼓励创新，支持创新，带头创新

营造良好的创新氛围是企业领导者的重要职责。营造良好的创新氛围的最有效的方法就是企业领导者身先士卒，率先垂范。员工不但会看你如何说，更会留意你如何做。如果只是口头上说重视创新、鼓励创新、支持创新，而不落实到自己的行动上的话，其效果还不如不说。

真正重视创新的领导者通常会有以下行动。

（1）带头参加公司的各类创新会议，并且自始至终认真参加。

（2）不在创新会议上对任何人提出的任何创意提出批评。

（3）带头走出办公室，走向市场，每月有固定的几天时间拜访客户，倾听“客户心声”。

（4）坚持基于对客户需求的理解进行新产品设计和开发。

（5）认真倾听客户的反馈、投诉甚至谩骂，并且真诚地对客户表示感谢。

（6）为创新提供必要的资源。

（7）宽容失败，不惩罚失败。

国内某知名工业自动化技术公司的创始人、董事长说，我每个月都会安排几天的时间去拜访重要客户的高管。我拜访客户不是为了签订合同，而是为了了解行业的发展变化趋势，听取企业家对公司产品的意见与建议。

2. 有专人负责创意搜集、管理和反馈

对员工和外部创新者提交的新产品创意，要有专人负责搜集和管理。不要将新产品创意与合理化建议混为一谈。关于如何进行有效的创意搜集和管理，详见下节介绍。

3. 对任何创意提交者均及时反馈，表示感谢

对任何人提交的创意，都应该在一周内予以明确回复，并对创意提交者表示感谢。如果不能对提出的创意进行有效的反馈，员工将很快丧失创意提交的热情。

4. 对被采纳的创意给予适当的奖励

对通过评估进入概念开发阶段的创意给予小额的物质奖励，比如有些公司给予 100 元左右的物质奖励。但非物质奖励更重要，企业可以对创意提交者予以表扬、认可或颁发荣誉证书。

5. 给员工适当的弹性工作时间

不要期望员工在加班时间或在周末想出很多突破性的创意。对于与新产品开发直接相关的市场和技术等人员，可以给予他们一些弹性的工作时间用于激发新产品创意。比如 3M 公司规定研发人员可以有 15% 的时间用于做自己想做的事，做这些事情是不需要经过上司批准的。谷歌公司也明确规定员工每周可以有一天时间自由安排，用于研究自己感兴趣的领域。

6. 为创意提供适当的资源

为未经正式批准立项的项目提供必要的试验设备、场地或小额经费。对于攻关项目，可以将整个团队安排到公司以外的某个度假村或酒店封闭几个月，进行封闭开发，与日常工作隔绝，减少日常工作的干扰。

7. 宽容失败

失败是成功之母！或者说，没有失败就没有成功。**确保不失败的唯一做法就是什么都不做！**即使项目失败了，也应该进行认真总结，并庆贺学到的一切，而不要唯恐避之不及。我们从失败的项目中学习到的东西要远远多于从成功的项目中所学到的。企业要认识到，“**正确地枪毙一个项目，也是一种成功**”。如果对创新失败的项目大肆批评，甚至惩罚，很可能团队里就没有人愿意参加高风险、高创新性的项目了。

8. 鼓励外部创意

内部员工只是突破性创意来源的一部分。客户、合作伙伴、供应商乃至竞争对手都是可能的创意来源。企业可以通过网站等方式建立与外部创意提交者的直接联系。宝洁公司采用“联系 + 开发（Connect + Develop）”的开放式创新模式，每年有超过 50% 的新产品创意来自公司外部。

9. 鼓励团队提交创意

任何突破性的创新靠个人的力量是非常难以实现的，创新型企业应鼓励以团队方式提交新产品创意。研发部门内部的人员可以组成团队提交新产品创意，市场、销售人员、售后服务人员、售前支持工程师与研发人员也可以组成团队提交新产品创意。而且在创意提交的初期，这些团队都是非正式的。企业应该打破“部门墙”，鼓励不同职能部门、不同地域、不同国别员工之间的交流和互动，以提高创造性。

10. 对取得经济价值的创意进行宣传和表彰

企业可以通过设立荣誉墙、出版内部刊物等方式对取得经济价值的创意进行宣传和表彰，鼓励全体员工向获奖者学习。要奖励和表彰创新绩效突出的个人，也要奖励和表彰整个创新团队，并以团队奖励为主。

创新者行动

企业首席产品官组织中高层管理者研讨突破性新产品创意对公司创新发展的重要性，分析影响公司源源不断地提出突破性新产品创意的主要原因，采取多种方式在公司营造良好的创新氛围，激发全员创新的积极性、主动性，提升全员创新的成功率。

第二节　激发突破性的新产品创意

创新者思考

（1）我们有科学的方法激发突破性的新产品创意吗？

（2）我们经常性地邀请员工、客户、合作伙伴激发新产品创意吗？

（3）我们公司能够源源不断地激发出突破性的新产品创意吗？

创新战略分析与决策为企业新产品创意激发指明了方向，确定了范围。企业需要在公司确定的战略“主航道”内采取多种有效的方法激发尽可能多的突破性的新产品创意，为企业的新产品开发提供源源不断的高价值创意。

下面介绍几个主要的突破性新产品创意激发方法，供创新型企业选用（见图 8-2）。

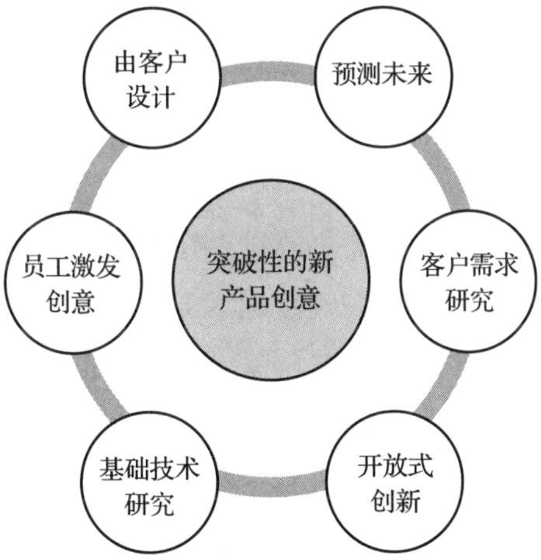

图 8-2　激发突破性新产品创意的主要方法

一、通过预测未来激发创意

战略性的创意激发要求公司的领导团队对未来有正确的愿景和看法。创新型企业的领导团队应该有能力通过整合现有资源，结合对未来趋势的判断，比较准确地预测未来的行业与市场情境。如果预测成功，企业将比其他竞争对手更早地洞察未来市场对新产品和新服务的需求。

预测未来的行业、市场或世界的状态很不容易。很多大公司由于错误地估计了未来的发展趋势而错失了很多很好的发展机会。比如 IBM 在 20 世纪 80 年代不看好个人电脑市场的发展，放弃了与英特尔、微软公司的紧密合作，结果培育了惠普和戴尔等强劲的竞争对手。

虽然没有准确地预测未来的灵丹妙药，但是还是有方法可以帮助创新型企业的领导者更好地预测未来。预测未来的主要方法有 3 种：洞察外部环境、识别破坏性技术和描绘未来情境。

创新案例

丰田公司对未来“梦想的汽车”的畅想

2007 年，丰田公司时任社长渡边捷昭提出了丰田公司未来要开发和上市的“梦想的汽车”。

（1）它能净化空气。

（2）它不会伤害到人。

（3）它可以避免车祸。

（4）驾车者驾驶时间越长，身体越健康。

（5）而且，乘坐这种汽车是一种享受、一种愉悦，能够激发乘车者的情感。

（6）另外，仅凭一缸汽油，就能环游世界。

为了开发未来的“梦想的汽车”，丰田在环保、能源、安全与舒适等多个方面研究与储备相应技术，以备未来之需。

二、通过客户需求研究激发创意

客户是创新之母！

创新源于客户需求洞察！

通过各种方式产生的新产品创意最终都要通过客户需求研究来验证和完善。因为只有最终被客户接受的创意才是真正有价值的创意，突破性创意的产生更是深入洞察客户需求的结果。但是很多公司不知道如何进行客户需求研究，在客户需求研究方面投入的资源也很少。还有一些公司认为自己做了客户需求研究工作，因为他们听取了很多销售人员、促销人员及市场专员反馈的“客户需求”。这些都是这些公司难以产生突破性创意的重要原因！

客户需求研究的主要目的不是了解客户已经明确说出来的需求，而是要深入洞察客户未得到满足、未说出来、甚至客户自己也未想到的**隐性需求**。正是这些隐性的需求中蕴含着产生突破性创意的巨大机会。可以说，**企业能否产生突破性创意根本上取决于对客户隐性需求的洞察能力。**企业需要掌握多种有效的客户需求研究方法，洞察客户的隐性需求，激发出突破性的新产品创意。

咨询实例

某医疗器械企业通过深入的客户需求洞察激发新产品创意

某医疗器械制造商在全国各地组织了 10 多个市场调查小组，深入各类医院病房，实地观察医生、护士、病人和病人家属操作和使用多参数监护仪的情况，得出了 300 多条有价值的需求信息。这些需求信息与采购招标书上的需求信息完全不一样。基于这些需求信息，该企业提炼出了多个与现有竞争产品差异很大的新产品创意。

三、通过开放式创新激发创意

任何一家公司都不可能聘请全世界所有最好的人才为其工作，但是这些公司外部的人才很可能有很多公司所需要的创意和创新。怎么办？最好的办法就是采取**开放式创新**（Open Innovation），充分利用各种外部资源激发突破性的新产品创意。

很多公司的内部研发团队已经不再是公司创新的引擎，他们正在错失一个又一个创新机会。开放式创新的主要目的是帮助企业充分利用各种外部创新资源，为开发团队提供创意、概念及技术等。

外部创意来源主要有合作开发的伙伴、供应商、客户、社会公众、科技人员、合作研究机构、政府实验室、大学、竞争对手、专利代理机构、风险投资机构、小的创业型企业、品牌合作机构、渠道合作机构、贸易展览会、贸易出版物等。

创新案例

宝洁公司的“C+D（Connect + Develop）”开放式创新

宝洁公司采用“C+D（Connect + Develop）”开放式创新模式，大幅提升了创新成功率。宝洁公司自有研发人员不到1万人，但与全球200万创新者保持密切沟通与合作。宝洁公司合作创新的对象包括：内部全体员工、消费者、学术研究机构、政府资助的研发组织、企业/行业联盟、供应商、中小企业、竞争对手等。从2000年到2009年，宝洁公司的研发投入从占销售收入的4.9%下降到了2.6%，但是研发成功率从35%提升到了65%。

四、通过基础技术研究激发创意

在商业史上，确实有很多突破性的技术通过商业应用改变了世界。例如，化学实验室发明的新合成材料和聚合物，如尼龙、合成纤维、塑料等，改变了世界，并且催生了杜邦公司等伟大的化工企业。贝尔实验室发明的激光技术，催生了激光切割设备、医疗器械、光碟等多代新产品。

如果你的公司正在进行一些基础研究的话，这些研究机构应该成为新产品创意的一个重要来源。从这些研究机构开发的技术孵化出的新产品，很有可能改变一个行业的竞争格局。国内一些规模较大的企业都成立了中央研究院，但是从投入产出的角度看，很多企业的中央研究院的“创新投资回报率”还有很大的提升空间。

五、通过公司员工激发创意

公司员工是企业创新的主力军，企业领导者要在公司营造积极的创新氛围，鼓励员工提出源源不断的新产品创意。企业既要鼓励员工个人提出新产品创意，也要鼓励团队提出新产品创意。既要鼓励部门内部员工合作提出新产品创意，也要鼓励多个部门之间、多个事业部之间、多个区域团队之间合作提出新产品创意。公司还要鼓励公司员工与客户、供应商、合作伙伴甚至竞争对手一起合作提出新产品创意。

咨询实例

某陶瓷企业全员激发创意

2009 年，我们协助深圳一家知名的陶瓷产品制造企业激发突破性新产品创意。该企业管理层希望在第二代产品畅销的基础上，开发出全新的第三代产品，以全面冲击国际市场和国内市场，争取早日实现“争创世界第一”的梦想。

我们采取突破性创意激发方法（BIG）与头脑风暴方法相结合的方式帮助该企业激发突破性创意。该公司董事长亲自在全员大会上进行动员，阐述突破性新产品对公司发展的重要性。在创新顾问团队的指导下，该公司开展了为期 3 个月的“全员创新大赛”活动。创新大赛的主题是“我最想要的陶瓷产品是……”。

我们将该公司 1000 多名员工以班组和部门为单位，分成 70 个创意激发小组。创新顾问团队对各个创意激发小组进行了创意激发方法的轮番培训，并在创意激发过程中给予适时指导。最终，70 个创意激发小组共提交了 200 多件图文并茂的作品。公司创意评审委员会经过认真评审，选择了 20 件作品进入概念开发阶段，其中获得综合评分第一名的作品是由一个生产一线的班组提交的。

由全员集思广益提交的形式多样、内容丰富、不拘一格的设计作品，大大开阔了公司管理团队和设计师团队的眼界。公司设计师团队将所有创意纳入创意库，并通过对多个作品的结合和改进，构思出更多、更好的新产品概念。

六、采用由客户设计方法激发创意

产品设计方法包括以下三种。

（1）**为客户设计（Design for Customer）**：客户不知道自己要什么，我们设计什么他们就用什么。这是一种典型的“闭门造车”型创新方法。

（2）**与客户一起设计（Design with Customer）**：在产品设计过程中征求客户意见，及时将客户需求信息融入产品设计之中。

（3）**由客户设计（Design by Customer）**：由客户提出自己想要的产品，供应商只是实现客户的需求。

在各类商品供应普遍过剩、同质化竞争日趋激烈的当下，创新型企业要由“为客户设计”走向“与客户一起设计”，进一步走向“由客户设计”，开发出超出客户期望的精品创新产品。

BIG（Breakthrough Idea Generation）方法是一种“由客户设计”方法，是一种简便、高效

的突破性新产品创意激发方法。BIG 方法要求创意激发者站在消费者的视角，“忘记”过去有过、现在存在的所有产品与解决方案，只是思考客户“自己最想要的东西”，不管能不能实现，不管什么时候能够实现，也不管需要付出多大代价、多少成本实现。

具体而言，BIG 思考方法包括两个步骤。

第一步描述：我最想要的 XXX 是什么样的?

（1）假设现有同类产品已经全部消失。

（2）不要考虑能否实现，只要考虑什么是自己真正最想要的。

第二步设计：如何实现我最想要的需求?

（1）画出产品草图（或服务产品流程图）。

（2）初步思考如何实现功能，满足需求。

从原理上说，客户才真正知道自己最需要什么，供应商再怎么了解客户需求，也不如客户自己真正了解自己的需求。因此，我们可以采用 BIG 方法，邀请**领先用户（Lead User）**进行**聚焦的头脑风暴（Focus Brainstorming）**，激发出尽可能多的突破性的新产品创意。

创新需要“**严肃地玩（Serious Playing）**”！在采用 BIG 方法进行突破性新产品创意激发时，我们应该做到“**像外行一样思考，像内行一样行动**”。激发新产品创意时要尽可能“脑洞大开”，“无拘无束”，但是在论证项目的可行性和开发产品的过程中则要非常严肃和认真，要“对创新的投资回报负责”。

咨询实例

某办公家具企业采用 BIG 方法激发突破性的新产品创意

某办公家具制造企业采用 BIG 方法，邀请多组办公室白领员工激发突破性的新产品创意。头脑风暴会议的主题是：“我最想要的办公座椅是什么样的?”以下是该公司激发出的部分新产品创意。

（1）可以随意移动。

（2）坐着非常贴身、非常舒适、不会疲劳、不会难受。

（3）可以躺着午睡。

（4）冬暖夏凉。

（5）可以提神醒脑，工作效率高。

（6）坐上去心情愉悦。

（7）坐的时间越久身体越健康。

创新者行动

明确公司新产品创意的主要来源途径。组织各产品线团队成员采用以上介绍的创意激发方法激发 10 个以上突破性的新产品创意。

第三节 评审与管理新产品创意

创新者思考

（1）我们能够有效评审新产品创意吗？

（2）我们有专人负责新产品创意管理吗？

（3）我们有规范的创意管理系统吗？

本节简要介绍新产品创意评审与管理方法。

一、评审新产品创意

在新产品创意评审方面，企业往往有两种比较极端的做法：一种是评审失控，很多没有价值的项目进入了开发阶段；另一种是只做一次决策，创意评审通过后一直到上市，中途再也没有严格的生/杀决策。新产品创意评审决策的关键是要把握好度：既要让有前景的突破性创意获得"战斗"的机会，也要尽可能减少没有前景的创意进入开发管道的机会。有效做法包括以下两方面。

（1）采用基于最佳实践总结的项目决策评审方法对新产品创意进行评审。

（2）对新产品创意进行多次评审。

第一，企业要采取有效的评审准则对新产品创意进行科学的决策评审。第二，为降低决策风险，要在概念开发阶段和立项分析阶段继续对新产品创意进行越来越严格的评审。

产品创意评审是新产品开发流程中的第一个决策评审点，应该是一个"温柔"的决策评审点。如果在创意评审点对新产品创意进行过于严格的决策评审，很可能过早枪毙掉那些极具市场前景的突破性创意项目，选择的是那些低价值和低风险的"平庸的项目"。

以下我们介绍一种简便、实用的新产品创意筛选决策评审方法，企业可根据实际情况进行适当优化后选择采用。该方法主要通过回答3个基本问题对新产品创意进行决策评审，如表8-1所示。

表8-1 产品创意决策评审方法（Real-Worth-Win方法）

评审决策准则	评分
1. 该项目真实吗（Real） （1）有市场需求吗 （2）技术可行吗	

续表

评审决策准则	评分
2. 该项目值得做吗（Worth） （1）该项目对公司的价值有多大（销售额和利润） （2）做该项目的成本有多高	
3. 我们能赢吗（Win） （1）我们在这方面有竞争优势吗 （2）我们有做该项目所需的资源和能力（或者这些资源和能力能够从外部获取）吗 （3）竞争有多激烈——竞争对手会防御吗？他们防得住吗	

企业可结合对这 3 个方面更具体的思考，以 0 ～ 10 分为每个新产品创意打分。比如，如果有 1 项评审得分低于 6 分，则该项目将被枪毙。如果不考虑 3 个方面的权重，该项目的合计得分低于 18 分，则该项目也将被枪毙。以上是对新产品创意筛选的比较宽松的评审，在概念评审和立项评审时将会更为严格。

创新者行动

建立适合公司的新产品创意决策评审准则与评审方法，分产品线对公司所有新产品创意进行及时、有效的评审决策。

二、管理新产品创意

管理学大师德鲁克说，**创新不是灵机一闪的结果，创新意味着守纪律的艰苦的劳动**。要持续地推出创新性产品，企业必须要有一个正式、结构化、有效的**产品创意管理系统**。不要指望新产品创意会自动自发地浮现，更不要指望新产品创意会自动自发地变为成功的创新产品！**创意必须管理，而且必须有效管理！**

一个有效的创意管理系统由创意提交者、创意管理人、创意筛选流程和创意库等几部分组成（见图 8-3）。

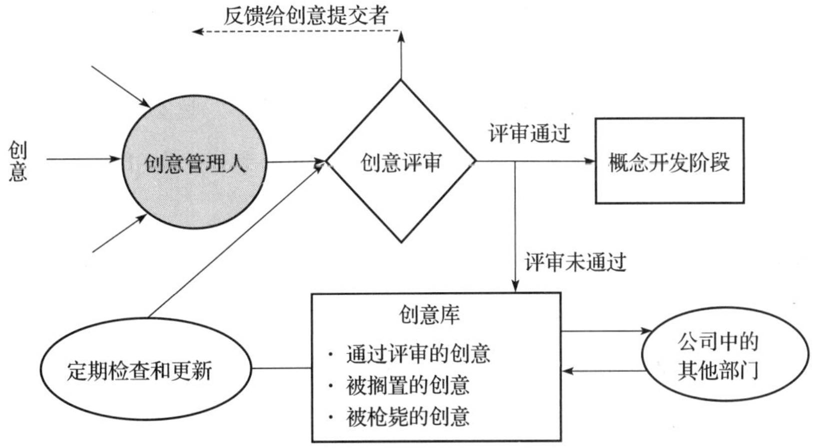

图 8-3　新产品创意管理系统

1. 任命创意管理人

在很多公司，创意产生是每个人的工作，但是没有任何一个人对创意管理负责。没有指定专人或专门的创意小组负责激发创意，没有人将一个好的创意付诸行动。建立创意管理系统的首要工作就是任命创意管理人或创意管理小组。创意管理人或创意管理小组的主要职责包括以下几个方面。

（1）激发新的创意。

（2）从公司内外搜集创意。

（3）组织进行完善和优化创意，推动创意进入决策评审点。

（4）组织创意的生 / 杀决策。

（5）如果创意获得通过，推动创意进入概念开发阶段。

每条产品线的产品线经理应该成为该产品线创意管理的当然负责人。

2. 明确主要的创意来源

创意管理者要做的第一步工作就是梳理公司的新产品创意的主要来源，可结合以下问题进行思考。

（1）我们企业的新产品创意来源主要有哪些？我们的新产品创意主要来自研发人员还是销售人员？

（2）这些创意来源提交的创意的质量如何？

（3）从这些创意来源我们可以获得足够多的创意吗？

（4）我们是否正在错失一些重要的新产品创意来源？

创意的来源很大程度上决定了创意的质量。如果单纯依靠企业内部人员的“近亲繁殖”，是很难开发出成功的新产品的，更谈不上开发出突破性的新产品了。这也是依靠内部研发人员“闭门造车”很难造出“好车”的根本原因！

咨询实例

某电脑周边产品企业的新产品创意激发

一家生产电脑外部设备（鼠标、键盘、电源、机箱和音箱等）的公司的新产品创意来源主要就是竞争对手推出的新产品及互联网上的公开信息。该公司的办公室远离市区，产品经理几个月也不“进城”一次，更谈不上与客户进行面对面的沟通了。该公司董事长在年终总结会上说，我们公司创新的主要成果就是一大堆卖不出去的库存品和一大堆报废的电子材料，这些就作为大家的“年终奖”吧。

在顾问团队的指导下，公司各产品线的产品线经理、系统工程师和研发骨干“常态化地”走出办公室，走向客户、供应商、合作伙伴，在电脑商城“消磨”时间，参加专业展会，获取了非常多的客户需求、竞争对手与行业发展趋势信息，激发了很多突破性的新产品创意。

3. 建立创意筛选流程

接下来，创意管理者需要组织制定有效的创意筛选流程。

（1）对获得通过的项目，要推动进入概念开发阶段。

（2）对需要再完善的创意，要及时告知创意提交者，并指导和帮助他们完善创意。

（3）对被枪毙的创意，也要存入创意库。

不管创意筛选决策的结果如何，创意管理者都要将创意决策结果及时反馈给创意提交者，并对创意提交者表示感谢。

4. 建立创意库

公司要建立一个基于网络的交互式创意库，对于被搁置的创意及被枪毙的创意要全部存入创意库。或许这些创意哪天就会“死而复生”，或者与其他创意一起组合成一个新的创意。创意库要定期检查和更新，方便公司内其他员工使用。

创新者行动

公司流程管理部门组织制定有效的新产品创意管理流程。各产品线建立相应创意库，产品线经理对创意库进行有效管理。

第九章

产品概念开发

对于一些风险很低、投入不大的改进型项目，我们可以简化流程，快速进入立项分析或开发阶段。但是对于风险很高、投入很大，并且对公司的发展具有战略重要性的突破性的新产品创意，在进入正式的立项分析阶段前，我们还需要经历一个分析和决策评审阶段——概念开发（Concept Development）阶段（见图9-1）。

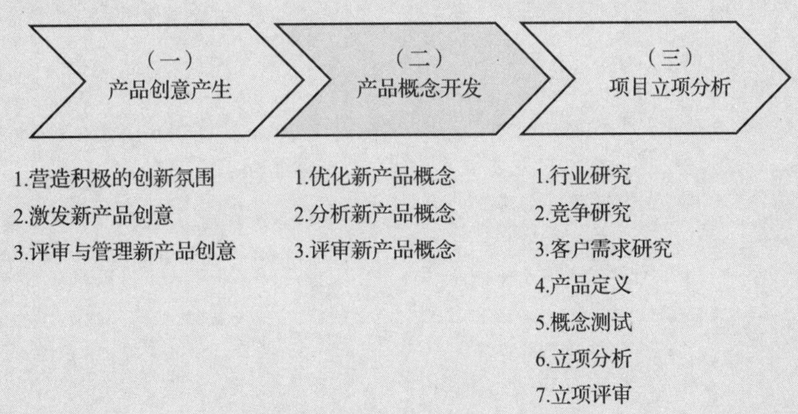

图 9-1　创新前端管理的三个阶段

产品创意产生阶段的主要任务是激发尽可能多的新产品创意，激发尽可能多的突破性的新产品创意。在概念开发阶段，我们将对在创意产生阶段通过评审的新产品创意进行进一步完善和筛选，以便为立项分析阶段提供具有高投资回报潜力的新产品创意。

通过概念开发进一步论证新产品创意，为有"钱景"的新产品创意争取投入"战斗"的机会。

概念开发阶段的主要工作是对经过初步筛选的新产品创意进行进一步的优化和完善，以便筛选出更有价值的新产品创意进入立项分析阶段。在概念开发阶段，为了减少资源浪费，提高立项分析阶段工作的效率和质量，企业需要投入较多的人手和资源对新产品创意进行比较深入的分析，并对经过优化和完善后的新产品概念进行比较严格的评审决策。

本章分为三节。

第一节，优化新产品概念。采用SWIFT等方法对现有新产品创意进行完善与优化。

第二节，分析新产品概念。从市场、技术、商务和财务四个方面对新产品概念进行初步的可行性分析。

第三节，评审新产品概念。采用相对严格的评分方法对新产品概念进行评审。评审通过的新产品概念进入项目立项分析阶段。

第一节　优化新产品概念

创新者思考

（1）我们如何辨别一个新产品创意是否真正有价值？

（2）一个新产品创意能够直接进入立项分析或者设计开发阶段吗？

（3）我们掌握了科学的创意完善与优化方法吗？

产品概念开发阶段的关键工作是完善和优化新产品创意。只有在新产品创意更为明确和清晰的情况下，才有可能进行比较深入的市场、技术、商务和财务等评估。但是新产品概念开发阶段经常出现以下问题。

（1）没有经过思考、讨论和评价就草率地枪毙新的创意。

（2）虽然举行概念优化会议，但是花费了很多时间却没有取得预期效果。

（3）新颖的创意通过一系列筛选、分析、定义后变成了新形式的“旧创意”，据此开发出来的产品与原有产品大同小异。

本节介绍一个简便有效的新产品概念开发方法——SWIFT 方法，以解决以上常见问题。SWIFT 产品概念优化方法流程如图 9-2 所示。

图 9-2　SWIFT 产品概念优化方法流程

SWIFT 方法一个人可以应用，一个团队也可以应用。可以由公司内部的人员进行，也可以邀请一些合作伙伴或潜在客户一起参与讨论。如果创意提交者认为自己提出的创意是突破性的，最好邀请公司的高层管理者一起参加 SWIFT 会议，以争取高层管理者的认可和支持。SWIFT 方法采用**聚焦的头脑风暴方法（Focus Brainstorming）**，通过提出和回答一系列结构化的问题来完善和优化创意，也可以用于新产品创意筛选。

SWIFT 方法不仅是一个很好的完善和优化创意的方法，也是一个快速、有效的创意筛选方法。

咨询实例

应用 SWIFT 方法优化某办公座椅新产品概念

某办公座椅产品的初步新产品创意陈述：希望拥有一张坐着舒适、容易调节、午休时能躺着睡觉的办公座椅。

首先明确该新产品创意中的如下关键词。

（1）**坐着舒适**：材质软硬适中、贴合身材、冬暖夏凉、自动按摩。

（2）**容易调节**：能够随意转动、座椅高低及靠背角度能够自适应调节。

（3）**躺着睡觉**：午休时能够简易调节为一张舒适的睡床。

在理解关键词的基础上形成新产品的初始概念：希望拥有一张材质软硬适中、贴合身材、冬暖夏凉、能够自动按摩、能够随意转动、座椅高低及靠背角度能够自适应调节、午休时能够简便调节为一张舒适的睡床的办公座椅。

然后，采用 SWIFT 方法开发与完善该新产品概念。

第一步：识别该办公座椅概念的主要优势与好处

（1）其可能不错是因为舒适的座椅能够有助于人们的身体健康，减少亚健康疾病。

（2）其可能不错是因为办公座椅容易调节，能够帮助人们快速找到合适的坐姿，提高工作效率，减少办公座椅损坏的可能性。

（3）其可能不错是因为该办公座椅能够让人们高质量地午休，提高下午的工作效率和工作质量。

第二步，识别该概念的主要不足

（1）其可能不行是因为自动按摩功能实现成本可能太高。

（2）其可能不行是因为躺着睡觉的需求难以实现。

第三步，识别该概念的主要特色

（1）使该概念与众不同的是该座椅具有自动按摩功能。

（2）使该概念与众不同的是该座椅具有自适应调节功能。

（3）使该概念与众不同的是该座椅午休时能够躺着睡觉。

第四步，寻找解决该概念关键不足的方法

不足 1：自动按摩功能实现成本高。解决方案：借鉴专业按摩座椅的设计方法，进行简化；只实现简单的按摩功能。

不足 2：平躺睡觉功能难以实现。解决方案：实现 60 度斜躺功能；设计支撑附件。

第五步，更新新产品概念

更新后的新产品概念：设计一张材质软硬适中、贴合身材、冬暖夏凉、能够按摩腰部与肩颈、能够随意转动、座椅高低及靠背角度能够多级调节、午休时能够简便调节为一张倾角为60度左右的舒适的睡床的办公座椅。

创新者行动

采用SWIFT方法优化我们的新产品概念开发。

第二节 分析新产品概念

创新者思考

（1）我们应该如何组织新产品概念分析工作？

（2）我们的新产品概念分析是否应该包括市场、技术、商务和财务等方面的内容？

（3）我们如何快速、低成本地获取新产品概念分析所需的信息？

概念开发阶段的工作一般由创意提出者或公司指定的人员负责，通常利用非正式的团队进行工作。概念开发负责人根据概念开发任务的需要，在公司内外寻找合适的合作伙伴一起进行概念开发工作。

概念开发工作的指导思想是：花一点资金，搜集一些信息，这样项目可以根据更准确的信息在概念评审点进行重新评估。概念开发阶段投入的费用一般不超过 1 万元，投入的工作量一般不超过 10 人 / 天。概念开发阶段工作一般应该在一个月内完成。在一个月内，概念开发小组要在概念评审点汇报所得到的更详尽的信息，以便对新产品创意进行更具有确定性的筛选决策评审。

概念开发阶段的主要工作包括初步的市场评估、初步的技术评估、初步的商务评估及初步的财务评估。

一、进行初步的市场评估

初步的市场评估需要做的工作是进行快速的市场调研，其目的是确定推荐的项目是否具有商业前景。该阶段的任务是低成本、快速地（通常在一个月以内）获得尽可能多的市场信息，包括市场规模、成长性、细分市场、客户需求和痛点、竞争状况等。

初步的市场评估工作要回答的主要问题有以下几个。

（1）该市场的吸引力大吗？该市场的潜力如何？

（2）基于该概念开发出的新产品能为大多数潜在客户所接受吗？

（3）预计该产品上市后，市场竞争激烈程度如何？

（4）该产品看起来是什么样的？能否描述得比较清楚？

二、进行初步的技术评估

可以将建议的项目提交给公司的技术人员——研究开发、工程和运营等方面的人员进行评估。通过初步的技术评估，需要简要回答以下问题。

（1）产品需求或规格基本上会是什么样子的？（注意：产品定义在这种早期阶段可能还是比较模糊和不确定的。）

（2）从技术方面看如何才能实现这些需求？有可预见的技术解决方案吗？或者需要新的发明或采用新技术吗？

（3）该项目在技术上可行的概率有多大？将会花费多大的成本和多长的时间？

（4）公司是否具备独自开发该产品的技术能力？或者在某些开发活动中公司是否需要合作伙伴或外部供应商？对于技术合作要进行审慎考虑。

（5）该产品可以生产或制造出来吗？如何制造？用什么样的设备、以多少成本去生产或制造？你是否考虑过外包或找一个合作伙伴？

（6）涉及什么样的知识产权和法规问题？法规和专利问题应在这种比较早的阶段被提出来并给予考虑。

（7）主要的技术风险是什么？我们将如何应对这些风险？

三、进行初步的商务评估

初步的商务评估需要回答的主要问题有以下几个。

（1）该项目与公司的战略一致吗？

（2）我们主要的竞争策略是什么？

（3）做好该项目我们需要具有哪些核心能力？我们是否需要采取外包或合作的方式？应该与哪些机构合作？

四、进行初步的财务评估

初步的财务评估需要回答的主要问题有以下几个。

（1）期望的收入是多少？

（2）单位产品的成本有多高？

（3）开发和上市该产品需要投入多少资金？

（4）投资回收期有多长？

在以上四个方面分析的基础上，概念开发团队需要向概念评审团队提交概念分析表。在概念分析表中，除了要回答以上四个方面的主要评估问题外，还要提出明确的关于该概念的生 / 杀决策建议。如果建议该概念进入立项分析阶段，概念开发团队需要制订立项分析阶段的工作计划，内容包括立项分析工作的时间期限、所需资金、人员及人 / 天，以及立项分析决策评审的建议日期等。

创新者行动

从市场、技术、商务和财务四个方面对新产品概念进行初步的可行性分析，提出新产品概念决策建议。

第三节 评审新产品概念

创新者思考

（1）我们的新产品概念评审应该由谁主责？

（2）哪些专业人员应该参与新产品概念评审工作？

（3）应该设定哪些新产品概念评审准则？

通过筛选评审的新产品概念将进入立项分析阶段，公司将花费较长的周期、投入较多的资源对新产品概念进行客户需求研究、技术可行性分析及多方面的可行性分析。因此，概念评审应该比创意评审更为严格，以确保真正有前景的创意进入立项分析阶段。

概念评审一般由产品线经理主责，团队成员主要由市场、技术及财务等职能部门的负责人组成。

我们介绍一个基于最佳实践的新产品概念筛选方法，如表 9-1 所示。

表 9-1　新产品概念评审准则

评审项	评审内容	评分
1. 战略	（1）与公司战略的一致性 （2）项目的战略重要性	
2. 产品的竞争优势	（1）对用户而言具有独特的产品利益 （2）与竞争对手的产品相比具有差异化 （3）更好地满足客户需求 （4）性价比高	
3. 市场吸引力	（1）市场的规模 （2）市场的成长性 （3）竞争地位	
4. 能否利用公司的核心能力	（1）营销和分销核心竞争力的利用 （2）技术核心竞争力的利用 （3）制造、运营核心竞争力的利用	
5. 技术可行性	（1）技术差距的大小 （2）技术复杂性 （3）技术的不确定性	
6. 回报与风险	（1）回报的大小——预测如果成功上市利润的大小 （2）预测投入的大小 （3）回报期——预测实现盈亏平衡的周期 （4）收入、成本和利润估计的可信度	
合计得分		

企业可以依据每个项目的吸引力分数，对多个项目按得分高低进行排列，以确定进入立项分析阶段的优先顺序。

创新者行动

参照表 9-1 设计概念评审准则，对每个新产品概念进行吸引力打分和排序，提出建议进入立项分析阶段的新产品项目。

第十章
项目立项分析

产品立项分析阶段要开展深入的客户需求研究、竞争研究和行业研究，要进行严谨的产品定义和概念测试，要进行系统、完整、深入的项目可行性分析，要为项目立项评审提供高质量的决策信息。项目一旦通过立项评审，进入设计开发阶段，就意味着要投入大量的资金、人员和时间。创新前端管理的三个阶段如图 10-1 所示。

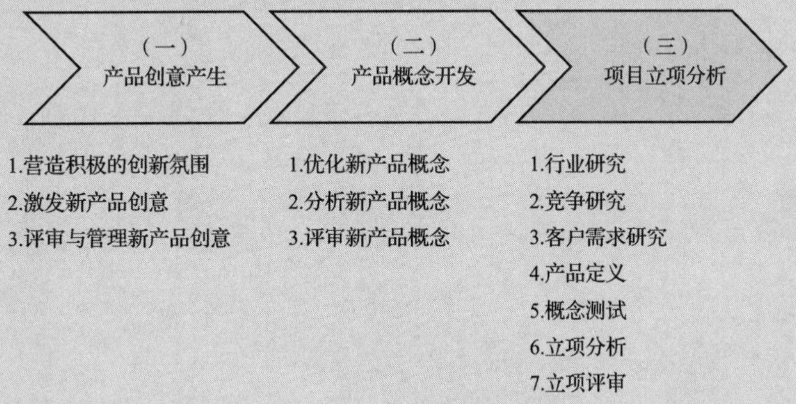

图 10-1　创新前端管理的三个阶段

项目立项分析工作的质量直接决定了项目决策评审的质量。企业高层管理者“拍脑袋”决策的主要原因是企业的项目决策缺乏系统、完整、可信的决策信息。

对于产品经理而言，产品立项分析阶段是最重要的一个阶段，是产品经理投入时间和精力最多的一个阶段，也是最考验产品经理能力和水平的一个阶段。

本章分为九节。

第一节，项目立项分析管理要点。要组建跨职能团队对新产品项目进行系统、完整、可信的分析。

第二节，市场研究方法。产品经理、产品管理团队成员及市场研究经理要掌握主要的市场研究方法。市场研究方法分为定性方法、定量方法，一手方法、二手方法。

产品管理团队要重点掌握现场访谈、现场观察与小组访谈等一手市场研究方法。

第三节，行业研究。行业研究的主要内容包括宏观环境分析、产业链分析、利益相关者分析及市场发展趋势分析等。

第四节，竞争研究。竞争研究的主要内容包括竞品研究、友商研究和标杆研究等。

第五节，客户需求研究。客户需求研究的重点是洞察客户的隐性需求、痛点需求。

第六节，产品定义。采用 QFD（质量功能展开）等有效方法将客户需求转化为产品设计特性，实现“精益设计”。

第七节，产品概念测试。在产品开发前采取各种“可视化”的方法进一步洞察客户需求，调研客户对于拟开发产品的意见与建议。

第八节，项目立项分析的主要内容。从多个方面系统、完整、可信地进行项目立项分析，为项目决策评审提供正确的输入信息。

第九节，项目决策评审。制定有效的项目决策评审准则，公司中高层管理者组成跨职能产品审批委员会，对每个新产品开发项目进行严肃评审与决策。

第一节　项目立项分析管理要点

创新者思考

（1）项目立项分析应该包括哪些主要内容？

（2）项目立项分析团队应该如何组建？

（3）如何保证项目立项分析工作的质量？

本节简要介绍项目立项分析的内容、质量要求与团队组成等管理要点。

一、项目立项分析要回答的三个核心问题

项目立项分析必须回答以下 3 个核心问题。

1. 我们拟开发的产品会有人要吗

这是一个市场视角的问题。这个问题的回答基于对客户需求的洞察，基于对竞争对手的分析，基于对整个行业市场情况的了解。

客户需求研究主要回答“会不会有人要我们的产品”。

竞争对手分析主要回答“客户为什么会买我们的产品而不买竞争对手的产品”。

行业市场分析主要回答“会有多少人买我们的产品”。

2. 我们能开发出该产品吗

这是一个技术视角的问题。有客户需求，但是我们如果没有能力开发和交付客户想要的新产品，那么前面的市场分析也就没有什么意义。与技术相关的分析主要包括开发的技术可行性分析、可制造性分析、可测试性分析、可销售性分析、可用性分析和可服务性分析等方面。

3. 该产品我们能赚钱吗

这是一个财务视角的问题。如果某个新产品有客户要，我们也能开发和生产出来，但是公司不能赚钱，那么公司也不会投资这样的项目。财务可行性分析主要包括项目前期投入分析、投资回收期分析、投资回报率分析等方面。

二、项目立项分析的常见错误观点

对于很多企业而言，一件事情没有做或没有做好，往往不是由于缺乏做好这件事的方法，而

是对待这件事的态度或观念出了问题。不知道做事的方法可以通过多种途径学习，但是如果认为没必要做或不知道要做，那么掌握了再多的方法也没有意义。在新产品项目可行性分析方面，正是由于一些错误的观念导致该项工作没有做好或基本上没有怎么做。

关于项目立项分析有如下常见错误观点。

（1）开发任务太紧，我们没有时间做这些烦琐的工作。

（2）我们公司没有专门的人负责了解市场需求，立项分析工作无从做起。

（3）上什么项目是老板的事，我们只管干活。

（4）分析了也没什么用，到时候还是会有很多变化。

（5）我们边开发边分析，这样可以节省时间。

（6）产品经理写个报告交给老板就行了，用不着我们这么多人劳神费力。

（7）我们是小公司，做的是小项目，用不着这么复杂的分析方法。

（8）反正每个项目评审都会通过，随便写个文档应付一下就可以了。

（9）产品开发完成后再补一个项目可行性分析文件交上去就可以了。

（10）我们以前的项目没有怎么分析不也做出来了吗？我们还按以前的经验方法做就行了。

以上这些观点是不是在我们公司的管理团队及产品开发团队中或多或少存在？是不是正是这些观点影响了公司项目可行性分析工作的质量？我们不想花费过多笔墨在此对以上观点一条一条地进行反驳。请大家对照以前做过的项目及现在正在做的项目继续往下阅读，看看以下内容是否确实是产品立项分析所必需的，看看是否正是这其中的一个或多个方面没有分析清楚而导致了新产品项目的失败。

“花钱”买的教训往往比说教起到的作用要深刻得多！

三、项目立项分析的重要性

很多企业的项目可行性分析工作做得非常简单，甚至有些企业没有明确的项目立项分析流程与规范。最佳实践研究表明，坚实的项目可行性分析工作是项目取得成功的关键。

项目可行性分析工作的重要性主要体现在以下三个方面。

1. 为项目立项决策评审提供依据

公司的决策评审团队对一个新产品项目进行评审必须有依据，不然就成了“拍脑袋”决策了。项目立项分析信息是项目决策评审的输入，**决策评审信息的质量直接决定了决策的质量**。如果决策信息是不完整、不正确的，那么决策的正确性也非常值得怀疑。一些企业领导由于不能获得完整、正确的决策信息，而只能根据自己的经验进行“拍脑袋”决策。如果决策团队对自己的决策不自信，在投入创新资源时也就会畏首畏尾，影响项目的进度和质量。决策错误带来的损失主要有三个方面。

（1）**直接的资金投入损失**。这些失败的项目损失的资金都要靠成功的项目弥补。因此，投入越大、风险越高的项目，越应该进行谨慎决策。而谨慎决策的前提是进行充分的项目可行性分析。

（2）**机会成本损失。**企业可能花了3年的时间投入50个研发人员开发一款新产品，但这款新产品由于决策错误而失败了。如果这3年的时间和50个研发人员用于别的决策正确的项目或许就成功了。此外，如果再重新开发一款同类新产品，可能已经错过了最好的上市时机而不能取得预期的业绩了。

（3）**对开发团队的信心的打击。**公司可能投入几十个跨职能团队成员辛辛苦苦干了3年，结果项目失败了，而且项目失败的原因是由于错误的决策导致的。可以想象，开发团队成员是什么心情！有些企业由于“拍脑袋”决策的项目太多，导致很多技术人员不愿意参与这些明显没有“钱景”的项目的开发。有些企业的研发团队明明知道项目是没有“钱景”的，但是领导要求必须开发，研发人员从项目开始就“发誓”要“用行动证明领导是错的”！

2. 为后续行动做好准备

“谋定而后动”！没有任何一个复杂的大项目是依靠运气和直觉取得成功的。很多企业的新产品开发是“骑驴看唱本——走着瞧”。一些企业采用的是“三边开发模式”：边调研，边开发，边上市，并美其名曰“并行工程”或“敏捷开发”。实际上，这种准备不充分的开发，花费的时间要远远高于预期，产品开发的质量也根本没法保证。开发前的准备工作不充分很容易导致以下问题的出现。

（1）**开发过程中需求变更频繁。**客户需求研究不充分，产品定义不明确，导致开发过程频繁变更需求。而需求的频繁变更导致开发过程一再返工（Rework），开发周期远远超出预期。最后开发出来的产品成了一个“四不像”，与当初的预期相去甚远。当然，这样的产品是没有多少人愿意买的。

（2）**设计的产品开发不出来。**由于技术可行性分析不够深入，也没有在产品开发前对一些风险很大、不确定性很高的关键技术进行预研，导致产品开发过程中项目团队大量的时间和精力投入技术问题的解决，产品开发变成了“技术开发”。由于技术的不确定性高，解决技术问题的时间往往远远超出预期，原先预计一年上市的新产品，结果两年才上市。而当这款新产品上市时，竞争对手的同类产品已经将市场占领得差不多了，企业错失了新产品上市最好的机会窗（Windows of Opportunity）。这类企业的领导者经常感叹，“我们的新产品开发经常是起了个大早，赶了个晚集”！还有一些情况是，项目的技术问题远比预期的要复杂，企业没有能力在两三年内解决这些关键的技术问题，只好偃旗息鼓，放弃该项目的开发。

（3）**开发出的样机无法实现量产。**一些企业千辛万苦总算把样机开发出来了，但发现该样机的一些关键技术指标没有合适的设备进行测试。如果这些指标不能进行有效测试，将严重影响产品的整体性能。有的项目样机开发出来之后，发现模具开不出来，或者缺乏合适的制造设备和具有相应技能的生产人员。还有的产品关键原材料或关键元器件买不到，或者价格远远超出预期，企业根本无利可图。

（4）**产品上市后不能实现预期的投资回报。**一些公司的新产品在投入了高昂的前期开发成本和产品上市成本之后，产品上市后的销售量远远低于预期，或者销售价格低于成本。这样，企业的前期投入都打了水漂，项目以失败而告终。摩托罗拉公司的铱星卫星项目上市后不到一年就宣告破产，其主要原因就是没有进行有效的市场预测和财务分析。

3. 为后续分析提供框架

项目可行性分析不是在产品开发前要做的一次性工作，而是贯穿整个新产品开发过程的。在开发前进行完整的项目立项分析工作，可以为企业在产品开发过程中的深入分析提供指导框架。随着开发过程中了解信息的深入和完善，项目团队需要对可行性分析报告进行及时的更新和调整。在走向测试和走向上市的评审点，决策评审团队都要将更新后的项目可行性分析报告作为决策依据。项目可行性分析报告的 3 个版本如图 10-2 所示。

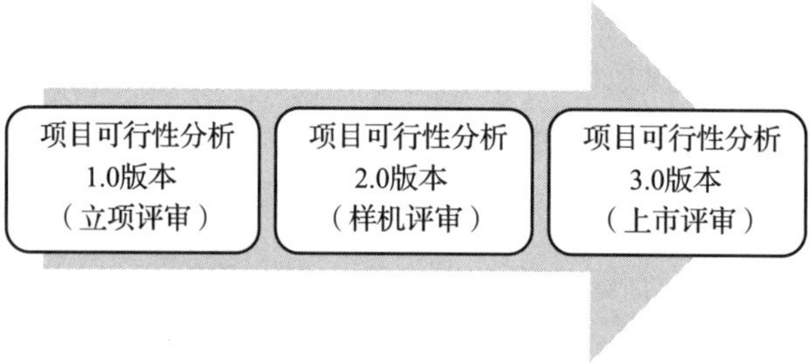

图 10-2　项目可行性分析报告的 3 个版本

由以上分析可以看出，项目可行性分析工作不是可有可无的。项目可行性分析工作的质量很大程度上决定了项目的成败！如果你想降低项目风险，就必须做可行性分析工作；如果你想加快项目进度，就必须做可行性分析工作；如果你想提高新产品开发的成功率，就必须做可行性分析工作。**在产品创新流程中，项目可行性分析工作的重要性怎么强调也不过分！**

如果你不差钱，故意想尝尝项目失败的滋味，那么放弃项目可行性分析工作一定可以帮助你"梦想成真"！

四、项目立项分析的主要内容

立项分析是项目团队对项目的市场分析、技术分析和财务分析等的总结，也是对项目创新前端管理阶段所做的工作的总结。通过项目立项分析，决策团队必须清楚了解为什么应该将公司稀缺的创新资源投到该项目上。

项目可行性分析是一个有一定先后顺序但允许"反复"的流程，主要包括 15 项内容，各企业可以根据行业、产品的实际情况，补充完善项目可行性分析内容。项目可行性分析的主要内容如图 10-3 所示。

在一个项目立项分析与决策评审的研讨课程上，当我们的咨询顾问介绍项目可行性分析要素框架时，一位做水电气自动抄表系统的高科技企业的董事长站起来问："老师，你说这 15 项都一定要分析吗？"咨询顾问反问这位老总："您认为哪一项是可以不要的呢？"该董事长再次认真地审视了一下这个框架，摇了摇头，叹了口气说："老师，我知道我们的新产品开发为什么成功率那么低了。因为这 15 项分析中我们只做了一项分析——技术可行性分析。当我们的销售部门提出一个新产品项目时，技术部门说这个项目技术实现上应该没有大的问题，于是该项目就进入了开发流程！"

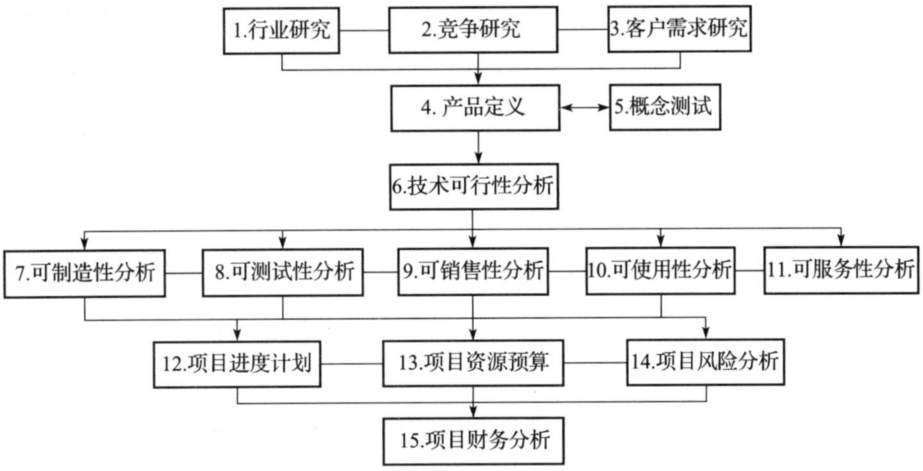

图 10-3　项目可行性分析的主要内容

对照这位董事长的感叹，请各位企业的创新领导者认真审视一下以上框架，并回答以下问题。

（1）该框架中的哪些内容是必须做的？有没有可以不做的内容？为什么？

（2）我们实际的项目中做了哪些方面的分析？

（3）我们所做的这些分析的质量如何？

（4）我们真的是在严谨的项目立项分析的基础上做出的项目决策吗？

（5）我们的新产品开发失败是否与未进行严谨的项目立项分析密切相关？主要是哪些方面没做好导致我们的新产品项目失败？

项目立项分析内容大致可以分为三部分。

（1）**第 1 ～ 5 项主要与市场研究相关。**企业在行业研究、竞争研究和客户需求研究的基础上得出客户需求列表，然后采用 QFD 等方法将客户需求转化为产品定义。在此基础上，对定义的产品采用合适的“可视化”方法进行概念测试，以补充客户需求信息、修正和完善产品概念，并且了解产品的市场接受度和价格敏感性等内容。

（2）**第 6 ～ 11 项主要与技术分析相关。**首先要对定义的产品进行技术可行性分析，看产品是否能够开发出来。接下来要进行可制造性分析和可测试性分析，要保证开发出的样机能够批量制造出来，批量制造出来的产品的功能和性能要能有效测试。接下来要进行可销售性分析、可使用性分析和可服务性分析。可销售性分析也是一种“软技术”，即要分析生产出来的产品如何才能卖得好。可使用性分析主要是指产品的运输、交付、安装、调试和使用的便利性。可服务性分析则要分析如何做好产品的保修、维修等服务工作，提高客户的满意度，以争取客户重复购买、交叉购买与引荐购买。

（3）**第 12 ～ 15 项主要与商务及财务分析有关。**项目进度计划与项目资源预算是明确项目管理的主要内容。项目风险分析是对整个项目各个方面的可能风险进行分析，并提出规避或应对方案。财务分析主要是对项目的投资回报进行分析，分析该项目是否值得投资。

以上就是一个完整的项目立项分析框架。不论是实物产品项目还是服务产品项目，不论是消费品项目还是工业品项目，不论是高科技项目还是“低科技”“零科技”项目，该分析框架都是适用的。当然，部分分析项的名称或具体内容可能有所不同，分析的详略程度有所不同。比如服务产品的可制造性分析可以改为运营分析。对于管理方法而言，“运用之妙，存乎一心”。

五、项目立项分析的质量要求

企业的决策评审团队可以依据以下三个方面评价项目可行性分析报告的质量。项目团队也可以依据以下三个方面来要求自己，向决策评审团队提交高质量的可行性分析报告。

1. 内容完整

无论项目大小，以上提到的项目可行性分析的主要内容都应该涵盖，不能遗漏。企业很多时候犯下难以改正的错误，不是由于不能做好，而是根本没有想到需要做某些事情。管理方法的价值就在于其是最佳实践的总结，涵盖了多家企业成功的做法。**按照有效的方法去思考和行动，企业就能少走弯路，少犯错误，特别是少犯很多不必要的低级错误。**

2. 数据可信

项目可行性分析报告中的每个数据都应该有明确的来源，而不是某个人杜撰的。有些数据可能是基于一些假设条件推算出来的，不一定准确。但是如果说清楚了数据的来源，当这些假设条件变化时，可以重新调整数据。比如销售量的预测是按照潜在客户数量的一定比例计算出来的，当客户总的数量或企业占的市场份额变化时，销售量也会相应变化。**不能因为预测不准确就不做预测，更不能因为条件会变化就拒绝测算一些数据。**很多数据的预测应该是一个范围的预测，而不是一个准确的数值的预测。这些预测应该是符合逻辑的，应该是有明确的假设条件的。没有假设条件的“拍脑袋”得出的数据比没有数据更糟糕。

3. 详略得当

任何人都不可能预知未来的一切，项目可行性分析追求的是**“适度的可预见性”**。对于有经验的方面，可以多做一些工作；对于不确定性很高的方面，可以随着项目的进展不断补充和完善信息。越近期的内容，应该看得越清楚；远期的内容，可以适当简化。比如开发的技术可行性分析，在开发前应该能够识别绝大部分的关键技术问题并寻求解决方案。而对上市分析，在立项分析阶段只需根据以往类似项目的经验进行简单分析即可。在开发阶段，随着具体产品的明晰，可以进一步完善上市分析。在测试和矫正阶段，则要制订可行的上市计划，为新产品上市做好准备。

六、项目立项分析的团队组成

项目可行性分析工作应该由产品经理主责，但不是产品经理一个人的事，更不是一两个人写个报告交给公司领导就可以了。原则上说，**凡是对产品成败有影响的职能部门都应该派代表参加项目立项分析工作。**项目可行性分析工作需要全公司相关职能部门人员的参与，需要组建跨职能团队完成。这个团队是未来产品开发团队的雏形。**参加项目立项分析的各职能部门代表，原则上要成为该产品开发团队的核心成员。**

表 10-1 列出了项目立项分析团队的主要成员清单及其主要职责，各企业可以根据项目实际情况进行适当调整与优化。

表 10-1　项目立项分析团队成员及主要职责

团队成员	主要职责
产品经理	主责项目立项分析报告的撰写与提交工作，组织跨职能团队调查和分析立项报告的各项内容，向决策评审团队提供完整的项目立项分析报告
系统工程师（研发代表）	主责技术可行性分析，主责技术预研工作，参与客户需求研究、产品定义工作，参与可制造性分析、可测试性分析、可使用性分析和可服务性分析等工作
项目经理	主责项目计划制订、项目资源预算与项目风险分析工作
市场代表	主责客户需求研究、竞争研究和行业研究工作，参与产品定义工作，组织产品概念测试工作，参与产品可销售性分析工作，组织产品上市分析工作
销售代表	主责产品可销售性分析，为市场研究工作提供客户资源，预测市场规模与市场份额，参与产品上市分析工作
采购代表	主责原材料 / 零部件可采购性分析、外协分析，参与产品成本核算工作
生产代表	主责可制造性分析，参与产品成本核算工作
测试代表	主责可测试性分析，参与技术可行性分析、可制造性分析
服务代表	主责可使用性分析、可服务性分析
财务代表	主责项目财务分析
法务代表	主责法律、法规、知识产权分析
质量代表	主责制定产品质量保证方法
文档代表	主责产品文档需求策划工作

产品经理、系统工程师和项目经理作为产品创新“金三角”团队组合，也是最重要的项目立项分析团队成员。每个职能派出的职能代表要具有相应专业性，要承诺投入项目所需的时间和精力，职能代表遇到自己不能解决的问题要寻求职能部门内部专业人员的帮助。如某装备制造企业派出的生产代表是班组长，根本不具备进行系统、完整的产品可制造性分析的经验、能力与专业性，只是“形式上”的代表，项目可行性分析的质量可想而知。

立项分析团队的任务是对通过概念评审的项目进行深入的调查和分析，论证该项目是否可以进入开发阶段，交付件是完整的立项分析报告。根据项目大小和复杂程度，立项分析工作持续的时间可能需要 1 ～ 3 个月，参加的人员需要 6 ～ 10 人。各职能代表首先要对相应职能内容的分析结果负责，同时作为团队成员也要对立项分析报告的整体质量负责。要注意这是一个团队，不是只做好自己分内的事情就足够了。比如作为一个技术代表，首先要对项目的技术可行性分析结果负责，同时如果发现项目在可制造性方面有问题，也要及时提出来，并与其他团队成员一起集思广益，找到相关制造问题的解决方案。

项目立项分析团队组建要点包括以下几项。

（1）要组建跨职能的团队进行项目立项分析工作。

（2）项目立项分析团队的各职能代表要涵盖各项立项分析要素内容。

（3）各职能代表必须专业，必须投入足够的时间和精力进行项目可行性分析工作，必须能够对所负责项目立项分析内容进行有效分析。

（4）项目立项分析团队是一个具有共同目标、共同责任的团队，每个职能代表除了做好所主责内容的分析外，还要主动参与相关内容的分析，共同对项目可行性分析报告的质量负责。

（5）项目立项分析团队的各职能代表原则上应该成为后续产品开发团队的核心代表，以保持项目的连续性。

咨询实例

某医疗器械企业的项目立项分析质量改善

在创新咨询顾问的指导下，某医疗器械企业的项目立项分析主要进行了以下改进。

（1）由研发部分析走向跨职能团队分析。

（2）成立产品管理部，负责客户需求研究工作。

（3）重视技术预研工作。

（4）重视采购、生产、运维等职能的提前介入。

（5）重视法规、文档工作。

七、项目立项分析报告的更新

项目立项分析工作不是一次性工作，不是立项评审通过了项目立项分析报告就可以束之高阁了！**项目立项分析报告主要不是写给决策评审团队看的，而是产品开发团队需要定期评估和更新的**。原因如下。

（1）在立项分析阶段，项目立项分析报告是基于不完整、不准确的信息撰写的。这些信息需要在产品开发过程中进一步核实和补充完善。

（2）在开发阶段，客户需求、竞争对手、市场环境及技术等因素都会发生变化。这些因素的变化势必影响得出立项分析数据的假设条件。假设条件变化了，预测数据必然要进行相应调整。

（3）随着产品开发向前推进，产品的功能和特征等越来越明晰，产品开发团队能够对市场需求等信息进行更为准确的分析和判断，相应的，原先预测的数据也需要调整。

正如一位古希腊哲学家所说："人不能两次踏进同一条河流。"由于影响产品成败的因素在不断变化，作为保障产品成功的项目可行性分析报告也应该根据环境的变化而及时调整和更新。

在开发和测试阶段需要重点调整和更新的项目可行性分析报告内容如下。

1. 产品设计开发阶段项目可行性分析更新内容

对于一个创新性比较强的新产品项目而言，在立项分析阶段客户需求的确定性只有 50%，其余 50% 需要在开发和测试阶段补充和完善。在开发阶段，随着样机开发的完成，需要对可测试性分析、可制造性分析、可销售性分析、可使用性及可服务性分析等进行修改和完善。如果开发的周期需要持续 6 ～ 18 个月，则在样机评审前，应该有几个里程碑的小评审点。如果在开发期间竞争对手推出了比我们的产品更好的新产品，产品开发团队需要重新评估销售量预测、价格预测等市场数据。如果出现破坏性打击，可能要及时中止新产品的开发。

2. 产品测试矫正阶段项目可行性分析更新内容

产品测试阶段除了进行样机测试之外，还要进行现场测试、客户测试和市场测试。在此阶段要重点更新可制造性分析、可销售性分析、可使用性及可服务性分析、财务分析等数据。

在每个决策评审点，产品开发团队都要将更新后的项目可行性分析报告作为主要交付件提交给决策评审团队，作为项目决策的重要依据。在产品上市后的评审点，产品开发团队还要将立项分析时承诺的产品开发绩效目标与实际实现的绩效结果进行对比，分析差距和原因，总结经验和教训。

创新者行动

公司首席产品官组织中高层管理者明确项目立项分析的主要内容、质量要求与团队组成，建立规范的项目可行性分析流程，对每个新产品开发项目进行严谨的项目可行性分析，为项目评审决策提供高质量的输入信息。

第二节 市场研究方法

创新者思考

（1）我们公司的市场研究工作主要包括哪些内容？

（2）我们公司主要采取哪些方法进行市场研究？有效性如何？

（3）我们公司哪些人应该熟练掌握各种主要的市场研究方法？当前掌握程度如何？

市场研究（Market Research）是指采用各种一手、二手市场研究方法，对行业、竞争与客户需求进行系统、完整、深入、可信、持续的研究与分析，为公司各类创新决策提供依据。

市场研究是企业进行各类创新决策的前提，缺乏可信的市场研究信息作为决策依据是很多企业创新失败的根本原因。

市场研究方法是产品经理“吃饭用的筷子”，是产品经理必须掌握的最基础、最重要的产品创新方法。

创新源于市场洞察！

一、市场研究工作的重要性

市场研究是创新型企业从创新战略管理阶段到创新前端管理阶段，到产品开发管理阶段，再到产品生命周期管理阶段都要进行的工作。不同的创新阶段使用的市场研究方法不同，市场研究工作要实现的目的与目标也不同。

以下分别简要介绍在产品创新的不同阶段，缺乏有效的市场研究可能带来的不良影响。

1. 创新战略管理阶段

在创新战略管理阶段，需要进行的市场研究工作包括新的战略机会洞察、产品差异化定位、市场细分与目标客户选择、目标客户共性需求洞察等。缺乏有效的市场研究在创新战略管理阶段可能带来以下不良影响。

（1）进入了没有市场前景，没有比较优势，难以胜出的业务领域，导致创新投资失败。

（2）推出的产品没有竞争特色，主要靠打价格战获取市场份额，盈利情况不理想。

（3）进入太多的细分市场，推出太多的型号产品，产品线整体创新投资回报不理想。

（4）订单交付时有太多的定制需求，订单交付周期长、客户满意度低，订单盈利情况不理想。

2. 创新前端管理阶段

在创新前端管理阶段，需要进行的市场研究工作包括突破性的新产品创意激发、新产品概念分析、行业研究、竞争研究、客户需求研究和产品概念测试等。缺乏有效的市场研究在创新前端管理阶段可能带来以下不良影响。

（1）缺乏足够数量的、突破性的新产品创意。

（2）虚假、错误的客户需求信息导致错误的、高成本的产品定义。

（3）市场、技术等可行性分析不完整、不正确，导致难以成功的项目进入开发流程。

3. 产品开发管理阶段

在产品开发管理阶段，需要进行的市场研究工作包括领先用户参与产品开发、客户现场产品测试和产品市场测试等。缺乏有效的市场研究在产品开发管理阶段可能带来以下不良影响。

（1）由于客户需求了解不系统、不完整，产品开发过程中边了解客户需求，边预研技术、开发产品，导致产品开发周期长，错过有效的上市窗口期，或者中途夭折。

（2）没有进行有效的客户现场测试，导致产品交付给客户后问题多，影响客户满意度，影响产品销量与盈利。

（3）没有进行有效的市场测试、上市测试，导致产品上市失败，浪费公司大量资金，影响公司声誉。

4. 产品交付管理阶段

在产品交付管理阶段，需要进行的市场研究工作主要包括产品生命周期阶段分析。缺乏有效的市场研究在产品交付管理阶段可能带来以下不良影响。

（1）不能及时采取不同产品生命周期管理策略。

（2）不能及时进行产品改进、升级。

（3）不能及时进行产品退市。

二、市场研究的主要内容

我们通常所指的市场研究（Market Research）主要包括行业研究、竞争研究和客户需求研究三方面的内容。市场研究的三个方面如图 10-4 所示。

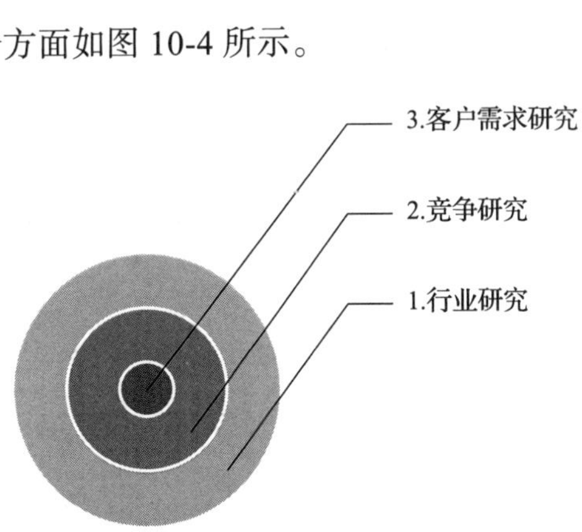

图 10-4 市场研究的三个方面

市场研究的三个方面是由表及里、相互关联和相互影响的。

表 10-2 总结了三类市场研究工作的主要研究内容，以及需要应用的主要的市场研究方法。在后续章节中，将对市场研究的主要内容分别进行较为深入的介绍。

表 10-2 市场研究的主要内容

市场研究的主要方面	具体研究内容	主要的市场研究方法
1. 行业研究	（1）行业宏观环境研究 （2）行业产业链研究 （3）行业利益相关者研究 （4）行业市场发展趋势研究	以二手研究为主，兼顾一手研究
2. 竞争研究	（1）竞品研究 （2）友商研究 （3）标杆企业研究	以二手研究为主，兼顾一手研究
3. 客户需求研究	（1）不同类型客户的需求研究 （2）客户不同体验周期的需求研究 （3）客户“痛点”需求研究	以一手研究为主，兼顾二手研究

三、市场研究的主要方法

按照是否与客户直接接触划分，市场研究方法可以分为一手研究和二手研究。一手研究直接与客户接触，通过现场访谈、观察或体验客户的生活等方式了解客户需求。二手研究通过间接的方式了解客户需求，主要包括案头资料查阅等。

按照获取的信息形式，一手市场研究方法又可以再分为定性市场研究方法和定量市场研究方法。定性市场研究方法通常以获得有价值的信息为主，比如客户看重的“痛点”需求。定量市场研究方法的主要目的是通过对较多样本的研究，获得关于某一问题的统计结果。比如了解客户对产品不同定价水平的接受程度，就可以采取定量研究的方法。

表 10-5 列举了主要的市场研究方法。

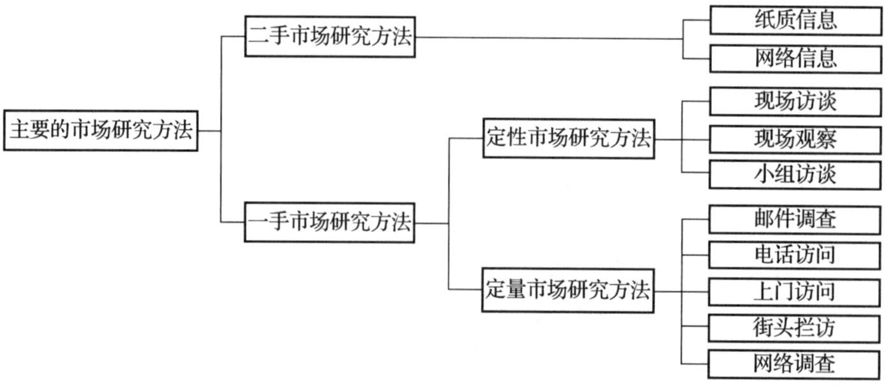

图 10-5 主要的市场研究方法

市场研究工作的基本原则：**先二手研究，后一手研究；先定性研究，后定量研究；重要决策，不能不做一手研究。**

在市场研究工作中，通常先做二手研究，再做一手研究。因为二手研究成本低、速度快，能够在很短的时间内获取大量的信息。企业能够从二手研究中获取信息，就没有必要采取长周期、高成本的一手研究方法去获取。二手研究虽然能在很短的时间内获得大量信息，但是很多信息的质量、真伪值得怀疑，所以很多信息还要通过一手研究去验证或获取。二手研究方法通常用于了解竞争信息和行业整体信息，而一手研究主要用于客户需求研究。

产品经理及市场研究人员需要精通各种市场研究方法，要能够根据具体的研究目的与研究目标进行多种市场研究方法组合，一手研究与二手研究相结合，定性研究与定量研究相结合，以实现预期的市场研究目标。

以下分别介绍各类市场研究方法。

四、二手市场研究方法

二手研究（Secondary Research）是指从已有的数据或已经做过的研究中获取有价值的市场信息。二手信息来源主要包括纸质信息与网络信息。现在大部分二手信息都已经数字化、网络化了，更加容易搜索与获取。

二手研究主要包括三个步骤。

（1）首先，要明确研究所要回答的具体的问题，即要明确研究的目的与目标。

（2）其次，要清楚所需的各种信息的可能来源。

（3）最后，通过各种信息来源对信息进行搜索、搜集、整理与分析。

泛泛地、毫无目的地搜索信息是低效的，是难以获得有意义的结果的。

二手研究的关键是识别所需信息的来源。表 10-3 列举了一些主要的二手信息来源，可供市场研究者参考。

表 10-3　二手市场研究的主要信息来源

信息类型	可能的信息来源举例
纸质媒体	商业期刊、报纸
在线商业服务	财经网站、CNKI（中国知网）等期刊论文库
互联网	搜索引擎（百度、谷歌等）
公司信息来源	上市公司年报、证券交易所、大学等专业研究机构
行业信息来源	证券公司的研究所、行业协会网站、行业分析机构
新闻资源	腾讯等新闻门户网站
国际资源	各个国家的商务、贸易、工业网站
政府资源	政府网站的公告、年度统计数据、公共图书馆
专利资源	国家专利局、世界专利查询机构、专利代理机构

二手市场研究的要点如下。

（1）市场研究一般先从二手研究开始。二手研究能够低成本、快速地获取很多市场信息。

（2）二手研究要明确研究目的、研究目标，要列出可能的获取二手信息的渠道与方式。

（3）要平衡考虑二手信息获取的成本与价值，要对二手信息的真伪进行分析与判断。

五、定性市场研究方法

定性市场研究（Qualitative Market Research）通常以获得有价值的信息为目的。比如现场访谈、现场观察等定性研究方法的主要目的是获取有价值的客户需求信息。

定性市场研究方法在创新前端管理阶段使用最多，主要用于洞察客户需求。用于洞察客户需求的定性研究方法主要有三类：现场访谈、现场观察和小组访谈。

1. 现场访谈

现场访谈（Field Interview）方法是指与客户进行一对一（One to One）、面对面（Face to Face）的深入交流（Deep Talking）。现场访谈方法是洞察客户需求的最基础、最重要的市场研究方法。调研者要让受访者放下戒心、敞开心扉，积极坦诚地与调研者进行深入交流。调研者要通过提出开放式问题，要通过多问“为什么（Why）”，挖掘“客户心声（Voice of Customer，VOC）”。

2. 现场观察

现场观察（Field Observation）方法是在客户现场观察客户如何使用产品，以发现客户使用产品过程中存在的问题、困惑与烦恼。现场观察方法是现场访谈方法的必要的补充。在观察客户使用产品的过程中，才能深切了解客户在产品使用中遇到的问题，洞察到许多通过现场访谈难以发现的客户需求。**客户很多隐性需求是看出来的，而不是说出来的。**通过走进客户的家里、办公室或生产现场，花几小时或几天的时间和客户“生活在一起”，能够获得很多客户未说出来、未想到、未预期的隐性需求。

现场访谈是洞察客户显性需求的主要方法，现场观察是洞察客户隐性需求的主要方法。产品经理、市场研究人员需要熟练掌握和运用这两种最基本、最重要的市场研究方法。

3. 小组访谈

小组访谈（Focus Group）方法是指邀请多名客户一起进行交流，以了解客户需求信息。

小组访谈方法的好处是一次可以与多位客户一起交流，访谈效率比较高。小组访谈方法的弊端是一些客户可能会被其他客户影响，难以表达自己的真正想法，出现“从众”效应。对于客户需求研究而言，一般先进行一对一的现场访谈和现场观察，然后根据必要做一些小组访谈，作为补充调研手段。对于重要的客户需求研究项目，只做小组访谈，不做一对一的现场访谈和现场观察是不合适的，客户需求研究的质量会大打折扣。

4. 三种定性市场研究方法的比较

定性研究方法适合企业的产品管理团队自己做。如果外包给市场研究公司，企业获得的将是已经过滤的二手信息，而不是直接来自客户的“原汁原味”的需求信息。这些过滤后的信息将影响产品管理团队对客户真正需求的理解，从而影响产品定义的质量。应用不同的市场研究方法能够得到不同类型的客户信息。没有一种市场研究方法能够了解客户所有的需求信息。企业应该综合应用以上三种定性市场研究方法中的多个方法，来洞察客户需求，识别突破性的创新机会。表 10-4 对三种定性市场研究方法进行了简要的比较。

表 10-4　三种定性市场研究方法的比较

定性市场研究方法	获得的信息	主要的优点	主要的缺点
现场访谈	（1）大量的细节 （2）背景需求	（1）搜集信息的速度快 （2）信息面宽	（1）难以获得可信的隐性需求和流程需求 （2）被看成营销行为
现场观察	（1）流程知识 （2）隐性知识	（1）学习客户的语言 （2）发现未预期的需求	（1）费时、费钱 （2）必须将观察到的现象转换为文字描述
小组访谈	（1）大量的细节 （2）不同对象的需求	（1）搜集信息的效率很高 （2）信息面很宽	（1）难以获得可信的隐性需求和流程需求 （2）可能会受别人影响，没有表达个人真实需求

六、定量市场研究方法

定量市场研究（Quantitative Market Research）方法是对足够大的样本量的消费者进行调查，通过统计获得可靠的数据。定量市场研究方法可用于了解不同客户需求信息的重要度水平、产品性能排序、对当前产品的满意度、试销的概率、重复购买率和产品偏好等。

定量市场研究收集数据的主要方法包括邮件调查、电话访问、上门访问、街头拦访和网络调查 5 种。调查者可以根据调研时间、调研费用及调研数据的可靠性要求等权衡选择各种定量研究方法。大样本的定量研究一般外包给市场研究公司。重要的小样本的定量研究建议由公司自己做。调查问卷设计及调查样本的选择是定量研究取得成功的关键。

1. 主要的定量市场研究方法

定量市场研究收集数据的主要方法包括邮件调查、电话访问、上门访问、街头拦访和网络调查 5 种。

（1）**邮件调查。**调查员将问卷邮寄给被调查者，说明填写方法，请对方填好后邮寄回来，或者调查者上门收取。也可以采用电子邮件或传真等方式进行调查。邮件调查由于回收速度慢、回复率低、填写质量难以保证，使用的频率正在降低。

（2）**电话访问。**选取一个被调查者的样本，然后拨通电话，询问一系列问题。调查员集中在某个场所或专门的电话访问室，在固定的时间内进行访问工作，现场有督导人员进行管理。调查员都是经过专门训练的。电话访问可以外包给专门的市场调查机构。电话访问面临的最大障碍就是受访者拒绝接受访问。由于要拨通多个电话才可能有一个愿意配合的受访者，因此电话访问的成本正在不断上升。但是，电话访问对于需要很快获取信息的调查还是有速度和成本优势的。

（3）**上门访问。**调查员到被调查者的家中或工作单位进行访问，直接与被调查者接触，利用访问式问卷逐个进行询问，并记录下对方的回答。到客户现场进行访谈的成本通常很高，但是由于访谈是在客户的环境中进行的，访谈的质量一般都不错。

（4）**街头拦访**。在某个场所拦截在场的某些人进行面访调查。对于消费品，可以在购物商场进行拦访调查；对于工业产品，可以在展会上进行拦访调查。如果一个公司的大量客户集中在某一个地方，而且这些客户有时间接受访谈，那么街头拦访就是一种较好的调查方式。

（5）**网络调查**。通过互联网对上网的客户进行问卷调查。网络调查是最快速的一种数据搜集方法。

2. 进行定量市场研究的主要步骤

进行各种定量市场研究都有关键的 4 个步骤。

（1）**撰写调查问卷**。这一步最为关键。需要由经过培训并且有经验的调查人员负责撰写调查问卷。调查问卷应该是清晰、不带偏见、准确的，调查问卷的长度和难度要适中。调查问卷的质量很大程度上决定了定量研究获取的信息的质量。

（2）**搜集数据**。搜集数据的方式主要有：邮件调查、电话访问、上门访问（办公室或家庭）、街头拦访与网络调查等。

（3）**数据分析**。首先将纸面的数据转换为电子格式，然后采用 Excel 或 SPSS 等专业的统计分析软件对数据进行统计和分析。

（4）**汇报结果**。这是定量研究的最后一步。可以采用 PPT 简要地汇报调研结果中的关键信息。简要的汇报能使听取汇报的人问研究者一些问题，更好地理解调研结果。最好在数据搜集完成后不久就召开研讨会议，以小组方式讨论这些数据的含义。研究团队在征集大家意见的基础上，进行更为深入的数据分析，提交对新产品开发更有用的最终报告。

3. 定性市场研究方法与定量市场研究方法的比较

通常，可以先通过定性研究了解客户需求的关键信息，再通过定量研究的方式去验证。

在新产品开发的创意产生、概念开发及立项分析等前端阶段，较多地采用定性研究方法。在新产品开发、测试和上市阶段较多采用定量研究方法。比如在客户需求研究中，可以先通过现场访谈、现场观察等定性研究方法获得主要的客户需求信息，然后通过概念测试等定量研究方法确定这些需求信息是否真正是客户所看重的。请客户对需求信息进行重要度排序也是非常重要的定量市场研究方法。

定性市场研究方法与定量市场研究方法简要比较如表 10-5 所示。

表 10-5 定性市场研究方法与定量市场研究方法的比较

	定性市场研究方法	定量市场研究方法
调研目的	● 主要用于洞察未满足的需求 ● 对潜在的理由和动机求得定性的理解	● 主要用于优化新产品的吸引力 ● 将调研结果用数据表示，并把结果从样本推广到所研究的总体
调研样本	● 样本规模较小	● 样本规模较大
数据搜集	● 词句及印象 ● 软数据	● 数字 ● 硬数据
数据分析	● 探究调研主题更深入的含义	● 采用统计方法进行分析
调研结果	● 更具探索性 ● 获得初步的理解 ● 对某个问题的深入理解	● 更具确定性 ● 统计性

七、产品全生命周期的市场研究

市场研究不是在产品开发前进行的一次性工作，而是贯穿产品创新全过程的。对客户需求的管理应该树立**全流程管理**的观念。在产品创新的不同阶段，企业需要采用不同的市场研究方法，持续地洞察客户需求，征求客户的反馈意见，开发出满足客户需求，甚至超出客户期望的精品创新产品。表 10-6 列出了在产品创新管理各阶段主要的市场研究方法的应用情况。

表 10-6 各产品创新管理阶段主要的市场研究方法应用

产品创新管理阶段	市场研究的主要内容	主要应用的市场研究方法
创新战略管理	（1）战略机会识别 （2）客户需求研究 （3）竞争者分析 （4）市场分析	（1）二手研究法 （2）小组访谈法 （3）领先用户法
创新前端管理	（1）突破性新产品创意激发 （2）新产品创意完善 （3）客户需求研究 （4）客户需求排序 （5）产品概念测试	（1）领先用户法 （2）现场访谈法 （3）现场观察法 （4）小组访谈法 （5）定量研究法
产品开发管理	（1）客户需求研究 （2）原型测试 （3）使用测试 （4）客户测试 （5）市场测试 （6）产品试销	（1）现场访谈法 （2）现场观察法 （3）小组访谈法 （4）定量研究法
产品交付管理	（1）产品改进与升级 （2）产品系列化开发	（1）现场访谈法 （2）现场观察法 （3）小组访谈法 （4）定量研究法

1. 创新战略管理阶段的市场研究

创新战略管理阶段主要通过对客户需求、竞争对手及市场环境等的研究和分析，发现可能的市场机会，确定企业要进入的战略区域。这个阶段可以通过二手研究了解竞争者的相关信息，了解目标市场的基本情况，并通过小组访谈方法、领先用户方法等对客户未满足、未预期的需求进行研究，发现可能的战略机会。

2. 创新前端管理阶段的市场研究

通过领先用户研究、现场访谈和现场观察等方法，洞察客户隐性需求，激发突破性的新产品创意，优化和完善新产品创意。通过各种定性、定量，一手、二手市场研究方法的应用，系统洞察客户需求，为产品定义和产品线规划提供正确的输入。

3. 产品开发管理阶段的市场研究

对于创新性比较高的新产品而言，进入产品开发阶段时客户需求的确定性只有 50%。也就是说，还有 50% 左右的客户需求需要在产品设计开发阶段进一步了解和完善。所以，在产品的设计和开发过程应该持续保持和客户的密切接触，倾听客户需求，了解客户对开发中的产品的意见和建议。企业可以通过邀请客户参加产品概念测试、速制原型测试和样机测试等方式，实施并行工程，持续听取客户的声音，及时改进和完善产品，减少开发过程中的返工。

测试和矫正阶段需要邀请客户对产品样机进行使用现场的测试，以了解产品有哪些需要改进和完善之处。此外，企业还要通过部分样本客户的测试或试销，了解市场对产品的接受度，预测可能的市场规模，检验营销方案的有效性。

产品批量上市后并不意味着市场研究工作的结束，相反正是一个新的市场研究周期的开始。企业需要通过听取客户对产品的反馈意见，对现有的产品进行完善和改进，直至产品完全稳定。

4. 产品交付管理阶段的市场研究

产品批量销售一段时间后，企业需要结合对产品生命周期的理解，及时推陈出新，开发产品的升级版本或重大改进版本。对于考虑了平台规划的产品而言，要对不同的细分市场进行深入的调研，及时推出能满足不同的细分市场需求的系列产品。

创新者行动

公司首席产品官组织产品管理部门的负责人、各产品线经理、各产品线系统工程师分析公司市场研究工作存在的主要问题，明确主要的市场研究内容、主要的市场研究方法，培养各产品线专业的市场研究人员，通过高质量的市场研究洞察突破性的创新机会，开发出超出客户期望的精品创新产品。

第三节 行业研究

创新者思考

（1）我们应该重点研究行业宏观环境的哪些方面？为什么？

（2）我们应该重点研究行业产业链的哪些环节？为什么？

（3）我们应该重点研究哪些利益相关者？为什么？

（4）我们应该重点研究行业市场发展趋势的哪些方面？为什么？

行业（Industry）由与企业经营产品相关的各类市场参与者、影响者构成。

凡是会影响企业经营业绩的“利益相关者”都是“行业”研究的对象。

“客户”是最重要的“行业参与者”，因为企业最终要通过客户购买、使用（消费）我们的产品（服务）获得投资回报。客户是企业的“衣食父母”。因此，目标客户选择及客户需求研究是市场研究最重要的内容。

竞争者（友商）是仅次于客户的“行业参与者”，因为友商的产品、价格、宣传等会直接影响我们的产品的销量与利润。因此，竞品及友商是非常重要的市场研究内容。

本节“行业研究”(Industry Research）的内容是除客户、友商以外的所有其他要素。鉴于客户、友商研究的重要性，后续将安排专门的章节进行深入研究。

行业研究可以分为由外围到中心的四个方面，如图 10-6 所示。

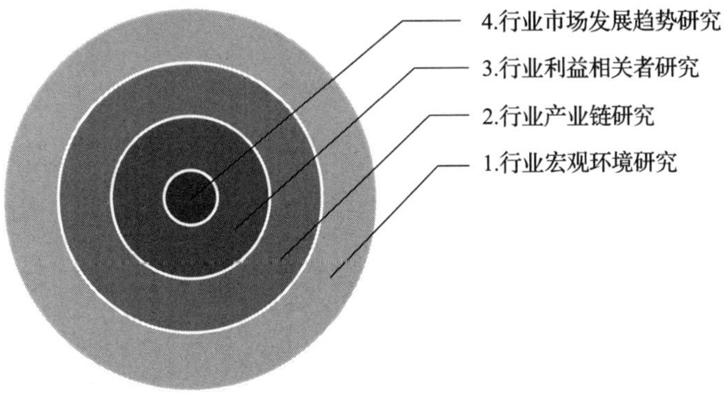

图 10-6　行业研究的四个方面

当今世界，行业的“边界”正在变得越来越模糊，很多企业很难采用传统的标准进行行业定义。比如智能手机厂商是属于手机行业、相机行业还是电脑行业？或者都是？或者都不是？我们可能不必过于看重自己是属于哪个行业的，我们需要做的是满足客户看重的需求，洞察“行业”发展趋势，顺应趋势，趋利避害，不与“不可逆”的趋势为敌！

颠覆你的很可能是“外行”，而不是“内行”。你在一个行业内好不容易做到了领先，但是很可能你所在的整个行业一夜之间消失了。比如智能手机“消灭”传统胶片相机行业和数码相机行业。颠覆你与你“无关”！

创新型企业应该“跳出行业看行业”，甚至开创出新的“行业”。

表 10-7 总结了行业研究的主要内容、目的及方法。

表 10-7 行业研究的主要内容、目的与方法

行业研究的主要方面	行业研究的主要内容	行业研究的主要目的	行业研究的主要方法
1. 行业宏观环境研究	政治、经济、社会、技术、环保、法律	洞察行业发展的“不可逆”的趋势，顺应趋势，趋利避害，决策进入具有战略机会的产业，退出不再有“钱景”的产业	（1）网络信息收集 （2）各类专家访谈 （3）政府法律 / 法规 / 政策收集
2. 行业产业链研究	上中下游	识别“卡脖子”环节，识别各环节的利润率，决策往产业链各环节延伸的必要性与可行性。	（1）绘制产业链全景图，持续动态更新 （2）行业专家访谈 （3）网络信息收集
3. 行业利益相关者研究	供应商、合作伙伴、互补者、管理者、投资者、影响者	识别关键利益相关者，促进或调整合作关系，提升公司经营效益，促进企业持续健康发展。	（1）现场访谈 （2）绘制利益相关者全景图，持续动态更新
4. 行业市场发展趋势研究	市场规模、市场成长性、产业格局、细分市场玩家	决策进入成长性好的细分市场，避免进入没有前景的细分市场。	（1）专家访谈 （2）网络信息收集

行业研究包括以下要点。

（1）行业研究包括宏观环境分析、产业链分析、利益相关者分析和行业市场发展趋势分析四个方面。四个方面相互关联，需要系统、综合研究与分析。

（2）企业要分事业部或者产品线建立行业研究信息库，以季度为单位周期性地对行业环境进行系统“扫描”，及时洞察行业环境的变化情况及变化趋势，及时做出应对决策，确保企业“因需而变”，与时偕行。

（3）洞察行业中长期的“不可逆”的趋势非常重要，要顺应趋势，顺势而为，不要与“不可逆”的趋势为敌！

（4）在行业上下游的扩展中要“有节制地创新”，要建立和维护可持续的、优势互补的产业生态系统，不要试图赚取行业的“每一个铜板”，不要成为行业的“孤家寡人”。

（5）要在行业中建立比较优势或者难以模仿的核心能力，最好是能够成为行业的标准制定者或持续引领者，能够实现企业持续增长，能够维持较高的盈利水平，能够持续强化自身的核心能力。

以下分别简要介绍行业研究的四个方面的要点。

一、行业宏观环境研究

宏观环境研究包括政治、经济、社会、技术、环保与文化等多方面的研究。创新型企业通过宏观环境 PESTEL 持续扫描与分析，洞察可能的战略机会，规避可能的创新风险。

PESTEL 是行业宏观环境研究主要要素的首个字母的组合，分别代表：P-Political（政治），E-Economy（经济），S -Social（社会），T-Technology（技术），E-Environment（环保）和 L-Law（法律）。

表 10-8 列出了行业宏观环境分析的主要内容，各企业可以结合行业实际参考应用。

表 10-8　行业宏观环境分析的主要内容

政治 / 法律	经济	技术	社会 / 文化 / 环保
税收法规 /《中华人民共和国知识产权保护法》/《中华人民共和国物权法》	货币供应量（通货膨胀或紧缩）	研发费用及其占销售收入的比例	对生活方式、创新、职业和消费行为的态度
国际贸易法规（反倾销）	货币政策（汇率）	推出新产品的速度	生活预期
消费者贷款政策（车贷、房贷）	失业率（劳动力成本）	自动化程度	关注生活质量
环境保护法规	能源价格（煤、电、油）	机器人技术	出生率
《中华人民共和国反垄断法》及其执行情况	可使用的个人收入	研发重点	人口迁移
劳动法规（包括雇佣、解雇、晋升）、薪酬支付等方面	经济周期的发展阶段	管理技术的发展	女性占员工总数的比例变化
工资 / 价格控制（最低工资保障）		互联网及 IT 技术的发展	对安全、环境及健康的重视程度

行业宏观环境研究包括以下要点。

（1）要通过宏观环境分析洞察政治、经济、技术、社会等发展的“不可逆的”趋势，基于趋势判断顺势而为，不要与“不可逆”的趋势为敌！

（2）人口结构及人们的消费趋势是最需要深入洞察的，地球上的所有产品最终都是直接或者间接为人服务的。

（3）通过宏观环境分析，寻找有机会进入的业务领域，也要考虑可能需要退出的业务领域。

咨询实例

表 10-9 为某动力电池企业的行业宏观环境分析（示例）。

表 10-9　某动力电池企业的行业宏观环境分析（示例）

宏观环境要素	相关要素分析	可能的战略机会
政治 / 法律	• 国家鼓励新能源汽车发展 • 国家重视知识产权保护 • 多个发达国家提出禁售燃油车的时间表	• 动力电池需求将长期持续增长

续表

宏观环境要素	相关要素分析	可能的战略机会
经济	● 中国、印度等新兴经济体经济快速增长	● 新能源汽车销量将持续增长
技术	● 电池技术持续进步，电池能量密度持续提升	● 电池占用汽车空间变小，电池占汽车成本比例降低，新能源汽车价格下降，促进新能源汽车销售
社会 / 文化 / 环保	● 地球变暖 ● 民众对环保日益重视	● 促进新能源汽车的购买，促进对燃油车的替代

创新者行动

明确公司行业宏观环境分析的主要方面与主要内容，分产品线建立宏观环境分析信息库，以季度为周期对行业宏观环境进行系统“扫描”，更新宏观环境分析信息库，洞察可能的战略创新机会。

二、行业产业链研究

通过对行业产业链上中下游进行研究，寻找产业链各个环节可能存在的战略创新机会，如图 10-7 所示。

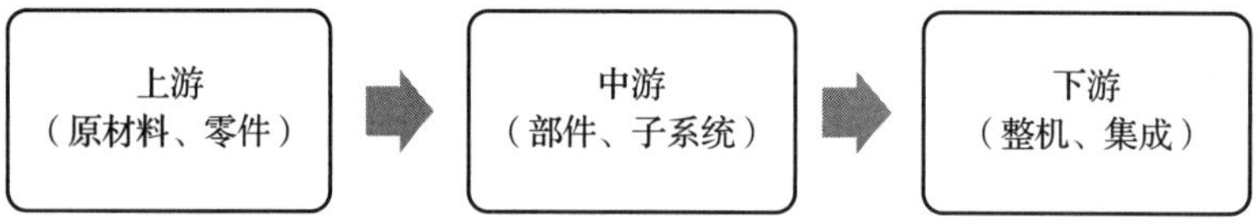

图 10-7　产业链上中下游研究

产业链上游一般是原材料、关键零部件。比如对于光伏产业而言，硅料就处于产业链的上游。硅料的价格波动对光伏组件（中游）、装机发电（下游）的影响很大。对于电脑行业而言，英特尔的芯片就处于上游，芯片的功能、性能很大程度上决定了电脑产品的功能和性能，芯片的更新换代往往也会带来电脑产品的更新换代。英特尔追求“被集成”，追求“Intel Inside”，不做电脑部件和整机，引领电脑产业链的发展，赚取了电脑产业链的很大一部分利润。

产业链中游一般包括部件与子系统。处于产业链中游的企业有时会比较“被动”，可能会被上游关键原材料、关键零件“卡脖子”，也可能会被下游整机厂商“抛弃”。

产业链下游主要包括整机厂商、集成厂商。处于产业链下游的企业的好处是能够直接接触最终客户，能够及时洞察客户需求及其变化趋势。处于产业链下游的企业往往竞争激烈，企业管理复杂，市场份额分散，很多企业的盈利情况不理想。一些缺乏核心技术、核心能力的下游企业往往是给上游、中游企业“打工”的，产业链利润主要集中在上游和中游。

行业产业链分析包括以下要点。

（1）**要分析产品链上游是否存在对公司产品“卡脖子”的原材料、部件或技术，并思考破解**

之道。比如某纺织机械企业的某个关键部件只有德国一家厂商能够提供。德国这家厂商如果一年只给该公司提供 1000 个关键部件，该公司某装备产品一年就只能生产 1000 台套。

（2）**产业链上下游扩展要适度。**过度的产业链上下游扩展可能使整个产业链的风险都集中在一家企业，并且产业链上下游的很多企业都可能由该公司的供应商或客户变成“友商”。比如某光伏硅料企业，向产业链中游扩展做光伏组件，并且向产业链下游扩展投资建设光伏电厂。当光伏产业剧烈波动时，这家公司受到的冲击可能也会非常大。

（3）**要尽可能在产业链中占据主动地位。**如果在产业链中处于被动或弱势地位，则很可能失去与产业链上下游企业的“讨价还价能力”，企业的盈利情况堪忧，企业的中长期发展潜力堪忧。比如某“品牌”电脑厂商，芯片是英特尔的，操作系统是微软的，软硬件的核心都不掌握在自己手里，虽然营业规模较大、市场份额较高，但是净利润率长期低于 5%，经常处于亏损的边缘。

创新案例

宁德时代在产业链上中下游的战略布局

宁德时代是全球领先的动力电池生产企业，2022 年占全球电动车电池市场 34%，接近第二名至第四名（LG、比亚迪、松下）市场份额的总和。2014 年宁德时代还未进入全球动力电池市场份额的前 10 名。宁德时代在产业链上中下游的扩展与布局如图 10-8 所示。

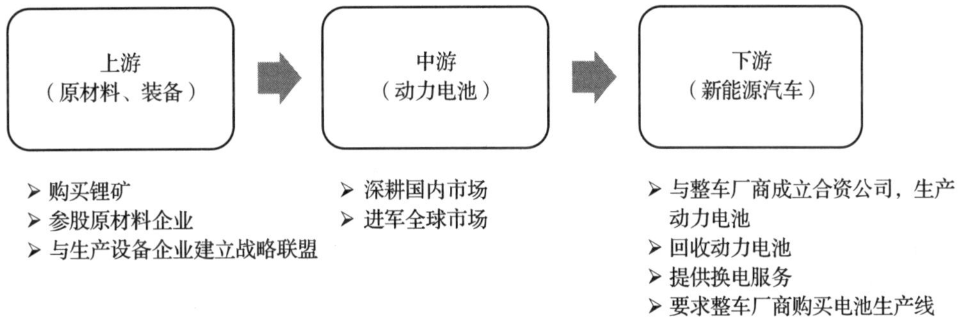

图 10-8　宁德时代在产业链上中下游的扩展与布局

宁德时代基于对动力电池产业链的深度洞察，在产业链上中下游采取多种方式积极布局，以确保企业在动力电池领域的持续领先地位。

上游：通过购买锂矿和参股原材料企业，稳定原材料供应与价格。通过参股或与动力电池设备制造企业建立战略联盟，确保动力电池设备符合公司的需求并且能够优先供应，使生产设备成为公司核心竞争力之一。

中游：在深耕国内市场的同时，积极进军全球市场，提升公司产品的全球竞争力与全球市场份额。2022 年年底，宁德时代德国工厂首批电芯顺利下仓，意味着宁德时代已具备对欧洲客户的本地生产及供货能力。

下游：与多个整车厂商成立合资公司生产动力电池，或者要求整车厂商购买电池生产线，与新能源汽车整车厂商“深度绑定”，确保动力电池的销量。依托子公司广东邦普，宁德时代与客户携手打造“电池生产→使用→梯次利用→回收与资源再生”的生态闭环。生产标准化的换电电池，提供换电服务，将动力电池与整车厂商“分离”。

创新者行动

分析企业所在产业链上中下游的主要“玩家（Players)”，分析企业的机会与威胁，制定并执行各产品线产业链上中下游扩展与布局策略。

三、行业利益相关者研究

行业利益相关者包括各类对企业的生存与发展具有正面或负面影响的“角色”。利益相关者主要包括供应商、合作伙伴、互补者、管理者、投资者和影响者。企业利益相关者的主要类型如图 10-9 所示。

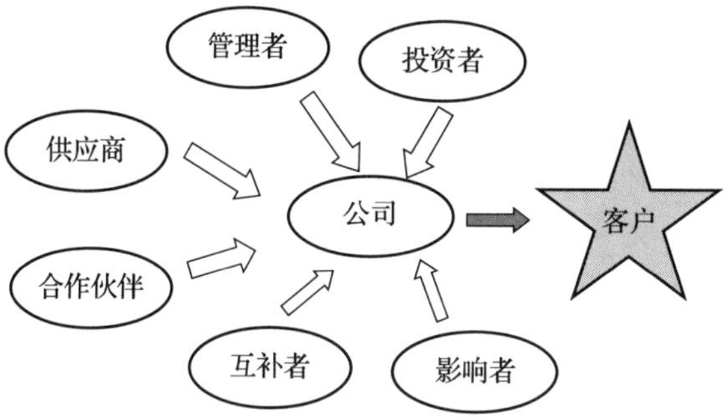

图 10-9 企业利益相关者的主要类型

处理与各利益相关者的关系，企业需要遵循老子的思想：“利而不害，为而不争”。企业要争取将各类利益相关者“为我所用”，共同服务客户，创造价值，实现共赢。

表 10-10 列出了各类利益相关者的定义，并进行了举例说明。

表 10-10 各类利益相关者的定义与举例

利益相关者	定义	举例
供应商	卖产品给我们公司的组织	原材料供应商、部件供应商
合作伙伴	与我们合作开发技术、产品的组织	外协厂商、技术合作高校、合作科研机构
互补者	为了满足某一需求，客户购买我们的产品，也需要购买相关产品的其他厂商	比如客户购买某一品牌打印机，也需要购买另一品牌墨盒，还需要购买打印纸才能打印出文件
管理者	对公司经营、产品强制性的管理机构	国际、国家相关标准管理部门
投资者	为公司提供股权投资的个人或机构	天使投资人、风险投资机构、股权投资基金等
影响者	不属于以上五种利益相关者，但是对公司的经营有影响的组织	行业协会、研究机构、媒体、环保组织、公益组织

行业利益相关者分析包括以下要点。

（1）通过供应商分析，思考我们是否可以（或者有必要）进入价值链的上游，思考与供应商合作创新的机会。

（2）通过合作伙伴分析，思考可以与哪些合作伙伴在哪些方面开展“开放式创新”合作，以快速抓住创新机会，或者进入新的业务领域。

（3）通过互补者分析，要看到客户的“整体解决方案（Whole Solution）”，要看到“大的画面（Big Pictures）”，要思考自己在客户整体解决方案中的位置（核心还是补充），要思考是否可以（或者有必要）进入互补者业务领域。

（4）通过管理者、投资者和影响者等的分析，寻找可能的创新机会，规避可能的创新风险。

创新者行动

明确公司的主要利益相关者类型，分产品线列出主要利益相关者的名单，制定并执行各类利益相关者管控策略。

四、行业市场发展趋势研究

行业市场发展趋势研究包括市场规模、市场成长性、产业格局和细分市场玩家等几个方面。我们要洞察趋势，顺应趋势，不要与“不可逆”的趋势为敌！每条产品线的行业市场发展趋势都需要回答以下问题。

1. 市场规模分析

整体市场规模有多大？市场的区域分布情况如何？

不要进入市场规模太小并且成长性很低的业务领域。整体市场规模太小，成长性也不高，即使一家企业占据很大的市场份额，也很难保证企业的持续增长。比如国内有两家分析仪器上市企业，主要客户为火电厂，整个市场每年的销售额约5亿元，并且基本上没有增长，两家企业各占40%左右的市场份额，每家企业每年的销售收入也才2亿元左右，企业很难仅靠这一个业务实现持续增长。

2. 市场成长性分析

市场每年以多大百分比增长？是成长市场、饱和市场还是衰退市场？

市场规模开始小，但是成长性高，这样的市场值得适时介入，比如新能源汽车市场。现在的市场份额很大，但是长期看处于持续衰退状态，这样的市场要适时退出或持续减少投入，比如燃油汽车市场。

3. 产业格局分析

市场是高度集中还是高度分散？市场前三名占据了多大的市场份额？

进入集中度很高的市场，一般的企业很难胜出，因为市场已经形成了“寡头垄断”。“寡头企业”在技术、产品、口碑、运营和客户关系等方面均已形成了难以超越的核心竞争力。比如在电脑操作系统领域，微软和苹果公司的“垄断地位”很难撼动。市场份额过于分散的行业，未形成“寡头垄断”，但有可能进入门槛过低，同质化竞争激烈，价格战很普遍，新进入者缺乏核心能力也是很难胜出的。比如一些小家电、家具和橱柜等行业就是市场份额非常分散的行业，长期缺乏“头部企业”，或者难以产生“头部企业”。

4. 细分市场玩家分析

是否存在不同档次的细分市场？各个细分市场的主要“玩家”有哪些？

很多行业均存在多个不同应用场景、不同档次的细分市场，不同细分市场参与“玩家”的数量不同，参与“玩家”的“水平”不同。企业应该尽可能“避实就虚”，选择尚未形成“寡头垄断”、自己有实力胜出的细分市场介入。比如在新能源汽车市场中，有些企业选择进入高端SUV车市场，有的企业选择进入中高端车市场，有的企业选择进入中低端车市场，有的企业选择进入微型车市场，还有的企业选择进入1万～2万元的老年代步车市场。在细分市场选择方面，进行错位竞争，“各得其所”“各自安好”是比较好的市场格局。

创新案例

新能源汽车市场发展趋势分析（示例）

一家有意“杀入”新能源汽车市场分一杯羹的科技企业，需要对新能源汽车行业市场发展趋势进行以下分析。

（1）市场规模：每年销售多少台车？销售金额多大？

（2）市场成长性：过去5年的销售增长情况，未来5年的销售增长预测。

（3）产业格局：哪些是领先的新能源汽车企业？哪些是快速追赶者？哪些是可能的颠覆者？

（4）细分市场玩家：新能源汽车产业可以分为哪些细分市场？比如乘用车、校车、轻卡、重卡等。各个细分市场主要的市场玩家有哪些？各个细分市场的增长趋势如何？

创新者行动

每条产品线从市场规模、市场成长性、产业格局和细分市场玩家四个方面分析行业市场发展趋势，选择进入、退出或优化各个细分市场的产品组合布局。

第四节　竞争研究

创新者思考

（1）我们如何进行竞品研究？

（2）我们如何进行友商研究？

（3）我们如何进行标杆研究？

竞争研究（Competition Research）包括竞品研究、友商研究和标杆研究三方面的内容。表 10-11 列出了竞争研究的主要内容、目的与方法。

表 10-11　竞争研究的主要内容、目的与方法

竞争研究的主要方面	竞争研究的主要内容	竞争研究的主要目的	竞争研究的主要方法
1. 竞品研究	研究各类直接、间接竞品的外观、功能、性能、价格、服务等	学习竞品的优点，规避竞品的缺陷，推出更满足客户需求，更有市场竞争力的精品创新产品	（1）购买竞品，做逆向工程分析 （2）调研共同的客户、共同的供应商、共同的合作伙伴 （3）参加展览会 （4）产品展销门店 （5）网络搜索企业网站、产品介绍 （6）专利分析
2. 友商研究	研究友商的经营理念、发展战略、管理体系、人才培养方法等	学习和借鉴友商的最佳实践做法，提升公司管理水平，开发和上市更有市场竞争力的创新产品	（1）调研共同的客户、共同的供应商、共同的合作伙伴 （2）上市公司报告查阅 （3）公司网站新闻查阅 （4）行业分析报告
3. 标杆研究	研究同业、异业标杆企业的经营理念、管理体系、人才培养方法等	学习和借鉴标杆企业的最佳实践做法，提升公司管理水平，开发和上市更有市场竞争力的创新产品	（1）标杆企业参访、交流 （2）标杆企业研究报告、书籍阅读 （3）行业专家交流

孙子云："知己知彼，百战不殆"。竞争研究是企业市场研究中非常重要的内容。但是，竞争研究要适度。一些企业过于重视竞争研究，而忽略了客户需求研究，导致开发出来的产品与主要友商的同类产品非常相似，陷入同质化竞争的泥潭，难以实现预期的创新投资回报。

一些企业对友商研究"非常感兴趣"，将 80% 以上的市场研究时间和精力投入竞争研究，而只有不到 20% 的时间和精力投入客户需求研究（见图 10-10），其结果是企业开发出的产品与主要友商高度相似，同质化竞争非常严重，只能通过价格战获取一些市场份额。建议创新型企业采取以下“80/20 法则”进行市场研究：将 80% 以上的时间和精力投入客户需求研究，只将 20% 左右的时间和精力投入竞争研究。这样，企业往往能够洞察到客户的真正“痛点需求”，能够开发出差异化的创新产品，能够实现预期的创新投资回报目标。

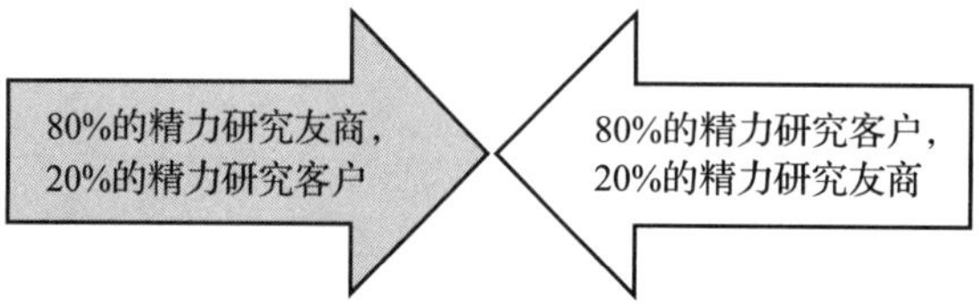

图 10-10　竞争研究与客户需求研究的精力投入

竞争研究包括以下要点。

（1）竞争研究包括竞品研究、友商研究和标杆研究三部分内容。

（2）竞品研究既要研究形式相同的直接竞品，也要研究形式不同、功能相同的间接竞品，以及形式与功能不同但目的相同的间接竞品。要随时警惕，避免被“外行”颠覆。

（3）我们要研究主要友商的主要竞品并吸收借鉴，我们更要研究和学习主要友商的经营理念、管理体系与人才培养最佳实践做法，在吸收借鉴的基础上持续提升企业经营管理水平，才能持续开发和上市成功的精品创新产品。

（4）标杆研究既要研究和学习同业标杆，也要研究和学习异业标杆。“站在巨人的肩膀上”才能快速成长。

以下分别简要介绍竞争研究的三个方面内容。

一、竞品研究

竞品研究是指研究各类直接、间接竞品的外观、功能、性能、价格和服务等。竞品研究的主要目的是学习竞品的优点，规避竞品的缺陷，推出更满足客户需求，更有市场竞争力的精品创新产品。

竞品研究主要包括以下方法。

（1）购买竞品，做逆向工程分析。

（2）调研共同的客户、共同的供应商、共同的合作伙伴。

（3）参加展览会。

（4）参访产品展销门店。

（5）利用网络搜索企业网站、产品介绍。

（6）进行专利分析。

各个企业可以根据自己的行业、产品特点，明确有效的竞品研究方法。

需要注意的是，我们不但要研究形式相同的直接竞品，也要研究形式不同、功能相同的间接竞品，以及形式、功能不同，但目的相同的竞争竞品（见表 10-12）。在突破性创新层出不穷的时代，**颠覆你的往往不是“同行”，而是“外行”！**

表 10-12 三种竞品举例

竞品类型	形式相同的直接竞品	形式不同，功能相同的间接竞品	形式、功能不同，目的相同的间接竞品
通信产品举例	中国电信与中国联通的有线电话	中国电信的有线电话与中国移动的移动电话	三大电信运营商的有线电话、移动电话与腾讯的QQ、微信服务
摄影产品举例	尼康、佳能的光学相机	索尼、奥林巴斯的数码相机	苹果手机
出行（运输）产品举例	奔驰、丰田燃油汽车.	特斯拉纯电动汽车	地铁、高铁、飞机
餐厅点餐服务	服务员点餐	机器人（大屏幕）点餐	扫码自助点餐
买菜	卖菜超市	送菜上门电商	餐厅（食堂）
产品生产方式	人工为主	部分环节加工中心	全自动生产线

建议创新型企业结合以下关键问题的思考进行各类竞品研究。

（1）哪些是我们的形式相同、功能相同的竞品？我们应该如何应对？

（2）哪些是我们的形式不同、功能相同的竞品？我们应该如何应对？

（3）哪些是我们的形式、功能不同，目的相同的竞品？我们是否保持了足够的关注？我们是否对可能的颠覆性技术的出现心存敬畏？

（4）我们最大的竞争对手是我们自己吗？我们能够做到持续自我批判，持续“自以为非”吗？

（5）我们深入对比研究了主要竞品的外观、功能与性能吗？

（6）我们深入研究了客户全体验周期各个阶段“痛点需求”的友商产品表现吗？

（7）我们能够对友商的未来产品线规划、技术预研进行有效分析与判断吗？

创新案例

Pustefix 泡特飞重新定义竞争对手

20 世纪 40 年代德国化学博士 foks 经过实验搭配出第一桶泡特飞溶液。起初的泡特飞溶液被装在木质容器里，经常外漏弄脏小朋友的衣服。40 年代末经过无数次实验终于搭配出无毒、无味、无污染的溶液，并申请专利。泡特飞的泡泡产品如图 10-11 所示。

图 10-11 泡特飞的泡泡产品

经过60多年的发展，泡特飞在欧洲创造了极佳的销售业绩，被广泛应用于玩具、娱乐、婚庆、旅游等领域。现在，泡特飞已经成为高档泡泡的领导者和代名词。

泡特飞的领导人指出，“泡特飞的竞争对手不是其他的肥皂泡玩具，它竞争的是孩子们购买巧克力棒、糖果及其他东西的零花钱。”

创新者行动

分产品线明确公司三类竞品及其主要友商名单，采用合适的方法持续收集各类竞品信息，作为公司同类产品定位的重要输入信息。

二、友商研究

产品如“企品”！有什么样的企业就会做出什么样的产品！产品是企业经营理念、管理水平和人才水平的呈现。我们需要研究市场竞争力强的竞品，更要研究我们的友商是如何持续开发和交付市场竞争力强的产品的。

正确的创新观念、高效的创新体系与卓越的创新人才是企业持续开发精品创新产品的前提。知行信企业“持续成功创新”之道如图10-12所示。

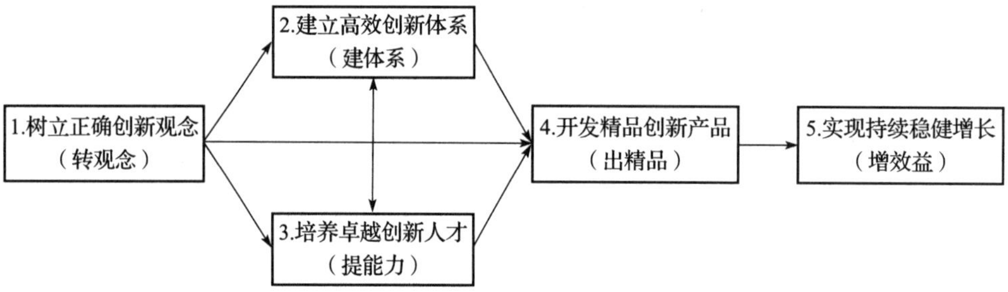

图10-12 知行信企业“持续成功创新”之道

我们要研究主要友商的创新观念、创新体系建设和创新人才培养，并且学习和借鉴，做到“师夷长技以制夷”。比如某装备自动化科技企业观察到同行公司采用产品线经理经营机制，每条产品线均培养和配备专业的产品线经理、专业的产品线经营管理团队，各产品线经营业绩良好。该企业认为产品线经理经营机制是标杆友商的关键的成功最佳实践，于是引入企业并严格实行，产品线经营业绩也取得了大幅进步。

关于企业“持续成功创新之道”的详细介绍，请参考第一篇第三章。

竞争直接表现的是产品与经营业绩，背后的根源是经营理念与管理水平。系统研究友商的各项最佳实践，才有可能最终超越友商。

知行信提炼了世界一流企业的10项关键最佳实践（Key Best Practice，KBP），创新型企业可以参照本框架系统研究主要友商和标杆企业的最佳实践做法，并借鉴与吸收。知行信提炼的世界一流企业的10项关键最佳实践（KBP）如图10-13所示。

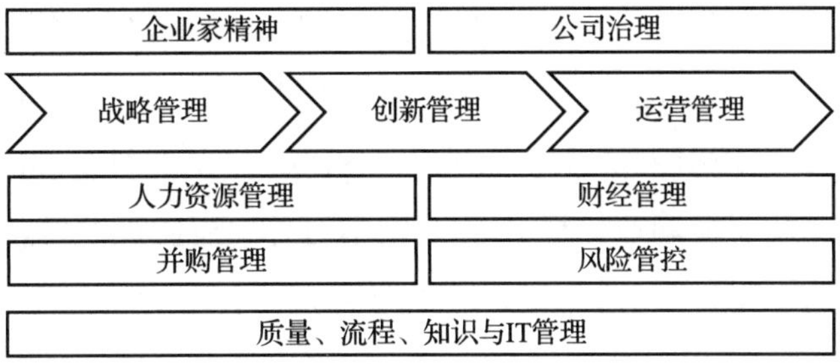

图 10-13 知行信提炼的世界一流企业的 10 项关键最佳实践（KBP）

企业本身是自己最大的“友商”。应对市场竞争的最好办法就是持续地自己否定自己，自己颠覆自己，自己超越自己！如同百年企业奔驰公司所说，“140 年！创新激情永不灭！探索、革新、创造、颠覆，为心中所向，驰之以恒！”

友商研究思考包括以下要点。

（1）我们有专门的团队持续对各类友商进行跟踪分析与研究吗？

（2）除了研究友商的产品、市场宣传、销售渠道外，我们会深入研究友商的经营理念、管理体系与人才培养方法吗？

（3）我们向主要友商学习和借鉴了哪些最佳实践？取得了哪些实效？

创新者行动

列出主要友商名单，参照世界一流企业的 10 项关键最佳实践对各主要友商进行系统、持续研究，适时吸收、借鉴友商的有效最佳实践做法。

三、标杆研究

学习一流标杆，成就一流企业！

标杆学习（**Benchmarking**）目标：发现差距、点燃梦想、持续改进，成就卓越！

创新型企业除了向主要“友商”学习外，还要向相似行业（同业标杆）或者不同行业（异业标杆）的标杆企业学习，持续更新企业经营理念，持续优化企业管理体系，持续培养企业人才队伍，持续开发精品创新产品，实现企业持续、健康、快速增长。以华为为例的标杆学习方法如图 10-14 所示。

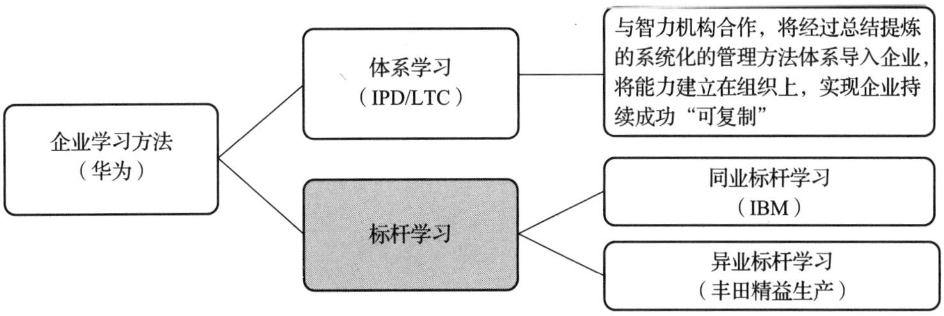

图 10-14 以华为为例的标杆学习方法

比如华为公司创始人在参观了百年企业 IBM 公司之后，就决定向 IBM 公司系统学习管理，要“穿上一双美国鞋”，并且在超越 IBM 之前都向 IBM 公司学习。华为公司在 20 世纪 90 年代末花巨资请 IBM 公司做顾问，系统引入集成产品开发（IPD）、订单交付管理（LTC）和集成财经管理（IFM）等管理体系。华为除了向同业标杆 IBM 公司学习外，还注重向异业标杆企业学习，比如向丰田公司学习精益生产方法等。历经 20 年以上的艰苦奋斗，华为公司 2022 年在《财富》杂志世界 500 强排名中居第 96 位，IBM 公司居第 168 位。IBM 与华为公司在《财富》杂志世界 500 强排名变化如表 10-13 所示。

表 10-13　IBM 与华为公司在《财富》杂志世界 500 强排名变化

《财富》杂志世界 500 强排行榜 IBM 与华为排名的变化				
	2010 年	2015 年	2020 年	2022 年
IBM	48	82	118	168
华为	397（首次上榜）	228	49	96

标杆学习需要循序渐进，“积小胜为大胜”，不要试图“一口吃成胖子”。

标杆学习包括以下三个要点。

（1）**短板优先**：优先学习重要而又做得不好的方面，比如战略管理能力提升、创新能力提升、运营效率提升等。

（2）**可学优先**：优先选择可以获取真实最佳实践做法的标杆进行学习，事半功倍。

（3）**成效优先**：在取得改善实效的基础上再固化为流程与制度。

创新者行动

明确企业（事业部）的主要同业标杆、异业标杆学习对象，持续了解标杆企业的最佳实践做法，融入企业经营管理实践，持续提升企业经营管理水平。

第五节　客户需求研究

创新者思考

（1）我们公司重视客户需求研究工作吗？有效性如何？

（2）我们公司哪些人应该掌握客户需求研究方法？掌握程度如何？

（3）我们公司有规范的客户需求研究与管理流程吗？有效性如何？

真正卓越的产品一定是满足客户需求，甚至超出客户期望的产品。而满足客户需求，甚至超出客户期望的前提是洞察客户的真正需求（Real Needs and Wants）。如果只进行行业研究和竞争研究，而不进行有效的客户需求研究，企业是不可能开发出成功的创新产品的，企业的行业研究和竞争研究也就失去了意义与价值。

客户需求是客户希望从产品（服务）中得到的东西。客户需要的不是产品本身，而是从产品中获得的价值。客户需求（Customer Needs and Wants）中，Needs 可以理解为客户"必须满足的需求"，Wants 可以理解为客户"期望满足的需求"。比如，对于新能源汽车，安全性高是客户必须满足的需求，舒适性好是客户期望满足的需求。客户需求要用客户的语言进行描述，而不是用产品、技术的语言进行描述。

知行信的客户需求观如下。

（1）**客户自己知道的需求，我们要知道；客户自己不知道的需求，我们也要知道！**

（2）**要取得产品创新成功，创新型企业必须比它们的客户自己更了解他们的需求。**

（3）**创新源于客户需求，终于客户满意。**

客户需求研究包括 9 个主要步骤，如图 10-15 所示。

企业可以参照以上步骤规范企业《客户需求研究与管理流程》，实现有效、高效的客户需求研究"可复制"。

客户需求研究包括以下要点。

（1）客户需求研究是市场研究中最重要的内容，客户需求研究是产品经理需要掌握的最基础、最重要的产品创新方法。

（2）客户需求研究的核心目标是要洞察到其他"友商"未能洞察到的客户的"隐性需求""痛点需求"，创新型企业通过产品创新满足"友商"同类产品未能满足的"隐性需求"，获得差异化的竞争优势。

（3）客户需求研究工作需要通过流程进行规范，确保此项工作的严肃性和有效性。

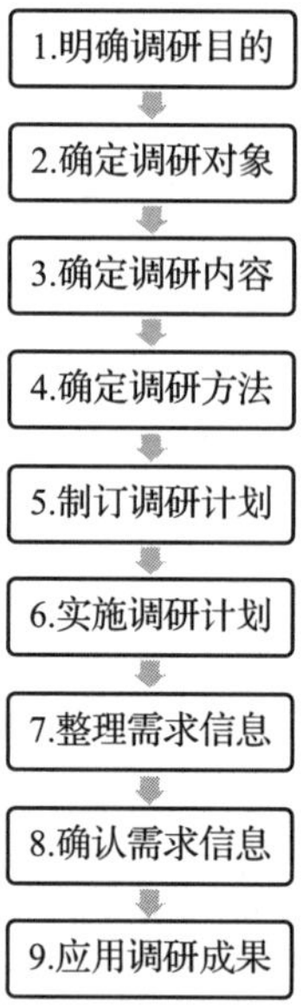

图 10-15　客户需求研究的主要步骤

下面简要介绍客户需求研究的九个主要步骤。

一、明确调研目的

首先要明确客户需求研究项目的目的和目标。客户需求研究的目的主要有 3 种：新产品开发、现有产品改进和战略机会洞察。客户需求研究的主要调研目的、调研对象与调研方法如表 10-14 所示。

表 10-14　客户需求研究的主要调研目的、调研对象与调研方法

调研目的	主要调研对象	主要调研方法
新产品开发	（1）友商现有客户 （2）潜在目标客户 （3）领先用户（Lead User）	（1）现场访谈 （2）现场观察 （3）小组访谈
现有产品改进	（1）现有客户、流失的客户 （2）友商客户 （3）潜在目标客户	（1）小组访谈 （2）现场观察 （3）现场访谈
战略机会洞察	领先用户（Lead User）	（1）现场访谈 （2）小组访谈

客户需求调研的目的不同，相应的调研对象和调研方法也会有所差异。

（1）**新产品开发**。新产品开发是指开发企业以前没做过的产品，可能是全新的，也可能是本公司虽没做过，但市场上已经有了的类似产品。这类产品需求不确定性高、开发周期长、开发投入大、开发风险高，需要企业采取各种可能的市场研究方法深入调研。

（2）**现有产品改进**。现有产品改进包括重大改进和微小改进。改进的幅度越大，调研的工作量相应越大，采取的调研方法也相应越多。微小改进采用小组访谈方法对现有客户进行调研就可以了。

（3）**战略机会洞察**。战略机会洞察是指对可能的市场机会进行前期的探索性的研究，主要调研对象为领先用户。

咨询实例

开发一款新能源轿车的调研对象与调研方法

某“造车新势力”企业希望开发一款价格在30万元左右的新能源轿车，产品线经理在创新顾问的指导下组织产品线管理团队明确了该项目的调研目的、调研对象与调研方法，如表10-15所示。

表10-15 某新能源汽车的调研目的、调研对象与调研方法

调研目的	主要调研对象	主要调研方法
开发一款价格在30万元左右的新能源轿车	（1）直接友商的现有客户：特斯拉Model3、比亚迪汉的现有客户 （2）间接友商的现有客户：奔驰、宝马和奥迪相应价位燃油车的现有客户	（1）与车主深度交流 （2）陪同车主驾驶，现场观察与交流

创新者行动

明确各个调研项目的调研目的、主要调研对象及需要采用的主要调研方法。

二、确定调研对象

客户需求研究一般要调研多种类型的客户，以获得系统、全面的客户需求信息。不同类型的客户要选择合适的样本量进行调研，如表10-16所示。

表10-16 不同客户类型的主要调研对象

客户类型	调研对象	产品举例
1. 不同类型的客户	经销商、零售商、终端客户、客户的客户	汽车零部件产品
2. 不同性质的客户	满意客户、抱怨客户、流失客户、沉默客户、友商客户、间接友商客户、非客户	电信产品
3. 客户内部的不同角色	决策者、购买者、使用者、维护者、影响者	医疗器械产品

1. 不同类型的客户

我们不但需要调研经销商和零售商的需求，更要洞察终端客户甚至“客户的客户（Customer's Customer）的需求。不同类型的客户如图10-16所示。

图 10-16　不同类型的客户

对于不同类型的客户的调研，我们需要重点思考和回答以下问题。

（1）我们应该进行哪些客户类型调研？

（2）不同类型的客户是否有不同的需求？

（3）谁是“客户的客户”？我们是否应该进行“客户的客户”的调研？为什么？

对于有经销商和零售商等渠道客户的企业，不同的客户均需选择一定的样本量进行调研，因为不同的客户均有不同的需求，任何一类客户的需求不能得到满足，都会影响产品的销售。要特别重视对“客户的客户”的需求的调研，因为最终买单的是“客户的客户”。比如对于汽车零部件产品而言，有经销商，也有零售商，终端客户是汽车整车厂商，“客户的客户”是驾驶和乘坐汽车的人。

咨询实例

某新能源汽车企业对不同类型客户的调研（示例）如表 10-17 所示。

表 10-17　某新能源汽车企业对不同类型客户的调研（示例）

不同类型的客户	客户列举	调研重点
经销商		
零售商	不同国家、不同区域的 4S 店	对价格政策、服务、宣传等的需求
终端客户（End User）	购买、驾驶汽车的客户	对外观、操控性、功能、性能、服务、付款方式等的需求
客户的客户（Customer’s Customer）	乘坐汽车的家人（老年人、成年人、儿童）、客人	对乘坐安全性、舒适性的需求，对车载娱乐系统等的需求

2. 不同性质的客户

基于客户的性质，我们可以将客户分为以下 7 类。

（1）满意的客户。

（2）抱怨的客户。

（3）流失的客户。

（4）沉默的客户。

（5）友商的客户。

（6）间接友商的客户。

（7）非客户。

对于不同类型的客户的调研，我们需要重点思考和回答以下问题。

（1）我们是否需要调研抱怨的客户、流失的客户和沉默的客户的需求？各类客户分别需要选择多少样本？

（2）我们是否需要调研直接友商的客户和间接友商的客户？分别需要选择多少样本？

（3）我们是否需要调研“非客户”的需求？哪些是“非客户”？分别需要选择多少样本？

我们不能只调研现有客户、满意的客户、与我们关系好的客户的需求，还要调研友商的客户和流失的客户的需求。要了解这些客户为什么选择了友商的产品而没有选择我们的产品，为什么以前的客户不再选择我们的产品。我们除了要调研直接友商的客户，还要调研间接友商的客户及非客户。比如对于中国联通而言，如要开发一款新的电信服务产品或改善现有的服务产品，不但要调研中国移动、中国电信的客户的需求，可能还要调研微信用户、钉钉用户的需求。

咨询实例

某新能源汽车企业对不同性质的客户的调研（示例）如表 10-18 所示。

表 10-18　某新能源汽车企业对不同性质的客户的调研（示例）

不同性质的客户	客户列举	调研重点
（1）满意的客户		
（2）抱怨的客户		
（3）流失的客户		
（4）沉默的客户		
（5）直接友商的客户	特斯拉 Model3、比亚迪汉等的客户	他们为什么选择这些车？这些车的哪些方面他们很满意？哪些方面不满意？
（6）间接友商的客户	奔驰、宝马、奥迪等燃油车、油电混合汽车的客户	他们为什么没选择纯电动新能源车？他们最担心什么？
（7）非客户	不买车，选择地铁、公交出行的人群	他们为什么不买车？他们最担心什么？

3. 客户内部的不同角色

对于 B2B（Business to Business，企业对企业）企业而言，客户有不同的角色，不同的角色有不同的需求。客户内部的不同角色如图 10-17 所示。

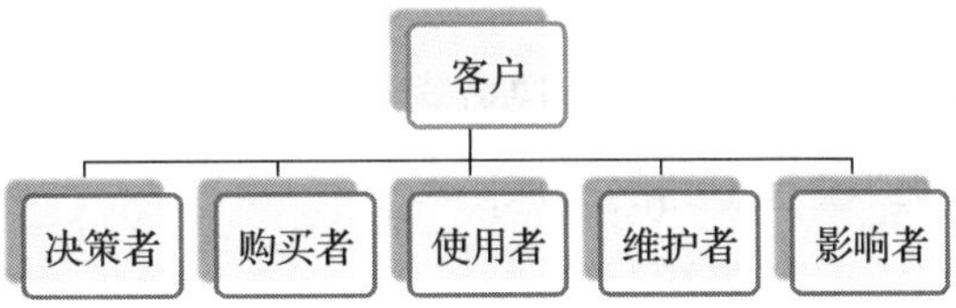

图 10-17　客户内部的不同角色

对于客户内部的不同角色的调研，我们需要重点思考和回答以下问题。

（1）我们的客户中有哪些角色？

（2）不同的客户角色是否有不同的需求？

（3）我们应该重点调研哪些客户角色的需求？

（4）决策者的需求是不是最重要的？

要特别重视对决策者的需求的调研，因为决策者是最终决定买单还是不买单的人。比如对于医疗器械产品而言，我们不但要了解医生、护士、患者、患者家属的需求，也要了解医院院长等决策者的需求。

咨询实例

某医疗器械企业针对彩色超声诊断系统产品对医院内部不同角色的调研（示例）如表 10-19 所示。

表 10-19　某医疗器械企业针对彩色超声诊断系统产品对医院内部不同角色的调研（示例）

	决策者	购买者	使用者	维护者	影响者
客户角色列举	医院院长、副院长等领导	医院采购部门	医生、护士	医院医械维护工程师	患者、患者家属等
需要重点调研的需求	安全性、投资回报	合规性、价格、付款条件	易用性、准确性、可靠性	备品备件、维护服务响应的及时性、专业性	外观、颜色、触感舒适性、声音、噪音等

创新者行动

基于实际调研项目的调研目的，列出各类调研对象，分别确定各类调研对象的调研样本数量与调研重点内容。

三、确定调研内容

客户需求是描述客户需要或期望（不管有意还是无意）从某一产品、服务或流程获得的利益。客户需求研究的目的就是获得客户对某一产品的需求的完整列表。该列表应该以客户自己的语言表达，通过客户思考、使用和与产品或服务相互作用的方式来组织。该列表应该反映客户对各项需求的需要程度的优先顺序。优先顺序的排定应该由客户根据各项需求对自己的重要性和客户对当前同类产品的满意度来确定。

客户需求研究需要获取的具体信息主要包括如下内容。

（1）识别客户的问题，需要由一种新的解决方案或新的产品才能解决的问题。

（2）确定没有得到满足的或没有想到的需求。

（3）识别客户对新产品的需要和偏好。

（4）识别对需求相对重要性的排序。

（5）确定客户对当前（竞争的）产品喜欢和满意的地方，以及对这些产品不喜欢和不满意的地方。

（6）研究客户如何使用产品，他们在使用中面临着什么样的问题。

（7）理解客户使用的经济性及客户的全生命周期成本。

客户需求研究的核心目的是洞察“客户的心声（Voice of Customer，VOC)”，也就是洞察客户真正看重、真正愿意为之“买单”的需求。

以下从三个方面简要介绍客户需求研究的要点。

1. 洞察客户的显性需求与隐性需求

从客户需求信息获取的难易程度分，客户需求可以分为显性需求和隐性需求。显性需求是指客户明确表达出来的需求，隐性需求是指客户没有说出来、没有想到、没有预期的需求。

客户显性需求调研的主要内容包括以下三个方面。

（1）产品存在的问题、缺陷与性能差距（稳定性、可靠性、性能指标等）。

（2）客户的投诉、抱怨与不爽。

（3）客户对友商产品的称赞与选择理由。

客户显性需求主要通过现场访谈、小组访谈等方式获取。客户显性需求一般是企业和其友商均能够调研到的需求。通过洞察客户显性需求，可以获得改进型产品创新机会。

企业需要通过客户需求研究洞察客户的隐性需求，以开发出差异化的创新产品。客户隐性需求主要通过现场访谈和现场观察等定性研究方法进行洞察。比如苹果公司率先在 iPhone7 Plus 手机中推出双摄像头配置，既有广角镜头，可以拍摄很近的景物；也有长焦镜头，可以拍摄很远的风景。苹果公司该款手机一经推出，就广受市场欢迎，成为该款苹果手机的主要“卖点”。双摄像头手机的推出，是苹果公司洞察客户隐性需求的结果，而不是消费者主动提出来的显性需求。

2. 洞察客户全体验周期每个接触点的需求

从流程的视角看，企业需要洞察客户与企业及其产品、服务的全体验周期的每个接触点（Touch Point）的需求。一般而言，客户与企业及其产品、服务的主要接触点包括知晓、购买、送货、使用、维修与丢弃 6 个阶段，如图 10-18 所示。

图 10-18 客户与企业全体验周期的 6 个阶段

企业需要结合以下问题的思考，洞察客户在产品全体验周期每个接触点的需求。

（1）**知晓**：客户主要通过什么途径知晓我们？有多大比例的目标客户知道和了解我们的公司及产品？

（2）**购买**：客户在哪里能买到我们的产品？购买过程的方便性、快捷性如何？

（3）**送货**：我们通过什么方式运输产品？包装及运输的便利性如何？包装设计环保吗？产品容易安装吗？产品使用需要培训吗？

（4）**使用**：产品的易用性如何？客户在使用产品的过程中遇到问题如何与我们联系？我们响应的及时性与专业性如何？

（5）**维修**：我们的产品坏了是修还是换？备品备件能及时送达吗？维修的专业性和及时性如何？

（6）**丢弃**：产品的使用寿命有多长？使用寿命设计是否合理？我们的产品更新换代如何保护客户已有的投资？我们的产品设计考虑了回收和循环利用吗？

企业产品创新的核心逻辑：通过客户全体验周期的每个“接触点”洞察客户的“痛点”需求，通过差异化的产品定位将客户“痛点”需求转换为产品“卖点”功能。知行信“三点式”创新如图 10-19 所示。

图 10-19　知行信“三点式”创新

创新案例

丰田公司雷凌混动 + 电动汽车的客户全体验周期“痛点需求”考虑

（1）买：上牌无忧（不限牌，不限行）。

（2）惠：提车无忧（丰云惠下订，享优先提车及下订好礼）。

（3）用：先进无忧（无须改变驾驶方式）。

（4）养：保养无忧（不产生额外保养费用）。

（5）赠：充电无忧（赠送电桩并免费安装）。

3. 洞察客户的“痛点”需求

客户需求研究的重点在于洞察客户非常看重但是没有得到满足的“痛点”需求。从重要性与满意度两个维度对客户需求进行分类如图 10-20 所示。

高重要性	痛点（Pain Point）需求 重点关注	优势 保持水准
低重要性	潜在机会 留意挖掘	强调过份 降低水准
	低满意度	高满意度

图 10-20　从重要性与满意度两个维度对客户需求进行分类

从重要性与满意度两个维度，可以对客户需求分为四类。

（1）**痛点需求（Pain Point）**：客户很看重，但是没有得到满足的需求。这类需求是企业需要重点洞察的，是企业在新产品中需要重点满足的。痛点需求是产品差异化的主要来源。**没有痛点，就没有创新机会（No Pain，No Gain）**！

（2）**优势需求**：客户很看重，得到了满足的需求。满足了客户的这些需求，是产品的优势，需要继续保持。

（3）**强调过份的需求**：客户不看重，但是满意度很高的需求。这类需求的满足可能是“冗余”

了，强调得过份了，可以考虑适当降低水准，以降低产品成本。

（4）**存在潜在创新机会的需求**：客户不看重，也不满意的需求。这类需求可能是企业潜在的创新机会，需要企业留意挖掘。这些需求客户可能口头上说不看重，其实是比较看重的，但是考虑到企业可能无法实现，便说自己不看重。

创新案例

宁德时代对动力电池产品客户“痛点需求”的洞察及其解决方案

宁德时代对电动车客户“痛点需求”的洞察如图 10-21 所示。

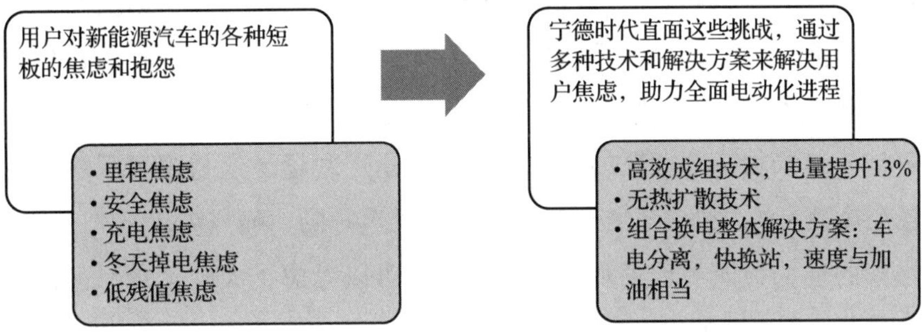

图 10-21　宁德时代对电动车客户“痛点需求”的洞察

创新者行动

明确实际调研项目的主要调研内容，明确客户显性需求与隐性需求的调研方法，明确客户全体验周期阶段与接触点，重点洞察客户“痛点需求”。

四、确定调研方法

基于调研项目的目的与目标，调研团队需要综合运用多种调研方法。几种主要的市场研究方法的比较如表 10-20 所示。

表 10-20　几种主要的市场研究方法的比较

客户需求研究方法	优势	不足	适用范围
现场访谈	● 每个访谈者有更多发言时间 ● 能获得更多的需求 ● 更容易按计划安排	● 要花费更多的访谈时间 ● 花费更多的分析时间 ● 花费更多的人力和资金	● 了解更多、更细致的客户需求
现场观察	● 与访谈相比，现场观察对被观察人员的配合度要求不高 ● 获得的信息最真实	● 只能获得通过行为表现出的信息，无法了解用户的想法 ● 调研结果可能受观察者主观判断的影响	● 了解客户通过语言没有表达出来的信息 ● 了解客户对产品的使用情况

续表

客户需求研究方法	优势	不足	适用范围
小组访谈	● 成员可相互激发 ● 多个客户同时访谈，节约时间	● 每个参与者表达的时间有限 ● 某一两个人可能主导了讨论 ● 出现“从众思考”现象 ● 让多个客户同时参与更困难	● 了解用户需求 ● 激发用户提出创意
二手研究	● 收集资料费用低、耗时少 ● 更容易获得信息	● 信息真实性、准确性受到怀疑 ● 可能与调研主题相关性不高	● 为实地调研提供客户背景资料等线索

现场访谈和现场观察是客户需求研究必不可少的调研方法。

客户需求研究市场研究方法应用要点如下。

（1）一般来说，客户需求调研团队可以先进行一些二手研究工作，通过网络等快速了解要调研的客户对象的基本情况。比如，对于企业客户，要了解它们的成立时间、发展历史、团队规模、营业规模、盈利情况、客户、主营业务、业务地域、业务开展流程等。

（2）在了解访谈对象的基本情况的基础上，综合运用现场访谈与现场观察方法，深入洞察客户全体验周期各个接触点的显性需求与隐性需求，挖掘客户的“痛点需求”。

（3）在小样本的现场访谈与现场观察的基础上，可以考虑扩大样本量，进行小组访谈，验证已经收集的客户需求信息，获取更多的客户需求信息。

客户需求研究可以借鉴中医问诊方法，如图 10-22 所示。

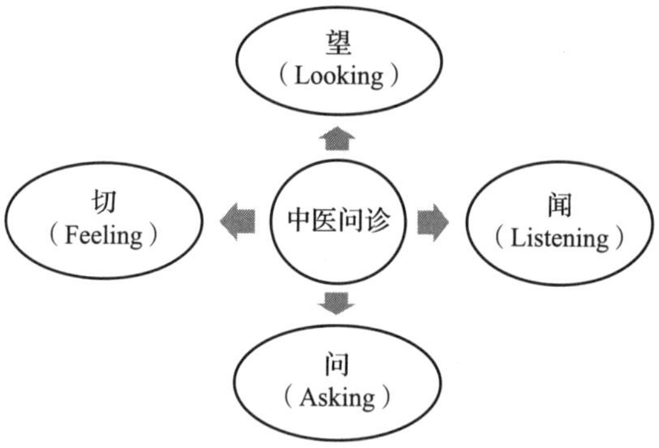

图 10-22　中医问诊方法

中医问诊交替运用“望、闻、问、切”方法，诊断出病因、病情后“对症下药”，开出处方。“望”是现场观察方法，“闻”是现场访谈中的倾听，“问”是现场访谈中提出的正确问题，“切”是“把脉”，相当于深入客户现场实地感知、调研。

很多企业缺乏对客户做系统、完整、深入、正确的需求研究的“耐心”，急着“给客户开药”（开发新产品），并且期望“有很多的患者高价、频繁买药（新产品销售量大、利润率高）”。试想一下，作为患者，如果医生根本不对我们进行严肃的“望闻问切”诊断，就直接给我们开药，我们敢吃这样的药吗？同理，我们不进行深入的客户需求研究，“闭门造车”开发出来的产品怎么能够期望有很多客户购买，并实现良好的投资回报呢？

创新者行动

基于调研项目的调研目的与目标，明确需要采用的市场研究方法组合，并初步确定各类市场研究方法需要调研的样本数量。

五、制订调研计划

重要的客户需求研究任务要采用正式的项目管理方法进行。项目管理的关键内容包括：定义项目目标、制订项目计划、领导项目团队、监控项目过程和交付项目成果等内容。详细的项目管理方法介绍请参见第七篇相关章节。

周详的计划是成功的一半。客户需求研究计划制订的过程也是调研准备的过程。调研计划包括制定调研项目任务书、组建调研团队、准备调研文件、培训调研团队和明确调研安排等内容。调研计划的主要内容如图 10-23 所示。

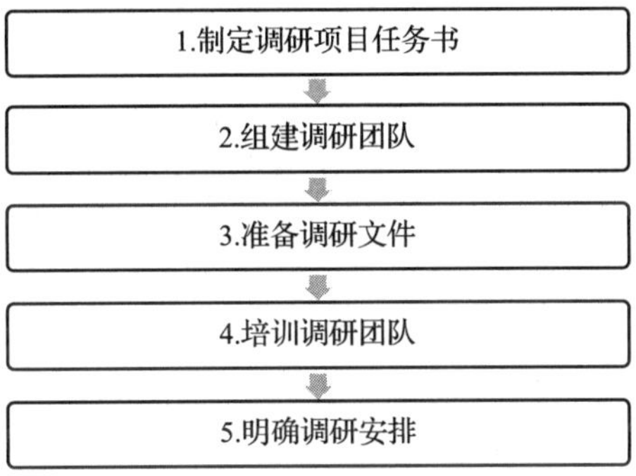

图 10-23　调研计划的主要内容

以下简要介绍调研计划制定的主要内容。

1. 制定调研项目任务书

客户需求研究需要目标导向。调研项目负责人应该组织调研团队骨干成员，制定调研项目任务书，经产品线经理或者事业部负责人审批。

客户需求研究项目任务书的主要内容应该包括以下几个方面。

（1）本研究的目的与目标。

（2）项目团队计划拜访的客户数量，每类样本客户 10 ～ 30 家比较合适。

（3）项目的交付成果清单。

（4）项目时间期限，如 1 ～ 3 个月。

（5）实现项目目标所需的支持与资源：资金、人手及调研人员的时间投入。

表 10-21 是一个客户需求研究项目任务书模板，供调研项目团队参考。

表 10-21　客户需求研究项目任务书模板

×× 客户需求研究项目任务书			
项目经理		主要项目团队成员及分工	
项目目的		项目目标	
调研客户对象		调研客户数量	
调研方法		调研周期	
调研成果清单		成果提交截止日期	
项目所需经费、资源与条件		项目主要风险，规避或应对措施	
项目经理签字		项目审批人签字	

2. 组建调研团队

调研团队成员的专业性对调研质量有着决定性的影响。一些企业的市场研究工作主要由未受过专业市场研究方法培训的销售人员、售前支持工程师或者客服人员负责。这是这些企业市场研究信息质量不高的直接原因。专业的人，做专业的事！客户需求研究应该由专业的市场人员与各专业技术人员组成。客户需求研究团队组成如图 10-24 所示。

图 10-24　客户需求研究团队组成

产品线经理是相应产品线市场研究工作的第一责任人。产品线经理的专业性很大程度上决定了市场研究工作的质量，从而也很大程度上决定了该产品线的经营效益。市场人员包括产品线经理、市场研究经理和市场研究专员，这些人员都应该是受过专业市场研究方法训练的专业人员。市场人员最好和技术人员“搭档”进行客户需求研究工作。应该参与客户需求研究工作的技术人员主要包括系统工程师、各专业技术经理（负责人）、各专业研发骨干。产品创新“金三角”团队组合如图 10-25 所示。

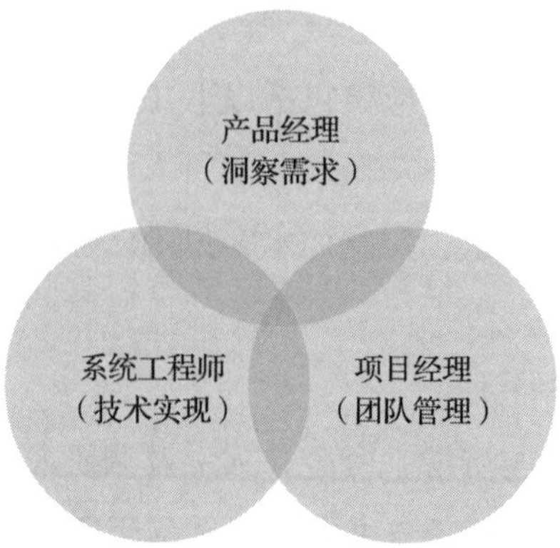

图 10-25　产品创新“金三角”团队组合

技术人员参加客户需求研究工作的主要好处如下。

（1）能够成为市场人员很好的“搭档”，市场人员“主问（主持访谈）”，技术人员“主记（记录客户需求信息）”，默契配合，进行客户需求研究工作。

（2）技术人员能够就产品的功能、性能及技术实现方式等“专业”问题与客户进行深入交流，赢得客户的好感与信任。

（3）技术人员能够亲身感受哪些是客户真正看重的需求，会在产品开发过程中“自觉”地去实现这些需求，而不是拘泥于自己认为重要的产品功能、性能指标或者“黑科技”。

（4）技术人员能够更为顺畅地与市场人员共同进行产品定义，主动去掉产品冗余的功能与性能，主动提升产品关键功能的稳定性与可靠性，主动从产品设计角度降低产品成本（设计降本）。

销售人员最好不要参加现场调研工作，主要原因如下。

（1）销售人员在客户现场，客户会感到不太“自在”，会顾及销售人员“情面”，影响客户坦诚地说出我公司产品的问题，或者肯定“友商”产品的好处。

（2）现场访谈可能会被销售人员“主导”，60 分钟的访谈销售人员可能说了 45 分钟，调研团队“倾听客户心声”的时间很有限。

（3）当客户说到公司产品的问题或者友商产品的优点时，销售人员会“不自觉”地进行“解释”甚至“反驳”，客户很难做到“知无不言、言无不尽”。

当然，销售人员在市场研究工作中还是很重要的。我们虽然不建议销售人员参与现场调研，但是市场人员需要请销售人员介绍、引见受访客户，介绍受访客户的背景情况等。

有一定规模的创新型企业，要逐渐将“营销（Marketing）”职能与“销售（Sales）”职能分开，要逐渐建立专业的市场研究团队与产品线经营团队。

营销是吸引（Pull），通过洞察客户痛点需求，开发出超出客户期望的精品创新产品，“吸引”客户主动购买，比如苹果的 iPhone 手机。

销售是推销（Push），期望通过广告宣传、渠道、低价等方式将产品推销出去。销售很重要，但营销更重要。“好的产品自己会说话”。相反，不能满足客户需求，不能超出客户期望，客户认为“不值”的产品再怎么低价，再怎么宣传推广，再怎么给经销商“压货”，也难以取得好的经营业绩。

一些追求“极致性价比”的消费电子产品企业，年销售费用占销售收入的比例高达 25% 以上，但年研发创新投入仅占销售收入的 3% ～ 5%，是典型的重销售、轻创新的企业。这样的企业，销售收入可能会在较短的时间内快速增长，但是缺乏持续增长的基础与核心能力，很可能会出现昙花一现的“虚假繁荣”，很快走向衰落，甚至“崩盘”。

对于重要的客户需求研究项目，产品线经理与系统工程师需要主责市场研究工作，亲自拜访领先用户（Lead User），亲自洞察主流客户的痛点需求。

3. 准备调研文件

调研负责人组织调研团队成员准备调研文件。调研文件包括调研开场白、现场访谈调研提纲和现场观察调研提纲等。

调研开场白的主要目的是说明调研目的，打消受访者的顾虑，让受访者能够坦诚地接受访谈。

调研开场白的准备要点包括以下几个方面。

（1）解释研究目的。

（2）介绍受访者是如何选择的。

（3）介绍有什么其他类型的人接受过访谈。

（4）询问受访者是否可以录音或录像，并承诺最大限度地保护受访者的隐私。

（5）承诺访谈结束后，不会有公司的任何人打电话给受访者推销任何产品。

咨询实例

某医疗器械产品的调研开场白样例

我的名字是 ×××。我来自 ×× 公司。首先，感谢您今天愿意与我会谈。

下面向您介绍一下我们希望访谈的情况。我是 ×× 公司下一代监护仪开发小组的一员。

现在，我们将进行一个一对一的深入访谈，时间是 45 分钟左右，讨论将是非常开放的。我们希望能够听到您对于多参数监护仪的看法，包括您喜欢的、不喜欢的、您想要的监护仪是什么样子，等等。

我们不会向您推销任何东西。

我们正在全国各地的医院进行调研，接受访谈的对象都是与您一样，需要使用监护仪的医生 / 护士。

开始前，我想问您是否同意对我们的谈话进行录音。因为对访谈进行笔录难免会有遗漏。我不会问任何敏感的话题，此外，不管什么时候您提出要我关闭录音机，我都会照办。

另外，我们会对您提供的信息保密。

在我们开始前还有没有一些问题？……我们这就开始，可以吗？

进行现场访谈时，要提前准备系统、完整的调研提纲，避免现场访谈时遗漏关键信息。

现场访谈提纲设计要点如下。

（1）要提开放式问题，不要提封闭式问题。

（2）要多问“为什么”，以挖掘客户的真正需求。

（3）要循序渐进地提问，不要让客户感觉突兀与不爽。

（4）要从客户的产品全体验周期各个接触点设计问题，避免遗漏要点。

（5）要重点关注客户的“痛点”需求——客户很看重但是没有得到满足的需求。

咨询实例

某医疗器械产品的现场访谈调研提纲样例

首先，请简要介绍一下你自己：你在这做什么工作？你在这家医院工作多长时间了？

现在，请谈谈你们正在使用的监护仪。它看起来怎么样？感觉起来怎么样？它有什么特征？

你喜欢它吗？你喜欢它什么？不喜欢它什么？为什么？

和你看到别人使用过的同类产品相比，这台监护仪怎么样？它的哪些方面更好或是更糟？

有没有其他同类产品具有的特征是你希望这台监护仪也具备的？

请谈谈你使用监护仪的最好的体验，这使你在工作时更轻松或者更有效率。请谈谈你对于监护仪的最差的体验，这使你在工作时效率低下。

监护仪能使你在进行哪些工作时更轻松？在进行哪些工作时更糟糕？为什么？

是什么让一台监护仪比另外一台使用起来感觉更好？如果你能改变市面上监护仪产品的一两个方面，会是什么？为什么这样会更好？

还有关于监护仪产品的其他看法，是你愿意告诉我们或者是我应该问你而又没问的问题。

谢谢！

现场观察能洞察客户难以表达的很多“隐性需求”，是必须应用的客户需求研究方法。

现场观察提纲设计要点包括以下几个方面。

（1）要从客户实际应用产品的流程视角设计调研提纲。

（2）要重点关注客户与公司、产品（服务）的每个接触点的体验。

（3）要重点关注客户使用产品过程中的“异常”行为，洞察可能的客户“痛点”需求。

咨询实例

某医疗器械产品的现场观察调研提纲样例（观察医生、护士如何使用多参数监护仪）

（1）监护仪摆放位置，使用的方便性。

（2）如何开机，如何调试。

（3）如何操作，操作的方便性、易用性如何。

（4）如何读取数据，方便性如何。

（5）如何关闭仪器，如何归位。

4. 培训调研团队

在内部培训和演练的前提下，调研少数几个客户，适当优化调研方案。

内部培训和演练是客户需求研究的必要步骤，企业不要对调研团队的“专业性”持过于乐观的态度。与其在客户现场“尬聊”，不如提前多做演练与准备。

调研人员培训要点包括以下方面。

（1）如何自我介绍。

（2）如何正确提问。

（3）如何正确记录需求信息。

（4）如何及时处理意外情况。

客户现场访谈调研内部演练要点包括以下方面。

（1）明确调研产品与调研对象。

（2）明确调研目的与调研重点。

（3）选择调研团队（市场代表＋技术代表）、目标客户扮演者。

（4）撰写调研开场白。

（5）撰写调研提纲（3～5个关键问题）。

（6）现场演练。

（7）输出调研信息（客户需求列表）。

（8）点评调研效果。

（9）优化调研方案。

5. 明确调研安排

调研负责人要根据调研目的与调研质量要求，确定各类客户需求调研方法的调研样本数量。要在销售团队的支持下，提前联系调研对象，提前预约调研时间。最好将调研方案与调研提纲提前发送给客户，让客户有较充分的时间进行准备，以提升调研效率与调研质量。

调研负责人可参照客户需求调研安排表明确整体调研安排，如表10-22所示。

表10-22　客户需求调研安排表模板

调研目标：						
序号	**调研客户**	**调研对象**	**调研方法**	**调研地点**	**调研团队**	**调研时间**
1						
2						
3						
4						
5						

客户需求调研准备要点包括以下方面。

（1）明确调研目的：调研目的主要有新产品开发、现有产品改进和战略机会识别三类，不同调研目的的调研对象和调研方法有所不同。

（2）确定调研对象：不同类型的调研对象均要选择一定的样本量，要特别重视终端客户（End User）、“客户的客户”、决策者、领先用户（Lead User）及客户全体验周期的调研。

（3）确定调研内容：客户隐性需求是调研的重点，通过客户隐性需求的洞察寻找突破性产品创新的机会。

（4）确定调研方法：现场访谈、现场观察是客户需求研究的最重要的方法。

（5）制订调研计划：要明确调研样本、调研人员、调研预算及调研周期等。

创新者行动

调研团队负责人组建调研团队，制定调研项目任务书，制定调研开场白、现场访谈调研提纲、现场观察调研提纲，培训调研团队，明确调研对象和调研样本数量，制定现场调研计划。

六、实施调研计划

基于调研计划开展调研活动，要及时发现和解决调研过程中的问题和偏差，确保调研质量和调研效率。

调研实施要点包括以下方面。

（1）提前与调研对象电话沟通，说清调研目的、所需时间等，获得客户认可与配合。

（2）提前准备“调研开场白”。

（3）提前准备“调研提纲”，必要的话先将“调研提纲”发送给客户，让客户做些准备，提高调研质量与效率。

（4）24 小时内提交调研报告。

（5）每类客户 20 个样本的访谈能得到 80% 以上的需求。

（6）客户对象选择的正确性及调研的专业性很大程度上决定了调研的质量。

（7）调研过程要进行有效提问，要有效挖掘客户需求信息，要及时结束访谈。

1. 进行有效提问

提问是有效挖掘客户需求的最重要的工具。**你问什么，你就会得到什么！**开放式的、间接的问题最好。不能问封闭式的问题，因为封闭式的问题除了得到“是”“否”和“不知道”三个答案外，再也没有更多有价值的信息。比如问“你喜欢某公司的某产品吗”就是基本上没有价值的问题。而问“你为什么喜欢（不喜欢）某公司的某产品”就能得到很多有价值的信息。

一种最好的提问技巧就是简单地问“为什么”，并且不断地问“为什么”。比如：

（1）你为什么那样说；

（2）为什么你有那种感觉；

（3）为什么你喜欢那一个；

（4）为什么那对你是重要的；

（5）为什么那样更好？

采用“为什么”的提问能挖掘客户需要什么、喜欢什么、不喜欢什么、偏爱什么的根本原因。

2. 有效挖掘客户需求信息

关于如何有效挖掘客户需求信息，有如下建议。

（1）强烈建议在访谈时进行录音（要事先征得客户的同意），以便访谈后进行更为仔细的分析。

（2）要尽可能多地采用客户的语言进行提问和记录，不要在访谈中掺杂访谈者自己的想法。

（3）在记录时将阐明需求的词句突出标记出来，以方便事后整理。

（4）市场、技术等不同职能人员参与能从不同角度识别需求。

（5）由 2 个以上的人进行需求分析，能更全面地识别客户的需求。美国麻省理工大学的研究表明，一个人只能识别出大约 40% 的需求。

3. 及时结束访谈

客户需求研究的目标是要理解需求的细微之处，以发现新的或创造性的方法来满足那些竞争者还未能满足的客户需求。在访谈快要结束时，可以通过以下方法追问客户的真实需求。

（1）对于客户提出的工程特征或解决方案，要问他们为什么认为这是一个好的解决方案。

（2）对于客户提出的价值或特征，要问“为什么”，以便了解真实的需求。

（3）当对方阐明观点时，要问为什么会有这种观点。

对照结构化的访谈提纲，当绝大多数问题都已经得到客户的明确回答后，可以考虑结束访谈。但是，在结束访谈时，好像无心地再问客户某个关键问题，可能会有意外的收获。

客户需求研究的核心要点：走向客户，多问“为什么”。在调研访谈技巧方面，要做到“提前准备、少说多听、逐步深入”。

创新者行动

调研负责人按照调研实施计划，组织调研团队开展调研工作，当晚提交当日调研记录。

七、整理需求信息

客户需求信息的整理工作非常关键，既不能遗漏重要的客户需求信息，又需要去除无实际价值的信息。要以客户的语言进行客户需求信息列表和分类。客户需求信息整理原则：完全穷尽，相互独立。

1. 整理客户需求调研信息列表

建议按以下步骤对调研获取的客户需求信息进行整理。

（1）由两三个分析者对 20 ～ 30 位受访者的记录进行分析，可能产生 750 ～ 1500 条需求词句。

（2）找一个记忆力好的人花一到三天的时间将这些需求词句合并成 150 ～ 200 条彼此独立的词句。

（3）将这些词句写在小纸条或便签纸上，邀请团队成员进一步合并同类项，最后剩下 70 ～ 140 条需求信息，中间值是 100 条。

咨询实例

某办公座椅产品客户需求调研信息整理清单（示例）如表 10-23 所示。

表 10-23　某办公座椅产品客户需求调研信息整理清单（示例）

序号	客户需求描述
1	容易转动
2	坐着舒服
3	能够平躺
4	冬暖夏凉
5	减轻疲劳
……	

2. 对客户需求信息进行分类

以上整理出的 100 条左右的客户需求信息还需要按照逻辑结构进行分类。可以采取以下步骤对客户需求信息进行分类。

（1）将所有需求陈述写到卡片上或便签纸上，每张写一条需求。

（2）调研团队成员将这些需求按照逻辑结构进行分类。

（3）大致归类后为每组取名，可以分为 15 ～ 25 组。客户需求信息分类如图 10-26 所示。

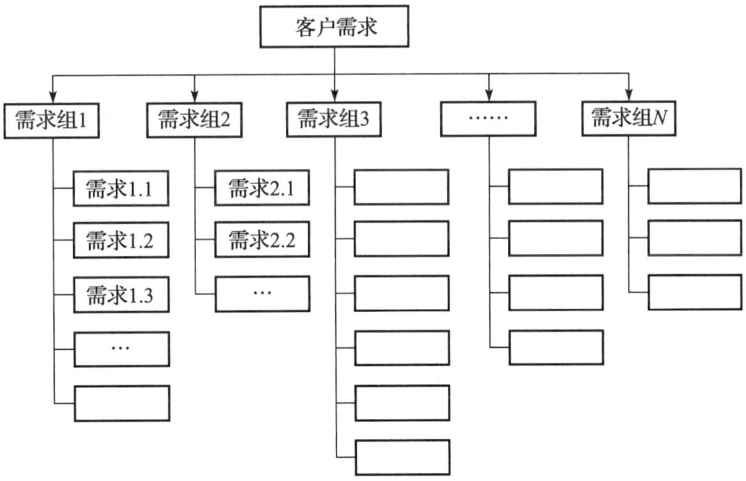

图 10-26　客户需求信息分类

比如，某医疗器械产品客户需求调研后的客户需求信息可分为外观、可靠性、安全性、界面等组。

最好的办法是邀请客户参与合并同类项的工作，并请客户对各类需求信息排定优先顺序。很可能客户的分类与调研团队的分类方法不同，客户对需求信息重要性的排序更不是调研团队可以“代劳”的。

企业也可以参考 IBM 公司总结的客户购买决策 $APPEALS 模型进行客户需求信息分类，如图 10-27 所示。

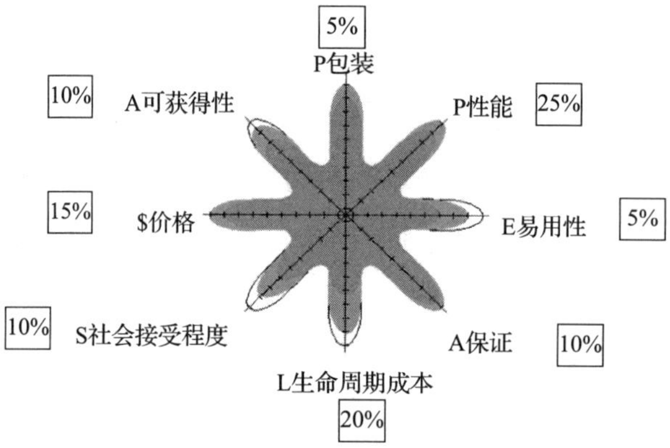

图 10-27 IBM 公司总结的客户购买决策 $APPEALS 模型

IBM 公司将客户做出购买决策主要方面总结为八个方面。$APPEALS 模型也可以理解为：企业的产品要有足够的吸引力（Appeals）才值得客户付出一定的金钱（$）去购买。

$APPEALS 模型包括八个方面。

（1）$- 产品价格（Price）：客户愿意为产品支付的价格。

（2）A- 可获得性（Availability）：客户购买产品的方便程度与效率。

（3）P- 包装（Packaging）：客户对产品设计、外观、界面、颜色、质感和包装等的看法。

（4）P- 性能（Performance）：产品的主要功能与性能。

（5）E- 易用性（Easy of Use）：产品是否易于学习或使用。

（6）A- 保证程度（Assurances）：产品的稳定性、可靠性、安全性、标准符合程度等。

（7）L- 生命周期成本（Life Cycle of Cost）：客户在产品使用过程中需要投入的时间、精力和金钱等。

（8）S- 社会接受程度（Social Acceptance）：产品的品牌形象、口碑、企业的社会责任履行情况等。

上图中百分比表示八个方面各自的权重。这是一个参考值，不同类型的产品，各个方面的权重不一样。比如消费类产品在“包装”方面的权重可能超过 15%，工业产品在“易用性”方面的权重可以超过 10%。

3. 对客户需求信息进行排序

根据重要度和满意度对分类后的客户需求信息进行排序。重要度是指客户对某类需求能带给自己利益和价值的看重程度；满意度是指客户对现有同类产品满足其需求的满意程度。

调研团队可以根据这两个维度将各类需求信息填入客户需求信息分类排序表，如表 10-24 所示。

表 10-24 客户需求信息分类排序

	满意度低	满意度高
重要性高	痛点 **重点关注**	优势 **保持水准**
重要性低	潜在机会 **留意挖掘**	强调过分 **降低水准**

客户需求信息分类排序要点包括以下方面。

（1）“重要性高、满意度低”一栏的需求信息，是客户非常看重，但是现有的产品又做得不好的方面。这是现有产品的弱项，是客户的痛点需求，需要企业重点关注。

（2）“重要性低、满意度低”一栏的需求信息，客户不是很看重，但是现有的产品做得不好，可能是企业努力的机会。有些需求可能并不是客户真的不看重，而是客户认为企业反正不可能做好，便不作为重点提出来。

（3）“重要性高、满意度高”一栏的需求信息，是客户非常看重、现有产品做得不错的方面，这是现有产品的优势，对于此栏的客户需求，企业应该做好，才有可能使客户满意。

（4）“重要性低、满意度高”一栏的需求信息，是客户不太看重、现有产品做得不错的方面，这些可能是强调过分的需求，企业需要仔细评估。如果这些需求确实对客户没有太大的价值，但是实现成本又很高，可以去掉这些需求或弱化这些需求，以较大限度地降低产品成本。

以上各栏需求信息的排序应该是从（1）～（4），在每栏中还可以对多类信息进行比较排序。

以上需求信息排序，应该邀请客户参加，以便得到客观、正确的排序，为产品的定义和开发提供正确的输入。

咨询实例

某办公座椅产品客户需求信息列表如表 10-25 所示。

表 10-25　某办公座椅产品客户需求信息列表

需求排序	第一层需求	第二层需求
重要且不满足	（1）坐着舒服	（1）坐垫大小、高度、软硬合适 （2）靠背可调，贴合性好 （3）扶手高度、宽度合适
	（2）冬暖夏凉	（1）冬天能够加热 （2）夏天能够吹冷风
	…	
重要且满足		
不重要且不满足		
不重要且满足		

创新者行动

现场调研活动完成后，调研负责人组织调研团队整理客户需求信息清单，对客户需求信息进行分类，排列客户需求信息的顺序，明确客户“痛点需求”。

八、确认需求信息

“客户说对才是真的对！”调研团队要通过二次调研，确认客户需求信息，补充新的需求信息。

在企业内部，在对客户需求信息进行整理、分类和初步排序的基础上，调研团队要设计结构化的问卷，请客户对需求信息进行确认。确认需求信息的客户可以是已经参加过访谈的客户，也可以找一些没有参加过前期访谈的客户，以进一步挖掘和确认客户需求信息。这个阶段的调研就开始从定性走向定量了。

客户需求信息需要确认的 5 个主要方面。

（1）确认需求信息描述的准确性、完整性。

（2）确认需求信息分类的准确性、完整性。

（3）确认需求信息的重要性，分为非常重要、比较重要、不太重要、不重要四类。

（4）确认需求信息的满意度，分为非常满意、比较满意、不太满意、不满意四类。

（5）确认需求信息满足的紧迫性，分为紧急、近期、中期、远期四类。

咨询实例

某成套装备产品经客户确认后的客户需求信息（示例）如表 10-26 所示。

表 10-26　某成套装备产品经客户确认后的客户需求信息（示例）

客户需求方面	紧急需求	近期需求	中期需求	远期需求
价格与付款条件			设备投资回报期降低到 2 年以内	5 年以上设备保值率在 30% 以上
外观		不同设备设计风格保持一致	提升设备紧凑性，减少占地面积	
颜色		不同设备颜色、标牌保持一致		
功能（增加或减少）			在不影响性能的前提下降低设备重量 20% 以上	能支持多种纱线生产
性能（指标提升或降低）		**设备转速稳定在 2200 转 / 分钟以上**	**设备转速稳定在 2500 转 / 分钟以上**	**设备转速稳定在 3000 转 / 分钟以上**
质量（稳定性、可靠性）	**降低系统故障发生率**			
订单交付（周期、及时性）		**签约后 1 个月内完成成套设备安装调试**	签约后 2 周内完成成套设备安装调试	
易用性		**降低软件操作难度**	采取防呆设计，避免误操作带来设备故障	
运行维护（方式、成本、及时性、专业性、备品备件）	在 10 分钟内排除故障，保障设备连续运行	远程监控，提前发现与解决设备运行故障，尽可能使用标准备件，尽可能减少定制备件	不停机软件升级，软件平滑升级，向下兼容各个版本，电气系统设计标准化	实现全自动化，实现无人看护；实现黑灯工厂；设备运行能耗下降 30% 以上

续表

客户需求方面	紧急需求	近期需求	中期需求	远期需求
服务（购前、购中、购后）		提供厂房及设备设计与投资建议方案		
法律法规与标准遵循		不违反《中华人民共和国劳动法》；设备符合不同国家的法律法规与标准要求		
安全健康环保（SHE）		不采用不安全、不环保的材料与零部件	大幅降低设备运转噪音	

注：图中标注粗体的为客户“痛点需求”。

创新者行动

调研负责人组织团队进行二次调研，确认第一次调研时获取的客户需求信息，对客户需求信息进行正确分类与优先级排序，并且补充、完善客户需求信息。

九、应用调研成果

客户需求信息是企业产品创新管理中最基础、最重要的信息，其重要性怎么强调也不过份！

客户需求调研成果主要用于激发突破性的新产品创意、作为产品定义的输入、作为产品线规划的输入。客户需求研究成果的应用如图 10-28 所示。

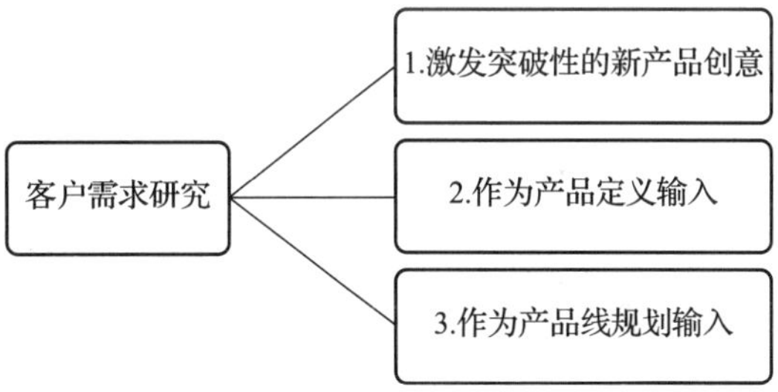

图 10-28 客户需求研究成果的应用

1. 基于客户需求研究激发突破性的新产品创意

突破性的新产品创意源于对客户隐性需求、“痛点需求”的洞察。创新型企业正是由于洞察到了其他“友商”没有看到的需求，进而开发出高度差异化的创新产品，成为市场领导者，实现卓越的创新投资回报。苹果公司正是由于洞察到了诺基亚等友商没有看到的消费者对手机易用性、多功能等的隐性需求、痛点需求，才开发出了划时代的智能手机，成为智能手机标准制定者，10 多年来一直引领智能手机的发展方向。诺基亚由功能手机时代的“王者”一夜之间走向没落。

关于突破性新产品创意激发的详细内容，请参见第八章。

2. 基于客户需求研究进行产品定义

客户需求信息是产品定义的输入。我们应该进行“基于市场驱动”的创新：客户需要什么，我们就做什么。而不是“基于技术驱动”的创新：我们做了什么，就希望客户购买什么。客户只会购买自己真正想要的东西。因此，我们要基于客户需求洞察进行产品定义，要通过有效的技术开发、产品开发和产品交付满足客户看重，但是现有产品没有满足的“痛点需求”。

关于产品定义的详细内容，请参见下一节。

3. 基于客户需求研究进行产品线战略规划

产品线战略规划的目的是通过现在的规划和近期的技术预研、产品平台开发抓住未来的创新机会。产品线规划、产品平台规划和技术路线图规划的输入是“客户需求规划”。客户需求规划的前提是系统洞察客户近期、中期和远期需求。基于客户需求洞察进行产品线战略规划如图 10-29 所示。

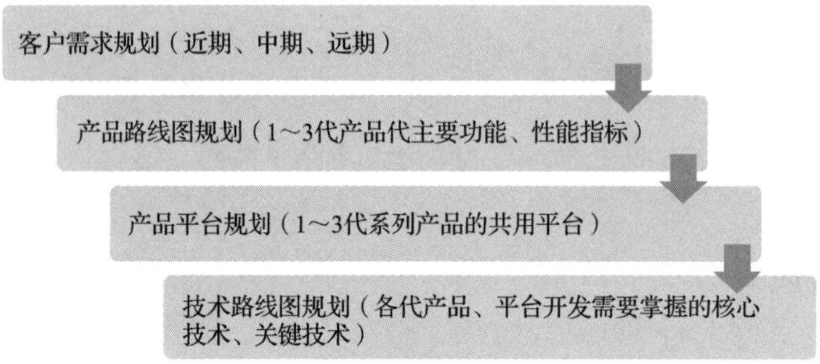

图 10-29　基于客户需求洞察进行产品线战略规划

关于产品线战略规划的详细介绍，请参见第六章。

基于客户对满足需求的紧迫性，可以将客户需求分为紧急需求、近期需求、中期需求和远期需求四类。客户需求规划如表 10-27 所示。

表 10-27　客户需求规划

需求类型	需求描述	客户需求列表
紧急需求	立即在开发中的产品中加入，或进行现有产品修订	
近期需求	在下一个产品版本中考虑，比如未来一年左右的中期改款版本	
中期需求	在下一代产品中考虑，比如在两三年后的产品平台升级版本中考虑	
远期需求	在未来 3 ～ 5 年考虑，融入产品线规划，提前储备相应技术	

创新型企业要分产品线建立客户需求库，将客户需求信息根据实现的紧迫程度进行分类，有规划、有节奏地实现客户需求，满足客户需求。客户紧急需求要融入现有产品并马上改进，近期需求应该在产品的下一个版本中满足，而中期和远期需求则可列入产品规划。

各项需求信息列入近期需求、中期需求还是远期需求，除了看客户的紧迫性之外，还要考虑竞品表现和技术可行性。比如某项中期需求，竞争者在产品的下一个版本中已经实现了，那企业也要考虑在下一个版本中提前实现该需求。此外，如果某项近期需求实现的技术难度太大，或者成本太高，可能要考虑将该项需求在中期版本中实现。因此，客户需求信息的紧迫性分类能够指导产品路线图和技术路线图的制定，能够指导企业提前进行技术预研。

创新者行动

产品线管理团队建立客户需求信息库，常态化地对客户需求信息进行有效管理，将客户需求信息作为激发突破性的新产品创意、产品定义和产品线战略规划的输入。

第六节 产品定义

创新者思考

（1）我们是如何将客户需求转化为产品定义的？有效性如何？

（2）我们的市场人员与研发人员能够共同进行客户需求研究与产品定义工作吗？协同性如何？

（3）我们能够通过产品定义“定量”地实现产品差异化吗？

客户需求研究是产品定义的输入，而产品定义又是产品设计和开发的输入。两次输入的质量很大程度上决定了新产品开发的质量和成败。市场需求—产品需求—产品设计之间的关系如图 10-30 所示。

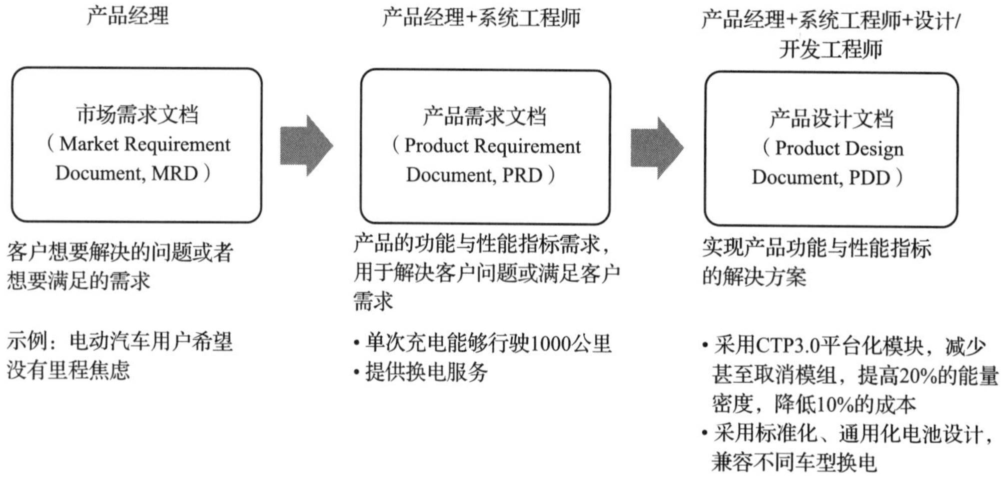

图 10-30 市场需求—产品需求—产品设计之间的关系

产品经理主责客户需求研究工作，通过系统的客户需求研究，形成市场需求文档（MRD）。

产品经理与系统工程师共同主责产品定义工作，采用 QFD（质量功能展开）等有效的方法，系统、完整、正确地将客户需求转化为产品定义，形成产品需求文档（PRD）。

系统工程师主责产品设计工作，与各专业研发骨干一起探讨实现产品各项功能与性能指标的技术路线、技术解决方案，形成产品设计文档（PDD），指导产品开发团队完整、正确、高效地开发创新产品。

通过采用多种市场研究方法进行客户需求研究，我们得出了按重要度排序的客户需求列表。客户需求研究回答了“做什么（What）”，但是我们应该如何满足客户需求呢？我们接下来要回答的是“如何做（How）”，即回答如何将客户需求转化为产品设计的性能指标。将客户需求转化为产品需求的工作是产品定义的主要工作。

产品定义包括三个要点。

（1）QFD 方法是有效的产品定义方法，能够有效地将客户需求转化为产品定义，既避免重要的客户需求得不到实现，也避免产品出现不必要的冗余功能。

（2）产品经理与系统工程师最好一起洞察客户需求，一起采取 QFD 方法进行产品定义，减少或避免关键需求信息因在部门之间传递而失真。

（3）QFD 方法运用过程也是一个集思广益的过程，对突破性新产品的设计与开发非常有价值。

一、产品定义的重要性

产品定义是创新前端管理的关键环节。产品定义的质量直接决定了新产品的质量和成败。具体而言，产品定义在产品创新前端管理中的重要性主要体现在以下方面。

1. 产品定义是实现客户需求的关键

产品定义工作是将客户需求"翻译"成产品要实现的性能指标。有效的产品定义能建立起客户需求与产品性能指标之间的对应关系，确保客户需求得到实现。

在完整的产品定义的基础上进行有效的产品概念测试，通过概念测试了解拟开发的产品的市场接受程度，发现产品定义中存在的问题，尽早完善产品定义。

2. 产品定义是项目立项分析的前提

只有在明确的产品定义的基础上，才能进行有效的技术可行性分析。通过技术可行性分析，在正式的产品设计和开发之前识别关键的技术问题，降低技术风险，提高新产品开发的成功率。

只有在明确的产品定义的基础上，才能进行有效的制造可行性分析和服务可行性分析。通过这两方面的分析，尽早考虑产品的制造和服务可行性，避免出现开发出来的产品无法生产，生产出来的产品无法维护的情形。

只有在明确的产品定义的基础上，才能进行有效的市场分析，才能比较准确地预测市场规模、预算人力资源和资金投入，进行比较准确的投资回报分析。

3. 产品定义是产品设计和开发的基础

产品设计和开发是基于产品要实现的性能指标的。只有明确了性能指标及各性能指标要实现的参数值，才有可能设计出满足客户需求的新产品。有效的产品定义能够指导产品的功能设计，明确产品设计的重点，大幅减少产品设计中的冗余功能，提高产品的可靠性，降低产品的成本。通过设计降低产品成本（Design for Cost，DFC）是最有效和潜力最大的产品成本控制方法，因为产品的成本结构在设计时就已经确定了。**产品成本是设计出来的。**

二、产品定义的常见问题

在创新咨询实践中，我们发现大多数公司的产品定义工作都是非常薄弱的。很多新产品开发项目的失败主要是产品定义不明确、不完整、不正确造成的。具体而言，产品定义中的常见问题有以下方面。

1. 市场部门与技术部门难以进行有效沟通

很多企业在产品创新管理中采用的还是传统的职能式管理方法，即认为分工越细，效率越高。市场部（销售部）负责了解客户需求，技术部负责实现客户需求。市场部了解了客户需求信息后通过电子邮件发送给技术部，技术部依据市场部提供的信息进行产品设计和开发。如果开发出的新产品不好卖，或者新产品开发失败，两个部门都有充足的理由证明不是自己的错！市场部责怪技术部只知道“闭门造车”，没有真正理解客户的需求；技术部则反过来责怪市场部提供的客户需求信息不清晰、不完整、不正确。基于这样的信息开发出的新产品不好卖很正常，这是一种典型的“**扔过墙头（Throw over the Wall）**”式的新产品开发管理模式。市场人员和技术人员很难形成一个目标一致的团队，很难共同了解客户需求、明确客户需求和进行产品定义。很多企业缺乏一种有效的机制和方法让市场人员与技术人员“坐到一起”，共同对新产品开发的成败负责。

2. 客户的很多重要需求没有体现在产品定义中

由于技术人员很少参加市场研究工作，所以对客户的需求理解不够深入和全面。有些客户看重的需求，技术人员可能不以为然；有些客户不怎么看重的需求，技术人员认为很有必要做好。有些技术人员以技术实现有难度为由，“过滤”或者“忘记”了很多客户需求。当市场人员对技术人员确定的产品定义提出疑问时，技术人员以市场人员不懂技术为由，拒绝考虑市场人员的意见。这样，很多客户看重的需求要素没有体现在产品定义中，当然也就更不会体现在产品的设计和开发中了。这样开发出的新产品往往由于不能满足客户的真正需求而以失败告终。

3. 产品定义了很多客户不需要的冗余功能

同样，由于对客户需求的理解不深入、不全面，技术人员为产品增加了很多自认为非常重要的功能，并希望以这些功能为卖点吸引客户。这是典型的“技术驱动型（Technology-Driven）”产品开发模式。这样开发出来的产品往往有很多客户一次也不会使用的功能，甚至有很多客户根本不知道的功能。这样的产品患上了“**功能疲劳综合征**”。冗余功能不但增加了产品设计和开发的难度和时间周期，提高了产品的成本，往往还会严重影响产品的可靠性。

4. 定义的产品缺乏竞争特色和竞争优势

一些公司开发出的产品质量比较稳定，也能基本上满足客户的需求，但是卖得却不好。其主要原因就是这些产品太平庸，与主要竞争对手相比没有什么特色。有些功能企业自认为是“卖点”，但是客户并不买账；有些功能确实有些与众不同，但是不够突出。缺乏特色的产品往往没有定价权，很容易陷入价格战中，难以实现预期的投资回报。

以上产品定义问题反复出现的根本原因主要有两方面：一是未能采取跨职能团队组织模式进行客户需求研究和产品定义；二是未能掌握有效的产品定义方法。

创新案例

某新能源汽车企业宣传某款新车的广告语是“购买本汽车的20大理由”

虽然“购买理由”很多，但是该新能源汽车销量却很惨淡。主要原因是这些“购买理由”绝大多数是汽车厂商“杜撰”或者“总结”出来的，而不是源于客户需求的洞察。该新能源汽车没有进行准确的目标客户定位，没有进行深入的客户需求研究，也没有进行系统的同类汽车调研，没有在产品定义阶段明确产品的差异化卖点，只是在产品上市时才根据销售团队的要求仓促地“总结”产品“卖点”。这些“杜撰”的卖点自然不可能真正打动消费者，不可能实现好的销售业绩。

三、采用QFD方法进行产品定义

质量功能展开（Quality Function Deployment，QFD）是在整个新产品开发流程中用于搜集和展开客户需求的一种方法。质量功能展开工作由跨职能团队实施，将按优先顺序排列的客户需求信息转化为新产品或新服务的详细的设计规格排序。虽然对该方法的褒贬不一，但是该方法是迄今为止可以采用的最正式的产品定义方法，可以用于对新产品设计规格进行深入分析、排序和决策。

对于开发周期长、投入大、设计复杂的产品，大多数公司都要求产品开发团队提交书面的产品定义文件。QFD方法的目标就是帮助产品开发团队明确新产品的关键性能指标及其指标值。这要求产品开发团队首先识别关键的客户需求，然后将关键的客户需求转化为产品设计的性能指标，排列性能指标的重要度顺序，最后设定各个性能指标的指标值。

QFD方法最好由跨职能团队一起应用。QFD方法最大的价值就在于通过不同职能部门代表的集思广益，对产品定义达成一致。跨职能团队最好由8～10个人组成，并有客户参加。

QFD方法的核心是质量屋（House of Quality），质量屋由6个部分组成，由于外形像一个屋子而得名。QFD质量屋框架如图10-31所示。

以下我们将简要介绍质量屋的各个部分。

1. 客户需求

质量屋的左墙是客户需求（Customer Needs），是质量屋的输入，也就是“做什么（What）”。客户需求一般列15～25条，并按重要性排序。由上节分析可知，客户需求研究一般可以得到100条左右的客户需求。我们需要将这些需求进行分类及分层，在保证质量的前提下降低QFD方法的复杂性。

2. 性能指标

质量屋的上部是性能指标（Performance Measures），也就是“如何做（How）”，即企业通过哪些性能指标的设计来实现客户需求。性能指标的选择是一个反复的过程，是为了满足左墙的客户需求。

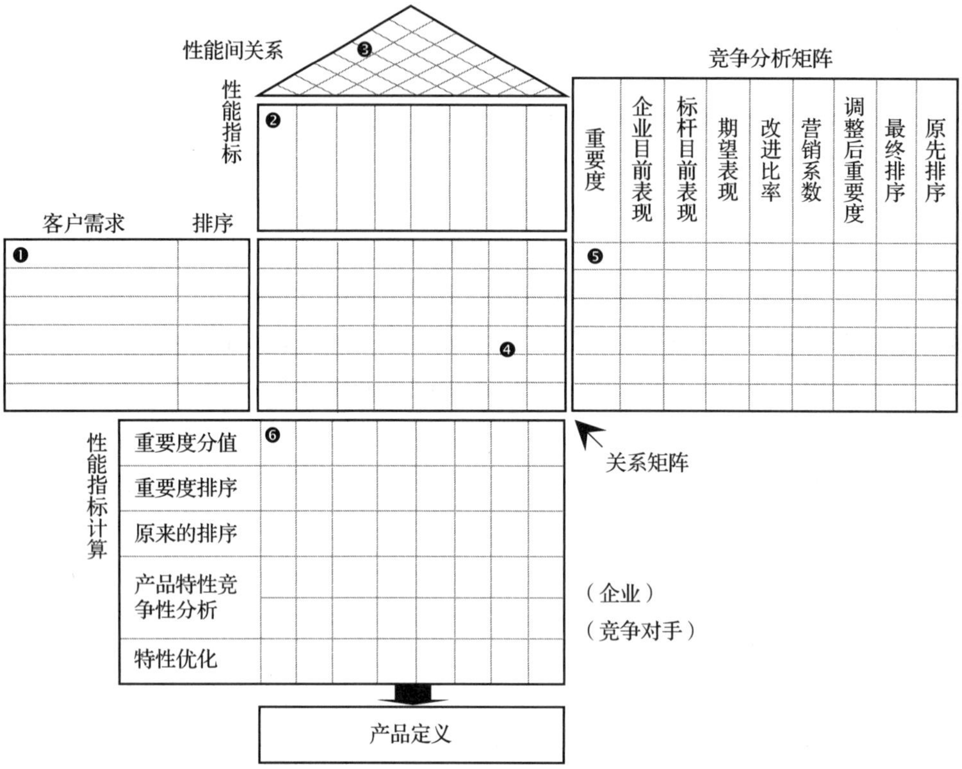

图 10-31 QFD 质量屋框架

产品性能指标的选择是产品定义方法实践过程中最具创新性的一个环节！QFD 团队通过集思广益、充分讨论，可以激发出具有突破性的创意，做出更具有创新性的设计决策。

3. 性能间关系

性能间关系（Interactions）是质量屋的屋顶部分，用以检查各性能指标之间的相互关系。两个性能指标之间可能相互强化，也有可能一个性能指标强化时，另一个性能指标会下降。如果两个性能指标之间相互强化，我们可以用“+”表示；如果两个性能指标一个强化时会引起另一个下降，我们可以用“-”表示。

比如在汽车设计中，汽车重量增加时，加速性能会下降，但安全性能会提升。如何在这些相互矛盾的性能指标之间进行权衡，如何解决重要的设计冲突，非常考验开发团队的创造性。可以采用 TRIZ 理论（发明问题解决理论）高效地解决很多技术矛盾。关于 TRIZ 理论的简要介绍请参见第十七章。

4. 关系矩阵

质量屋的中心是关系矩阵（Correlations），用于明确客户需求与性能指标之间的对应关系。这是 QFD 方法中最为复杂和令人头疼的环节，QFD 团队需要反复检查和讨论每项客户需求与每项性能指标之间的相关关系。客户需求与性能指标之间的相关关系共分为 4 类，如表 10-28 所示。

表 10-28 客户需求与性能指标之间的相关关系

相关关系	分数	表示符号
强相关	9	●
中等相关	3	○

续表

相关关系	分数	表示符号
弱相关	1	△
不相关	0	（空白）

5. 竞争分析矩阵

质量屋的右侧是竞争分析矩阵（the Planning Matrix），也称为规划矩阵。竞争分析矩阵的目的是通过与主要竞争对手的同类产品进行比较，得出企业在各项客户需求方面要做到的程度，以实现产品的差异化。

6. 性能指标计算

最后，质量屋的底部是性能指标计算（Calculating the Matrix），计算公式如下：

性能指标重要度 = ∑（相关关系值 × 调整后重要度值）

每个性能指标的重要度值等于其与各项客户需求的相关关系值乘以该项客户需求调整后的重要度值的总和。然后，根据各个性能指标重要度得分，按照分数高低对各个性能指标进行重要度排序。

由以上分析可知，在以下两种情况下，某个性能指标的得分会更高。

（1）一个性能指标与多项客户需求强相关或中等程度相关。

（2）一个性能指标强相关或中等相关的客户需求的重要度值很高。

这给我们的启示是：得分较高的性能指标，要么与多项客户需求相关，要么实现的是非常重要的客户需求。对这些性能指标我们在产品设计时要给予更多重视。

根据性能指标重要度的排序，结合主要竞争对手产品的当前性能表现，QFD 团队可以定义各个性能指标的设计值。

咨询实例

办公座椅产品定义（示例）如表 10-29 所示。

表 10-29　办公座椅产品定义（示例）

	产品特性	座位面积	可承受175磅压力的坐垫	可承受175磅压力的轮脚	坐垫的材料	对坐垫摩擦和穿刺测试的失败率	椅背最大倾斜需承受的压力	椅背最大倾斜度	扶手的标准宽度	扶手在坐垫以上部分的标准高度	扶手宽度的可调整范围	调整后重要度
		1	2	3	4	5	6	7	8	9	10	7
顾客需求												
感觉舒适	1								○			101
容易转动	2											
外观漂亮，与办公室格调相符	3											

续表

	产品特性	座位面积	可承受175磅压力的坐垫	可承受175磅压力的轮脚	坐垫的材料	对坐垫摩擦和穿刺测试的失败率	椅背最大倾斜需承受的压力	椅背最大倾斜度	扶手的标准宽度	扶手在坐垫以上部分的标准高度	扶手宽度的可调整范围	调整后重要度
结实、耐用的坐垫（布、皮革等）	4											
有足够的活动空间	5								○			99
倚靠感觉舒适且脚部有处可放	6											
扶手的高度和宽度合适	7								●			105
不易粘尘（耐脏）	8											
让人感觉到在组织内的重要性	9											
底座结实，可承受重压	10											
适用于高矮胖瘦的各类人群	11								○			107
修理简单	12											
重要度分值									1864			

注：1 磅 ≈ 0.45 千克。

参考表 10-29 所示的办公座椅产品定义简化示例，QFD 团队可以结合对以下问题的思考，检查产品性能指标设计的合理性。

（1）**从横向看，有一个或多个性能指标与每项客户需求强相关吗？**如果没有一个性能指标与某项客户需求强相关，则说明该项客户需求未能得到很好满足，团队需要重新思考性能指标设计的合理性。

（2）**从纵向看，有一项或多项客户需求与每个性能指标强相关吗？**如果没有一项客户需求与某个性能指标强相关，则要考虑这个性能指标存在的必要性。这是不是一个冗余的性能指标呢？多项客户需求与某个性能指标强相关，则说明该性能指标对满足客户需求非常重要，一定要做好。或者，如果有一个性能指标与 4 项以上的客户需求强相关，说明该性能指标可以再进行分拆，分别由多个性能指标满足客户的不同需求。

（3）**从整体看，是否有 60% ～ 75% 的方格为空白？**方格为空白表示这些客户需求与相应的性能指标之间是不相关的。如果空白太少，表明每项需求与多个性能指标之间都有相关关系，这说明性能指标划分不够细，产品定义过于笼统。

QFD 方法的运用需要企业投入大量的人力资源，并不是所有的项目都适合运用 QFD 方法。只有重大、复杂的新产品开发或平台开发项目才有必要采取 QFD 方法进行产品定义。这些项目往往客户需求项很多，产品结构复杂，客户需求与产品功能之间的关系不容易看清楚。

QFD 方法也同样适用于服务类项目，比如电信企业的服务流程重组，银行的网上服务系统开发等。

企业可以根据新产品项目的复杂程度，对 QFD 方法进行适当简化，比如主要考虑客户需求、性能指标和两者之间的相关关系。

四、质量功能展开方法的价值

QFD 方法刚开始用起来确实有些复杂，但是对于投入巨大的新产品开发项目而言，学习和掌握 QFD 方法的难度和投入都要远小于新产品开发本身。而且，应用 QFD 方法定义的新产品，设计和开发的复杂度会大大降低，开发过程中的返工会大大减少，开发的成功率会大大提高。

通过跨职能团队方式运用 QFD 方法进行产品定义，主要有以下好处。

1. QFD 方法使跨职能团队直接基于客户需求进行设计决策

新产品设计决策不再基于“谁的声音大就听谁的”，而是直接将客户需求作为输入，基于客户需求进行设计决策。这样做出的设计决策能更好地满足客户需求，也能减少职能部门之间不必要的冲突。

2. QFD 方法能有效促进各职能部门之间的沟通与合作

QFD 方法成为市场和技术部门之间的一座桥梁，让这些不同部门之间的人坐在一起讨论产品定义问题。这样，技术人员加深了对非常定性的客户需求的理解；市场和销售人员加深了对非常定量的性能指标的理解。

3. QFD 方法为扫除跨职能沟通障碍建立了一种共同语言

有时，在一个公司对于同一个词汇不同职能部门的人有不同的理解。比如提到“客户”一词，大多数销售人员的反应是购买我们产品的人，而技术人员的反应是使用我们产品的人。QFD 方法明确了相关词汇的概念，使跨职能团队成员能够使用共同的语言去思考和分析问题，减少了很多没有价值的争论和误解。

4. QFD 方法提供了一种可追溯的决策流程

对于一个长达两三年的开发项目，在开发周期内，项目团队成员可能会变化，这样新加入项目团队的成员可以通过查看“质量屋”了解该项目为何做出了这样的设计决策，以保持项目的连续性。

5. QFD 方法能减少开发过程中的变更，从而确保新产品的上市时机

由于进行了深入的客户需求研究，产品定义又是基于客户需求信息进行的，因而产品定义的质量非常高。这样大大减少了开发过程中由于需求变更导致的返工，开发速度大大加快，新产品的上市时机也就更有保障。

6. QFD 方法有助于创造性思考

传统的产品定义方法往往从竞争产品出发去定义产品的性能和特征，结果开发出的产品大多是没有什么新意的同质化的产品。QFD 方法迫使产品开发团队从客户需求出发去思考满足客户需求的新性能、新特征和新的解决方案，这种集思广益的方法往往能设计出具有突破性的新产品。

7. QFD 方法帮助产品开发团队打破常规，带来意外的惊喜

通过 QFD 方法的分析，产品开发团队经常会发现原先大家普遍认为很重要的性能指标，现在看起来没那么重要了；而原先认为不那么重要的性能指标变得非常重要了。这种基于客户需求的产品定义方法，经常颠覆人们习以为常的看法。这正是通过 QFD 方法的辛勤付出带来的重要收获。基于这种全新的产品定义方法设计和开发出来的新产品是非常与众不同的，新产品成功率也得到大大提升。

创新者行动

采用 QFD 方法对复杂产品进行产品定义，明确产品差异的“卖点”，形成产品需求文档。

第七节 产品概念测试

创新者思考

（1）我们的新产品需要在开发前进行概念测试吗？为什么？

（2）我们应该采取什么方式进行概念测试？

（3）我们如何保证概念测试工作的有效性？

是否采用QFD等方法定义好的产品就可以直接进入设计和开发阶段呢？还不行！在正式进入设计和开发阶段前，产品开发团队还需要将准备开发的产品概念征求客户的意见，看看这是不是客户真正想要的产品。这是产品概念测试需要进行的工作。

产品概念测试（Product Concept Testing）是在开发具体的产品前，先就产品的初步定义方案（包括对产品主要卖点、功能、结构特征等的描述）"可视化地"征求客户的意见，向客户验证产品定义的可接受程度，并根据客户的意见修改产品定义。概念测试通过将"拟开发"的产品可视化地呈现给客户，验证与完善对客户需求的洞察。

概念测试在新产品创意产生阶段和新产品概念开发阶段都可以进行。在新产品立项分析阶段的概念测试尤为重要，因为此时新产品概念最为完整，进行概念测试能得到更多的客户反馈信息。此外，立项分析阶段是在重大投入之前的最后一个分析阶段，产品定义的正确性对新产品的成败起着非常重要的作用。因此，产品在进入正式的开发阶段之前的概念测试工作是必不可少的。即使在产品进入开发阶段之后，企业还有必要随着设计和开发工作的深入，多次采用概念测试的方法征求客户对产品的意见，及时将客户的反馈意见体现到设计和开发的产品中。

概念设计其实也是采用**设计思维**（Design Thinking）方法，通过设计产品概念、征求客户意见后改进产品概念的多次迭代，逐步完善产品概念，以期开发出满足客户需求，甚至超出客户期望的创新产品。

产品概念测试包括以下要点。

（1）在产品正式开发前进行概念测试，可以快速、低成本地征求客户对拟开发产品的反馈意见或建议，减少开发过程中的返工，提高新产品开发的成功率。

（2）概念测试不但可以验证目标客户对产品的认可度，还可以测试目标客户对产品价格的敏感性，为产品成本设计提供输入。

（3）不同类型的产品可以制作不同类型的产品"原型"用于概念测试，"可视化"的呈现有利于客户更好地提出自己的需求。

（4）产品原型应该尽可能与最终上市的产品保持一致。

一、产品概念测试的重要性

概念测试是在产品进入开发阶段前对客户需求的最后一次确认。进行概念测试的必要性主要有以下方面。

1. 我们不能保证在进行客户需求调研时正确地理解了客户的全部需求

在进行客户需求调研时，我们可能访谈的客户数量不够多，访谈的样本不够有代表性，访谈的方法不一定能熟练掌握，访谈的记录可能会有遗漏。这些都会影响我们对客户需求了解的全面性和正确性。

2. 我们不能保证我们正确地理解了全部已获知的客户需求

在客户需求整理过程中，我们可能遗漏了一些重要的信息。在客户需求分类和合并过程中，我们可能会出现错误。在对客户需求要素的重要性排序过程中，我们排列的优先顺序与客户实际看重的优先顺序可能会有差别。

3. 我们不能保证我们正确地将客户需求"翻译"成了产品设计规格

我们可能采用"扔过墙头"的方式进行产品定义沟通，市场部将整理好的客户需求信息"发送给"技术部转换成产品设计特性，这中间会存在大量的信息遗漏或误解。或者我们采取了 QFD 方法来"翻译"客户需求，虽然"翻译"的质量会有比较大的提高，但我们不能保证完全理解了客户的需求，并且完全将客户需求转化成产品设计特性。

4. 我们不能保证客户自己完全阐明了自己的需求

客户对于自己需要什么，有时候自己也不太清楚。即使客户清楚地知道自己需要什么，有时候也不能完整、清晰、正确地表达出来。很多时候，"直到看到这个产品时，客户才知道自己在寻找什么。"有时候，客户会说，"给我看看你的产品，我将告诉你我真正需要的是什么。"

5. 我们需要判断该产品是否真正值得进入开发阶段

即使我们完整、正确地理解了客户需求，并且正确地将客户需求转换成产品定义，我们也不能确定是否要开发该产品。我们还需要了解客户是否真正对我们拟开发的这款产品感兴趣，有多少客户真正感兴趣，他们能为该产品付多少钱购买。也就是说，我们还要从企业的角度考虑该产品上市后，我们能否收回投资，我们能获得多大回报。只有判断能够获得预期的投资回报后，我们才有可能让该产品进入开发阶段。以上这些信息，都需要通过对客户的调查获取。比如，某微型电动汽车批量上市后才发现目标用户非常小众，企业很难实现预期投资回报。这其实是企业在项目立项分析阶段缺乏有效的概念测试，未对目标客户对该车型的接受度、有意愿购买该车型的目标用户的数量进行有效调研。

二、产品概念测试方法与客户需求洞察方法的比较

概念测试是用拟开发的产品去征求客户的意见，而客户需求洞察是了解客户需要什么样的产品，两者的研究目的不同。客户需求洞察时是"空杯"心态，不知道客户想要什么样的产品。概念测试时是"有杯"状态，做一个"杯子"原型征求客户意见，看看这是否是客户真正想要的

“杯子”。产品概念测试方法与客户需求洞察方法的比较如表 10-30 所示。

表 10-30 产品概念测试方法与客户需求洞察方法的比较

	概念测试方法	客户需求洞察方法
研究目的	了解客户对拟开发的新产品的看法，论证该项目值不值得开发	洞察客户的真实需求，为可能要开发的新产品提供输入信息
研究方法	现场访谈、小组访谈、问卷调查等，定性研究与定量研究方法相结合	现场访谈、现场观察、小组访谈等，以定性研究为主
适用阶段	新产品创意产生、概念开发及立项分析等创新前端管理阶段，设计开发阶段样机测试之前	贯穿产品创新流程的各个阶段，重点集中在立项分析阶段和设计开发阶段
研究交付件	（1）客户对产品概念的看法 （2）客户的购买意愿 （3）客户的价格敏感性	按重要度排列优先顺序的完整的客户需求列表

产品概念测试是在系统的客户需求研究之后，采取“可视化”的方法验证客户需求信息收集的完整性与正确性，进一步补充、完善客户需求信息。

三、产品概念测试的主要步骤

产品概念测试主要包括以下步骤。

1. 准备要用于测试的概念产品

概念测试是在产品还没有开发出来，还没有样机的情况下对产品进行测试。这就要求产品开发团队尽可能形象化地呈现出未来产品的样子，以便客户对该产品发表看法。

根据产品的不同特点，产品开发团队可以使用以下一种或多种方式向客户呈现“产品”。

（1）对于实物产品，可以画出产品的立体图，甚至做出一个工作模型（Working Models）或速制原型（Rapid Prototype）呈现给客户。比如医疗器械产品如果能够制作一个塑胶模型给医生或护士看，他们往往能够对该产品提出更多有针对性的意见。豪华汽车制造商宝马公司非常重视产品概念测试工作，要求所有新车必须制作 1∶1 的模型用于原型测试，以保证测试结果的真实性与可信性。

（2）对于软件产品，可以做出一个用户界面的效果图（Demo）呈现给客户。

（3）对于服务产品，可以采取图文并茂的方式将包含服务流程的概念产品呈现给客户。比如某银行想推出一款新的理财产品，可以设计一个小册子对该产品进行介绍。

（4）对于消费品，可以向客户展示产品的包装图片，利用带有声音解说的幻灯片描绘产品。

（5）对于建筑产品，可以做出建筑模型进行展示，还可以利用电脑软件制作三维的虚拟现实效果，让客户有身临其境的感受。

2. 明确概念测试的主要内容，设计概念测试问卷

在考虑如何向客户呈现概念产品的同时，要考虑需要从客户那里获取哪些信息。概念测试需要评估客户对产品的接受度，判断预期的销售收入。一般来说，概念测试需要获取的信息主要包括以下方面。

（1）判断客户对该产品感兴趣的程度，并且了解客户为什么对该产品这么感兴趣或这么不感兴趣。

（2）判断客户对该产品的喜爱程度，了解客户最喜欢该产品的哪些方面，最不喜欢该产品的哪些方面。

（3）通过与主要竞争者的产品或客户正在使用的产品进行对比，判断客户对该产品的相对偏好程度，以及存在这些偏好的原因。

（4）判断客户愿意支付多少钱购买该产品。

（5）判断客户在某一价位对该产品的购买意愿。

（6）搜集对产品定位有价值的信息。

产品开发团队可以参照以上要了解的重点信息，设计概念测试问卷。

咨询实例

某陶瓷产品的概念测试

在深圳某高档陶瓷制造企业，我们采用突破性创意激发方法（BIG）等帮助企业激发了很多突破性的新产品创意，并采用产品概念开发方法（SWIFT）等对新产品概念进行了筛选和完善。为了进一步了解对一些突破性新产品创意的偏好程度，我们帮助该公司对重要的潜在客户进行了产品概念测试。产品概念是以样品的方式呈现给潜在客户的。

表 10-31 是我们帮助该企业设计的某款高档功夫茶具产品概念测试问卷（示例）。

表 10-31　产品概念测试调查问卷（示例）

“雅”茶具概念调查问卷

（1）您对这套茶具感兴趣吗？
A. 一点都不感兴趣　B. 不是很感兴趣　C. 有点兴趣　D. 比较感兴趣　E. 非常感兴趣
您为什么这么感兴趣（不感兴趣）？

（2）您有多喜欢这套茶具？
A. 一点都不喜欢　B. 不是很喜欢　C. 有点喜欢　D. 比较喜欢　E. 非常喜欢
您最喜欢该套茶具的哪些方面？

（3）您最不喜欢该套茶具的哪些方面？

（4）您已经购买了（比较熟悉）X 品牌的茶具。您如何比较该款茶具和 X 品牌的茶具？
A. 更喜欢该款茶具　B. 两款差不多　C. 更喜欢 X 品牌茶具
您为什么更喜欢（不喜欢）该款茶具？

（5）您愿意花多少钱购买该套茶具？

（6）如果该套茶具定价为 3980 元，您有多大可能性购买该套茶具？
A. 肯定不会买　B. 有可能会买　C. 肯定会买
您为什么肯定会买（不会买）该款茶具？

（7）您认为这套茶具有什么需要改善的地方？为什么这些地方需要改善？

（8）您对该款茶具还有哪些意见或建议？

受访人信息（以下信息仅作为我们统计调研结果的参考，不作其他用途。我们承诺对您的信息保密。）
您的姓名：___________　您的联系电话：___________
您的电子邮箱：________________
调研人员签名：　　　　　　　　调研日期：

3. 选择概念测试方法

进行概念测试的最好的方法是现场访谈，即到客户现场将产品概念呈现给客户看，并对照调查问卷逐一征求客户对每个问题的看法。除了要了解他们的看法之外，更重要的是要问“为什么”。要问他们为什么对某概念不感兴趣，为什么喜欢某产品，为什么只愿意接受某价位等。

为降低成本，提高概念测试的效率，也可以采用小组访谈方法进行概念测试。邀请部分客户参加会议，呈现和讲解概念产品后同样问调查问卷上的内容。要注意让各位客户独立发表自己的看法，不要让个别客户主导了整个会议，这样很可能会影响其他客户的观点。

当然还可以采取邮寄调查问卷或街头拦访的方式进行问卷调查，但是要注意样本的选择及调查的可信度。

4. 进行概念测试

概念测试实施的质量将直接影响概念测试的质量。在进行概念测试时，调查人员需要注意以下几点。

（1）**要选择正确的测试对象。**样本的选择应该足够，并且要具有代表性。比如工业产品不能只调查客户企业中负责采购的人员，而要调查产品的使用者、产品购买的决策者。这样才能比较全面地了解各类客户对产品概念的看法。

（2）**不要推销产品。**一定要注意，现在是测试客户是否会买我们的产品，目的是希望设计出客户真正会买的产品，而不是去现场推销我们的产品。现在还没到推销我们的产品的时候！当你带有明显的推销意味进行调查时，客户很可能会拒绝接受调查，即使接受调查也很可能会应付了事，不会认真地回答问卷中的问题。

（3）**要观察客户是否在迎合调查者。**当客户在接受概念测试时，一般会倾向于做比较积极的反馈。反正现在不需要掏钱，你问他是否喜欢该产品，他可能会说很喜欢；你问他这个价格能否接受，他会说没问题，不贵！这样的调查结果，很可能会高估概念产品的市场接受度。

5. 整理概念测试信息

调查人员应该在每次调查结束后 24 小时之内将调查结果整理好交给概念测试负责人。概念测试负责人在整个调查结束后，将所有有效的调查问卷进行统计汇总，形成完整的调查报告。关于产品改进方面的内容，用于完善产品定义；关于购买意图、购买价格等方面的信息，用于项目立项分析。要慎重使用调查结果，不要将购买意图数据直接当作潜在的市场份额预测数据。

6. 完善产品定义

根据概念测试调查结果，修正客户需求列表，完善产品定义。

创新者行动

制作合适的可视化的概念产品，参照以上步骤对概念产品进行有效的概念测试，补充客户需求信息，完善产品定义。

第八节 项目立项分析的主要内容

创新者思考

（1）我们的新产品项目立项分析工作是由跨职能团队进行的吗？

（2）我们的新产品项目做了哪些方面的立项分析工作？有效性如何？

（3）是否由于立项分析不严谨，导致产品开发过程大量返工，或者导致项目中途夭折？

立项分析是项目团队对项目的市场分析、技术分析和财务分析等的总结，也是对项目创新前端阶段所做的工作的总结。通过项目立项分析，决策团队必须清楚了解为什么应该将公司稀缺的创新资源投到该项目上。

项目可行性分析是一个有一定先后顺序但允许“反复”的流程，主要包括15项内容，各企业可以根据行业、产品的实际情况，补充完善项目可行性分析内容。项目可行性分析的关键要素如图10-32所示。

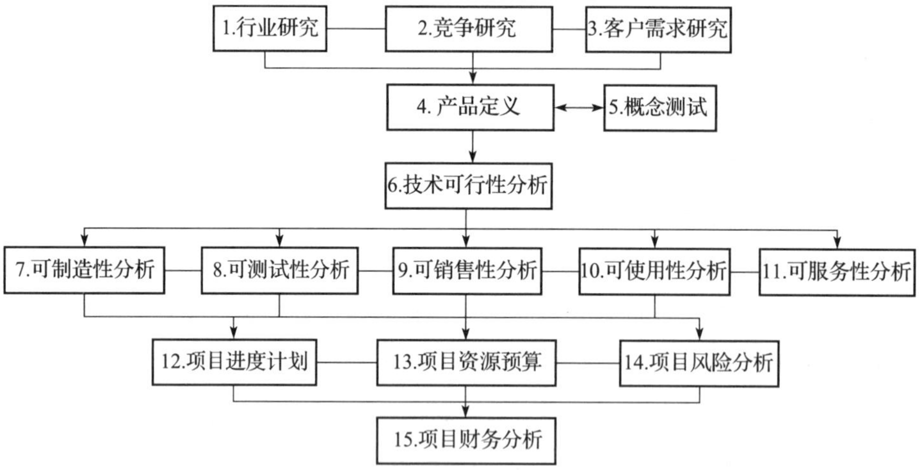

图10-32 项目可行性分析的关键要素

下面较为详细地介绍项目立项分析的15项要素，各企业可根据企业实际，将这些关键问题转化为相应表单模板，大幅提升项目立项分析工作的质量。

一、行业研究

行业研究由市场代表主责，销售代表配合。

行业研究需要回答以下主要问题。

（1）政治、经济、社会、技术、环保和法律法规等行业宏观环境有何特点？有何发展变化趋势？有哪些战略机会应该把握？有哪些战略风险应该规避？

（2）行业产业链上中下游分别有哪些主要“玩家”和新进“玩家”，他们的行业地位与发展趋势如何？我们应该如何把握行业上中下游的战略机会？

（3）供应商、合作伙伴、互补者、管理者、投资者和影响者等行业的主要利益相关者分别是哪些？他们对我们的发展分别有哪些有利与不利影响？我们如何趋利避害？

（4）行业整体市场规模有多大？未来增长趋势如何？增长速度有多快？

（5）目标客户主要分布在哪些行业？哪些地域？目标客户有哪些发展变化趋势？

（6）同类产品主要有哪些细分市场？各类细分市场有何特点？我们的产品应该定位在什么样的细分市场？为什么？

（7）预计我们的产品上市后会获得多大的市场份额？为什么？

（8）同类产品的价格会呈现什么样的变化趋势？每年价格递增（递减）的比例会是多大？

（9）我们是否需要考虑进入国际市场？应该进入哪些国际市场？这些国际市场的需求各有什么差异？

行业研究的详细介绍请参见本章第三节。

二、竞争研究

项目团队可通过多种一手或二手途径了解到竞争对手的很多信息。**了解竞争对手信息的主要目的不是为了模仿和抄袭，而是为了学习和超越。**竞争研究由市场代表负责完成，销售代表配合。

竞争研究需要回答以下主要问题。

（1）我们主要的竞争产品有哪些？分为形式相同的直接竞争产品；形式不同，功能相同的间接竞争产品；形式功能不同，目的相同的间接竞争产品三类进行研究与分析。

（2）各类竞争产品的行业地位、市场份额、客户口碑分别怎么样？行业领先产品成功的主要原因有哪些？

（3）主要友商是如何规划、论证、设计、开发、生产、上市和管理他们的产品的？

（4）主要友商的战略是什么？他们对我们的产品的上市会有哪些反应？

（5）主要友商正在规划、预研和开发什么新产品？这对我们有什么影响？

（6）未来将会有哪些新的竞争对手出现？他们对我们会有什么影响？

（7）哪些友商是我们学习的标杆？我们应该重点学习他们的哪些方面？我们如何学习和借鉴他们的有效做法？

竞争研究的详细介绍请参见本章第四节。

三、客户需求研究

项目团队通过现场访谈、现场观察及小组访谈等方法对目标客户的需求进行深入分析，按重要度排列客户需求。客户需求研究由产品经理主责，市场、销售、技术代表配合。

客户需求研究需要回答以下主要问题。

（1）谁是我们的目标客户？他们主要分布在哪些地方？他们有何共同的特征？

（2）在客户使用同类产品时，遇到的主要问题有哪些？他们是如何解决这些问题的？

（3）客户购买这类产品的主要目的是什么？他们是为了解决哪些问题，还是为了满足哪些需求？

（4）客户的主要“痛点需求”有哪些？

（5）客户希望从这类产品上得到的到底是什么？

（6）哪些是客户最看重的需求？哪些是客户比较看重的需求？哪些是客户不太看重的需求？

（7）就客户使用过或者知晓的竞争产品而言，客户对哪些需求的满意度比较高？客户对哪些需求的满意度一般？客户对哪些需求的满意度很低？

（8）客户对各类需求的重要度是如何排序的？

客户需求研究的详细介绍请参见本章第五节。

四、产品定义

通过客户需求研究、竞争研究和行业研究，我们能得到按重要度排序的客户需求列表。通过跨职能团队采用 QFD 等方法，我们能将客户需求转化为产品定义。产品定义由产品经理和系统工程师主责，研发、市场、销售、制造、服务等主要职能代表参与。

有效的产品定义要能清晰地回答以下问题。

（1）产品的主要性能指标有哪些？这些性能指标的相对重要性是什么样的？这些性能指标的设计参数分别是多少？

（2）每个主要的性能指标至少都能与一项重要的客户需求高度相关吗？

（3）各个性能指标之间存在冲突吗？这些冲突能有效解决吗？

（4）每项重要的客户需求都有相应的性能指标来实现吗？

（5）与主要竞争对手的同类产品相比，我们在哪些客户需求方面需要重点改进？相对改进的幅度有多大？

（6）我们应该强调的“卖点”主要有哪些？为什么？

（7）各个主要性能指标的目标值应该设定为多少？

产品定义的详细介绍请参见本章第六节。

五、概念测试

通过“可视化的”产品概念测试验证客户需求研究所了解的客户需求信息，并对产品的市场接受度、价格敏感性等进行测试。概念测试由市场代表主责，销售代表配合。

以下是概念测试需要回答的主要问题。

（1）哪些客户需求信息需要调整或完善？哪些客户需求信息的重要度排序发生了改变？

（2）有哪些性能指标需要调整或改变？性能指标的重要度排序有何变化？

（3）产品应体现的差异化主要在哪些方面？

（4）有多大比例的潜在客户愿意购买该产品？

（5）大多数客户能接受的价格水平是多少？

（6）某一特定价格潜在客户会购买的比例是多少？

概念测试的详细介绍请参见本章第七节。

六、技术可行性分析

根据产品定义的性能指标及其目标值，分析需要用到哪些关键技术，以及这些技术应该如何获取。技术可行性分析由系统工程师主责，研发代表配合。

技术可行性分析需要回答以下主要问题。

（1）为了实现产品定义中设计的性能指标参数，我们主要需要获得哪些技术或解决方案？

（2）哪些技术或解决方案是最重要的？哪些技术或解决方案是开发难度最大的？

（3）这些技术或解决方案哪些是现有的？哪些是需要开发的？哪些是可以从外部获取的？

（4）对于需要开发的技术，开发的难度有多大？开发的周期要多长？开发的风险有多高？需要什么样的团队才能开发出这些技术？

（5）有哪些技术需要预研？需要哪些人参与预研？总体预研周期要多长？

（6）对于可以从外部获取的技术，我们是采用购买的方式还是合作开发的方式？这些做法有何风险？我们如何规避这些风险？如果这些风险出现了，我们如何应对？

（7）哪些技术是该产品中要用到的核心技术？我们可否利用核心技术为竞争对手设置进入门槛？

（8）该产品可否或者是否应该通过建立技术平台进行系列化开发？如果需要，哪些技术应该是平台的组成部分？

（9）我们是否需要进行模块化设计和开发？如何进行？

（10）我们是否具备技术开发所必需的开发设备和测试设备？

（11）在技术开发过程中，可能会出现哪些技术矛盾或冲突？我们应该如何解决这些矛盾或冲突？

（12）技术开发过程中是否会存在法律、专利等问题？我们如何解决这些问题？

（13）需要多少人参与产品开发过程？分别需要什么专业和素质的人员？我们如何获取这些专业人才？

（14）设计和开发过程大致分为多少个里程碑？每个里程碑节点的交付件是什么？两个里程碑节点间的时间周期分别是多长？多长时间可以开发出样机？

（15）设计和开发阶段的人员和资金预算分别是多少？

（16）我们的设计和开发的质量目标是什么？我们如何保障设计和开发的质量？由谁保障？采用什么机制和方法保障？

（17）在设计和开发过程中最有可能出现的风险有哪些？哪些风险的影响最大？有何影响？我们如何规避这些风险？如果这些风险出现了，我们如何有效应对？

技术预研的详细介绍请参见第十七章。

七、可制造性分析

可制造性分析评估产品能否生产出来，企业能否满足小批量生产和批量生产的需要。可制造性分析由制造代表负责完成，销售代表、技术代表、服务代表配合。

可制造性分析需要回答以下主要问题。

（1）批量生产时的产能规模是多少？每个月需要生产多少数量？每年需要生产多少数量？公司是否具备所需产能？

（2）我们是应该自己生产，还是外包生产？为什么？

（3）该产品的制造流程是什么样的？有哪些难点？如何解决？

（4）有哪些关键零部件需要加工？哪些需要内部加工？哪些可以外协加工？

（5）需要采购哪些关键原材料、元器件或零部件？这些原材料、元器件或零部件的可获得性如何？采购周期有多长？价格波动有多大？

（6）生产所需厂房、设备、人员、能源等是否能够满足需要？

（7）排放、环保、安全和健康等方面能否达标？

（8）产品应该如何包装和运输？

（9）产品质量指标有哪些？如何保证产品制造质量？

（10）如何进行产品测试和检验？

（11）生产应该如何进行组织和管理？需要哪些 IT 工具？

（12）如何进行样机制造？

（13）如何进行小批量生产？

（14）产品批量生产所需前期投资是多少？主要投资在哪些方面？

（15）批量生产时，单位产品的材料成本有多高？单位产品的制造费用有多高？成本变化趋势如何？如何有效降低成本？

（16）产品制造过程中可能会出现哪些主要风险？如何规避？发生后如何应对？

八、可测试性分析

产品测试包括样机测试、客户测试和市场测试三个方面。注意：产品测试不只是样机测试，客户测试和市场测试与样机测试同等重要！可测试性分析由测试代表负责完成，市场、销售、研发和服务代表配合。

可测试性分析需要回答以下主要问题。

（1）该产品需要测试哪些主要的性能指标？如何测试这些指标？

（2）应该如何进行该产品的样机测试？需要哪些测试设备和人员？

（3）如何在客户的现场进行样机测试？需要测试哪些方面？需要选择哪些典型的客户环境进行样机测试？

（4）是否有强制性的法律、法规、标准要求？如何通过相关机构的测试和认证？

（5）如何进行市场测试？

关于产品测试的详细介绍请参见第十二章。

九、可销售性分析

可销售性分析主要包括营销战略与上市计划的制订。可销售性分析由销售代表主责，市场代表配合。

可销售性分析需要回答的主要问题如下。

（1）产品上市前是否需要进行试销？如何进行试销？

（2）产品上市后 1 ～ 5 年的销售量、销售收入目标是多少？是否可以分别进行挑战目标、现实目标和保守目标的预测？做出该预测的依据是什么？

（3）产品上市后 1 ～ 5 年预计的市场份额是多少？市场份额的变化趋势是什么样的？为什么？

（4）产品将采取什么定价策略？是高价策略、平价策略还是低价策略？为什么？产品的定价是多少？价格有何变化趋势？

（5）是否需要通过渠道商进行产品销售？应该选择什么样的渠道商？应该选择哪些渠道商？与渠道商的合作机制是什么样的？

（6）如何与客户进行有效的沟通？广告计划是什么样的？渠道促销计划是什么样的？如何进行网络营销？如何处理公共关系？如何与媒体合作？是否需要参加一些贸易展览或者行业会议？如何制作宣传资料？

（7）需要进行哪些销售准备？需要多少销售人员？销售人员如何分布？如何培训和管理销售人员？

（8）产品上市计划包括哪些内容？有哪些关键事项？有哪些关键节点？每个关键节点需要实现的目标是什么？

（9）产品上市需要多少资金预算（盈亏平衡点之前）？盈亏平衡点之后每月的市场费用需要多少？

（10）产品上市后多长时间能实现盈亏平衡？预测的依据是什么？

（11）新产品上市是否对公司的现有产品有冲击？如何保护现有客户的利益？如何将现有客户迁移到新产品？

（12）何时进行产品上市后评审？评审的要点有哪些？

（13）产品的生命周期有多长？如何进行产品生命周期管理？何时要考虑产品的改进、升级或换代？

（14）如何进行产品退市管理？

（15）产品上市过程中可能的风险主要有哪些？如何规避？发生后如何应对？

产品上市发布、产品生命周期管理、产品退市管理的详细介绍请分别参见第十三章、第十四章、第十五章。

十、可使用性分析

可使用性分析是分析客户能否方便有效地使用产品。产品的可使用性不好会严重影响客户的体验，进而影响企业的口碑与声誉。可使用性分析由服务代表主责，研发代表参与。

可使用性分析需要关注以下几个主要方面。

（1）客户方便接收产品吗？

（2）客户方便拆解产品包装吗？产品包装物易于回收吗？

（3）产品易于安装和调试吗？需要配备安装工具吗？

（4）产品易于使用吗？需要说明书吗？说明书容易看懂吗？

（5）产品使用过程中遇到问题易于咨询解决吗？

（6）产品不用时易于存放吗？

十一、可服务性分析

可服务性分析的主要目的是评估企业是否具备为客户提供服务的能力和条件。可服务性分析由服务代表主责，研发代表配合。

可服务性分析需要关注的主要问题如下。

（1）主要有哪些服务指标和目标？如何评价服务质量？

（2）哪些服务内容可以外包？如何外包？如何保证外包服务的质量？

（3）服务流程是什么样的？有哪些关键的服务内容？服务的重点和难点分别是什么？

（4）如何组建服务团队？服务团队包括哪些职能的人员？服务团队如何分布？服务团队的人员预算是什么样的？

（5）如何进行产品的安装和调试？

（6）如何进行产品的维修和保养？需要什么样的维修和保养场地、设备和设施？需要准备哪些备品和备件？维修和保养的前期投入预算是多少？

（7）产品的保质期有多长？主要有哪些服务条款？

（8）退、换货政策是怎么样的？如何保证退、换货的顺利进行？

（9）是否有突发重大产品质量事故的可能性？企业对突发事件的响应机制是什么样的？如何进行产品召回管理？如何进行有效的危机管理？

（10）产品终止使用后如何回收或处理？

（11）每月、每年的服务费用预算是多少（包括人员、设备、备品备件、差旅等）？

（12）产品过了保质期后如何维护？是否收费？如何收费？

十二、项目进度计划制订

项目进度计划制订需要评估项目开发、测试直到上市所需的时间周期，明确开发过程的主要里程碑。项目进度计划由拟任项目经理主责制订，系统工程师、研发代表、项目管理工程师配合。

项目进度计划制订时需要回答的主要问题如下。

（1）项目立项评审、样机评审及上市评审的时间点分别是什么时候？

（2）项目开发过程主要分为几个大的里程碑？每个里程碑节点主要需要交付哪些交付件？

（3）哪些事项是重要的前置事项？如果这些事项不能按期完成，对项目的整体进度将有多大的影响？

（4）项目的关键路径是什么样的？如何通过缩短关键路径缩短新产品的开发周期？

（5）影响项目进度的主要风险有哪些？如何规避？风险发生后如何有效应对？

关于项目进度计划制订方法的详细介绍，请参见第二十三章。

十三、项目资源预算分析

项目资源预算分析是指分析在新产品开发各阶段所需的人员及人员的时间。不同的阶段投入的人员类型和数量都会有所不同，但核心团队成员需要保持稳定。项目资源预算分析由拟任项目经理主责，各职能代表及人力资源部门配合。

项目资源预算分析需要回答以下主要问题。

（1）项目核心团队成员由哪些人组成？这些人具备项目所需的专业知识和技能吗？这些人的项目时间能够保证吗？

（2）项目开发阶段需要哪些专职人员？分别需要多少数量？这些专职人员必须具备哪些专业知识和技能？这些人员是公司现有的还是需要招聘？这些人员能按时到位吗？

（3）项目开发阶段需要哪些兼职人员？分别需要多少数量？这些兼职人员必须具备哪些专业知识和技能？这些人员是公司现有的还是需要招聘？这些人员能按时到位吗？这些人员的项目工作时间能够保证吗？

（4）项目测试和上市阶段需要哪些专（兼）职人员？分别需要多少数量？这些人员必须具备哪些专业知识和技能？这些人员是公司现有的还是需要招聘？这些人员能按时到位吗？这些人员的项目工作时间能够保证吗？

（5）从立项分析阶段一直到上市后项目团队正式解散时，所需投入人员的总费用是多少？

（6）在项目团队管理方面主要可能面临哪些风险？如何规避？风险发生后如何应对？

关于项目资源预算分析方法的详细介绍，请参见第二十三章。

十四、项目风险分析

项目风险分析的主要目的是识别项目分析，制定规避风险的措施或风险发生后的应对策略。项目风险分析在综合各项立项分析要素风险分析的基础上由拟任项目经理主责完成。

项目风险分析需要回答以下主要问题。

（1）项目风险主要包括哪些方面？每个方面主要可能有哪些风险？

（2）每项风险的发生概率有多大？每项风险对项目的成败影响有多大？如何规避风险？风险发生后如何应对？

（3）风险管理机制是什么样的？谁负责风险预警和分析？谁负责风险决策？谁负责风险处理？

（4）如果出现未预见的重大风险如何处理？如何进行有效的危机管理？

关于项目风险分析方法的详细介绍，请参见第二十三章。

十五、项目财务分析

财务分析的主要目的是分析项目的投入和产出，以评估项目是否值得投资。项目财务分析由财务代表主责，产品经理、系统工程师、拟任项目经理、各职能代表配合。

项目财务分析需要回答的主要问题如下。

（1）立项分析、开发、测试及上市阶段所需资金投入分别是多少？到运营性的盈亏平衡点公司一共要在该项目上投入多少资金？公司能够按时、足额地保证该项目所需资金投入吗？最大的可能投入额是多少？最小的可能投入额是多少？资金如何筹措？资金成本是多少？

（2）产品上市后，乐观、现实和保守的各年度销售数量、销售收入分别是多少？

（3）产品上市后，各年度的产品平均销售价格是多少？扣除渠道商佣金，产品实际的平均销售价格是多少？

（4）产品上市后，各年度单位产品的材料成本、制造成本、营销成本、销售成本、服务成本和管理成本分别是多少？单位产品的年度平均总成本是多少？

（5）产品上市后，多长时间内能实现运营性的收支平衡（月度投入与收入相当）？金额是多少？

（6）产品上市后，多长时间内能实现盈亏平衡（收回前期所有投资）？总投入预计是多少？

（7）在该产品的生命周期内，预计能实现的利润总额是多少？产品的毛利率有多高？公司的投资回报率有多高？

（8）该项目是否有长期价值？可否通过产品的系列化摊薄第一款产品的成本？

（9）如果出现以下情形，财务预测会有什么变化？比如：价格下降、成本上升、销售数量低于预期、产品生命周期缩短、开发周期延长、开发成本上升。请进行财务敏感性分析。

（10）各财务数据的预测分别基于什么样的前提假设？如果这些假设条件变化，各财务数据分别会有什么变化？

创新者行动

参考以上思考问题，结合公司产品实际，制定项目可行性分析各要素的表单模板，进行系统、完整、可信的项目可行性分析。

第九节 项目决策评审

创新者思考

（1）我们有规范的新产品项目决策评审流程吗？有效性如何？

（2）我们有事先定义的、科学的项目决策评审准则吗？

（3）我们的项目评审决策是集体决策，还是一个人说了算？

项目决策评审（Project Decision Review）是指基于严谨的项目可行性分析报告，对新产品开发项目进行多次、严肃的评审决策，让有“钱景”的新产品开发项目进入下一阶段，及时终止没有“钱景”的新产品开发项目，提升公司整体创新投资回报率。

企业高层管理者在创新方面的核心职责：及时做出正确的创新项目投资决策，实现企业中长期创新投资回报最大化。

（1）**“严谨分析、严肃决策”是创新型企业提升产品创新投资回报率的关键举措。**项目可行性分析不严谨，项目决策评审不严肃的企业无异于失去理性的“赌徒”，必将“十赌九输”。

（2）项目决策评审团队要由“能够承诺项目资源”的跨职能的公司中高层管理者组成。同意“通过”某个项目，意味着决策评审团队需要承诺后一阶段该项目所需的创新资源。不承诺资源的决策是无意义的决策，与决定买哪个股票但是没有投钱买入一样，最终收益与你无关。

（3）企业高层管理者在立项评审时就要参与项目决策，等到产品上市时才参与决策可能已经“来不及了”。**越早参与决策越主动，越晚参与决策越被动。**

（4）要制定严格的“必须满足”的决策准则，对新产品开发项目进行严肃的“生 / 杀决策”。通过生 / 杀决策的项目要进行吸引力打分评价，评分越高的项目越应优先进入下一阶段流程。

（5）项目团队要提前准备和提交决策评审文件，决策评审团队要提前仔细审阅项目可行性分析报告，有重大问题要提前与项目团队沟通，不要在项目评审会议上“暴雷”。

本节重点介绍创新型企业如何组建项目决策评审团队，如何制定项目决策评审准则，如何高效召开决策评审会议。

一、项目决策评审的常见问题

很多企业在项目决策评审方面，要么重视不够，要么方法不当，导致项目决策评审失效，公司损失巨大。

以下描述的科技企业对待新产品开发项目决策评审的看法，是否在我们的企业也存在？

（1）我们公司上什么项目都是老板说了算。他让我们干什么，我们就干什么，反正是他投的钱。

（2）我们公司的项目只在立项的时候评审一次，以后就一直干到上市。很多项目只有上市了之后才发现不行。

（3）很多项目其实公司管理团队也拿不准到底要不要做。公司采取的策略就是多做几个，期望总有一两个会成功。

（4）我们的决策评审没有什么明确的准则，公司几个领导在评审会议上经常争论不休，有时甚至影响大家之间的感情。

（5）我们的决策评审会议没有什么明确的流程，经常是领导有空的时候就开。开会的时间很长，有时候好多事情放在一起讨论，开着开着就跑题了。

（6）决策评审会议经常议而不决，领导总是说还要再讨论讨论，项目团队成员能做的就是等待。

（7）很多时候项目决定要做，但是资源不到位，项目经理要频繁地与多个职能部门协调资源。

（8）我们同时上马的项目很多，而且这些项目没有明确的优先顺序。但是我们的人手严重不足，几乎每个项目都严重延期。公司领导希望通过项目团队多加班来保证多个项目的进度，但是这样做出来的项目质量很难保证。

二、项目决策评审的重要性

很多企业的高层管理者对项目决策评审的重要性认识不足，项目决策评审非常随意、主观、非理性。小企业存在这样的问题，大企业由于项目决策评审随意而导致企业走向衰亡的案例也非常常见。

创新案例

摩托罗拉铱星卫星项目投入约 60 亿美元后破产

铱星公司于 1992 年由摩托罗拉公司创办。1998 年，该公司第一代共 66 颗卫星完成组网并启动商业运营，所推出的铱星手机售价为每部 3000 美元，每分钟通话价格为 6 ～ 30 美元。由于产品价格高昂，服务质量欠佳，卫星投入运营一年后只获得了 1 万订户，距离 50 万预期订户数量差距巨大，因此亏损严重且难以继续融资，无法偿还到期的 15 亿美元债务，不得不于 1999 年申请破产，成为美国历史上最大的 20 件破产案之一。

2000 年 8 月，美国政府授予铱星公司一份为期两年、价值 7200 万美元的合同，并同意通过美国破产法庭以 2500 万美元出售该公司。2000 年 11 月，私营资本组建铱星控股公司，该公司通过旗下全资子公司铱星卫星控股公司以 2500 万美元收购了铱星公司的卫星资产。此时铱星公司已经为卫星建设投入了约 60 亿美元。

以下简要分享项目决策评审的重要性。

1. 随着项目投入加大，项目的不确定性应该降低

随着新产品开发由立项分析走向开发、测试和上市，累计投入呈几何级数上升，在确定后续资金是否值得投入之前，需要对项目进行严谨的可行性分析和严肃的决策评审。图 10-33 描述了项目投入与项目不确定性之间的关系。

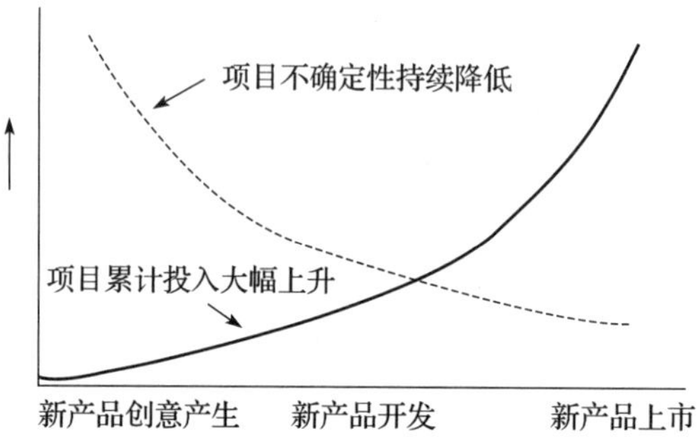

图 10-33　新产品项目投入与不确定性之间的关系

对于创新性较强的新产品开发项目，在创意到立项的创新前端阶段的投入可能是 50 万元，在开发、测试阶段的投入可能是 500 万元，而在批量生产和规模上市阶段的投入可能是 5000 万元。有效的做法应该是在每个阶段都要进行严谨的可行性分析，都要进行严肃的决策评审，确定项目是否可以进入下一阶段。通过多次分析和多次评审，降低项目的不确定性（风险），提高项目的成功率，提高公司整体的创新投资回报率。5550 万元不是一次性投入的，至少是分三次逐步加大投入的。

（1）如果在项目立项评审时“枪毙”一个没有“钱景”的项目，损失只有 50 万元，剩余 5500 万元可以投入其他有“钱景”的项目。

（2）如果在产品上市前评审时“枪毙”一个没有“钱景”项目，损失只有 550 万元，剩余的 5000 万元可以投入其他有“钱景”的项目。

（3）如果在产品批量上市后才发现一个项目没有“钱景”，直接经济损失 5550 万元，机会成本损失可能会更大，对创新团队的信心的打击也会很大。

由此可见，对于没有“钱景”的项目，越早“枪毙”，损失越少。

2. 新产品开发是一场“赌博”，需要遵循“赌博”原则，提高“赌博”赢率

新产品开发其实就是一场高风险的“赌博”！提高“赌博”赢率的基本原则包括以下三点。

（1）不将所有“赌注”一次下完。

（2）如果不确定性（风险）很高，下“小注”。

（3）如果不确定性（风险）很低，下“大注”。

遵循以上“赌博”原则的企业，新产品开发的投资回报率一定会大幅上升。很多新产品开发投资回报率低的企业的实际做法往往与以上“赌博”原则相违背。

做新产品是“一锤子买卖”，在创意阶段拍脑袋决策后将所有资金全部投入，直到产品上市失败或者“财尽人散”才罢休。某位企业家的人生“滑铁卢”：原计划投入 8000 万元开发手机，结果耗时 3 年，手机没开发出来，公司关闭，人员遣散，遣散费花费 2000 万元，总计损失近 2 亿元。

由于前期投入少，很多企业的高层管理者不关注创新项目。等到产品做出来，要批量生产和规模上市了，需要“花大钱”了，高层管理者才开始关注项目。这个时候“船已经开到了河中间”，陷入“进退两难”的境地：进，还需要花很多钱，回报不确定；退，已经花了不少钱，不甘心。很多企业的做法是硬着头皮往前走，在再花了不少钱之后，项目还是失败了。其结果是，企业不但损失了金钱，提高了机会成本，还大大挫伤了团队士气。

3. 在新产品开发项目决策中，高层管理者越早参与越主动

在新产品开发项目决策中，高层管理者越早参与越主动，越晚参与越被动。高层管理者参与决策时机对项目的影响度如图 10-34 所示。

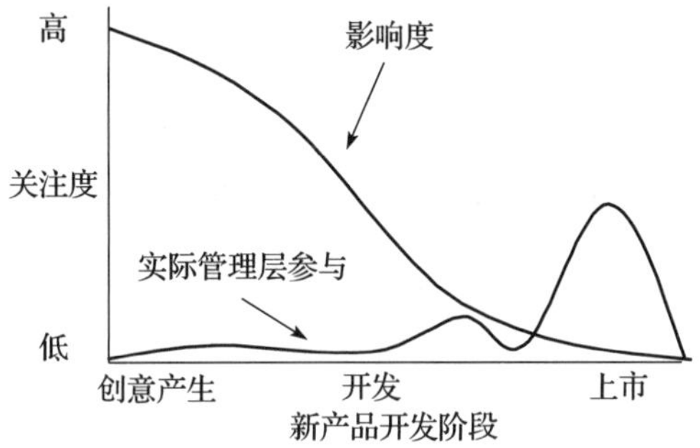

图 10-34 高层管理者参与决策时机与对项目的影响度

由图 10-34 可见，高层管理者在创意产生、立项分析和开发阶段参与项目决策评审的参与度越高，对项目的影响度越高，但实际上很多企业的高层管理者在这些阶段的参与度很低，因为这些阶段“花的是小钱”。在上市阶段，高层管理者的参与度很高，但是对项目绩效的影响度已经很低了，此时“木已成舟”，往往“无力回天”了。

三、组建跨职能团队进行项目决策评审

决策评审团队又称为入口把关者（Gatekeeper），即对每个决策评审点进行把关的人。新产品开发项目的决策评审团队也称为产品审批委员会（Product Approval Committee，PAC）或集成组合管理团队（Integrated Portfolio Management Team，IPMT）。你的公司也可以给产品审批委员会取一个名字。我们在本文中用 PAC 作为产品审批委员会的简称。

PAC 的主要职责包括以下内容。

（1）在各个决策评审点对新产品项目进行生 / 杀决策。

（2）在各个决策评审点对多个新产品项目进行进入下一阶段的优先顺序排列。

（3）审批新产品项目的下一阶段行动计划。

（4）承诺并按时、按质、按量提供新产品项目下一阶段所需资源。

决策评审团队成员的组成对决策评审的质量非常关键。进行项目决策评审的前提是选择合适

的评审团队成员。新产品开发项目团队必须是跨职能的，新产品开发项目决策评审团队也必须是跨职能的！

以下是PAC团队成员选择的一些基本准则。

（1）任何入口的把关者必须有权批准下一阶段所需的资源。也就是说，PAC成员必须是资源拥有者。

（2）一般来说，产品开发团队所需资源来自不同的职能部门。PAC必须能代表不同的职能部门：研发、营销、工程、运营，也可能包括销售、采购和质量保证等。

（3）不同入口的PAC成员通常会有所变化。在创意筛选和概念筛选评审点，如果对资金和资源的承诺很少，PAC成员主要是由两三个市场和技术职能代表组成，一般不需要公司的最高层参加。在立项、样机和上市评审点，如果对资金和资源的承诺是巨大的，PAC成员必须由各职能部门负责人及公司领导团队成员担任。

（4）在不同的入口应保持PAC成员的连续性。应有人从头到尾留在决策评审团队之中。比如，市场或研发负责人可能在概念评审时加入，所有的领导团队将在立项评审时加入。

创新者行动

组建跨职能的项目决策评审团队，明确项目决策评审团队职责。

四、制定科学的项目决策评审准则

基于事先定义的决策评审准则，PAC团队成员对产品创新项目进行一致、快速而又有效的决策评审。

从进入开发阶段起，企业将在新产品项目上投入巨大的资源。为了有效降低项目风险，提高公司的投资回报率，企业必须采用科学的决策评审准则在每个入口对项目进行严格的生/杀决策。关键入口的决策质量直接影响了公司的创新绩效。**对新产品项目进行正确的决策评审是创新领导者最重要、最具价值的工作！**

新产品开发阶段的决策评审包括立项评审、样机评审和上市评审3个决策评审点。在这3个决策评审点都应该采用一致、严格的决策评审准则对新产品项目进行严格的生/杀决策。这3个决策评审点的决策评审准则包括两部分。

（1）**必须满足的决策评审准则（Must be）**：只要有一项不通过，则"枪毙"该项目。

（2）**应该满足的决策评审准则（Should be）**。合计得分低于某个分值（比如60分）的项目将被"枪毙"。

采用以上两步决策法对新产品项目进行严格的生/杀决策。如果一个新产品项目通过了所有的"必须满足的决策评审准则"项，则进入评分阶段，通过"应该满足的决策评审准则"对该项目进行打分。只有得分高于某个设定的最低分值的项目才能进入下一阶段。通过"必须满足的决策评审准则”，PAC 团队能快速地对新产品项目进行初步筛选，剔除明显没有价值的项目。通过“应该满足的决策评审准则”，PAC 团队能够定量地评估各个获得初步筛选通过的项目的相对吸引力，选择最有价值的项目组合。

1. 制定必须满足的决策评审准则。

创新型企业可以从以下 8 个方面制定“必须满足的决策评审准则”，对新产品开发项目进行“生 / 杀决策”。

（1）**战略一致性**：该产品与公司的创新战略一致吗？

（2）**市场吸引力**：该产品上市后具有很大的市场空间吗？

（3）**技术可行性**：我们能否开发出该新产品？

（4）**产品的优势**：该产品具有独特的竞争优势吗？

（5）**利用公司的核心能力的程度**：该产品能很好地利用公司客户、渠道、技术、供应链、产能、管理、人才等核心竞争力吗？

（6）**政策 / 法律合规性**：该项目是否违反政府要求的环境健康、安全政策？

（7）**破坏性因素**：是否有明显的可能导致项目失败的因素？

（8）**财务可行性**：我们能否实现预期的投资回报？

以上八个方面，如果有任何一个方面明显低于公司设定的底线，则“枪毙”该项目。比如，如果该产品没有一项独特的、难以模仿的差异化特点，则“枪毙”该项目。

通过必须满足的决策评审准则，公司的 PAC 能快速地剔除那些明显没有前景的项目。

2. 制定应该满足的决策评审准则。

通过了“必须满足的决策评审准则”筛选的项目也不一定能够进入下一阶段，我们还需要通过评分的方式定量地确定这些项目的相对吸引力。“应该满足的决策评审准则”就是一种评分依据。我们通过细化“必须满足的决策评审准则”的主要方面来对项目进行吸引力评分，如表 10-32 所示。

表 10-32　“应该满足的决策评审准则”评分模板

应该满足的决策评审准则	评分指标	评分分数
1. 战略一致性	（1）与公司战略的匹配程度 （2）该项目对公司战略的重要性	
2. 市场吸引力	（1）市场规模 （2）市场成长性 （3）竞争激烈程度	
3. 技术可行性	（1）技术差距的大小 （2）技术的复杂度 （3）技术的不确定性	
4. 产品优势	（1）带给客户独特的利益和价值 （2）比竞争对手更好的性价比	
5. 核心能力的利用	（1）技术能力 （2）生产 / 运营能力 （3）营销 / 渠道 / 销售能力	

续表

应该满足的决策评审准则	评分指标	评分分数
6. 财务可行性	(1) 期望的利润（度量：净现值多少） (2) 回报率（内部收益率或投资回报率的百分比） (3) 回报 / 利润 / 销售额预测的可信程度 (4) 项目成本及上市速度	

对以上每个方面的评分指标进行 0 ～ 10 分打分，得出每个方面的平均分，最后合计算出该项目的得分。每位 PAC 成员打分的平均值就是该项目的吸引力分数。企业可以根据需要对以上六个方面分别设定不同的权重。如果没有设定权重，表示六个方面的权重相同。

PAC 可以根据各个项目的吸引力分数对项目进行决策，低于某个分值（比如 60 分）的项目将被淘汰；而高于该分值的项目将进入下一个阶段。当然，批准进入下一阶段的项目何时能够启动，还取决于项目的优先级及资源的可获得性。

创新者行动

制定公司新产品开发项目“必须满足的决策评审准则”和“应该满足的决策评审准则”，基于决策评审准则对现有新产品开发项目进行决策评审。

五、高效召开项目决策评审会议

有效的会议源于有效的组织。项目决策评审流程如图 10-35 所示。

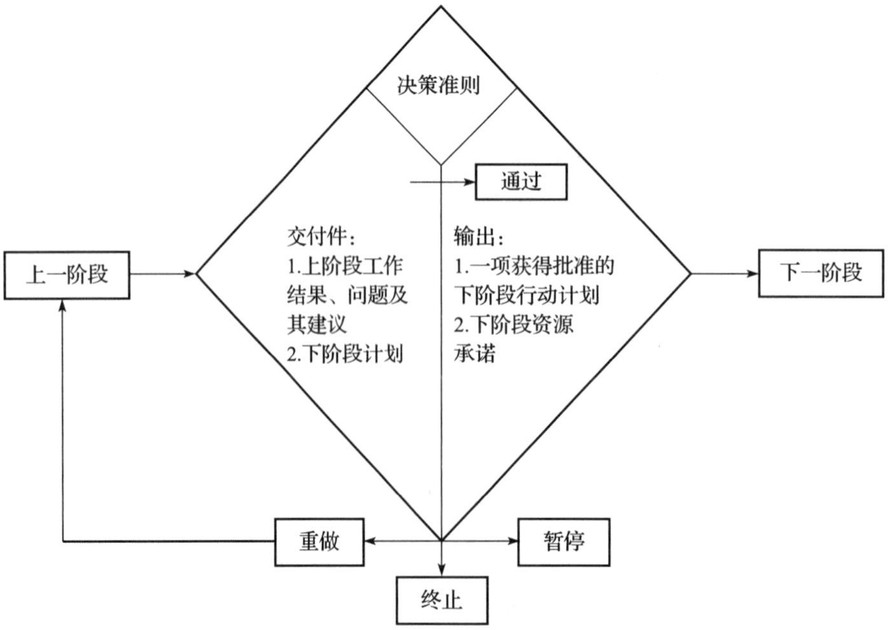

图 10-35 项目决策评审流程

具体的项目决策评审会议流程简介如下。

1. 提前预告决策评审会议时间

一般在上一次决策评审会议上确定下一次评审时间。最好有全年的决策评审会议排期。决策评审会议最好与公司的高层管理会议安排在同一时间段，以方便公司领导安排工作时间。

2. 提前一周提交电子版的交付件给 PAC 成员审阅

项目团队必须提前一周将电子版的交付件提交给 PAC 成员审阅，否则该项目不能参加该次评审。应该采用标准的模板提交交付件。一些企业在会议开始后才提交评审文件给 PAC 成员，PAC 成员没有足够的时间仔细审阅项目可行性分析报告，也就难以做出正确的项日决策。

3. PAC 成员在决策评审会议前对交付件提出疑问

如果 PAC 成员在审阅交付件时发现了重大问题，或者认为该项目可能被“枪毙”，应该在决策评审会议前与该项目的产品经理（项目经理）进行沟通。不要在决策评审会议上“扔炸弹”。

4. 举行决策评审会议

举行决策评审会议有如下要点。

（1）除非交付件没有准备好，否则不能延期举行或取消决策评审会议。

（2）即使预期一个项目要被“枪毙”，也应该举行决策评审会议，目的是正式关闭项目、总结教训、庆贺“正确地枪毙了一个项目”。

（3）PAC 成员可以采用视频或电话会议方式参加决策评审会议。

（4）整个项目团队出席决策评审会议。

（5）任命项目跟踪人。

任命一位 PAC 成员负责项目的跟踪（也可以常设一位跟踪人）。在决策评审会议之后负责与项目团队保持联系，跟踪落实决策评审会议上的决策内容。

5. 遵循决策评审会议流程进行项目评审。

项目评审要点如下。

（1）项目团队进行 15 分钟的项目陈述。注意，不要打断项目团队的陈述。

（2）PAC 成员提问，项目团队应答。

（3）PAC 成员根据决策评审准则对项目进行评审。

评估交付件的完整性和可信度。如果交付件不完整或不可信，要求重做或“枪毙”该项目。采用“必须满足的决策评审准则”对项目进行评审。只要 PAC 成员一致认为有一项不通过，则“枪毙”该项目。采用“应该满足的决策评审准则”对项目进行吸引力评分。

（4）收集计分分数并现场统计和公布结果。

（5）PAC 成员对项目得分进行讨论。

（6）对项目的评分结果取得一致意见。

6. 做出评审决策

做出项目评审决策的要点如下。

（1）对项目给出决策评审结论：通过、“枪毙”、搁置、重做。

（2）对项目进行优先顺序排列：将该项目与正在开发中的项目及处于搁置状态的项目进行比较；确定项目进入下一阶段的优先顺序。

（3）审批下一阶段的行动计划，明确下一入口的交付件清单。

（4）承诺项目所需资源（人、人的时间及人天和资金）。

（5）确定项目下次决策评审的日期。

7. 知会决策结果

立即将决策评审结果面对面地告知所有项目团队成员。

如果项目通过评审进入设计开发阶段，PAC 要任命正式的产品开发团队，要与产品开发团队签署书面的产品开发任务书，要承诺产品设计开发阶段所需的资金及人员。

创新者行动

制定公司新产品开发项目决策评审流程，明确项目决策评审会议召开规范，对现有新产品项目进行严肃的决策评审。

第四篇

产品开发管理

在知行信产品创新管理4D流程体系中，产品开发管理是第三个阶段，是发现（Develop）阶段，回答“如何做（How）”的问题，如图篇4-1所示。

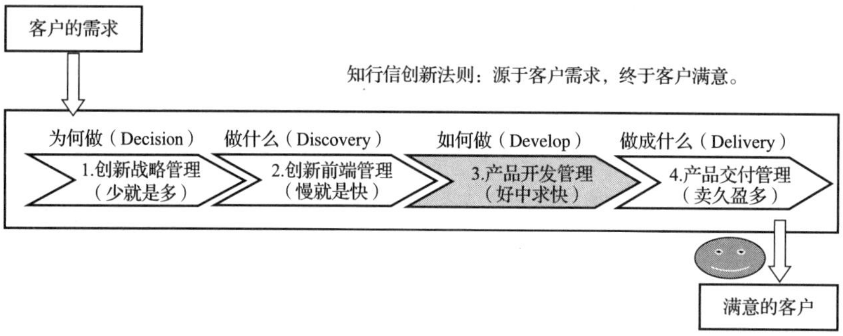

图篇4-1 知行信产品创新管理4D流程体系

创新战略管理阶段明确了公司发展的“主航道”，明确了公司的业务领域。创新前端管理阶段在公司发展的“主航道”内洞察具体的创新机会，找到了值得公司投资的创新项目。在产品开发管理阶段，就要将公司投资的新产品项目开发上市，实现盈亏平衡。

产品开发管理（Product Development Management）包括三个不可逆的阶段：产品设计开发、产品测试矫正和产品上市发布，如图篇4-2所示。

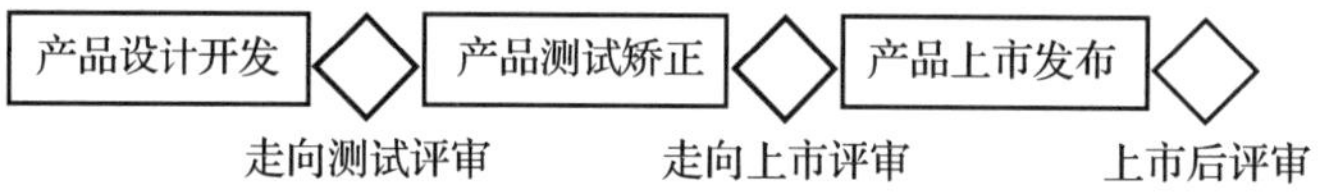

图篇4-2 产品开发管理的三个阶段

表篇4-1列举了产品开发管理的常见问题，创新型企业的中高层管理者可以对照企业实际，分析公司管理现状，明确改善要点。

表篇4-1 产品开发管理的常见问题

产品开发管理阶段常见问题描述		公司管理现状与改善要点
（1）	新产品开发是“研发部的事”，而不是“全公司的事”，其他部门只是在有空时帮帮研发部的忙	
（2）	新产品开发任务在各个职能部门之间传递，沟通协调成本高，“会议多、邮件多、微信多”成为一些企业的“新常态”。有些企业的高管一周上班五天，有四天半在开会；有些企业的高管最多时一天要开8个会，优先参加哪个会成为让高管头痛的问题；有些企业的会议室总是不够用，经常需要“抢会议室”	

续表

产品开发管理阶段常见问题描述		公司管理现状与改善要点
(3)	为了赶进度，一些企业采取“边了解需求、边开发技术、边开发产品、边上市产品”的“四边”开发模式，美其名曰“敏捷开发”，结果是不断“返工（Rework）”，开发进度大幅延期	
(4)	一些企业新产品开发项目最显著的特征就是Delay（延期）、Delay（延期）、Delay（延期）！延期是“正常的”，不延期反倒是不正常的。新产品开发项目一再延期通常会导致错失新产品上市的最佳机会窗（Window of Opportunity），难以实现预期的投资回报	
(5)	有些企业的公司领导不关心新产品开发过程，只是要“结果”，未能及时终止没有“钱景”的新产品开发项目，浪费了大量宝贵的研发经费，并且造成巨大的“机会成本”。有些企业的领导则“过度关心”新产品开发过程，事必躬亲，随时过问新产品开发进展情况，经常给项目团队提“客户需求”，经常对项目团队成员“发号施令”，导致项目团队无所适从，公司领导自己成了事实上的“产品经理”和“项目经理”	
(6)	产品只在实验室进行测试，没有到客户实际使用环境测试，导致产品交付给客户后不能满足客户需求	
(7)	产品开发团队在新产品上市时就解散了，新产品上市过程中出现的问题无法及时解决，可能贻误上市时机或导致新产品上市失败	

产品开发管理准则：**好中求快**！

产品开发管理要在保证产品质量的前提下尽可能缩短产品开发周期，在机会窗内上市产品，实现产品预期的投资回报目标。不能保证质量的快是毫无意义的。

组建跨职能产品开发团队，开发、测试和上市新产品。跨职能产品开发团队对产品成功上市负责。任命专业的项目经理负责领导跨职能产品开发团队，实现预期的产品上市目标。

产品开发团队不只是对做出样机负责，也不只是对“转量产”负责，而是要对产品成功上市负责，要对产品上市后的盈亏平衡负责。

本篇分为三章。

第十一章，产品设计开发。产品设计开发阶段的核心目标是开发出满足客户需求的产品样机。产品设计开发阶段一般可以分为概要设计、详细设计、单元测试、集成测试和系统测试等几个子阶段，每个子阶段都要进行技术评审。

第十二章，产品测试矫正。产品测试矫正阶段的核心目标是交付具备批量上市条件的产品。产品测试矫正阶段可以分为现场测试、客户测试、小批试制和市场测试等几个子阶段。

第十三章，产品上市发布。产品上市发布阶段（Product Launch Stage）的核心目标是实现产品盈亏平衡。产品上市阶段又可以分为预上市（Pre-Launch）和规模上市（Scale Launch）两个子阶段。

第十一章
产品设计开发

产品设计开发阶段（Product Design and Development Stage）的核心目标是开发出满足客户需求的产品样机。

产品设计开发阶段是企业新产品开发流程中的关键阶段，对企业的项目管理水平提出了很高的要求。产品设计开发阶段框架流程如图 11-1 所示。

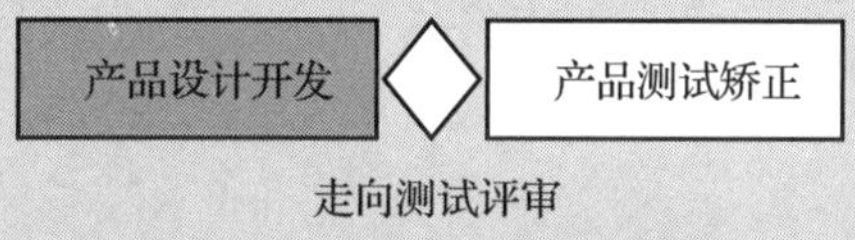

图 11-1　产品设计开发阶段框架流程

产品设计开发阶段的主要特点包括以下三个方面。

（1）产品设计开发阶段任务复杂、周期长、不确定性高，对企业的项目管理水平提出了很高的要求。

（2）产品设计开发阶段采取跨职能团队组织模式，各职能代表及其扩展团队成员是否专业、是否有足够的时间和精力投入项目、是否忠诚于项目等因素对企业的矩阵式组织模式的有效性是很大的挑战。

（3）产品设计开发过程中客户需求变化、友商推出新品、市场环境变化、技术突破、供应链变化、政策法规变化等都有可能导致产品设计方案的修订与调整，非常考验企业的变化应对能力、及时决策能力。

产品设计开发要始终以客户为中心，以客户需求为导向，以开发出满足客户需求、超出客户期望的创新产品为目标。

本章分为四节。

第一节，产品设计开发管理要点。本节对产品设计开发阶段的工作目标、工作任务、需要掌握的主要创新方法及交付成果等进行简要介绍。

第二节，主要的产品设计方法。产品设计要考虑多个维度（DFX），模块化设计是复杂产品的必要设计方式。

第三节，产品需求变更管理。在产品设计开发阶段不能拒绝需求变更，但不能随时、随意进行需求变更，要在每个里程碑节点经过评审“批量”进行需求变更。

第四节，走向测试评审。多种因素可能导致新产品项目在走向测试决策评审时或在开发中途终止。

第一节　产品设计开发管理要点

创新者思考

（1）产品设计开发阶段的主要工作目标是什么?

（2）产品设计开发阶段的主要工作任务有哪些?

（3）在产品设计开发阶段需要掌握哪些主要创新方法?

（4）产品设计开发阶段需要交付哪些工作成果?

本节对产品设计开发阶段的工作目标、工作任务、需要掌握的主要创新方法及交付成果等进行简要介绍。

一、产品设计开发阶段的常见问题

大家可以结合表 11-1 列举的产品设计开发阶段的常见问题，检查企业是否存在类似问题，思考产生这些问题的主要原因、改善要点与改善方法。

表 11-1　产品设计开发阶段的常见问题

常见问题		公司管理现状及改善重点
（1）	设计开发阶段由“研发部”负责，而不是由跨职能团队负责	
（2）	设计开发阶段的工作任务就是做出样机，而不考虑立项分析报告更新、测试矫正阶段工作计划制订等并行工作	
（3）	设计开发阶段只考虑将样机做出来，而不考虑可制造性、可测试性、可服务性等重要因素	
（4）	为了“保证项目进度”，在设计开发阶段拒绝变更客户需求	
（5）	在设计开发阶段才解决关键技术问题，项目进度一再延期，甚至导致项目夭折	
（6）	为了赶进度，开发团队自作主张去掉产品的一些重要功能或者降低部分性能指标	
（7）	未设计多个技术评审点及时对项目进行系统有效的里程碑检查，到样机出来后才发现有很多地方需要返工	
（8）	采购、生产等主要职能部门团队成员不能及时、专业地参与项目，项目任务在各职能部门之间反复沟通协调，大幅延长了产品设计开发周期	

二、产品设计开发阶段的工作目标

产品设计开发阶段的核心目标是开发出满足客户需求的产品样机。

产品设计开发阶段一般可以分为概要设计、详细设计、单元测试、集成测试和系统测试等几个子阶段，每个子阶段要进行技术评审（Technology Review，TR）。产品设计开发阶段的子阶段如图 11-2 所示。

图 11-2　产品设计开发阶段的子阶段

产品设计开发阶段的管理要点包括以下几方面。

（1）设计开发阶段通常是新产品开发项目中周期最长、参与人员最多、任务复杂度最高的阶段，需要通过规范的流程进行有效的项目管理。

（2）设计开发阶段的工作需要坚持“一次做对”，减少返工！

（3）每个技术评审点都要规范检查清单，作为技术评审的依据。

（4）在各个技术评审点进行“批量”需求变更。不能拒绝需求变更，但不能随意进行需求变更。

产品设计开发阶段流程规范的详细介绍，请参见第二十二章。

三、产品设计开发阶段的主要工作任务

在产品设计开发阶段，项目经理要组织跨职能产品开发团队高质量地完成以下主要工作任务。

（1）新产品设计（概要设计与详细设计）。

（2）新产品开发。

（3）研发物料及元器件采购。

（4）原型样机制造。

（5）新产品测试（样机测试）。

（6）产品需求变更管理。

（7）项目可行性分析报告更新（第二版）。

（8）产品测试矫正计划制订。

在产品设计开发阶段，很多企业的产品开发团队比较注重（1）～（5）项偏“技术”的工作内容，对于（6）～（8）项“偏软”的工作普遍重视不够。

四、产品设计开发阶段的团队组成

产品设计开发必须组建跨职能团队进行，“再差的跨职能团队也比职能式团队效果要好”。也

就是说，各职能团队成员在项目中有书面明确的职责和任务，项目经理的沟通协调难度会大幅降低。

图 11-3 是产品设计开发阶段的跨职能团队组成（示例），供各企业参考。在产品设计开发阶段，研发职能投入的人员数量、工作人天数最多。但是，切记：**设计开发阶段不是“研发部”负责的阶段**！新产品开发是公司投资的项目，研发部投入人数再多、投入的人天数再多也很难高效、高质量地开发出产品样机。如果其他职能部门不能及时、有效协同，对样机推出时间、样机质量会产生很大的影响。比如某些企业由于采购职能配合不及时，仅等待研发物料采购的时间就长达 4 个月。有的企业由于生产部门忙于订单项目交付而“无暇顾及”产品样机的试制工作，导致样机推出时间延期 3 个月以上。

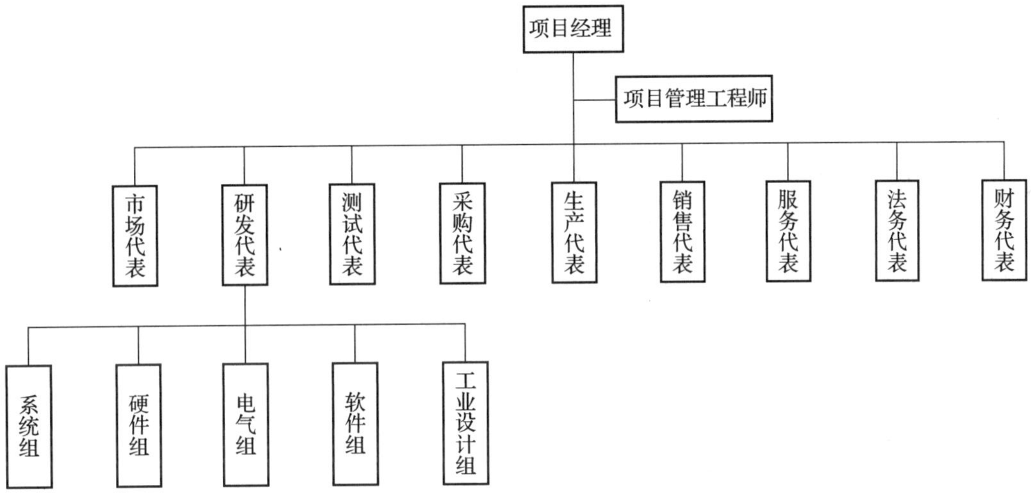

图 11-3 产品设计开发阶段的跨职能团队组成（示例）

跨职能项目团队成员在设计开发阶段的主要职责包括以下几方面。

（1）项目经理负责领导和管理整个跨职能团队，对项目的最终结果负责。

（2）项目管理工程师的主要职责是帮助产品开发团队采用有效的项目管理方法，保证项目按时、按质、按量地向前推进。

（3）市场代表的主要职责是持续了解客户需求和市场信息，为开发中的项目持续补充输入信息。

（4）研发代表的主要职责是实现产品定义的各项功能，开发出满足客户需求的新产品。在新产品开发阶段，研发人员参与比较多，可能有结构、硬件、软件及工业设计（Industrial Design，ID）等多个专业的技术小组参与新产品开发项目。

（5）测试代表的主要职责是测试功能样机的各项性能指标。

（6）采购代表的主要职责是及时了解各种研发物料和元器件的价格及可获得性，负责研发物料及元器件的采购。

（7）制造代表的主要职责是考虑新产品的可制造性。

（8）销售代表负责配合进行市场调查，考虑新产品的销售人员需求与渠道需求。

（9）服务代表的主要职责是考虑新产品的可使用性与可服务性。

（10）法务代表的主要职责是考虑新产品的法律、法规的符合性，以及专利和知识产权方面的事务。

（11）财务代表的主要职责是为项目提供资金支持，计算项目的投资回报。

五、产品设计开发阶段需要掌握的主要创新方法

在产品设计开发阶段，项目团队需要重点掌握多种产品设计方法。

新产品设计应该体现“DFX（Design for X)”的设计思想，即产品设计要满足多方面的需求。比如产品不但需要进行用户需求设计，还要进行可靠性设计（Design for Cost，DFC)、可测试性设计（Design for Testing)、可制造性设计、可维护性设计及环境保护设计等。

六、产品设计开发阶段的主要工作成果

产品开发团队在产品设计开发阶段需要提交以下主要工作成果。

（1）符合客户需求的、能够在实验室环境有效运行的功能样机。

（2）设计开发阶段项目文档。

（3）更新后的项目可行性分析报告（第二版)。

（4）产品测试矫正阶段（Product Testing and Validation Stage）工作计划。

以上工作成果，产品经理要组织项目经理、系统工程师及各职能代表进行内部评审，再提交给公司产品审批委员会（PAC）作为走向测试评审的输入信息。以下对项目可行性分析报告更新与产品测试矫正阶段工作计划制订的要点进行简要说明。

1. 项目可行性分析报告更新

产品设计开发阶段可能需要持续 12 ～ 36 个月。在此阶段，客户需求、竞争环境、市场环境、技术、政策法规等都会发生变化。产品开发团队要在立项分析报告的基础上，基于最新获取的市场信息及产品样机信息更新项目可行性分析报告，向公司产品审批委员会（PAC）提交项目可行性分析报告 2.0 版本，作为走向测试评审的输入信息。

随着产品样机的推出，原先在立项分析阶段比较“模糊”的产品成本，产品定价，销量预测，关键原材料 / 元器件的可获得性，产品的可制造性、可测试性、可销售性、可服务性等内容会进一步明晰，项目可行性分析报告的“可信度”会大为增强。

2. 产品测试矫正计划制订

在产品设计开发阶段，要制订产品测试矫正阶段的工作计划，作为项目走向测试评审的必要的交付件。在产品测试矫正计划中要明确产品测试矫正阶段的团队组成、团队成员的主要职责、主要工作任务、每人投入人天数、需要投入的资金、需要准备的测试设备等。公司产品审批委员

会（PAC）做出项目进入测试矫正阶段的评审决策后，要审批产品测试矫正计划，承诺项目在测试矫正阶段所需人员、人天、资金和相关设备。产品开发团队要根据审批后的产品测试矫正阶段工作计划开展工作，按时、按质、按量地交付产品测试矫正阶段的工作成果。

创新者行动

明确企业产品设计开发阶段的主要工作目标、主要工作任务、项目团队组织模式、项目交付成果，高质量地做好各项工作。产品经理要重点关注产品需求变更管理、项目可行性分析报告更新等工作。

第二节 主要的产品设计方法

创新者思考

（1）我们考虑了产品设计的多个维度（DFX）吗？

（2）我们的产品应该采取模块化设计方法吗？

（3）我们应该基于模块化的共用平台开发系列产品吗？

产品设计是基于对客户需求及技术的理解进行的。产品设计工作需要“严肃地玩（Serious Playing）”，既需要科学家的创造性思维，也需要艺术家的灵感。

产品设计是产品开发的前提和基础。产品设计的质量直接影响了开发的质量和开发的周期。产品设计不但要考虑客户的需求，还要考虑产品全生命周期各个利益相关者的不同需求。

根据创新前端立项分析阶段输出的产品定义表对新产品进行概要设计和详细设计。需要注意的是，新产品的设计需要根据开发过程中市场环境和客户需求的变化进行及时的调整和完善。新产品设计不是“一次性”的工作，而是动态调整的，需要持续迭代。**为了赶项目进度而“拒绝”在开发过程中对产品设计进行调整的做法是不明智的，是舍本逐末**。这样的项目团队忘记了开发新产品的根本目的是满足客户需求从而实现企业预期的投资回报，而不是“为了做项目而做项目”！

对于比较复杂的新产品开发项目，应该先进行概要设计，在概要设计通过项目团队内部评审的基础上再进行详细设计。这就好比建造一座房子，应该先设计好房子的整体框架，再进行局部的设计。而不是直接开始砌墙，最后发现可能这堵砌好的墙根本没有砌的必要。**设计不严谨是导致新产品开发过程中频繁返工（Rework）的主要原因**。设计阶段的“慢”是为了开发阶段的“快”，而设计阶段的敷衍了事必然导致开发过程中的大量返工，最终导致整体开发进度大幅延误，新产品开发的质量也无法保证，甚至导致新产品开发失败。

以下简要介绍多种产品设计方法，各企业可根据实际情况重点应用相关设计方法。

一、最小可行产品设计

最小可行产品（Minimum Viable Product，MVP）是 Eric Ries 在《精益创业》一书中提出的，书中给出的定义是：“**所谓最小可行产品，是让开发团队用最小的代价实现一个产品，以此最大限度了解和验证对用户问题的解决程度。**”开发产品时先做出一个简单的原型，然后通过测试并收集用户的反馈，快速迭代，不断修正产品，最终适应市场的需求。快速试错，快速迭代！最小可行产品如图 11-4 所示。

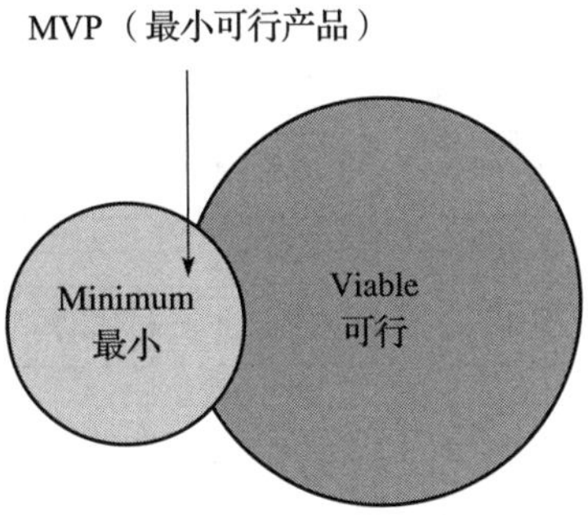

图 11-4　最小可行产品（MVP）

MVP 设计方法主要用于新颖产品的设计，特别是突破性新产品的设计。

最小（Minimum）表示在设计产品的 1.0 版本时要提供尽可能少的功能，不要试图在第一个产品版本中“追求完美”，满足客户的“所有需求”。因为考虑太多的产品功能会导致产品设计开发周期长、产品成本高、产品稳定性及可靠性低，从而导致产品上市失败。

可行（Viable）是指 1.0 版本的产品要满足客户的核心需求，要解决客户的关键“痛点”问题，这样客户才有可能购买该产品。比如现在开发一款新能源汽车，续航里程要达到 500 千米以上，客户才有可能购买该汽车。

最小可行产品（MVP）设计方法的要点是既要“最小”，又要“可行”，要基于这两方面的交集定义创新产品的 1.0 版本。创新型企业要快速推出创新产品的 1.0 版本，抢占市场先机，在客户使用产品的过程中快速收集客户的反馈意见，为后续推出产品的 2.0 版本提供输入。

创新案例

苹果 iPhone 手机的最小可行产品设计（MVP）

苹果公司 2007 年推出的第一代 iPhone 手机只有 1 个后置摄像头，只有 200 万像素，没有闪光灯、变焦等功能，但在当时已经“惊艳”了整个手机圈，开创了智能手机的新时代。直到 iPhone 4 的出现，苹果手机才配备了前置摄像头，这款手机后置摄像头为 500 万像素，前置摄像头为 30 万像素。此后，iPhone 11 引入了超广角镜头和夜间模式，iPhone12 增加了激光雷达传感器。

二、产品架构设计

产品架构设计（Product Architecture Design）是将客户需求转换为产品设计的流程。这是产品设计中的关键步骤。坚实的产品架构能够提高产品的最终性能，能够降低生产过程中产品变化的成本，能够加快产品的上市速度。产品架构设计是产品开发团队中“系统工程师”的重要工作。

产品架构设计是一个分析与综合相结合的系统思维的过程。产品通常是由原材料（Materials）组成零件（Parts），由零件组成部件（Components），由部件组成装配件（Assemblies），最后由装配件组成产品，产品架构设计示意如图 11-5 所示。

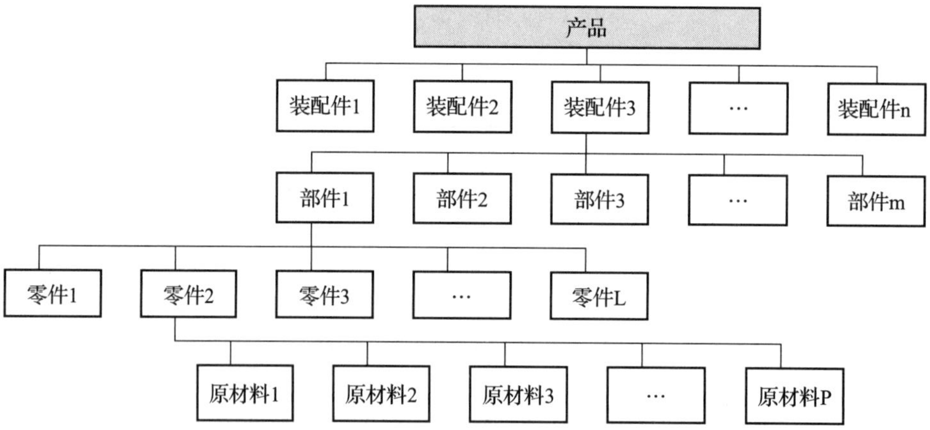

图 11-5　产品架构设计示意图

产品架构设计示意图绘制步骤包括以下四部分。

（1）产品开发团队从客户的需求出发，采用 QFD 等工具，将客户需求转换为产品性能列表。

（2）画出产品的原理图。原理图呈现出产品的部件和功能，以及这些部件之间的相互关系。

（3）将部件按照实现的功能划分为装配件或子系统，每个子系统实现一项或多项产品功能。

（4）采用 CAD（计算机辅助设计）等工具画出产品的结构图，并标明各装配件或子系统之间的关系。

以上产品架构设计是一个反复的过程，每个步骤可以提供多个选择方案，通过对多个方案的比较，选择最优的设计方案。产品架构设计的主要目的是将客户需求转化为产品的功能设计，并明确这些功能系统之间的相互关系，为详细设计奠定基础。

在产品架构设计中，需要考虑产品是适合进行模块化设计还是适合进行一体化设计。如果产品结构非常复杂，并且可以由一款基型产品（Basic Product）衍生出多款系列产品，最好采用模块化设计方法。模块化设计需要考虑多个零件或部件的组合，需要清晰定义每个模块实现的功能，清晰定义模块之间的接口。多个模块可以组成产品平台，在产品平台基础上进行系列化的衍生产品设计与开发。因此，产品架构设计的过程也是考虑产品平台化、模块化设计的过程。

在进行产品架构设计时，产品经理和系统工程师要积极思考以下问题。

（1）我们的产品是否会有很多定制化需求？是否需要为不同细分市场客户开发不同的产品版本？

（2）我们的产品是否适合进行模块化开发？

（3）我们的产品是否应该进行平台化设计？

关于产品平台设计、产品模块化设计的详细介绍请参见第六篇相关章节。

创新案例

某制造装备产品的架构设计

该制造装备总体上分为基础大件和其他部件两大部分。基础部件又分为主轴箱部件、工作台部件、滑鞍部件、立柱部件、底座部件 5 个子系统。某制造装备产品的架构设计如图 11-6 所示。

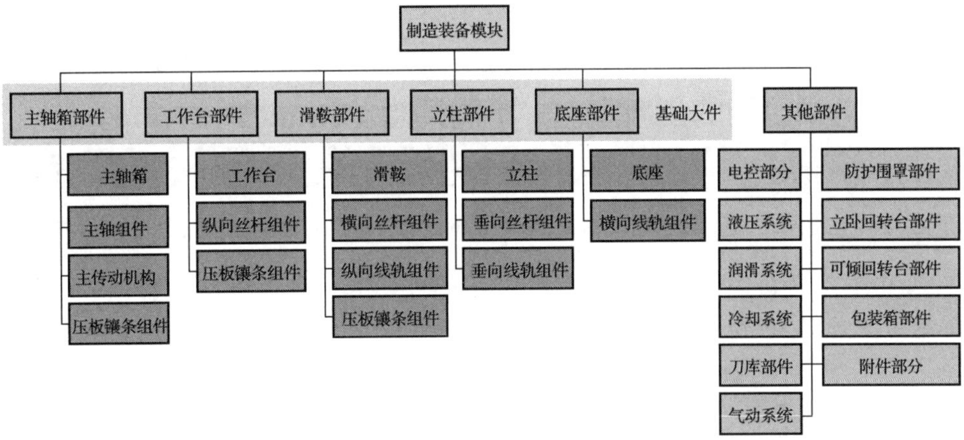

图 11-6　某制造装备产品的架构设计

三、用户导向设计

企业存在的根本目的是持续地创造客户，而持续创造客户的手段是持续地开发和上市满足客户需求，甚至超出客户期望的精品创新产品。要开发出超出客户期望的创新产品，产品设计就必须以用户为导向（User-orientation）。

产品设计应该从用户需求出发，基于用户需求设计各项产品功能和各项功能的性能参数。我们在创新前端介绍了将客户需求转化为产品定义的 QFD 方法。在产品设计阶段，产品开发团队需要从客户需求角度思考“我们应该做什么”，而不是从自身技术能力角度思考“我们会做什么”。相对于“为用户设计（Design for User）”而言，“与用户一起设计（Design with User）”及“由用户设计（Design by User）”是更好的设计理念。新产品的设计最好有用户特别是领先用户（Lead User）参与。至少，产品开发团队应该反复多次地将设计概念、模型等呈现给用户，征求用户的意见和建议。

四、产品差异化设计

产品差异化设计（Design for Difference）是从竞争视角来考虑产品设计。在产能严重过剩，产品同质化竞争日趋激烈的今天，“低成本战略”已经很难取胜。“差异化战略”应该成为创新型企业获取竞争优势，实现可持续发展的必然选择。

我们设计的产品不但要满足客户需求，而且要在一个或多个需求要素方面与主要竞争对手有明显的差异。我们可以采用绘制“价值曲线”的方法对新产品进行差异化的价值定位。在差异化设计方面，产品开发团队应该奉行“**没有差异化，就没有一切**（No Differentiation, No Matter）”的设计理念。差异化的产品更受客户青睐，能获得更大的市场份额。差异化越大的产品越具有“定价权”，越能获得更好的利润率。产品的差异化是企业创新能力最直接、最有效的体现！

关于产品差异化设计的详细介绍，请参见第七章。

创新案例

苹果公司的创新宣言：不同凡想（Think Different）

苹果公司的 iPod 、iPhone 及 iPad 等产品之所以畅销，最大的原因就是与同类产品相比具有巨大的差异性，甚至是对现有同类产品的“颠覆”。苹果公司创始人乔布斯的创新宣言是：“不同凡想（Think Different）”。苹果 iPhone 手机的宣传语是：“唯一的不同，是处处都不同”“除了 iPhone，其他只能是其他”。

五、产品成本设计

产品成本设计（Design for Cost，DFC）是指产品设计要符合目标成本，这样企业才有可能实现预期的利润目标。“**成本是设计出来的**”，产品成本结构在设计阶段就已经基本确定了，在批量生产阶段从采购、制造、物流等环节降成本的空间非常有限。

采用创新前端管理相关章节介绍的 QFD 方法，能够很好地进行产品成本设计。通过客户需求与产品设计规格的比较，能够去掉冗余功能，设计合理的性能指标，从“源头”上控制产品成本结构。

比如，如果某个电子产品的某个芯片设计是冗余的，该芯片的正常采购价格是 5 美元。如果在设计环节去掉该芯片，则可以降低 5 美元成本。相反，如果设计环节保留了该冗余的芯片，即使在批量生产环节采购部门将该芯片价格谈到了 4 美元，该产品还是增加了 4 美元的成本。由此可见，产品最有效的措施是在设计环节降成本，“产品成本是设计出来的”。

六、可靠性设计

可靠性设计（Design for Reliability，DFR）是指产品在特定的条件下、特定的时间周期内实现设定的功能的概率。**可靠性设计**聚焦于提高产品的寿命，并且使失效最小化。可靠性设计的方法是提高部件的可靠性，并且在设计中的关键点使用冗余的零件和部件。失效有两种类型。

（1）由于缺陷导致的较早的失效。

（2）在产品使用过程中的失效。

可靠性对于批量生产的产品非常重要。一个缺陷可能导致整批产品报废，或者已经卖出去的产品需要召回。汽车整车厂商或零部件厂商的产品如果由于发现质量缺陷而被召回，不仅意味着需要支付巨额的赔偿或维修费用，而且会对公司的品牌声誉造成重大不良影响，严重的情况下甚至会导致企业走向衰落或破产。军工、航空、航天等类企业都特别注重产品的可靠性设计，对产品的可靠性质量要求是“100%”。

1986 年 1 月 28 日，美国宇航局“挑战者号”在升空 73 秒时，爆炸解体坠毁，机上 7 名宇航员全部在该次事故中丧生。导致此次航天飞机爆炸的直接原因是航天飞机右侧固态火箭推进器上面的一个O型环失效，由此导致一连串的连锁反应。该项目1972年签约启动，耗时14年，耗费资金12亿美元。

七、工业设计

工业设计（Industrial Design）通常包括产品外观设计和用户界面设计（User Interface）。产品外观设计主要是指实物产品的外观设计，用户界面设计主要是指软件产品人机交互的界面设计。现在，设计事务所（Design House）层出不穷，工业设计已经成为一个很大的产业。有些设计事务所专门进行手机外观及用户界面设计，有些设计事务所专门进行家用医疗器械设计。IDEO是全球非常知名的专业设计公司，很多创新性的产品都出自该公司。随着人们生活品质的提高，人们购买产品时不但追求“好用”，而且追求“好看”，消费者对“体验价值”越来越关注。消费者希望产品外观时尚、“耐看”。对于手机等的人机交互界面，消费者希望“界面友好”“易用性好”。用户对“Look and Feel”的关注度日益高涨。客户愿意为“好看”“易用”买单，外观与界面设计越来越“值钱”。

在苹果iPhone手机的设计中，苹果公司CEO乔布斯亲自指导用户界面的设计。苹果公司的iPhone手机正是凭借超“酷”的外观和极其友好的使用界面风靡全球的。正像一些“苹果迷”所说的，“手机我已经用过很多了，但是iPhone我还想拥有一台！”

八、品牌形象设计

品牌形象设计是指新产品的设计要与公司形象及同类产品品牌形象保持一致。每款产品本身的设计及包装的设计都应该符合，甚至强化公司及同类产品的品牌形象。相反，如果某款产品的设计与公司的品牌定位不一致，很可能会给消费者造成困扰，也会损害公司的品牌形象。

比如，宝马公司的每款汽车的设计都采用具有宝马风格的“双肾”形的前脸，每款汽车的设计都注重“豪华、操控性和安全”。此外，“驾驶乐趣”是宝马汽车始终强调的品牌形象。

九、产品通用设计

通用设计（Universal Design）是指设计适合任何人使用的产品。这与针对不同细分市场设计不同的产品的设计思想正好相反。成功的通用设计产品具有极大的规模经济性。

苹果公司的iPod、iPhone等产品采用的就是通用设计模式。比如苹果公司在各个国家销售的iPod系列产品销量累计已经超过2亿台，这些产品除了“语言”不同之外，没有其他的不同之处。无论什么种族，无论什么语言，无论什么职业，无论男女老幼，都在使用iPod下载音乐，收听广播。苹果公司的MacBook Air笔记本电脑也采用通用设计：“人人早该拥有的先进笔记本电脑，现在人人都可享有”。

十、产品模块化设计

如果需要针对不同的细分市场开发“大同小异”的系列化产品，或者企业的产品定制化占比比较高，企业有必要采用模块化设计方法。**产品模块化设计**（Modular Design）是将系列产品开发中多次使用的技术及零部件进行“封装”，形成标准化的模块，这些标准化的模块可以在多个新产品的开发中共用。模块是可组合成系统、具有某种特定功能和接口结构的典型的通用独立单元。模块化设计与小孩玩的积木游戏类似。每个积木其实就是一个模块，要快速地“开发”出汽车、坦克等不同的“新产品”，只需要对这些已经准备好了的积木进行适当的排列组合即可。

模块化设计不但可以大大减少重复劳动的时间，加快新产品开发速度，而且可以提高新产品的稳定性和可靠性。此外，模块化设计可以让公司的技术人员从重复劳动中解脱出来，集中精力采取创新性的方法去满足客户的个性化需求。

详细的模块化设计方法请参见第十八章。

创新案例

工业机器人模块化设计（示例）

某工业机器人的模块化设计（示例）如图 11-7 所示。

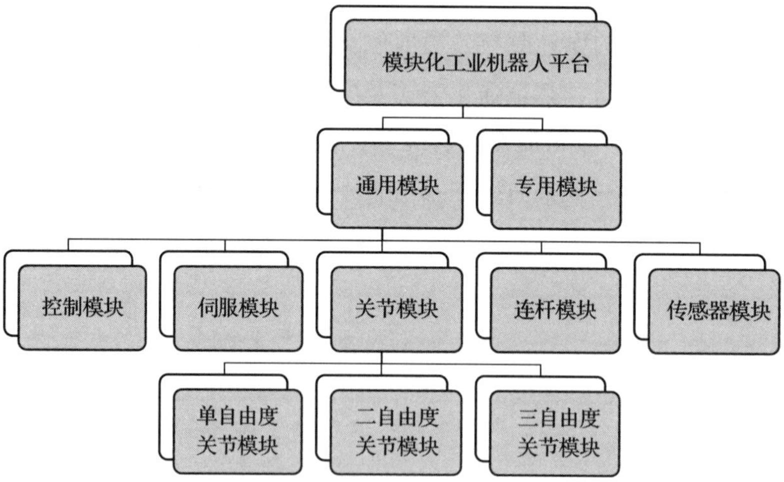

图 11-7　某工业机器人的模块化设计（示例）

十一、可测试性设计

只有可测试的才是可检验的。**可测试性设计**（Design for Testing）就是要在新产品设计时，考虑各个零部件、子系统及整个产品的测试指标、测试方法、测试环境和测试设备。比如一个零部件如果无法测试其性能参数，就无法确保其可靠性。一个软件包如果无法测试其有效性，就无法确保在运行的过程中不会出错。软件产品要提前准备好测试用例（Test Case)，使测试工作有据可依，有效检验软件产品的各项功能是否满足客户需求。

十二、制造与装配设计

制造与装配设计（Design for Manufacture and Assembly，DFMA）是指在新产品设计时，要考虑该产品能否顺利制造出来，能否顺利装配好。DFMA 将设计与生产有机地联系在一起。制造与装配设计需要考虑的内容包括：原材料和元器件的可获得性、外协加工或制造合作伙伴的可获得性、开模的可行性、制造工艺的可行性、相关制造技能及人才的可获得性，以及零部件的可装配性等。标准化、简化和系统集成是 DFMA 的基本方法。

十三、可使用性设计

可使用性设计（Design for Usability）也可理解为**易用性（Easy of Use）**设计，是指产品的设计要尽可能降低产品的使用难度，要为客户提供愉悦的使用体验。创新型企业要遵循“**简单就是美（Simple is Beautiful）**”的设计理念。

产品的可使用性设计要重点思考以下问题。

（1）客户方便接收产品吗？

（2）客户方便拆解产品包装吗？产品包装物易于回收吗？

（3）产品易于安装和调试吗？需要配备安装工具吗？

（4）产品易于使用吗？需要说明书吗？说明书容易看懂吗？

（5）产品使用过程中遇到问题易于咨询解决吗？

（6）产品不用时易于存放吗？

应用软件、游戏、玩具等需要与用户进行频繁交互的产品，易用性的好坏直接影响客户的购买，直接影响产品的口碑。

> 易用性好是苹果公司产品设计的主要特征。苹果公司的 iPad 产品不需要看厚厚的使用说明书，不需要接受几十个课时的使用培训，也不用担心随便乱按屏幕会导致系统崩溃或死机，不识字的 3 岁小孩都能很快熟练玩耍，并且乐此不疲。

十四、可服务性设计

可服务性设计（Design for Service）是指在新产品设计时，要考虑该产品能否顺利地提供技术服务及售后服务。可服务性设计需要考虑的内容主要有：零部件的可拆换性、备品备件的可获得性、检测及维修设备和工具的可获得性、相关服务人员及技能的可获得性。

十五、环保设计

现在，环保已经不再是一种概念，环保已经成为大多数国家的强制要求，也已经成为很多企业和消费者的自觉行动。**环保设计**（Design for Environment，DFE）要考虑产品的制造、使用、维修及回收等过程中的节能、健康和环境保护等问题。DFE 的目标包括以下几方面。

（1）保证质量。

（2）最小化健康和安全风险。

（3）减少对自然界的负面影响。

（4）减少废物排放。

（5）最小化原材料浪费。

（6）减少能源消耗。

产品制造过程中要考虑节能、减排及污染问题，要考虑噪音、粉尘、放射物、光污染等对工作人员人身健康的损害。产品使用过程中要考虑节能及噪音等问题。产品维修过程中要考虑更换的零部件的回收和再利用问题。产品生命周期结束时要考虑整个产品的回收和再利用问题。宝马汽车在设计时即系统地考虑了塑料、玻璃、人造橡胶及金属材料等的回收和再利用问题。

十六、设计失效模式分析

失效模式与影响分析（Failure Mode and Effects Analysis，FMEA）是一种定量的方法，用来识别产品或流程可能失效的原因，确定潜在的问题或失效的严重程度和发生概率，并制定预防失效的措施。FMEA 包括系统、设计和流程三种类型。

设计失效模式与影响分析（Design for FMEA，DFMEA）是一种用于确定产品和流程设计的可靠性及安全性并了解潜在风险的分析工具。设计失效模式与影响分析重点放在设计流程中的部件方面，用于分析部件的功能并确定潜在的失效模式。DFMEA 能用于整个产品。DFMEA 能从技术和商业角度发现和解决影响新产品成败的潜在的缺陷或风险。

1. 确定失效的严重程度

该方法重在分析，通过以下分析确定失效的严重程度。

（1）**严重度**(Severity)：如果失效发生，问题会有多大？(财产损失、客户或工人受伤、人员死亡)

（2）**发生概率**(Occurrence)：该失效模式发生的概率有多大？(发生的可能性)

（3）**探测度**(Detection)：发现问题的概率有多大？(如果发生，探测原因或失效模式的能力)

对以上三个方面采用 1 ～ 10 分打分，1 代表最低，10 代表最差。对于每个失效模式，可以计算出风险优先值(Risk Priority Number，RPN)：

$$风险优先值 = 严重度 \times 发生概率 \times 探测度$$

风险优先值越高，表示越要重点关注。表 11-2 是设计失效模式与影响分析（DFMEA）模板。

表 11-2　设计失效模式与影响分析（DFMEA）模板

设计责任人:					核心团队:							行动结果				
	功能项	潜在失效模式	潜在失效影响	严重度	潜在失效原因	发生概率	当前设计控制	探测度	风险优先值	建议行动	责任人 / 目标 / 完成时限	实际行动	严重度	发生概率	探测度	风险优先值
步骤	1	2	3&4		5&6		7&8		9	10						

2. 进行设计失效模式与影响分析

产品开发团队可以通过以下 10 个步骤进行设计失效模式与影响分析。

（1）**识别和描述产品的功能**。列出所有设计功能，以确定潜在的失效模式。

（2）**确定潜在的失效模式**。列出所有子系统、部件、零件及流程的失效模式。

（3）**描述失效模式的影响**。

（4）**确定失效模式的严重度**。采用 1 ～ 10 分对各个失效模式进行评分，严重度越高，得分越高。

（5）**识别每个失效模式的潜在的原因**。原因通常与设计或制造流程相关，要找到失效的根本原因，以发现所有潜在的缺陷。

（6）**确定每种失效模式的发生概率**。发生概率越高，得分越高。

（7）**确定探测潜在问题的能力**。这包括设计矫正活动以防止探测失效及减小影响。

（8）**确定探测度**。对探测的概率进行评分，探测概率越低，得分越高。

（9）**确定风险优先值**。采用上述公式计算每个失效模式的风险优先值。

（10）**识别和执行行动以降低失效**。明确要采取的行动，指定行动责任人、要实现的目标及完成时限。最后要记录实际采取的行动，并重新计算风险优先值。

DFMEA 方法能帮助产品开发团队尽早发现潜在的或隐藏的缺陷，减少对产品成本、质量和性能的负面影响。当设计的不确定性很高或者项目风险很高时，采用 DFMEA 方法能取得很好的效果。参与 DFMEA 工作的产品开发团队成员不但能够改进有缺陷的设计，还能提升自身的能力，也有利于新产品开发流程的规范和完善。

以上设计维度，需要产品开发团队在新产品设计时进行系统、全面的考虑。要认识到产品设计不只是客户需求设计，更不只是技术设计，而是要考虑到多个利益相关者的不同设计需求。对于产品设计而言，往往“魔鬼在细节”！某一个方面考虑不周，都可能导致新产品开发的失败。比如关键原材料或关键零部件的可获得性，开模的可行性等“小细节”往往酿成大问题。

产品设计需要系统思维，产品设计需要集思广益，产品设计需要反复评审和验证。

创新者行动

明确公司的产品设计需要掌握哪些主要产品设计方法，产品经理、系统工程师组织产品开发团队应用这些设计方法设计公司新产品。

第三节 产品需求变更管理

创新者思考

（1）我们在产品设计开发过程中会有需求变更吗？

（2）我们可以“拒绝”产品需求变更吗？

（3）我们如何有效管理产品需求变更？

产品的新颖程度不同，在进入产品开发前产品需求的确定度也不同。一般而言，产品新颖度越高，在开发过程中需求变更的比例会越高。不同新颖程度产品的需求确定度如表 11-3 所示。

表 11-3 不同新颖程度产品的需求确定度

	立项分析阶段	产品开发阶段
全新产品	50%	50%
重大改进产品	70%	30%
微小改进产品	90%	10%

对于全新产品而言，在立项分析阶段应该有 50% 以上的需求确定度才能进入产品开发阶段。相反，如果 50% 以上的需求需要在产品开发过程中进一步调研和明确，产品的不确定性会非常高，产品开发的周期也会不可控，产品的失败率将会非常高。

总体而言，**产品开发团队要视开发过程中的需求变更为“常态”，不能为了赶进度而“拒绝”产品需求变更。**但是，需求变更需要严肃管理，需要在产品开发的里程碑节点“批量”变更需求。需求变更需要经过严肃评审，公司领导不能随时给开发团队提供需求变更“输入”。

一、导致产品需求变更的主要原因

导致产品开发过程中需求变更有以下主要原因。

（1）由于产品新颖度高，在立项分析阶段了解的客户需求信息可能不系统、不完整、不深入，甚至不正确，需要在产品开发阶段持续洞察客户需求。

（2）直接或间接竞争对手可能在企业产品开发过程中推出同类新产品，产品开发团队需要借鉴竞品的功能和性能，推出有差异化的新产品。

（3）技术问题不能解决，或者解决周期太长、或者解决成本太高，要求变更需求以确保产品开发和上市周期。

（4）关键元器件、原材料难以批量获取，或者成本远超预期，需要变更产品需求进行应对。

（5）政策法规变化，需要变更产品需求进行应对。比如在涂料行业，国家强制要求将油性漆改为水性漆，以降低产品生产过程中的污染和降低对消费者身体健康的损害。

（6）同类竞品上市时间早于预期，为了抢占上市机会窗，需要缩短产品开发和上市周期，从而需要变更部分产品需求，去掉部分产品功能，降低部分产品性能指标。

产品需求变更意味着产品设计的变更，产品设计和开发过程实际上是一个持续“迭代”的过程。在产品开发阶段，产品经理的核心职责是持续洞察客户需求与市场变化，适时进行有效的产品需求变更管理。

二、通过面向客户多次测试洞察客户需求

关于客户需求洞察，有一种比较经典的看法：**“客户只有在看到产品时，才知道自己真正需要什么”**。当客户“看到”产品时，客户往往会更加明确自己到底要的是什么样的新产品，所谓“耳听为虚，眼见为实”。在新产品开发过程中，产品开发团队需要尽可能早地将各种可视化的“产品”呈现给客户，以获取客户的反馈意见。而且，这样的测试活动需要在新产品开发过程中持续地反复多次进行。

内部产品测试（In-house Product Testing）或实验室测试、阿尔法测试（Alpha Testing）是必要的，但是内部测试只能在可控的实验环境测试产品是否能正常运转。而客户是否能接受该产品必须由客户自己说了算。越早获得客户的反馈信息，就能越早发现产品设计中的错误或缺陷，产品的成功就越有保证。新产品开发过程就是“开发—测试—反馈”持续循环的过程。产品开发团队可以通过制作产品部件或者整个产品的**速制原型**（Rapid Prototype）、实验样品（Lab Samples）、工作模型（Working Models）、软件Demo等，将“产品”以可视化的方式呈现给客户，尽早获取客户的反馈信息。

在产品开发阶段，可以通过以下方式获取客户的反馈意见。

（1）邀请客户到开发现场或其他方便的地方试用产品的关键部件，及时记录客户的反应和评价。

（2）采用小组访谈方法征求一组或多组客户对产品关键部件的看法。多个客户在一起讨论可以相互激发出很多好的改进意见或建议。

（3）可能的话，邀请合适的客户作为开发团队成员，随时与产品开发团队成员交换对产品的看法。

产品开发团队不应以可能会“泄露开发机密”为借口，拒绝在开发过程中将产品部件或原型呈现给客户。当然，产品开发团队应该认真挑选参与调研的客户。

比如波音公司在新的客机机型开发过程中邀请航空公司代表、飞行员及时提出需求，及时提出对产品的改进意见，及时将客户的需求与产品改进意见融入正在设计与开发的产品，确保交付的客机是真正能够满足客户需求的。

三、需求变更管理要点

在产品开发过程中，对于需求变更管理，产品经理要重点思考以下问题。

（1）我们应该在开发过程中及时将原型产品呈现给客户征求意见吗？

（2）我们应该及时将最新了解到的客户需求信息融入开发中的产品吗？

（3）我们的产品开发团队对客户需求信息的变化持有“从善如流”的态度吗？

咨询实例

某涂料企业与客户、原材料供应商三方协同开发创新产品

某家具涂料企业在客户现场与客户、关键原料供应商一起协同开发新产品，进行“开放式创新”。该涂料企业在开发新一代家具油漆时，选择与规模大、有代表性的家具企业（领先用户，Lead User）进行合作，将跨职能产品开发团队直接部署在客户现场开发新产品。开发出的新油漆直接通过客户的生产设备涂装在家具上，现场观察家具涂装效果，现场听取客户（家具厂）及“客户的客户（使用家具的公司或家庭）”对涂装工艺、涂装效果的改进意见。通过多次的“开发—试用—反馈”，与关键原料供应商一起开发出满足客户需求的新产品，并将此产品进行“定型”，作为“基型产品”向更多客户推广。这种与关键原料厂商、领先客户“三方协同”的创新产品开发模式，大大提高了新产品开发的成功率，大大缩短了新产品开发周期，大大提升了企业新产品的市场竞争力。

创新者行动

明确导致产品需求变更的主要原因，对开发中的新产品进行有效的需求变更管理。

第四节　走向测试评审

创新者思考

（1）产品样机完成后，公司是否应该组织正式的决策评审？

（2）我们会在样机评审时"枪毙"一些新产品开发项目吗？

（3）如何提升产品样机评审决策的质量？

在对新产品设计开发阶段提交的交付件的完整性与可信度检查的基础上，企业产品决策评审团队需要对项目进行严格的生 / 杀决策。

决策评审准则包括必须满足的准则与应该满足的准则，与立项评审时的决策准则一致。

不要因为已经付出了一定的代价就"舍不得"终止没有前景的项目！

产品测试与矫正阶段需要增加市场、生产等人员，部分研发人员可以根据项目的实际情况逐步退出，但是核心团队成员始终在负责相应职能的项目工作。

产品测试与矫正阶段需要进行详细计划的事项主要包括：产品使用测试、客户测试、市场测试、产品矫正、试生产等。

以下因素可能导致新产品项目在走向测试决策评审时或在开发中途停止。

（1）市场规模不如预期，难以实现预期的投资回报。

（2）产品成本远超预期，新产品上市无利可图。

（3）竞争对手在我们产品开发期间上市的新产品功能和性能远超我们正在开发中的产品，新产品上市后将没有竞争力，或者错失机会窗，无法实现预期销量。

（4）关键技术问题无法解决，或者解决周期太长，或者解决成本太高。

（5）开发团队关键人员离职，项目无法有效开展下去。

（6）关键元器件、原材料无法获取，或者获取成本远超预期。

（7）不具备产品量产能力。

（8）政策法规发生变化，禁止生产该类产品；或者环保成本太高，生产该类产品将无利可图。

（9）遭遇破坏性技术的非线性打击，原先设计的产品技术路线图变得毫无意义。

（10）资金匮乏，无法支持后续投入，只能终止该项目。

（11）有更多比该项目优先级更高的项目需要开发，创新资源有限，只能终止或搁置该项目。

创新者行动

明确可能在设计开发过程中终止新产品项目的主要原因，对新产品项目进行有效的走向测试评审。

创新案例

波音公司与用户一起设计新型客机

1. 波音 717：倾听客户意见，改进产品性能

波音 717 设计小组成立了几个航空公司顾问团，倾听客户对驾驶舱、客舱内饰和系统的改进意见。顾问团提出的许多建议都有助于降低维护成本，提高可靠性。

2. 波音 737：与客户共同努力，最大限度满足客户需求

波音 737 计划一开始，波音公司就有一个明确的目标：为客户创造价值，与客户“携手合作”，使其真正满足市场的需要。在研制开发波音 737 的过程中，波音公司将航空公司的客户代表请进公司，在波音办公大楼里为他们设立了办公室，波音的设计人员与客户一起工作，对设计加以改进。

3. 波音 777：客户参与设计制造想要的“孩子”

波音 777 飞机项目研制前，波音公司花了一年多时间，先后把素有航空界“八大金刚”之称的美国联合、美国大陆、达美、英国航空、日本航空、全日空、大韩航空和国泰航空公司的老板和飞行员请到西雅图来开会。开门见山地向他们提出了一个相同的问题——“你们希望造一架什么样的能赚钱的大飞机?”在波音 777 飞机设计过程中，波音公司邀请来自美国、法国、英国、日本、阿联酋、泰国及韩国等国的 400 多名飞行员来西雅图参观波音 777 工程模拟机，听取他们对驾驶舱设计的建议。飞行员们从不同的角度对波音 777 飞机的驾驶舱设计提出了上百条建议，其中不少被波音公司所采纳。融入客户智慧的波音 777 飞机设计令人耳目一新，如图 11-8 所示。

图 11-8　波音 777 飞机

第十二章
产品测试矫正

经过漫长而又艰苦的努力，产品开发团队终于开发出了一款可以在实验室环境下“正常”运转的新产品。这个新产品是否可以马上投入批量生产并推向市场呢？至此，产品开发团队的工作是否已经“接近尾声”了呢？

答案是否定的！在新产品正式上市之前，还必须经历一个重要的阶段——产品测试矫正阶段。

产品测试矫正阶段（Product Testing and Validation Stage）的核心目标是交付具备批量上市条件的产品，如图 12-1 所示。

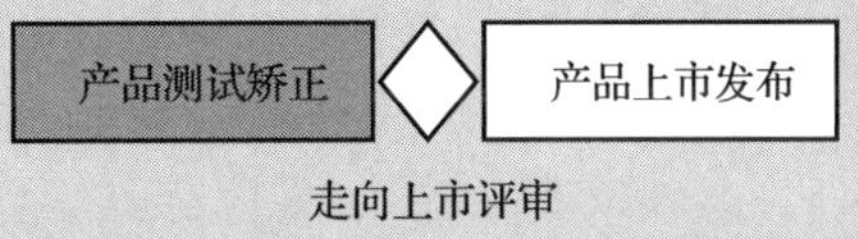

图 12-1　产品测试矫正阶段

产品测试矫正阶段的主要特点包括以下四个方面。

（1）测试是手段，矫正才是目的！客户测试、市场测试与技术测试同样重要。

（2）新产品一旦通过上市评审，就意味着公司要对新产品进行大量的投入。上市发布阶段的投入主要包括批量生产、广告宣传及人员推广等。

（3）对于很多消费类产品而言，上市发布阶段的成本可能占整个产品开发成本的 80% ～ 90%。因此，测试矫正阶段对于能否交付一个满足客户与市场需求的新产品是至关重要的。

（4）产品测试矫正阶段要进一步验证立项分析报告中的相关内容，要确保新产品满足客户和利益相关者的期望。

本章分为六节。

第一节，产品测试矫正管理要点。

第二节，产品使用测试。

第三节，客户使用测试。

第四节，市场测试。

第五节，其他重要测试。

第六节，产品上市评审。

第一节 产品测试矫正管理要点

创新者思考

（1）产品测试矫正阶段的主要工作目标是什么？

（2）产品测试矫正阶段的主要工作任务有哪些？

（3）产品测试矫正阶段需要掌握哪些主要创新方法？

（4）产品测试矫正阶段需要提交哪些工作成果？

本节简要介绍产品测试矫正阶段的工作目标，工作任务，需要掌握的主要创新方法，需要提交的主要工作成果。

一、产品测试矫正阶段的常见问题

大家可以结合表 12-1 列举的产品测试矫正阶段的常见问题，检查企业是否存在类似问题，思考产生这些问题的主要原因、改善要点与改善方法。产品测试矫正阶段的常见问题如表 12-1 所示。

表 12-1 产品测试矫正阶段的常见问题

常见问题	公司管理现状与改善要点
（1）测试矫正阶段工作任务交给“测试部门”负责，不再采用跨职能团队组织模式	
（2）只在实验室进行测试，不进行现场测试和客户测试	
（3）未进行市场测试或试销，难以预测真正的市场容量	
（4）未进行严谨的小批试制，导致批量生产时问题不断	
（5）未制定上市方案，未进行有效的上市准备，导致上市发布阶段问题很多	

二、产品测试矫正阶段的工作目标

产品测试矫正阶段的目的是对整个项目进行最终的、全面的矫正：包括可以商业化的产品、产品的生产及产品的营销等。产品测试矫正阶段的工作目标是交付具有批量上市条件的产品。

产品测试矫正阶段可以分为现场测试、客户测试、小批试制和市场测试几个子阶段，如图 12-2 所示。

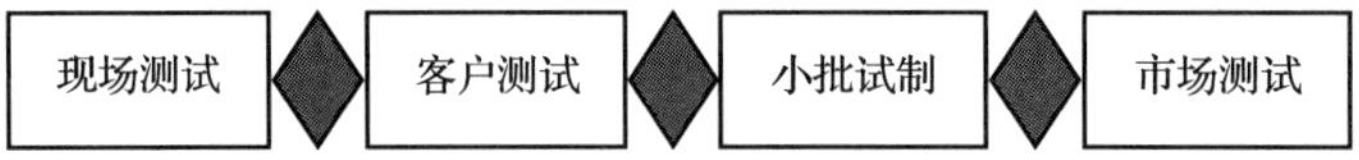

图 12-2　产品测试矫正阶段的子阶段

产品测试矫正阶段的工作要点包括以下内容。

（1）产品测试与矫正阶段需要增加市场、生产等人员，部分研发人员可以根据项目的实际情况逐步退出，但是核心团队成员始终在负责相应职能的项目工作。

（2）产品测试与矫正阶段需要进行详细计划的事项主要包括：产品使用测试（Product-Use Testing）、客户测试、市场测试、产品矫正、试生产（Trial Production）等。

（3）不管在设计开发阶段进行过哪些测试，都要在测试与矫正阶段对产品及整个项目进行更为系统、全面的测试与矫正，以减少产品的缺陷，降低项目的不确定性和风险。测试矫正阶段的工作要为新产品的上市评审决策提供输入信息。

三、产品测试矫正阶段的主要工作任务

产品测试矫正阶段的主要工作任务包括以下内容。

（1）客户现场测试。

（2）市场测试。

（3）产品矫正与完善。

（4）试生产。

（5）其他外部因素测试。

（6）项目可行性分析报告更新（第三版）。

（7）上市计划制订。

（8）批量生产计划制订。

在产品测试矫正阶段，不但要做好各项测试与矫正工作，还要最后一次更新项目可行性分析报告，评估该项目是否还值得继续“投资”。项目经理要组织产品开发团队制订产品上市计划与产品批量生产计划。

以下对产品测试矫正阶段容易“忽视”的几项重要工作进行简要介绍。

1. 更新项目可行性分析报告

项目可行性分析报告是公司产品决策评审团队进行项目上市评审的主要依据。在产品测试矫正阶段，产品开发团队要向公司产品审批委员会（PAC）提交项目可行性分析报告 3.0 版本，这也是项目可行性分析报告的最后一次更新。通过市场测试和试生产，产品开发团队应该能够获得一些更为准确的关键数据。这些关键数据包括产品成本、销售价格、销售数量和上市阶段所需资金投入等。基于这些数据，产品开发团队需要重新测算盈亏平衡点、现金流、销售额、利润率和投资回报率等财务数据。

2. 制订产品上市计划

上市工作牵涉的人员多、投入大、任务复杂，需要制订周密的计划。上市计划还要通过市场测试方法进行验证。上市计划的制订方法将在下节详细介绍，但实际上上市计划应该在产品测试矫正阶段制订。

3. 制订产品批量生产计划

批量上市意味着需要批量生产。因此在产品测试矫正阶段需要制订周密的批量生产计划，而且批量生产计划要通过试生产方式进行验证。

四、产品测试矫正阶段的团队组成

产品测试矫正阶段的工作不只是“技术测试”工作，不只是“测试部”的工作。产品测试矫正阶段的工作应该继续由跨职能产品开发团队负责。

在产品测试矫正阶段，部分研发人员可将精力释放出来，投入其他项目。市场、销售、采购、生产、服务等职能部门人员逐步加大投入。

五、产品测试矫正阶段要掌握的主要创新方法

产品测试矫正阶段要掌握的主要创新方法包括：产品使用测试、客户测试、市场测试、试生产、财务测试和利益相关者测试等，以下各节分别简要介绍。

六、产品测试矫正阶段的主要交付成果

产品测试矫正阶段需要在上市评审点提交以下主要交付成果。

（1）经过客户现场测试、市场测试和试生产等验证并矫正后的具备批量生产条件的产品。

（2）产品测试矫正阶段项目文档。

（3）更新后的项目可行性分析报告（第三版）。

（4）新产品上市计划。

（5）新产品批量生产计划。

创新者行动

明确产品测试矫正阶段的主要工作目标、主要工作任务、团队组织模式、主要交付成果，高质量地做好产品测试矫正工作。

第二节 产品使用测试

创新者思考

（1）我们的产品是否应该进行使用测试？

（2）产品使用测试主要有哪些方法？

（3）我们应该如何有效应用不同的产品使用测试方法？

产品使用测试（Product-Use Testing）是通过产品的更多的使用找出产品的优点和不足。根据测试环境的不同，产品使用测试可分为阿尔法测试、贝塔测试和伽马测试三类。

一、阿尔法测试

阿尔法测试（Alpha Testing）一般在设计与开发阶段进行，是由产品开发团队在实验室环境下对产品进行使用测试。阿尔法测试的目的是评价产品的设计特性并且分析产品的质量、性能和可靠性。阿尔法测试可以加快新产品开发进度，缩短开发周期。比如一台机器可以在实验室环境下测试其连续运转无故障时间，而不必在客户现场环境下进行该测试。

二、贝塔测试

贝塔测试（Beta Testing）是在客户实际使用产品的环境下进行的产品使用测试。贝塔测试是在阿尔法测试的基础上进行的，目的是评价新产品在客户实际环境下能否正常使用。比如，可以邀请一些客户对一款软件进行为期 1 ～ 2 个月的测试。客户可能会发现软件的很多缺陷和问题。产品开发团队在收集客户使用测试反馈信息的基础上，对产品进行修改和完善，可以避免在产品上市后再出现类似问题。客户常常能发现很多产品开发团队“视而不见”或者自己发现不了的问题。

三、伽马测试

伽马测试（Gamma Testing）是在较长的时间周期内测试产品是否满足客户需求。这类测试更为复杂，需要较长的周期、较大的投入。伽马测试一般用于全新产品和高风险产品的测试。比如对于药品和医疗器械一般会要求半年以上的临床测试，以检验这类产品的安全性和功效。

四、不同产品使用测试方法的选择

产品使用测试方法类型的选择取决于产品的类型、产品的不确定性与风险。一般来说，如果产品不太复杂，不确定性和风险不高，产品使用测试也可以比较简单。相反，如果产品比较复杂，并且是全新的产品，不确定性和风险都很高，那么需要进行所有上述三种测试。企业要在上市周期与上市风险之间进行适当的平衡。表 12-2 列出了不同新产品类型适用的产品使用测试方法，供创新型企业参考。

表 12-2　不同新产品类型适用的产品使用测试方法

测试方法	简单改进	重新定位	衍生产品	新产品线	新一代产品	全新产品
阿尔法测试	√	√	√	√	√	√
贝塔测试		√	√	√	√	√
伽马测试				√	√	√

1. 可以少做一些产品使用测试的情境

（1）竞争对手已经上市了一款类似产品，而且卖得不错。

（2）新产品是从现有产品衍生而来的，是为了应对竞争压力而对现有产品进行的改进。

（3）客户对该产品已经很熟悉，不怎么关注如何使用。

（4）该新产品的生命周期非常短，上市时机对新产品的成败非常关键。延期上市意味着减少销售额和利润，增加了财务风险。

2. 需要多做一些产品使用测试的情境

（1）如果该产品上市失败，对公司的声誉及形象将带来重大影响，也会影响到其他产品的销售。

（2）该产品使用了一些新的技术，这些技术可能会带来隐藏的缺陷和不确定性。这些隐藏的缺陷和不确定性会影响客户对新产品的接受度。

（3）在产品上市后再修补缺陷很困难，并且代价很大。产品的缺陷和问题不但会影响财务回报，而且会影响后续产品的上市。

（4）新产品的生命周期比较长，任何缺陷的存在都会增加产品的单位成本，并且会降低产品的潜在的市场份额。如果客户有多种产品可供选择的话，对公司的不利影响会更大。

（5）产品责任问题对公司有重大影响，任何产品缺陷都可能对公司造成致命的打击。比如食品的安全和健康，航空产品的可靠性等。

创新者行动

根据创新性与上市风险等划分产品类型，明确不同类型产品的产品使用测试方法。

第三节 客户使用测试

创新者思考

（1）我们的新产品是否应该进行客户使用测试？

（2）客户使用测试的主要目的是什么？

（3）如何有效进行客户使用测试？

客户使用测试（Customer Testing）是通过在客户的工作或生活环境由客户使用（误用或者滥用）新产品，发现新产品存在的缺陷或问题，并加以改进或矫正。

一、客户使用测试的主要目的

客户测试的主要目的包括以下五个方面。

（1）确定产品在实际使用环境下能否正常运转。（如果不能正常运转，需要进行哪些改进）

（2）判断客户是否会接受该产品。（为什么接受，为什么不接受）

（3）评估客户对该产品的兴趣、喜好和偏好程度，评估客户的购买意愿及原因。

（4）判断价格敏感性——价格的变化对客户的购买偏好或购买意图有多大的影响？

（5）确定客户对产品的哪些功能、利益反响最强烈。（这是设计产品沟通战略的有用信息）

二、客户使用测试要点

以下是进行客户测试的一些建议。

1. 仔细挑选测试客户

不能图方便，只挑选比较近的或者关系比较好的客户进行现场测试。关系好的客户可能只会说一些你爱听的话，这会影响你对产品的正确判断。测试客户的挑选应该具有代表性。

2. 事先与客户签定测试协议

第一，要告知客户这是一个测试产品，而不是正式销售的产品。第二，要告知客户测试时间、测试周期、测试条件、测试方法以及要提供的数据等。

3. 要到现场去

产品开发团队成员要在产品使用现场指导客户使用产品，观察客户使用产品的过程，了解客户的反馈信息。

4. 获得书面的测试结果

请客户提供书面的测试结果，特别要获得测试结果的解释。

三、客户偏好测试

在进行客户测试时，测试产品在客户使用环境下能否正常工作只是最基本的测试内容。产品能够正常工作并不证明客户会购买该产品。因而，要在客户使用测试的基础上进一步测试客户对该产品的偏好程度，即进行客户偏好测试。

客户偏好测试（Customer Preference Tests）是测试客户对产品的兴趣、喜爱和偏好程度，从而了解客户对产品的购买意愿。

1. 客户偏好测试的主要价值

（1）**更准确地了解产品的市场接受度。**开发前的概念测试及开发过程中的客户测试都难以准确了解产品的市场接受度，因为那时候客户还没有真正看到产品，更没有机会亲自使用产品。

（2）**为产品的改进提供建议。**如果通过测试发现产品存在重大缺陷，那么需要返回到开发阶段进行重新设计和开发。

（3）**了解客户对产品的评价及其原因。**客户看重的功能、特性或利益可以作为在上市阶段与客户进行沟通的重点设计内容。

2. 客户偏好测试的注意事项

（1）**不要向客户过分“推销”产品。**要知道，现在是测试阶段，而不是销售阶段。过分地向客户推销产品的优点和好处，可能会误导客户，或者客户会“投你所好”，说些言不由衷的看法。

（2）**确保客户对产品有充分的理解和认识。**如果客户对产品的功能、特点等没有深入的理解和认识，那他表达的观点也是不可信的。

（3）**正确理解和应用偏好测试数据。**客户偏好测试选择的样本数量毕竟有限，不应该对测试结果做过于乐观的估计。比如说，测试结果表明有 60% 的客户愿意购买我们的产品，这并不代表我们有可能获得 60% 的市场份额。再比如，测试结果表明大多数客户愿意以某一价格购买我们的产品，但客户实际购买时能接受的价格可能会比该价格低。

创新者行动

制定客户使用测试、客户偏好测试方案，对开发中的产品进行有效的客户测试。

第四节 市场测试

创新者思考

（1）我们的新产品是否应该进行市场测试？

（2）市场测试的主要目的是什么？

（3）如何有效进行市场测试？

通过产品使用测试，我们在听取客户反馈意见的基础上对产品进行了修改和完善。通过客户使用测试，我们对产品的“卖点”及产品的市场接受度也有了深入的了解。同时，我们也更新和完善了产品的上市计划。我们可能认为这是一个不错的新产品，应该尽快上市！且慢！为了慎重起见，我们还必须对上市方案进行测试。

我们需要将营销组合的所有要素集中在一起，测试上市方案各要素的“协同效果”。需要集中测试的营销要素包括：产品、定价、广告、促销、销售及渠道等。上市方案的主要内容我们将在下一节中详细介绍，但实际上在产品测试矫正阶段应该已经并行地制定了完整的上市方案与计划。市场测试的目的是确定我们制定的营销方案与上市计划能否实现预期的销售收入和利润目标。如果回答是否定的，那么我们需要修改营销方案和上市计划，或者终止该项目。如果确实不能实现预期的收入和利润目标，那么此时终止该项目还不是太晚。因为此时公司还没有在批量生产和广告促销等方面进行大规模的投入。

市场测试（Market Testing）的主要目的是测试市场对产品的接受度及上市方案的可行性。有两种市场测试方法，一种是模拟测试方法，另一种是试销方法。模拟测试方法在消费品产品中普遍采用。试销方法各种产品都可以采用。与规模上市相比，这两种方法的投入都非常低。通过上市前测试，产品开发团队可以有时间修正产品上市方案与上市计划。通过这两种方法也可以更好地预测最终的销售收入或市场份额。

一、上市测试的考虑要点

虽然市场测试能够给公司带来价值，但是市场测试也需要花费时间和资金。企业可根据以下维度判断新产品是否需要进行市场测试。

1. 市场接受度的不确定程度

如果对上市后新产品的市场接受度非常不确定，那么有必要进行市场测试。相反，如果前期的市场研究工作做得非常扎实，企业可以肯定新产品的市场接受度非常高，那么可以不做市场测试工作。

2. 上市阶段资金投入的大小

如果上市阶段的投入非常大，那么需要做市场测试。上市阶段的投入包括生产设备的购买、新生产线的建设、新工厂的建设、全国性的广告投入、大规模的销售人员招聘和培训、大规模的渠道建设等。如果上市后投入非常小，比如一些电子商务产品，那么可以不做市场测试工作。

3. 产品本身的技术特点

如果产品本身是可以批量生产的，单位产品的生产成本不高，那么可以进行市场测试的工作。如果产品本身非常复杂，比如是大型的机器设备，那么不适合进行市场测试工作。

二、模拟市场测试

模拟市场测试（Simulated Test Market）是一种投入不大但是非常有用的预测销售收入和市场份额的方法，该方法在消费类产品使用测试中比较常用。

比如，消费类产品制造商可以搭建一个模拟的购物场所，在该场所的货架上摆放将要上市的新产品及其他同类产品。模拟商场中会通过电视等方式播放该新产品的广告，相应的促销手段也会同时采用。公司给潜在客户一定额度的消费券，让他们选择“购买”一些该商场中的商品。如果消费者购买了该公司的测试产品，公司的市场人员会在几周后拜访该客户，了解该产品的使用情况。

模拟市场测试方法能产生很多重要的信息。

（1）模拟商场能测试广告、包装和促销等对刺激销售的有效性。

（2）通过产品使用，能获取消费者喜好及重复购买意愿信息。企业能根据第一次购买率及重复购买率信息预测销售量或市场份额。

（3）根据参与模拟购物的潜在客户的个人信息，能更好地定义目标市场。

模拟测试在消费类产品上市前普遍采用，模拟测试主要有如下好处。

（1）**投入少**。模拟测试的投入通常只需试销投入的十分之一。

（2）**预测准**。有研究表明，有效的模拟测试预测的市场份额与实际份额的偏差通常在 2% 左右。也就是说，如果模拟测试预测的某产品的市场份额是 15%，那么实际的市场份额通常在 13%～17% 之间。

（3）**见效快**。准备时间和实施时间比试销要短得多。

（4）**数据细**。能根据第一次购买的客户和重复购买的客户确定细分市场。

（5）**保密性好**。模拟测试一般不会让竞争对手知晓。

（6）**可控**。试销时，竞争对手可能会采取降价、加大促销力度等手段应对，这样会影响测试的准确性。

比如，宝洁公司在辛辛那提的郊外就有这么一个创新中心。那里开了一个有五条过道的小型超市，超市里有结账台，还有用于观察客户行为的摄像头和话筒。研究团队会请客户寻找某些指定的物品，或者像平常一样选购商品，或者从几条指定的过道上买几样商品，然后对她们的行为进行仔细观察。

模拟市场测试的问题在于适用范围比较有限。模拟市场测试比较适合在超市的货架上进行销售的不太贵的消费品。而昂贵的消费品及工业品更适合采用试销的方式进行测试。

三、试销

试销（Trial Sells）是对新产品规模上市前的最后测试。试销也可以理解为“迷你”上市或者“软”上市。所有的营销组合要素应该尽可能与规模上市时一致，这样才能尽可能完整地测试上市计划的有效性。试销有两个主要目的。

（1）**预测新产品的销售额**。可信的销售额预测是新产品上市生 / 杀决策的关键。如果预测的销售额不理想，该新产品可能会被“枪毙”，或者返回到前面的阶段，改善产品或者调整上市计划。

（2）**比较多个不同上市方案的优劣**。比如可以在不同的城市采用不同的产品定位宣传，看看哪种定位更受客户的欢迎。

试销可以选择几个典型的城市进行。除了不推出全国性的广告及促销措施外，试销时要遵照拟制的上市方案与上市计划进行，以检验上市方案的有效性。消费品试销区域的选择主要看城市的消费水平，而工业品试销区域的选择主要看行业、客户公司规模的大小等。

四、拜访终端用户

以上两种市场测试方法的主要目的是预测新产品的销售量和市场份额。在以上测试的基础上，进一步拜访试用新产品的终端用户，可以获得更多的有价值的信息。这些信息对于上市方案的修正和调整非常重要。

拜访终端用户的目的是要回答以下问题。

（1）**是谁在买我们的产品**（获取地理位置及其他市场细分数据）？这些数据有助于验证或者修正原有的目标市场定义。

（2）**他（她）为什么买该新产品？**通过问“为什么”了解客户购买该新产品的动机和偏好。这些信息有助于验证或修正沟通和定位战略。

（3）**在试用该新产品后，客户喜欢该产品吗？**为什么喜欢？为什么不喜欢？这些信息对于确认产品的设计、特性、功能和利益非常重要。

（4）**客户会重复购买该新产品吗？**该问题的回答有助于确定该新产品未来的市场份额目标。

创新者行动

明确适合公司产品使用的市场测试方法，对拟上市的新产品进行有效的市场测试。

第五节　其他重要测试

创新者思考

（1）除了产品测试、客户测试和市场测试外，我们还需要测试哪些方面？

（2）我们是否需要进行规模生产测试？

（3）我们是否需要进行财务测试？

（4）我们是否需要进行利益相关者测试？

下面我们对试生产、财务测试和利益相关者测试等内容进行简要介绍。

一、试生产

通过产品使用测试我们矫正了产品本身的缺陷和问题，通过客户使用测试我们进一步明确了客户对产品的偏好，通过市场测试我们检验了上市方案与上市计划的可行性。接下来，我们需要通过试生产方式检验产品的生产系统。

试生产（Trial Production）的目的是检验产品的生产系统是否能够满足规模生产的需要。

试生产需要测试的主要内容包括以下六个方面。

（1）**生产流程的可行性**。需要测试生产工艺、生产设备能否满足规模生产的需要。

（2）**原材料和零部件的可获得性**。需要评估原材料和零部件能否按时、按质、按量交付。需要评估原材料和零部件的价格是否在可接受的范围之内。

（3）**外协厂商的可获得性**。需要评估外协加工的零部件能否按时、按质、按量交付。

（4）**生产技能及人员的可获得性**。需要评估能否及时招聘到足够的生产工人，这些人员的技能是否能满足规模生产的需要。需要考虑如何培训生产人员。

（5）**产能的满足性**。需要评估最大的天、月或季度产能需求，要评估如何满足可能不规律的产能需求。

（6）**产品成本的满足性**。要评估产品成本能否满足要求，要考虑如何优化产品成本结构。

可以通过小批量试产对以上内容进行测试和评估，及时发现并解决相应的生产问题。需要注意的是，对于需要规模生产的新产品，小批量试产可能不足以发现规模生产时可能会遇到的问题。也就是说，生产 100 件新产品与生产 10000 件新产品可能是完全不同的概念。企业可以结合较大规模的试销对规模生产能力进行测试。一般而言，试生产需要经过小试、中试和大试三个阶段，不同类型的产品，各种试生产的生产批量不同。

试生产的必要性可根据新产品的性质进行决策。如果新产品与以前生产过的产品非常类似，主要是利用现有的生产系统进行生产，那么可以只做简单的试产测试。如果某类新产品公司以前从来没有生产过，或者需要建立新的生产线并采用全新的生产工艺和流程，那么需要对规模生产能力进行系统、完整测试。

特斯拉是创新性很强的新能源汽车品牌，在发展早期由于长期无法实现规模量产，极大地影响了该公司的盈利和用户的满意度。2016年4月1日，特斯拉在美国发布了备受业界瞩目的新款新能源汽车Model 3，订单数量很快就超过了11.5万辆。但是直到2017年第三季度，特斯拉仅生产了260辆Model 3，实际交付用户的则只有222辆，远低于原先每月生产15000辆的预期。为了解决Model 3的量产问题，特斯拉创始人马斯克经常深入生产一线解决问题，甚至经常睡在工厂，但产品交付仍然极不乐观。特斯拉解释影响Model 3交付的主要原因是设计电池组、开发相关生产工艺及将其生产出来的复杂程度较高，因而拖慢了整体的生产进程。2017年第三季度特斯拉营收29.85亿美元，但是净亏损却高达6.71亿美元，这与新车型Model 3迟迟无法量产，无法及时交付客户订单密切相关。

需要注意的是，在新产品导入（New Product Introduction，NPI）过程中，可能会由于生产工艺或流程的需要，对产品设计进行适当更改。因此，在试生产过程中，产品开发团队应该与生产部门紧密配合，及时发现和解决产品设计中存在的“可制造性”和“可装配性”问题。

创新者行动

制定公司新产品的试生产流程与方案，对拟上市新产品进行批量生产测试。

二、财务测试

如果说产品开发和测试阶段的管理主要是与“人”相关的话，那么上市发布阶段的管理就主要是与“钱”相关了。在产品测试矫正阶段，我们不但要对产品设计和生产体系等进行测试和矫正，我们也要对财务数据进行“测试和矫正”。财务数据是新产品上市评审决策的关键信息。

财务测试的主要目的是保证新产品在上市过程中能获得所需的资金支持，在上市后能获得预期的投资回报。

财务测试内容主要包括以下三个方面。

（1）**产品成本测算**。在产品已经定型并经过试生产测试后，产品成本的测算应该比较准确。对于利润率非常低的家电等产品，成本测算的准确性非常重要。如果成本测算不准，很可能原本认为赚钱的产品其实是亏损的，并且卖得越多，亏损越大。

（2）**销售额与利润测算**。在客户测试和市场测试的基础上，产品的销售价格、销售数量和市场份额等预测数据也具有一定的准确性，企业可以在此基础上测算销售额和利润是否符合预期。

（3）**现金流测算**。新产品进入上市阶段后，企业的资金投入可能是开发与测试阶段资金投入总和的 10 倍甚至 100 倍。现金流短缺可能会使有前景的新产品在上市阶段“夭折”。产品开发团队需要认真计算规模生产、广告和促销等所需的资金投入，需要计算实现“正”现金流的时间点，需要计算实现盈亏平衡的时间点。某新能源汽车“造车新势力”企业花费了 6 年以上的时间都未能推出首款汽车，与资金预测、现金流断裂密切相关。

创新者行动

制定公司产品财务测试流程与方案，对拟上市产品进行有效的财务测试。

三、利益相关者测试

以上产品、生产及财务等测试是从内部视角进行的，客户和市场测试是从外部视角进行的。但是，除了以上方面外，还有一些外部因素可能会对新产品的上市造成重大影响，甚至会影响到新产品上市的成败。但是，由于时间和投入的原因，这些外部因素产品开发团队可能很少考虑。随着商业环境的日益复杂化，在新产品上市之前对一些重要的外部因素进行测试将会成为很多创新型企业必要的“投资”。

影响新产品上市成功的外部利益相关者主要有供应商、互补者、竞争者、管理者和影响者。利益相关者测试的主要目的是评估这些因素对新产品上市的影响，及时采取有效的措施解决问题，规避风险，提高新产品上市成功率。

1. 供应商测试

企业的供应商主要包括原材料、零部件供应商、外协件供应商及物流服务商等。比如由于中美贸易摩擦导致美国芯片厂商对中国手机制造企业“断供”，迫使部分中国手机制造企业无法推出 5G 手机。

供应商测试时主要需要考虑以下问题。

（1）供应链有没有“断点”。

（2）战略性原材料的可获得性。

（3）关键原材料与零部件的价格波动。

（4）采购的原材料对产品质量是否有重大影响。

（5）供应商和物流服务商的重大变化。

对供应商的测试和评估不是一次性的工作，而是一个持续、动态的流程。

2. 互补者测试

互补品是指客户在使用本公司的产品时还需要用到的其他企业的产品。互补者就是提供这些互补产品的企业。如果互补的产品或服务不能同步提供，新产品的销售将受到重大影响。比如充电站的分布及数量，将很大程度上影响新能源电动汽车的销售。互补者测试的目的是确认互补产品是否能与新产品同步上市，能否满足新产品上市的必备条件。

互补者测试主要需要考虑以下问题。

（1）识别所需的互补品的可获得性。

（2）评估互补品受限的可能性。

（3）互补品受限时潜在的风险评估。

（4）明确减少或消除互补品受限带来的风险的方法。

3. 竞争者测试

在新产品上市前需要对竞争者对新产品上市的可能反应进行测试。竞争者测试也可以成为市场测试的一部分。竞争者测试的目的是了解主要的竞争者对新产品上市会有哪些反应，以做好应对准备。比如在国内取消新能源汽车销售补贴时，一些国内汽车厂商谋求产品涨价，而特斯拉却持续降价，而且降价幅度很大，这使得国内大部分利润本来就非常稀薄的新能源汽车厂商非常被动。

进行竞争者测试时需要考虑以下问题。

（1）哪些竞争者最有可能对新产品做出负面反应？

（2）他们会如何做出反应？比如说，是否会推出类似的新产品？是否会对现有的类似产品进行降价？是否会增加对产品的广告和促销投入？是否会限制分销商销售我们的产品？是否会限制供应商卖原材料或零部件给我们？

（3）他们将会如何改变营销战略？

（4）即使竞争者会有这些反应，我们的新产品能保持多久的竞争优势？考虑新产品的独特性、新颖性、价格和形象等。

不怕一万，就怕万一！企业应通过竞争者测试，制定各种可能的竞争者反应的应对“预案”。这样，就不至于在遭受到竞争者“猛烈攻击”时手足无措。

4. 管理者和影响者测试

管理者和影响者主要包括政府、行业协会、媒体和社区等。管理者和影响者测试的主要目的是了解这些利益相关者对新产品上市有何影响，以及影响程度，从而采取有效的应对措施。

管理者和影响者测试步骤如下。

（1）列出关键的管理者和影响者，并且指出这些利益相关者对新产品有何影响。

（2）筛选出对新产品上市和生命周期有重大潜在影响的管理者和影响者问题，制定测试方案。

（3）制定并执行测试方案。

比如，2010 年发生在美国墨西哥湾的漏油事件就是一个对管理者和影响者的影响考虑不周的典型案例。英国石油公司（BP）在墨西哥湾开采石油时，可能考虑了石油用户的需要，也考虑了供应商和竞争者的影响，但是显然对环境问题带来的影响考虑不足。英国石油公司如果能在石油开采前对原油泄漏可能给周边地区造成的生态影响有过周密的测试和评估，那么就不会在出现原油泄漏事故时表现得那么手足无措了。如果一个企业能对新产品上市给利益相关者带来的影响进行系统考虑，那么无论对利益相关者、对公司还是对股东都会有很大的好处。

创新者行动

识别各类利益者，做好产品上市前的各类利益相关者测试与分析工作。

第六节 产品上市评审

创新者思考

（1）新产品正式上市前是否应该进行严肃评审决策？

（2）新产品上市评审的主要目的是什么？

（3）如何有效做好产品上市评审？

上市评审是在重大投入之前的最后一个生 / 杀决策点。上市评审通过，意味着公司需要投入大量的人力、物力和财力在新产品项目上。换句话说，**上市评审也是“枪毙”一个新产品项目的最后一次机会**。因此，公司产品决策评审团队需要谨记股市投资的告诫语：“**投资有风险，入市须谨慎**”。对于新产品而言，“入市”就是进行新产品的规模上市和销售。上市评审准则与在立项评审时的决策准则一样，也包括必须满足的准则和应该满足的准则。如果上市评审通过，公司产品决策评审团队需要审批产品上市计划和批量生产计划，并承诺项目上市所需资源。

在上市决策评审时，有以下“决策误区”希望能引起企业创新领导者的注意。

1. 为了赶上市进度，跳过产品测试矫正阶段直接上市

结果是新产品上市后问题“层出不穷”，上市阶段成了“产品测试”阶段。这样做的结果，轻则影响新产品的投资回报，重则导致新产品上市失败，公司声誉也因此受损。

2. 明明知道上市后很可能会失败，还是不忍心“枪毙”该项目

客户测试和市场测试结果表明，该产品上市后很难实现预期的投资回报，但是受感情因素影响还是做出了同意上市的决策。有的项目是开发团队不甘心前期付出没有回报，一再“游说”公司管理层同意产品上市。有的项目是公司管理层自己“不甘心”，想通过产品上市看看自己的“运气”到底怎么样。

3. 忽视外界环境出现的“终止因素”，强行上市新产品

有的新产品上市时，已经错过了最好的上市“机会窗”，主要竞争对手的同类产品已经占据了相当大的市场份额。强行上市很可能实现不了预期的投资回报。此外，有些类型的新产品在上市时可能会遭遇“破坏性打击”，立项分析时假设的市场环境已经发生了本质性的变化。这时候再强行上市，只会“凶多吉少”。

比如，摩托罗拉的铱星手机在立项时确实是一个有吸引力的“好项目”，但是在该项目经过漫长的开发周期准备上市时，无线数字手机已经成为了市场主流。但摩托罗拉公司依然坚持上市铱星卫星产品，结果在投入了天文数字的资金之后，铱星还是成为了一个“流星”。公司不但未能从该项目获得收益，还被迫宣布破产。

通过了上市评审之后，产品开发团队对新产品上市充满了信心。但是更大的挑战正在等待着我们。因为只有通过成功的上市，我们才能收回项目投资，获得回报，产品开发团队才能真正实现自己的“价值”。

创新者行动

识别产品上市“决策误区”，高质量地做好产品上市评审决策。

第十三章
产品上市发布

产品上市发布阶段（Product Launch Stage）是指从上市启动到实现盈亏平衡的时间段，如图 13-1 所示。

图 13-1　产品上市发布阶段

新产品上市的主要目的就是实现预期的投资回报。为了实现预期的投资回报，在上市阶段公司还要进行大量的投资。为了保证上市阶段的投资能够充分发挥作用，为了尽快实现预期的投资回报，产品开发团队需要精心制订产品上市战略与上市计划，并周密地组织上市计划的执行。

对于产品开发团队而言，新产品上市发布并不意味着战斗已近尾声，相反，战斗才刚刚打响，前边所做的一切都只是“战斗准备”！

本章分为三节。

第一节，产品上市发布管理要点。

第二节，产品上市战略制定与执行。

第三节，产品上市后评审。

第一节 产品上市发布管理要点

创新者思考

（1）产品上市发布阶段的主要目标是什么？

（2）产品上市发布阶段的主要工作有哪些？

（3）产品上市发布阶段应该重点掌握哪些创新方法？

本节简要介绍产品上市发布管理的工作目标、工作任务、团队组成和交付成果等。

一、产品上市发布阶段的常见问题

大家可以结合表 13-1 列举的产品上市发布阶段的常见问题，检查企业是否存在类似问题，思考产生这些问题的主要原因、改善要点与改善方法。

表 13-1　产品上市发布阶段的常见问题

常见问题	公司管理现状与改善要点
（1）研发人员已经“移交”项目，或者过早解散项目团队，产品需要改进的事项难以落实。	
（2）在上市发布阶段才开始制订上市方案和上市计划，导致产品上市延期，错失上市“机会窗”。	
（3）没有进行有效的产品上市后总结，特别是未总结“失败教训”。	

二、产品上市发布阶段的工作目标

产品上市发布阶段的核心目标是实现产品盈亏平衡。

产品上市发布阶段又可以分为**预上市**（Pre-Launch）和**规模上市**（Scale Launch）两个子阶段，如图 13-2 所示。

图 13-2　产品上市发布阶段的子阶段

预上市阶段是指上市准备阶段，规模上市阶段是指上市计划全面启动阶段。根据项目的不同，上市阶段持续的时间可能为 6 ～ 12 个月。

一些企业将“转量产”“交付首批订单”或者“交付前三批订单”作为结束产品上市阶段、解散产品开发团队的依据。我们认为大多数新产品上市成功应以实现“盈亏平衡”为标志，即项目收回了前期的全部投资，从这个时点开始“赚钱”了。这时，项目进入生命周期管理阶段，“新产品”也就变成“常规产品”了。

三、产品上市发布阶段的主要工作任务

产品上市发布阶段包括以下主要工作任务。

（1）执行上市计划。

（2）推广和销售新产品。

（3）交付订单。

（4）提供售后服务。

（5）完善产品。

（6）进行上市后总结。

（7）制订产品生命周期管理阶段工作计划。

为了章节安排的方便，在本节介绍产品上市方案与计划制订方法。产品上市方案与计划制订工作应该在产品测试矫正阶段进行，并经公司产品审批委员会（PAC）评审确认。在产品上市发布阶段要高质量地执行产品上市方案与计划。

四、产品上市发布阶段的团队组成

跨职能产品开发项目团队继续负责产品上市发布阶段的工作，“站好最后一班岗”。一定要明确：产品开发团队不只是对做出产品样机负责，一定要对产品上市成功负责，开发产品的目的不是为了做出样机，而是为了“赚钱”。只有交付了成功上市的产品，才能真正证明产品开发团队创造了“价值”。

产品上市发布阶段的产品开发项目团队管理要点包括以下三个方面。

（1）研发、测试职能团队成员大部分可以释放出来，去参与其他项目。

（2）采购、生产、销售、工程和服务等运营团队成员开始大规模投入，确保新产品实现规模上市成功。

（3）产品经理要强力介入产品上市发布阶段，组织团队跨越创新的“死亡之谷”，实现规模上市成功。

五、产品上市发布阶段需要掌握的主要创新方法

在产品上市发布阶段，产品开发团队，特别是产品经理、市场人员要重点掌握产品上市发布方案与计划制订方法，并且能够有效执行产品上市发布方案与计划。产品上市发布管理框架流程如图 13-3 所示。

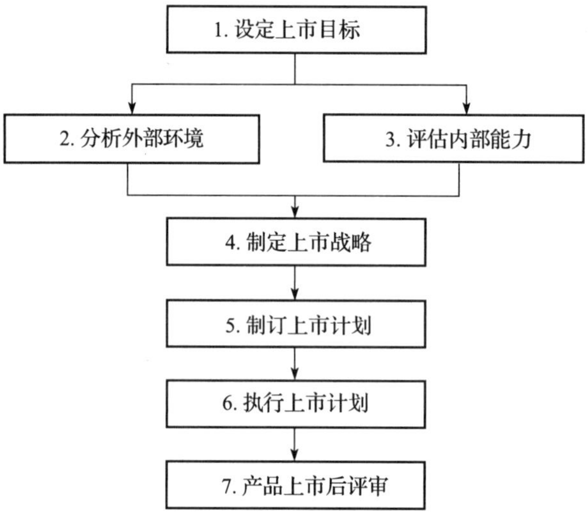

图 13-3　产品上市发布管理框架流程

目标管理是最重要、最有效的管理方法。首先要设定产品上市目标，围绕上市目标组织资源，制订上市方案与上市计划。要在分析外部环境和评估内部能力的基础上制定产品上市战略。要基于产品上市战略制订和执行产品上市计划。要通过产品上市后评审评估产品上市目标是否达成，评估上市方案和上市计划的有效性，评估上市方案和上市计划执行的质量。

下节详细介绍产品上市发布管理的主要内容。

六、产品上市发布阶段的主要交付成果

产品上市发布阶段需要提交的主要交付成果包括以下内容。

（1）实现产品盈亏平衡。

（2）能进入生命周期管理阶段的产品。

（3）项目经验教训总结报告。

（4）产品生命周期管理阶段工作计划。

创新者行动

明确产品上市发布管理要点，高质量地做好产品上市发布工作。

第二节　产品上市战略制定与执行

创新者思考

（1）产品上市战略包括哪些主要内容？

（2）如何制定高质量的产品上市战略？

（3）如何有效执行产品上市战略？

基于图 13-3 所示产品上市发布管理框架流程，以下详细介绍产品上市战略制定与执行的主要内容。

一、设定产品上市目标

没有目标就无需战略与计划！制订产品上市战略和上市计划应该从设定产品上市目标开始。制订和执行上市战略与上市计划的目的是为了实现预设的上市目标。

1. 设定产品上市目标的目的

设定产品上市目标有以下主要目的。

（1）**上市目标设定为上市战略制定提供了依据**。产品开发团队应该依据上市目标制定上市战略，并在此基础上制订上市计划。

（2）**上市目标设定为产品开发团队明确了奋斗目标**。明确的、书面的上市目标方便上市团队成员进行有效的沟通，大家都知道努力的方向，大家的行动都聚焦于上市目标的实现。

（3）**上市目标设定为项目绩效评价提供了依据**。产品上市管理团队根据设定的上市里程碑目标，可以判断上市工作是否偏离了预期，以便及时调整上市战略和上市计划，确保上市目标的实现。

2. 产品上市目标需要符合的条件

好的新产品上市目标应该符合 SMART 原则，以下三个条件最为重要。

（1）能够指导产品上市战略制定和上市行动。

（2）是定量的、可评估的。

（3）是有时间期限的。

3. 主要的产品上市目标

典型的新产品上市目标应该包括以下部分或全部内容。

（1）按年度实现的销售额（销售量）。

（2）按年度实现的利润（或者毛利）。

（3）投资回收期。

（4）按年度实现的市场份额（要明确是整个市场还是某些细分市场，市场份额的衡量指标是销售额还是销售量）。

4. 设定产品上市里程碑目标

产品上市一般包括四个关键财务节点：产生正向现金流点、运营性收支平衡点、盈亏平衡点与盈利目标实现点，如图 13-4 所示。

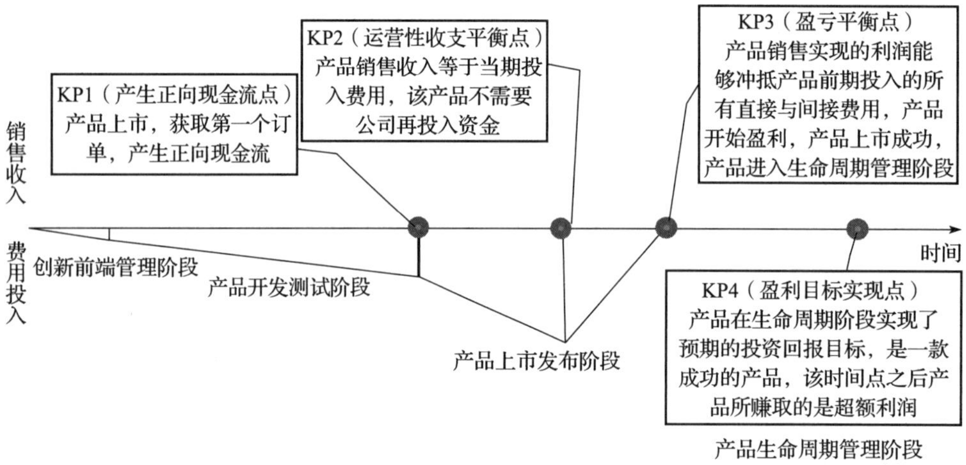

图 13-4　产品上市的四个关键财务节点（Key Point，KP）

（1）**KP1：产生正向现金流点**

产品上市，获取第一个订单，产生正向现金流。这个时间点标志着产品已经正式上市，实现了第一个订单收入，开始有钱“流入”公司。在这个点之前，公司都是负向现金流，都在“投资”，都在“烧钱”。

（2）**KP2：运营性收支平衡点**

这是新产品上市后产生“正”现金流的时间点。从这个时间点开始，公司不再需要为该项目投入资金了，项目可以靠产品的销售收入实现滚动运转。公司决策评审团队可以在此时进行上市后第一次评审。

（3）**KP3：盈亏平衡点**

这是新产品上市后全部收回前期投资的时间点。从这个时间点开始，公司开始真正“赚钱”了！公司决策评审团队可以在此时进行上市后第二次评审，产品进入生命周期管理阶段。产品开发团队要对产品“盈亏平衡”负责，在通过产品上市后评审后，正式解散产品开发团队，产品由产品生命周期管理团队“接管”。

（4）**KP4：盈利目标实现点**

这是产品实现预期的绩效目标的时间点。在这个时间点以后赚的钱是“额外的利润”。通过有效的产品生命周期管理，通过有效的订单获取、订单交付与售后服务，产品实现预期的投资回报，产品取得了真正意义上的“商业化成功”。

基于以上产品上市的关键财务节点，产品开发项目团队应该设定产生正向现金流的时间点及其金额、运营性收支平衡点及其金额、盈亏平衡时间点及其金额。

比如，公司可以设定这样的上市目标：“新产品上市后6个月内，实现运营性收支平衡；新产品上市后12个月内实现盈亏平衡；新产品上市3年内实现盈利1亿元，在整个市场的市场份额达到30%，成为同行业领先者。”

创新者行动

明确公司产品上市的关键财务节点，设定产品上市目标，获得公司产品审批委员会评审通过。

二、分析企业外部环境对产品上市的影响

企业要通过外部环境分析评估是否具有实现产品上市目标的可能性。企业外部环境主要包括宏观环境、利益相关者环境和客户环境三部分。外部环境分析是制定上市战略的基础。其实，从创意到上市的新产品开发过程是需要持续了解外部环境的。从项目立项分析到产品上市，时间跨度一般在1～2年。这期间，外部环境一直在发生变化。因此，在新产品上市前，还必须再次审视外部环境，依据外部环境的变化制定产品上市战略。在分析外部环境时，需要思考这些外部环境要素对新产品上市有何影响，我们应该采取什么策略和行动来利用外部环境中的机会或者规避外部环境中的威胁。

以下，我们再次对外部环境中的要点进行简要总结。详细的外部环境分析介绍请参见第三篇相关章节。

1. 分析宏观环境

宏观环境因素主要包括政治、经济、社会、技术、环保和法律法规（PESTEL）等方面。我们需要重点分析哪些环境因素对新产品上市的影响最大，从而制定应对策略。可以通过思考和回答以下问题对宏观环境要素进行分析。

（1）这些因素的现状和趋势如何？

（2）这些因素何时会发生？发生的概率有多大？

（3）这些因素对我们的新产品上市是机会还是威胁？

（4）我们应该采取哪些措施来抓住这些机会，应对这些威胁？

2. 分析利益相关者环境

利益相关者对新产品上市的影响比宏观环境因素更为直接。利益相关者主要包括竞争者、供应商、互补者、管理者和影响者等。其中直接和间接的竞争者对新产品上市的影响最大。利益相关者分析主要需要思考和回答以下问题。

（1）主要的利益相关者有哪些？

（2）他们都有哪些优势和不足？

（3）他们对我们的新产品上市有哪些影响？

（4）我们应该采取哪些措施来应对这些影响？

3. 分析客户环境

客户环境分析要考虑客户及“客户的客户”，即要考虑整个市场环境对新产品的影响。客户环境是外部环境分析的重点，产品上市战略的制定很大程度上取决于通过客户环境分析所获得的信息。客户环境分析主要包括以下内容。

（1）**市场整体情况分析**。整个市场有多大？市场增长有多快？主要的市场趋势是什么样的？市场增长的主要驱动力是什么？

（2）**细分市场分析**。在该市场上有多少个细分市场？每个细分市场有何特点？各个细分市场的规模有多大？各个细分市场的增长趋势是什么样的？各个细分市场增长的主要驱动力是什么？

（3）**购买者行为分析**。在每个细分市场上，谁是购买者？谁是影响者？谁是决策者？购买者购买的是什么产品？他们何时购买？他们在哪儿购买？他们为什么会购买这些产品？他们选择这些产品的准则是什么？他们喜欢什么？他们期望满足的需要是什么？

创新者行动

明确影响产品上市的外部环境因素，分析这些因素对产品上市的影响，有效利用正面影响，有效应对负面影响。

三、评估企业内部能力对产品上市的影响

企业要通过内部能力分析评估实现产品上市目标必须具备的内部条件。对于企业内部具有的优势，在新产品上市时要充分利用和发挥；对于对新产品上市的成功有重大影响的不足，企业要采取措施弥补，以降低新产品上市的风险，提高新产品上市的成功率。与新产品上市成功密切相关的内部能力除了研发与创新能力外，主要包括生产与运营能力、营销与销售能力、财务能力等。研发与创新能力已在产品开发与测试阶段得到验证，以下主要分析其他三个方面的能力。

1. 评估生产与运营能力

生产与运营能力评估的主要目的是考察公司是否具有批量生产新产品的能力及新产品上市后能否有效提供服务的能力。

生产与运营能力方面主要需要评估以下内容。

（1）生产能力是否满足规模上市的要求？

（2）供应商能否按时、按质、按量地供应所需原材料和零部件？

（3）外协厂商能否按时、按质、按量地交付外协零部件？

（4）质量保证体系能否保证新产品的质量？

（5）生产所需人员能否满足数量和技能要求？

（6）物流和仓储系统能否满足在各个细分市场交付产品的要求？

（7）现场安装调试人员及技能能否满足要求？

（8）售后服务体系能否满足要求？

（9）备品备件能否满足需要？

2. 评估营销与销售能力

营销与销售能力评估的目的是考察公司是否具有按照上市要求达成销售目标的能力。建议从对以往上市新产品的绩效评审开始评估公司的营销与销售能力。通过对以往上市新产品的绩效评审，可以了解公司在哪些方面做得好，以便继续发扬；也可以了解公司在哪些方面做得不够好，以便在该新产品上市时注意改善。可谓“前事不忘，后事之师”。

营销与销售能力评估主要需要考虑以下方面。

（1）公司的形象和品牌声誉有利于该新产品的上市吗？

（2）公司现有的客户关系有利于该新产品的上市吗？

（3）公司的广告宣传能力如何？

（4）公司的促销能力如何？

（5）公司的销售分支机构数量与能力如何？

（6）公司的分销渠道是否足够和有效？

（7）公司与经销商的关系如何？

（8）公司的销售队伍的数量与技能如何？

（9）公司的定价政策有效性如何？

3. 评估财务能力

财务能力评估主要是考察公司是否具有支持新产品上市所需资金的能力。

财务能力评估需要思考和回答以下问题。

（1）公司有足够的资金支持新产品的规模生产吗？

（2）公司有足够的资金支持新产品的营销和上市吗？

（3）如果实现运营性收支平衡的时间点比预计的要晚，公司能承受所需的现金流需求吗？

创新者行动

明确影响产品成功上市的主要内部能力方面，分析这些方面的能力对产品上市的主要影响，明确如何利用优势，如何弥补不足。

四、制定产品上市战略

产品上市战略是实现产品上市目标的策略和措施。产品上市战略指导产品上市计划的制订。

产品上市战略包含经典的营销组合 4P（产品、定价、渠道、促销）等主要内容。

（1）目标市场定位：回答“卖给谁（Who）”的问题。

（2）产品价值定位：回答“卖什么（What）”的问题。

（3）产品定价：回答“什么样的定价（Pricing）才能获得最大的市场份额和利润”的问题。

（4）销售方式选择：回答“如何卖（How）”的问题。

（5）营销沟通：回答“在哪卖（Where）”的问题。

1. 目标市场定位。

目标市场定位是确定企业新产品的主要销售对象。只有确定了销售对象，才能明确产品价值定位，才能制定营销组合战略。目标市场定位是上市战略制定的前提和基础。

首先，我们要将市场分为多个细分市场，然后选择与我们的产品最匹配的目标市场，最后要制定进入这些目标市场的“抢滩登陆计划”。

（1）进行市场细分。

简单地预测市场规模有多大是没有意义的，我们必须对市场进行细分，也就是说，要将一个整体市场细分为多个细分市场，再在多个细分市场中寻找与我们的产品最匹配的目标客户群。

对于手机等消费品而言，细分市场的维度可能包括性别、地域（城乡）、年龄、职业及收入水平等。对于工业机器人等 B-B 的产品而言，细分市场的维度可能包括地域、行业、年营业规模、盈利水平、发展前景等。

在“创新战略管理”的相关章节，我们详细讨论了细分市场的方法。细分市场的方法包括地理人口定位、行为特征定位和价值需要定位三种循序渐进的方法。这三种方法对细分市场都有价值，但是最有效的细分市场方法是价值需要定位。只有价值需要定位才能指导企业明确产品价值定位，才能指导企业制定有效的营销组合战略。

比如某高端智能手机生产企业可以有以下两种细分市场方法。

①细分市场方法 A：年龄在 30 岁～ 55 岁的城市高收入人士。

②细分市场方法 B：追求品位与时尚，方便移动办公的商务人士。

从以上细分市场方法可以看出，细分市场方法 A 主要是从地理人口定位角度进行市场细分，细分的标准有年龄、地域和收入水平等。细分市场方法 B 主要是从价值需要定位角度进行市场细分，购买这类手机的受众主要是追求品位与时尚，并且需要移动办公的商务人士。比较而言，细分市场方法 B 能指导企业进行产品价值定位和营销组合战略制定，而细分市场方法 A 则缺乏真正有价值的信息。

（2）选择目标市场。

通过价值需要定位等方法，企业可以将整个市场分为几个有不同价值需要的细分市场。但企业不太可能同时服务所有细分市场，企业必须从这些细分市场中选择少数几个作为目标市场。

企业选择目标市场的决策准则如下。

第一，细分市场的吸引力。企业应该优先选择那些市场规模大、增长快速的细分市场作为目标市场。

第二，竞争地位。企业应该优先选择那些竞争对手最少，或者竞争对手很弱的细分市场。

第三，匹配性。企业应该优先选择那些需求与产品的功能和性能最一致的细分市场作为目标市场。

第四，获利能力。企业应该优先选择那些最能实现新产品收入和利润目标的细分市场作为目标市场。

第五，易达性。企业应该选择那些分销渠道和销售人员容易到达的细分市场作为目标市场。

第六，相对优势。企业应该选择那些相对于竞争对手而言更有优势的细分市场作为目标市场。优势主要包括产品本身优势及公司内部能力等方面的竞争优势。

企业可以根据以上决策准则，对各个候选细分市场进行吸引力评分，选择几个排名靠前的细分市场作为目标市场。能够完全符合以上六个方面的决策准则的细分市场可能非常少，因此企业需要在适当权衡的基础上做出选择。

比如，对于某工业机器人制造企业而言，优先选择的细分市场可能是位于珠三角、长三角的年营业收入在5亿元以上的电子制造企业。

（3）制定“抢滩战略”。

“**抢滩战略（Beachhead Strategy）**”是指决定企业产品进入市场的先后顺序。企业需要首先确定一个比较容易进入的“**攻击点（Point of Attack）**”，在夺取此“攻击点”的基础上，沿着地域或客户类型进行步步为营的市场拓展。制定产品上市“抢滩战略”如图13-5所示。

比如上面提到的工业机器人企业，首先选择珠三角的电子企业作为“攻击点”，进行“抢滩登陆”。在取得成功的基础上，在长三角进行地域扩展，进入长三角的电子企业市场。在珠三角进行客户类型扩展，进入医疗器械制造企业。

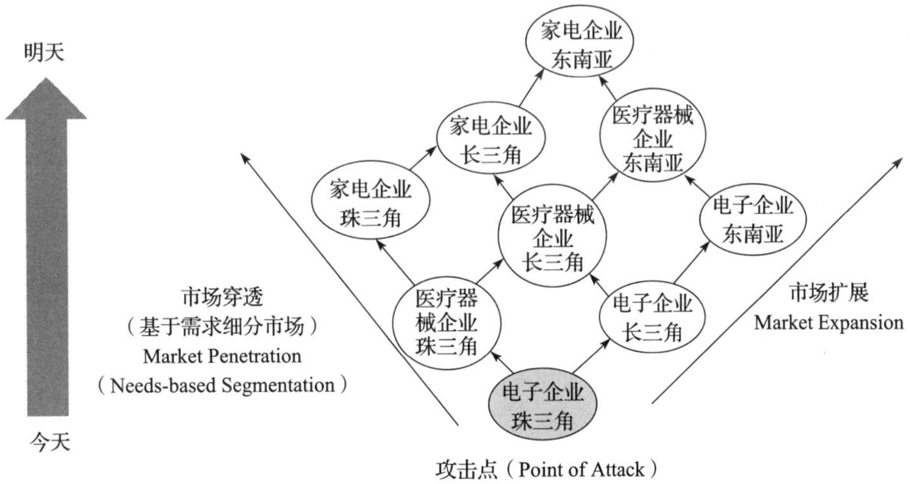

图13-5 制定产品上市“抢滩战略”

2. 产品价值定位

“客户购买的是价值，而不是产品”！

产品价值定位实际上回答的是“卖什么（What）”的问题。

在考虑产品价值定位的同时，要考虑哪些客户与产品价值定位最“匹配”。只有与产品价值定位最“匹配”的客户才最有可能购买我们的产品。因为只有这些客户才会真正被我们产品的“卖点”所打动。定位了目标市场后，我们需要根据目标细分市场的客户的价值需要进行产品价值定位，即产品提供的价值要能满足细分市场客户的真正需要。简单而言，产品价值定位是“**客户购买我们的产品而不买竞争者的产品的理由**”。如果我们不能简单、明晰地提炼出产品的价值定位，那就很难与目标客户进行有效的沟通。

产品价值定位应该满足以下几个条件。

第一，定位的价值是产品确实能够提供的，而不是“忽悠”出来的。

如果某汽车厂商的价值定位为“安全、可靠”，但该厂商的汽车却经常大批量地召回，那产品的价值定位与产品的实际品质就是自相矛盾的。有些企业将“品牌策划”理解为“讲故事”，硬将与产品本身毫不相干的一些价值要素强加给产品，其实质是“盛名之下，其实难副”。

第二，定位的价值是目标市场的客户真正看重的，而不是“自以为是”的。

即使是产品本身具有的价值要素，但如果这些价值要素客户不看重，那再怎么宣传也价值不大。比如某售价不到 5 万元的微型小汽车，却一再强调驾乘环境的舒适性和豪华性。这很可能是错误地定位了细分市场，将经济型轿车的目标客户定位成了追求豪华和舒适的高收入人群。

第三，定位的价值是与主要竞争对手有明显差异的，而不是同质化的。

同质化的定位等于没有定位。同质化价值定位的结果是价格战。

定位的主要目的就是将自己的产品与主要竞争对手的同类产品区别开来，给客户选择我们的“理由”。如果是同质化的定位，客户选择我们的产品的理由就只有一个：我们产品的价格比竞争对手的同类产品更便宜。因此，同质化定位的结果就是价格战。啤酒、家电等行业竞争异常激烈的根本原因就是这些产品之间缺乏差异，只能“拼价格”，甚至“拼命”——发生“巷战”或“流血冲突”！多家智能手机厂商的广告宣传都是宣称自己的手机像素高、拍照好看。这其实表明这些智能手机厂商进入了“同质化竞争”阶段，打价格战成为不能不面对的“必然选项”。

企业产品的价值定位分为保健价值、期望价值和惊喜价值。很多同类产品在保健价值方面已经很难找到差异化了，企业应该将价值定位的重点放在期望价值和惊喜价值方面。

在进行产品价值定位前，我们先要分析客户的“**整体解决方案（Whole Solution）**”及我们的产品在客户整体解决方案中的位置。在此基础上，我们要描述产品带给客户的好处和利益，并且要描述这些好处和利益与主要竞品之间的差异。

（1）描述客户的整体解决方案。

产品要打动客户，首先要看到客户的“**大的画面（Big Pictures）**”，分析我们的产品在客户整体解决方案中的作用与位置。如果我们的产品在客户的整体解决方案中处于核心地位，那么我们就可能具备较强的“讨价还价”能力。如果我们的产品在客户整体解决方案中处于次要的或者无关紧要的位置，那么我们的处境就很可能比较被动。企业要通过客户整体解决方案分析，争取成为目标客户的“关键供应商”。同时，企业要通过对客户整体解决方案的分析，深入了解各个“互补者”的情况，便于产品宣传与销售。

对于台式电脑整机厂商而言，芯片和操作系统提供商是关键供应商，这些供应商的获利能力也比较强，比如英特尔和微软。键盘、鼠标、机箱和电源等电脑外设供应商是次要供应商，这些供应商之间同质化竞争激烈，在与电脑整机厂商的“讨价还价”中通常处于劣势。对于很多品牌电脑商而言，“Intel Inside”是他们的电脑的主要卖点。

（2）定位差异化的产品价值。

在第七章中，我们深入分析了如何进行产品差异化价值定位。在产品上市前，产品开发团队要找到1～3条与主要竞争对手区别开来的差异化“卖点”，否则就会“输在起跑线上”，陷入同质化竞争的泥潭。同质化竞争的结果是打价格战，打价格战的结果是两败俱伤，没有赢家。“卖点”应该是产品带给客户的好处、利益和价值，而不是功能和性能指标。只有“利益”才能打动客户，“功能”是打动不了客户的。**客户购买的是价值，而不是产品功能。**

苹果公司2016年9月8日发布的无线耳机AirPods（见图13-6）的广告语是“**无线，无繁琐，只有妙不可言**”。在这11个字的广告语中，“无线”是产品功能的区别，“无繁琐”是解决的客户的“痛点”，而“妙不可言”则是给客户带来的好处、利益和价值。电子市场的耳机价格从十几元到几十元不等，而苹果公司无线耳机的定价则为1288元。很多消费者为了“妙不可言”的体验，愿意花比一般耳机贵上百倍的价格去购买苹果无线耳机。因此说，价格不是问题，价值才是问题！

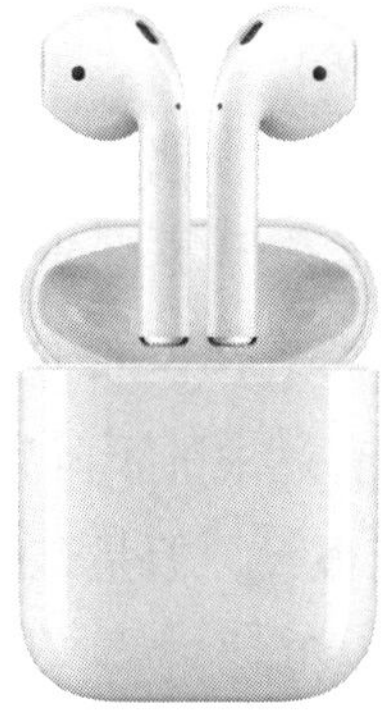

图13-6　苹果公司的无线耳机AirPods

3. 产品定价

产品定价是产品上市战略制定中最重要，也最有挑战性的决策之一。定价过高，销售量很少，难以实现预期的利润目标；定价过低，很可能“赚了吆喝赔了钱”，虽然销售量很大，但是利润很少，甚至无利可图。

以下介绍几种典型的定价方法，供不同类型产品定价选择。

（1）成本加成法。

成本加成法（Cost-Plus）的逻辑是我们的产品成本是A，我们希望获取的单位产品利润是B，我们的产品定价就是A+B。这是一种最简单，也最“落后”的产品定价方法。成本加成法是从“企业视角”而不是“客户视角”进行定价的，适合于竞争不充分、需求不饱和的“理想”市场的定价。事实上，这是一种缺乏战略思维的“计划经济”定价模式。在当今竞争异常激烈、产能严重过剩的市场环境下，采用成本加成定价法是很难使新产品上市成功的。

（2）低价战略法。

低价战略法（Low-Price Strategy）是采用比主要竞争对手更低的价格进入市场，以期快速扩大市场份额，通过规模生产降低成本，最终获得较大利润。低价策略意味着牺牲近期利润以“购买”未来的市场份额。这种定价方法在参与厂商众多、市场竞争非常激烈的家电、消费电子产品等行业使用得非常频繁。但是，低价战略是一种非常危险，胜出难度非常高的定价方法。低价战略的商业逻辑是“薄利多销”：产品价格越低，购买的人就会越多；购买的人越多，销售的数量就越大；销售数量越大，产品的单位成本就会越低；产品单位成本越低，企业就可以获利。但是，家电等行业长期低价竞争的结果表明，**低价竞争没有赢家！**

低价战略不是一种可取的定价战略的主要原因如下。

第一，并不是价格越低，销量就会越大。

在基本需求满足以后，客户购买产品的原因，甚至主要原因不是基于价格，而是基于产品能带给客户的价值。也就是说，客户不会因为某产品便宜就购买它。索尼 42 英寸液晶电视的价格是中国同尺寸液晶电视价格的一倍，但是索尼彩电的销售数量远远超过中国某些品牌厂商的销量。同样，苹果公司的 iPhone 手机的价格超过了市场上绝大部分手机的价格，但是其销售数量是任何一款手机都无法比拟的。

第二，并不是销量越大，成本就会越低。

任何产品的“成本曲线”总是有底线的。也就是说，成本与销量并不是线性反比关系。在一定规模下，生产规模越大，产品成本会越低。但是超过了一定的规模，产品成本反而可能会上升，会出现“大而不当”的现象。有一定的生产规模，能一定程度上摊薄固定资产投资成本，但是原材料和零部件等的成本则是刚性的，很难有过大的下降空间。对于很多企业而言，“产能”不但不是竞争优势，反而是负担！富士康的产能很大，但是赚钱很难。耐克等知名鞋类企业基本上没有自己的工厂，但是产品销售量很大，利润率很高。

第三，很难通过低价策略打败竞争对手，获取市场份额。

一些企业认为，只要通过低价策略占领了市场，获取了较大的市场份额，就会有“定价权”，就可以“为所欲为”了。事实上，这种情况很难出现。号称“价格屠夫”的某微波炉生产企业即使占据了全球微波炉市场 50% 的市场份额，仍然没有微波炉产品的定价权，微波炉产品的利润仍然很“微薄”。在自由竞争的市场环境下，一款产品的生命周期非常有限，可能你还没有获取理想的市场份额，新一代产品就出来了。比如在彩电市场，从黑白电视到彩电，到等离子彩电，再到液晶彩电，再到激光电视，不过 10 多年的时间，几乎从来没有哪家电视机厂商在哪一代电视机产品上占据过足够大的市场份额。通过占据足够的市场份额以期获取“垄断利润”，对于绝大部分企业而言永远是可望而不可即的“梦想”。

总之，低价战略不能真正称为一种有价值的战略，低价战略经常是很多企业“想当然”的选择。低价战略可能在短期内能获得一些市场份额，赚到一些钱。但是，从长远来看，采取低价战略既不太可能成为市场领导者，也很难实现企业的可持续成长。此外，低价战略也容易给消费者形成“低端”的品牌形象，难以获取“品牌溢价”。

（3）竞争优势定价法。

竞争优势定价法（Price-competitive）是在面临多个同类产品竞争时采用“高性价比”的定价方法。竞争优势定价法不同于低价定价法。低价定价法主要是通过比竞争对手同类产品更低的价格获取市场份额。而竞争优势定价法首先考虑的是客户以某一价格购买某产品是否“值得”，其次考虑该定价与其他同类产品相比是否具有竞争优势。也就是说，竞争优势定价法既考虑到了客户的接受度，也考虑到了竞争优势。竞争优势定价法是一种“理性”的战略性定价方法，可以普遍用于竞争比较激烈，产品差异化不是特别明显的产品定价。

（4）战略性定价法。

战略性定价法（Strategic Pricing）是将大多数目标客户能够接受的价格作为定价基准。如果某一产品的定价大多数目标客户都能接受，那么该产品通常能取得较大的市场份额。战略性定价法不是从成本视角出发，也不是从竞争视角出发进行定价，而是从目标客户能否接受的视角进行定价，是一种真正具有战略意义的定价方法。战略性定价水平可以通过客户测试和市场测试获得。采用战略性定价法可能会遇到三种情形。

第一，单位产品成本与战略性定价相当，按照战略性定价公司将无利可图。

这时候要做的不是提高价格，而是考虑如何降低成本。比如某产品的战略性定价为 100 元，企业希望实现的目标利润为 20 元，而产品的成本为 95 元。这时要考虑的不是将产品售价提高到 115 元，而是考虑如何将产品单位成本从 95 元降低到 80 元！这是一种战略性的“**成本倒逼**”机制。如果成本做不到 80 元，企业就要考虑是否值得推出这款新产品。实现“目标成本”的方法主要有：通过去掉冗余功能从源头上降成本（参见“产品设计开发管理”章节成本设计方法，DFC），在采购及生产环节降低产品直接成本，通过优化管理流程与制度降低管理成本，通过商业模式创新降低成本等。

第二，采用战略性定价能够实现目标利润。

这是一种比较理想的情形，企业可以采用战略性定价获取尽可能大的市场份额，并实现预期的利润目标。当然，企业最好还是要采取措施持续降低成本，以实现更好的投资回报，同时也为可能的价格下降预留空间。

第三，实际产品成本远低于战略性定价。

不要不好意思采取战略性定价方法！这类产品主要包括差异化很大的创新性产品及品牌价值非常高的产品。从某种意义上说，这些产品的定价与产品实际成本无关，或者产品实际成本与售价相比几乎可以忽略不计。

比如，苹果公司的 iPhone 手机就属于差异化很大的创新性产品，正如其宣传语所说，“有了 iPhone，其他只能是其他”。iPhone 手机的直接成本不到 200 美元，其售价却超过 500 美元。但这并不影响该手机的热销，因为大多数购买该手机的客户都认为这个价格“不贵”。但对于“山寨”手机而言，哪怕 500 元人民币的售价很多人都认为“很贵”！

此外，对于一些品牌价值非常高的奢侈品而言，“贵”本身就是产品价值的一部分。消费者“买的就是贵”，甚至“不贵不买”！比如，路易威登（LV）的手袋 10000 多元一个，应该很贵了，但是经常可以在其专卖店门口看到排队抢购的场面。

由以上分析可知，客户购买的是“价值”，而不是“产品”本身！对于客户认为“不值”的产品，即使价格再低，也不会有好的销量。相反，对于客户认为“超值”的产品，即使价格“很贵”，也会顾客盈门。因此，产品销量或盈利的关键不在于价格，而在于产品本身给客户带来的差异化的价值。价格本身不是新产品能否上市成功的决定性因素，甚至新产品上市的成败与价格高低没有必然的关联。

创新者行动

明确公司产品应该采取哪些定价方式，对公司拟上市产品进行有效定价。

4. 销售方式选择

销售方式选择回答的是“如何卖（How）”的问题。销售方式主要分为人员销售、网上销售和渠道三类。主要的产品销售方式如图 13-7 所示。

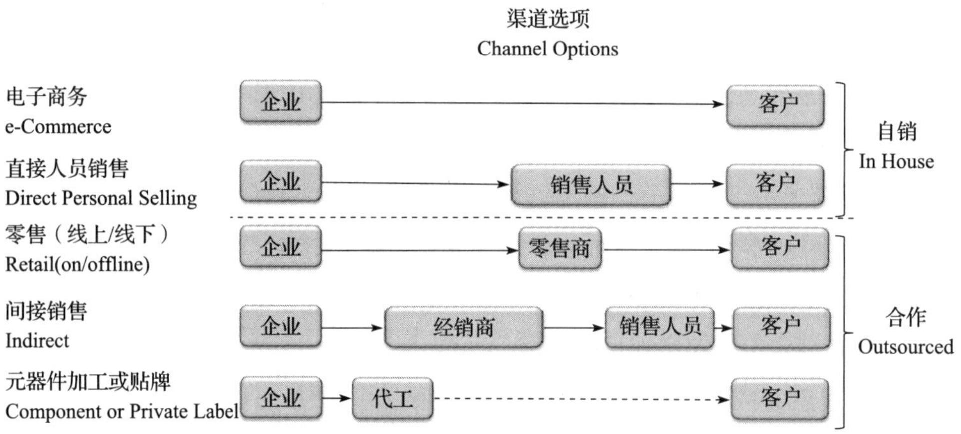

图 13-7 主要的产品销售方式

自身销售能力强的企业，可以主要依靠内部销售人员进行产品销售。自身销售能力有限，或者适合采取渠道方式销售的产品，可以借助外部力量进行产品销售。一般而言，大多数企业会综合利用内部和外部的销售力量，只是内外销售力量的销售对象可能各有侧重。比如某食品生产企业，对于沃尔玛等大型商超，主要是依靠内部销售力量直接建立和维护客户关系。对于中小超市和零售店，则通过发展省市级经销商拓展市场。复杂产品，比如大型设备、解决方案类产品、管理咨询服务等，主要适合依靠内部专业人员销售。而标准化程度高、客户广泛、产品单值低的产品，比如日用百货、电子产品、家电产品等，主要适合通过经销商、零售商进行销售。

（1）人员销售。

销售人员可能直接推销产品，也可能主要是发展渠道客户。

对于目标客户数量较少，销售对象很明确，产品需求量大的产品，通常采用人员销售的办法进行销售。人员销售方式可以更好地贴近客户，了解客户的真实需求，建立起与客户的长期关系。

在销售队伍准备方面，企业需要结合对以下问题的思考和回答进行决策。

第一，新产品的销售需要多少具备什么技能的销售人员？

第二，我们现有的销售队伍能用于新产品销售吗？

第三，如果现有销售队伍不能用于新产品销售，我们如何获取所需的销售人员？

第四，我们应该如何对销售人员进行培训？

第五，我们应该为销售人员准备哪些必要的资料？

第六，我们应该为销售人员提供哪些必要的支持？

第七，我们应该如何有效地激励和管理销售队伍？

（2）网上销售。

网上销售是随着互联网的发展而发展起来的。网上销售的好处是企业可以绕开中间环节，直接与广大目标客户接触，营造企业与客户“双赢”的局面。企业可以通过网上销售降低成本，而客户可以通过企业的让利以更为优惠的价格购买产品。阿里巴巴就是通过为“网商”搭建网上交易桥梁而成为世界上最大的电子商务公司。

现在，几乎绝大部分产品都可以进行网上销售。在很多领域，网上销售正在部分取代传统“线下”销售方式，比如网上办理银行业务、网上订机票、网上订酒店、网上租车、网上订餐，等等。即使在一些传统产业，也可以通过网络进行销售，比如网上卖鸡蛋，网上卖水果、网上销售农产品（农村电商）等。在移动互联网逐渐普及的今天，各类企业都应该认真思考网络带来的机会和威胁，都应该认真思考如何有效地利用网络。

（3）渠道销售。

渠道销售主要有三种：一种是发展零售商，直接向最终客户销售产品，比如食品企业通过沃尔玛直接向最终客户销售产品；一种是发展经销商，再由经销商通过销售人员向最终客户销售产品，比如某些医疗器械产品；还有一种是贴牌销售，自己的产品通过贴别人的牌子、通过别人的渠道进行销售，比如某些家电产品、服装等。

通过经销商和零售商销售产品，要考虑产品是否有足够的利润空间能够让利给中间商，要考虑消费者能否接受最终售价。

在进行销售渠道选择时，企业需要回答以下问题。

第一，有哪些可选的销售渠道？

第二，通过哪些销售渠道能够快速地将产品交付给客户？

第三，哪些销售渠道的成本较低？

第四，各种销售渠道的忠诚度和可靠性如何？

第五，每种销售渠道除了销售产品外，能否在市场信息收集、客户关系维护及售后服务等方面发挥作用？

创新者行动

明确公司产品的主要销售方法，确定公司拟上市产品的销售方式。

5. 营销沟通

营销沟通（Marketing Communications）就是要在企业与目标客户之间建立起有效的联系，让目标客户在尽可能短的时间内对产品有系统、全面的了解和认识，进而尝试产品和购买产品。营销沟通的主要目的是促进产品销售和树立公司或产品品牌。

一个公司可能有世界上最好的产品，也有极具竞争力的价格，但是如果没有人知道这款产品，那么该公司也不可能实现预期的上市目标。正所谓“酒香也怕巷子深”。

营销沟通战略制定与执行的步骤如下。

（1）设定沟通目标。

战略制定从目标开始。营销沟通战略制定也需要首先明确沟通目标。沟通目标可以描述如下。

一是在新产品上市后多长时间内，有多少百分比的目标客户知晓我们的新产品。

二是在新产品上市后多长时间内，有多少百分比的目标客户了解我们的新产品的主要功能和好处。

三是在新产品上市后多长时间内，有多少百分比的目标客户选择购买我们的产品。

（2）确定沟通对象。

沟通对象明确是选择沟通方式和制订沟通计划的前提。如果连需要与谁沟通都不清楚，又怎么有可能实现沟通目标呢？比如，你在某高速公路旁花费很大代价树立了一个广告牌，但是你的目标客户却是很少外出的家庭主妇，那么你的广告费可能就白花了。目标客户定位为我们明确了沟通对象。当然，产品上市管理团队可以选择一些细分市场或者一些区域作为第一步沟通的重点，然后再逐步向其他细分市场和区域扩展。

在“创新前端管理”相关章节中，我们提到客户通常包括决策者、购买者、使用者、维护者和影响者等角色。沟通对象应该重点面向客户决策者，因为决策者是决定是否花钱购买某产品的角色。决策者没有意愿购买某产品，没有审批购买经费，其他角色再怎么想买也只能“干着急”。因此，我们的沟通方式选择要考虑客户决策者经常在哪些场所出现，沟通信息要能够“打动”客户决策者做出购买决策。

还是前面工业机器人的案例，工业机器人产品的沟通对象应该是电子产品等生产厂的“老板”，因为只有他们才会从根本上关心工厂的投入产出。对于能够大幅提升工厂投入产出的设备，工厂“老板”一般会很快做出投资决策。

（3）明确沟通内容。

明确了沟通对象之后，沟通内容就是关键。我们首先需要明确“对谁说”，然后明确“说什么”。如果沟通的内容不能打动客户，不能吸引客户关注你的产品，不能激发客户对你的产品的购买意愿，那即使沟通对象正确，这样的沟通也是无效的沟通。现实中确实有很多广告内容是“鸡同鸭讲”，甚至广告策划者自己也不知道自己在说些什么。沟通内容应该基于产品价值定位确定，应该让目标客户知道你是干什么的，你的产品能够给他们带来什么利益和价值。

比如宝洁公司的“飘柔”品牌洗发露的广告语是“柔顺的秀发最美丽”。从这句非常简短的广告语中，目标客户知道飘柔能使我们的头发“柔”“顺”，头发“柔顺”带给我们的好处是“美丽”。还有一句广告语是“飘柔，就是这样自信！”这句广告语告诉我们“柔顺的秀发”能带给我们“自信”。

我们可以观察高速公路两侧的广告牌，看看这些企业的广告宣传做得怎么样。有些企业的广告牌只有公司名称，不知道做什么产品。有些企业的广告牌上有产品介绍，但是没有宣示产品的“卖点”，无法打动客户。很多企业的广告费大部分都“打水漂”了。

有效的产品沟通信息陈述包括四个方面的内容：卖的是什么、卖给谁、产品带给客户的主要利益、产品与主要竞争者的区别。我们以上述工业机器人产品为例进行产品沟通信息陈述，如表 13-2 所示。

表 13-2 产品沟通信息陈述示例

卖的是什么（What）	一套“机器换人”的生产解决方案
卖给谁（Target Market）	希望通过机器替代人工提升投资回报的中大规模制造企业
产品带给客户的主要利益（Benefits）	大幅提升企业投资回报率 大幅提升产品良品率 大幅缓解企业招工难、管理难的困扰
不像竞争者的产品（Unlike）	设备交付周期长、部署速度慢 换线灵活性差，换线时间长 设备出故障难以判断，维修难度大，维修时间长

企业可以将以上产品沟通信息陈述内容设计进产品广告中，提升广告宣传的针对性和有效性。企业也可以进一步在产品沟通信息陈述的基础上，提炼广告语，将客户“痛点”转化为产品“卖点”。比如某手机产品的广告语“充电 5 分钟，使用 2 小时”就是很好的例子。产品卖得好不好先不说，至少广告语提炼、促销信息沟通是非常有效的。

（4）选择沟通方式。

明确了沟通目标、沟通对象和沟通内容后，就需要选择合适的沟通方式了。沟通方式的选择一方面要考虑能否实现沟通目标，另一方面也要考虑营销预算，需要在效果与预算之间进行合理的平衡。不同的沟通方式面向的对象不同，沟通的形式不同，沟通的投入不同，沟通的效果也有很大的差异。现在比较流行的“整合营销”概念，实际上核心要点是综合采用多种营销沟通方式，以最小的投入实现最好的沟通效果。

主要的沟通方式有以下几种。

第一，广告沟通。

广告沟通一般具有传播速度快、传播范围广等好处，适用于目标受众分散、目标受众多的沟通。消费品普遍采用广告方式进行沟通。广告媒体有电视、报纸、网站、广播、期刊、路牌、公共交通工具（市内公交、火车、航空座椅等），等等。各种广告媒体的表现方式不同，针对受众不同，广告价格也有非常大的差异，企业需要根据自己的产品上市战略进行比较和选择。

第二，人员沟通。

人员沟通主要包括客户现场拜访、商场促销和电话沟通等方式。比较复杂的工业产品和服务产品比较适合采用客户现场拜访方式进行沟通。家电、食品等适合在商场销售的产品普遍采用现场人员促销方式进行沟通。电话沟通成本低，速度快，但是有效性一般不是太好。

第三，网站沟通。

随着互联网的日益普及，网站沟通正在成为一种非常重要的沟通工具。几乎任何产品都适合采用网站沟通方式与目标客户进行有效沟通。通过网站，企业可以收集目标客户的意见和建议，目标客户可以深入了解产品的性能和特点。企业可以通过广告和人员沟通方式吸引目标客户浏览公司的网站，以便目标客户更深入地了解公司的产品和服务。

苹果公司的产品主要是消费类电子产品，主要面向有较高消费能力的职场人士（白领、管理者等）。我们可以观察到，苹果公司的广告宣传主要在一线城市进行，宣传途径主要包括：在人流密集的城市中心商圈设立户外大型广告牌，在城市主干道两侧做公交站牌广告，在大城市的高端商业广场内设立专卖店，在主流视频网站内做广告等。

（5）制订沟通计划。

在明确了沟通方式之后，就可以制订沟通计划了。沟通计划可以公司内部制订，也可以在广告代理商的配合下一起制订。表 13-3 是一个沟通计划模板。

表 13-3　沟通计划模板

沟通方式	沟通目标	主要沟通内容	起止时间	执行责任人	沟通效果评价

（6）执行沟通计划。

沟通计划的执行应该遵循“PDCA 循环”进行，即在计划的基础上采取行动，在行动的过程中及时进行检查，对比沟通目标，发现实际沟通执行中的偏差，采取偏差纠正行动，确保沟通目标的实现。

（7）评估沟通效果。

在完整地执行完一个阶段的沟通计划后，要对沟通效果进行评价。沟通效果评价主要结合对以下问题的回答进行。

第一，我们的沟通计划实现了预期的沟通目标吗？

第二，如果实现了预期的沟通目标，有哪些值得总结的成功做法？

第三，如果没有实现预期的沟通目标，主要差距在哪些方面？造成这些差距的主要原因是什么？在以后的营销沟通中，应该如何提高沟通的有效性？

建议：不要将营销沟通战略制定工作“外包”给广告代理商。广告代理商或许在媒体选择方面是专业的，但是其对我们的产品本身的理解并不“专业”。明确沟通目标、确定沟通对象、定位沟通内容等工作必须由产品上市管理团队进行分析和决策。广告代理商应该是合作伙伴，而不是主导者，更不是决策者。产品经理或者产品开发团队中的市场代表应该主责产品营销沟通战略的制定与执行工作。

创新者行动

明确公司营销沟通战略的主要内容，有效制定与执行拟上市产品的营销沟通战略与计划。

五、制订产品上市计划

在制定了产品上市战略之后，产品上市管理团队就需要在产品上市战略的指引下制订明确的产品上市计划，以保证新产品上市工作的有序开展。产品上市阶段也是一个典型的“并行工程”阶段，各个职能团队需要在产品上市管理团队的统一指挥下“各司其职、协同作战”。

表 13-4 是一个跨职能团队“并行”开展新产品上市计划模板。

表 13-4 新产品上市计划模板

	1 月	2 月	3 月	4 月	5 月	6 月
产品上市团队	新产品上市计划制订与组织执行					
营销团队		营销沟通计划组织执行，客户意见收集与反馈				
生产团队		新产品的规模生产与交付				
销售团队		渠道建设与推广，新产品销售				
研发团队			基于客户反馈意见修改和完善产品			
服务团队			产品安装、调试，用户培训，售后服务			

创新者行动

参照上表制订产品上市计划，确保各职能团队能够有效协同，“一鼓作气”实现产品成功上市。

六、执行产品上市计划

产品上市管理团队应该遵循严格的“项目管理”方法，以周、月、季为单位通过会议方式评估上市计划执行效果，及时发现和解决问题，确保新产品上市“一鼓作气、大获全胜”！

1. 团队协同作战

产品上市发布阶段是产品由开发团队向运营团队移交的“接力”阶段。产品开发团队与公司运营团队之间的协同配合对产品的成功上市极为重要。此时，产品经理要成为“抢滩登陆”的先锋，前几个订单的获取可能需要产品经理“亲力亲为”。如果产品经理自己都不能把产品卖出去，销售团队和经销商对产品是不会有信心的。项目经理要制订严密的项目计划，要采取有效的“并行工程”方法，协同各个职能部门高效运转，及时交付产品订单，及时解决产品问题，及时化解项目风险。

图 13-8 是一个新产品上市实施步骤（示例），供参考。

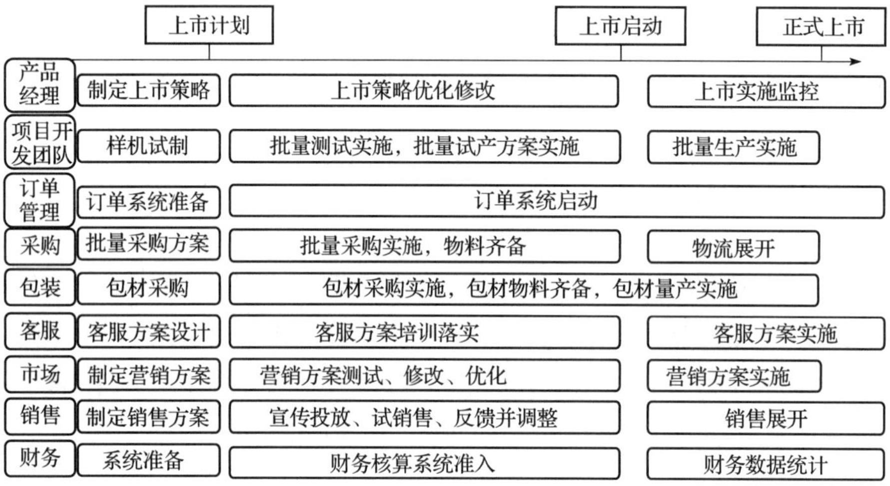

图 13-8 新产品上市实施步骤（示例）

2. 尽快跨越产品上市的“死亡之谷”

新产品在上市的早期是最容易“夭折”的。产品要从少量“早期采用者（Early Adopters）”尽快走向“早期大多数（Early Majority）”，跨越产品上市的“死亡之谷”（见图 13-9）。不要认为有一些早期的“尝鲜”客户购买我们的产品，我们的产品就上市成功了。一定要快速使一定规模的客户购买我们的产品，实现产品的“盈亏平衡”，才能证明产品上市成功。

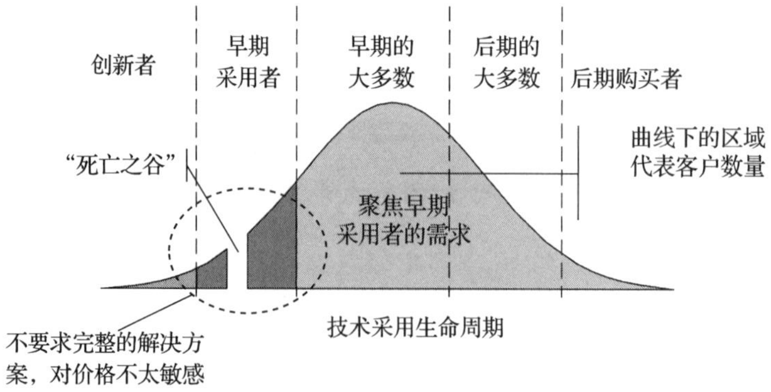

图 13-9 跨越产品上市的“死亡之谷”

也就是说，新产品上市要尽快走向“规模销售”，以免“夜长梦多”。导致新产品上市夭折的常见情形如下。

（1）产品上市过早，市场时机不成熟，“教育”客户的时间太长，结果是客户没有“教育”过来，自己倒是先倒下了，成了“先烈”。比如早期的新能源汽车，由于充电桩太少、充电时间太长、行驶里程太短等原因而很难形成规模销售。

（2）企业的宣传和销售跟不上，产品在上市早期获取的订单太少，被其他竞争者后来居上，企业失去了先发优势。

（3）企业的产能跟不上，迟迟不能交付订单，客户退订转买其他产品。比如特斯拉电动汽车刚上市时由于产能问题损失了很多订单。

（4）产品本身质量有问题，或者生产批次质量不稳定，而又不能快速解决，导致客户退货，形成负面口碑。

企业要未雨绸缪，避免出现以上情形。企业要采取各种有效措施，一鼓作气，确保新产品上市成功。

3. 监控上市数据

在新产品上市过程中，产品经理要适时监控多方面的上市数据，对照上市目标发现偏差，分析偏差或问题原因，快速解决问题。

产品经理需要监控的主要产品上市数据包括销售数据、财务数据、质量数据和市场数据四个方面，如图 13-10 所示。

4. 及时解决上市问题

为了在设定的时间点实现预期的上市目标，产品经理和项目经理要通过监控上市数据等方式，及时发现和解决上市过程中出现的问题（见图 13-10）。

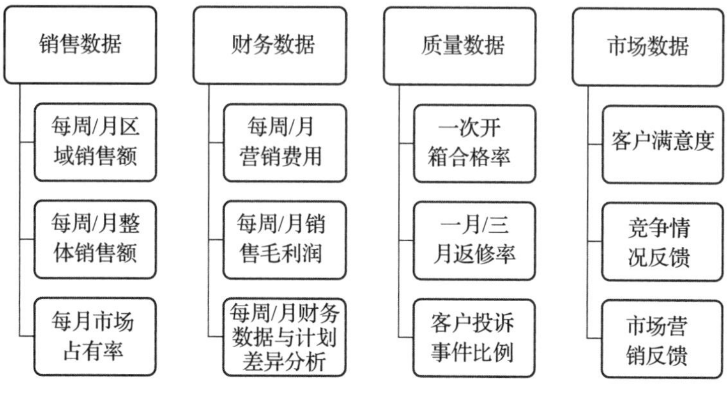

图 13-10 需要监控的主要产品上市数据

产品上市过程中常见的主要问题如下。

（1）销量偏离预期。

（2）利润偏离预期。

（3）销量增长偏离预期。

（4）客户满意度低。

（5）产品质量投诉多。

（6）供货不及时。

（7）部分市场脱销。

（8）上市费用偏离预算。

（9）促销效果偏离预期。

（10）法律纠纷。

创新者行动

制订和执行有效的产品上市战略与产品上市计划，实现预期的产品上市目标。

第三节 产品上市后评审

创新者思考

（1）产品上市后还需要评审决策吗？

（2）产品上市后评审决策的主要目的是什么？

（3）如何有效做好产品上市后评审工作？

德鲁克说，“有关人员需要汇报和分析项目的结果，包括成功、接近成功、接近失败和失败。要提高组织的绩效，最好的办法是对比资本投资的效果与承诺和期望取得的效果，而组织就是根据承诺和期望取得的效果批准投资项目的。”我们的新产品上市也需要对照立项分析时承诺的目标和实际实现的目标，评估新产品上市是“成功、接近成功、接近失败和失败”。

新产品上市后评审（Post-Launch Review，PLR）是被很多企业“忽略”的评审点。新产品上市成功了，项目很“自然”地进入了产品生命周期管理阶段；新产品上市失败了，大家唯恐避之不及，谁也不再愿意提及过去的“伤心事”。其实，新产品上市无论成败，都应该进行正式的上市后评审。

上市成功了要总结，上市失败了更要总结！我们从失败中学到的东西要远远多于从成功中学到的东西！

新产品上市后评审可能会进行 1 ～ 2 次。第一次上市后评审一般在新产品上市后 1 ～ 3 个月内进行，主要目的是评估上市战略的有效性和上市计划执行的质量，判断项目实现预期的上市目标的可能性。第二次上市后评审一般在新产品上市后半年到一年的时间内进行，最好是在项目实现盈亏平衡时进行。因为这时才能比较有效地检验新产品上市的成败。

一、产品上市后评审的主要内容

新产品上市后评审的主要目的和内容如下。

（1）评审项目的投入和产出，为评价产品开发团队的“绩效”提供依据。

（2）提交完整的项目文档，实现有效的项目知识管理，做到项目资料“有据可查”。

（3）总结项目的经验和教训，改进新产品开发流程和项目管理方法，实现公司的“持续学习和改进”。

（4）拟订产品生命周期管理计划，实现项目的顺利交接。

（5）正式宣布解散产品开发团队，释放创新资源。

（6）考核产品开发团队绩效，如果产品成功上市，公司产品决策评审团队要“兑现”在项目任务书中承诺给产品开发团队的奖金。

二、产品上市后评审结论

新产品上市后评审仍然由公司产品决策评审团队负责。评审准则主要为上市目标的达成率、上市战略的有效性，以及上市计划的执行质量等。产品上市后评审的评审结论有以下 3 种。

1. 项目通过评审

公司决策评审团队宣布解散产品开发团队，项目进入产品生命周期管理阶段。公司产品决策评审团队审批产品生命周期管理计划，承诺产品生命周期管理所需资源。

2. 延长上市阶段

产品开发团队继续负责上市管理，待实现相关上市目标后再转入产品生命周期管理阶段。

3. 项目终止上市

项目不能实现预期的上市目标，终止一切上市活动，做好善后工作，解散产品开发团队。

新产品通过上市后评审后，就成为“常规产品”，列入公司“产品货架”，进入产品生命周期管理阶段。至此，产品开发团队的任务才真正结束，可以宣布解散产品开发团队了。但是，产品开发团队的核心成员，特别是产品经理及销售、技术与财务代表等，还应该继续留在产品生命周期管理团队中，为实现产品预期的投资回报而持续努力。

创新者行动

明确产品上市后评审的主要内容，做好产品上市后评审工作。

咨询实例

FAB 销售法的应用

FAB 销售法是一种有效的销售陈述方法，值得各类产品的销售人员掌握与应用，如图 13-11 所示。

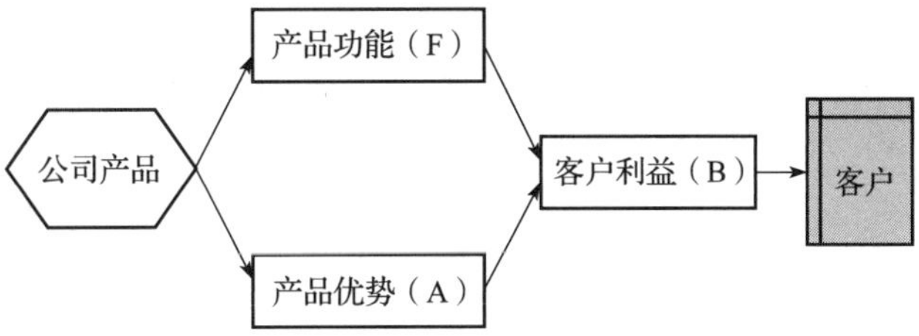

图 13-11　FAB 销售法

FAB 销售法建议我们向客户分三个部分介绍我们的产品。

（1）**产品功能（Features）**：是指产品或服务的特征或功能。

（2）**产品优点（Advantages）**：是指产品与其他同类产品相比具有的优点。

（3）**客户利益（Benefits）**：客户使用产品能够得到好处，这些好处源自产品特征或功能，源自产品的优点。

首先要介绍产品有哪些功能与性能，其次要介绍我们的产品与同类产品相比具有的优点，最后要总结产品能够给客户带来的利益与回报。

在制定新产品上市方案时，产品经理要组织市场代表、销售代表制定公司产品的 FAB 话术，并培训所有销售人员。销售人员要能够以自己的风格将 FAB 内容流畅地与客户进行交流，获得客户认可，提升销售成单率。

下面以某真空采血管全自动生产线解决方案为例介绍 FAB 销售方法，如图 13-12 所示。

（1）**产品功能（Features）**：我公司全新一代高性能真空采血管自动化生产设备与整体解决方案，拥有多项核心发明专利，具有高速自动装管、精准加药、喷药视觉检测、自动烘干、自动装帽、装帽视角检测、自动抽真空和自动装盘等功能。

（2）**产品优点（Advantages）**：这些先进的功能能够帮助客户大大提高生产效率（24000 支/小时），大大提高自动装帽和高速装管的可靠性（100% 合格率），大大提高喷药和抽真空的精度（±5%），大大减少现场生产人员数量（每条线只需 2 人）。

（3）**客户利益（Benefits）**：该生产线能够帮助客户有效实现降本增效，在一年时间内收回投资，大大提升生产效率，大大降低产品废品率，单位产品利润率提升 30% 以上。

高速自动装管技术

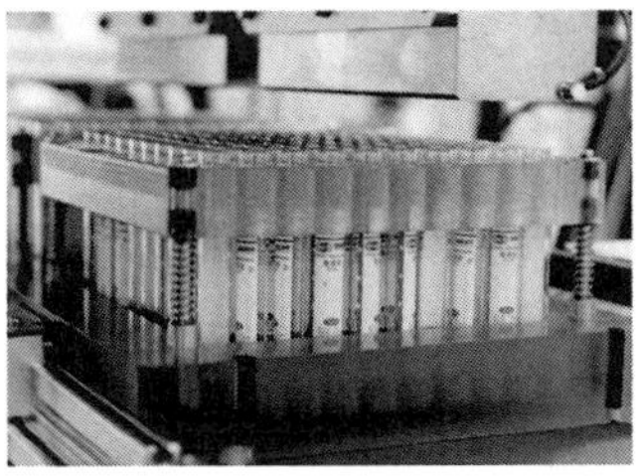

- 高速装管技术（200支/28秒）；
- 倒管检测技术（100%检测）；
- 空管检测技术（100%检测）；
- 可无缝对接第三方高速贴标机；
- 控制流程：检测—自动停机—声光报警—人工处理—复位运行。

图 13-12　某真空采血管全自动生产线解决方案

第五篇

产品交付管理

在知行信产品创新管理4D流程体系中，产品交付管理是第四个阶段，是发现（Delivery）阶段，回答“做成什么（What Results）”的问题，如图篇5-1所示。

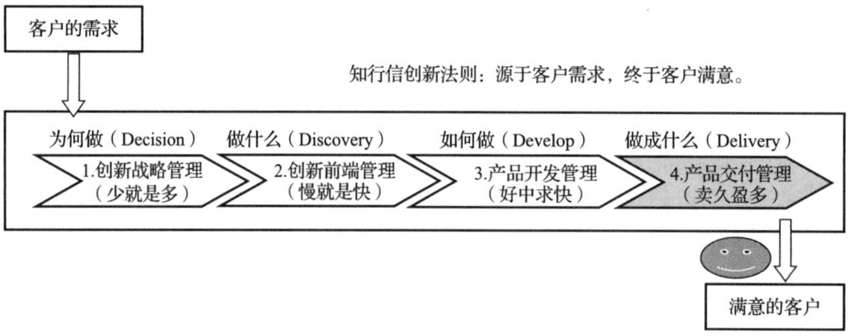

图篇5-1　产品创新管理4D流程体系

创新战略管理阶段明确了公司发展的“主航道”，明确了公司的业务领域。创新前端管理阶段在公司发展的“主航道”内洞察具体的创新机会，找到了值得公司投资的创新项目。在产品开发管理阶段，将公司投资的新产品项目开发上市，实现盈亏平衡。在产品交付管理阶段，通过有效的产品生命周期管理，实现预期的产品投资回报。

产品交付管理（Product Delivery Management）包括两个阶段：产品生命周期管理和产品退市管理，如图篇5-2所示。

图篇5-2　产品交付管理的两个阶段

产品“交付”有两方面的含义：一是要获取订单、交付订单，让客户满意；二是要实现产品预期的投资回报，让公司满意。

产品交付管理准则：**卖久盈多！**

产品管理团队要通过有效的产品生命周期管理，通过产品的升级换代与系列化，尽可能“延长”产品的生命周期，尽可能降低产品成本，尽可能提高产品盈利水平，尽可能提升产品投资回报。

产品开发团队在产品上市后评审后正式“解散”，产品由产品管理团队“接管”。产品管理团队负责产品生命周期管理、产品退市管理。

本篇分为两章。

第十四章，产品生命周期管理。通过有效的产品生命周期管理，实现产品预期的投资回报目标。

第十五章，产品退市管理。敬始慎终！产品上市要积极，退市也要“主动”。

第十四章

产品生命周期管理

创新者思考

（1）我们有专门的团队进行产品生命周期管理吗？

（2）在产品的不同生命周期，是否有不同的营销策略？

（3）如何通过有效的产品生命周期管理，实现产品投资回报最大化？

首先恭喜您取得了新产品上市的成功！这时候，产品“开发”工作正式完成了，产品开发团队（产品上市管理团队）也已经正式解散了。产品也已经不再是“新产品”了，而是成为“常规产品”，由产品生命周期管理团队（Life Cycle Management Team，LMT）全面“接管”运营。如果将实现盈亏平衡点作为新产品上市发布阶段的结束，那么产品生命周期管理阶段就是公司真正“赚钱”的开始！

产品生命周期管理（Product Life-Cycle Management，PLM）是指产品从通过上市后评审到产品做出退市决策之前的时间段内的管理。产品交付管理的两个阶段如图 14-1 所示。

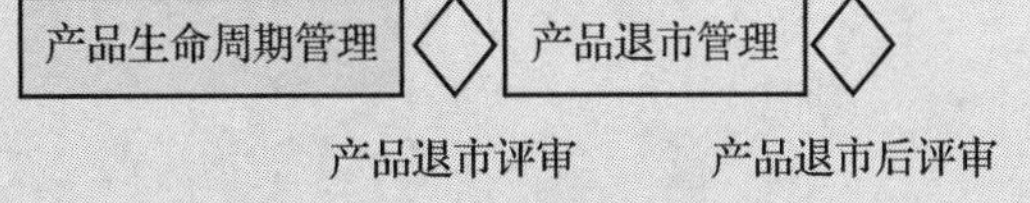

图 14-1　产品交付管理的两个阶段

产品生命周期管理的主要目的是通过订单获取与交付，服务好客户，获取尽可能多的利润，实现公司预期的产品投资回报目标。产品生命周期管理阶段也称为“**持续销售（Consistent Sales）**”阶段。

产品进入生命周期管理阶段，才刚刚开始“赚钱”。有效的产品生命周期管理能大幅提升企业的投资回报。

本章分为六节。

第一节，产品生命周期管理要点。

第二节，产品持续销售管理。

第三节，产品生命周期各阶段的营销策略。

第四节，产品改进升级与系列化。

第五节，产品召回管理。

第六节，产品退市评审。

第一节　产品生命周期管理要点

本节简要介绍产品生命周期管理的目标、主要工作任务、团队组成和主要交付成果等内容

一、产品生命周期管理阶段的常见问题

大家可以结合表 14-1 列举的产品生命周期管理阶段的常见问题，检查企业是否存在类似问题，思考产生这些问题的主要原因、改善要点与改善方法。

表 14-1　产品生命周期管理阶段的常见问题

常见问题	公司管理现状与改善要点
(1) 企业对产品生命周期阶段的管理不够重视，没有专人或者专门的团队负责产品的生命周期阶段管理，产品的运营由各个职能部门“共同负责”，“共同负责”的结果是无人负责	
(2) 未持续关注客户需求及竞争情况的变化，未能适时对产品进行改进或升级	
(3) 未能及时对产品进行终止生命周期阶段的“艰难的”决策，未能及时退市“蟑螂”产品	

二、产品生命周期管理阶段的工作目标

产品生命周期管理阶段的工作目标是通过持续完善和优化产品，实现公司预期的产品投资回报目标。

在产品上市发布阶段实现盈亏平衡，在产品生命周期管理阶段实现预期的盈利目标。产品生命周期管理阶段是产品创新管理的关键阶段。

三、产品生命周期管理阶段的主要工作任务

产品生命周期管理阶段的主要工作任务包括以下内容。

(1) 管理上市后的产品：营销管理、运营管理、服务管理和财务管理等。

(2) 开发和上市改进产品及衍生产品。

(3) 为现有客户迁移提供输入信息。

产品上市的四个关键财务节点如图 14-2 所示。

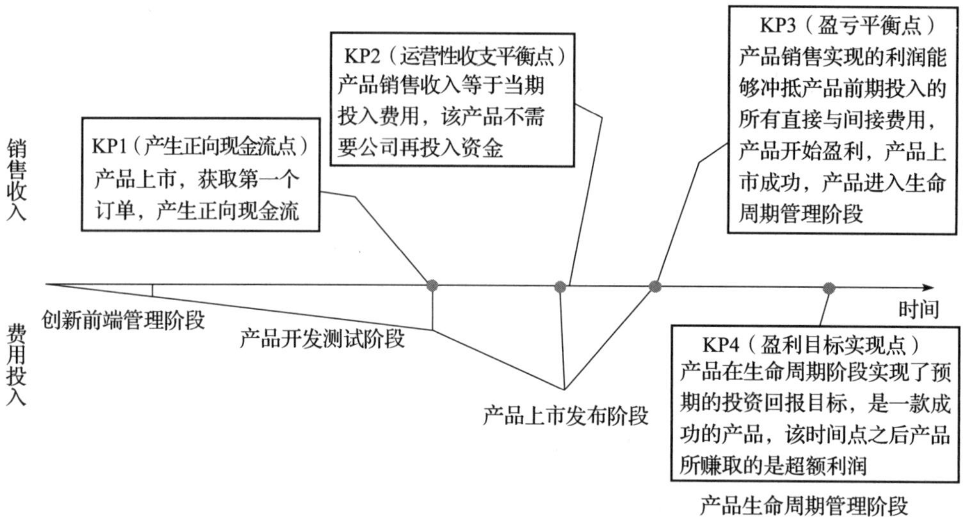

图 14-2　产品上市的四个关键财务节点（Key Point，KP）

四、产品生命周期管理阶段的团队组成

由产品开发团队的核心成员继续作为产品生命周期管理团队的核心成员，产品开发团队的产品经理继续作为产品生命周期管理的产品经理。

如果需要基于该产品进行系列产品开发，那么产品经理相应地成为“产品线经理”，而产品生命周期管理团队也就不只对一款产品的最终绩效负责，而是成为对整个产品线负责的“产品线管理团队”。

日常订单获取、订单交付与售后服务等工作纳入运营管理范畴。关于订单交付管理的详细介绍请见第二十四章。

五、产品生命周期管理阶段需要掌握的主要创新方法

产品生命周期管理阶段需要掌握的主要创新方法如下。

（1）不同产品生命周期阶段的市场策略。

（2）产品改进升级与系列化。

（3）产品召回管理。

以下各节将对以上内容进行详细介绍。

六、产品生命周期管理阶段的工作交付成果

产品生命周期管理阶段的主要工作交付成果如下。

（1）改进产品版本。

（2）产品退市决策建议。

（3）产品退市计划。

（4）产品生命周期管理阶段文档。

在产品退市评审点，产品生命周期管理团队要向公司产品审批委员会（PAC）提交以上交付成果作为决策输入信息。

创新者行动

明确公司产品生命周期管理要点，做好已上市产品的产品生命周期管理的各项工作。

第二节 产品持续销售管理

一个公司的成功其实就是多款产品的成功。管理一款上市后的产品就像管理一家小型的公司。产品生命周期管理团队需要在新产品上市管理的基础上继续做好各项工作，实现预期的产品绩效目标。图 14-3 列出了产品生命周期管理阶段需要管理的主要内容。

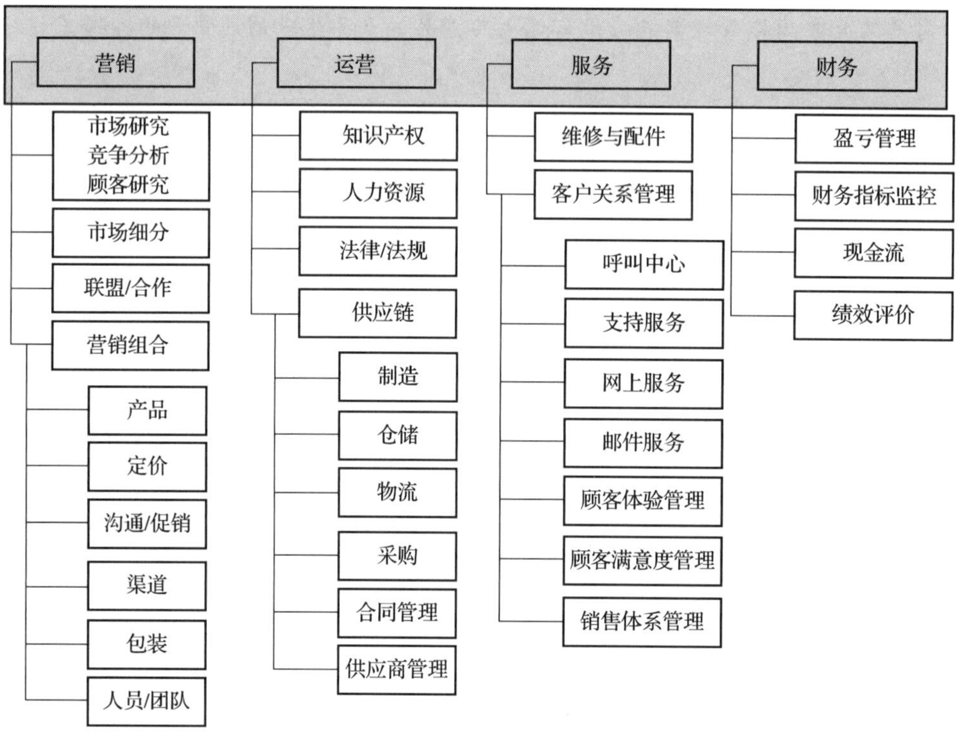

图 14-3 产品生命周期管理阶段需要管理的主要内容

以上内容主要由公司运营团队纳入常态化的日常管理。要建立公司级、端到端、有效的订单交付管理流程体系，要建立跨职能订单交付团队，采用有效的项目管理方法，交付好每个订单。通过每个订单的成功交付，实现产品预期的投资回报目标。

一、营销管理

与新产品上市管理阶段一样，在产品生命周期管理阶段企业需要继续制订和执行营销计划。需要注意的是，在产品生命周期的不同阶段营销费用投入的力度和重点都是有所不同的。在市场成长期，需要较多的营销投入，以进一步扩大市场份额。在市场成熟期，需要维持一定规模的营销投入，以保持市场份额。而在市场衰退期，基本上不要再投入营销费用。

定价策略也会随着产品生命周期的阶段变化而有所调整，总体而言，价格是一种下降趋势。在市场成长期，应维持比较高的定价。在市场成熟期，考虑到市场竞争的加剧，以及产品成本的下降，可以分次下调产品价格。到市场衰退期，可以采取多种促销方式以成本价消化库存。

二、运营管理

运营管理首先要做好产品需求预测和计划工作，保证市场所需产品按时、足额交付。其次，运营管理中要做好的是持续的成本降低工作（Cost Down）。成本就像“海绵里的水”，只要你愿意挤，它总是有下降空间的！当然，降低成本不能以牺牲质量为代价。牺牲质量的代价是成本反而更高。

与运营管理相关的成本降低方法主要有以下几种。

1. 通过优化产品设计降低成本

产品成本设计（Design for Cost，DFC）是设计实践中非常重要的一部分。**很大程度上成本是“设计”出来的，而不是节省出来的。**在创新前端管理中介绍的 QFD 方法是很好的产品成本设计方法，通过采用该方法能够去掉冗余功能，从源头降低产品成本。产品采用哪些原材料和零部件，采用什么样的生产工艺等主要的直接成本在设计时就已经确定下来了。在产品生命周期管理过程中，还应该对产品设计进行持续优化，以进一步降低产品成本。产品设计优化包括：选择性价比更好的原材料和零部件，去除冗余的功能，优化生产工艺等。

2. 通过有效的供应链管理降低成本

“货比三家”是最基本的供应商管理方法。同时，“战略性的供应链管理”非常重要。企业不能再将供应商看作“讨价还价”的对象，而要看成是“战略性的合作伙伴”，主动考虑供应商的利益，帮助供应商降低成本。此外，还可以考虑引进“供应链外包服务商”，将采购、报关、仓储、物流、结算，甚至生产等环节外包出去。深圳某手机制造商，将以上环节全部外包给专业的供应链管理公司，企业只负责营销、销售和产品设计开发工作。该公司只有不到 20 名员工，每年的营业收入超过 10 亿元。对于很多企业而言，采购和生产并不是核心竞争力，将这些职能外包给专业公司，不但可以降低成本，而且产品的按时、按质、按量交付更有保证。

3. 通过优化生产工艺降低成本

除了在设计环节考虑整体工艺安排外，在制造环节还可以对生产工艺进行进一步优化。比如，可以考虑生产流程中机器生产环节与人员生产环节的平衡等。“机器换人”已经成为很多制造企业降低产品成本、保证产品质量、准时交付订单的重要做法。

创新案例

特斯拉汽车的产品成本管控

2023 年 1 月，特斯拉在社交平台表示，4680 大型圆柱电池的量产，取得了重大突破。这种电池相比于上一代的 2170 电池，能量密度提升了 5 倍，续航里程提升了 16%，输出功率提升了 6 倍，并且成本降低了 14%。根据去年三季度马斯克的说法，特斯拉汽车使用 4680 电池后，再结合材料与车辆设计的改进，生产成本最高可降低 54%。特斯拉汽车车身如图 14-4 所示。

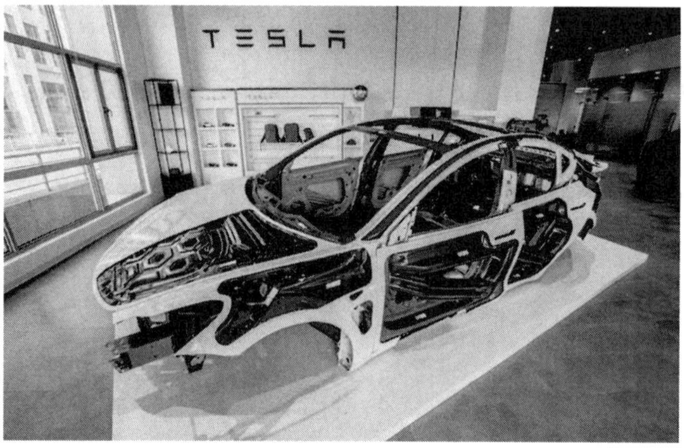

图 14-4　特斯拉汽车车身

特斯拉的成本优势首先在于，汽车直销模式，减少了渠道中间环节的费用和支出；其次是广告少，销售费用更低；再次是，车型少但单车销量大，研发成本分摊降低；最后是自动化程度高，降低了人工成本。采用一体化压铸生产这种压缩成本的破坏性创新，特斯拉一个上海工厂就能达到百万产能。

数据显示，在 2022 年第三季度，特斯拉出售每辆车获得的毛利润为 15653 美元，是大众汽车的两倍多，是丰田汽车的四倍，是福特汽车的五倍。

既能大幅降低产品成本，又能大幅提升产品性能的创新，才是真正卓越的创新！

既能做出高度差异化的创新产品，又能卓越控制成本的企业才是真正的创新型企业。

（资料来源：澎湃号）

三、服务管理

服务管理的关键是“**客户体验管理**（Customer Experience Management，CEM）”。企业要考虑客户在整个产品体验周期中对各个“接触点（Touch Point）”的满意度。满意的客户能带来重复购买、交叉购买或者引荐购买。从投资回报的角度看，维护好一个现有客户的收益远高于开发一个新客户。宝洁公司非常注意两个“关键时刻”的管理，一个是客户购买产品时刻，一个是客户使用产品时刻。

四、财务管理

财务管理中非常重要的工作就是持续实施**成本降低计划**（Cost Reduction Program，CRP）。随着市场竞争的加剧，保持成本与价格优势是必须的。成本降低的重点在运营环节，但是总体的成本与营销和服务等环节也密切相关。

另外，财务管理需要动态监控财务数据，发现实际收入、利润等与目标值之间的差距，找出差距发生的原因，制定改善措施，保证产品生命周期阶段绩效目标的实现。财务绩效管理可采用表 14-2 所示的财务绩效"**看板管理**"模板。

表 14-2　财务绩效"看板管理"模板

财务指标	第 × 年			第一季度			第二季度			第三季度			第四季度		
	计划	实际	差距	计划	实际	差距	计划	实际	差距	计划	实际	差距	计划	实际	差距
销售数量															
单价															
总收入															
原材料成本															
人员成本															
制造开销															
成本合计															
毛利															
毛利率（%）															
营销费用															
销售费用															
顾客服务费用															
产品开发费用															
部门摊销															
直接费用合计															
间接费用															
费用合计															
净营业利润															

通过"看板管理"可以动态地比较每个季度（每月）的收入、费用、毛利等计划数据、实际数据和差异数据。财务"看板"反映的信息是产品生命周期管理团队进行各种运营决策的基础。

创新者行动

明确公司产品在持续销售管理阶段的主要管理内容，做好产品各项运营管理工作。

第三节 产品生命周期各阶段的营销策略

在产品生命周期管理的不同阶段（见图 14-5），需要采取不同的营销策略，以实现产品全生命周期的投资回报最大化。基于营销管理 4P（产品、定价、渠道、促销）理论，以下简要介绍产品生命周期不同阶段的营销策略。

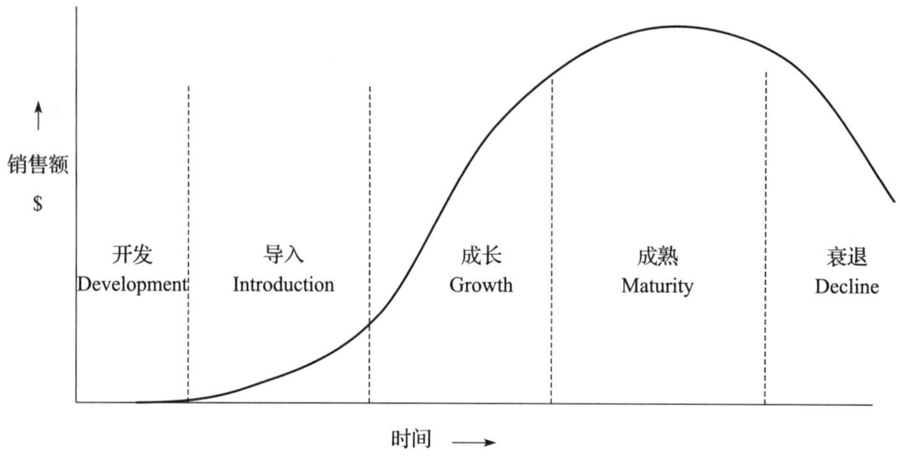

图 14-5 产品生命周期管理的不同阶段

一、产品导入期的营销策略

导入期是指产品首次投入市场后的最初销售阶段，以下是产品导入期的主要特点。

（1）消费者对产品不了解。

（2）产量和销量都较小，单位产品成本高。

（3）尚未建立起稳定的分销渠道。

（4）分销和促销费用高，企业处于非盈利的投资状态。

在导入期，产品要尽快跨越“死亡之谷”，要尽快实现“盈亏平衡”。产品导入期就是产品的上市管理阶段，导入期要通过较大的营销投入“一鼓作气”实现产品成功上市。

产品导入期营销策略要点如下。

（1）**产品（Product）**：建立品牌与质量标准，进行专利和商标等知识产权保护。

（2）**定价（Pricing）**：如果是创新性不够高的产品，应该采用低价位的**穿透定价法（Penetration Pricing）**以尽快获取较大的市场份额，实现预期的投资回报。如果是创新性很高的产品，可以考虑采取高价位的**撇脂定价法（Skim Pricing）**尽快收回前期投入的巨大的开发成本。

（3）**分销（Distribution）**：由于产品还没得到市场认可，早期的产品销售应该以自己团队为主，到消费者已经接受该产品时开始考虑发展渠道销售产品。

（4）**促销（Promotion）**：各种促销活动应该瞄准早期有兴趣购买该产品的消费者。企业应通过有效沟通让客户知晓产品，以吸引早期的潜在客户。

二、产品成长期的营销策略

成长期是指产品通过导入期后购买者逐渐接受该产品，产品在市场上销量逐步增长的阶段。以下是产品成长期的主要特点。

（1）消费者对新产品已经熟悉，消费习惯已形成，销量增加，利润迅速提高并达到高峰。

（2）老客户重复购买，并且带来新客户。

（3）随着销量的增大，企业生产规模也逐步扩大，产品成本逐渐降低。

（4）有利可图的市场前景吸引了大批竞争者加入，市场竞争开始加剧。

在成长期，企业要继续加大营销投入，拉开与主要竞争对手的差距，实现"一骑绝尘"的领先地位。

产品成长期的营销要点包括以下几方面。

（1）**产品（Product）**：产品品质需要保证，可能需要增加功能和辅助服务。

（2）**定价（Pricing）**：随着需求增加，会有一些轻微的竞争，可以适当考虑下调产品价格。

（3）**分销（Distribution）**：随着需求的增长及更多客户接受产品，需要快速发展渠道客户，争取更大的市场份额。

（4）**促销（Promotion）**：广告宣传及促销活动要加大投入，瞄准更为宽泛的客户群，更广的地域。

三、产品成熟期的营销策略

成熟期是指产品进入大批量生产并稳定进入市场销售的阶段。以下为产品成熟期的主要特点。

（1）市场上竞争者增多，竞争非常激烈，各种品牌、各种款式的同类产品不断出现。

（2）为了对抗竞争，维持产品的地位，营销费用日益增加。

（3）产品销售增长缓慢，逐步达到最高峰，然后缓慢下降。

（4）销售利润开始缓慢下降。

产品成熟期是产品的"收获期"，需要尽可能地扩大销量，增长利润。

产品成熟期营销策略要点如下。

（1）**产品（Product）**：产品功能需要增加，性能指标需要提升，以体现与竞争对手的差异化，维持较高的价格水平。通过持续改进升级和系列化延续产品生命周期，实现投资回报最大化。

（2）**定价（Pricing）**：由于竞争加剧，适时适当降价。

（3）**分销（Distribution）**：可能主要通过分销渠道销售产品，适当加大给分销商的佣金，以扩大客户购买产品的机会。

（4）**促销（Promotion）**：广告宣传和促销活动强调产品差异化和增加的新功能。

四、产品衰退期的营销策略

衰退期是指产品逐渐被新产品取代而退出市场的阶段。以下为产品衰退期的主要特点。

（1）产品销量由成熟期的缓慢下降变为迅速下降。

（2）销售利润大幅度下降，降到微利甚至无利可图。

（3）消费者的兴趣和消费习惯完全发生转变或持币待购。

（4）经过成熟期的激烈市场竞争，价格已下降到最低水平。

在产品衰退期，企业要适时做出产品退市决策，启动产品退市管理流程。

产品衰退期的营销策略要点包括以下几方面。

（1）**产品（Product）**：通过重新定位目标客户、降低产品成本等方式维持一定时间段的销售，适当延续产品生命周期。也可以考虑将产品卖给别的公司以实现尽可能大的投资回报。比如IBM将自己不看好的电脑业务整体卖给联想公司。

（2）**定价（Pricing）**：产品价格持续下降，可能需要通过非常低的折扣价格处理“尾货”。比如服装企业换季打折时，有的换季服装能打1折。

（3）**分销（Distribution）**：不再考虑拓展分销渠道，应考虑将分销渠道用于新的产品销售。

（4）**促销（Promotion）**：基本上不再进行广告等促销投入。

创新者行动

明确公司产品生命周期各阶段的营销策略，做好已上市产品在各产品生命周期阶段的营销工作，实现产品投资回报最大化。

第四节　产品改进升级与系列化

延续产品生命周期，实现投资回报最大化的方法包括产品持续改进升级和针对不同细分市场进行产品系列化开发。

一、产品改进升级

“最经济”的新产品开发模式就是开发一款产品，然后持续改进升级，像苹果 iPhone 手机一样，“一款产品卖十年”。通过一款产品的持续改进升级，“延续”产品生命周期，如图 14-6 所示。

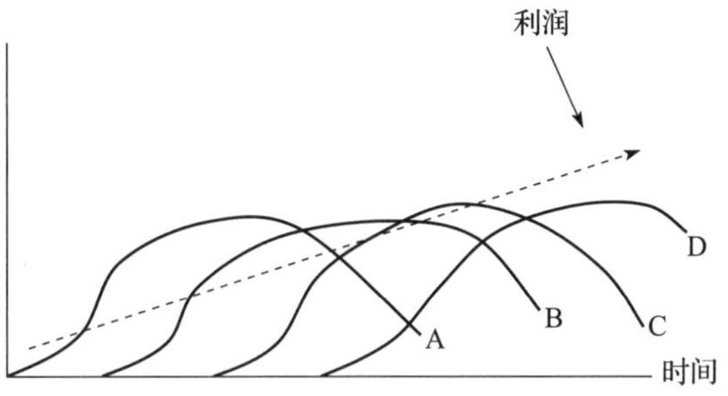

图 14-6　产品持续改进升级示意图

任何一款产品的生命周期都是有限的，因为客户总有“审美疲劳”的一天，竞争对手也在不断地推陈出新。后续新产品一般在前一款产品开始进入成熟期的后期时推出。这样，既保证了产品的连续性，又保护了前一款产品的获利机会。图 14-6 中，当第一代 A 产品进入衰退期时，第二代 B 产品开始进入成长期；当第二代 B 产品进入衰退期时，第三代 C 产品开始进入成长期。通过多代产品的持续更新升级，企业实现持续的利润增长。

苹果公司 iPhone 智能手机 2007 年发布第一代，到 2017 年发布 iPhone8 和 iPhoneX，10 年时间更新了 8 代。在两代产品更新中间，都会发布中期改款版。苹果公司 iPhone 智能手机的持续改进升级如图 14-7 所示。

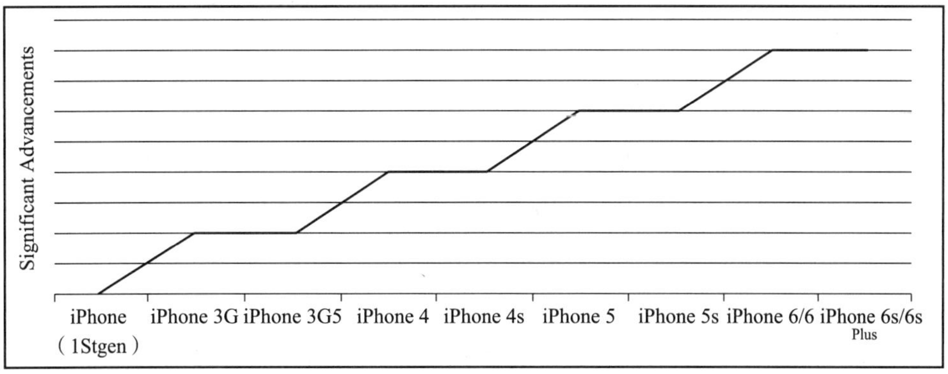

图 14-7　苹果公司 iPhone 智能手机的持续改进升级

比如 iPhone4 发布一年左右后会发布中期改款版 iPhone4S，在 iPhone4S 之后发布升级版本 iPhone5。中期改款功能和性能小幅更新，版本代际更新功能和性能大幅更新。这样，苹果公司实现了“一款手机卖 10 年”。苹果公司一款手机占据全球智能手机销量的 20% 左右，但是利润占了全球智能手机整体利润的 90% 以上。

二、产品系列化

为了实现“规模经济性”，获取尽可能大的市场份额，企业可以在第一款“基型产品”的基础上，采用平台开发模式，针对不同细分市场开发系统新产品。基于共用平台系列化地开发新产品，不但可以大幅降低单款新产品的开发成本、大幅缩短新产品的开发和上市周期，而且可以大大延续产品的整体生命周期。

企业可以从产品的更新幅度和进入的细分市场的不同，定义不同的系列产品。系列产品开发的可能方向选择如图 14-8 所示。

图 14-8　系列产品开发的可能方向选择

1. 成本降低类产品开发

这类产品是根据客户的反馈，对产品进行小幅的改进和优化，优化的重点在降低成本。成本降低产品一般在产生生命周期的成熟期推出。根据产品生命周期的长短，成本降低产品可以推出多个版本。

2. 重新定位类产品开发

重新定位产品是指产品本身的功能基本上没有变化，但是使用的对象和使用的目的发生了变化。这通常意味着一个新的细分市场的开辟。这类产品相对于原有产品功能基本没有变化，只是基于新的细分市场，结合客户的需要对产品做了小幅的改变。比如吉列公司将男用剃须刀重新定位于女性用“褪毛器”，很受市场欢迎。

3. 更新换代类产品开发

这类产品相比于原有产品，功能变化不大，但是产品性能的变化比较大，还是定位于现有细分市场。比如电脑的功能和外观基本上没有变化，但是芯片、内存、硬盘的性能有提升，或者显示器尺寸增大，相应价格也会变化。

4. 延伸拓展类产品开发

延伸拓展产品的功能及性能一般都有比较大的变化，不同功能及性能的产品分别定位于不同的细分市场。

iPod 是由苹果公司开发的系列便携式音乐播放器，第一款产品于 2001 年 10 月 23 日上市。截止到 2009 年 6 月底，苹果公司在 7 年多的时间内累计销售各种款式的 iPod 产品共计 2.18 亿只。苹果公司 iPod 系列产品一度占有美国音乐播放器市场 70% 以上的市场份额。苹果公司 iPod 产品的持续热销，除了 iPod 产品本身对消费者的吸引力之外，苹果公司采用的系列化的开发方法，也大大延续了该产品的生命周期。

苹果公司 2001 年 10 月 23 日推出第一款 iPod classic 音乐播放器，至 2007 年该系列产品已经推出了 6 代，基本上每年推出一代产品。产品容量从最初的 5GB 扩展到 2007 年的 160GB，但是颜色只有白色和灰色两种。iPod classic 的功能包括音乐、视频和照片等。容量为 160GB 的 iPod classic 音乐播放器售价为 1998 元。

在 iPod classic 的基础上，苹果公司于 2005 年 1 月 11 日推出低端系列产品 iPod shuffle，最初推出时的容量只有 512MB。该系列产品非常小巧，只有音乐播放功能，是 iPod 系列产品中售价最低的入门级产品。该系列产品至 2010 年已推出了 4 代，售价为 398 元起。

2005 年 9 月 7 日，苹果公司推出带有照片浏览和 FM 广播功能的 iPod nano 系列产品。该系列产品至 2010 年已上市了 6 代，8GB 售价为 1248 元，16GB 为 1498 元。

2007 年 9 月 5 日，苹果公司推出了带有高清摄像和上网功能的 iPod touch 系列，这一系列至 2010 年也已经推出了 4 代产品。这是 iPod 系列中功能最多、售价最贵的一个系列。容量为 8GB、32GB、64GB 产品的售价分别为 1798 元、2398 元、3198 元。

从以上分析可以看出，苹果公司推出各个系列产品是经过精心规划的。首先开始开发和上市第一个系列产品 iPod classic（音乐播放和视频播放功能）。3 年之后再相继推出低端产品 iPod shuffle（音乐播放功能）和 iPod nano（音乐播放和照片浏览功能）。5 年之后再推出高端产品 iPod touch（全功能）。而且，每个系列都持续更新换代，以满足不同细分市场消费者的需求。

创新者行动

明确公司产品生命周期的产品改进升级与系列化策略，通过产品的改进与升级，实现产品生命周期的投资回报最大化。

第五节 产品召回管理

产品召回（Product Recall）是指由于产品存在质量缺陷而从市场上返回制造商的过程。产品的质量缺陷可能会对消费者的生命、财产及环境安全造成危害。很多国家已经进行了产品召回立法。产品召回的领域主要包括食品、化妆品、农产品、玩具、家用电器、医疗器械、汽车等。比如，2008年三鹿等乳业公司召回大量受三聚氰胺污染的奶粉。2010年，丰田公司由于油门踏板存在安全隐患而在全球大量召回其所生产的多款汽车。

一、主动召回与被动召回

产品召回包括主动召回和被动召回两种。**主动召回**是厂商自己发现了产品存在安全隐患而主动从市场上召回批次产品。**被动召回**是消费者或者相关政府部门发现了产品的安全隐患而强制要求厂商召回相关产品。

产品召回的处理方式也包括两类。一类是维修好后返回消费者，比如丰田汽车在帮助消费者更换油门踏板后将汽车返还给消费者。另一类是退货，比如批次的食品问题。

产品召回无疑会对制造厂商造成经济损失和声誉损失。当制造厂商发现产品存在质量缺陷时，对是否主动召回产品需要进行以下考量。

（1）如果主动召回产品，我们的直接经济损失会有多大？我们的声誉损失会有多大？

（2）如果不主动召回产品，一旦出现安全问题，我们需要支付的经济赔偿会有多少？我们的声誉损失会有多大？

（3）如果产品被强制召回，我们的经济损失会有多大？我们的声誉损失会有多大？

建议：当确实发现产品存在重大安全隐患时，企业最好选择主动召回。首先，这表明企业是对消费者负责任的；其次，这样做的经济损失也是最小的；最后，这样做的声誉损害也是最小的。相反，如果存在侥幸心理，很可能“躲得过初一，躲不过十五”。强制召回无论是对消费者的损害，还是对企业自身的经济损失和声誉损害都可能是巨大的。比如有着50年悠久历史，曾经是中国奶粉产销量最大企业的三鹿集团，由于三聚氰胺事件被迫于2008年宣布破产。

二、产品召回管理步骤

产品召回管理的主要步骤如下。

（1）评估质量缺陷对消费者的影响，做出产品召回决策，制定产品召回方案。

（2）通过各种途径发布产品召回通告，明确告知消费者产品召回的原因及产品召回的批次。

（3）召回产品，维修产品、更换零部件或者退货，赔偿消费者损失。

（4）总结教训，反思和整改新产品开发管理流程。

（5）消除影响，恢复市场声誉。

三、产品召回反思

产品召回事件是任何企业都不愿面对但是又不得不面对的现实。通过启动危机管理程序处理好召回事件固然重要，但是最重要的是反思出现质量缺陷的根本原因，杜绝或避免再次发生类似事件。

企业可以从以下方面反思出现产品质量缺陷问题的根本原因。

1. 反思企业经营者的质量观念

一些企业领导者不以客户利益最大化为经营宗旨，而以企业、股东或者职业经理团队利益最大化为经营宗旨。这样的企业迟早会出现重大的产品质量问题。比如在牛奶中添加三聚氰胺成为乳制品行业的“潜规则”让我们不得不反思企业的经营伦理，反思企业家的经营道德！让我们牢记这么一句古训：“天作孽，犹可恕；自作孽，不可活”！“道”的问题不解决，只在经营管理方法等“术”的层面下功夫，是没有多少意义的。

日本神户制钢所是世界500强企业之一，是日本第三大钢铁联合企业，该公司创建于1905年。

2017年10月8日，日本神户制钢所承认篡改部分铜、铝产品的检验数据，将未满足客户要求的产品充作合格产品供应给客户。2017年10月13日，神户制钢所承认，他们将篡改了技术数据的产品交付给了总共大约500家国内外客户，这一数字大约是他们之前公布的数字的两倍。神户问题产品波及丰田汽车、三菱重工等约200家日本企业，日本新干线部分车辆也有使用。

神户制钢所副社长梅原尚人承认，部分产品从10年前开始就一直沿用篡改后的数据，篡改数据并非个别人所为，而是获得管理层默许，是公司整体性问题。

2. 反思新产品开发管理流程

我们一再强调，“产品质量是设计出来的”。很多产品的重大质量缺陷其实是设计缺陷造成的。比如丰田汽车的油门踏板质量问题，不是踏板本身质量有问题，而是油门踏板存在设计隐患。在极端情况下，加速踏板松开时会发生卡滞，车辆不能及时减速，影响行车安全。我们需要反思在新产品开发管理的每个阶段，我们的所有做法是否是符合最佳实践的，是否是能保证产品质量的。我们也需要反思，在每个里程碑评审点和每个阶段评审点，我们的决策评审是否是严肃的，是否是高质量的。

3. 反思供应链管理流程

控制产品质量要从源头抓起。企业要反思原材料、零部件的采购流程，要反思外协件的加工流程，要帮助供应商做好质量管理工作。

4. 反思生产管理流程

生产管理方面要反思生产工艺、加工设备、装配流程、人员技能等对产品质量的影响。

总之，“消除质量隐患，保证产品安全”是任何企业生产任何产品都必须坚守的底线。“防患于未然”是企业应该坚守的管理准则。

创新者行动

规范公司产品召回管理流程与制度，当产品有召回必要时，按照相应流程与制度采取召回行动，深刻反思产品召回的原因。

第六节　产品退市评审

对于创新型企业而言，**产品“上市”要积极，产品“退市”也要主动**，“新陈代谢”是产品生命周期的自然规律。在产品生命周期的衰退期，企业要适时做出产品退市决策，以实现最大化的产品投资回报。

一、产品退市管理不当可能带来的损害

很多企业对产品退市管理重视不够，缺乏正式的产品退市管理团队和产品退市管理流程，产品退市管理处于无序和放任自流的状态。这样的做法往往会给客户、企业及其他合作伙伴带来损害。

1. 客户权益得不到保护

由于缺乏专门的团队处理“善后”事宜，已经购买了企业产品的客户可能无法得到及时、周到的服务，可能无法获取必需的维修配件。由此，可能引起客户的抱怨和投诉，影响客户的满意度，最终还会影响到企业的形象。

2. 相关合作伙伴的利益得不到保护

可能一些经销商还有一些库存商品没有销售完毕，有一些特约维修点还有一些多余的维修配件需要处理。如果企业不能帮助他们妥善处理好这些库存商品或配件，也会招致这些经销商或服务商的不满，影响企业与这些合作伙伴的长期合作。

3. 企业利益受损

如果缺乏有效的产品退市管理，企业各个职能部门很可能各自为政，给企业造成很多不必要的浪费和损失。比如，企业营销部门可能还在继续投放广告，销售部门还在继续给客户推销产品，生产部门还在“正常”生产。结果很可能造成很多不必要的原材料、零部件，甚至成品积压。

总之，随意、粗放地对待产品退市，会给客户、合作伙伴及企业本身带来很多不必要的损失。产品退市也是产品生命周期管理中非常重要的一环，必须进行有效管理。

二、产品种类太多的不利影响

很多企业的产品只有“上市”，没有“退市”，上市后的产品一直留在“产品货架”上。应该及时退市而又未能及时退市的产品会给企业带来很多不利影响。

（1）产品种类太多，导致销售人员无所适从，很难给客户介绍清楚各种产品，影响销售订单获取。

（2）保留一个产品型号，就要保留该型号的原材料、零部件库存，就要保留该产品的生产工

艺、设备与人员，就要保留该产品的备品备件，这样大幅增加了直接成本和管理成本，降低了企业的规模经济性。

（3）太多的产品型号也容易导致采购、生产、发货等环节出错，增加了企业成本，影响了客户满意度和企业品牌形象。

三、产品退市评审准则

产品退市决策会受到多种因素影响。企业可结合对以下问题的回答来决定某个产品是否需要做出退市决策。

（1）**该产品已经不符合企业发展战略了吗？**在产品生命周期中，企业的发展战略可能会发生调整。如果某产品已经不符合企业未来的发展方向，即使该产品还能赚钱，企业为了调整创新资源配置，也可能会做出产品退市决策。

（2）**该产品不能再为企业创造利润了吗？**很显然，如果产品不能再为企业创造利润，那基本上就没有再存在下去的必要。需要注意的是，如果一些重要的客户非常看重该产品，他们不希望该产品退市，那企业需要权衡是否立即做出退市决策。

（3）**该产品已经过时了吗？**该产品还能给企业创造利润，但是技术已经落后，可以明显看出"好景不长"了。这时企业可能需要考虑快速采用新技术开发新产品，替代现有产品。

比如当智能手机开始推出时，功能手机已经落后了。虽然功能手机产品还有一段生命周期，但是已经是"强弩之末"。手机制造企业要考虑及时退出功能手机市场。诺基亚就是由于没有及时由功能手机市场进入智能手机市场而由辉煌走向衰落。

（4）**有新的产品已经准备替代该产品了吗？**产品退市的最好原因就是被自己的新一代产品替代。这是一种主动出击的战略。企业不断推陈出新，不但可以巩固自己的市场地位，而且可以获得更好的投资回报。更新换代的产品不但会带来更大的市场份额，而且一般可以维持较高的销售价格，保证企业的获利水平。

以上 4 个方面的问题，如果有一个或者多个问题的回答是肯定的，那么企业就应该考虑对该产品做出退市决策。当然，还有一种情况是新产品上市失败。这也同样需要做出退市决策，也同样需要进行产品退市管理。

四、产品退市决策结论

基于产品生命周期管理团队提交的产品退市决策建议报告，公司产品审批委员会（PAC）做出两种产品退市决策结论。

（1）**立即退市**：产品符合退市决策评审准备，批准产品退市方案，批准产品退市计划，承诺产品退市资源，立即执行产品退市方案与计划。

（2）**延期退市**：公司产品审批委员会认为产品退市时机还不成熟，产品审批委员会做出产品延期退市决策。公司产品审批委员会明确预计产品退市时间，产品生命周期管理团队继续进行产品持续销售管理。

公司产品审批委员会做出产品延期退市决策可能有以下主要原因。

（1）产品还可以再销售一段时间，还可以再获取部分利润。

（2）新一代产品或者替代产品未能如期推出，此时产品退市会影响客户解决方案的有效运行。

创新者行动

规范公司产品退市评审流程，适时对处于产品生命周期管理阶段的产品做出退市决策。

第十五章

产品退市管理

创新者思考

（1）在什么情况下产品应该退市？

（2）我们有正式的产品退市管理流程吗？

（3）我们有跨职能的产品退市管理团队吗？

与任何生命体一样，产品也有生命周期，也有“离开”这个社会的那一天。产品退市是产品生命周期管理的最后一个阶段。很多企业在项目立项分析时根本没有考虑产品退市问题，认为那一天还非常遥远！产品管理的相关书籍也很少提到产品退市管理。总之，产品退市管理无论在理论界还是实践界都普遍不够重视。

产品退市管理（Product Discontinuation Management）是指从决定产品不再销售起到产品完全退出市场止这一时间段内的产品管理。产品退市管理框架流程如图 15-1 所示。

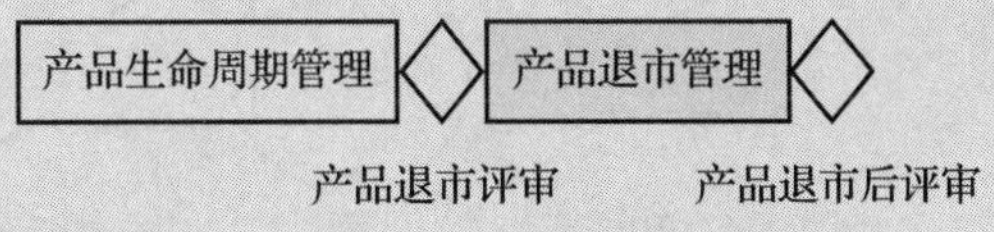

图 15-1　产品退市管理框架流程

产品退市管理的目的是做好产品退市过程中的各项工作，保证客户、利益相关者及企业利益不受损害。不同的产品类型退市管理的时间周期不同。一些食品等快速消费品可能退市周期只需要几天，而一些大型的机器设备退市周期可能需要 1 ～ 2 年。

产品退市管理是产品全生命周期管理中的最后一个阶段，产品经理需要“敬始善终”！

本章分为三节。

第一节，产品退市管理要点。

第二节，产品退市管理步骤。

第三节，产品退市后评审。

第一节 产品退市管理要点

一、产品退市管理阶段的常见问题

大家可以结合表 15-1 列举的产品退市管理阶段的常见问题，检查企业是否存在类似问题，思考产生这些问题的主要原因、改善要点与改善方法。

表 15-1 产品退市管理阶段的常见问题

产品退市管理阶段的常见问题	公司管理现状与改善要点
（1）企业对产品退市管理重视不够，缺乏正式的产品退市管理团队和产品退市管理流程，产品退市管理处于无序和放任自流的状态。很多早该退市的产品还在公司“产品货架”上持续销售	
（2）没有进行产品文档归档整理	
（3）没有撰写产品总结报告	

很多企业存在订单很少但很难被淘汰的老产品，我们称之为“蟑螂产品”。“蟑螂产品”的大量存在给企业带来很多不利影响，最终会影响企业整体研发创新的投资回报率。“蟑螂产品”带来的主要不利影响如图 15-2 所示。

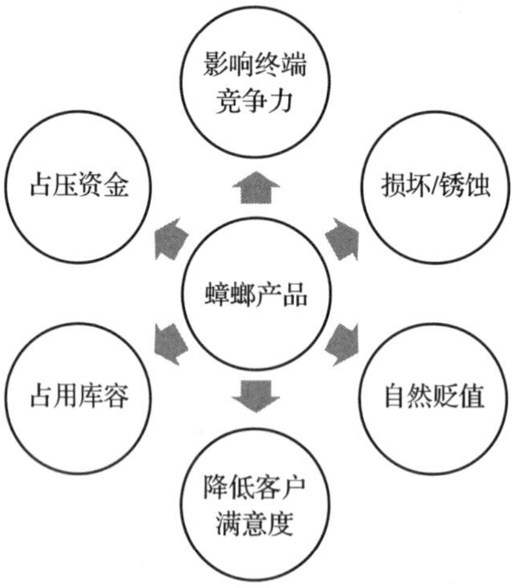

图 15-2 “蟑螂产品”带来的主要不利影响

二、产品退市管理阶段的工作目标

产品退市管理阶段的工作目标是顺利完成产品退市管理工作，提交产品文档和产品总结报告。大家可结合图 15-3 产品退市的时机决策思考产品退市的合适时机，及时进行产品退市决策。

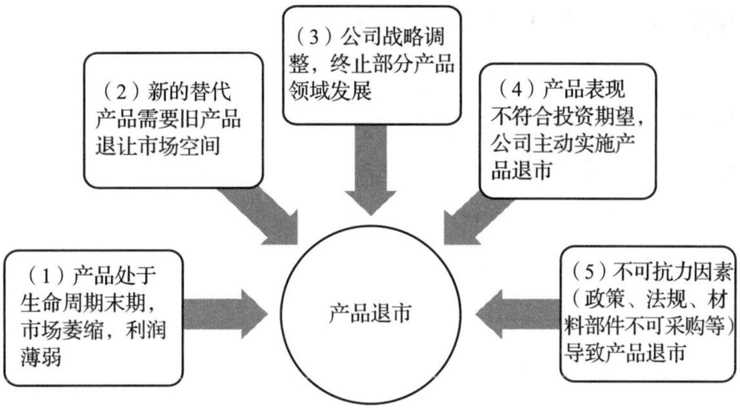

图 15-3　产品退市的时机决策

三、产品退市管理阶段的主要工作任务

产品退市管理阶段的主要工作任务包括以下三个方面。

（1）制订与执行产品退市计划。

（2）提交产品文档。

（3）提交产品总结报告。

四、产品退市管理阶段工作的团队组成

产品退市管理团队也应该由跨职能团队组成，因为产品退市涉及几乎每个运营部门。

产品经理应该继续担任产品退市管理团队的负责人，真正成为一个对产品的“最终结果”负责的人！营销、服务、运营、财务等相关职能部门都应该派代表作为产品退市管理团队的成员。

产品退市管理团队需要协调各个相关职能部门制订并执行产品退市管理计划，完成好产品退市管理的各项工作。以团队方式管理产品退市如图 15-4 所示。

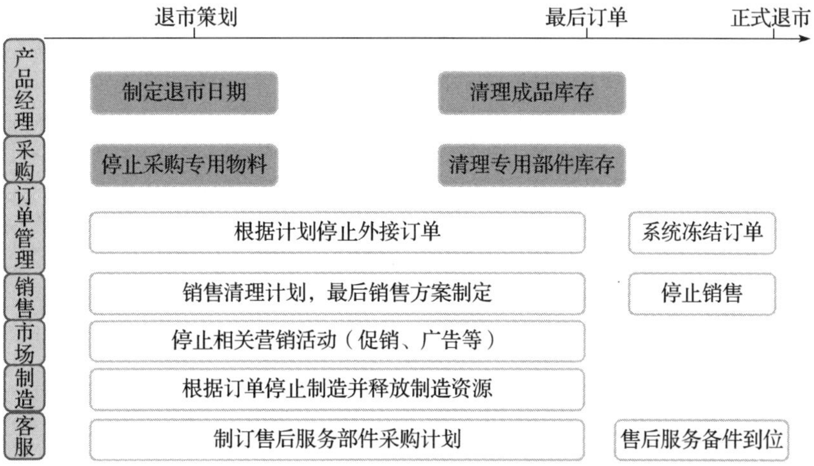

图 15-4　以团队方式管理产品退市

五、产品退市管理阶段需要掌握的主要创新方法

产品退市管理阶段需要掌握的主要创新方法是产品退市管理流程。

图 15-5 是产品退市管理的主要步骤，下节详细介绍相关内容。

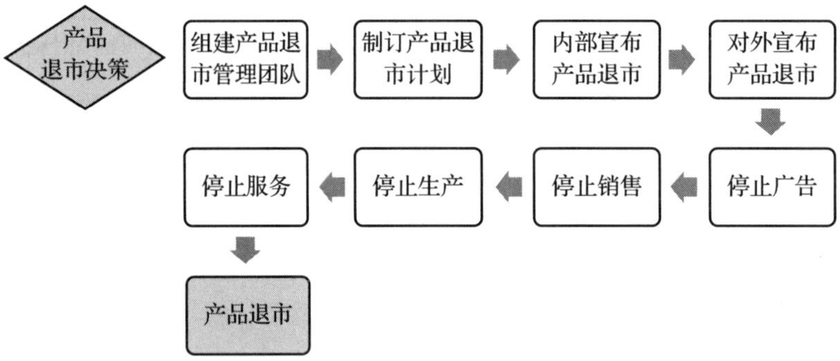

图 15-5　产品退市管理的主要步骤

六、产品退市管理阶段的工作交付成果

产品退市管理阶段的工作交付成果包括以下内容。

（1）产品文档。

（2）产品总结报告。

创新者行动

明确公司产品退市管理阶段的工作目标、工作任务与工作成果，高质量地做好产品退市工作。

第二节 产品退市管理步骤

遵循规范的流程和步骤能更有效地做好产品退市管理工作。基于图 15-5，我们以一个机械设备产品为例，介绍产品退市管理的主要步骤。

一、做出产品退市决策

基于预先设定的决策准则对产品做出是否退市的决策。产品退市建议一般由产品经理提出，企业产品评审决策团队负责审批。产品做出退市决策后，企业决策评审团队要审批产品退市管理计划，任命产品退市管理团队，承诺产品退市所需资源。

二、组建产品退市管理团队

由前所述，产品退市管理团队应该由与产品退市相关的各职能部门代表组成跨职能核心团队，各职能部门相关人员组成扩展团队，共同做好产品退市阶段的各项工作。

三、制订产品退市计划

产品退市阶段涉及的职能部门很多，产品退市所需的周期一般也比较长，只有周密细致的计划才能保证各项产品退市管理工作有序展开。产品退市阶段也是一个典型的“并行工程”阶段，需要各职能团队并行地完成很多工作。比如，在对外宣布产品退市的同时，营销部门要通过各种可行的方式通知客户和合作伙伴；销售部门要通知所负责的客户；生产部门要合理控制原材料和零部件的采购，服务部门也要开始考虑各项善后事宜。

四、内部宣布产品退市

产品退市计划先要在企业内部宣布，以便各职能部门相关人员做好各项准备工作。应该在内部退市准备工作完成得比较充分的情况下才正式对外发布产品退市公告。

五、对外宣布产品退市

通过媒体、经销商及销售团队等向客户及合作伙伴发布产品退市公告。对不同的对象要告知不同的产品退市内容与时间点。对潜在客户要告知停止接受订单的时间；对供应商要告知停止生产的时间；对现有客户要告知停止服务的时间。在告知客户及合作伙伴产品退市消息的同时，也要告知产品退市的原因，要征求他们对产品退市的意见和问题。如果有新一代产品发布，也要积极引导现有客户和潜在客户关注新一代产品。

六、停止广告

停止广告宣传的工作在企业内部宣布产品退市时就已经开始了。越快停止各项广告宣传，企业就越能降低费用支出。营销团队要处理好与各广告代理商之间的关系，防止发生商务纠纷。结余的广告款项也可以考虑用于其他产品的宣传。一些企业的产品已经退市了，但户外广告牌、公交车、电视等广告还在做，这实际上就是缺乏有效的产品退市管理造成的。

七、停止销售

销售团队需要按计划停止接受客户订单，以方便运营团队安排最后批次的产品生产。销售团队应做好客户迁移工作，引导客户购买企业的新一代产品。

八、停止生产

运营团队从内部宣布产品退市时就应该考虑和准备生产安排事宜。运营团队应该及时盘查库存的原材料、零部件及库存商品，结合最后批次的订单预测，结合可能的经销商及服务商退货，做好最后批次产品的生产计划。运营团队要及时决定何时终止采购原材料和零部件。运营团队也要注意处理好与供应商之间的关系。运营团队还需要考虑最后批次生产结束后，生产厂房、生产设备、生产线的用途，生产人员的安排等。

九、停止服务

从停止生产到停止服务可能需要相当一段时间，因为很多产品都有保质期。服务团队要考虑保质期内如何为客户做好服务工作，也要考虑保质期外如何满足客户的服务需求。

十、产品退市

最后，产品退市管理团队要对照退市工作检查清单（Checklist），逐一检查各项工作的完成情况。此外，还要做好产品所有资料的存档工作。

产品顺利退市！

产品经理实现了对产品从“**从摇篮（Cradle）到坟墓（Grave）**”的端到端的有效管理！

一个产品的退市，可能意味着更多创新产品的上市。产品经理又开始踏上新的征程！

“**洞察客户需求，开发精品产品**”，产品经理始终在路上！

创新者行动

规范公司产品退市管理流程，高质量地做好产品退市工作。

第三节 产品退市后评审

产品退市后评审是产品全生命周期最后一个评审点，企业产品审批委员会（PAC）也应该“敬始善终”“站好最后一班岗”，做好产品退市后评审工作。

产品退市后评审要点包括以下内容。

（1）产品退市过程中发生了哪些问题？产生这些问题的根本原因是什么？如何从流程和制度上解决这些问题？

（2）客户、供应商、合作伙伴的利益是否得到了保护？客户的后续服务是否进行了妥当安排？

（3）产品文档是否全部整理清楚，是否进行了正确存档？

让我们再次重温公司级、端到端的产品创新管理 4D 流程体系，如图 15-6 所示。

创新法则：**源于客户需求，终于客户满意！**

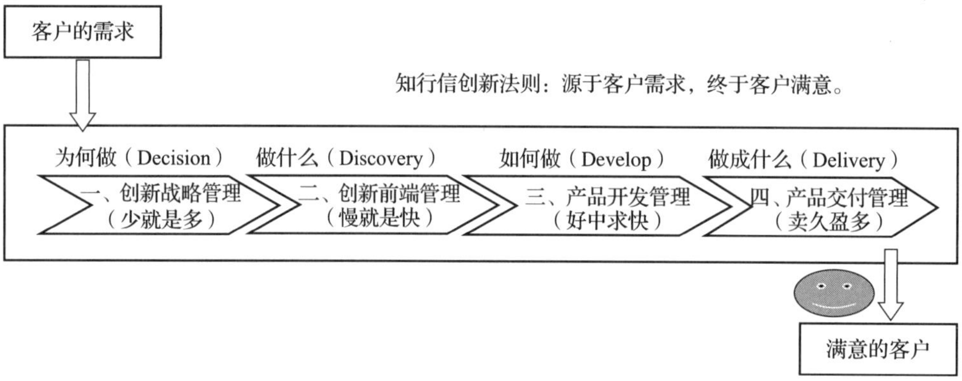

图 15-6 知行信产品创新管理 4D 流程体系

创新者行动

规范产品退市后评审流程，做好产品退市后评审工作。

第六篇

产品标准化管理

产品标准化管理（Product Standardizing Management）是指尽可能减少产品型号、产品定制，尽可能提高原材料/零部件、技术的重用性（Reuse），尽可能提高产品的“规模经济性”，从而提高产品的利润率，提高公司研发与创新的投资回报率。

产品标准化程度低的企业其实是“项目型企业”，而不是真正的“产品型企业”。

我们总结了“项目型企业”的13项典型特征，企业高层管理者、各事业部负责人可以结合企业实际进行对照分析。如果符合5项以上，则是比较典型的“项目型企业”；如果符合10项以上，则应尽快启动产品标准化管理体系建设工作。

“项目型企业”有以下典型特征。

（1）做完A项目做B项目，企业忙于交付各个“项目订单”。

（2）公司的知识积累主要是“项目文档”，而不是“模块化”的可以“重用（Reuse）”的知识。

（3）相似的项目“借用”以前的项目文档，原先项目错的地方继续错，原先项目没错的地方可能“抄错”。

（4）销售人员为了拿下单子，不计成本，承诺很多企业根本无法实现的客户个性化需求。

（5）售前支持工程师（解决方案经理）缺乏标准化的方案支持，自己凭经验做方案，做的方案难于实施。

（6）设计方案反复交流多次，占用了很多订单交付时间。

（7）项目报价周期长，报价不准确，报价时项目是赚钱的，结算时发现项目不赚钱。

（8）大部分研发工程师的主要精力用于“救火”，响应各个项目的“定制研发”工作，技术水平越高的工程师“救火”工作量越大。

（9）项目交付周期长、质量差、成本高、客户满意度不高，回款期长，公司现金流不好，盈利情况不理想。

（10）公司总有做不完的项目，研发人员根本没有时间和精力去做“重要而不紧急”的标准化、模块化、平台化和产品化工作。

（11）公司人均产值、人均利润不高，人均薪酬不高，难以吸引和留住卓越的技术和管理人才。

（12）为了扩大规模，做大销售额，什么单子都接，稀释了企业品牌，无法成为客户“首选”，主要靠打价格战和宽松的付款条件获取订单。

（13）产品质量问题多，售后服务投入人员、时间和精力多，保质期内的售后服务侵蚀了大部分项目利润。

提供成套解决方案的企业、系统集成类企业、定制软件开发企业、定制设备开发企业、研究院所、OEM/ODM（原始设备制造商 / 原始设计制造商）企业、同一产品线产品型号很多的企业大多存在典型的“项目型企业”的特征。长期提供大量定制服务的企业，往往会带来诸多直接不利影响及中长期不利影响。“项目型企业”面临的主要挑战如表篇 6-1 所示。

表篇 6-1　“项目型企业”面临的主要挑战

当前现状	直接影响	中长期影响
（1）定制项目越来越多 （2）响应定制研发的任务越来越重 （3）标准化产品开发等战略性工作总是没有时间做	（1）项目交付周期延长 （2）项目质量问题增多 （3）项目成本上升 （4）客户满意度下降 （5）项目回款周期延长 （6）公司现金流不好 （7）公司利润率下降 （8）主流客户中标率持续下降 （9）骨干员工人均薪酬难以提升	（1）客户：选择替代公司、减少后续订单 （2）员工：郁闷、不爽、疲惫，难以吸引、留住骨干人才 （3）企业：盈利能力弱、难以持续投入研发与创新，市场竞争力下降，品牌美誉度下降，难以实现可持续发展 （4）股东：现有股东减少支持与投入，难以吸引新的投资者，难以进行 IPO（首次公开募股）

导致科技企业定制太多或者产品型号太多的主要原因包括以下几点。

（1）**路径依赖**：公司创立以来就是一直做项目，“做项目”是企业的“本分”，不做项目干啥?

（2）**以定制为荣**：认为公司的核心竞争力就是能够响应各个客户的各种定制化需求，广为宣传公司的定制化能力。

（3）**有意识，缺行动**：公司高层管理者认识到了基于标准化产品交付定制订单的必要性、重要性，但是大家项目交付的压力一直很大，一直抽不出时间来做产品标准化工作。

有行动，缺方法：做了一些产品化工作的尝试，但由于缺乏系统化的方法，浅尝辄止，不了了之。

（4）**有方法，缺推行**：知道怎么做产品化工作，也做出了一些标准化产品，但是企业“项目惯性”太大，关键职能存在“阻力”，缺乏有效的流程、机制推行标准化工作，劳而无功。

知行信在近 20 年的创新咨询实践中，总结出了知行信产品标准化管理“四化”体系（见图篇 6-1），帮助科技企业大幅减少定制研发，大幅减少产品型号数量，大幅提升产品标准化率，大幅提升研发创新投资回报。

企业产品标准化管理的核心逻辑：基于模块化的共用产品平台，开发标准化的基型产品；基于标准化的基型产品发布型号产品，或者交付定制化的客户订单，实现“大规模定制”，实现客户与企业“双赢”。

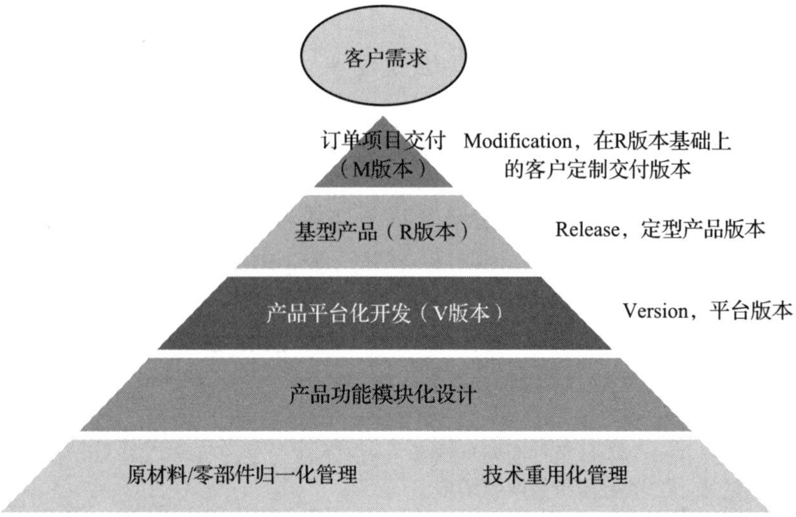

图篇 6-1　知行信产品标准化管理“四化”体系

大幅减少定制研发，大幅减少产品型号，建立产品标准化管理体系，“由项目型企业走向产品型企业”是科技企业高质量发展的必由之路！

基于知行信近 20 年的咨询服务经验，我们总结了产品标准化管理体系建设能够给企业带来的主要好处与价值。

（1）降低产品成本 20% 以上，提升企业利润 10% 以上。

（2）缩短同类新产品开发周期 30% ～ 50%。

（3）减少重复发生的质量问题 80% 以上。

（4）避免在整个公司范围内重复开发产品，重复开发技术，重复开发模块，重复选购、验证原材料 / 零部件，减少浪费，提升利润。

（5）将能力建立在组织上，快速培养新人，减少对个别“能人”的依赖，大幅提升企业对技术人才的吸引力。

（6）技术人员离职，技术还留在企业，“人走知识在”，无需重复摸索与积累已有技术知识。

（7）标准化的产品、技术、管理知识成为公司可以持续重用的“核心资产”“核心财富”。

（8）人均产值、人均利润、人均薪酬大幅提升。

（9）公司中高层领导无需将主要精力用于指导员工如何做事，可以将更多精力关注公司中长期发展，创造更大价值，提升工作、生活质量。

（10）世界一流的知识管理，成就世界一流的创新企业！

本篇分四章分别介绍产品标准管理“四化”体系的主要内容。

第十六章，原材料 / 零部件归一管理。建立原材料 / 零部件优选库，实现所有原材料 / 零部件“三归一”：品类归一，品牌归一、供应商归一。

第十七章，技术重用化管理。建立技术要素重用库，对可以重用的各类技术进行标准化“封装”，在全公司范围内实现“安全地分享”，“将能力建立在组织上”。

第十八章，产品功能模块化设计。建立产品模块库，采用模块化方式设计与开发产品，相关模块之间设定“标准接口”，实现“菜单式报价”“勾选式设计”。大幅提升产品的标准化率，实现“大规模定制”，由“项目型企业”走向“产品型企业”，“过上模块化生活”。越标准化，越定制化。

第十九章，产品平台化开发。基于共用技术和标准化功能模块，建立产品硬件、软件共用平台。基于产品共用平台开发系列产品，缩短各款产品开发周期，降低各款产品成本，提升各款产品稳定性与可靠性。持续优化与升级的产品平台成为企业难以模仿的核心竞争力。

第十六章

原材料 / 零部件归一管理

创新者思考

（1）我们公司是否由于原材料 / 零部件品类太多而影响了产品质量、成本，影响了订单交付周期、质量、客户满意度、订单利润率？

（2）我们公司是否应该在梳理的基础上，尽快建立原材料 / 零部件优选库，避免原材料 / 零部件品类继续无序蔓延？

（3）我们公司是否应该建立并执行规范的原材料 / 零部件选型流程与制度，从源头上杜绝原材料 / 零部件品类的无序蔓延？

原材料 / 零部件归一管理是指企业尽可能减少原材料 / 零部件的品类，以提升单位原材料 / 零部件的规模经济性，降低产品成本，提升产品稳定性和可靠性，提升产品市场竞争力，实现客户、供应商与企业"多赢"。

在我们的咨询实践中，我们发现很多企业的原材料 / 零部件归一化管理工作做得不好，有很大的改善空间。比如有的电子企业的螺丝有1000多种规格。有的装备制造企业的钢板有30多种规格，一年卖钢材"废料"都可以卖500多万元，浪费非常严重。有的装备制造企业，呆滞物料、呆滞成品占了大量的库存空间，厂区内外到处堆满了呆滞成品，甚至有的企业要专门租更多的仓库专门存放呆滞物料与报废成品。

存在以下情形的企业有必要立即启动原材料 / 零部件归一化工作。

（1）原材料 / 零部件管理较为混乱，存在较多的呆滞物料、一物多码、一码多物、等现象。

（2）新型原材料 / 零部件申请采购随意性较高，缺乏有效管控，同类可替代原材料 / 零部件较多。

（3）原材料 / 零部件采购规模性、便捷性较低，加工、装配、服务一致性、便捷性偏低，存在较高的隐性成本及浪费。

原材料 / 零部件归一化梳理对于企业降低产品成本能够起到“立竿见影”的作用。通过原材料 / 零部件的有效归一化梳理，很多公司有成本下降 20% 以上的空间。

本章分为三节。

第一节，企业原材料 / 零部件不受控的主要原因分析。

第二节，原材料 / 零部件归一化梳理步骤。

第三节，原材料 / 零部件的常态化管理。

第一节 企业原材料 / 零部件不受控的主要原因分析

本节简要介绍原材料 / 零部件不受控带来的坏处，分析企业原材料 / 零部件不受控的主要原因，提出原材料 / 零部件归一化管理要点。

一、原材料 / 零部件不受控带来的坏处

原材料 / 零部件品类太多，主要带来两个方面的坏处：一是影响产品质量与成本；二是增大企业管理难度与成本。

1. 原材料 / 零部件品类太多对产品质量与成本的影响

（1）产品稳定性、可靠性下降。

（2）产品成本上升，订单交期延长。

（3）备品备件增多，产品维修服务难度增大。

2. 原材料 / 零部件品类太多对管理难度与成本的影响。

（1）采购难度增大，采购周期延长，采购成本上升，容易滋生腐败。

（2）原材料 / 零部件检测、验证周期延长，难度加大。

（3）库存管理难度增大，入库、出库管理成本上升。

一些企业原材料 / 零部件品类太多的典型症状是“慢流”物资多，即流动速度很慢的原材料 / 零部件很多。“慢流”即是损失，流动速度越慢，损失越大。

咨询实例

深圳某电视机制造企业原材料 / 零部件失控症状

深圳某电视机制造企业，利润率一直处于 5% 以下。企业有些管理者说，我们虽然利润率不高，但是还是有利润的。咨询顾问认为，该公司作为一家高新技术企业，有必要将利润率提升到 10% 以上。这样才有可能持续投入研发，保证企业的可持续发展。

咨询顾问详细询问了该公司原材料 / 零部件库存情况、电视机成品库存情况，发现该公司这两方面的“呆滞”库存都非常高。该企业财务核算时都是按“原值计价”。咨询顾问说，如果将这些呆滞原材料 / 零部件及呆滞成品按现值计算，估计公司就很难有盈利了。比如说 3 年前 5 美元采购的一个芯片，现在用不上了，那还值多少钱？ 3 年前定价 5000 元的电视机，现在还没卖出去，那还值多少钱？这些 3 年以上的呆滞原材料 / 零部件及成品库存，现值可能不是 0，有可能是负值！因为这些物料要有仓储成本和库管成本，即使不要钱找人搬走还要支付

运输费用和处理费用！

咨询顾问建议该公司尽快对现有呆滞物料、成品进行处理，尽量减少直接与间接损失。同时建议该公司对现有原材料/零部件库进行全面梳理和优化，建立原材料/零部件优选库，建立原材料/零部件选型流程与制度，从源头上遏制研发物料的无序蔓延。

二、原材料/零部件不受控的主要原因分析

企业原材料/零部件不受控的主要原因有四方面。

（1）企业未建立有效的原材料/零部件优选库，工程师设计产品缺乏参考依据，只能“自由”选用研发物料。

（2）工程师缺乏有效的产品设计指导原则，设计随意性大。

（3）缺乏有效的产品设计评审，评审团队把关不严。

（4）内外合谋，有意贪腐。

由此可以看出，企业原材料/零部件品类失控的根本原因是管理失控。企业可对照自己公司，看看原材料/零部件品类失控的根本原因是不是以上四个方面。

深圳某知名科技公司反腐败公告（20190117）：2018年公司发现在供应商引入决策链条中的研发人员、采购人员、品控人员大量存在腐败行为。

2018年公司搞管理改革，原本是要搞管理和流程优化。这个过程中，公司意外发现在供应商引入决策链条中的研发人员、采购人员、品控人员大量存在腐败行为。

（1）很多物料长期以高价卖给公司，高价物料贵20%～50%，低价物料不少都以2～3倍的价格卖给公司。

（2）由于供应链贪腐造成平均采购价格超过合理水平20%以上，保守估计造成超过10亿元的损失（为2017年所有年终福利的2倍以上）。

（3）公司处理涉嫌腐败和渎职行为的员工45人，问题严重移交司法处理的16人，直接开除的共计29人。

该公司还公布了供应链腐败中研发和采购人员行为的主要手法。

（1）让供应商报底价，然后伙同供应商接口人往上加价，加价部分双方按比例分成。

（2）利用手中权力，以技术规格要求为由指定供应商或故意以技术不达标为由把正常供应商踢出局，把可以给一定比例回扣的供应商押镖进短名单，长期拿回扣。

（3）故意以降价为借口，把所有正常供应商淘汰，让可以给回扣的供应商进短名单。进短名单之后，做成独家垄断，然后涨价，双方分成。

（4）利用内部信息和手中权力引入差供应商，并和供应商串通，收买研发人员，在品质不合格的情况下不进行物料验证，导致差品质高价格物料长时间独家供应。

（5）内外勾结，搞皮包公司，利用手中权力让皮包公司接单，转手把订单分给工厂，中间差价分成。

三、企业原材料 / 零部件归一化管理要点

创新型企业要由公司首席产品官牵头，组织产品管理部、研发中心、采购部、生产部和财务部等部门，建立跨职能团队，进行原材料 / 零部件归一化梳理工作，要点如下。

（1）组织专人、分类梳理各类原材料 / 零部件，填写梳理表。

（2）基于归一评审原则，提出初步归一决策建议。

（3）提交归一决策建议表给公司评审。

（4）公司评审后建立优选库，应用优选库。

（5）建立与执行原材料 / 零部件优选流程。

第二节 原材料 / 零部件归一化梳理步骤

本节介绍原材料 / 零部件归一化梳理的具体步骤，创新型企业可以参照进行本企业的原材料 / 零部件归一化梳理工作。

一、组建原材料 / 零部件归一团队

原材料 / 零部件梳理不是采购部的工作，也不是研发部的工作，是公司层面的挑战性很大的工作。很多公司规模较大，经过多年累积，研发物料编码达数十万条，甚至近百万条，梳理工作难度很大，工作量很大。当然如果进行了成功梳理，“回报”也会很大，产品成本很有可能降低 15% 以上。

创新型企业要由公司首席产品官牵头，组织产品管理部、研发中心、采购部、生产部和财务部等部门，建立跨职能团队，进行原材料 / 零部件归一化梳理工作。

物料编码及物料基础信息梳理工作一般由采购部主责，财务部参与。物料归一评判工作一般由研发部主责，产品管理部、生产部等参与。原材料 / 零部件归一化评审决策应由公司部门级以上领导组成团队进行。

二、明确原材料 / 零部件分类标准

基于通用化程度的不同可将原材料 / 零部件分为四类。

1. 非标件

非标件是客户提出来的特殊的零部件，只能用于该客户订购的该类产品，不能用于其他客户的同类产品。客户提出详细的要求、数据及信息，厂家根据客户要求制作。

2. 专用件

专用件是仅在一个产品（或一类产品）上使用的零（部）件，是为某一特殊产品设计并且进行编号的，不能用于其他类型的产品。

3. 通用件

通用件是在不同类型或同类型不同规格的产品中可以互换使用，给予通用编号（或单独管理）的整（部）件和元器件，应用范围较广。通用件是标准件的初级形式，在设计时，当标准件使用。它是一些应用范围较广，一时又不能定为标准，对其统一设计，独立编号、建立图册，供设计人员选用的零部件。

4. 标准件

标准件是指结构、尺寸、画法、标记等各个方面已经完全标准化，具有标准代号，由专业厂

生产的常用的零（部）件，跨行业通用性强，如螺纹件、键、销、滚动轴承，等等。

（1）广义标准件包括标准化的紧固件、联结件、传动件、密封件、液压元件、气动元件、轴承、弹簧等机械零件。

（2）狭义标准件仅包括标准化紧固件。国内俗称的标准件是标准紧固件的简称。

（3）此外还有行业标准件，如汽车标准件、模具标准件等，也属于广义标准件。

原材料 / 零部件归一化总体原则：尽可能实现非标件、专用件通用化、标准化，尽可能减少各类原材料 / 零部件品类。

创新型企业要持续提升通用率，持续降低非标率，基于通用化程度的原材料 / 零部件分类如图 16-1 所示。

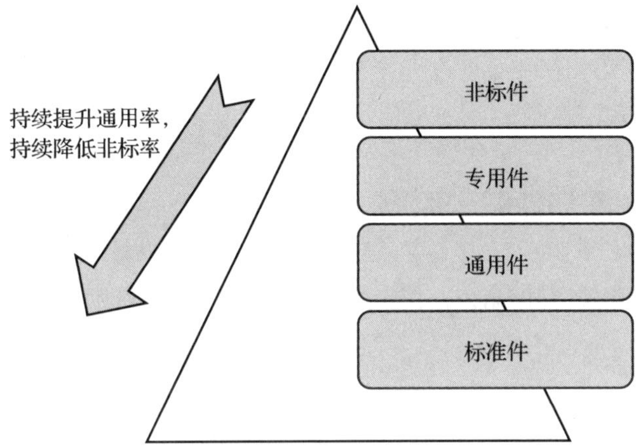

图 16-1　基于通用化程度的原材料 / 零部件分类

降低非标件、专用件比例，可以大幅降低产品总成本，如图 16-2 所示。

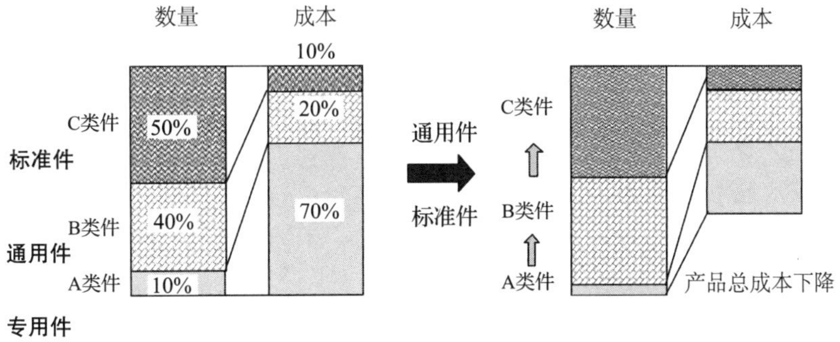

图 16-2　通过降低非标件、专用件比例，大幅降低产品总成本

图 16-2 表明，一个产品的专用件可能数量只占 10%，但是成本却占产品的 70%。如果专用件数量能够压缩 50%，那么产品总成本可能会下降 20% 以上。

在一个产品中，非标件、专用件的数量可能较少，但是产品单位成本的占比却很高。通过降低非标件、专用件的比例，可以大幅降低产品总成本。举个简单的例子，一台机器设备上某处采用标准螺栓可能只需要 0.1 元 / 个，但是采用定制螺栓可能需要 10 元 / 个，价格相差 100 倍。

产品中非标件、专用件多，不但会增加产品的直接成本，还会延长订单交付周期，降低产品的稳定性与可靠性，增加备品备件成本，增加售后服务成本。这也是很多定制型企业盈利情况不好的主要原因。

三、设定原材料 / 零部件归一工作目标

原材料 / 零部件归一工作应该设定明确的目标，梳理团队在目标指引下开展工作。可以考虑设定以下目标。

（1）研发物料编码数量减少的百分比。物料管理水平不同，压缩比例也不同。不同物料品类压缩比例可能也不一样。比如某装备类企业提出通用件品类压缩 50% 以上，非标件品类压缩 40% 以上。

（2）产品材料成本下降的百分比。比如某电子企业提出产品材料成本下降 15%，年度材料降本 5000 万元。

四、设定原材料 / 零部件归一原则

要有效管理企业原材料 / 零部件品类，首先要设定原材料 / 零部件归一的主要原则，如图 16-3 所示。

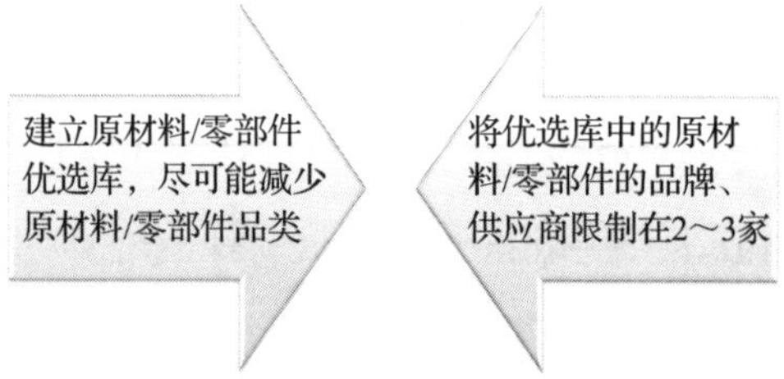

图 16-3 原材料 / 零部件归一的主要原则

原材料 / 零部件归一原则包括以下内容。

（1）非标件、专用件尽可能转化为通用件、标准件。

（2）同类零部件规格尽可能少。

（3）规格相差不大的零部件尽可能归一。

（4）每类零部件品牌不少于 2 家，不多于 3 家。

（5）每类零部件供应商不少于 2 家，不多于 3 家。

（6）每类零部件尽可能实现规模采购，降低零部件成本。

每种原材料 / 零部件的供应商不应少于 2 家，也不应多于 3 家。少于 2 家表示该原材料 / 零部件只有唯一供应商，企业面临巨大的“断供”风险。多于 3 家供应商，管理成本会增大，单位采购批量会减少，采购成本会上升。

企业某些原材料 / 零部件只有唯一供应商，可能有两种情况。

一是市场上只有唯一供应商，没有更多选择，比如某些芯片、手机操作系统。如果一家企业

的关键原材料 / 零部件受制于某个唯一供应商，则该公司的可持续发展将面临巨大风险，随时有可能“休克”。企业要想办法打破供应商唯一这种被动的局面。比如华为公司自己研发手机芯片和手机操作系统。

（2）另外一种情况是市场上有多家供应商，但企业只选择了一家。这是一种不正常的现象，容易滋生采购腐败。有家装备制造企业规定，使用唯一供应商原材料 / 零部件，必须书面说明原因，并呈报公司总经理审批。

五、梳理现有原材料 / 零部件

一些企业的原材料 / 零部件品类多到“ERP 中的编码已经不够用了”。一些企业的原材料 / 零部件品类有上万种，但是常用的不到 1000 种，3 年以上没有用过的超过 5000 种。

对现有原材料 / 零部件的梳理需要采用“**完全穷尽、相互独立**”的方法，将所有原材料 / 零部件清单全部列出来，并列出所有原材料 / 零部件的使用情况与库存清单。

原材料 / 零部件归一化梳理流程如图 16-4 所示。

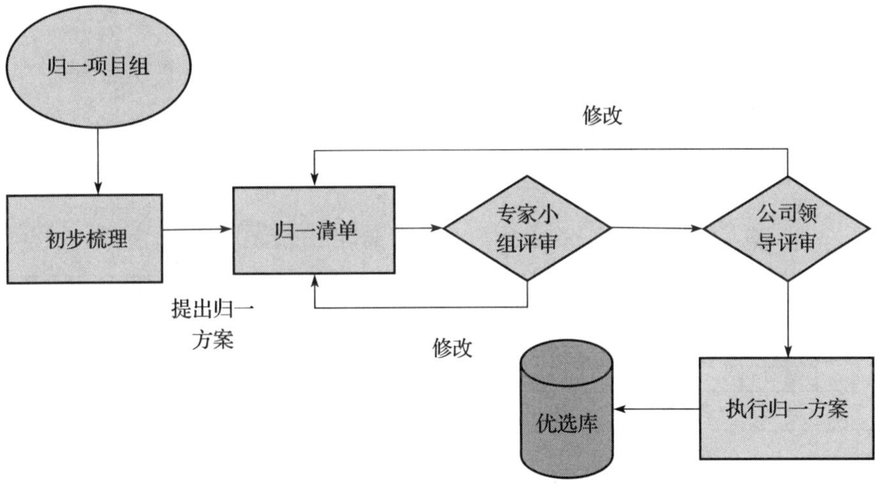

图 16-4　原材料 / 零部件归一化梳理流程

归一项目组基于事先设定的归一原则，对原材料 / 零部件库进行初步梳理，提出归一方案，提交归一清单给专家小组、公司领导评审，评审通过后执行归一方案，将归一后的原材料 / 零部件入选优选库。

明确公司原材料 / 零部件类别，确定需要优先梳理的原材料 / 零部件类别，分别组建团队对各类原材料 / 零部件进行归一梳理。以下是某装备制造企业的原材料 / 零部件分类，供参考。

（1）原材料（金属材料、非金属材料）。

（2）机械通用物料（紧固件、轴承类、液压气动元件类、传动润滑类）。

（3）电气通用物料（电机类、低压电气类、电子元器件类）。

（4）零部件类（通用件、专用件、非标件）。

（5）辅料（包装物、油漆、标牌等）。

（6）生产类辅料。

（7）软件类（外购软件、自研软件模块）。

（8）…

归一团队整理出梳理表后，要逐一对每个物料提出明确的归一决策建议，供公司领导决策。原材料 / 零部件归一决策有三种。

（1）**优选**：列入优选库，供后续产品设计、订单项目交付选用。

（2）**禁选**：从优选库删除，以后不再选用。

（3）**限选**：已签约订单继续选用，相关订单交付完毕后禁用。

咨询实例

某机械产品企业的原材料 / 零部件归一化梳理

某铸造类机械产品上市公司的产品 80% 外销，但是订单 80% 都会延期交付。由于担心延期交付订单会被客户罚款，公司经常采用航空快速发货。高昂的航空快递费导致公司很多订单亏损。造成公司订单延期交付的主要原因是产品的标准化程度不高，定制需求很多，每个订单都要与客户反复沟通需求，定制研发设计的周期占了订单交付周期的一半以上。

顾问团队与客户团队一起研讨如何大幅减少产品型号，进而大幅减少原材料 / 零部件品类，特别是减少定制件、专用件的品类。表 16-1 是某机械设备企业原材料 / 零部件归一化梳理表（示例），基于该表进行了初步的优选、限选、禁选决策。

表 16-1　某机械设备企业原材料 / 零部件归一化梳理表（示例）

模块	序号	事项	梳理前	梳理后			
				优选数量	限选数量	禁选数量	禁选比例
原材料 / 零部件归一化决策	1	原材料—材料库	135	25	57	43	32%
	2	零部件—螺栓	2928	165	168	2535	87%
	3	零部件—螺母	348	32	60	255	73%
	4	零部件—垫片	595	35	74+165（待定）	320	54%
	5	零部件—阀杆	1924	997	64	863	45%

通过产品型号梳理和原材料 / 零部件梳理，该公司产品模具减少了 50% 以上，标准件平均禁选比例达到 50% 以上。

通过产品优化设计和原材料 / 零部件优选库建设，该公司产品总成本下降了 15% 以上，公司净利润率翻了一番。2 年内准交订单比例达到了 90% 以上，大大提高了客户满意度。

看了梳理表，该企业董事长感叹道：标准化工作我至少说了 10 年了，没想到我们做得这么差！顾问团队分析该公司产品标准化工作迟迟未能有效开展的原因，主要有以下三方面。

（1）**缺意识**：不知道存在巨大浪费，不知道有很大成本降低空间。

（2）**缺方法**：缺系统化的方法，缺强有力的外部力量牵引。

（3）**缺行动**：忙于日常订单交付不能自拔，未能投入整段时间进行标准化攻坚行动。

第三节 原材料 / 零部件的常态化管理

原材料 / 零部件归一工作不能采取“运动式”管理：梳理—蔓延—再梳理—再蔓延，不能每隔两三年梳理一次。原材料 / 零部件必须采取常态化管理方式，从源头上杜绝原材料 / 零部件品类反复蔓延的情况出现。

创新型企业要建立、应用和管理好原材料 / 零部件优选库，要制定研发物料选用流程，从研发源头上遏制研发物料的无序蔓延，原材料 / 零部件归一化管理流程如图 16-5 所示。

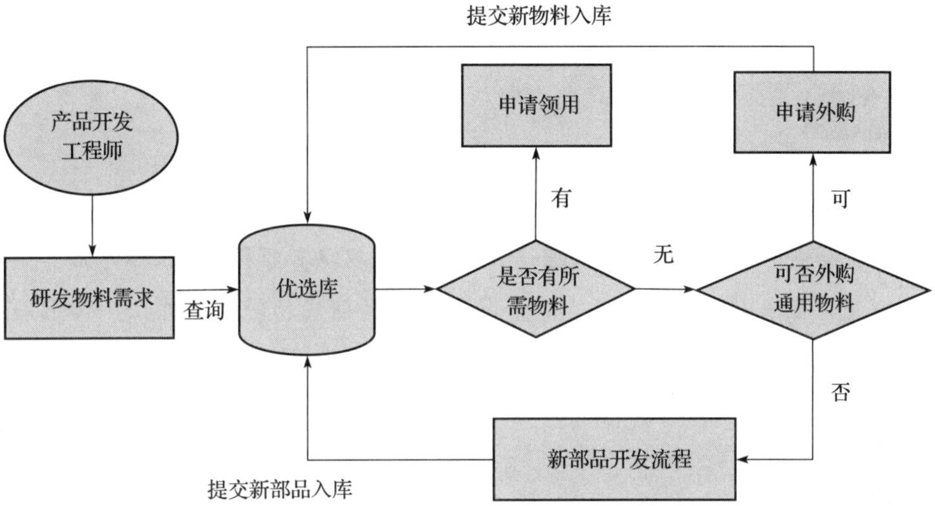

图 16-5 原材料 / 零部件归一化管理流程

一、建立原材料 / 零部件优选库

将通过归一评审的原材料 / 零部件信息导入优选库，新产品开发物料选型基于优选库展开。

对优选库中原材料 / 零部件的供应商进行梳理与优化，每个物料优选 2 ～ 3 家供应商，分为首选供应商和备选供应商。

原材料 / 零部件库要由专人负责管理，及时更新，保证每个原材料 / 零部件型号的唯一性、相对最优性。

二、管理原材料 / 零部件优先库

产品开发工程师研发物料选择原则：现有物料优先，外购通用物料次之，实有必要时才进行新部品开发。

以下是原材料 / 零部件归一化管理的主要步骤。

（1）产品开发工程师有新的研发物料需求时，需要首先查询原材料 / 零部件优选库，看看是否优选库中有所需物料。

（2）如果优选库中有所需物料，直接申请领用。

（3）如果优选库中没有所需物料，看看是否可以外购通用物料。如果可以，申请外购，该物料纳入优选库。

（4）如果优选库中没有所需物料，又无法外购，则进入新部品开发流程。开发验证的新部品纳入优选库。

通过以上流程，可以从新产品研发的源头上遏制原材料 / 零部件品类的无序蔓延。通过有效的原材料 / 零部件归一化管理，可以大幅提升标准件、通用件的比例，大幅降低非标件、专用件的比例，从而大幅降低产品成本，提升公司利润率。

创新者行动

公司首席产品官牵头，组织产品管理部、研发中心、采购部、生产部和财务部等部门，建立跨职能团队进行原材料 / 零部件归一化梳理工作。全面梳理现有原材料 / 零部件品类，做出明确的优选、禁选和限选决策，建立优选库，制定和执行严格的研发物料选型流程，从源头上遏制研发物料的无序蔓延。

第十七章
技术预研与技术重用管理

创新者思考

（1）我们在产品开发前已经解决了主要的技术问题吗？

（2）我们的研发人员能够熟练应用 TRIZ 方法解决各类技术难题吗？

（3）我们公司已经掌握的技术能够实现重复应用吗？

技术（Technology）是指能用于解决客户问题或者满足客户需求的知识和工具。企业技术主要包括产品技术（用于开发新产品）和工艺技术（用于生产和交付产品或服务）。

广义上说，**任何能够为企业创造价值的诀窍（Know-How）都是“技术”**。比如各种管理体系、方法与工具，也是“软技术”。本章主要探讨用于实现产品功能、性能的各种“硬技术”，比如结构设计技术、外观设计技术、硬件技术、电气技术、液压技术、软件技术，等等。

创新型企业既要重视技术开发，也要重视技术重用，两者不可偏废。

很多企业不重视技术预研工作，甚至没有技术预研的概念。很多企业边开发产品，边开发技术，在产品开发的过程中研究、解决各种技术问题，导致产品上市大幅延期或者产品开发中途夭折。

很多企业不重视技术重用工作，甚至缺乏技术重用概念。张三掌握的技术，李四不知道，或者无法学习与借鉴，李四只好自己开发。很多公司的不同事业部、不同研发小组、不同研发人员之间存在大量的重复开发相同技术、类似技术的情况。

本章共分三节。

第一节，技术预研管理。介绍技术预研的流程与方法。

第二节，采用 TRIZ 方法解决技术矛盾。简要介绍如何采用 TRIZ 方法解决技术矛盾。

第三节，技术重用管理。介绍技术重用的流程与方法。

第一节 技术预研管理

顾名思义，技术预研是指技术的预先研发。技术预研是相对于新产品开发而言的。也就是说，要在新产品开发前掌握开发该产品所需的核心技术、关键技术。比如“三电”技术（电池、电机、电控）不掌握，是不可能开发出能够热卖的新能源汽车的。

很多创新型企业由于技术预研做得不好导致新产品开发失败，很多研发投入打了水漂。

是否掌握核心技术，核心技术能否持续保持领先，很大程度上决定了创新型企业产品的领先性、企业的战略安全性。

本节首先简要分析技术预研的重要性，分析技术预研做得不好的主要原因，重点讨论技术预研的有效管理方法。

一、技术预研的重要性

在我们的咨询实践中发现，很多企业只是口头上重视技术预研，实际上很少进行有效的技术预研工作。技术预研做得不好，对创新型企业主要有如下三个方面的不利影响。

1. 影响新产品开发项目的成败

技术预研做得不好的直接后果就是导致新产品开发失败。很多企业是“边了解客户需求、边开发技术、边开发产品”的“三边”开发模式，美其名曰“敏捷开发”或“并行工程”。没有在新产品开发前解决关键技术问题可能带来如下后果。

（1）由于关键技术问题解决不了，导致新产品的核心功能或关键性能指标实现不了，新产品项目中途夭折，项目前期投入成了“沉没成本”。比如某装备类企业的产品在转速、能耗和连续无故障运行时间等关键指标方面比主要竞争对手的都差，该企业在招标前的“技术比武”环节就已经出局了。

（2）由于关键技术问题解决的时间周期大大超出预期，导致新产品上市一再延期，错过了新产品上市的最佳“机会窗”，主流市场的主流客户已经被主要友商抢占，企业新产品的投资回报远低于预期，甚至亏损。比如苹果公司推出新一代智能手机，有的厂商过了一年也未能推出同类手机，那这些厂商很可能就会掉队，甚至消失。

（3）为了赶新产品上市进度，部分关键技术问题没能有效解决，导致产品上市后功能表现不稳定，或者性能参数不达标，产品维修、服务成本高，客户满意度低，难以实现预期销量，难以实现预期投资回报，并严重影响公司声誉。比如某些汽车厂商的自动驾驶技术不过关，容易导致交通事故。

图 17-1 呈现了技术开发项目与产品开发项目的关系，企业要在解决关键技术问题的前提下进行

产品开发。比如，图中技术 T1 应用于产品 P1 和 P2，T1 技术不掌握，P1 与 P2 产品的成功均会受影响。

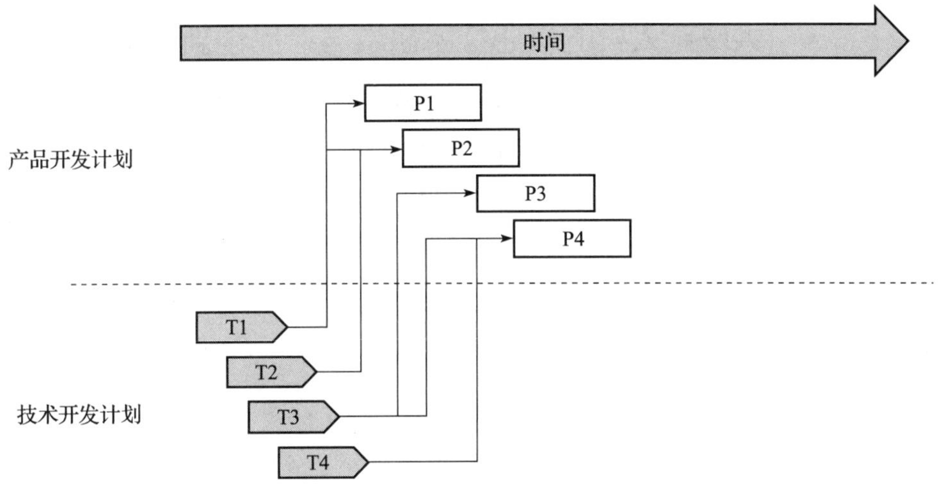

图 17-1 技术开发项目与产品开发项目的关系

2. 影响产品平台构建

产品平台很大程度上决定了企业系列产品的差异化和市场竞争力，因为产品平台主要由产品线系列产品共用的核心技术、关键技术构成。如果这些构成产品平台的核心技术、关键技术没能提前预研，或者技术不过关，就会导致产品平台不稳定，进而导致产品线的系列产品的稳定性、可靠性不好。比如作为汽车核心平台技术的发动机技术如果不过关，那么基于该平台开发的所有汽车就难以保证质量，难以取得好的投资回报。

因此，构成系列产品平台的核心技术、关键技术必须首先识别出来，列入产品线技术路线图规划，进行提前预研。**平台技术是所有技术预研项目中优先级最高的**。但是，实际上，很多企业由于日常定制开发工作、订单交付工作"太忙"，平台技术开发优先级总是"最低"的。

3. 影响企业的可持续发展

作为一家科技创新型企业，如果缺乏核心技术，或者核心技术不能保持领先，那么该公司不可能成为市场领导者，很可能很快走向衰落或死亡。企业技术领先有两方面的含义：一是在原先的技术路线上保持领先；二是在新的技术路线上保持领先。比如在燃油车时代，领先的汽车企业必须在燃油发动机技术方面保持领先。而在新能源汽车时代，原先在燃油车市场保持领先的汽车企业如果不能在电池技术方面保持领先，则很可能被时代抛弃。"破坏性技术"的出现，可能会让原先的领先者落伍，也会给新参与者带来领先的机会。比如，特斯拉的快速崛起就源于在新能源汽车电池续航里程、自动驾驶等多项核心技术、关键技术的领先。日本多家传统优势车企的中国市场份额正在被中国本土多家"造车新势力"所蚕食、替代。

要成为全球领先企业，并且保持持续领先，既要在现有技术路线上保持领先，也要主动预研"颠覆性技术"，在适当的时机切换到新的技术路线，"自己颠覆自己"。在电视机行业就经历了等离子、LED、激光电视等技术路线的变化，有的企业衰落了，有的企业崛起了。

创新案例

大疆无人机的核心技术研发与产品创新

深圳市大疆创新科技有限公司（以下简称大疆）成立于2006年。自成立以来，大疆从无人机系统拓展至多元化产品体系，在无人机、手持影像系统等领域成为全球领先的品牌，以一流的技术产品重新定义“中国智造”内涵。大疆总部位于深圳，在全球多地设有办公室，业务遍及100多个国家与地区。2020年，大疆入选《福布斯中国最具创新力企业榜》，入选《快公司》“中国最佳创新公司50”榜单。大疆在全球无人机市场上占据的份额超过70%。

大疆创始人汪滔毕业于香港科技大学，学生时代就开始研究直升机技术。2005年，汪滔将直升机自主悬停技术作为自己的本科毕业设计课题。2006年，汪滔继续在香港科技大学攻读研究生，于2006年年底与两位一起做本科毕业课题的同学在深圳创立大疆，研发生产直升机飞行控制系统。经过近6年的持续技术与产品研发，2012年，大疆推出到手即飞的世界首款航拍一体机“大疆精灵Phantom 1”，将之前局限于航模爱好者的专业市场推广至大众消费市场，将单纯的飞行体验拓展至航拍体验，大获成功。到2012年晚些时候，大疆已经拥有一款完整无人机所需要的一切元素：软件、螺旋桨、支架、平衡环以及遥控器。

大疆并未就此止步，在接下来的几年里，大疆始终以用户的体验反馈为依据，不断实现产品的升级换代：2012年的第一代“大疆精灵”，支持悬挂微型相机，达到航拍功用，失控情况下可实现自主返航；2013年的第二代“大疆精灵”则配备了高性能相机，除可拍摄高清照片外，还能实现录影，并实时回传，内嵌的GPS自动导航系统，可以准确锁定高度和位置，稳定悬停；到2015年，第三代“大疆精灵”推出时，其高清数字图像传输系统可实现2公里内的图像传输，内置的视觉和超声波传感器可让飞行器在无GPS环境中实现精确定位悬停和平稳飞行……

图 17-2　大疆无人机

核心技术攻克和产品持续创新带来的是营业收入的持续、快速增长，利润率也非常可观。2013—2017年，大疆的年营业收入增长了20余倍，由2013年的8亿元猛增到2017年的175亿元。大疆2017年的净利润达到43亿元，利润率为25%。2022年大疆年营业收入达1700亿元。

二、企业技术预研做得不好的主要原因

企业技术预研做得不好，有企业实际发展阶段的问题，也有观念和方法问题。以下总结了企

业技术预研做得不好的主要原因，供相关企业对照参考。

1. 企业还处于生存阶段，无暇考虑技术预研问题

一些成立时间不长或者经营业绩不太好的企业，还处于创业阶段或者生存阶段，没有足够的资金和合适的人力资源投入技术预研工作，或者技术预研的方向和重点也不清晰。处于生存阶段的企业确实要首先考虑如何“活下去”，难以做比较长远的规划和投入。但是，在论证新产品项目时，这些企业如果能够注重进行技术可行性分析，在新产品开发前对尚未掌握的核心技术、关键技术进行先行论证和研究，也能大大提高新产品开发成功率，降低不必要的失败风险，取得更好的创新效益。

2. 企业高层管理者没有认识到技术预研工作的重要性

观念影响决策，决策决定行动，行动决定结果。一些科技企业的高层管理者没有认识到技术预研工作的重要性，没有将技术预研作为新产品开发的前置条件。即使由于技术预研做得不好导致新产品开发失败，也将主要原因归结为“运气不好”，而不是从管理上去“复盘”，避免重复犯同样的错误。企业高层管理者认识不到技术预研工作重要性的典型症状就是前面提到的“三边开发模式”：边了解客户需求、边解决技术问题、边开发新产品，期望在新产品开发过程中“随时”解决关键技术问题。

3. 企业缺乏有效的技术预研管理方法

一些科技创新型企业已经过了生存期，高层管理者也知道技术预研工作的重要性，但是未掌握有效的技术预研管理方法，导致技术预研工作做得不好。企业缺乏有效的技术预研管理方法的典型症状包括如下几个方面。

（1）未将技术开发和新产品开发分开，没有建立专门的技术开发流程，技术开发“隐含”在新产品开发过程中。

（2）企业缺乏有效的产品线战略规划，没有明确的产品平台规划和技术路线图规划，技术预研工作缺乏有效指引，技术预研的方向和重点不清晰。

（3）企业缺乏有效的创新项目组合管理，技术预研、产品平台开发等“重要而不紧急”的项目的优先级总是低于现有产品改进、订单项目定制研发等“重要而又紧急”的项目。这样做的结果是，技术预研、平台开发项目总是无限期延期，企业很可能“赢得了今天，而输掉了明天和后天”“赢得了一场战斗，而输掉了整场战争”。

三、技术预研管理要点

以上分析了技术预研工作的重要性以及企业技术预研做得不好的主要原因，现在我们探讨如何才能做好技术预研管理工作。我们总结了做好技术预研管理的 4 个要点，供创新型企业参考。

1. 建立规范、有效的技术开发流程

上文已经提到，技术预研项目不同于新产品开发项目，需要建立专门的技术开发流程来有效管理技术开发项目。表 17-1 比较了技术开发项目与新产品开发项目的主要差异。

表 17-1　技术开发项目与新产品开发项目比较

	技术开发项目	新产品开发项目
项目目标	掌握技术知识	实现投资回报目标
项目管理	以团队自我管理为主；成就感、荣誉驱动	采用严格的项目管理方法管理；业绩驱动为主
项目团队	公司研发中心的专业技术人员主导，个别市场人员参与	市场、技术，制造等多职能部门代表组成跨职能产品开发团队
项目计划	可控性不高；容易变化	高度可控；变化较少
项目任务	不明确，不具体	明确、具体
项目周期	几个月到几年不等，周期较长	6 ～ 18 个月，周期较短
项目投入	通常投入很大，回报难以预期	投入可控，投资回报可预见性较高
过程监控	大致的里程碑节点检查和评审	严格的里程碑检查和生 / 杀决策
项目评审	定性为主，很少财务指标	定性与定量结合，财务指标必不可少
项目交付	交付件难以定义，实际结果可能与定义要求偏差很大	明确定义交付件，严格依据交付件对项目进行检查和评审
绩效评价	定性为主，精神激励为主	定量为主，物质激励为主

从以上比较可以看出，技术开发项目与新产品开发项目有很大的不同，创新型企业不能采取管理新产品开发项目的方法去管理技术开发项目。

总体而言，**研发是将钱变成知识，创新是将知识变成钱！**技术研发（预研）的成果是技术知识，而产品开发（创新）的成果是实现盈利。技术开发往往是探索性的，具有很大的不确定性，失败的风险很高；而产品开发通常是结构化的，目标性很强，失败率越低越好。

图 17-3 描述了技术开发项目框架流程。新产品开发过程中的各个阶段都有可能“触发”技术开发流程，技术开发的成果最终应用于新产品开发项目。

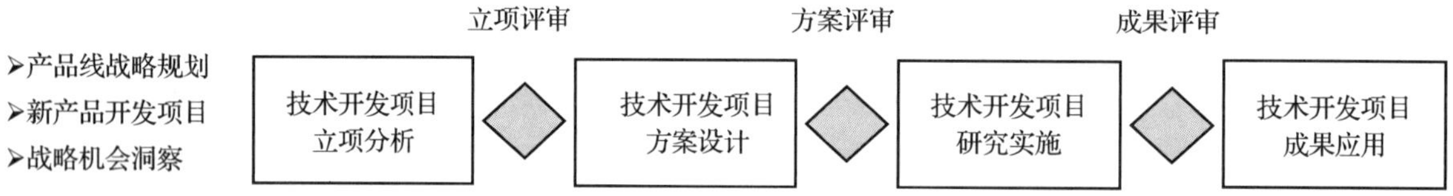

图 17-3　技术开发项目框架流程

一般意义上的技术开发项目流程包括 3 个阶段和 3 个评审点。

表 17-2 总结了技术开发项目流程各个阶段和各个评审点的主要内容。

表 17-2　技术开发项目流程各个阶段和各个评审点的主要内容

阶段	评审点
阶段 1：技术开发项目立项分析 基于产品线战略规划、新产品开发项目或者战略机会洞察，提出技术预研项目	评审点 1：立项评审 专家团队对项目进行评审，根据技术人才资源情况，排列开发的优先顺序，通过的项目进入方案设计阶段
阶段 2：技术开发项目方案设计 成立技术开发项目团队，项目团队进行初步研究，提出开发思路与计划	评审点 2：方案评审 专家团队对技术项目的开发思路与计划进行评审，评审通过的项目批准资源，进入研究实施阶段
阶段 3：技术开发项目研究实施 技术开发项目团队进行技术开发，提交开发成果	评审点 3：成果评审 专家团队对技术成果进行评价，确定应用范围

专家团队应该由相应专业专家组成，可以包括内外部专家。专家团队除了对项目进行评审外，还应给项目团队提供指导与建议。

2. 通过有效的产品线战略规划指导技术预研工作

产品线战略规划的核心目的是提前“预研”产品平台和核心技术，确保各代产品在合适的机会窗上市。产品线战略规划应该成为技术预研项目的主要来源。图 17-4 描述了基于产品平台的系列产品开发。

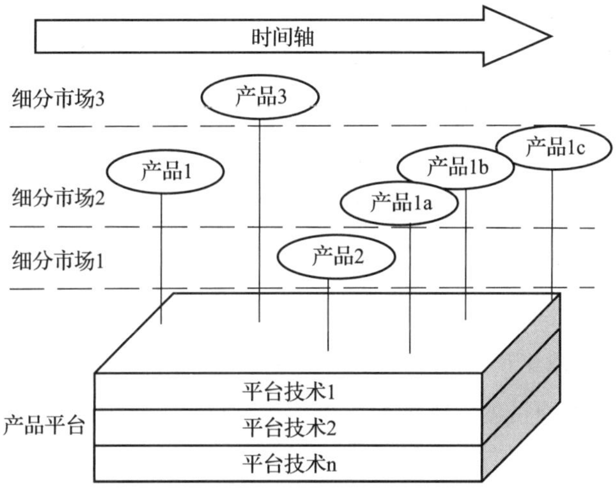

图 17-4　基于产品平台的系列产品开发

由图 17-4 可见，各项平台技术是各类细分市场系列产品开发的基础，如果这些平台技术没有提前预研，基于平台的系列产品是不可能开发出来的。由此可见平台技术预研对于创新型企业的重要性。比亚迪正是基于电动车平台的多项核心共性技术，开发乘用车、货车和卡车等面向不同应用场景的新能源汽车。

3. 通过严谨的项目技术可行性分析识别需要预研的技术

平台技术是系列产品开发的前提。对于每款产品而言，也有需要提前预研的关键技术。这些关键技术直接决定了产品的主要功能和性能指标的实现。图 17-5 的项目技术可行性分析框架中，技术可行性分析的核心目的就是识别需要预研的关键技术。

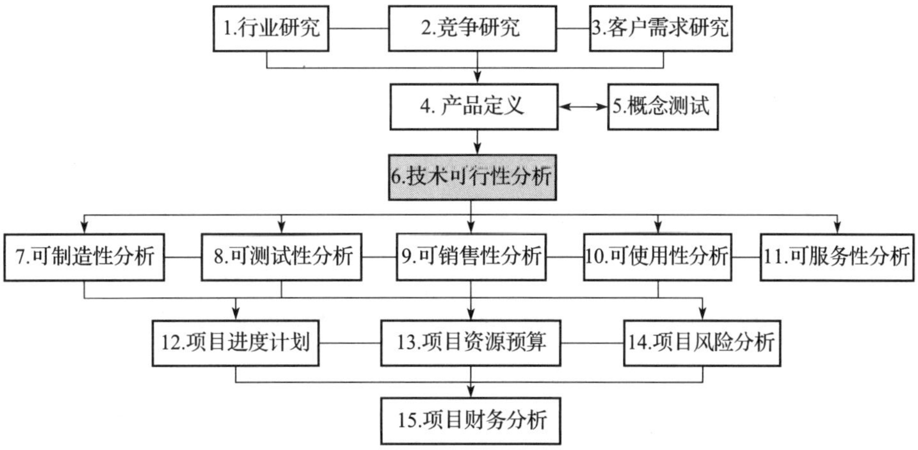

图 17-5　项目技术可行性分析框架

由图 17-5 可见，通过产品定义，可以明确需要开发的产品的主要功能和性能指标，在产品定义的基础上需要分析如何通过技术实现这些主要功能和性能。如果实现产品关键功能和性能的技术问题没有解决，就必须进行“技术预研”，在解决这些关键技术问题的前提下才进入新产品开发流程。进行技术可行性分析是新产品开发项目可行性分析的关键内容。

当然，核心技术应该在产品平台开发中解决。项目技术可行性分析主要分析和解决与本系列产品相关的个性技术。

4. 提升技术预研工作在创新项目组合管理中的优先级

很多企业不是没有识别出要预研哪些核心技术、关键技术，而是技术预研项目在各类项目中的优先级不够，通常是优先级“最低的”。在企业的创新项目组合中，优先级最高的往往是订单交付项目中的“定制开发项目”，我们通常称为“救火项目”。一家装备制造企业的董事长说，我们喊软件平台化、模块化至少喊了 10 年了，但一直没有足够的人员和精力投入，大家都忙于订单交付项目的“救火”，越“救火”越忙，越忙就越没有时间考虑技术预研工作了。这可能也是很多在技术预研与定制研发之间难以平衡的企业的现状。

图 17-6 描述了一个各类项目创新资源分配的组合示例。

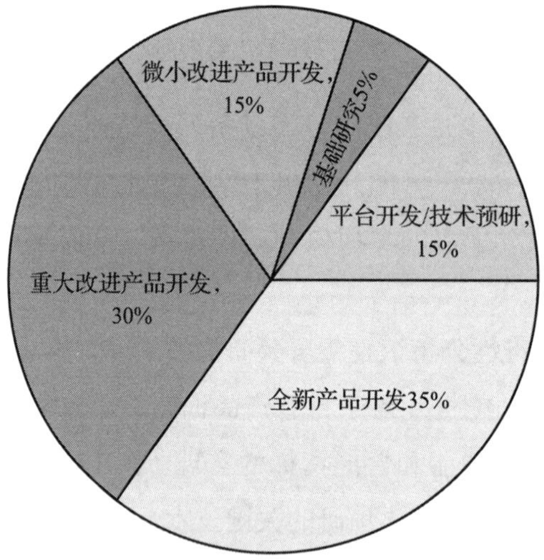

图 17-6　各类项目创新资源分配组合示例

不同战略意图、处于不同发展阶段的企业的各类项目创新资源分配组合不同。我们要强调的是，不管创新资源在平台开发和技术预研方面分配的比例多少，一旦做了决策就要坚定执行，否则企业难以实现未来 3 ～ 5 年的战略目标。追求成为市场领导者的企业的基础研究、平台开发以及技术预研类项目的创新资源投入占比可能超过 50%。追求成为快速跟随者的企业可能不会在基础研究方面进行多少投入，但是在平台开发和技术预研方面的创新资源投入一般不会少于创新资源的 30%，否则很难成为“快速”跟随者。一些只考虑今年“活下去”的企业，在订制开发、微小改进开发方面投入的创新资源可能超过 80%，长此以往，这样的企业很难有长远的未来。因为，**不投资未来，就不会有未来！越投资未来，就越有未来！**

咨询实例

某电力电子企业的创新资源分配

某电力电子企业，公司研发人员超过500人，但是80%以上的研发人员的精力都投入到订单项目的定制开发中去了。研发总监每天要接到很多个不同区域业务负责人的电话，都是催问自己订单项目的开发进度怎么样了，甚至威胁研发部门如果订单不能按期交付，回不来款要问责研发部门。研发部门绝大部分研发人员整日忙于“救火”，而且是技术水平越高的研发人员“救火”越多，因为只有技术高超的技术人员才能快速“灭火”！公司规划的硬件平台、软件平台开发一直未能有效投入，处于搁置状况。由于未能在平台开发上有效投入预研资源，公司产品的复用性很低，同类产品重复开发量超过40%，甚至不同业务单元出现重复开发技术、重复开发产品的状况。公司产品的共用性不高，订单交付周期长、质量问题多，客户满意度下降，企业在同行中总是屈居“老三”的地位，市场竞争力日渐下降。

顾问团队建议公司必须在短期订单交付与企业中长期发展之间取得平衡，必须在各类创新项目中进行“强制性的”创新资源分配。基于顾问团队的建议，考虑到公司中长期可持续发展和市场竞争力的提升，公司高层管理团队认为硬件平台、软件平台开发工作刻不容缓。公司成立专门的平台开发部门，从研发团队中首批抽调40名资深技术人员专职负责平台开发工作，与新产品开发、定制开发项目建立“防火墙”，平台开发工程师不准参与“救火项目”。对于定制开发项目，也专门成立定制开发项目响应团队，专责“救火”，让更多的骨干研发人员将主要精力投入到技术预研、新产品开发和重大改进产品开发之中。

创新者行动

公司首席技术官（CTO）组织产品管理部、研发中心分析公司技术预研管理现状与问题，建立或优化公司技术开发管理流程与制度，在关键技术预研的基础上进行新产品开发，大幅提升公司的新产品开发成功率，大幅提升公司的行业竞争力，大幅提升公司的研发创新投资回报率。

第二节 采用 TRIZ 方法解决技术矛盾

技术预研的过程其实就是解决技术矛盾的过程。很多企业由于技术矛盾无法解决而导致新产品开发失败。TRIZ 方法就是系统化地解决各种技术矛盾的有效方法。如果创新型企业的研发团队能够有效掌握 TRIZ 方法，就能解决研发与创新工作中的绝大部分技术问题。TRIZ 方法也可以用于创新前端进行突破性新产品创意激发，通过创新的解决方案解决现有产品问题。

TRIZ 是发明问题解决理论（Theory of Inventive Problem Solving）的拉丁文缩略词。TRIZ 是一种解决问题和创造多种可选的正确的解决方案的系统方法。**TRIZ 通过让个人进行超出自己经验的思考来提升创造性，使用从科学的其他领域的解决方案来解决问题。**TRIZ 是苏联发明家阿奇舒勒在研究了 250 万项发明专利后总结出来的。TRIZ 方法归纳出 39 种技术矛盾，总结出 40 种解决技术矛盾的方法（Gunter，2007）。

2003 年，韩国三星电子在 67 个研究开发项目中使用了 TRIZ 方法，为三星电子节约了 1.5 亿美元，并产生了 52 项专利技术。2005 年，三星电子的美国发明专利授权数量在全球排名第 5，领先于索尼、日立等公司。

当我们想要改善技术系统中某一特性、某一变量时，会引起系统中另一特性或变量的恶化，此时矛盾产生了。比如，在手机设计中，如果要扩大显示屏的面积，往往会增加手机的重量。这时，手机大小和重量之间就构成了一对需要解决的技术矛盾。

以下简要介绍用 TRIZ 方法解决技术矛盾的步骤。

一、分析技术系统

第一步分为以下三个阶段。

（1）确定系统中各单独成分。

（2）找出最原始的问题。

（3）明确需要改善的那一部分的特性。

图 17-7 描述了应用 TRIZ 方法解决技术问题的流程。

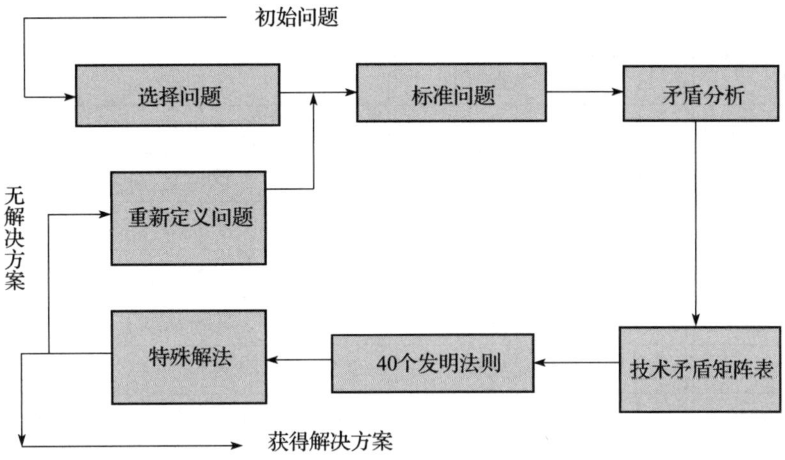

图 17-7 应用 TRIZ 方法解决技术问题的流程

二、找出技术矛盾

如果技术系统中有一部分得到改善，指出哪个相应部分会因之恶化，从而明确技术矛盾。在手机开发的例子中，手机的面积变大，重量会增加。通过 TRIZ 方法可将你的技术矛盾转化为标准矛盾，TRIZ 的 39 个工程参数如表 17-3 所示。

表 17-3 TRIZ 的 39 个工程参数

1	动物重量	11	张力或压力	21	功率	31	内部有害因素
2	静物重量	12	形状	22	能量损耗	32	制造力
3	动物长度	13	组合物的稳定	23	物质损耗	33	易用性
4	静物长度	14	强度	24	信息损耗	34	可修复性
5	动物面积	15	动物作用时间	25	时间损耗	35	适应性
6	静物面积	16	静物作用时间	26	物质的量	36	装置复杂性
7	动物体积	17	温度	27	可靠性	37	监控复杂性
8	静物体积	18	亮度	28	测量精度	38	自动化水平
9	速度	19	动物耗能	29	制造精度	39	生产量 / 生产率
10	力	20	静物耗能	30	外来有害因素		

从表 17-3 中的 39 个 TRIZ 工程参数中找出 2 个变量，对应你的技术矛盾。

三、解决技术矛盾

从 TRIZ 的 40 个发明原则中，找出解决技术矛盾的多种方法，尝试将每种方法运用于技术系统，如表 17-4 所示。

表 17-4　TRIZ 的 40 个发明原则

1	分离法	11	预置防范法	21	快速法	31	孔化法
2	提取法	12	等势法	22	变害为利法	32	色彩法
3	局部质量改善法	13	逆向运作法	23	反馈法	33	同化法
4	非对称法	14	曲线，曲面化法	24	中介法	34	自生自弃法
5	组合法	15	动态法	25	自服务法	35	性能转换法
6	一物多用法	16	部分超越法	26	复制法	36	相变法
7	套叠法	17	多维法	27	替代法	37	热膨胀法
8	巧提重物法	18	机械振动法	28	系统替代法	38	逐级氧化法
9	预先反作用法	19	离散法	29	压力法	39	惰性环境法
10	预先作用法	20	有效运作持续法	30	柔化法	40	复合材料法

不要反对某种方法，不管看起来多么滑稽可笑，努力利用它。如果所有给出的方法都完全不能应用，则需重新确定技术矛盾，再做一遍，直到找出可操作的解决方案为止。

TRIZ 方法的价值在于归纳出了常见的技术矛盾，并且找出了这些常见技术矛盾的多种有效的解决方法，使得研发人员解决技术矛盾就像做算术题一样简单。华为、中兴等领先的科技企业都将 TRIZ 方法作为工程师解决技术问题的基础方法。

阿奇舒勒说，**你可以等待 100 年获得顿悟，也可以利用 TRIZ 方法用 15 分钟解决问题。**

建议：可以通过参加科技部创新方法研究会等机构组织的 TRIZ 方法培训课程学习 TRIZ。不要迷信 TRIZ 软件，利用简单的 TRIZ 表格就能解决绝大多数技术矛盾。也没有太大必要参加长周期的“认证式”的培训，通过接受简单的培训甚至自学都能掌握 TRIZ 方法。

创新者行动

公司首席技术官（CTO）组织研发工程师系统学习 TRIZ 等技术矛盾解决方法，大幅提升研发工程师解决技术问题的能力，大幅提升公司技术开发项目、产品开发项目的质量与效率。

第三节 技术重用管理

如果一个技术只能应用一次，要慎重评估开发的必要性、经济性。如果一个技术能够多次应用，应该将该技术进行“封装”，便于其他同事、其他项目重复应用，避免重复开发。

开发一项技术的投入往往很大，所以我们应该尽可能提高每项技术的“投资回报”。假设开发一项技术的投入是10万元。如果开发一项技术只使用一次，那投资回报率就太低了，该技术的成本就是10万元。相反，如果该技术可以重用一万次，那么该技术的单次使用成本就变成了10元！由此可见，我们需要对已经掌握的技术进行有效的“重用（Reuse)”管理，提升每项技术的投资回报，进而提升公司整体的创新投资回报率。

技术重用（Technology Reuse）是指将已经掌握的技术标准化、显性化，将该技术在全公司范围内尽可能多次重复应用，以降低单项技术的开发成本，提升公司的创新投资回报率。

实际上，很多科技企业根本没有技术重用的概念，公司的研发人员只喜欢“开发新技术”，不喜欢“炒现饭”——将自己已经掌握的技术进行标准化并分享。这样做，对公司而言是巨大的浪费，对个人而言也影响自身成长。

本节我们将重点讨论技术重用的价值、企业技术重用难的原因以及有效进行技术重用的方法。

一、企业技术重用的价值

不同于实物资产或金钱，知识资产“越分享越多”。

技术重用对于企业和研发工程师均有好处。有效的技术重用对于企业和研发工程师而言是“双赢”的。研发工程师将知识资产分享给了公司以及其他同事，自己的知识并不会减少。相反，整理知识的过程还能加深自己对知识的理解和认识。

1. 技术重用对于企业的价值

（1）提高创新投资回报率。

（2）缩短新产品开发和上市周期。

（3）降低新产品成本。

（4）减少新产品质量缺陷。

（5）降低新产品风险，提高新产品开发成功率。

2. 技术重用对于研发工程师的价值

（1）提升对现有技术的系统理解和认识。

（2）能相互学习，共同提高。

（3）减少不增值的重复劳动。

（4）有精力学习和掌握新的技术。

（5）有机会迎接新的挑战。

（6）为公司做出更大的贡献，为个人带来更大的回报。

二、企业技术重用难的原因分析

企业技术重用难，主要是观念和方法问题，以下列出导致企业技术重用难的主要原因，供相关企业对照分析。

1. 企业研发领导缺乏技术重用意识

很多企业的研发负责人整日忙于新技术、新产品开发，“没空”考虑技术重用问题，对技术重用工作对公司的价值缺乏深刻认识。创新型企业应该坚持新技术开发与现有技术重用“并重”，不能偏颇，如图 17-8 所示。

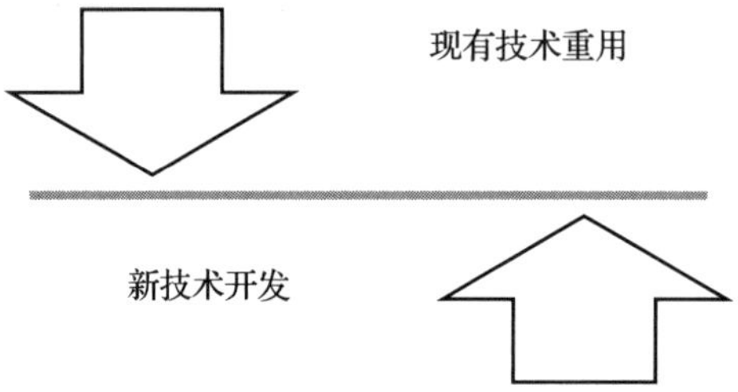

图 17-8　新技术开发与现有技术重用并重

现有技术重用做得好其实可以促进新技术开发工作。现有技术重用做好了，研发人员就不需要在已经掌握的技术方面重复花费更多精力了，可以将精力转移到新技术开发上面。

创新案例

华为公司“将鲜花插在牛粪上”

华为公司创始人任正非强调，企业新产品开发“要将鲜花插在牛粪上”。“鲜花”是指要开发的新产品，“牛粪”则是指企业已经掌握的技术。华为强调，一个新产品的开发最好有 70% 左右的技术已经掌握，是可以重用的，而不是所有技术均需要重新开发。基于现有技术的重用，新产品开发速度更快、成本更低、质量更稳定，市场竞争力更强。一味追求新技术，将现有技术弃之不用的行为是商业上“幼稚”的表现。

2. 研发工程师不愿意分享自己掌握的技术

在技术分享方面，研发工程师普遍具有“教会徒弟，饿死师傅”的心理顾虑。研发工程师担心自己掌握的技术分享给大家后，公司就不需要自己了。其实，这种顾虑完全应该打消。研发工程师分享了已经掌握的技术，自己可以不必再重复做已经掌握的事情，可以迎接新的挑战，学习和掌握更多的新的技术知识。

3. 企业缺乏技术重用管理的有效方法

很多企业的研发管理者缺乏技术“管理”意识，不认为技术本身也需要有效管理。从管理视角看，企业未能做好技术重用工作的主要原因包括以下几点。

（1）企业缺乏有效的技术开发流程，或者在技术开发流程中没有明确输出的技术成果必须“标准化”，必须“显性化”，必须进行分享。

（2）对于输出的技术成果没有采用有效的 IT 工具进行有效管理和分享。输出的技术成果只是一堆备查的技术文档，没有成为可以重用、可以增值的 IY 化的“知识资产”。长此以往，技术人员就没有了进行技术分享的积极性。

（3）没有对技术分享者给予适当的奖励，技术人员缺乏技术分享的积极性、主动性和责任感。一个技术重用次数越多，表明该技术对公司价值越大。公司应该制定技术重用奖励办法，对于技术价值大、重用次数多的技术分享者适时给予适度的物质奖励和精神奖励。

三、技术重用管理四步曲

从流程视角，我们总结了技术重用管理四步曲，如图 17-9 所示。

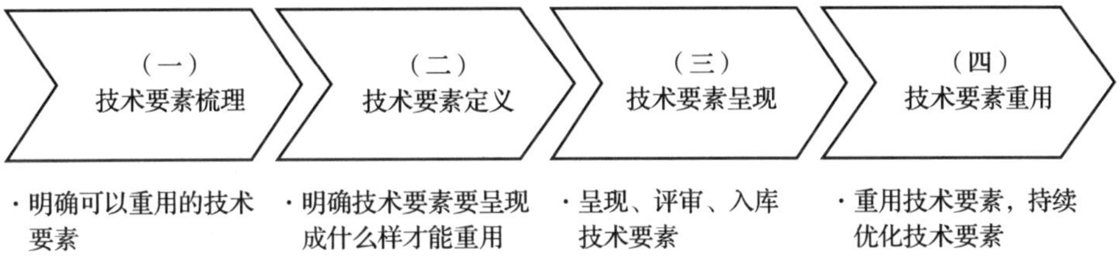

图 17-9　知行信技术重用管理四步曲

以下分别介绍技术重用管理四步曲的主要内容。

（一）技术要素梳理

技术要素是具有某种特定价值的公司技术体系或产品系统的构成因素，如设计规范、技术知识点、标准、方法、指引、工具、流程、经验等。技术要素之间相对独立。这种特定的价值可能是指：有利于提高产品开发（或技术研发）的效率、质量，或有利于提高产品市场竞争力，或有利于指导新人培养。技术要素与模块应进行适当区分。模块是直接面向产品的组成部分，技术要素是模块的组成部分。与模块相比，技术要素的“颗粒度”更细。

总体而言，**凡是在新产品开发过程中能够多次使用的知识或者经验都可以定义为技术要素。**

技术要素梳理的目的是列出需要进行重用的技术要素，并考虑技术要素重用的优先级。技术要素梳理的步骤包括以下几个方面。

1. 根据企业实际情况对技术要素进行分类

不同类型的科技企业的技术要素分类有所不同。一家软硬件结合的科技企业的技术要素可能会有以下类别。

（1）机械类。

（2）液压类。

（3）电子类。

（4）电气类。

（5）软件类。

（6）网络类。

（7）外观类。

（8）材料类。

（9）生产工艺类。

（10）其他类。

从广义的角度看，技术不限于实现产品功能和性能的“硬技术”，也包括很多隐性知识显性化的“软技术”。以下是部分科技企业“软技术”的示例。

（1）产品命名与编码规则。

（2）设计规范。

（3）物料选型指导书。

（4）设计指南。

（5）标准使用说明。

（6）测试用例。

2. 基于产品线对共用的技术要素进行梳理

以产品线为单位，结合产品线战略规划梳理技术要素。以下类型的技术要素需要优先梳理、优先开发、优先重用。

（1）**共用技术要素**：构成产品平台的技术要素，多个系列产品都需要使用，比如某软件平台的共用组件技术。

（2）**核心技术要素**：实现产品线系列产品关键功能或性能指标的技术要素，比如新能源汽车的电池、电机和电控技术。

（3）**关键技术要素**：影响产品稳定性、可靠性的技术要素，比如新能源汽车电池在低温状态的续航里程技术。

3. 分三级梳理企业共用技术

技术重用度越高，越要优先梳理。因此构成企业各级产品平台的技术要素应该优先梳理和实现重用。图 17-10 描述了企业重用技术要素的分级梳理。

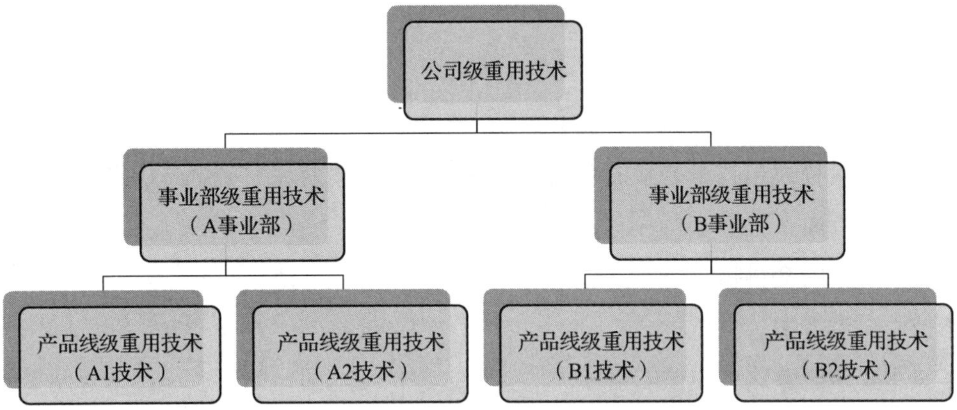

图 17-10　企业重用技术要素的分级梳理

由图 17-10 可见，构成公司技术平台的技术要素梳理和重用的优先级最高，因为这些技术可以用于公司所有同类产品线，比如上述的新能源汽车企业的电池、电机和电控等“三电”技术。构成一级产品线和二级产品线的技术平台的技术要素的梳理和重用的优先级次之。

咨询实例

某电子企业的技术要素梳理

某电子科技企业，研发人数近 300 人，其中软件开发人员超过 200 人。公司研发人员分散在 5 个事业部，但 5 个事业部开发的产品技术类似，对研发人员的要求也类似。公司的主要产品和订单交付均有定制内容，公司的研发骨干忙于紧急的定制研发“救火”，没有时间和精力进行技术重用、产品平台化开发等“重要而又不紧急”的工作。各事业部研发人员之间缺乏有效沟通，重复开发技术、甚至重复开发产品的现象经常发生。

顾问团队建议该公司基于平台化开发和技术重用响应订单项目，改变“疲于奔命”“无法自拔”的局面。该公司组织技术骨干对各类技术要素进行了系统梳理，一共梳理出了 500 多项可以重用的技术要素。其中智能组件类 60 项，过程控制类 200 项，电力电子类 100 项。

该公司在对平台技术要素进行梳理的过程中，总结出了公司技术要素重用方面存在的主要问题。

（1）公司的技术很多。

（2）技术要素描述不充分。

（3）技术要素可重复使用度不高。

（4）技术要素不能很好支撑产品开发。

（5）知识共享程度不够。

（6）有较多重复的技术要素。

该公司创始人是一位中国工程院院士，看了技术要素梳理结果后非常感慨地说：“我们公司近 20 年的发展积累了这么多‘宝贝’，不系统梳理，我们自己都不知道我们公司已经掌握了这么多技术！我们一定要将这些技术做好标准化工作，一定要尽可能多地重用这些技术。”

（二）技术要素定义

技术要素定义是描述出技术要素的概况，为技术要素呈现提供“输入”。技术要素描述的主要内容包括以下几个方面。

（1）本技术要素的交付物。

（2）本技术要素方案。

（3）本技术要素能够达到的性能指标。

（4）本技术要素的特点。

（5）本技术要素的使用范围及限制条件。

（6）本技术要素的典型应用举例。

（7）本技术要素使用注意事项。

（8）本技术要素待完善之处。

（9）其他说明。

（三）技术要素呈现

技术要素呈现是要实现技术要素的归一化、显性化、成果化和重用化。企业要建立技术要素库，将评审通过的技术要素入库，提供重用。图 17-11 描述了技术要素库 IT 系统的拓扑图。

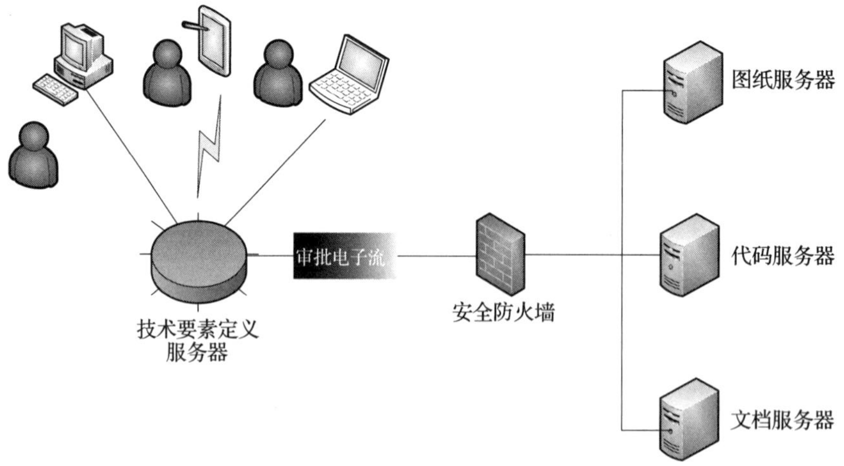

图 17-11　技术要素库 IT 系统拓扑图（示意）

对于研发人员数量多、研发人员办公分散、技术要素类型多、技术要素数量多的科技创新型企业而言，缺乏合适的 IT 工具是无法进行有效的技术要素管理和分享的。企业可根据实际需要购买成熟的 PDM 系统进行技术要素管理。

技术要素管理的核心原则是：**在安全的基础上高效分享**。如果不安全，还不如不呈现和分享。

如果只考虑安全性，而缺乏分享的有效性和高效性，那这样的“安全”也是毫无意义的。这里的安全既包括企业外的安全，即技术要素不能泄露到公司之外；也包括企业内的安全，即要将必要的技术要素分享给必要的人。

（四）技术要素重用

呈现是手段，重用是目的！研发工程师在有新技术开发需求时，应先查询技术要素库，看是否有已经标准化了的技术要素可以重用或参考。技术要素重用流程如图 17-12 所示。

由图 17-12 可见，在研发开发工程师有新技术开发需求时，通过查询技术要素库，可能有三种结果。

（1）有可以直接重用的技术，则申请重用。在该技术要素重用的过程中，发现该技术要素有需要完善之处，将修订意见提交给系统，相应技术要素负责人参考修订意见修订该技术要素，形成持续使用、持续改善的良性循环。

（2）不能直接重用，但是有参考价值，申请参考。同样，发现该技术要素有需要完善之处，向系统提交修订意见。

（3）系统没有可以重用或参考的同类技术要素，走技术开发流程，申请开发该技术。该技术开发完成后，提交新的标准化的技术要素入库。这样，就能从源头上保证所有技术要素都能标准化，都能及时入库并得到重用。这样，公司的“技术资产”就能源源不断地增长。

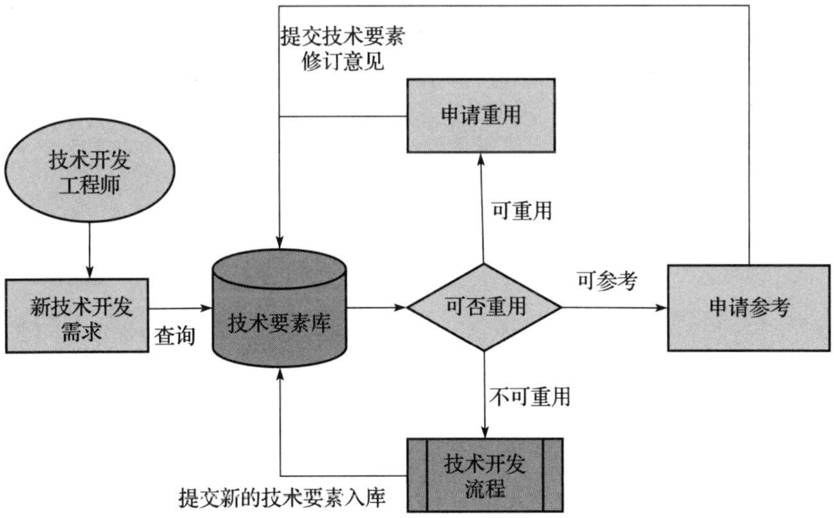

图 17-12 技术要素重用流程

有效的技术重用管理能够做到：客户更满意、公司更赚钱、员工更幸福。图 17-13 总结了有效的技术重用给客户、公司及员工带来的好处。

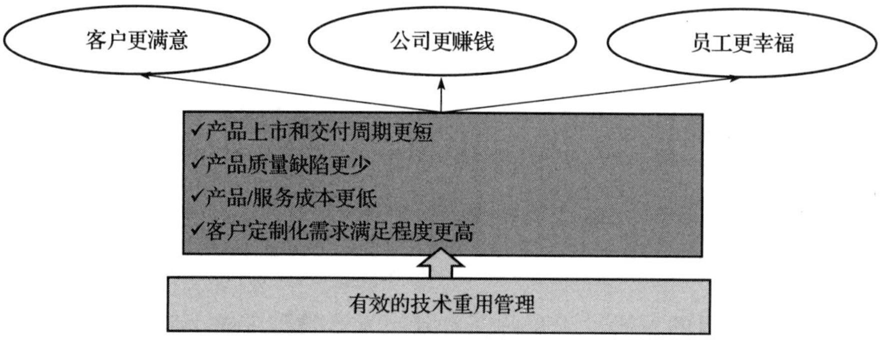

图 17-13　有效的技术重用给多方带来好处

创新者行动

公司首席技术官（CTO）组织产品管理部、研发中心分析公司技术重用管理现状与问题，建立或优化公司技术重用管理流程与制度，将技术能力建立在组织上，大幅提升研发工程师技术学习的质量与速度，大幅提升公司的技术开发与新产品开发成功率，大幅提升公司的研发创新投资回报率。

第十八章
产品模块化设计与运营

创新者思考

（1）我们公司的产品适合模块化设计吗？为什么？

（2）我们公司的产品是在模块化设计的基础上进行定制的吗？

（3）我们公司能有效进行模块化运营，“过上模块化生活”吗？

模块化设计（Modular Design）是指产品由多个能够实现一项或者多项功能的模块组成，相关模块之间通过标准接口联系，一个模块的更换、变化或损坏不会影响其他模块的功能实现。产品由一体化设计走向模块化设计（见图 18-1）。

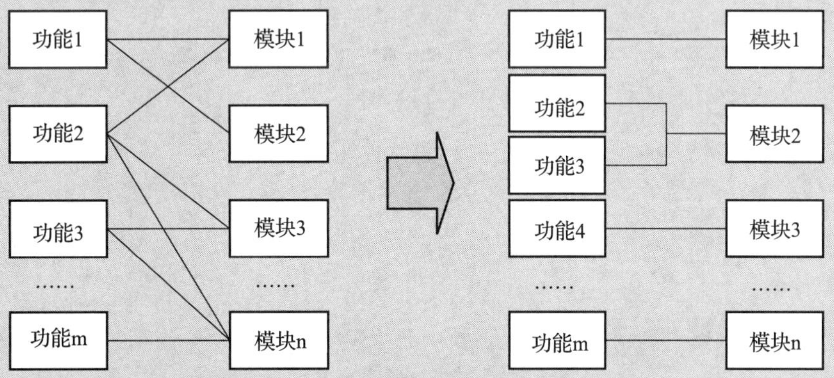

图 18-1　由一体化设计走向模块化设计

如图 18-1 所示，图左边是一体化设计方法，一项产品功能通过多个“模块（组件）”实现，一个“模块（组件）”与多项功能相关。这样，当产品出现问题时，就很难诊断和确定是哪个“模块（组件）”有问题，或者解决了这个问题，又导致了其他问题。图右边是模块化设计方法，一个模块只实现一项或者几项产品功能，一个产品功能只与一个模块对应。这样，产品哪项功能出现了问题，更换或者维修对应模块就可以了，不会影响其他模块的运行，也就不会影响其他功能的实现。

比如，鼠标就是电脑的一个“模块”，鼠标与电脑之间通过标准的USB接口联系。鼠标损坏不会影响电脑其他功能的实现，电脑鼠标损坏可以更换其他同样带有USB标准接口的鼠标，实现“**即插即用（Plug and Play，PnP）**”。

乐高玩具就是很好的模块化设计的范例。各种形状（功能）的积木通过积木之间的标准接口进行组合，变成多种“产品（如汽车、飞机、房子等）”，不识字的小孩都能“玩”得很好。

模块化设计与运营，是当今“大规模定制（Mass Customization，MC）”时代创新型企业的制胜之道。

本章分为三节。

第一节，产品模块化设计的价值。介绍模块化设计的必要性、重要性，模块化设计的好处，一体化设计的弊端。

第二节，产品模块化设计的主要步骤。介绍模块化设计五步曲的主要内容：模块划分、模块定义、模块设计、模块入库、模块调用。

第三节，产品模块化运营。介绍模块化运营的主要内容：模块化营销、模块化采购、模块化制造、模块化运维。

第一节　产品模块化设计的价值

本节介绍什么产品适合模块化设计，分析模块化设计的好处与一体化设计的弊端。

一、什么产品适合模块化设计

模块化设计是相对于“一体化设计”而言的。一体化设计是指产品由一个整体或者由几个大的部件组成，产品某部分损坏通常会影响产品的整体功能实现。比如吃西餐的刀叉、炒菜用的铁锅以及一些简易的塑料座椅等都是一体化设计的。

适合模块化设计的产品主要有如下特征。

（1）产品功能多、结构复杂、零部件多，出现问题时难以准确定位问题。比如工程机械、数控机床等。

（2）不同的客户对同一产品有差异化的功能、性能、外观需求，订单批量不大，交付周期严苛，价格竞争激烈。比如手机、电脑、行业应用软件、办公桌椅等。

（3）产品单值高，使用寿命长，使用周期中有零部件需要更换。比如飞机、汽车等。

绝大多数生产复杂科技产品的企业都应该采用模块化设计方法，但是有很多企业没有认识到模块化设计的必要性、重要性，或者没有有效掌握模块化设计的方法。

硬件产品需要模块化设计，软件产品也需要模块化设计，服务产品也可以进行模块化设计，由硬件、软件和服务组成的解决方案产品更需要进行模块化设计！一些企业只注重硬件产品的模块化设计，不注重软件和服务的模块化设计，甚至不认为软件和服务是“产品”。这种看法是导致这些企业软件和服务个性化定制太多、“很难赚钱”的根本原因。

不适合模块化设计的产品主要是一些零部件数量非常少，不适合维修的产品，比如铁锅；或者产品单值低、结构简单的产品，比如塑料座椅。

二、产品模块化设计的好处

对于绝大部分科技创新型企业而言，模块化设计应该是必须采用的最基本、最重要的产品设计方法。即使有些企业的产品比较简单（比如阀门产品，只有 20 个左右的零部件），采用模块化设计方法也能大大提高企业的产品设计和生产制造“柔性”。

采用模块化设计的好处主要有以下几个方面。

（1）便于快速响应客户个性化定制需求。

（2）大幅缩短新产品开发和上市周期。

（3）大幅缩短有个性化需求的客户订单交期。

（4）大幅减少产品质量缺陷。

（5）大幅降低产品成本。

（6）便于装配、维护和服务。

（7）提升产品投资回报。

产品模块化设计的核心目标是实现“**大规模定制（Mass Customization, MC）**”，如图 18-2 所示。

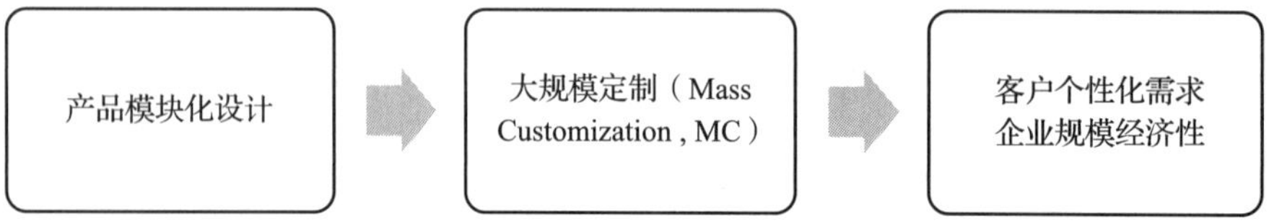

图 18-2　产品模块化设计的核心目标

通过产品的模块化设计，并且不断提高产品的模块化率，实现产品在模块层面的“重用”，非常有利于提高企业的规模经济性，也就是提高产品的盈利能力。同时，由于产品的模块化程度提高了，研发团队不需要重复设计和输出类似的功能模块，大幅减少在产品研发和订单交付过程中的重复劳动，可以将更多时间与精力用于响应客户真正看重的个性化需求，使得客户的个性化需求的满足更有保证。由此可见，模块化设计既有利于提高企业的规模经济性，也更有利于满足客户的个性化需求，能够实现企业与客户“双赢”。

对于订单交付中定制占比高的企业而言，产品模块化设计是必由之路。创新型企业要基于产品的模块化设计交付定制化的客户订单。产品模块化程度越高，个性化定制需求能够响应得越好。可以说，**越模块化，越定制化！越标准化，越个性化！**

三、产品一体化设计的弊端

相反，本该采用模块化设计的产品，如果采用一体化设计，可能出现以下问题。

（1）产品开发和上市周期长。

（2）难以响应客户定制化需求。

（3）产品难以维护，出现问题难以判断。

（4）难以保护客户投资（产品坏了难于维修，只能丢弃）。

创新案例

大众汽车的模块化设计

汽车产业是最早采用模块化设计方法的行业之一。图 18-3 中，高尔夫、宝罗、甲壳虫、斯柯达和奥迪 A3 是五款不同品牌、不同外形的汽车。

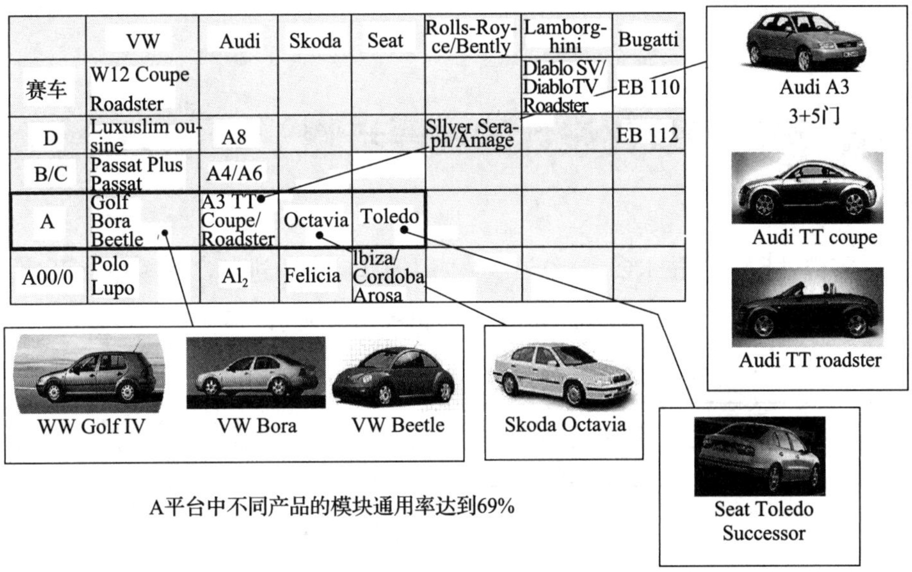

图 18-3　大众 A 级车的模块化设计

除了知道这些汽车品牌都是大众汽车集团的之外，消费者一般不会想到这些汽车之间有什么共用的部分。其实，这些汽车都属于大众汽车集团的 A 型车，是基于同一平台开发的，这些汽车之间的模块通用率达到了 69%。也就是说，这些不同品牌、不同形状、不同价格的汽车，其实有 69% 都是“相同的”。这也正是模块化设计的精髓：**“看不见的都是相同的，看得见的都是不同的”**。看不见的部分相同带来了“规模经济性”，看得见的地方不同带来了“个性化”。这样，汽车企业通过基于模块化设计的共用平台实现了“大规模定制”。

由于这些汽车之间有 69% 的模块共用率，这些汽车也可以实现“共线生产”，即在一条生产线上可以同时生产几款不同的汽车，实现了“柔性”制造，提高了产品制造的规模经济性。

第二节 产品模块化设计的主要步骤

在原材料 / 零部件归一、技术要素标准化与重用的基础上，进行产品模块化设计，在订单交付中实现“模块级重用”。产品模块化设计五步曲，如图 18-4 所示。

图 18-4　知行信产品模块化设计五步曲

以下分别简要介绍各部分内容。创新型企业各产品线的系统工程师可以对照本节内容的介绍，优化公司产品的模块化设计方法。

一、模块划分

模块化设计从模块划分开始。首先，我们要理解模块的概念：模块是用于组合成系统（或子系统）的、具有一项或多项特定功能、具有稳定结构与接口的可重用单元。

模块的主要特征包括以下几个方面。

（1）**独立性**：是具有特定功能的独立单元。

（2）**可重用**：具有通用性，可重复多次使用。

（3）**有接口**：有标准的接口，方便与其他模块进行连接。

（4）**可组合**：可根据客户需求组合成不同的产品。

基于模块定义和模块的主要特征，我们可以进行模块划分。

模块划分基于以下准则进行。

（1）可重用。

（2）实现一项或多项功能。

（3）有标准接口。

（4）可制造性。

（5）可装配性。

（6）可测试性。

（7）现场安装方便。

（8）便于维护和更换。

（9）可回收和环保。

（10）总成本降低。

（11）符合法规。

（12）可扩展。

（13）可升级。

以上 13 项模块划分准则中，（1）～（3）项是模块划分最基本的准则，（4）～（13）项是在模块设计中应该重点考虑的要素。**我们也可以将各个模块看成大小不一的“产品”，企业对外销售的产品其实是由大小不一、功能各异的多个“模块产品”有机组成的。**这正如前面介绍的乐高积木玩具案例。

模块划分其实是一个产品“重新设计”、优化设计的创造性的过程。通过模块划分和模块化设计，改善原先产品设计不合理的方面，解决原先产品设计中存在的问题与缺陷。模块划分和模块化设计应该也是由“跨职能团队”进行的。研发部门系统工程师牵头，营销、采购、生产、服务和财务等部门也应该有相应代表参加。

模块划分是一个“总—分—总”的解构和组合过程，如图 18-5 所示。

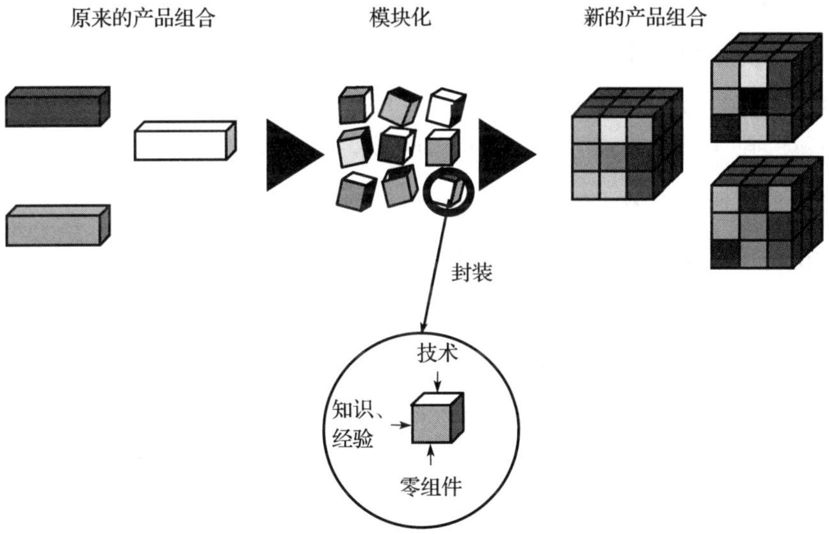

图 18-5　模块划分的解构和组合过程

如图 18-5 所示，原先的产品是一体化设计的，各个功能之间彼此影响，“纠缠不清”。通过模块划分，将一体化的产品划分为多个功能模块，每个模块通过标准化设计进行“封装”，再由这些“封装”后的模块组合成模块化的产品。

整机产品的模块划分层级：整机—子系统—部件—模块—子模块。模块划分要遵循“完全穷尽，彼此独立”的基本原则。

图 18-6 是一个制造装备的模块划分示例。本案例分解到了子系统与部件层面，再往下可将每个部件划分为若干个功能模块。

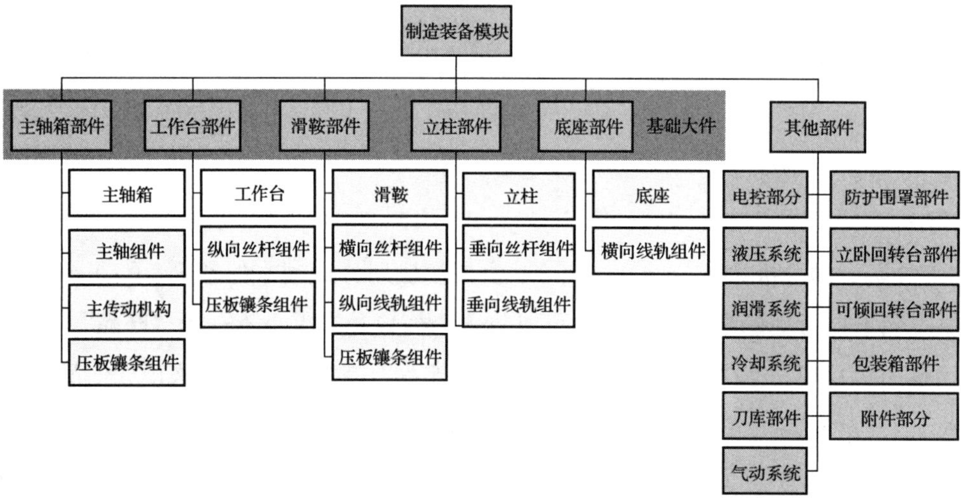

图 18-6　制造装备模块划分示例

二、模块定义

在模块划分的基础上，对各个模块进行定义。模块定义是指明确模块的功能、参数、构成、输出物以及接口等，为模块设计提供输入。

模块定义的主要内容包括以下几个方面。

（1）模块参数：描述模块规格 / 特性参数，为模块设计提供输入。

（2）模块构成：模块是由哪些子模块组成的。

（3）模块输出物：模块化设计需要形成哪些交付成果。

（4）模块接口：该模块与其他相关模块的接口形式、接口标准。

（5）应用范围：该模块主要用于哪些产品。

（6）注意事项：应用该模块时要注意哪些方面。

在模块定义过程中，模块化小组要借机进一步推进原材料、零部件和工艺等的归一工作，如图 18-7 所示。

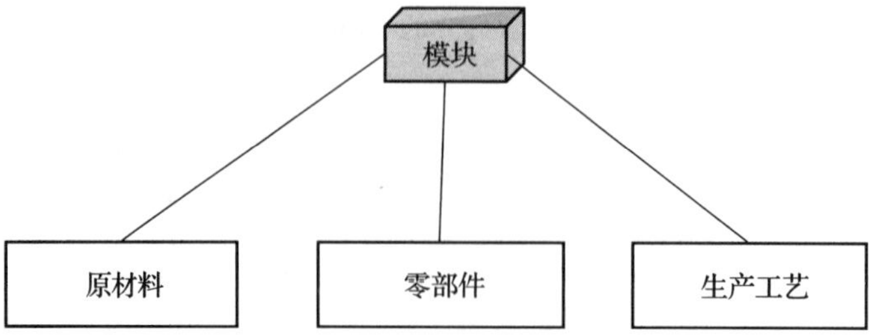

图 18-7　通过模块化推进归一工作

前文提到，模块化的过程是一个产品设计优化的工作。有效的模块化设计能够进一步推进原材料、零部件和制造工艺的归一，进一步简化产品，降低产品成本，提升产品质量。比如某装备制造企业在模块化设计过程中考虑减轻设备重量，推动“以钢代铸，以塑代钢”的产品轻量化设计，既保证了产品性能与质量，又降低了产品直接成本与装配、运输成本。

三、模块设计

在模块定义的基础上，模块化小组组织进行模块设计工作。模块设计有可能是对现有模块优化完善，也可能是重新设计新的模块。模块设计工作需要智慧、细心、耐心，需要各个模块的设计人员投入足够的时间和精力，以实现“一次做对”，确保“一劳久逸”。

模块设计要点包括以下几个方面。

（1）有利于设计输出、有利于内部管理是衡量模块设计优劣的重要标准。

（2）模块设计过程始终以客户为中心、以客户需求为导向，知道客户关注什么、不关注什么。客户关注的功能 / 性能可以形成多种模块“变型”，提供多种选择；客户不关注的功能 / 性能尽量合并归一，避免做无用功。

（3）理解客户需求后，需要系统考虑模块设计，形成一个有较强兼容能力的主体结构，并确定模块接口，这样有助于减少后期返工。

（4）模块主体结构应该具有适当的兼容和扩展能力，以便适应不同的模块及模块的变化。

（5）在模块设计过程中对模块接口进行定义，并整理成模块接口管控表。

（6）模块设计完成后要整理出模块定义、模块设计文件清单、模块管理包，以利于模块应用、维护与更新。

图 18-8 是产品标准模块设计的过程，包括功能模块设计和接口模块设计两部分。

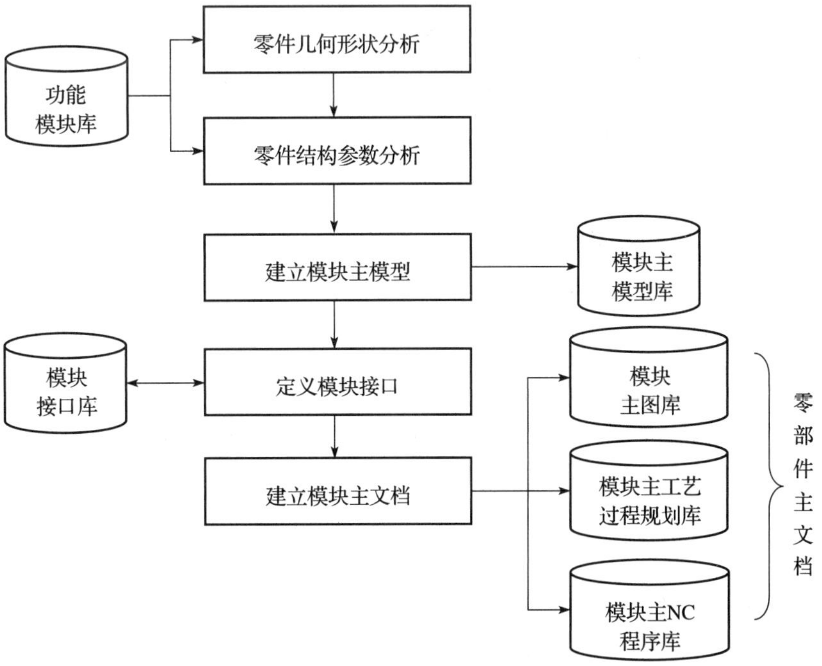

图 18-8　产品标准模块设计过程

模块化小组可结合对以下问题的回答，通过模块化设计对现有产品进行优化，提升产品的市场竞争力。

（1）如何解决现有质量问题，提升产品稳定性、可靠性？

（2）能否将非标定制件设计成几个规格的通用模块，变定制件为通用件？

（3）能否在模块设计中，零件尽可能使用标准件、通用件，尽可能减少非标件、专用件？

（4）能否改变材料，以减轻产品重量？比如以钢代铸，以塑代钢。

（5）能否缩小模块尺寸？

（6）能否去除冗余功能、性能，降低产品成本？

（7）能否降低模块生产加工难度？

（8）能否提升模块装配、更换便利性？

（9）能否强化、提升具有特色的功能、性能？

（10）能否提升模块的通用性？

四、模块入库

模块设计完成后，经过评审和试用后入库。

1. 模块评审

分级进行模块评审，评审通过后的模块进行试用，试用修订后的模块导入模块库。

模块评审分为以下四级。

（1）自检：模块设计人员自我检查模块是否有问题。

（2）小组评审：模块设计小组集思广益评审。

（3）跨部门评审：研发、市场、采购、生产、运维及财务等部门参与评审。

（4）专家评审：组织相关技术专家对模块进行评审。

模块评审主要内容包括以下几个方面内容。

（1）模块文件是否完整？

（2）模块定义表的要素是否完整？

（3）模块定义表的要素是否准确？

（4）模块设计图纸是否准确、规范？

（5）模块及其变型是否能够满足客户需求及其趋势？

（6）模块（功能）是否具备差异化的竞争优势？

（7）模块是否易于生产、装配、运输？

（8）模块质量及可靠性是否可单独检测、验证？

（9）模块的零部件是否易于采购、加工，且不会增加成本？

（10）模块应用后是否易于使用、维护、维修、升级、更换、回收？

2. 模块试用

只有经在实际订单交付项目中试用后修订的模块才能导入模块库。通过模块试用发现问题，完善模块。只有经过试用并验证后的准确的模块才能入库。图 18-9 描述了模块的版本管理。

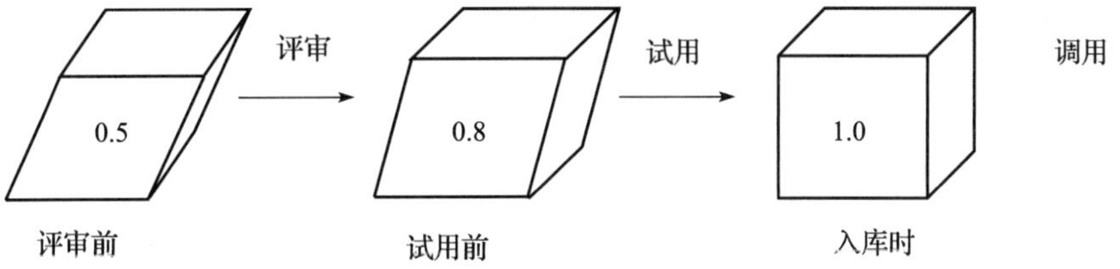

图 18-9　模块的版本管理

模块评审前是 0.5 版本，评审后修订进入试用前是 0.8 版本，试用后修订导入模块库前需达到 1.0 版本。

3. 模块入库

经试用后修订达到 1.0 版本的模块可导入模块库，供相关订单项目调用。入库后的模块要保证模块版本的唯一性和最新性。每个模块只有唯一的一个最新的版本保留在模块库中，避免多个模块版本共存导致调用错误。图 18-10 描述了模块库的结构。

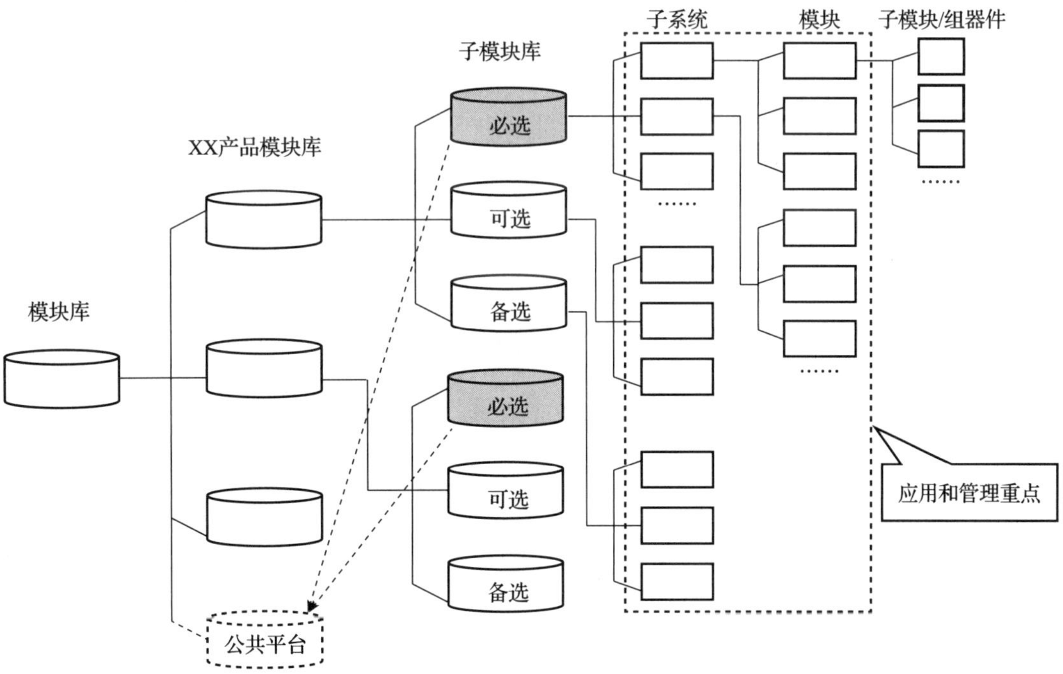

图 18-10　模块库结构（示例）

基于模块属性和客户需求，模块可以分为必选、可选和备选三类。表 18-1 对模块类型进行了介绍。

表 18-1　模块类型

模块类型	模块属性	调用特征
必选	影响产品的基本功能实现	必须调用
可选	不影响产品的基本功能实现，但可以丰富其功能及性能	结合客户需求调用
备选	新开发或新生成的模块变型，成熟度需验证	充分评估后调用

五、模块调用

企业应建立模块调用与管理制度，并通过相应 IT 工具固化，如图 18-11 所示。

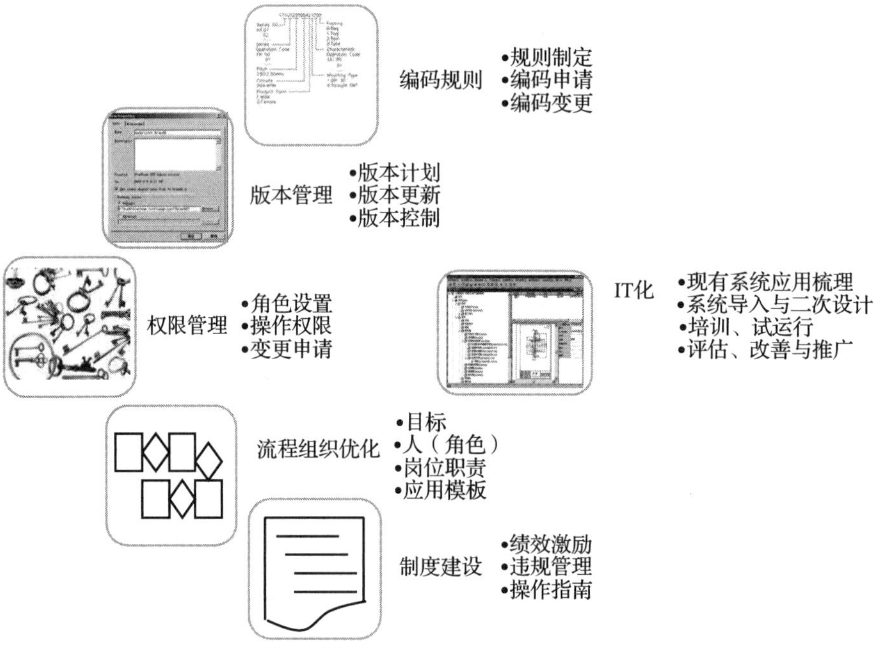

图 18-11　模块调用与管理

要设立明确的模块调用与管理权限，确保产品模块“安全地分享”，如表 18-2 所示。

表 18-2　模块调用与管理权限（示例）

角色＼权限	引用	查阅	修改	审核	批准	删除
总经理		●			●（平台）	●
研发总监 / 经理	●	●	●	●	●（模块）	
专业组长 / 平台工程师	●	●	●	●		
项目经理	●	●				
主管工程师	●	●	●			
工程师	●	●				

入库模块编码应遵循唯一性、易识别和可扩展的原则。企业应设定不同角色的模块调用与管理权限。企业要基于客户需求和公司管理需要持续优化相关模块。

模块优化方式包括以下内容。

（1）模块维护。

（2）模块更改。

（3）新模块开发。

（4）模块迁移。

（5）模块禁用。

第三节 产品模块化运营

在模块化设计的基础上，各相关职能部门均应参与模块的应用，整个公司要逐步“过上模块化生活”。模块化运营包括模块化营销、模块化采购、模块化制造和模块化运维等。图 18-12 描述了模块化运营管理框架。

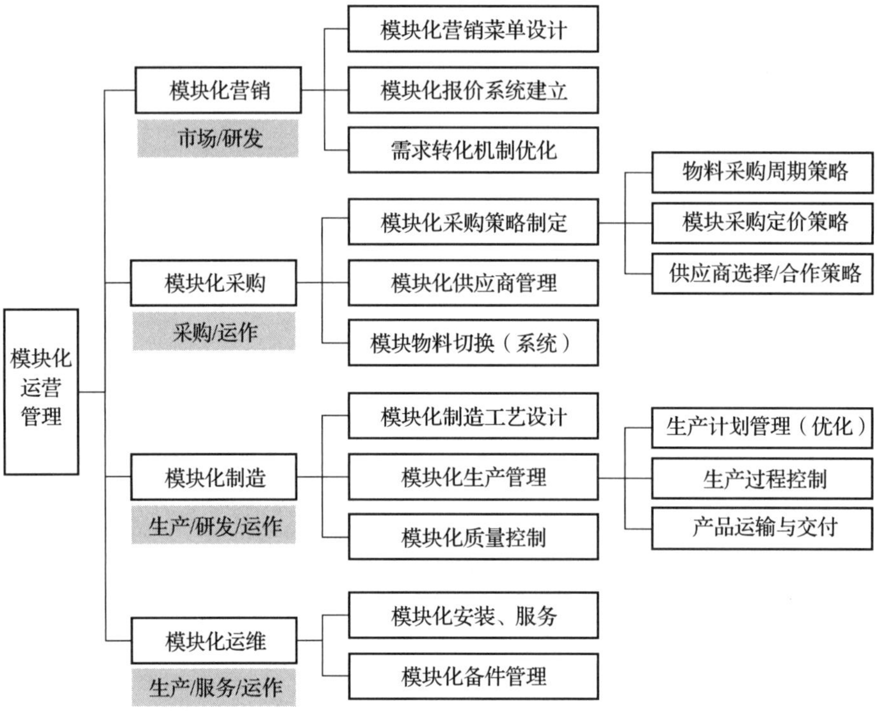

图 18-12 模块化运营管理框架

如图 18-12 所示，模块化设计带来的模块化运营主要体现在以下方面。

（1）**模块化营销**：产品能够按照模块定价，销售人员能够快速、准确地进行产品报价。有效的模块化运营能够实现**“菜单式下单，勾选式设计”**。

（2）**模块化采购**：更高的模块化设计能够牵引供应商从零部件供应商向模块供应商转变。

（3）**模块化制造**：更多的通用模块能够让不同的产品生产建立“混流生产线”，提高制造柔性。

（4）**模块化运维**：模块化设计能够变以前的“维修”模式为“更换”模式，如果某个模块坏了可远程寄送，客户自己更换即可，无须维修人员到现场维修产品。这样的运维模式能够大大降低企业运维成本，大大提升客户的满意度。

模块化运营能够让企业实现“大规模定制（Mass Customization，MC)”，在满足客户个性需求的同时，提升企业的规模经济性。

模块化设计与运营是大规模定制时代创新型企业的制胜之道！对于创新型企业而言，模块化设计不是“技术性”的工作，而是“战略性”的工作；模块化设计与运营不是“研发部”的工作，而是“全公司”的工作！

创新者行动

公司首席技术官（CTO）组织产品管理部、研发中心等负责人分析公司产品模块化设计的必要性、重要性，评估公司产品的模块化率，制定或优化公司产品模块化设计与运营流程与制度，持续提升产品模块化率，更快、更低成本地满足客户定制需求，提升产品、订单盈利水平。

咨询实例

某空港装备产品的模块化设计与运营

2010 年，深圳某企业的空港装备产品年销售收入 3 亿元，做成了中国市场第一，并开始进入国际市场。随着公司业务范围的扩大，订单的增多，公司空港产品订单交付延期越来越普遍，小的质量问题不断，公司利润率急速下滑。面对这种情况，公司总经理痛心疾首地说，我们经过近 20 年的努力，好不容易在全球空港装备市场站稳了脚跟，有了一定的市场地位，但是订单交付周期和交付质量的状况不从根本上改变，公司的发展会遭遇灾难性的后果！

顾问团队经过深入调研后发现，该公司空港装备订单交付延期的根本问题不是订单管理效率问题，而是该公司一直在“做项目”，而不是“做产品”。该公司每接一个空港装备订单，都需要重新设计，订单交付周期客户要求 6 个月，设计反复交流就需要 3 ～ 4 个月，结果订单交付往往需要 9 个月。设计一个新的订单产品，不是在标准化的模块基础上重用，而是“借用”以前做过的类似订单的图纸。以前错的地方继续出错，以前没错的地方可能“抄错了”，导致公司重复犯很多“低级错误”。

顾问团队建议公司组织技术骨干开展产品模块化设计工作，由多个共用模块组成共用平台，在共用平台的基础上设计和交付各个个性化的订单项目，以大幅缩短订单交付周期，大幅提升产品稳定性、可靠性，大幅提升订单项目的利润率。公司总经理认可顾问团队的调研结论与建议方案，要求公司研发负责人亲自担任公司模块化推进工作小组组长，要求即使少做几个订单项目也一定要先将产品模块化做好！

在顾问团队系统化的模块化设计与运营方法论指导下，公司抽调最有经验、水平最高的技术骨干组成模块化推进工作小组，选择最有代表性的空港装备产品进行模块化设计（见图 18-13）。同步推进模块化设计的子系统主要包括：结构、机械、液压、控制和软件等。经过近一年的艰苦努力，公司建立起了标准化的模块库，主要空港装备产品的模块化率达到了 80%。也就是说，公司承接一个新的空港装备订单，80% 的内容不需要重新设计和画图，企业只要响应每个订单 20% 左右的个性化需求就可以了。到 2012 年年底，模块化设计和运营的效益就体现出来了：图纸量由 2 米高下降到不到一尺厚，订单交付周期由平均 9 个月缩短为平均 5 个月，质量问题减少了 80%，空港装备产品的税后利润由 8% 上升到 15%。

到 2022 年，该空港装备年订单规模超过 20 亿元，占中国市场 90% 份额，占全球市场 45% 份额（不包括美国市场），成为空港装备产品的全球标准制定者，成为真正意义上的“世界冠军”！ 2022 年，该公司登机桥产品的模块化率达到了 95%，即全球任何一个国家、任何一个机场（环境温度从零下 70 摄氏度到零上 70 摄氏度）的空港装备订单，该公司 95% 已经标准化了，已经模块化了，已经准备好了，企业只需要集中精力响应 5% 左右的客户个性化需要就可以了。2010 年该公司登机桥业务是 50 个研发人员，响应 3 亿元的订单还经常“疲于奔命”；2022 年，该公司登机桥业务还是 50 个研发人员，响应 20 亿元的订单“很轻松”，研发骨干有足够的时间和精力研发“下一代登机桥”，持续保持企业在该领域的全球领先优势。

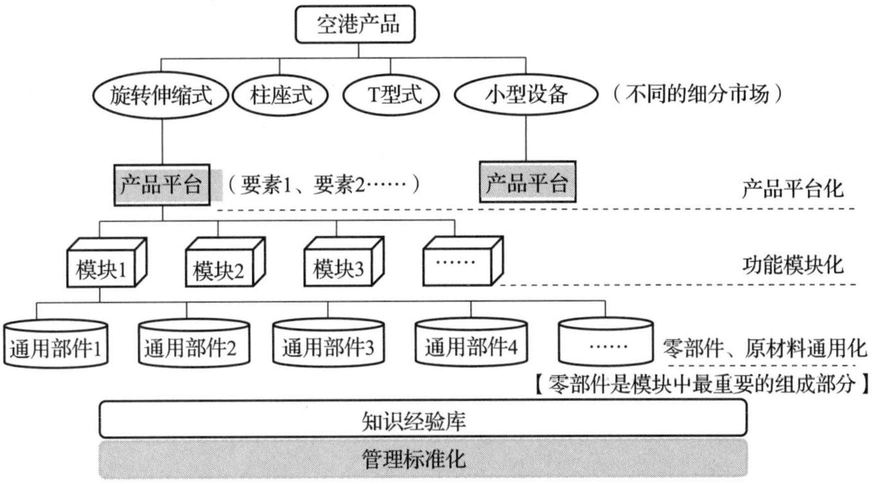

图 18-13　某空港装备产品的模块化设计

现在，模块化设计已经在该公司各个业务板块全面推广，均取得了很好的经济效益。模块化设计和运营已经成为该公司提升经营效益，打造更多“世界冠军产品”的战略举措。

第十九章
产品平台规划、开发与管理

创新者思考

（1）我们是否应该将产品平台当成“内部产品”进行管理？

（2）我们的产品平台是否应该覆盖尽可能多的产品线？

（3）我们是否应该任命专职的团队进行产品平台规划、开发和管理？

企业产品标准化管理的核心逻辑：基于模块化的共用产品平台，开发标准化的基型产品；基于标准化的基型产品发布型号产品，或者交付定制化的客户订单，实现“大规模定制”，实现客户与企业“双赢”。产品标准化管理“四化”体系（见图19-1）。

图19-1　知行信产品标准化管理“四化”体系

产品平台很大程度上决定了基于该平台开发的系列产品的差异化与市场竞争力。产品平台开发能力是创新型企业的“核心能力”。

本篇前面各章介绍的内容为企业产品平台构建和应用奠定了基础。创新型企业通过技术预研解决用于产品平台的关键技术问题，通过技术要素重用、原材料/零部件归一为产品模块化设计奠定基础。模块化设计又为产品平台化开发奠定基础。产品平台的竞争力集中体现了一家科技创新型企业的战略规划能力与技术管理水平。

我们在第二篇第六章产品线战略规划中详细讨论了产品平台规划的内容。平台化开发是指基于“**共用平台（Common Platform）**”开发系列产品，以大幅缩短各款产品的开发和上市周期，大幅降低各款产品的开发成本，提升公司系列产品的市场竞争力，提升公司各产品线的投资回报率。

基于平台开发系列产品能给企业带来的主要价值包括以下几个方面。

（1）便于快速进行系列化产品开发。

（2）便于快速响应客户的定制化需求。

（3）缩短系列新产品开发和上市周期。

（4）降低系列新产品的成本。

（5）提高系列新产品的稳定性和可靠性。

（6）提升公司研发效率，提升公司研发创新投资回报率。

（7）便于持续积累和强化公司的核心技术，形成难以模仿的公司核心竞争力。

基于平台开发的最大好处就是可以提升企业的“规模经济性”，摊薄每款型号产品（或每个定制订单项目）的成本，从而提升企业研发创新效率，提升企业研发创新投资回报率。

本章分为三节。

第一节，产品平台规划。创新型企业需要建立三级产品平台概念，需要建立产品平台版本管理概念，需要并行开发多代技术、平台与产品。

第二节，产品平台开发。需要组建专业的团队进行产品平台定义、开发与维护。

第三节，产品平台管理。创新型企业需要将产品平台当成一个“内部产品”进行有效管理。

第一节　产品平台规划

如果将一条产品线比喻成一颗树，那产品平台就相当于埋藏于泥土之下的根系，系列产品相当于多个树枝。根系越发达，树木越“枝繁叶茂”。因此，企业产品平台的建设能力和维护能力是企业的“核心能力”。企业产品的差异化与竞争力主要来自于产品平台的差异化与竞争力。底层的、平台的差异化才是难以模仿的，表层的所谓差异化是很难保护、很容易模仿的。

创新型企业要建立三级产品平台概念，要建立产品平台版本管理概念，要并行开发多代产品。

一、建立三级产品平台概念

创新型企业要建立公司级产品平台、产品线级产品平台和平台产品的三级产品平台概念，如图 19-2 所示。

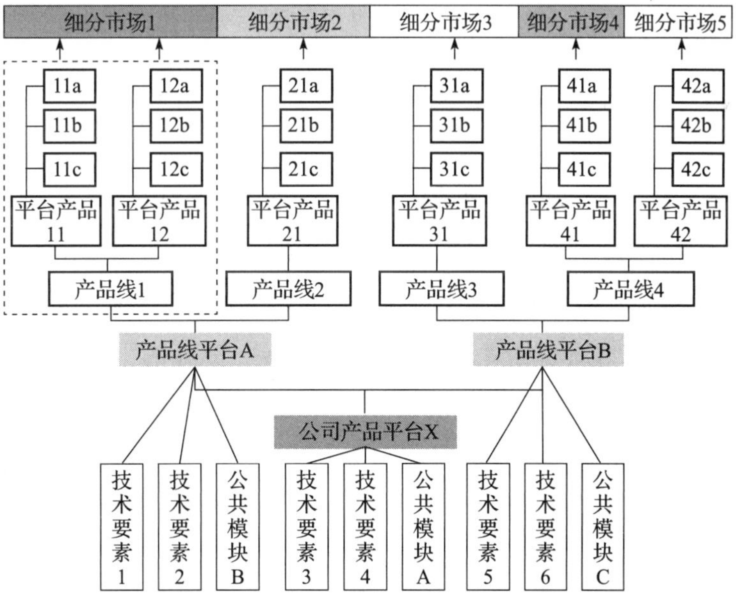

图 19-2　三级产品平台

由图 19-2 可见，产品平台开发逻辑如下所述。

（1）**公司级产品平台**：由多个技术要素和多个共用模块组成公司产品平台 X，支撑产品线平台 A 和产品线平台 B。

（2）**产品线级产品平台**：基于公司产品平台 X，加上更多的共用技术要素和共用模块分别组成产品线平台 A 和产品线平台 B。产品线平台 A 支撑产品线 1 和产品线 2 的系列产品开发，产品线平台 B 支撑产品线 3 和产品线 4 的系列产品开发。

（3）**平台产品**：平台产品又称为“基型产品（Basic Products）”，是系列产品共用的产品基础形态。产品线平台 A 支撑产品线 1 开发平台产品 11 和平台产品 12。平台产品 11 和平台产品 12 是在共用产品线平台 A 的基础上再加上该产品线系列产品共用模块组成的。

（4）**交付产品**：在平台产品 11 的基础上基于客户的个性化选择或定制，企业交付给客户的最终产品有 11a、11b 和 11c。

从公司级平台，到产品平台，再到平台产品，共用程度不断提升，产品平台共用比例如图 19-3 所示。

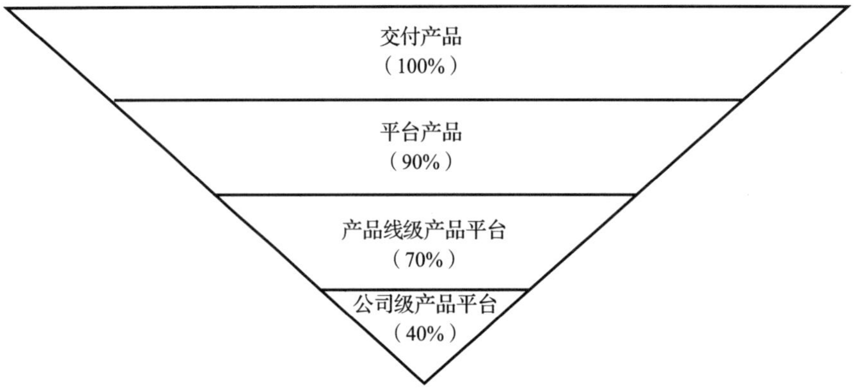

图 19-3 产品平台共用比例（示意图）

图 19-3 中各级平台的共用比例是个示意值，不同公司的产品平台化水平不同、产品类型不同，各级平台的共用值会有所不同。

上一章咨询实例中提到的空港装备产品案例，平台产品的共用度已经达到了 95%，即该公司交付全球不同国家、不同国别标准的同类空港装备订单，有 95% 的内容已经标准化、模块化了，只需要“勾选”即可。企业只需要响应各个订单 5% 左右的个性化需求。这样，企业响应客户个性化需求的速度很快，订单交付周期很短，客户满意度很高，企业的盈利能力也很强。事实上，如果平台产品的共用度能够达到 85% 以上，说明该公司已经成为该类产品的“标准制定者”，客户已经提不出太多的“个性化需求”。

相反，某行业应用软件企业的平台化率只有 30%，意味着每个类似订单有 70% 的功能需要定制开发，公司大部分软件开发人员都在客户现场写代码、搞实施。公司董事长开玩笑说，我们已经不是一个软件公司，我们已经成为一个“劳务派遣公司”，为各个客户订单项目招募和派遣各类软件人员。可以想见，这样交付的项目客户满意度是很低的，这样的企业也是很难赚钱的。

创新案例

苹果公司的产品平台架构

苹果公司是非常注重技术、零部件、模块、平台和生产工艺、生产设备重用的科技创新型企业。

图 19-4 呈现了苹果公司的三级产品平台架构。

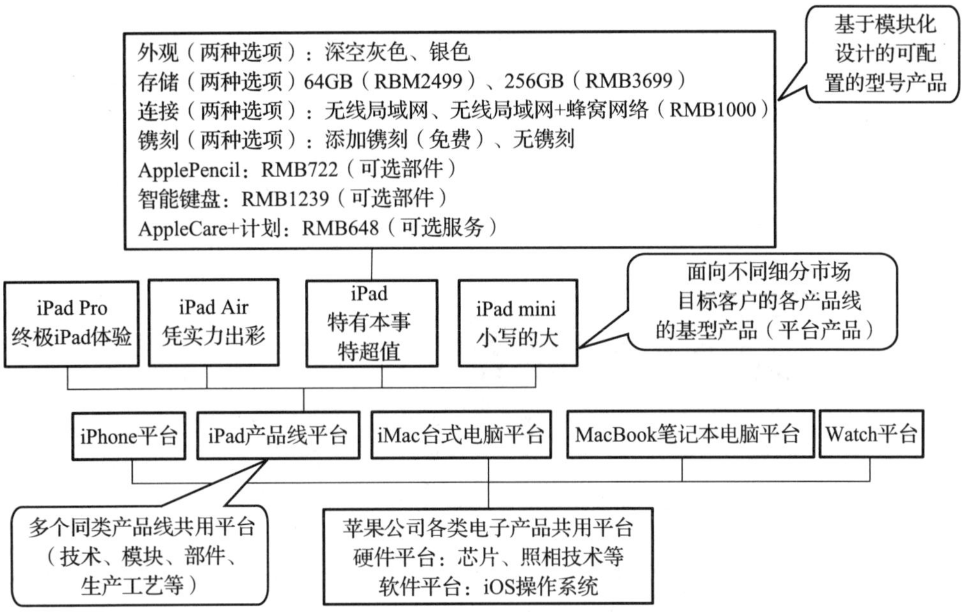

图 19-4　苹果公司的三级产品平台架构

（1）**公司级产品平台**：在公司层面，各类电子共用硬件平台和软件平台。硬件方面芯片、照相技术等各类产品都是共用的。软件方面，苹果公司都是采用 iOS 操作系统。在 iOS 操作系统基础上开放各类 App 的具体应用。我们能够在苹果公司的 iPhone 手机、iPad 平板、iWatch 手表以及 iMac 台式电脑与笔记本电脑之间“无感”切换，就是因为这些不同品类的产品都是采用的同一个操作系统，界面、风格、使用方式基本相同。

（2）**产品线级平台**：比如 iPad 平板有四条产品线，这四条产品线共用产品线级平台，共用内容包括技术、模块、部件和生产工艺等。

（3）**平台产品**：比如 iPad 平板面向不同细分市场的目标客户，规划了 iPad Pro，iPad Air，iPad 和 iPad mini 四条产品线。每条产品线先定义一个平台产品（基型产品），在基型产品的基础上基于外观颜色、存储大小、连接方式等定义多个型号产品。比如 iPad 产品线的定位是“特有本事特超值”，多个型号产品的价格从 3599 元到 5999 元不等。这些开放的模块化选项，能够为客户带来更多个性选择。这些选项对于消费者来说是个性化的，但是对于苹果公司来说是“标准化的”，是有“规模经济性的”。正所谓，**越标准化，越个性化**！

苹果公司坚持“有节制的”创新，不蔓延产品线，不进入无关业务领域，其实就是要尽可能“重用”已有的技术、部件、模块、原材料 / 零部件、生产工艺、生产设备，尽可能强化而不是稀释公司品牌，持续提升公司的规模经济性。

苹果公司通过聚焦少数紧密相关的业务领域，做少量精品创新产品，持续升级迭代，成为全球富可敌国的最赚钱的科技公司。比如苹果公司 iPhone 手机销量只占全球智能手机销量的 20% 左右，但是却攫取了全球智能手机 90% 以上的利润。

二、建立产品平台版本管理概念

产品的升级首先是产品平台的升级，产品的版本管理首先是产品平台的版本管理。产品平台升级带来产品的代际升级。因此，创新型企业要强化产品平台的版本规划，要基于产品平台的版本规划进行产品线的版本规划。

比如我们经常可以看到汽车企业的广告："基于全新一代的模块化平台打造的全新一代汽车"。比亚迪新能源汽车的产品平台已经升级演进到了第三代，如图 19-5 所示。

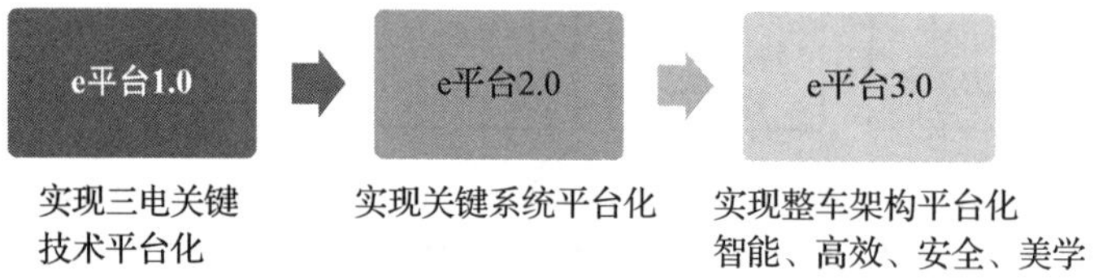

图 19-5　比亚迪新能源汽车的产品平台升级演进

比亚迪电动汽车 e 平台 3.0 是公司级的产品平台，实现了从小型车到大型车的全覆盖，对行业开放共享，有望将全球智能电动车的发展进程提速至少 3 年。比亚迪正是基于公司级的产品平台的领先，才有可能进入乘用车、公交车、载重汽车等 11 个电动汽车应用领域，并且在各个应用领域均取得不俗的经营业绩。

由比亚迪三代新能源汽车产品平台的演进可以看出，创新型企业只有基于对客户未来需求的洞察提前规划产品平台，提前预研平台级的核心技术、关键技术，提前开发平台级的模块与部件，才能在适当的"窗口期"上市新一代产品，实现新一代产品的"率先上市（First to Market）"。并且，通过持续的各代产品平台规划与预研，保持每代产品均率先上市，成为真正意义上的全球市场领导者。

三、并行开发多代技术、平台与产品

创新型企业在产品线层级，要做到"**上市一代产品、开发一代平台、预研一代技术**"，以 1 ～ 3 年为期进行滚动规划和开发，确保持续领先。产品—平台—技术代级演进关系如图 19-6 所示。

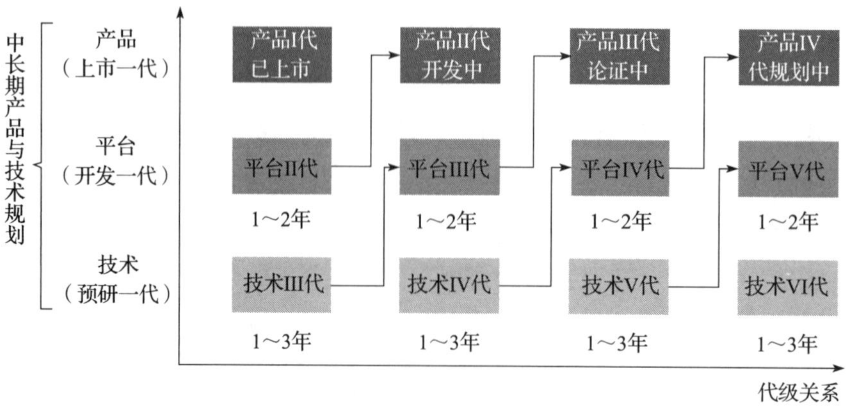

图 19-6　产品—平台—技术代级演进关系

图 19-6 中，横向看，要规划 3 ～ 4 代产品、平台和技术；纵向看，要在 1 ～ 3 年的期间内，并行进行技术预研、平台开发和产品上市。比如，现在开始论证第 III 代产品，期望在 6 年后上市，那么我们要在第 4 年开始开发第 III 代产品，要在第 3 年开始开发第 III 代产品平台，要在今年开始预研第 III 代产品平台的核心技术、关键技术。**规划未来，才能赢得未来**！这正是产品线规划和管理的核心价值。

在一个时间段内，要同时并行开展三代产品的不同类型的工作。比如在图 19-6 中，在未来的 3 ～ 5 年期间，要预研第 IV 代技术，要开发第 III 代产品平台，要开发和上市第 II 代产品。并行进行多项工作，意味着要对研发人员等创新资源进行战略性的分配。假如一家科技创新型企业的某条产品线一共有 100 名研发人员，可能需要进行这样的战略性人才资源分配：安排 20 名技术水平最高的各专业研发人员预研第 IV 代产品所需的核心技术、关键技术；安排 30 名标准化工程师开发第 III 代产品平台；安排 30 名研发人员开发和上市第 II 代产品；安排 20 名研发人员响应第 I 代产品订单交付项目的定制研发工作。如果能够这样严谨规划和有效行动，那么我们的产品线管理就能实现“**从胜利走向胜利**”，甚至“**除了胜利，我们已经无路可走**”。

可现实情况是，很多企业 80% 以上的研发人员投入到了响应订单交付项目的定制研发工作之中，投入新产品开发的研发人员严重不足，技术预研、产品平台开发等面向中长期未来的工作根本就没有精力考虑。

规划未来和投资未来的能力是创新型企业首席产品官（CPO）等高层管理者的核心能力。

越投资未来，就越有未来！越不投资未来，就越没有未来！

第二节　产品平台开发

在产品平台规划的基础上，需要进行产品平台定义、建设和管理。

一、产品平台定义

在产品平台规划的基础上，明确定义每个产品平台。表 19-1 是一个产品平台定义的模板，供参考。

表 19-1　产品平台定义模板

平台名称					
成熟度		平台层次		版本	
开发维护者				密级	
获取途径					
			总体描述		
概述					
所含子系统		描述构成平台的子系统、模块			
核心技术要素					
基本指标					
支撑范围		对子系统进行详细描述			
子系统 1					
硬件基础					
外部接口					
核心器件					
基本指标					

产品平台定义的主要内容包括以下几个方面。

（1）产品平台层级。

（2）产品平台包含的子系统。

（3）产品平台包含的核心技术要素。

（4）产品平台的支撑范围。

（5）每个子系统的详细描述，包括硬件基础、外部接口、核心器件和基本指标等。

二、产品平台建设

在产品平台定义的基础上进行产品平台开发。产品平台开发需要制定严密的工作计划，确保产品平台开发所需资源，有序推进产品平台建设工作。

产品平台建设要点包括以下几个方面。

（1）从研发人员中抽调专人专门负责产品软硬件平台开发。

（2）组建平台建设与管理团队。

（3）定义平台建设与管理流程。

（4）制定并执行平台建设实施计划。

（5）制定平台建设团队绩效考核与激励制度。

产品平台的质量决定了系列产品的质量、成本与市场竞争力。一定要选拔专业水平高、系统思维能力强、做事认真负责的资深研发工程师参与产品平台建设工作。一些企业让刚入职的大学毕业生参与产品平台开发工作，我们认为是非常不谨慎的做法。

三、产品平台维护

随着客户需求、市场竞争以及技术进步等的变化，企业应及时对产品平台进行完善、优化、升级，或者开发新一代平台取代现有平台。图 19-7 描述了产品平台的扩展。

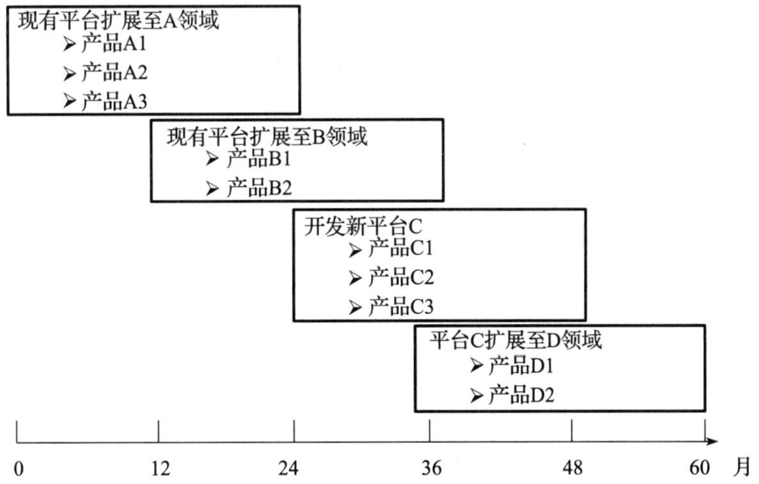

图 19-7　产品平台的扩展（示意图）

比如，奥迪汽车可能会为奥迪 A6 系列轿车开发一个共用产品平台，该平台可能适当升级扩展成为 A8 豪华轿车平台，也可能适当简化扩展成为 A4 轿车平台。

第三节 产品平台管理

创新型企业应当将产品平台当成一个“内部产品”进行管理，最终销售给客户的系列终端产品是基于该“内部产品”进行开发的。产品平台开发和维护团队也可以通过将产品平台“销售”给各新产品开发团队获得“经济效益”。因此，创新型企业应该明确产品平台管理职责，建立产品平台管理流程，对产品平台进行有效管理。

表 19-2 列出了某公司产品平台管理的角色与职责。

表 19-2　某公司产品平台管理的角色与职责（示例）

角色	职责
平台负责人	组织准备平台发布资料
平台硬件研发人员	硬件电路设计，硬件图纸归档，装置和板卡维护
平台机械结构研发人员	机械结构设计，结构图纸归档，结构件维护
驱动软件研发人员	驱动程序设计、归档、维护
平台系统程序开发人员	内部规约开发和维护 系统程序设计、归档、维护
产品研发人员	平台产品使用者，包括业务部门硬件研发人员和应用软件研发人员
（总工办）资料管理员	资料完整性检查
发布人员	组织平台发布评审 平台发布
评审委员	评审待发布资料的正确性、可执行性

基于共用平台进行产品开发，产品的质量、进度和成本会得到很好的控制和保证，同时产品开发的复杂度会降低，产品开发的技术风险也将大为降低。

表 19-3 总结了有效的产品平台管理的主要价值。

表 19-3　有效的产品平台管理的主要价值

价值方面	主要价值
1. 对开发的好处	（1）缩短开发周期和上市时间 （2）推动产品快速上市 （3）减少产品的复杂性 （4）减少开发层次的相互依赖 （5）提升产品质量 （6）节省开发资源
2. 对采购的好处	（1）降低采购成本：批量采购，提高议价能力，采购标准零部件 （2）提升采购效率：采用标准零部件，减少唯一零部件 （3）减少供货风险

续表

价值方面	主要价值
3. 对制造的好处	（1）降低库存，减少废料 （2）降低制造成本 （3）提高制造效率，改进供应连续性
4. 对服务的好处	（1）降低维护成本 （2）提高客户满意度

创新者行动

公司首席产品官（CPO）组织产品管理部、研发中心、各事业部负责人等分析公司的产品平台规划、开发和管理现状，明确改进或优化重点，实现“**上市一代产品、开发一代平台、预研一代技术**”，走向行业领先，保持持续领先。

系统工程师主责各条产品线的产品平台规划、开发与管理工作，持续提升产品平台共用水平，持续提升产品稳定性、可靠性，持续降低产品成本，持续保持产品线系列产品的市场竞争力，持续提升产品线的投资回报率。

创新案例

汽车企业的产品平台规划、开发与管理

汽车行业是基于共用产品平台开发系列产品的典型行业。我们经常看到汽车企业的广告语："基于全新一代的模块化平台打造的全新一代汽车"。汽车企业产品平台下的车型举例见表 19-4。

表 19-4 汽车企业产品平台举例

产品平台	应用车型
大众 PQ35 平台	应用于新宝来 A5、新甲壳虫、开迪（Caddy）城市多功能车、途安多功能轿车、三厢四门轿车速腾、两厢掀背型的新高尔夫、新奥迪 A3、敞篷小跑车 TT、西亚特的 Altea、斯柯达欧雅（明锐）等多个地区、集团内多家企业的十多款车型
福特的 C1 平台	应用于马自达 3、福克斯和 Volvo S40 等福特集团内多家企业多款车型
马自达 NI4 发动机	应用于马自达 6、福特 S-Max、新蒙迪欧

通过共享平台，汽车企业新车型开发从 80 年代的 4 ～ 5 年缩短到现在的 12 ～ 15 个月，最少 9 个月。

大众汽车集团 80 年代末实施共享平台策略，将底盘数从 16 种减少到 4 种，大幅提高零部件共享率，每年降低费用约 15 亿欧元。

雷诺兼并日产，将产品平台数从合并前的 34 个减少到 10 个，2000—2005 年期间降低成本超过 60 亿美元，将日产从破产边缘拯救过来。

汽车企业建立基于模块化的共用平台的核心思想：**看得见的都是不同的，看不见的都是相同的！**

图 19-8 呈现了汽车产品平台规划的主要内容。

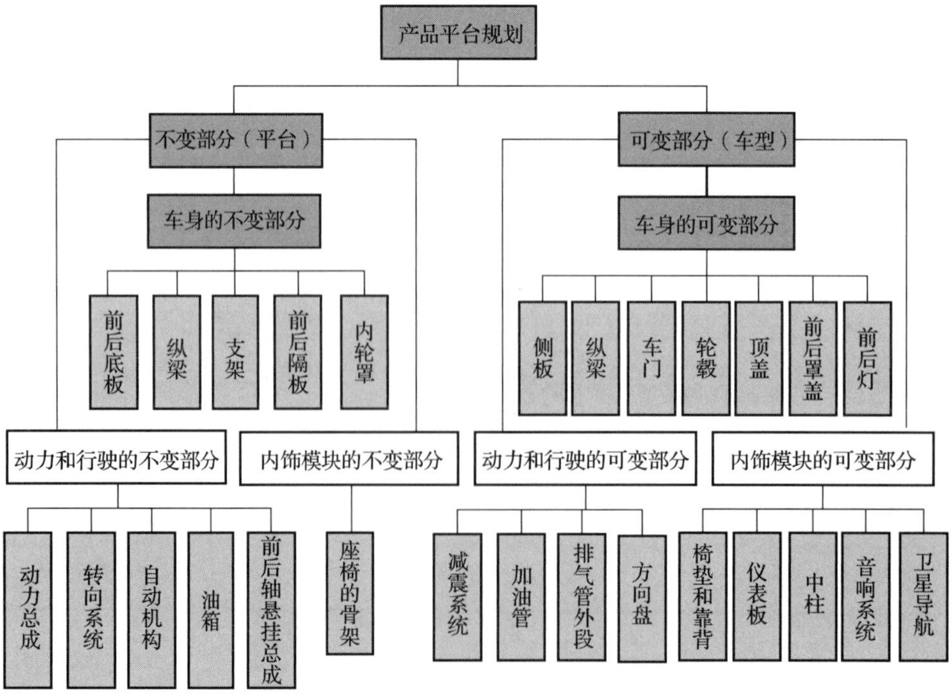

图 19-8 汽车产品平台规划

汽车由车身、动力和行驶、内饰三大部分组成。每个部分分为不变部分和可变部分。

不变部分是同一条产品线各个型号产品的共用部分，主要是“看不见的部分”，不给消费者开放选项。比如各款汽车的座椅骨架都是一样的。

可变部分是各款汽车“不同”的方面，或者给消费者开放选项的方面，主要是“看得见的部分”。比如汽车椅垫和靠背的材质、颜色，消费者是可以选择的，或者汽车座椅的加热、通风或按摩等功能是可以开放给消费者选择的。

通过产品的“不变部分”提高产品的共用度，降低产品成本；通过产品的“可变部分”给消费者诸多个性选择，提高客户的购买意愿与满意度。其实，汽车企业给消费者提供的绝大多数的选项也是模块化的，也是具有规模经济性的。只不过不同的消费者选择的选项不同，他们的产品之间就产生了“差异化”。

可见，通过基于模块化的共用平台开发型号产品或者交付定制订单，既能提升企业的规模经济性，又能提升客户的满意度，实现企业与消费者“双赢”。

第七篇

创新体系建设

知行信 RDIM® 研发与产品创新管理体系总结了企业持续高效创新的“六大关键成功要素”：创新战略管理、创新前端管理、创新技术管理、创新团队管理、创新流程管理与创新项目管理。创新战略管理、创新前端管理、创新技术管理是“做正确的事”，进行“正确的创新（Right Innovation）”。第二篇我们重点介绍了创新战略管理的主要内容，第三篇我们重点介绍了创新前端管理的主要内容。第六篇我们重点介绍了创新技术管理（产品标准化管理）的主要内容。

创新团队管理、创新流程管理、创新项目管理是“正确地做事”“正确地创新（Innovate Rightly）”。本篇我们将重点介绍创新型企业如何建立“可复制”的、高效的产品创新管理体系。第四篇、第五篇我们分别介绍了产品开发管理、产品交付管理的主要内容，这两部分是创新流程管理的具体内容。

我们在创新团队管理（People）、创新流程管理（Process）和创新项目管理（Project）的基础上，加上创新绩效管理（Performance），构成一个 RDIM® 体系的“子系统”——产品创新管理 4P 体系，如图篇 7-1 所示。

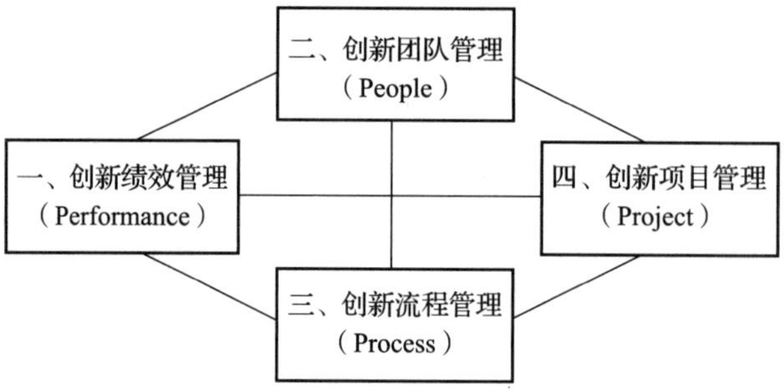

图篇 7-1　知行信产品创新管理 4P 体系

在产品创新方面，创新型企业要基于跨职能团队（People）和端到端的流程（Process），通过有效的项目管理（Project），实现高效创新绩效（Performance）。

创新是 0 → 1，运营是 1 → M（Many Many Money）。创新是“做出好卖的产品”，运营是“将好卖的产品卖好”。创新是前提，运营是保障！对于创新型企业而言，创新与运营同等重要，不可偏废。创新型企业既要“高效创新”，也要“卓越运营”。与产品创新管理 4P 体系原理相同，我们也总结了订单交付管理 4P 体系，如图篇 7-2 所示。

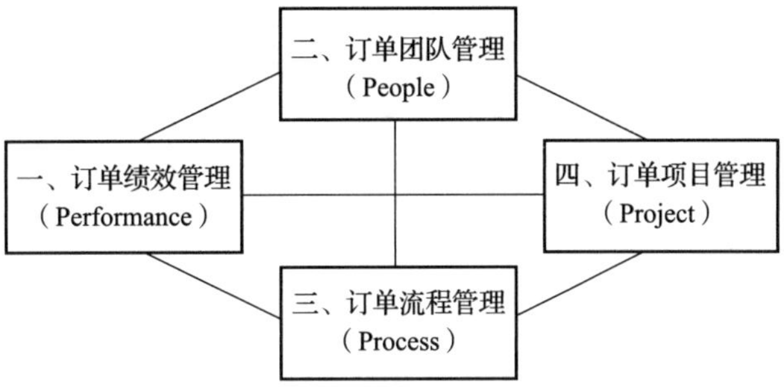

图篇 7-2 知行信订单交付管理 4P 体系

在订单交付方面，创新型企业要基于跨职能团队（People）和端到端的流程（Process），通过有效的项目管理（Project），实现卓越运营绩效（Performance）。

本篇将分别对产品创新管理 4P 体系和订单交付管理 4P 体系进行深入介绍。

第二十章，创新绩效管理。本章主要介绍创新团队绩效管理与激励管理。

第二十一章，创新团队管理。本章主要介绍集团公司两级研发创新体系建设、企业整体组织模式优化、企业创新组织模式设计、跨职能产品开发团队组织模式设计等。

第二十二章，创新流程管理。本章主要介绍流程体系建设方法，产品创新管理各阶段的流程要点，以及如何建立流程型企业。

第二十三章，创新项目管理。本章主要介绍项目管理的主要方法，包括设定项目目标、制定项目计划、领导项目团队、监控项目过程和交付项目成果等，并讨论如何建立项目型企业。

第二十四章，订单交付管理。本章重点介绍订单绩效管理、订单团队管理、订单流程管理和订单项目管理。

第二十章
创新绩效管理

基于跨职能团队和端到端的流程，通过有效的项目管理，实现预期的绩效目标。构成产品创新管理4P体系（见图20-1）。

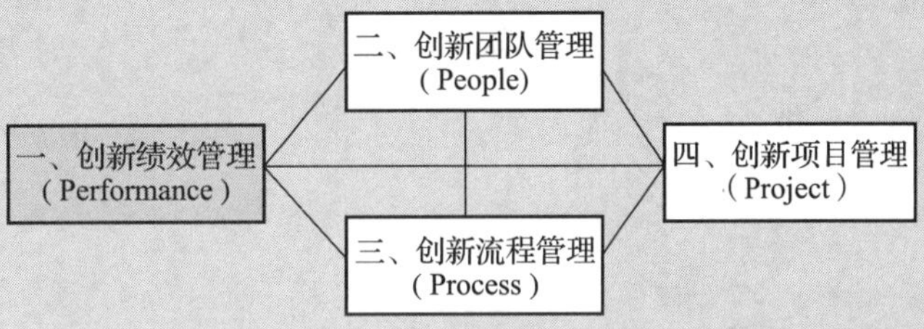

图20-1　产品创新管理4P体系

目标管理是企业管理中最重要、最有效的管理方式。建立跨职能团队、规范端到端的公司级的流程体系，采用有效的项目管理方法的最终目的是实现预期的创新绩效目标。创新绩效目标实现了，说明创新体系是有效的，创新人才是专业的。创新绩效目标没有实现，我们要反思创新体系的有效性，创新人才的专业性。

表20-1列举了研发创新型企业在创新绩效管理方面主要的常见问题，创新型企业首席产品官（CPO）可以组织公司人力资源部门、各创新组织负责人分析公司现状，明确改进重点，结合本章介绍的方法解决企业在创新绩效管理方面存在的主要问题，提升企业创新绩效。

表20-1　企业创新绩效管理常见问题

企业创新绩效管理常见问题描述	是否存在（Y/N）	主要改善措施
（1）认为绩效考核的主要目的就是“发奖金”，缺乏绩效反思机制、绩效提升措施		
（2）绩效考核方式不明确、不透明，绩效评价由个别主要领导说了算，不能服众		
（3）月度绩效ABCD评价流于形式，“轮流坐庄”，失去了评价的真正意义，浪费了管理资源，助长了不负责任的风气		
（4）绩效考核指标主要是过程指标或短期指标，团队成员缺乏项目忠诚度，考核的可能结果是过程指标均不错，但项目最终失败了		
（5）激励方式单一，主要是物质激励，缺乏有效的精神激励，激励效果不佳。研发人员经常“郁闷和不爽”，骨干研发人员流失率高		

本章分为三节。

第一节，提升企业创新绩效的三大关键抓手。创新型企业可以通过组织模式优化、人员专业性提升以及绩效考核与激励制度优化大幅提升企业创新绩效。

第二节，创新团队绩效管理制度设计。本节重点介绍如何有效考核产品管理团队、产品开发团队以及技术开发团队。

第三节，创新团队激励制度设计。本节重点介绍各种有效的物质与精神激励方式，创新团队薪酬设计模式、项目奖金的设立与分配等内容。

第一节　提升企业创新绩效的三大关键抓手

创新者思考

（1）我们的组织模式设计能让创新团队高效运转吗？

（2）我们各类创新人才都足够专业吗？

（3）我们能够有效考核和激励创新团队吗？

本节首先介绍创新型企业运转低效的常见症状、创新型企业的主要特点、知识工作者的主要特点，在此基础上提出提升企业创新绩效的三大关键抓手：组织模式设计、人员专业性、绩效考核与激励制度。

一、创新型企业运转低效的常见症状

中国的大多数科技创新型企业是由“代理”或者“代工”型企业“转型升级”而来的，这些企业的身上打下了深深的“制造”型企业的组织与管理烙印！在由“制造”走向“创造”的过程中，创新型企业在创新团队管理方面常见如下误区。

1. 新产品开发是“研发部”的事，其他部门有空时就“帮帮忙”

很多企业一提到新产品开发，马上就想到“研发部”，认为研发部是新产品开发的责任部门，研发总监就是“产品总监”。新产品开发好不好，全看研发部努力程度如何。一些公司领导也将公司的创新绩效指标下给研发部，要求研发部对公司的创新绩效负责。一些公司的老板经常抱怨，研发部怎么搞的，今年也没看见拿出几款像样的新产品来。市场、销售、采购、生产等职能部门的主要精力用于订单交付，在“有空”的时候参与一下新产品开发工作，没空的时候就顾不上新产品开发工作了。很多公司的财务部门基本上“不参与”新产品开发工作。

最佳实践观点：新产品开发是全公司的事，不只是研发部的事。研发部是新产品的技术实现部门，单靠研发部是不可能开发出好的新产品来的。如果一个创新型企业发现哪个部门与新产品开发基本上没有关系，那要考虑这个部门是否有存在的价值。

2. 新产品开发任务在各个职能部门之间传递，新产品开发工作主要在各个职能部门“内部”完成

很多企业的新产品开发“流程”是这样的：市场部了解需求后交给研发部，研发部开发出样机后交给生产部，生产部生产出产品后交给销售部去卖，销售部卖出后的产品交给服务部去提供售后服务。各个职能部门只管“做好自己的事”“铁路警察各管一段”，新产品是否成功没人关心，因为这不是一个部门能负得起责任的事。

最佳实践观点：应该成立跨职能部门的新产品开发团队，“并行”地而不是“串行”地开展各项新产品开发工作。新产品开发任务不是在各个职能部门内完成，而是在新产品开发团队内完成。新产品开发没有属于哪个部门的“阶段”，只有属于产品开发团队的“阶段”。跨职能的新产品开发团队对新产品开发项目的最终绩效结果负责。

3. 市场部与研发部“握手”很难

市场部与研发部是一对“天敌”，一些企业的这两个部门之间的关系甚至到了“水火不容”或者“井水不犯河水”的地步。提供客户需求是市场部的事，按照市场部提供的需求将产品开发出来是研发部的事。如果新产品开发失败了，两个部门都有充分的理由“证明”不是自己的责任。研发部会说是市场部提供的需求不全面、不准确才导致了客户不购买我们的产品。而市场部会反驳说，我们提供的客户需求足够全面和准确了，是研发部错误地理解了客户需求才导致了新产品不好卖。当市场部人员要求研发人员一起去拜访客户时，研发人员往往会说，我忙着呢，哪有工夫陪你出去闲逛!

最佳实践观点：市场部和研发部之间不应该说“你”“我”，而应该说“我们”。市场人员和研发人员只有一起拜访客户，一起了解客户需求，一起定义产品，才有可能开发出符合客户需求的新产品。客户需求洞察和产品定义是新产品开发的源头工作，源头的输入错了，后面再怎么努力也是白费力气。

4. 销售部就是“市场部”

很多企业将销售部与市场部混同为一个职能部门，销售部是卖产品的，市场部也是卖产品的，只是名字叫市场部，感觉“进攻性”没有那么强罢了。绝大部分企业没有真正意义上的“市场部”或“产品部”——其核心职责是了解客户需求，而不是销售产品。很多企业的市场需求输入实际上主要是来自公司创始人或者几个主要的管理人员。一些规模比较大的企业有真正意义上的市场部，但是市场部往往规模偏小，专业的市场研究人员很少。比如某知名彩电厂商，有 10000 名销售人员，有 5000 名研发人员，但只有不到 20 名专职的市场研究人员。这样的人员配置比例，又怎么能期望开发出创新性的彩电产品呢?

最佳实践观点：创新型企业一定要有真正意义上的“市场部”，不要让市场部成为销售部的附属机构，不要让销售总监领导市场部经理！市场研究人员应该只负责了解市场信息，洞察客户需求，而不应该直接承担销售指标。销售人员和促销人员反馈的客户需求信息可以参考，但绝不能让销售人员代替市场研究人员的工作。**销售人员反馈的往往是“销售的声音”，而不是“客户的声音”**。销售人员越多的公司，一般是产品做得不好的公司。产品做得不好的根本原因是对客户真正的需求洞察不够。产品做得好的企业往往是销售人员很少的企业，甚至是没有销售部的企业，比如苹果公司、耐克公司。**销售导向是不可能成就伟大的企业的!**

5. 无真正意义上的“产品经理”

一些企业也建立了“产品规划部”或者“产品管理部”，并任命了一些产品经理。但是这些产品经理往往缺乏产品经理应该具备的素质和能力，无法真正承担一个产品经理应该承担的职责。这些所谓的产品经理可能只是“市场专员”，或者是“项目经理”，甚至只是“技术牛人”，根本无法真正对新产品开发的绩效目标负责。一些企业的管理者梦寐以求的事情就是从别的企业“挖”几个产品经理，但是一方面“挖角”的机会很少，另一方面，即使好不容易挖到了一个人，也很容易出现“水土不服”的症状，难以在公司发挥作用。

最佳实践观点：创新型企业最稀缺的人才就是产品经理。一个企业称职的产品经理的数量很大程度上决定了企业的创新绩效。很多企业发展的瓶颈就在于公司始终只有一个产品经理——“老板”。久而久之，“老板”自己就成为公司发展的“瓶颈”。老板没有好的新产品创意，整个公司的创新工作就停滞不前。千军易得，一将难求。产品经理很难靠“挖角”获得，最好的方式就是自己培养产品经理。新任命的产品经理，虽然在做第一个项目时可能会表现不佳，但是做第二个、第三个项目时会有很大的改进。有远见的企业应该前瞻性地培养产品经理，在产品经理的培养方面要舍得投入，要给有创业精神和创新能力的员工担任产品经理的机会。

6. 无人对创新流程的有效性负责

一些企业设计了新产品开发流程，但是在新产品开发过程中没有人负责流程的维护和完善。新产品开发项目走不走流程，流程执行的质量怎么样，没有专人负责管理。最后，流程的执行流于形式，很多不合时宜的流程环节仍在“执行”。

最佳实践观点：应该有专人（流程经理）对流程的有效性负责。流程经理应该对流程的绩效负责。采用委员会或者流程管理小组等方式进行流程管理，效果会大打折扣。缺乏有效的流程，或者有流程但没有高质量地执行，都是导致新产品开发失败的重要原因。

7. 项目经理只是“协调人”

一些企业成立了项目管理部，或者项目管理办公室（PMO），统筹负责新产品开发项目管理。基本上每个重要的新产品开发项目都任命了项目经理。但是项目经理的职责不明确，项目团队的成员也不明确。各职能部门经理在项目中仍然起着主导作用，项目经理往往沦为有名无实的项目“进度记录者”、部门间关系的“协调人”，或者只是一个项目“秘书”。

最佳实践观点：项目经理应该拥有与其责任对等的权力。这些权力应该从职能经理处“让渡”出来。项目经理应该拥有对项目团队成员工作任务、工作时间的安排权，应该拥有对项目团队成员绩效的考核权。这样，项目经理才有可能真正成为对项目最终绩效结果负责的人。

8. 项目决策个人说了算

很多企业没有正式任命的项目决策评审团队，项目决策要么是公司老板个人“拍脑袋”，要么是几个高管商量商量就定了。做什么项目，为什么要做这个项目，这些都是公司领导说了算，项目团队只要执行就行了。

最佳实践观点：应该正式任命项目决策评审团队，采用事先确定的决策评审准则，按照规范的决策评审流程对新产品开发项目进行决策。新产品开发团队不但要知道做什么项目，而且要知道该项目为什么值得做。最好新产品项目是由项目团队经过分析后提出的，而不是公司领导强加的。

创新型企业的中高层管理者可以对照以上呈现的“症状”，分析企业主要存在哪些创新管理问题。有则改之，无则加勉。对问题突出的方面，通过本篇介绍的内容寻求解决方法。

二、创新型企业的主要特点

创新型企业是相对于传统制造型企业而言的。创新型企业的业务特点不同，需要采用的管理方法也不相同。采用制造型企业的管理方式管理创新型企业是很多创新型企业创新绩效不好的重要原因。

表 20-2 从五个方面对制造型企业与创新型企业进行了比较。

表 20-2 制造型企业与创新型企业的比较

	制造型企业	创新型企业
产品特点	接受订单委托，为别的企业生产产品	做什么产品需要企业自己确定
核心关注点	按时、按质、按量、低成本地交付订单	开发出“好卖”的产品
企业运作特点	重复工作多，不确定性工作少	不确定性工作多，创造性工作多
组织模式设计原则	分工越细，效率越高	快速响应客户需求，各部门高效协同配合
组织模式特点	职能式组织模式为主，弱矩阵项目组织模式为辅	在职能式组织模式基础上组建有效的跨职能团队，以团队方式完成创新项目

总体而言，制造型企业主要帮助别的企业生产产品，主要是“执行”，不确定性的事情少，适合采用职能式组织模式，富士康是制造型企业的典型代表。创新型企业需要自己通过市场研究决定做什么产品，主要是“创造”，不确定的事情多，需要采用跨职能团队组织模式，华为公司是创新型企业的典型代表。

很多从“制造”走向“创造”的企业存在“路径依赖”，习惯性地采用制造型企业的组织管理模式管理创新型项目。这是转型期企业的巨大挑战，这些企业的高层管理者必须完成“观念”和“方法”的转变！

当然，当前很多企业是“创造”与“制造”并存，这本身没有问题，我们需要强调的是运营型的项目与创新型的项目应该分别采用不同的组织模式和管理模式。世易时移，变化宜矣！因时而化，顺应时势是可持续发展企业的典型基因。

三、知识工作者的主要特点

管理学大师德鲁克曾说，在 20 世纪，“管理”最重大、独特的贡献，就是将制造业里的劳动生产率提高了 50 倍之多。在 21 世纪，“管理”需要提供的最重要的贡献，就是提高知识工作和知识工作者的生产率。在 21 世纪，企业最宝贵的资产（不论营利或非营利组织），会是他们的知识工作和知识工作者的生产率。

不同类型的人应该采取不同的管理方式进行管理，才能实现预期的管理绩效。产品创新团队成员都是"知识工作者（Knowledge Worker）"，在为知识工作者设计组织模式之前，先要了解知识工作者不同于体力劳动者的特点。采用管理体力劳动者的方式管理知识工作者，其效果必将大打折扣，甚至根本不可能取得成果。与体力劳动者相比，知识工作者主要有以下特点。

1. 知识工作者的工作成果难以用计时和计件的方式衡量

采用"工业工程"方法可以对体力劳动者的工作进行分析，然后通过计时和计件的方式考核体力劳动者的工作绩效，并据此给体力劳动者发放工资和奖金。但是，对于知识工作者而言，天天加班不一定有绩效，从来不加班也不一定绩效不好。

一个研发人员对着天花板发呆两个小时，你不能说他没有在工作。此外，你不能根据一个软件工程师一天写了多少行代码来计算他的绩效。可见，通过核算个人的工作时间或者工作量来衡量一个知识工作者的绩效是很难的，甚至是非常危险的。如果你考核研发人员的工作时间，他可以经常加班但就是出不来东西；如果你考核软件工程师每天写的代码量，他可以写很多垃圾代码来充数。

2. 一个知识工作者很难独自交付有价值的结果

很多体力劳动者基本上可以独自完成自己的工作。但是一个知识工作者，很难独自交付有价值的结果。比如，一个硬件工程师，如果没有市场研究人员、软件工程师、结构工程师、工艺工程师等的协同配合，是很难开发出一款受市场欢迎的智能手机来的。越是复杂的任务，越是需要多个专业的知识工作者协同配合，才有可能高效和高质量地取得成果。

3. 一个知识工作者的工作结果只有能被别人利用才有价值

如果一个知识工作者拥有很多知识，但是他的知识不能被该组织中的其他人所利用，那他对该组织而言就是毫无价值的。比如，一个软件工程师掌握了一种独特的数据库开发软件，但是他所在的公司根本不需要数据库开发技术，那么他掌握的知识对于该公司而言就毫无价值，他也就没有继续在该公司待下去的理由。如果一个市场专员掌握了系统的市场研究方法，他所做的客户需求研究工作能够为新产品开发项目提供完整、正确的输入信息，那么这位市场专员对于该公司而言就是很有价值的。

所以，判断一个知识工作者对于一个公司是否有价值，不能光看他掌握了多少知识，更要看他掌握的知识能否被公司中的其他人所利用，能否为其他人的工作做出贡献。在第六篇我们提到了技术重用管理，如果一个研发工程师将自己掌握的技术分享出来，能够为很多其他工程师、很多新产品开发项目所用，则该研发工程师对该企业就是很有价值的。

4. 金钱不是激励知识工作者努力工作的唯一因素，甚至不是主要因素

对于知识工作者而言，金钱的激励效果是有限的。调查发现，大部分知识工作者从一个公司辞职，主要原因往往不是待遇问题，而是"郁闷"和"不爽"。金钱对于知识工作者而言主要是保健因素。真正激励知识工作者的因素是激励"志愿者"的因素。他们需要有挑战的工作；他们需要认同企业的使命和价值观；他们需要更多的培训；他们需要看到发展前景；他们需要"成就感"。

5. 知识工作者的知识很难显性化和固化

虽然很多企业试图将知识工作者拥有的知识进行"固化"，但是效果往往不佳。因为很多解决问题的方法和思路是很难用语言和文字描述出来的，很多隐性的知识是存在于知识工作者的头脑中而无法固化的。此外，知识工作者拥有的知识不会因为显性化和固化而减少，这些知识存在于他们的头脑中，谁也拿不走。所以，知识工作者可以随时带走自己的“知识资产”，美国硅谷的IT工程师“换公司就像换办公桌一样方便”。

从以上分析可以看出，知识工作者对工作的看法、工作的方式、创造价值的方式等与体力劳动者有着显著的不同。但是，很多企业对知识工作者的管理方式还是沿用对体力劳动者的管理方式——职能式管理。甚至有的企业将管理工人的方式直接用在管理研发人员身上，导致很多研发人员感觉很“不爽”，企业研发人员的离职率一直居高不下。

四、提升创新型企业组织绩效的三大“关键抓手”

组织是由很多人组成的，组织存在的目的是通过有效的分工和协作完成单个人完成不了的任务，实现单个人实现不了的目标。但是，实际上很多组织人越多，运转效率越低，人均产值和人均利润越低。由很多人组成的企业的寿命往往远低于单个人的寿命，甚至低于一些动物的寿命。表20-3对比了企业寿命与动物、植物及人的寿命。

表20-3 企业与动植物及人的寿命比较

企业寿命	动植物及人的寿命
美国大约62%的企业寿命不超过5年	青蛙（5岁）、家鼠（3岁）
中小企业平均寿命不到7年	兔子（8岁）、天竺鼠（6～8岁）
一般的跨国公司平均寿命为10～12年	家猫（10～15岁）、狗（9～11岁）
世界1000强企业平均寿命为30年	家马（30岁）、家鸽（30岁）、牛（20～30岁）、家鸡（20岁）、乌鸦（20岁）
世界500强企业平均寿命为40～42年	鹅（40～50岁）、猪（30～40岁）
全球只有2%的企业存活达到50年	白鹦鹉（69岁）、鲤鱼（50岁）
GE、IBM、杜邦等百年企业	人（70～120岁）
?	古树（几百年～几千年）

由表20-3可见，绝大部分企业的寿命低于10年，世界上只有2%的企业能存活50年以上。也可以说，由很多人组成的组织对环境变化的适应性远低于一个个人对环境的适应性。**企业等组织环境适应性差的直接原因是企业内耗远大于企业合力！**

造成企业内耗远大于合力的主要原因包括以下几个方面。

（1）**组织模式设计低效**。组织模式设计如果与企业的主要目标、任务不匹配，组织模式就会成为制造大量企业内耗的“元凶”。比如新产品开发项目需要跨职能团队成员及时无缝配合，但企业组织模式是职能式的，团队成员需要“跨部门”沟通和协调，这人为地降低了沟通效率，人为地制造了很多“摩擦”。

（2）**各岗位人员不专业**。专业的人才能做成专业的事。比如产品经理根本没有掌握客户需求研究的方法，该产品经理是不可能真正有效洞察客户需求的。又比如项目经理没有掌握项目计划的方法，该项目经理是不可能真正有效管理好项目的。

（3）**绩效考核与激励机制不匹配**。企业组织模式设计合理，各岗位的人员也很专业，但是绩效考核与激励制度不科学，缺乏“激励性”，组织绩效也会大受影响。比如，一些企业研发团队缺乏项目奖等激励制度，“干多干少一个样”，一年下来收入相差不了几万块钱。这样，能力强的人缺乏好好干的动力，甚至可能“干得多错得多”，能力弱的人也能混得下去，整个团队缺乏工作积极性、主动性、责任感和团队精神。

基于以上分析，我们提出提升创新型企业组织绩效的三大“关键抓手”：组织模式设计、人员专业性、绩效考核与激励制度，分别对应“能做”“会做”“想做”，如图 20-2 所示。

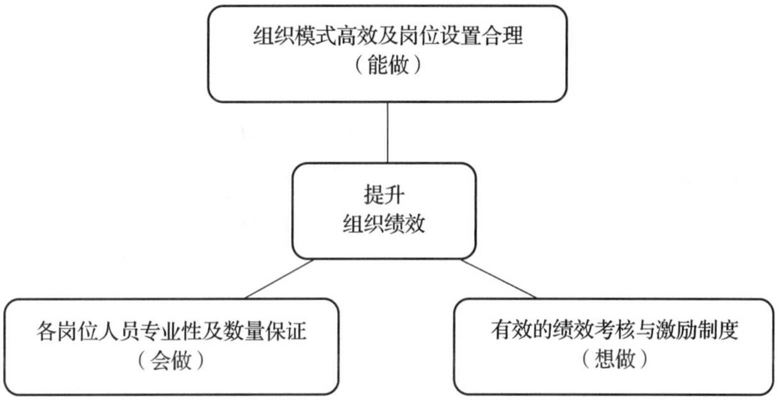

图 20-2 提升创新型企业组织绩效的三大“关键抓手”

1. 组织模式高效及岗位设置合理

组织模式的高效性及各部门岗位设置的合理性，是员工“能做”事的平台和基础。“能做”的含义是员工具备将事情做好的条件。同样 30 个研发人员，组织模式不同，创造的绩效可能会有几何级数的差异。以下三种组织模式，大家看看哪种组织模式的创新绩效可能最好？

（1）30 个人全是技术人员，没有项目经理和产品经理。

（2）30 个人中有 3 个项目经理，27 个技术人员，没有产品经理。

（3）30 个人中有 1 个产品经理，3 个项目经理，26 个研发人员。

产品经理能够指引产品开发的方向，项目经理能够保证项目的进度与质量，技术人员能够保证产品功能和性能的实现，这是不同专业人士的专业性的体现。

第（1）种情形，这 30 个技术人员虽然技术很专业，但很可能“六神无主”，不知道什么时候能够做出一个什么样的产品，能够取得什么样的收益更是未知数。

第（2）种情形，技术专业性没问题，项目管理的有效性也没问题，但是开发的产品能否有市场需求，能否盈利大家都没把握。

第（3）种情形，产品经理把握住了客户需求和项目的投资回报，项目经理能保证产品按期、低成本地上市，技术人员能够保证产品功能、性能的实现，能够保证产品质量的稳定性和可靠性。

这样的新产品开发项目，成功的概率非常高，人均产值和人均利润也会非常高。

通过以上分析，我们能够非常直观地看到同样数量的人员，不同的分工及不同的组织方式，产生的绩效差异非常大。由此可见，设计高效的组织模式、设置合理的人员岗位对于创新型企业而言是非常重要的。

2. 各岗位人员专业性及数量保证

组织模式的高效性以及岗位设置的合理性使员工“能做”事，各岗位人员的专业性及数量保证则使员工“会做”事。创新型企业应该选聘具有“快速学习能力”的各岗位员工，并且基于各专业岗位的胜任素质要求给员工“赋能（Enable）”。

比如上面提到的产品经理岗位，需要具备产品规划能力、市场研究能力、项目可行性分析能力等专业能力。只有具备这些专业能力，产品经理才能将事情做好，才能创造价值。当然，如果企业有 5 条产品线，具备这些专业能力的产品经理就至少需要 5 位，否则有些产品线就可能由于缺乏专业的产品经理负责而不能实现预期绩效目标。

“选择合适的人上车”，在“车上”持续提升员工的专业性，并且确保各岗位专业人员的数量能够匹配企业发展的需要，是各个职能部门一把手的首要职责。

创新流程体系是给产品创新团队赋能的有效手段。流程体系规范了做事的方法，创新团队成员学习和掌握了创新流程体系的主要内容，就能高效、高质量地开展相关工作。由传统的人传人的“师傅带徒弟”的学习方式转向“流程体系带徒弟”的学习方式是更加可靠、更加高效、更加长效的。

3. 有效的绩效考核与激励制度

“能做”是前提，“会做”是基础，“想做”是动力！环境“能做”事，员工“会做”事，但是员工如果没有做事的动力机制，也很难取得好的绩效。因此，有效的绩效考核与激励制度就是保证员工“愿做”事。

创新型企业的考核应该是结果导向，而不是过程导向；应该是团队导向，而不是个人导向。创新型企业的激励应该物质与精神并重，应该体现“多劳多得”，应该“让雷锋先富起来”。

创新者行动

公司首席产品官（CPO）组织公司人力资源负责人、各创新团队负责人分析影响公司创新绩效的主要原因，思考是否可以从组织模式优化、人员专业性提升以及绩效考核与激励制度优化等方面着手改善创新绩效，成为高绩效创新型企业。

第二节　创新团队绩效管理制度设计

创新者思考

（1）我们能够有效考核产品管理团队吗？

（2）我们能够有效考核产品开发团队吗？

（3）我们能够有效考核技术开发团队吗？

创新团队包括产品管理团队、产品开发团队以及技术开发团队等。从原则上说，所有参与创新工作的人员均应该进行有效考核和激励。

本节重点介绍各类创新团队的关键绩效考核指标以及创新团队绩效管理制度设计要点。

一、创新团队绩效管理的常见误区

在企业管理中，绩效管理是最困难、最具挑战性的管理内容之一。很多企业一直在寻求有效的绩效管理方法。但是，我们在咨询实践中发现，有很多企业的绩效管理思路是错误的，绩效管理方法方面也存在很多误区。一些企业的领导者经常感叹：绩效管理不搞不行，但是搞了之后效果往往更糟。根据我们的观察，创新型企业在绩效管理方面主要存在以下误区。

1. 绩效管理就是打分

很多企业一提绩效管理，管理者和员工的第一反应就是“打分”。搞绩效管理就是为了打分，就是要看看哪些员工做得好，哪些员工做得不好。

最佳实践观点：打分只是手段，目的是发现绩效差距，找出原因，制定对策，实施改进，最后提升绩效。

2. 绩效管理就是为了给员工发奖金

很多企业的管理者认为绩效管理就是通过给员工打分，将员工分出三六九等，然后计发月度奖金。甚至有些员工认为，公司搞绩效考核的目的就是要给我们降工资，因为月度绩效奖金本来是我们应该得的。

最佳实践观点：给员工计发绩效奖金只是绩效管理的目的之一，更重要的目的是提升员工的能力，改善绩效。克扣员工绩效奖金更不是任何健康的企业进行绩效管理的动机。

3. 由部门领导负责给每个员工打分

我们已经看到多家高新技术企业的研发部门是这样给员工进行绩效考核的：员工自己填报自

己的当月绩效，然后交给公司的研发总监，由研发总监给每位员工的月度绩效进行评分。而这些企业的研发人员的数量都是 50 人以上。

最佳实践观点：应该由最了解员工实际工作状况的直接上司或者相互配合的同事给员工进行绩效考核。任何一个研发总监都无法了解每个员工的真实工作状况，这样的绩效考核只会流于形式。

4. 绩效管理就是“你好，我好，大家都好”

很多企业研发部门月度绩效考核的结果，每个员工都是 90 多分。如果分数低了，谁都不高兴，而且分数的高低直接影响月度绩效奖金的发放金额。如果公司要求搞“强制分布”，那么大家就“老末”轮流做，即大家轮流充当绩效不好的“后进分子”。

最佳实践观点：这样的绩效管理不做可能更好。这样的绩效考核完全是流于形式，这是典型的“上有政策，下有对策”式的管理方式。这种做法助长了公司的歪风邪气，助长了员工对工作应付了事的作风，会严重挫伤优秀员工的工作积极性。

5. 期望有完全定量的绩效评价方法

一家做军工电子的高科技企业的研发人员有近 100 人，该公司的研发总监一直在寻求一种“自动化”的绩效考核模式。该研发总监希望每天每个员工将自己的工作结果输入电脑，到月底就能自动统计出每个员工的工作绩效。

最佳实践观点：这是一种典型的将知识工作者当成体力劳动者的绩效评价方法。计时、计件的绩效评价方法可能能够统计出知识工作者的“工作量”，但是无法衡量工作的“质”。而对于知识工作者而言，没有“质”的“量”是毫无意义的。

从以上种种绩效管理的误区可以看出，很多企业将绩效管理简单地看成是绩效考核，只注重对员工的工作结果进行考核，忽视了对员工取得这样的工作结果的原因的分析。员工每月只是知道了工作结果的分数，而不知道如何有效地改进工作，提升绩效。更为重要的是，对于新产品开发项目，大多数企业还是采用职能式组织模式进行管理，各个职能部门分别负责完成与本部门相关的新产品开发工作，各个职能部门分别对自己部门员工的绩效进行评价。

如果不采用有效的跨职能团队组织模式进行新产品开发管理，对新产品开发项目的绩效进行评价和管理基本上就是缘木求鱼，不太可能取得好的效果！

创新型的首席产品官（CPO）、人力资源负责人、各创新团队的负责人可以对照以上描述的绩效管理误区，分析公司存在的创新绩效管理问题，结合下文寻求有效的创新团队绩效管理方法。

二、创新团队绩效管理制度设计的主要目的与基本原则

创新型企业需要在绩效管理制度设计原则达成共识的基础上进行绩效考核和激励制度的设计。如果在原则方面达不成共识，公司设计的绩效考核和激励制度最终就不能得到员工的认可，制度的执行就会流于形式。可能的结果就是公司花费了高昂的考核成本和激励投入，但是效果却差强人意。

1. 创新团队绩效管理制度设计的主要目的

（1）牵引个人与团队重点关注关键绩效目标，提升管理效率与投资回报。

（2）识别个人、团队的绩效贡献，为绩效激励提供输入。

（3）发现绩效差距，分析造成绩效差距的主要原因，从流程与制度优化、员工赋能等方面持续改进绩效。

2. 创新团队绩效管理制度设计的基本原则

（1）导向客户成功、企业成功、个人成功，实现“多赢”。

（2）关注与度量关键成功要素（KSF）。

（3）重点度量做得不好但是非常重要的绩效指标。

（4）KPI 一般控制在 3 ～ 5 项，避免发散。

（5）关注个人绩效，更关注团队绩效。

（6）关注过程绩效，更关注结果绩效。

（7）个人、团队 KPI 要导向企业 KPI。

（8）动态优化考核指标、绩效目标与考核方式。

（9）考核数据可以获取。

（10）以尽可能小的考核管理成本取得尽可能公平的考核结果。

建议：创新型企业在制定创新团队绩效管理制度前，先就以上基本原则与骨干员工进行沟通。在沟通达成共识的基础上，根据以上基本原则设计企业创新团队绩效管理制度。

三、明确企业创新绩效管理流程

创新已经成为企业可持续发展的最主要的途径，创新绩效已经成为公司绩效的主要部分。真正重视创新的企业，一定会为创新设定合适的绩效指标，并对创新绩效进行有效管理。公司创新绩效管理包括以下步骤。

1. 指定公司创新绩效管理责任人

谁应该对公司的创新绩效负责？是公司董事长、总经理？是分管研发的副总经理？还是研发总监？不同的公司会有不同的答案。遗憾的是很多公司根本没有明确的创新绩效管理责任人！

创新是 21 世纪企业领导者的首要任务，创新型企业应该正式任命首席产品官（CPO），对企业创新投资回报负责，对企业持续成功创新负责！

很多企业没有明确任命首席产品官，董事长也不清楚自己是否是首席产品官，或者不清楚首席产品官的责任。有些企业虽然任命了首席产品官，但是首席产品官的能力不匹配，责权也不匹配，首席产品官职位还是流于形式。

如果是企业董事长亲自负责企业创新工作，企业董事长就应该是企业的首席产品官。如果企业董事长不亲自负责企业创新工作，企业就应该明确任命一位高层管理者为首席产品官，对企业创新绩效负责。

2. 设定公司创新绩效指标

不同的创新战略会有不同的创新绩效指标。对于创新型企业而言，真正有意义的创新战略包括“领先战略（Leader)”和“快速跟随战略（Fast Follower)”两种。既不能领先，又不能做到快速跟随领先者的企业是防御型的企业或者是被动响应型的企业，这样的企业是不可能具有长期竞争力的，是不可能长期存活的。

领先型企业与快速跟随型企业的主要创新绩效指标如表 20-4 所示。

表 20-4　领先型企业与快速跟随型企业的主要创新绩效指标（示例）

创新战略类型	领先型企业	快速跟随型企业
创新关键绩效指标	（1）新一代产品首先上市比例 （2）主流客户市场份额占比 （3）年营业收入金额、增长率 （4）年利润、增长率 （5）年自由现金流 （6）领先的核心技术占比 （7）研发投入占销售收入比重 （8）基础研究投入金额占研发投入金额比例	（1）在机会窗周期内上市新产品占比 （2）主流客户市场份额占比 （3）年营业收入金额、增长率 （4）年利润、增长率 （5）年自由现金流 （6）研发投入占销售收入比重 （7）利润占比

以上“占比”的统计基数是市场上同类产品本公司比例。市场统计可以国内市场为基数，更应以全球市场为基数。很多企业在国内做到了第一，但是与全球标杆企业相比，年营业收入不到全球领先企业的 1/10。只有站在全球视角看企业，与全球标杆企业比较创新绩效，企业才有可能保持国内领先，甚至成为全球标杆。

苹果智能手机是全球领先者，年营业收入占全球份额约 20%，但是年利润占了全球约 90%。可见苹果公司产品的创新性与高附加值。国内一些低端智能手机厂商号称出货量进入了全球前三，但是基本不盈利，这样的企业是很难有长期发展的。

3. 制定公司创新绩效目标

指标是“要做什么”，目标是“要做多少”。基于公司的战略目标，公司领导要为选定的创新绩效指标设定明确的目标。目标应该有 3 ～ 5 年的规划，可以每年滚动修订，而不是每年制订一次年度目标。以年度为单位制订经营目标，容易短视，导致企业只关注年度运营绩效，忽视中长期投资。

4. 制定并执行公司创新战略

目标管理是最有效、最高效的管理方式。创新型企业要制定并执行公司创新战略，以实现公司创新绩效目标。

创新型企业要明确进入的业务领域、不进入的业务领域，要在不同的业务领域、不同的项目类型有效分配创新资源，以实现公司整体创新投资回报的最大化。

关于创新战略分析与决策、创新资源分配请参见第二篇。

5. 评价公司创新绩效

绩效管理的目的不是评价绩效本身，而是对照绩效目标发现差距，寻找改进办法。公司应该定期（每半年或每年）比较公司实际创新绩效与创新目标，发现差距，找出原因，提出对策，制订改进计划。

创新型企业可以从以下方面寻找影响企业创新绩效的根本原因（Root Cause），并寻求改善对策。

（1）公司发展战略方向是否正确？公司对外部环境的变化是否足够敏感？

（2）公司创新资源投入是否足够？创新资源的分配是否科学？

（3）产品创新管理体系是否有效？是否高效？

（4）各类创新人才的数量是否足够？各类创新人才的专业性是否足够？

（5）各类创新人才的考核与激励制度是否有效？

（6）公司中高层管理者是否能够以身作则、率先垂范？是否能够鼓励创新、支持创新、带头创新？

6. 执行绩效差距改进计划

除非采取改进行动，否则绩效差距不会自动弥补。创新型企业应该通过执行绩效差距改进计划来弥补差距，实现预期的创新绩效目标。

由以上公司创新绩效管理步骤可以看出，公司创新绩效管理必须是“一把手”工程。只有公司的首席产品官（CPO）才有权力组织公司管理团队设定创新目标、制定创新战略、分配创新资源、采取创新行动，并最终实现创新绩效。进行有效的创新绩效管理是企业首席产品官（CPO）的核心职责。

四、设计创新团队绩效管理制度

在绩效管理方面，有两个基本观点是非常重要的。一是**“不能衡量的东西就无法管理”**，二是**“你衡量什么人们就会做什么”**。绩效管理制度如果设计不合理，其结果往往是“劳民伤财”“怨声载道”。在科技创新型企业，销售人员主要是按销售业绩提成，生产人员主要通过计时、计件核发奖金。与销售、生产类岗位相比，创新团队绩效管理更为复杂、更难有适合各家公司的统一的最佳实践做法。

各家企业要在绩效管理基本原则和方法的指导下，结合企业的规模、发展阶段、业务形态、管理素养等设计适合企业的绩效管理制度，并随着公司的发展持续优化，确保公司绩效管理制度能够始终有效服务于公司战略目标的实现。

1. 明确不同创新团队的主要绩效考核指标

不同创新团队组成成员不同、遵循的流程不同、交付的成果不同，绩效考核指标也应该不同。需要进行有效考核的创新团队主要有三类。

（1）**产品管理团队（PMT）**：负责产品线规划、项目论证、产品全生命周期管理，是一个常设的团队，主要成员包括产品线经理、营销代表、技术代表和财务代表。产品线经理通常是专职的，其他团队成员主要是兼职的。

（2）**产品开发团队（PDT）**：是指负责产品开发过程管理的跨职能团队，负责产品开发、测试和上市三个阶段，对产品成功上市负责，对产品实现盈亏平衡负责。产品开发团队主要包括项目经理、各职能代表以及各职能扩展团队成员。

（3）**技术开发团队（TDT）**：包括技术预研、产品平台开发、产品模块开发、技术标准化重用等团队，主要由技术人员组成。

关于三种创新团队的详细介绍，请参见第二十一章第三节。

创新绩效指标可以分为过程绩效指标和结果绩效指标两类。三类创新团队的主要绩效考核指标如表 20-5。

表 20-5　三类创新团队的主要绩效考核指标（示例）

创新团队类型	过程绩效指标	结果绩效指标
产品管理团队（PMT）	（1）产品线规划准确性 （2）新产品项目论证正确性 （3）新产品上市时间符合度 （4）新产品上市成功率	（1）产品线年度收入 （2）产品线年度利润 （3）产品线投资回报率 （4）产品线市场份额
产品开发团队（PDT）	（1）新产品上市时间符合度 （2）新产品客户需求满足度 （3）新产品成本符合度	（1）产品上市阶段收入 （2）产品上市两年（三年）内收入
技术开发团队（TDT）	（1）技术开发质量符合度 （2）技术开发周期符合度 （3）技术开发成本符合度	（1）2～3 年内技术重用次数 （2）技术重用带来的成本节省金额

过程指标主要是指“项目层面”的成果，结果指标主要是指“经营层面”的成果。创新型企业既要重视过程指标，又要关注结果指标。过程很大程度上决定了结果，结果才能最终证明过程做得好不好。

2. 创新团队绩效管理制度设计要点

即使一家企业跨职能团队组织得很好，端到端的产品创新管理流程体系很规范，项目经理也很专业，但是如果绩效管理制度设计不科学、不合理，最终创新绩效也会大打折扣。

有以下创新团队绩效管理制度设计要点供创新型企业中高层管理者参考。

（1）公司首席产品官（CPO）应该对公司创新绩效负责，复杂组织应该设定各类创新团队的绩效考核指标，制定各类创新团队的绩效目标，导向公司整体创新绩效目标的实现。

（2）公司制定的创新团队绩效管理制度必须不折不扣地执行，制定的制度如果不执行还不如没有制度。如果绩效管理制度的执行流于形式，那么创新流程的执行也会流于形式，创新项目管理就难以推进，公司的创新绩效目标就很难实现。

（3）不同创新战略的创新型企业应该设定侧重点不同的创新绩效指标。领先型企业需要思考的是如何保持领先，应该重点考核新一代产品首先上市比例、领先的核心技术占比以及基础研究投入金额占比等。快速跟随型企业应该重点考虑如何及时跟上领先者，如何赶超领先者。快速跟随型企业应该重点考核在机会窗周期内上市新产品占比以及主流客户市场份额占比等。

（4）不同的创新团队绩效考核方法、绩效考核重点不同。

3. 采用 PDCA 方法管理创新绩效

PDCA 方法可以用于创新团队绩效管理，如图 20-3 所示。

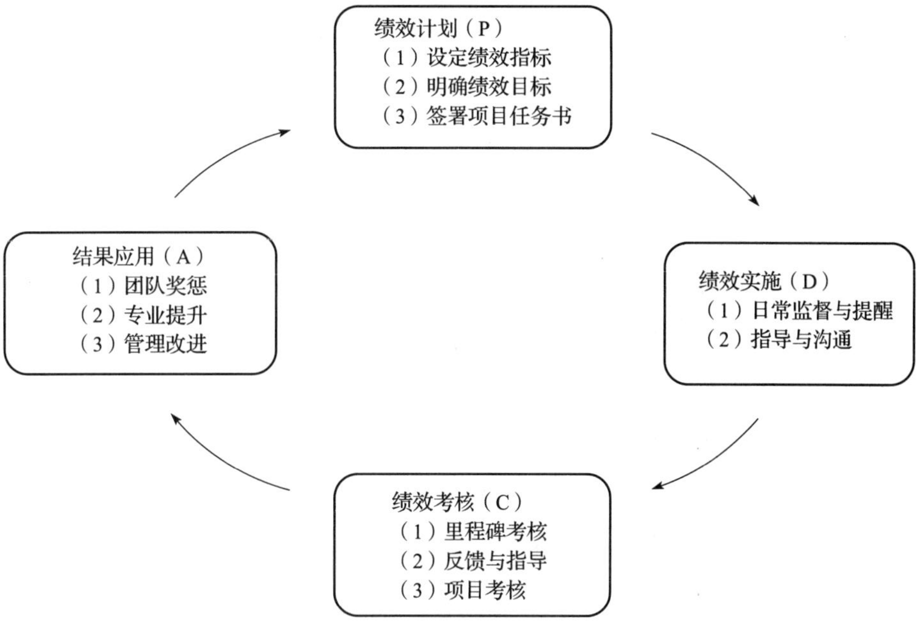

图 20-3　创新团队绩效管理的 PDCA 方法

（1）**绩效计划（Plan）**：设定绩效指标，明确绩效目标，公司决策评审团队与项目团队签署项目任务书。关于项目任务书签署，请参见第二十三章第二节。

（2）**绩效实施（Do）**：职能部门负责人、项目经理对员工进行日常绩效监督与提醒，必要时提供工作指导。

（3）**绩效考核（Check）**：在项目里程碑节点及项目结束时进行绩效考核，给员工提供绩效反馈与指导。

（4）**结果应用（Action）**：绩效考核结果用于团队成员奖惩，给团队成员赋能，提升团队成员专业能力，通过流程与制度完善实现企业持续管理改进。

创新者行动

公司首席产品官（CPO）组织公司人力资源负责人、各创新团队负责人根据公司战略设定各类创新团队的主要创新绩效指标，制定和执行有效的创新团队绩效管理制度，推进企业成为高绩效创新型企业。

第三节 创新团队激励制度设计

创新者思考

（1）我们有哪些有效的物质激励方式激励创新团队？

（2）我们有哪些有效的精神激励方式激励创新团队？

（3）我们的薪酬制度设计符合企业、员工、客户等“多赢”原则吗？

绩效评价的结果是进行激励的基础。通过有效的激励，能够激发创新团队的潜能，实现更好的创新绩效。光进行绩效评价，缺乏及时、有效的激励，绩效管理的实效会大打折扣。

本节介绍创新团队激励制度设计的基本原则、激励的多种方式以及创新人才的薪酬模式设计。

一、创新团队激励制度设计的基本原则

创新团队激励制度设计主要有以下 5 个方面的基本原则。

（1）**结果导向原则**。知识工作者工作的过程很难评价，只有结果才能真正评价。员工的工资与各项奖金最终来源于产品的市场表现，来源于公司从产品和服务中获取的利润。

（2）**团队导向原则**。公司不鼓励个人英雄主义，鼓励团队通过互补的技能共同实现项目目标。个人的工作成果只有被别人“利用”才能真正创造价值。

（3）**贡献导向原则**。评估团队成员绩效主要看其对项目的贡献，而不只是看投入的时间和精力的多少。

（4）**相对公平原则**。没有绝对公平的评价，只有动态的相对公平，公司不应为了追求绝对公平而大幅增加管理成本。公司不能为了发 500 块钱奖金而花费 5000 元的考核成本。

（5）**动态优化原则**。没有完美的绩效考核与激励制度，任何制度都需要根据环境和条件的变化持续完善与改进。

公司管理层、人力资源部门在制定激励制度时，应该提前就激励制度设计的基本原则与创新骨干达成共识。如果激励制度设计原则达不成共识，就无法制定科学、有效的激励制度。

二、创新团队的主要激励方式

激励机制从性质上分，可分为正向激励和负向激励。正向激励是指对创新团队及个人给予肯定、认可和赞赏；负向激励是指对创新团队及团队成员施以批评、指责和惩罚。一些企业的管理

者对知识工作者倾向于采用“胡萝卜加大棒”式的管理，出台了很多惩罚性的制度和文件。有家高科技企业的研发人员说，我们公司的奖惩条例一共有 70 条，其中有 55 条是惩罚。

激励机制从内容上分，可分为物质激励和精神激励。物质激励主要包括薪酬、福利、奖金等；精神激励主要包括表扬、认可和职位晋升等。很多企业的领导者只注重物质激励，认为只要给员工足够的待遇和报酬他们就会好好工作。其实，物质激励是一种保健激励因素，其边际效应是递减的，但是精神激励的作用是无穷的。有些企业的领导者说，我们给这些工程师的待遇比同行都要高，但是这些工程师的离职率还是比较高，真不知道这些人是怎么想的。其实，大多数知识工作者离开一个工作环境的主要原因不是待遇，而是这个公司的工作环境和氛围。

我们将创新型企业可能用到的主要激励方式如表 20-6 所示，供大家参考。

表 20-6　创新型企业的主要激励方式

	正向激励	负向激励
物质激励	（1）加薪 （2）提高福利待遇 （3）发放加班费 （4）发放奖金 （5）奖励股票期权 （6）奖励股票	（1）降薪 （2）罚款 （3）扣发奖金
精神激励	（1）表扬 （2）认可 （3）职位晋升 （4）安排更有挑战性的工作 （5）培训 （6）弹性工作制	（1）批评 （2）指责 （3）处罚

创新案例

波音公司对四种人才类型的激励与奖励

波音公司是全球最大的民用飞机制造商，也是知名的战斗机制造商。波音公司将人才分为操作型、管理型、创新型以及战略型。针对不同类型的人才，采用不同的激励、奖励方式，以“投其所好”，达到最佳的激励效果（见表 20-7）。

表 20-7　波音公司对不同人才类型的激励与奖励方式

	操作型	管理型	创新型	战略型
激励	（1）通过工作获得其他东西 （2）工作稳定，环境舒心、愉快	（1）拥有晋升的机会 （2）可以更加自由的管理团队 （3）来自上级的认可 （4）来自下级的赞同	（1）可以为组织带来积极的影响 （2）可以表达自己的想法 （3）拥有安全的环境，能做真正的自己 （4）学习必要的技能，为组织做出更大的贡献	（1）外部的认可 （2）积极肯定的公众舆论 （3）可以为组织留下一笔遗产 （4）可以通过产品或服务为社会带来改变
奖励	现金、奖金、灵活的日程表	晋升、内部奖励、上级的赏识	想法付诸实践、培训、来自同事和上司的认可、在组织中留下自己的“足迹”	外部奖励、健全的组织、产品和服务为社会带来影响

三、创新团队薪酬结构设计

员工薪酬总体上分为固定薪酬和绩效薪酬两部分。固定薪酬是必须发放的部分，员工干多干少、干好干坏，都需要按时、足额发放。固定薪酬一般与岗位职级、职位等关联。绩效薪酬是或有部分，与季度、年度绩效考核结果挂钩。一般来说，绩效越好的员工，绩效薪酬越高。

不同的企业、不同的岗位，员工固定薪酬与绩效薪酬的比例会有很大不同。表 20-8 呈现了员工固定薪酬与绩效薪酬的可能比例。

表 20-8　员工固定薪酬与绩效薪酬的可能比例

	固定薪酬比例	绩效薪酬比例
高绩效薪酬比例	1/3	2/3
中等绩效薪酬比例	1/2	1/2
低绩效薪酬比例	2/3	1/3

创新团队薪酬结构设计需要考虑以下多个方面因素。

1. 企业发展阶段

处于创业阶段的企业，难以为创新人才支付很高的固定薪酬，倾向于采用高绩效薪酬比例的薪酬结构。发展前景好、业务稳定、盈利能力强的企业，倾向于采用高固定薪酬比例的薪酬结构，以吸引优秀人才加盟。

2. 创新项目性质

从事技术开发与从事新产品开发的创新人才的薪酬结构也会有较大差异。从事基础研究、平台开发、模块开发以及技术预研等工作的技术人员，项目绩效难以与直接的投资回报挂钩，应该采用高固定薪酬比例的薪酬结构。从事新产品开发、订单项目定制研发的技术人员，项目绩效与经济效益高度直接关联，应该有较大比例的薪酬来自绩效薪酬。

3. 创新项目周期

如果新产品项目开发和上市周期在一年左右，项目团队绩效薪酬应该与新产品上市后的市场表现挂钩。医药、医疗器械等开发和上市周期普遍在 3 年以上，甚至在 5 ～ 8 年以上，这些长开发周期项目的创新团队绩效应该主要与里程碑节点的交付成果挂钩，很难与产品上市后的市场表现挂钩。

四、创新团队项目奖金分配

很多创新型企业在项目奖金分配方面陷入两难境地：没有项目奖金，项目团队成员缺乏积极主动工作的动力；有了项目奖金，由于分配不公，也非常影响创新人才士气。

一般来说，创新团队绩效薪酬应该与创新项目绩效强关联。不能由于项目奖金难以核算和分配就不考虑项目奖金，不能“因噎废食”。

关于创新项目奖金分配，有如下建议供创新型企业参考。

（1）应该制定明确的创新项目绩效管理与激励制度，并向创新团队公开，与创新团队达成共识。

（2）应该在创新项目任务书中明确项目团队成员，明确项目奖金额度与考核办法，对项目奖金进行“预分配”。项目奖金最终分配金额可以不透明，但是分配方式必须透明！一些企业没有“书面”的创新项目考核与激励文件，只是在项目启动时，公司管理者对团队成员说，你们好好干，公司肯定不会亏待你们的！这样的口头表态，激励效果往往是负面的。

（3）基于事先定义的项目绩效考核办法，对创新项目进行绩效考核，明确项目奖金包额度。华为公司的形象说法是“多打粮食，多分钱”。

（4）基于项目团队成员在项目中的表现，对项目团队成员进行项目绩效考核。项目团队成员实际计发奖金额与“预分配”奖金额有较大出入的，需要说明原因，达成共识。有效的绩效考核与激励制度就是公司算出来的奖金额与员工自己算出来的奖金额高度一致，而不是大相径庭。

五、创新团队激励制度设计要点

创新型企业的激励机制设计，基本原则应该是正向激励与负向激励相结合，物质激励与精神激励相结合。具体来说，有以下激励原则供创新领导者参考。

1. 物质激励应该适度，应该体现多劳多得原则

工资和福利等固定薪酬以在同行之中有竞争力为度，过高或过低都起不到有效激励的作用。奖金应该与项目绩效直接挂钩。根据团队成员参与的项目的本身绩效以及团队成员在项目中的贡献大小确定奖金发放比例。“普惠式”的奖励可能还不如没有奖励。

2. 不要吝啬你的精神激励

“**求求你，表扬我！**”是很多员工的心声。创新领导者要随时准备对员工工作取得的进展和成绩表示真诚的肯定和认可，鼓励员工从事更有挑战性的工作，鼓励员工为公司做出更大的贡献。精神激励的方式很多，不同的员工有非常不同的精神激励诉求。在洞察员工“需求”的基础上，给予“投其所好”的精神激励是最好的。在某高新技术企业的创新领导力提升研讨会上，员工们提出来最渴望的精神激励如下。

（1）上司的一个拥抱！

（2）与老板共进午餐！

（3）为家人购买度假机票！

（4）举行狂欢晚会！

3. 慎用负向激励

适当的负向激励是必要的，但激励原则应该是“**大声表扬，小声批评！**”员工工作质量不好应该提出批评；员工工作态度不好，应该提出警告。批评最好是小范围地或者一对一地进行，要顾及员工的自尊和感受。大范围、频繁地公开批评和指责，很容易在企业里弥漫消极、低沉、不自信的情绪。很多员工正是由于受不了公司的文化和氛围才离职的。个别企业在公司食堂门口设立“荣誉墙”和“耻辱墙”，导致很多员工产生“就餐恐惧症”。

4. 激励要及时

无论正向激励还是负向激励，都应该及时“兑现”。激励的时间效应是递减的。你为了员工一个月前的一次良好表现而表扬员工，员工可能会感到莫名其妙，因为他可能已经忘了你表扬的是什么事情了。承诺员工的项目奖金也应该及时兑现。只有领导兑现公司的承诺，员工才会兑现自己的承诺！

5. 最好是激励整个团队

如果一个新产品开发项目取得了良好的业绩，要奖励项目经理，同时也要奖励整个项目团队。对团队的奖励，是对团队精神的认可，能够激励员工更好地发挥团队精神，取得更好的创新绩效。

创新者行动

公司首席产品官（CPO）组织人力资源部门、各创新团队负责人分析公司创新团队激励制度存在的主要问题，制定与实施科学、“多赢”的激励制度。

咨询实例

某通信设备企业创新团队绩效管理与激励制度设计

深圳某通信设备企业，研发人员近100人，市场部负责客户需求了解与产品销售，研发部负责产品开发，是典型的职能型产品开发组织模式。

市场部去客户处了解需求，客户认为市场部的人员不专业，产品需求细节谈不下去，要求研发人员去现场。研发人员说，我们的开发任务很紧张，没时间出差，市场部把需求搞清楚，我们--定能将产品做出来。

市场部、研发部分别归两个副总管理，两个副总均是公司股东。公司总经理是职业经理人，没有公司股份，公司总经理很难协调两个副总之间的关系。由于市场部和研发部之间相互“不买账”，产品在需求调研与方案设计过程中花费了大量时间，多个重大新产品开发项目大幅延期，开发出的产品性能指标也很难符合客户要求，公司总经理为此非常苦恼。

公司总经理希望创新顾问帮助企业建立起市场部和研发部的“握手机制”，让两个部门好好配合，共同按时、按质、按量地开发和交付客户满意的新产品。

顾问团队帮助客户建立起以项目经理为核心的跨职能产品开发团队组织模式，重大新产品开发项目均组建包括市场、研发以及采购、生产、质量、服务和财务等职能代表的跨职能团队，由跨职能团队对项目绩效结果负责。新产品上市后，提取首批订单收入的一个百分比作为项目团队项目奖金。在整个产品生命周期中，持续提取销售收入的一个百分比作为项目团队的项目奖金，驱动项目团队关注产品的长期成功。项目团队成员根据岗位重要性以及项目投入时间核算项目奖金分配比例。只要参与了项目，只要对项目有贡献的人员均参加项目奖金分配。比如公司项目资料员也能参与项目奖金分配。

基于项目团队绩效结果建立起的考核和激励制度，将市场部、研发部等各个职能部门的“手”常态化地紧紧握在了一起。市场部和研发部不再老是说“你”“我”，而是经常性地说“我们”，真正做到了“力出一孔，利出一孔”。

主要有效做法包括以下几个方面。

（1）建立市场、研发、采购、生产、运维、质量和财务等真正意义上的跨职能团队，共同对新产品开发项目上市后的业绩目标负责。

（2）根据产品上市后的收入、毛利确定年度总奖金包，在产品生命周期内每年核算，每年计算奖金包。

（3）所有对项目有贡献的员工都纳入奖金分配对象，基于项目贡献分配每年的项目奖金。

（4）项目考核和激励制度公开透明，每年适当动态优化奖金系数和不同员工的贡献系数。

第二十一章
创新团队管理

创新型企业需要基于跨职能团队和公司级的流程，通过有效的项目管理，实现卓越创新绩效。构成产品创新管理4P体系（见图21-1）。

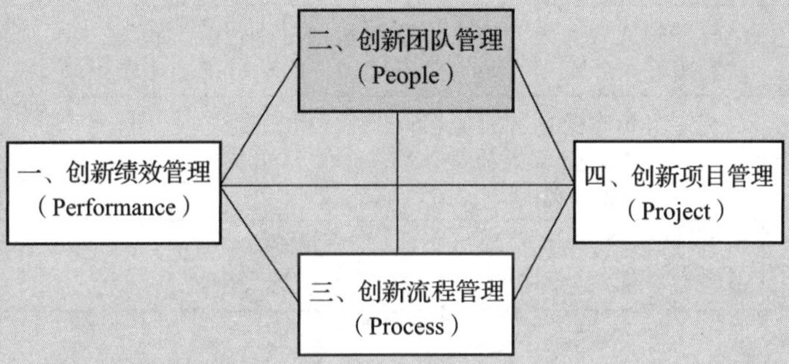

图21-1 知行信产品创新管理4P体系

组织模式优化是建立公司级、端到端的产品创新管理流程体系的前提。

同样数量的员工，组织模式不同，创造的绩效可能是几何级数的差异。

人才不是企业最宝贵的财富。对人才的有效管理才是企业最宝贵的财富。

我们从企业的"企"字可以看出，**"企业止于人"**。任何工作都是由人完成的，任何结果最终都是由人取得的。没有人就没有企业，没有优秀的人才就不可能有优秀的企业。如何对人才进行有效的组织、管理和领导始终是企业领导者最重要的职责。而对于创新型企业而言，如何对知识工作者（Knowledge Worker）进行有效的组织、管理和领导则是21世纪创新型企业领导者面临的最大挑战！

人力资源管理一般包括"引、聘、用、育、留"等环节，涵盖人员吸引与招聘、组织模式设计与岗位设置、薪酬与福利、职业生涯规划、绩效管理与激励机制设计等内容。创新型企业人力资源管理的重点对象是"知识工作者"，特别是产品创新团队。创新型企业人力资源管理的难点在于产品创新团队的组织模式、人才培养、绩效考核与激励机制等方面。

表21-1列出了创新型企业在创新团队管理方面的常见问题，创新型企业的首席产

品官（CPO）、高层领导者可以组织公司人力资源部门、研发部门、各事业部负责人等分析企业在创新团队管理方面存在的主要问题，分析产生这些问题的主要原因，结合本章内容的学习解决这些问题，充分发挥创新型人才的潜能，提升人均产值、人均利润与人均薪酬，成为行业“最佳雇主”。

表 21-1　创新团队管理常见问题

常见问题		是否存在（Y/N）	主要改善措施
（1）	新产品开发只是研发部的事，各部门只是有空时“帮帮忙”，“部门墙”很厚，涉及部门之间的工作沟通协调困难，项目推进效率低。公司会议很多，会议效率低，执行效果差		
（2）	没有设立产品管理部门，没有专职的产品经理，或者有产品经理但专业性不够，对客户需求洞察不系统、不深入、不完整、不正确，无人对产品线和产品全生命周期进行有效管理		
（3）	没有部门或者人员对公司所有创新项目进行统筹管理，项目资源冲突严重，延期项目占比大，创新资源利用率不高		
（4）	没有专人负责公司创新流程体系建设和管理，流程体系本身有效性不高，或者流程执行不严肃，流程流于形式，项目运行效率低、项目质量差，成本高		
（5）	项目绩效难以考核，研发团队对激励制度不满意，研发人员经常“郁闷和不爽”，骨干研发人员流失率高		

本章分为四节。

第一节，集团公司两级研发创新体系建设。主要内容包括如何设计集团（中央研究院）—企业（事业部）两级研发创新体系。

第二节，企业整体组织模式优化。主要内容包括如何设立产品管理、项目管理和流程管理部门，如何优化研发中心内部管理。

第三节，企业创新组织模式设计。主要内容包括如何设计企业决策团队、管理团队和创新团队。决策团队包括产品审批委员会、技术委员会；管理团队包括流程管理部、项目管理办公室（PMO）；创新团队包括产品管理团队、产品开发团队与技术开发团队。

第四节，跨职能产品开发团队组织模式设计。主要内容包括如何针对不同复杂程度的新产品开发项目设计不同的矩阵式组织模式。

第一节 集团公司两级研发创新体系建设

创新者思考

（1）公司是否有多个技术、产品相关的事业部或多家下属企业？公司是否应该成立中央研究院？

（2）中央研究院的主要创新职责有哪些？

（3）各事业部的主要创新职责有哪些？

对于有多个技术、产品相关的事业部或者多家下属企业的集团公司，需要考虑建立集团（中央研究院）—企业（事业部）两级研发创新体系，充分发挥集团公司进行共性基础技术、前沿技术、颠覆性技术等研究的优势，以支持各下属企业、各事业部将主要精力用于面向市场开发精品创新产品，实现产品的商业化成功，避免各下属企业、各事业部重复开发类似技术，甚至重复开发类似产品。

本节结合一家装备类集团上市公司两级研发创新体系建设的咨询实例，介绍集团公司如何建立科学、高效的集团（中央研究院）—企业（事业部）两级研发创新体系。

一、集团缺乏有效的两级研发创新体系的常见症状

如果公司也有以下描述的主要症状，公司需要考虑建立集团（中央研究院）—企业（事业部）两级研发创新体系。

（1）研发团队、研发项目主要分散在各个企业，总部基本上没有研发团队，没有直接开展的研发项目。

（2）各个企业的研发团队规模几十人到上百人不等，技术能力主要集中在机械、生产工艺方面，新兴技术如电气、软件等人才缺乏。

（3）大部分企业缺乏首席产品官、产品线经理、跨职能团队项目经理、企业级流程经理、系统工程师（架构师）等关键创新角色，主要是研发部主导产品开发，研发人员参与产品开发，其他职能人员只是配合或“帮忙”的角色。

（4）各个企业现有研发人员 80% 左右的精力忙于订单交付和现有产品的微小改进，在产品线规划、新产品开发、现有产品版本升级、核心技术（关键技术）开发、新业务领域战略机会洞察、技术标准化、功能模块化以及产品平台开发等方面投入人员、时间和精力严重不足，严重影响现有产品竞争力，影响企业中长期竞争力。

（5）各个企业重复开发如电气、软件等共性技术（模块、子系统），并且标准不统一，浪费公司研发资源，影响客户对成套产品的体验，影响客户价值实现，影响公司品牌形象。

（6）基础技术、前沿技术、颠覆性技术等缺乏公司级的研究与跟踪，缺乏有效的对外合作，严重影响各个企业现有产品竞争力，严重影响公司长期生存与发展。

（7）缺乏公司层面的成套解决方案、核心产品线的系统规划和管理，导致各个企业设计标准不统一，技术标准不统一，重复开发同类技术与产品，严重浪费公司创新资源，严重影响客户体验，严重影响公司的中长期竞争力。

二、两级研发创新体系设计原则

建立集团（中央研究院）—企业（事业部）两级研发创新体系要确定“三个确保”原则。

（1）确保总部的总体战略规划、战略意图、战略决策能够在中央研究院、各个企业有效落地。

（2）确保中央研究院能够通过技术规划与开发有效引领、支撑各个企业取得产品的商业化成功。

（3）确保各个企业能够杜绝重复开发，能够高效研发，持续取得产品的商业化成功。

三、两级研发创新体系设计

集团—企业两级研发创新体系包括集团（中央研究院）和企业（事业部）两个层级，如图 21-2 所示。

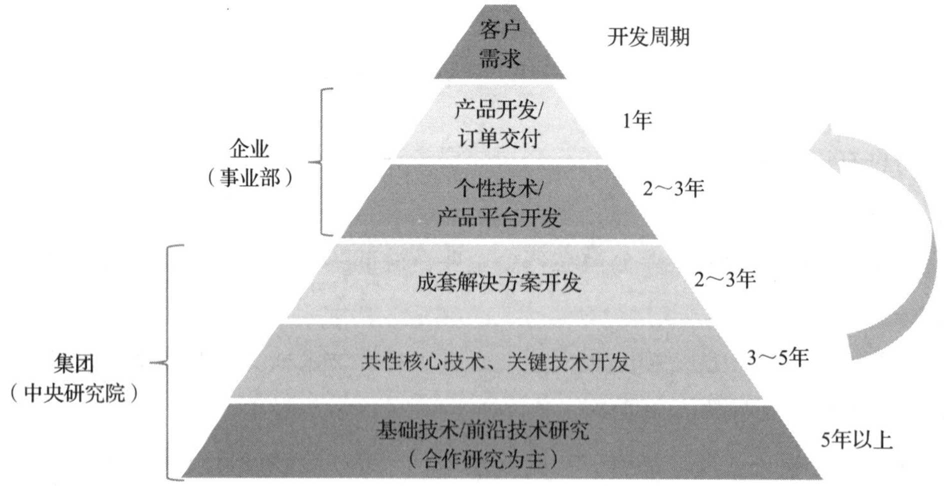

图 21-2 集团—企业两级研发创新体系

两级研发创新体系的分工：战略性的、面向公司中长期发展的、共性的规划、研究与开发工作由集团主责；直接面向客户的产品规划、个性技术开发、产品开发、订单交付由各企业主责。

1. 集团（中央研究院）的主要创新职责

（1）研究行业客户系统需求，规划与开发成套解决方案，为企业产品开发指引方向，明确范围。

（2）主责共性技术规划、开发与管理。

（3）主责前瞻性、基础性技术研究。

（4）建立开放式创新平台，面向全球“融智”。

2. 企业（事业部）的主要创新职责

（1）洞察客户需求，规划产品线、规划技术路线并专注产品开发。

（2）突破定制化响应局限，研究个性技术，由国内领先走向全球领先，成为细分行业的领导者。

图 21-3 是一家装备类集团上市公司的两级研发创新体系设计咨询实例。

该集团—企业两级研发创新体系建设要点包括以下内容。

（1）在集团层面成立集团科技创新决策委员会，负责集团创新战略决策、创新资源分配决策和重大项目决策。

（2）集团分管研发与创新的副总经理（首席产品官）负责集团企业科技、研发与创新的日常管理工作。

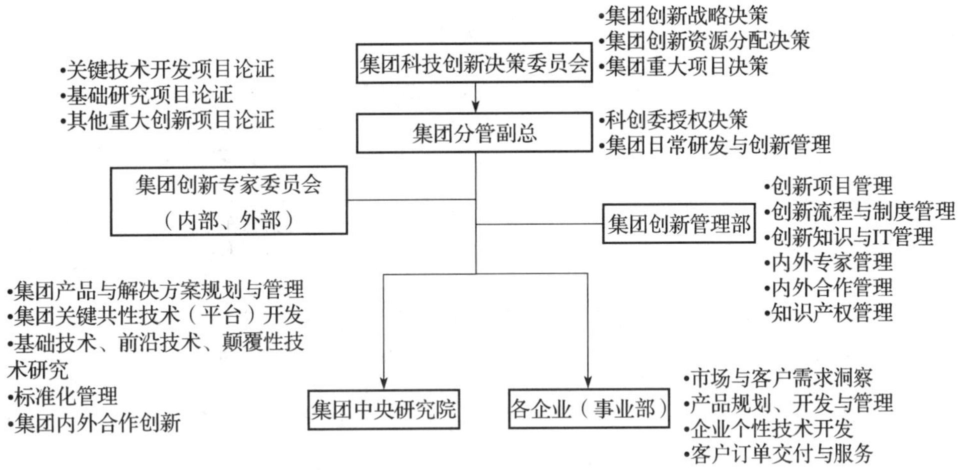

图 21-3　某装备类集团上市公司的两级研发创新体系设计咨询实例

（3）成立集团创新专家委员会，建立内外专家库，必要时要请相关专家参与创新项目论证或评审。

（4）成立集团科技创新管理部，统筹负责中央研究院、各下属企业、各个事业部的日常研发创新管理工作，主要职责包括创新项目管理、创新流程与制度管理、创新知识与 IT 管理、内外专家管理、内外合作管理以及知识产权管理等。

（5）组建集团中央研究院，负责集团产品与解决方案规划与管理，集团关键共性技术（平台）开发，集成技术、前沿技术、颠覆性技术研究等工作。

（6）各下属企业（事业部）的创新组织负责相应产品线的市场与客户需求洞察，产品规划、开发与管理，企业个性技术开发以及客户订单交付与服务等工作。

创新案例

比亚迪的研发创新机构设计

比亚迪是国内领先的新能源汽车集团企业，2022 年全年汽车销量 186 万辆，成为全球新能源汽车销售冠军。2022 年营业收入突破 4200 亿元，净利润达到 160 亿元。

比亚迪的创新理念："技术为王，创新为本"。比亚迪的研发创新机构包括：中央研究院、汽车工程研究院、汽车智慧生态研究院、卡车研究院、客车研究院、产品规划及汽车新技术研究院。其中汽车工程研究院主要从事传统燃油动力和新能源动力两大领域所有乘用车车型及平台的研发和设计工作。

由图 21-4 可以看出，比亚迪采用的是集团（中央研究院）—企业（事业部）两级研发创新组织模式。

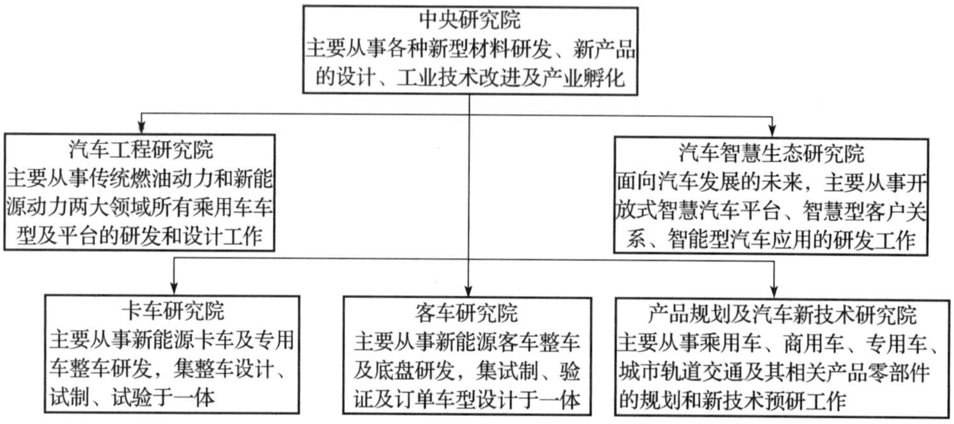

图 21-4　比亚迪的研发创新组织模式

（1）中央研究院主要从事各种新型材料研发、新产品设计、工业技术改进及产业孵化等工作。中央研究院研发的技术为各类车型赋能。比如电池技术可以用于各类车型。

（2）汽车工程研究院是所有乘用车的车型及平台研究与设计部门。

（3）卡车研究院、客车研究院分别负责相应整车研发，集整车设计、试制、试验于一体。

创新者行动

具有多个事业部、多家下属企业的集团公司首席产品官（CPO）组织公司人力资源部门、各创新组织的主要负责人研讨公司应该如何建立科学、高效的集团（中央研究院）—企业（事业部）两级研发创新体系，并对现有集团创新组织模式进行优化或重构。

第二节 企业整体组织模式优化

创新者思考

（1）我们公司有产品管理部门吗？公司有足够数量、足够专业的产品经理吗？

（2）我们公司有项目管理部门吗？公司有足够数量、足够专业的项目经理、项目管理工程师吗？

（3）我们公司有流程管理部门吗？公司有足够数量、足够专业的流程经理、流程主责人（Owner）吗？

战略决定组织结构，公司要做的事情由“制造”变为了“创造”，公司的组织模式也相应要进行重大改变。科学的组织模式是创新型企业流程规范和项目管理的前提。不改变组织模式的流程规范和项目管理肯定是事倍功半的，甚至是劳而无功的。

面向创新驱动发展的组织模式设计对于很多制造型企业而言，是非常具有挑战的变革。创新型企业的领导者必须勇敢面对、坚定不移、稳妥推进！

创新型企业组织模式优化应该由公司首席产品官（CPO）主责，征得董事会成员同意，与高层管理者达成共识。公司人力资源部门应该成为 CPO 在组织模式变革方面的得力助手，应该成为宣传者、推动者、执行者。

本节主要介绍面向创新驱动发展，创新型企业应该增设或者强化的部门或职能。

一、企业整体组织模式优化目的与原则

在进行组织模式优化前，企业必须就组织模式优化的主要目的与基本原则，与企业高层管理者、中层管理者以及骨干员工达成充分共识。

创新型企业整体组织模式优化的主要目的包括以下几个方面。

（1）便于总部与各企业，各企业之间以及企业与外部的工作交流。

（2）便于流程体系建设与推行。

（3）降低企业内部沟通协调成本。

创新型企业整体组织模式优化包括以下三大基本原则。

（1）**战略导向原则**：创新组织模式应能保证公司未来战略目标的实现，应能保证公司持续、健康、快速成长。

（2）**市场导向原则**：创新组织模式设计应以市场需求为导向，以有效服务客户、提升公司市场竞争力为出发点。

（3）**有效平衡原则**：创新组织模式设计既要打破职能部门墙，提升创新项目开发效率和质量，又要注意保持公司组织结构的稳定性，通过职能部门培养专业人才，促进专业知识积累。

如果以上任何一条原则不能达成一致，组织模式就很难有效设计，或者即使设计好了组织模式也很难有效推行。

二、面向创新驱动发展，优化企业整体组织模式

首先，企业的整体组织模式设计要能面向创新驱动发展。如果企业的整体组织模式没有改变，只是在局部进行一些修修补补，是不可能真正取得大的改善效果的。

1. 传统制造型企业普遍缺失“产品管理部门”

企业整体组织模式优化的核心是要在公司增设产品管理部门，并且要强化产品管理部门是公司的“战略执行部门”的地位，产品管理部门甚至可以比其他职能部门“高半级”！

制造型企业普遍具有除“产品管理部门”之外的其他部门，如图 21-5 所示。

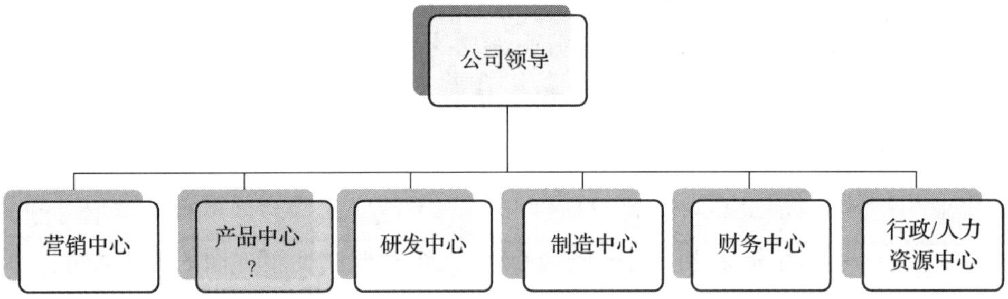

图 21-5　制造型企业普遍缺少“产品管理部门”

企业有人负责产品销售，有人负责产品技术开发，有人负责产品生产制造，这些部门都是围绕“产品”在工作，但是没有一个部门真正对产品的经营业绩负责！一个新产品上市失败了，各个职能部门都有责任，但是又都没有责任，因为任何一个职能部门都无法真正对产品的经营结果负责。这是很多制造型企业产品管理现状的现实写照！

企业缺乏产品管理部门，或者产品管理部门运作有效性不高主要有以下原因。

（1）很多传统制造型企业主要是给别的企业代工，“产品”是别的企业设计和开发的，别的企业在充当“产品经理”的角色。因此，企业没有设立产品管理部门的必要性。到企业走向自主开发产品时，企业还是“忘记”了设立产品管理部门，只是由研发部门负责产品开发。

（2）一些非代工的自主开发企业，也没有设立产品管理部门，也是研发部门负责产品开发。主要原因是这些企业开发的主要是“模仿产品”，主要是在其他领先型企业的创新产品基础上做“逆向工程”，“用不着”设立产品管理部门。有家装备制造企业的老板对研发人员说，公司把别人的产品买回来给你们抄，你们都抄不会，还谈什么自主创新？

（3）一些必须面向市场自主开发创新产品的企业，也认识到了产品经理的重要性，开始设立产品管理部门，任命产品经理。但是，这些公司的产品管理部门有的挂在销售部门下面，有的挂

在研发部门下面，成为销售或研发部门的“下属部门”。这些企业的产品经理更像市场调研专员、产品开发项目经理，或者产品开发项目经理的“秘书”。由于这些企业对产品经理的角色与职责认识不到位，产品管理部门没有发挥出应有的作用，产品经理本身也很“郁闷”。但是，这些企业已经具有了产品经理意识，具有比较好的、设立真正意义上的产品管理部门的基础。

2. 创新型企业整体组织模式优化要点

从运营驱动发展走向创新驱动发展的企业，需要设计“三强化、一优化”的企业整体组织模式，即强化产品管理、项目管理和流程管理，优化研发中心内部管理，如图 21-6 所示。

图 21-6 中，浅灰色部分是现有职能部门，深灰色部分是新设或者需要优化的职能部门。这是一家研发人数在 500 人以上的科技企业的整体组织模式优化示例。

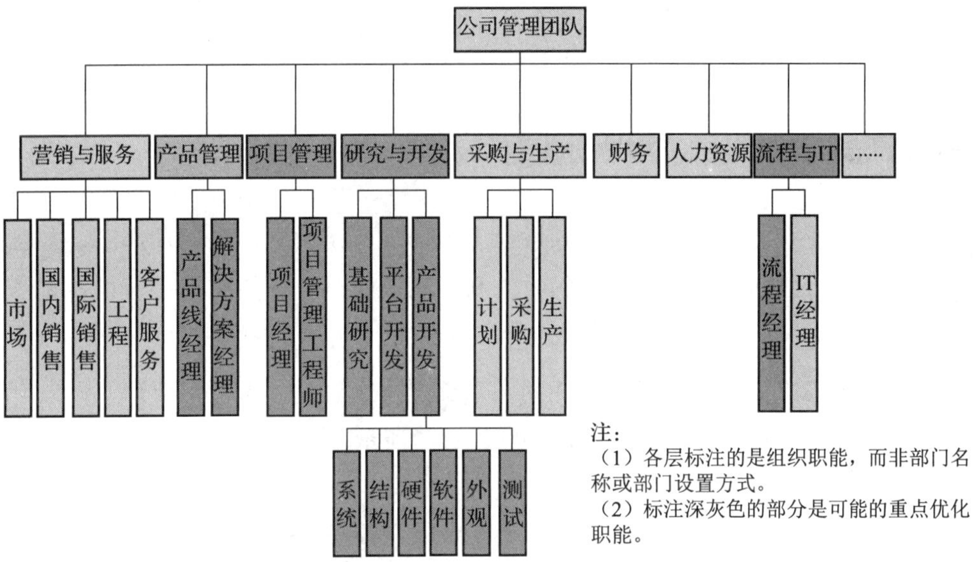

图 21-6 走向创新驱动发展的企业的“三强化、一优化”的整体组织模式（示例）

企业规模不同、发展阶段不同、管理素养不同、所在行业不同，企业整体组织模式优化可能会有所不同。以下企业整体组织模式优化要点，供创新型企业高层管理者参考。

（1）公司董事长 / 总经理、分管研发和创新的副总经理、人力资源管理负责人、研发中心负责人是思考和决策公司整体组织结构优化的关键人员。

（2）大部分企业需要增设产品管理、项目管理和流程管理职能。

（3）研发中心是资源池，应按项目类型及专业组织研发人员，持续提升研发人员的专业性。

（4）暂时没有合适的人员也应该增设产品管理、项目管理和流程管理职能，只有设立了相应职能才有可能培养出相应的专业人员。

（5）对于研发团队规模相对较小的企业（比如研发人数少于 50 人），可以将项目管理和流程管理合并在一个部门进行管理，人员也可以兼职。

（6）要任命有潜力的人员担任相关职能负责人。

3. 需要考虑增设的部门与岗位

对于由制造或运营驱动发展走向由创新驱动发展的企业，需要重点考虑是否需要增设产品管理部、项目管理办公室（PMO）以及流程管理部与部门。

表 21-2 呈现了创新型企业需要重点考虑增设或优化的主要部门、主要岗位，供企业参考。

表 21-2　创新型企业需要重点考虑增设或优化的主要部门与岗位

部门设置	产品管理部	项目管理办公室	流程管理部	研发中心
岗位设置	（1）产品管理部总监 （2）产品线经理 （3）产品管理工程师 （4）市场研究经理	（1）项目管理办公室主任 （2）项目总监 （3）项目经理（认证制，专兼职均可） （4）项目管理工程师	（1）流程管理部总监 （2）流程经理 （3）流程管理工程师（各职能部门代表兼任）	（1）研发中心总监 （2）系统工程师 （3）专业室主任 （4）标准化工程师 （5）各专业研发工程师

下面对需要设立或优化的部门与岗位进行深入介绍。关于各类创新人才的培养，请参见第四章。

三、设立产品管理部门，实现创新驱动发展

典型的创新驱动发展的企业在组织模式设计上的体现就是设立产品管理部门，并且强化产品管理部门的“战略执行部门”地位。公司的收入和利润等战略目标的实现是通过各条产品线的收入和利润来实现的。因此，产品管理部门应该成为公司的“战略执行部门”。

无论多大规模的集团公司，最终收入和利润来源于每家企业、每个事业部、每条产品线的每款产品的收入和利润。集团企业产品管理层级如图 21-7 所示。

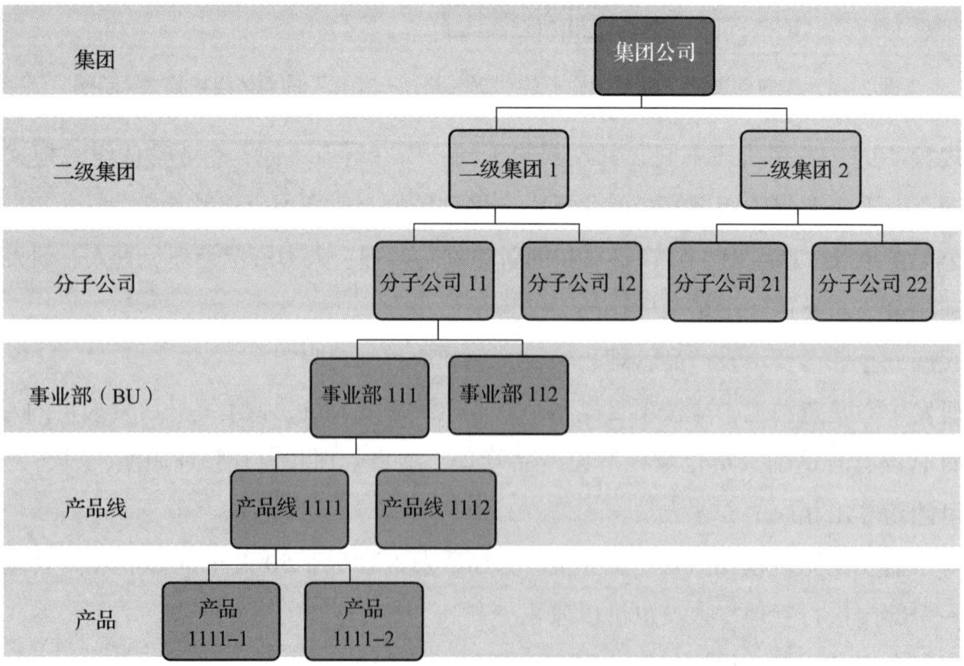

图 21-7　集团企业产品管理层级

每款产品都赚钱，整个企业就赚钱；每款产品都亏钱，整个企业就亏钱。所以说，**经营产品就是经营企业，经营企业就是经营产品**！

产品管理部门可以设立产品总监、产品线经理和产品经理等职位，不同职位管理的产品范围不同，承诺的绩效目标也不同。产品管理部门产品总监一职也可以由公司首席产品官（CPO）直接兼任。一些科技企业的创始人或董事长直接兼任公司首席产品官（CPO）。比如谷歌公司的两位创始人一位担任产品总裁（CPO），一位担任技术总裁（CTO）。由此可见，谷歌公司对产品管理非常重视，这也是谷歌公司从不乏持久的创新能力的原因。

建议创新型企业建立3级（或者2级）产品管理组织体系，以客户为中心、以需求为导向开发和上市精品创新产品，如图21-8所示。

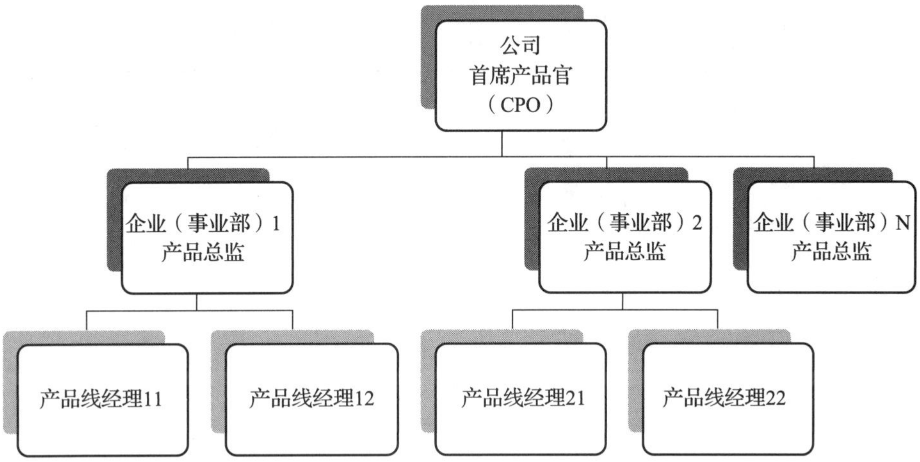

图21-8　知行信三级产品管理组织体系

四、设立项目管理部门，对所有创新项目进行排序与管理

项目管理部门也称为项目管理办公室（PMO），负责公司所有创新项目的管理，代表公司管理通过决策评审需要实施开发的创新项目。一些公司的项目管理职能"淹没"在公司研发部门内部，因此只能协调研发部门内部的技术人员，而无法协调和管理公司级的跨职能团队。

公司项目管理办公室要负责做好组织级项目管理。组织级项目管理（Organizational Project Management，OPM）包括项目组合管理、项目集管理两个层面，如图21-9所示。

项目管理部可设项目管理总监、项目经理和项目管理工程师等职位。项目经理可以专职，也可以兼职。规模较大、项目较多的创新型企业，应该有一批专职的项目经理。规模较小、项目较少的创新型企业，项目经理以兼职为主。专兼职项目经理都应该通过公司的"认证"，具备相应的项目管理经验与能力，"持证上岗"。

创新型企业应该将创新项目与运营项目（订单交付项目）分开管理，分别设立不同的项目管理部门，任命不同的项目经理。因为这两类项目的性质不同，走的流程不同，分开管理更高效。某科技企业将两类项目放在一个部门管理，结果公司的创新资源主要偏向"重要而又紧急"的带有

"救火"性质的订单交付项目，"重要而又不紧急"的战略性的技术预研项目、产品平台开发项目、新产品开发项目一再延期，甚至搁置。

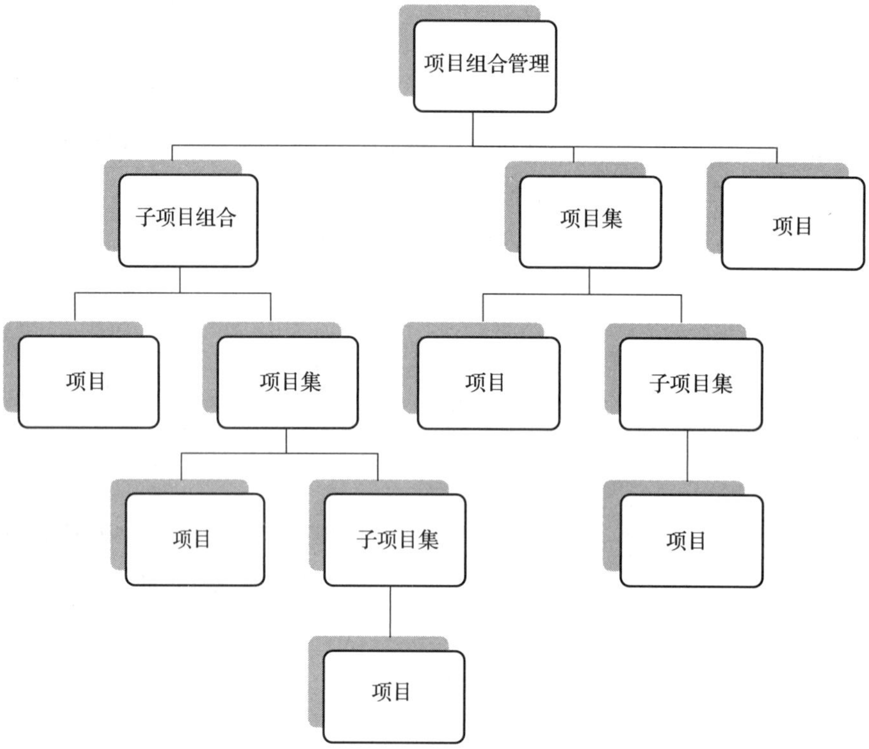

图 21-9 组织级项目管理框架

关于项目管理部门的职责与运转的详细介绍，请参见第二十三章。

五、设立流程管理部门，建立公司级的端到端的创新流程体系

很多制造型企业一提到流程马上反应的就是 ISO 9000，认为公司流程"很完善"，因为每年都顺利通过了内审外审。对于制造型企业，ISO 9000 是必要的，有助于规范公司的运营管理。但是，光有 ISO 9000 流程，并不能有效指导公司的新产品开发。

新产品开发项目应该建立公司级、端到端的高效的流程体系，"将能力建立在组织上"，实现持续成功创新"可复制"（见图 21-10）。产品创新管理流程体系与订单交付管理流程体系是公司的两大流程体系，规模较大的企业均应该分别设立专职的流程经理团队，负责流程体系建设、执行与持续优化，对流程的有效性负责。华为公司总部流程管理部门就有超过 300 人的流程经理团队。

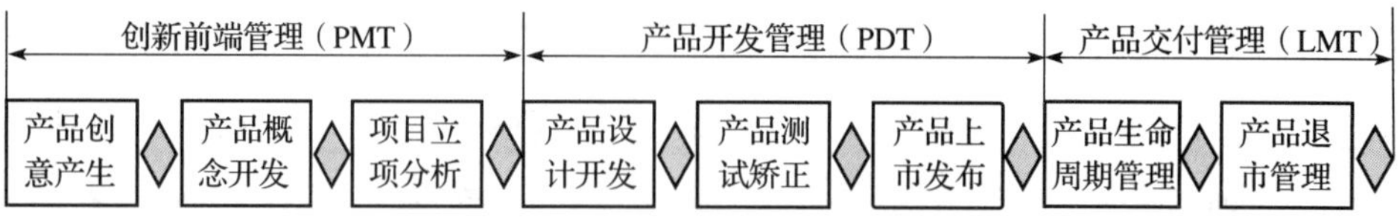

图 21-10 端到端的产品创新管理流程

流程体系是公司级的，相应管理者也必须是公司级的。要由公司副总一级的领导牵头负责公司流程体系建设与管理工作。一些公司的新产品开发流程体系实际上是经理级或者主管级的员工在负责规划、制定与推行，其难度与有效性可想而知。流程管理部可设立流程总监、流程经理和流程管理工程师（Process Owner）等职位。各职能部门均应设置专职或兼职的流程管理工程师职位，负责与本部门相关的流程的建设、执行与持续优化工作。

关于流程体系建设与管理的详细介绍，请参见第二十二章。

六、优化研发中心内部管理，强化专业技术人员培养

对于创新型企业而言，研发中心是一个职能部门，是研发人员的“资源池”，没有对新产品开发绩效负责的“能力”。研发部门的核心职责是为创新项目培养和输送技术人才，确保技术人才的专业性与数量能够满足公司各类创新项目的需要。一些企业将对新产品开发绩效负责的职责强加给研发部门，事实一再证明这样做的效果是很差的。

研发中心的定位：专业技术人才的培养者，而非创新项目的发起者、执行者。

研发中心的主要职责包括以下四个方面。

（1）规划、引聘和培养各类专业技术人才。

（2）适时为创新项目（产品开发、技术开发、平台开发项目）输送足够专业、足够数量的各类专业技术人才。

（3）负责组织解决项目组技术人员解决不了的专业技术问题。

（4）负责企业技术要素重用库、模块标准化库建设与持续优化工作。

研发部门要为不同类型的创新项目“战略性”地培养和分配技术人才。领先型的企业可以将技术人才分为基础研究、平台开发和新产品开发三类，根据公司的战略意图分配这三类人才的比例，实行“战略性的创新项目组合管理”。

在新产品开发项目中，要注重培养系统、结构、硬件、软件、外观、测试等各类技术人才，持续给各类技术人才“赋能”，提升各类技术人才的专业性。要特别注重“一专多能”的系统工程师这一角色的培养。

七、明确各职能部门在创新工作中的角色与职责

一些职能部门领导认为，采用跨职能团队组织模式时“自己的员工”主要听项目经理指挥，而不听自己的指挥，感觉非常“失落”。自己辛辛苦苦培养的人才给“别人”使用，为别人“做了嫁衣”。这些看法在由“制造型”组织模式向“创新型”组织模式转变的企业比较普遍，这些看法也是职能部门不支持创新项目的主要原因。

其实，企业应该给各个职能部门定义两个方面的工作职责：创新与运营。而大多数制造型企业只给各个职能部门定义了“运营”职责，却没有定义“创新”职责，因此各个职能部门参与创

新工作就是“帮忙”，而不是本职工作所在。

要强调对于各个职能部门而言创新职责与运营职责同等重要，甚至创新职责比运营职责更为重要，创新工作的优先级应该高于运营工作。比如对于采购部门而言，订单交付采购工作很重要，研发物料选型与采购工作也同样重要。运营工作是为了今天能活下去，而创新工作则是保证企业能够活到明天和后天。

在创新工作中，各职能部门的主要职责包括以下三个方面。

（1）职能部门负责人参加创新项目评审，为评审通过的创新项目承诺相应创新资源。

（2）为各个创新项目选聘、培养和输送足够专业、足够数量的专业人才。

（3）为各个创新项目中的职能代表、扩展团队成员提供专业支持，帮助职能代表解决相应专业难题。

职能部门负责人在创新项目中的“成就感”主要来源于派出的专业人员在项目中的表现是专业的，是能为项目成功创造实实在在的价值的。

军种主建，战区主战！如果拿创新型企业与军队进行比较的话，创新型企业的各个职能部门就是各军兵种，比如海军、陆军、空军、火箭军等；创新型企业的各条产品线就是各个战区，对赢得各场战斗（各个新产品开发项目）负责。各个职能部门的使命与责任就是为各个战区及时输送足够专业和足够数量的专业人才，确保各场战斗“打赢”。职能部门输送的人才打的胜仗越多，说明职能部门负责人平时“练兵”练得越好。

八、梳理公司各部门、各岗位职责

创新型企业要在企业整体组织模式优化的基础上，重新梳理公司各部门、各岗位的职责说明书，特别需要强化各相关部门、相关岗位的“创新职责”。

1. 梳理各部门说明书

明确各部门定岗定编、部门考核关键绩效指标以及部门主要职责与权限，强化部门间的专业分工与协同配合，降低不必要的沟通协调成本，做到部门职责分工既无重叠，又无死角。

创新型企业需要重点梳理与创新项目密切相关的部门：产品管理部、项目管理办公室（PMO）、流程管理部、研发中心、事业部等。

部门说明书的主要内容包括以下方面。

（1）定岗定编。

（2）部门组织结构图。

（3）部门关键绩效指标。

（4）部门职责。

（5）部门权限。

（6）工作关系。

（7）相关流程与制度。

（8）工作雷区。

2. 梳理各岗位说明书

明确各关键岗位考核的关键绩效指标、工作职责、职业规划及任职条件等，确保各个岗位“人岗匹配”，牵引各个岗位人才的培养与专业性提升。

创新型企业需要重点梳理与创新项目密切相关的岗位：产品经理、项目经理、流程经理、系统工程师、标准化工程师以及各专业研发工程师。

岗位说明书的主要内容包括以下方面。

（1）关键绩效指标。

（2）工作职责。

（3）工作报表。

（4）工作关系。

（5）岗位相关流程与制度。

（6）工作雷区。

（7）职业规划。

（8）任职条件。

创新者行动

公司首席产品官（CPO）组织人力资源部门、研发部门等梳理公司整体组织模式，重点思考是否需要设立产品管理部、项目管理部和流程管理部等创新部门，重点思考研发中心是否需要兼顾专业水平提升与项目高效运转，重点思考各职能部门、各相关岗位是否需要增加“创新职责”。

第三节 企业创新组织模式设计

创新者思考

（1）公司有专业的团队负责产品评审和技术评审吗？

（2）公司有专业的团队负责创新流程体系建设和创新项目管理吗？

（3）公司有专业的团队负责产品管理、产品开发和技术开发吗？

一些企业在导入了 IPD 体系后还是分不清产品经理与项目经理的关系，分不清研发部门与产品管理部门、项目管理部门之间的关系，分不清技术决策团队与产品决策团队之间的关系。

在优化或重构企业整体组织模式的基础上，创新型企业要进一步细化创新团队组织模式，要明晰创新团队的“运行逻辑”。

创新团队与运营团队相对应。创新团队是指与新产品开发相关的团队，运营团队是指与订单交付管理相关的团队。两个团队项目性质不同，采用的组织模式也不同。

在企业整体组织模式优化的基础上，我们可以进一步设计创新型企业创新组织模式，如图 21-11 所示。

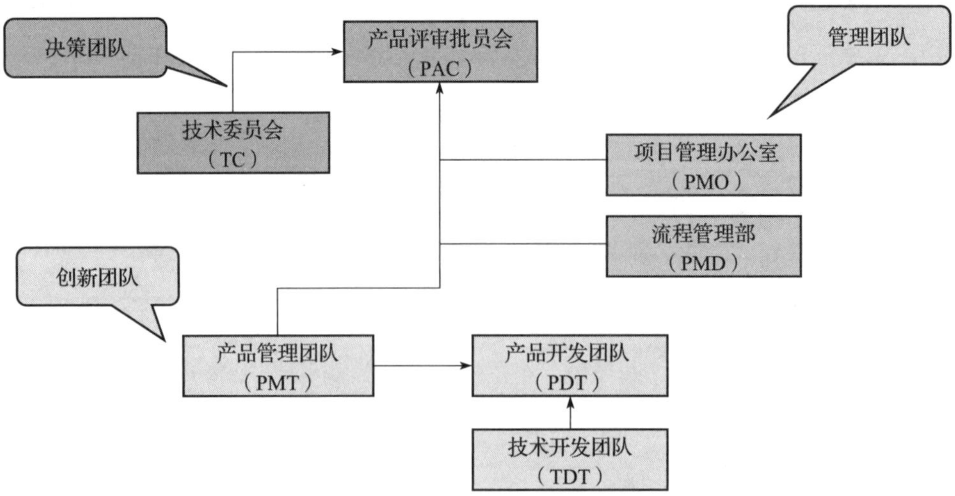

图 21-11 创新型企业创新组织模式

由图 21-11 可见，企业创新组织可以分为三类，分别是决策团队、管理团队和创新团队。决策团队包括产品审批委员会和技术委员会，管理团队包括项目管理办公室和流程管理部，创新团队包括产品管理团队、产品开发团队和技术开发团队。创新组织的主要职责与团队成员组成，如表 21-3 所示。

表 21-3　创新组织的主要职责与团队成员组成

团队名称	英文缩写	团队主要职责	团队成员组成
产品审批委员会	PAC（Product Approval Committee）	负责创新战略规划评审，负责新产品开发流程各个业务决策评审点评审，负责创新资源分配	公司董事长（总经理）、公司首席产品官（CPO）、公司高层管理团队、需要派代表参加新产品开发项目的各职能部门负责人
技术委员会	TC（Technology Committee）	负责技术平台开发项目、技术开发项目流程各个决策评审点的评审决策，负责新产品开发项目流程各个技术评审点的技术评审决策	公司技术负责人、各产品线系统工程师、相关领域技术专家。根据项目需要相关组织专家进行评审或论证
项目管理办公室	PMO（Project Management Office）	对公司所有产品开发项目、技术开发项目进行统一管理	设立部门或专职人员进行管理，对专职或兼职的项目经理进行归口管理
流程管理部	PMD（Process Management Department）	负责公司流程规划、设计、推行、考核及优化工作	设立部门或专职人员进行管理，对各相关职能部门流程责任人、流程维护者进行归口管理
产品管理团队	PMT（Product Management Team）	负责产品线（产品）规划与管理，负责产品全生命周期管理，对产品线投资回报负责	成立常设的跨职能产品管理团队，产品线经理主责，销售代表、系统工程师、财务代表为团队成员，必要的话可增加制造代表
产品开发团队	PDT（Product Development Team）	负责新产品开发项目设计开发、测试矫正及上市发布阶段工作，对新产品成功上市负责	项目经理主责，由各职能部门代表组建跨职能团队，包括核心团队和扩展团队
技术开发团队	TDT（Technology Development Team）	对技术开发（平台开发）预期成果负责	任命项目经理主责，由相关专业技术人员组成团队

创新项目由创新团队负责规划、开发和运营，决策团队负责商业决策和技术决策，管理团队负责支持和监控。简要地说，对于一个创新项目，决策团队是决策者、创新团队是实施者、管理团队是支持者。三种角色的核心目标是一致的，都是为了有效管控项目风险，提升项目成功率，实现公司预期的创新投资回报。

以下分别简要介绍各个团队。

一、决策团队

决策团队包括产品审批委员会和技术委员会。

产品审批委员会（Product Approval Committee，PAC）是创新项目“投资者”，负责业务决策，即决定某项目做还是不做。

技术委员会（Technology Committee，TC）协助产品审批委员会负责技术评审工作，没有业务决策权限，主要职责包括产品平台规划、技术路线图的评审以及与技术成果相关的评审等。

产品审批委员会由公司董事长（首席产品官）、高层管理者以及各相关职能部门负责人组成。关于产品审批委员会的详细介绍请见第三篇第十章。

公司技术委员会的总负责人应为公司技术负责人（首席技术官）。技术委员会由公司各方面的技术专家组成。公司可分专业认定技术专家，并建立技术专家库。在需要进行技术评审时，可从技术专家库中抽调相关专业的技术专家组成技术委员会，对相关创新项目进行评审。

二、管理团队

管理团队包括流程管理部和项目管理办公室。

流程管理部（Process Management Department，PMD）负责为各类创新项目建立流程规范，确保各类创新项目又好又快地开展。创新流程体系的深入介绍请参见第二十二章。

项目管理办公室（Project Management Office，PMO）基于各类创新流程对各类创新项目进行有效管理。项目管理办公室的深入介绍请参见第二十三章。

对于创新团队而言，流程管理部和项目管理部既是服务部门，也是监控部门。作为服务部门，通过规范的流程和有效的项目管理确保各类创新项目有序开展。作为监控部门，当创新项目偏离流程或有失控风险时，这两个部门有权力代表公司干预项目，确保项目朝成功的方向迈进。

三、创新团队

创新团队包括产品管理团队、产品开发团队和技术开发团队。

产品管理团队（Product Management Team，PMT）负责进行产品线战略规划，新产品项目市场研究和项目可行性分析，负责产品线的全生命周期管理，对产品线的投资回报负责。产品线规划团队是常设的产品线管理团队，产品线规划团队负责人为产品线经理，产品线规划团队成员包括营销代表、技术代表（系统工程师）和财务代表等。

产品开发团队（Product Development Team，PDT）是跨职能的新产品开发团队，对新产品成功上市负责。关于产品开发管理的主要内容请参见第十一章、第十二章和第十三章。

技术开发团队（Technology Development Team，TDT）是负责平台开发、技术预研等工作的团队。技术开发服务于产品开发，技术预研是产品开发的前提。技术开发团队主要由技术人员组成，技术开发团队的项目经理一般由技术人员兼任。关于技术预研管理请参见第十七章。

创新者行动

公司首席产品官（CPO）组织公司人力资源部门、相关创新部门明确公司创新组织模式，明确决策团队、管理团队和创新团队的主要职责以及团队成员组成，建立高效运转的创新组织。

第四节　跨职能产品开发团队组织模式设计

创新者思考

（1）我们的新产品开发项目是采取跨职能团队组织模式进行的吗？

（2）各职能部门核心代表及扩展团队成员能够有效履行项目职责吗？

（3）项目经理能够有效行使项目管理职责吗？项目经理能够真正对产品成功上市负责吗？

产品开发团队是创新型企业最重要、最复杂、最难有效管理的团队。创新型企业一定要尽快由低效的职能式组织模式走向高效的跨职能产品开发团队组织模式，实现又好又快地开发和上市精品创新产品，大幅提升企业产品的市场竞争力，大幅提升企业的创新投资回报率。

本节重点介绍跨职能产品开发团队组织模式设计的要点，创新型企业可以对照建设、优化企业的跨职能产品开发团队组织模式。

一、产品开发项目的主要特点

产品开发项目开发周期长、投入大、风险高、牵涉的部门多、沟通频繁，具有与其他日常工作任务非常不同的沟通特点。

1. 产品开发项目需要多个职能部门参与，而不只是研发部的事

很多企业一提到新产品开发，马上就想到这是研发部的事。很多人认为研发部是负责新产品开发的，其他部门只是在需要的时候“帮帮忙”。但实际上，研发部虽然承担新产品开发的职责，但是往往不具备成功地开发新产品的能力。研发部作为技术部门，一般具有实现客户需求的能力。如何了解客户需求、如何预测市场规模、如何生产产品、如何计算投资回报等工作显然都不是研发部所擅长的。但是，这些工作都是成功地开发一个新产品不可或缺的。因此，我们必须强调：**新产品开发是全公司的工作，不是研发部的职责；没有相关职能部门的参与，研发部是不可能开发出成功的新产品的！**很多创新绩效不好的公司，很可能违背了这一条最基本的原则，将新产品开发的重任全部“托付”给研发部门。既然产品开发是全公司的事，那么在开展产品开发项目时各职能部门之间进行频繁的沟通和交流就是非常自然的事了。

2. 产品开发项目需要频繁、反复地沟通

由于产品开发项目周期长，不确定性高，牵涉的专业多，因此需要项目团队成员之间持续、反复、频繁地沟通和交流。创新性越高的项目，不确定性越高，反复越多，沟通的频率也就越高。

一些企业希望一次性将客户需求搞清楚，在开发的过程中不再变更需求，这只是一厢情愿的事情。产品开发的过程本来就是一个对未知事物的探索过程，存在很多反复，甚至错误是很正常的。所以，在项目开展过程中，需要具有不同背景、不同技能的专业人员经常性地聚在一起进行创造性思考，讨论遇到的问题、寻求可能的解决方案。产品中很多简单的错误或缺陷的出现，主要原因是不同职能人员之间沟通不畅。

3. 项目团队成员之间的沟通效率和质量直接影响产品开发项目的进度和质量

沟通效率低，必将影响项目的进度；而沟通质量差，也必将影响项目的质量。很多时间就是在部门之间的信息传递、等待反馈过程中白白浪费了。部门之间沟通不畅，信息不对称，缺乏相互验证，导致沟通质量差，最终严重影响项目质量。**产品开发项目中大部分“不该犯的、常识性的小错误”主要是由于沟通不畅造成的。**

二、产品开发项目面临巨大的管理挑战

产品开发项目是创新型企业面临的管理挑战最大的项目类型。

新产品开发必须采用跨职能团队组织模式，团队成员来自不同部门、不同专业，难以有效沟通和协同。新产品开发项目复杂程度不同，团队的组织模式也会有些差异，对流程也需要进行适度裁剪，对项目经理的管理水平挑战很大。在新产品开发过程中，客户需求会变，竞争对手可能会推出新品，可能会出现“破坏性技术”，政策法规也可能会发生变化，新产品开发项目团队需要适时、有效地应对各种变化。

基于以上原因分析，接下来我们重点探讨如何有效、高效地进行产品开发团队组织和管理。

三、传统职能式组织模式的局限

现代企业组织模式设计主要是基于“分工越细、效率越高”的“泰勒式科学管理”逻辑，这在现代制造业中体现得尤为明显。在生产现场，每个工位的职责和工作任务均有明确的划分，每个工人的工作设计得尽可能简单、尽可能可重复。这样，工人对自己所做的事情就会越来越熟悉，工作效率就会越来越高，单位时间的产出就会越来越高。基于这种逻辑，在其他非制造部门，也采用这种垂直分工的组织模式。传统职能式组织模式如图 21-12 所示。

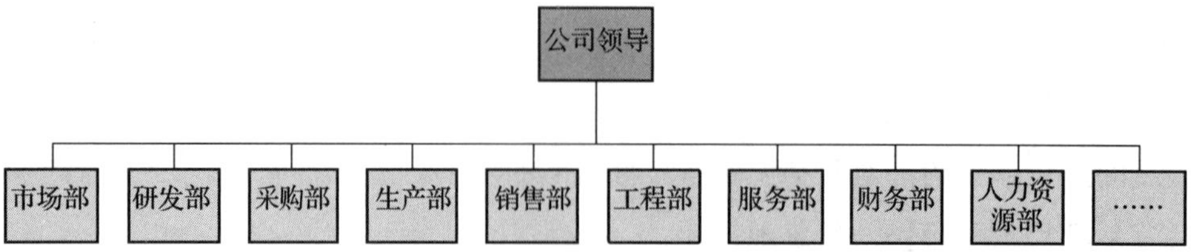

图 21-12　传统职能式组织模式

在这种职能式的组织模式中，各个职能部门的主要任务就是做好自己“专业领域”的事情。部门之间的沟通和协调主要通过会议及任务协调单等方式进行。各个职能部门有自己独立的绩效考核指标。各个职能部门都向分管的公司领导汇报工作。

规模比较大的有多项业务的公司一般采取事业部制的组织模式。事业部除了财务和人事不独立外，其他职能都在事业部内部运行。但是事业部内部采用的仍然是职能式运作模式。

在采用职能式组织模式的企业，研发、采购、生产、销售和服务等以职能部门运作为主的任务事项完成得比较不错，但是新产品开发项目运作问题通常很多。在采用职能式组织模式的企业，传统新产品开发的串行组织模式如图 21-13 所示。

图 21-13 传统新产品开发的串行组织模式

在这种典型的职能式“串行开发”模式中，一般是市场部（或者产品部，有些企业是销售部）提出新产品需求，研发部负责产品开发，采购部负责物料采购，生产部负责产品制造，销售部负责产品销售，工程部负责产品安装调试，服务部负责产品的售后服务。这种开发模式的好处是“职责清晰”，每个部门该做什么很明确，每个部门都有自己明确的绩效考核指标。这种开发模式的不足是部门之间沟通困难，没有任何一个部门对新产品开发的最终结果负责，或者说没有任何一个部门能够真正对新产品开发的最终结果负责。

职能式“串行开发”组织模式带来很多沟通问题。

1. 沟通效率低

不同部门的两个人之间的沟通必须通过各自的上级才能进行，本来半小时就可以直接交流清楚的事情，可能要花 2 ～ 3 天才能完成。如果部门之间的沟通非常频繁，那沟通效率就更低了。图 21-14 描述了职能式组织模式的跨部门沟通方式。

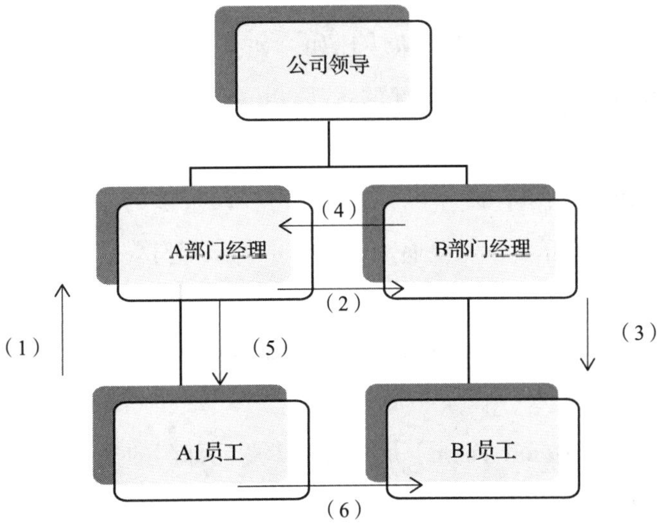

图 21-14 职能式组织模式的跨部门沟通方式

图 21-14 中，如果 A 部门的 A1 员工要与 B 部门的 B1 员工沟通（沟通情境可以假设是研发部的一个研发工程师需要与采购部的一个采购工程师沟通一个研发物料的寻源问题），当 A1 员工直接找 B1 员工沟通时，B1 员工会说，你先找我的经理。当 A1 员工找到 B 经理时，B 经理会说，让你的经理找我。这样，需要经过 6 个步骤 A1 员工才能与 B1 员工直接沟通。

（1）A1 员工先跟 A 经理沟通。

（2）A 经理与 B 经理沟通。

（3）B 经理与 B1 员工沟通。

（4）B 经理与 A 经理沟通。

（5）A 经理与 A1 员工沟通。

（6）A1 员工与 B1 员工沟通。

这还只是两个部门之间的一次沟通！如果需要 5 个以上的部门相互沟通，如果沟通次数有 100 次以上，可以想见沟通的效率会有多低了。这样低效的沟通就是巨大的内耗，就是巨大的浪费！

传统串行组织模式带来的情形就是“三多”：会议多、邮件多、微信群多。很多科技企业的部门经理一周五天上班，有四天半在开会。一家军工企业的生产部长曾说，我现在最大的困扰就是会议多，平均一天有 8 个会，每个会都很重要，每个会都需要我参加，我一天最多只能参加 5 个会。由于一些会议不能参加，经常得罪人。“开会就是工作，工作就是开会”是很多串行组织模式企业的“常态”。

2. 沟通质量差

信息理论告诉我们，“每一次接收与发送，噪音增加一倍，信息减少一半”。由于部门之间的沟通需要通过很多中间渠道进行，信息在转移的过程中很容易“失真”。很多公司的不同部门不在一个地点办公，很多沟通都是通过电子邮件完成的。这导致很多当面沟通 5 分钟就可以解决的问题，往往要往来十几封邮件才能说清楚。很多时候，本来应该要跨部门沟通的事情，但一想到跨部门沟通这么困难，很多人就放弃沟通，按照自己的想法继续工作。

3. 无人对结果负责

跨部门沟通的事情一般很难找到责任人。比如，如果由于客户需求不够清晰导致新产品开发失败，你很难说是市场部的责任还是研发部的责任。市场部会说，我们对客户需求还是了解得很清楚的，是研发部理解得不够透彻。而研发部则说，市场部提出的需求我们全部实现了，肯定是市场部还有一些客户需求了解得不够完整。很多公司会议很多的一个原因，就是不管什么事情，都把相关的部门人员拉在一起开会，以便追究责任时“大家都有份，谁都跑不掉”。

四、跨职能团队是产品开发项目的有效组织模式

跨职能团队（Cross-functional Team）是指由多个职能部门的代表组成一个团队，团队成员共同对项目的最终绩效结果负责。

1. 跨职能产品开发团队组织模式

跨职能产品开发团队是一个三层结构，如图 21-15 所示。

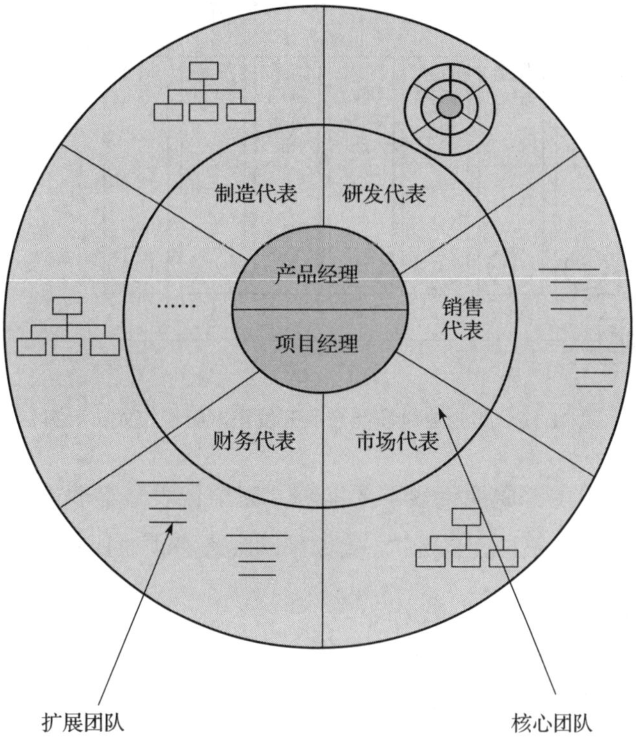

图 21-15　跨职能产品开发团队的三层结构

图 21-15 中，跨职能产品开发团队分为项目经理、核心团队和扩展团队等由内而外的三个层次。

（1）**项目经理（Project Leader）**：负责整个项目团队的管理，直接管理核心团队，对新产品成功上市负责。新产品成功上市的标志是实现盈亏平衡。

（2）**核心团队（Core Team）**：由各职能代表组成，由项目经理领导，对本职能部门在新产品开发项目中需要完成的任务“负全责”。

（3）**扩展团队（Extended Team）**：由各职能代表根据项目需要确定，由本职能的相关人员组成。扩展团队接受相应职能的职能代表领导。

上述三层管理架构中，各职能部门内部人员由相应职能核心团队成员管理，项目经理无须协调各职能部门内部人员，有助于项目经理专注于项目里程碑计划的推进，有助于项目经理抓住项目的“主要矛盾和矛盾的主要方面”，有助于提高项目管理的有效性和效率。

图 21-16 是一家具有国际、国内业务的医疗器械企业的跨职能产品开发团队组织模式示例。

2. 跨职能产品开发团队组织模式的主要特点

与职能式产品开发组织模式比较，跨职能产品开发团队组织模式具有以下主要特点。

（1）项目团队成员来自各个职能部门，影响新产品开发成败的职能部门都应该派“职能代表”参与新产品开发项目。比如新产品开发涉及很多国际、国内专利问题，那么公司的法务部门应该派“法务代表”参与新产品开发项目。

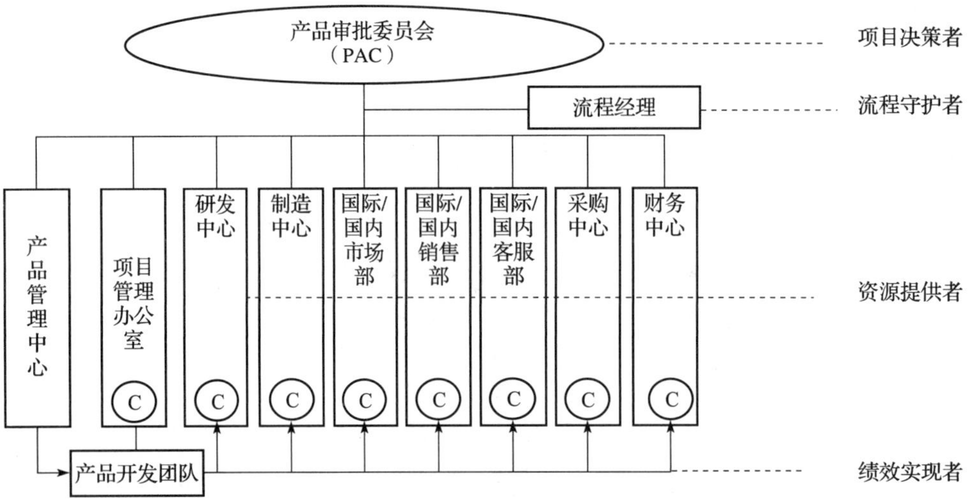

图 21-16 某企业跨职能产品开发团队组织模式（示例）

（2）每个职能部门派出的“职能代表”要能够“完全代表”本职能部门，对本职能部门在新产品开发项目中需要完成的任务“负全责”。比如采购代表必须对所有研发物料的寻源、认证和及时供应负全责。

（3）项目经理对来自不同部门的“职能代表”具有管理权限，各“职能代表”既要向职能部门负责人汇报工作，也要向项目经理汇报工作。

（4）项目经理只负责管理各个“职能代表”，各个职能部门内部的沟通协调工作由“职能代表”负责。比如采购代表要协调采购部内部不同的采购员，为新产品项目按时、按质、按量地提供各种研发物料。项目经理不应深入到采购部门内部去协调各个采购员。

（5）项目团队的各个“职能代表”之间可以适时进行“无缝”沟通，不必请示各自职能部门经理。职能代表之间沟通有问题时，项目经理出面协调解决。

（6）对于各个“职能代表”而言，新产品开发项目的工作任务要优先于部门内部的日常工作任务。当出现资源冲突时，职能部门经理要出面协调，优先确保项目所需资源。

3. 职能团队与跨职能团队的比较

职能团队与跨职能团队的差异比较如表 21-4 所示。

表 21-4 职能团队与跨职能团队的差异比较

	职能团队	跨职能团队
主要特点	• 任务团队成员由同一职能部门内部的人员组成 • 任务是岗位职责规定好的，是显而易见的	• 任务团队成员由多个职能部门的代表组成 • 任务是探索性的，很多任务要在做的过程中明确
适应范围	• 主要涉及某个专业的重复性工作	• 涉及多个职能部门的创造性项目
主要优点	• 同一职能部门内部的人员彼此熟悉，能够快速、有效地沟通和配合 • 有助于专业知识的积累	• 能够在跨职能团队内部进行有效地沟通 • 项目团队对项目的最终结果负责

续表

	职能团队	跨职能团队
主要不足	● 跨部门的任务沟通困难，沟通效率和沟通质量不佳 ● 跨部门的合作难以分清职责，没有人对任务的最终结果负责	● 需要较强的领导力和项目管理能力 ● 团队成员受两个上级管理，容易产生焦虑

由以上对比可以看出，对于日常的事务性工作任务，适合以职能式组织模式运作。而对于跨部门的需要密切沟通的创新性项目，适合以跨职能组织模式运作。产品创新项目涉及多个职能部门，需要多个专业的人员密切配合，适合采用跨职能团队组织模式。

4. 职能部门在跨职能团队中的角色

职能部门（Functional Department，FD）包括与新产品开发相关的各个职能部门。如果在一个创新型企业，某个职能部门与新产品开发毫无关系，人力资源部门可能要审视该职能部门存在的意义和价值了。除职能部门外，有的企业还有法规和专利部门、IT 部门等需要参与产品开发项目。职能部门负责人（Functional Manager，FM）在产品创新管理中的主要职责包括以下三个方面。

（1）作为“决策评审者”，参与项目的“生杀”决策及项目的开发优先顺序排列决策。

（2）作为“资源提供者”，为新产品开发项目团队提供专职或兼职的职能代表。

（3）作为“问题解决者”，指导和支持职能代表在开发项目中的工作，调动职能资源帮助职能代表解决开发项目中遇到的专业问题。

五、跨职能产品开发团队的多种组织形式

跨职能团队组织模式也称为矩阵式组织模式。矩阵式组织模式的目的是在保证跨职能团队组织模式的有效沟通的前提下，充分利用公司稀缺的创新资源。也就是说，**创新型企业要在跨职能团队组织模式的沟通便利性与创新资源的充分应用之间取得平衡**。根据职能代表参与产品开发项目的程度，以及职能经理（Functional Manager，FM）对职能代表影响力的大小，可以将矩阵式组织分为弱矩阵、平衡矩阵和强矩阵三种组织模式，分别适用于不同类型的产品开发项目。

创新型企业项目管理办公室（PMO）要根据项目特点，为不同产品开发项目选择不同“强度”的跨职能组织模式，在确保项目有效完成的前提下，尽可能提升公司整体创新资源的“复用性”。

1. 弱矩阵跨职能团队组织模式

弱矩阵跨职能团队组织模式是一种团队资源由职能经理控制的组织模式，如图 21-17 所示。

由图 21-17 可见，各职能联络人（liaison，图中用 L 表示）在各职能部门内部，归职能经理（Functional Manager，图中用 FM 表示）负责管理。项目经理（Project Leader，图中用 PL 表示）与各职能联络人之间是“虚线”联系，表示项目经理对各职能联络人没有“正式的”管理职权，只有协调职权。各职能部门派出的只是“联络人”或者“接口人”，而不是正式的“职能代表”。在

这类项目管理中，项目经理更像一个项目“协调人”，或者是项目“牵头人”，而不是有着正式权力的“经理”。

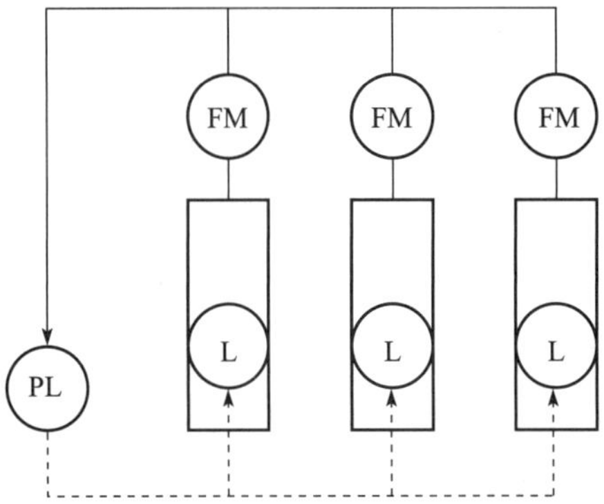

图 21-17　弱矩阵跨职能团队组织模式

弱矩阵跨职能团队组织模式适合开发周期短、参与人员少、复杂程度低、风险低、投入少的“微小改进型”产品开发项目。

需要强调的是，即使是弱矩阵跨职能团队组织模式的项目实施效果也要远远好于职能式组织模式！毕竟，这些团队成员是经过公司正式任命的，是负有正式“责任”的，项目经理协同沟通的难度要远远低于职能式组织模式。

很多例行的订单交付项目、现场工程实施项目等也可以采取弱矩阵项目组织模式。

2. 平衡矩阵跨职能团队组织模式

平衡矩阵模式是一种项目核心团队成员由职能经理与项目经理“双头管理”的跨职能团队组织模式，如图 21-18 所示。

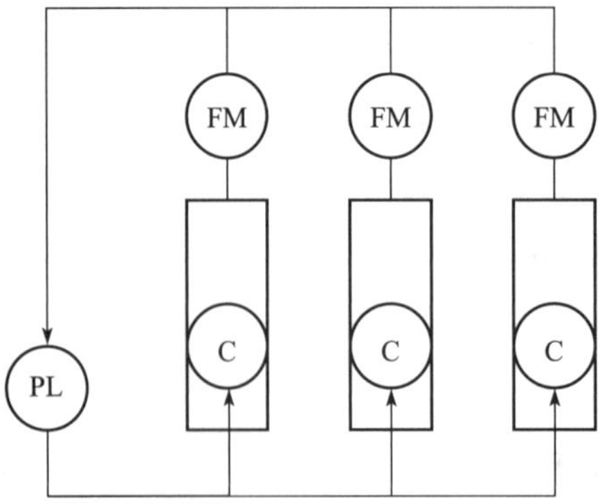

图 21-18　平衡矩阵跨职能团队组织模式

由图 21-18 可见，项目核心团队（Core Team，图中用 C 表示）成员还是部署在职能部门内部，职能经理对核心团队成员有管理权。项目经理与核心团队成员之间是“实线”联系，表明项目经理对核心团队成员拥有“正式的”管理权限。

在平衡矩阵跨职能团队组织模式中，职能经理和项目经理对核心团队成员“共同拥有”管理权限。核心团队成员既要完成职能经理交代的部门工作任务，也要完成项目经理交代的项目任务。核心团队成员需要在这两类任务之间取得“平衡”。比如一个新产品开发项目的研发代表既要组织研发团队完成该新产品开发项目的研发任务，也可能还要参与另外一个新产品开发项目的研发工作，或者要完成研发职能经理交代的模块化设计工作任务。

平衡矩阵组织模式的好处是一个职能代表可以兼顾多个项目，尽可能实现创新资源的“复用”。平衡矩阵组织模式的主要挑战是职能代表同时参与多个项目，需要在多个项目之间进行时间、精力的平衡。一般而言，一个职能代表同时参与的项目在两个以内比较好，同时参与三个以上项目很容易产生“焦虑”。

平衡矩阵组织模式适合开发周期较长、投入较大、风险较高、任务较复杂的“重大改进型”产品开发项目。

创新型企业大多数创新项目适合采用平衡矩阵组织模式。因此，创新型企业的各个职能经理、项目经理、职能代表以及项目团队成员要视“平衡矩阵”组织模式为常态，要具备在多个项目中动态“平衡”资源投入的能力。

3. 强矩阵跨职能团队组织模式

强矩阵组织模式是一种项目经理对核心团队成员具有完全管理权限的组织模式，如图 21-19 所示。

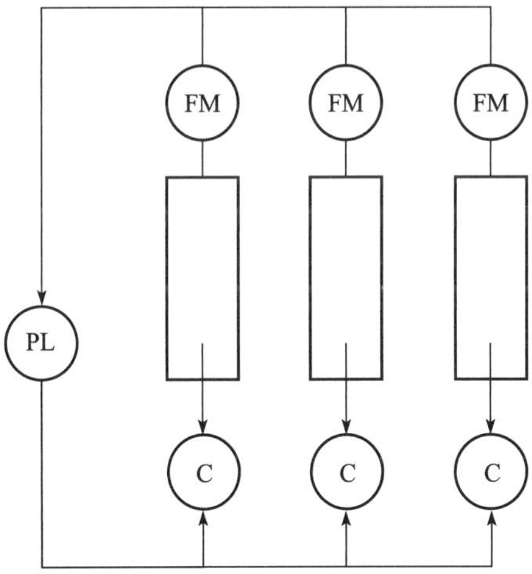

图 21-19 强矩阵跨职能团队组织模式

在图 21-19 中，各职能核心团队成员已经从职能部门“脱离”开了，不再接受职能经理的管理，只接受项目经理的管理。

强矩阵组织模式又称为“自治团队”或者“攻关团队”组织模式。采取这种组织模式的产品开发项目，核心团队成员从其他项目以及职能部门任务中“脱身”出来，在整个项目周期内只专注于完成该项目的任务。项目经理对核心团队成员具有完全的管理权限。

强矩阵组织模式的好处是所有核心团队专注于一个项目，能够确保该项目高效推进。强矩阵组织模式的不足是“资源需求巨大”，资源不能“复用”，也可能造成资源浪费。

强矩阵组织模式适合周期紧、任务重的战略性项目，比如需要6个月后上市的全新产品开发项目。创新型企业通过采取强矩阵组织模式，对一些重点项目进行“封闭攻关”，以抢占上市先机，确保新产品在机会窗内推向市场。华为公司有时会将一些“攻关团队”在豪华酒店中封闭3～6个月，进行项目“突击”。

强矩阵组织模式不适合创新型企业“普遍采用”。一般的企业没有足够的资源和财力支持“攻关团队”常态化运转。企业需要在产品线规划和管理上下功夫，尽可能多做“重要而又不紧急”的项目，而不是老是做“重要而又紧急”的项目。

4. 三种矩阵组织模式的比较

我们可以将三种矩阵组织模式进行总结，如表21-5所示。

表21-5　三种矩阵组织模式总结

组织模式	主要特点	适用项目
弱矩阵	（1）各职能部门项目联络人归职能经理管理 （2）项目经理只是项目“协调人”，对各职能部门联络人没有管理权力	规模较小、不太重要、能快速完成的项目
平衡矩阵	（1）各职能代表接受职能经理和项目经理的共同管理 （2）项目经理对职能代表有正式的管理权力	规模适中、比较重要但不太复杂的项目
强矩阵	（1）各职能代表从职能部门脱离出来，职能经理没有管理权力 （2）项目经理全权负责各职能代表的管理	周期长、重要而又复杂的项目

创新型企业可以根据项目类型，灵活选择不同的项目组织模式。总体原则是既要保证创新项目按期推进，又要尽可能提高创新资源的复用率。

六、建立高效的跨职能产品开发团队

对于创新型企业而言，跨职能团队项目组织模式是必然选择，再差的跨职能项目组织模式也比职能式项目组织模式效果要好！但是，真正实施跨职能项目组织模式对于绝大部分企业而言意味着重大的挑战，意味着艰难的组织变革！

1. 跨职能组织模式难以推行的原因分析

很多公司知道跨职能团队组织模式比职能式组织模式更适合新产品开发，但是不敢采用，或者在尝试了一段时间之后又回到职能式组织模式了。究其原因，主要有以下方面。

（1）公司主要领导对跨职能组织模式的意义与价值认识不够，跨职能组织模式推行时遇到困难和阻力容易退缩。

（2）未建立公司级、端到端的有效的创新流程，用以支持跨职能团队推进创新项目。缺乏组织流程支持，光靠项目经理个人能力，光靠项目团队成员的“自觉性”，是不可能持续、有效地实现跨职能团队组织模式的。

（3）未采取以项目结果和团队为导向的绩效考核与激励模式。项目团队考核和激励如果不是结果导向和团队导向，那么跨职能团队很容易流于形式，最终不了了之。

（4）职能部门的“习惯势力”过于强大。一些职能部门将完成部门任务作为优先事项，对项目职能代表及项目扩展团队支持不够。一些职能经理感觉“自己的权力被削弱”，有意无意地抵制跨职能团队组织模式。

（5）项目经理能力不够。一些项目经理缺乏管理跨职能团队的有效方法、经验和技能，遇到困难和挫折后容易放弃，不能坚持原则，不能积极主动地想办法解决问题、推进项目。

各企业可以对照以上各条，看看是哪些原因影响了公司跨职能团队组织模式的有效推行，并思考如何有效解决以上问题。

2. 高效的跨职能团队建设方法

对于创新型企业而言，采用跨职能团队组织模式进行新产品开发已经不是有没有必要的问题，而是如何做好的问题。**如果由于学用筷子很难，我们就放弃使用筷子而改用手抓，那么我们吃每顿饭的时候都会非常痛苦**。同样，因为跨职能团队组织模式难于管理就放弃采用，那么在做每个新产品项目时都会遇到很多麻烦。

以下是建立高效的跨职能团队的一些原则。

（1）对于每个重大的新产品开发项目都应有一支明确任命的跨职能团队。没有清晰定义的团队，就不可能有清晰的职责、角色和责任。在项目团队中，清楚区分谁是核心团队成员，谁是扩展团队成员。核心团队成员是真正的团队成员，与项目经理一起对项目的最终绩效结果负责。扩展团队成员只是偶尔参与项目，只做一些事情或只参加团队会议。决策评审团队在每个入口都应该签署书面团队任命书。要强调团队的跨职能，项目团队成员由来自市场、研发、生产、销售和财务等部门的职能代表组成。

（2）项目团队尽可能小而专注。核心团队人数一般不超过 8 人，理想的人数是 5 ～ 7 人。可能的话，核心团队成员应将其时间 100% 地投入项目。对于一个重要的新产品项目而言，宁愿要 2 ～ 3 个全职员工而不愿要 10 个半职员工。为什么？因为我们从来得不到这些半职员工 50% 的时间。此外，他们对项目缺乏归属感，他们有很多其他重要事情要做。同时，与这么多人进行沟通也很成问题。

（3）核心团队成员自始至终留在项目内，不只是在项目中待一小段时间或只待一个阶段。项目从一个小组转手给另一个小组经常会丧失动力。如果在项目最后阶段需要新的人手，那么增加商业化人员（如增加一些生产和销售人员到项目团队）而不要更换整个项目团队和项目领导者。有效的项目管理原则是让项目团队成员的关键知识拥有者一直坚持到项目结束。

（4）任命明确的项目经理，其作为项目领导者负责推动项目前进。项目经理自始至终对整个项目负责：其负责走完整个流程，而不只负责一个或几个阶段。这样，责任是递增的，关键知识不会流失，团队动力得以保持。

（5）认真选择组织结构。对于每个重要的新产品项目，我们要根据项目的周期、复杂程度等从上述三种跨职能团队组织模式中选择最合适的一种。

（6）保证项目团队资源。很多企业在处理紧急或重要事项方面，紧急的“救火”事项（如客户问题或生产问题等）往往优先处理，而重要的新产品开发项目可能被搁置，甚至被遗忘。最佳实践的做法是让新产品开发团队全职专注于新产品开发，而不是在很多任务中分散他们的精力。

（7）使从创意到上市的流程更具跨职能团队特征。使流程的每一步或每个阶段都是跨职能的，比如如果没有市场和生产的人员参与，项目就不能进入开发阶段。在每个入口，决策评审团队也是由跨职能管理人员组成，这样所有的职能部门都会支持此项目。

3.“理想的”跨职能团队的特征

建立“理想的”跨职能团队是各个创新型企业的追求。企业创新领导者可以参照以下“理想的”跨职能团队的特征提升跨职能团队绩效。

（1）有明确任命的对项目结果负责的项目经理和项目团队成员。

（2）项目团队成员具有项目所需要的互补技能。

（3）项目团队成员协同合作，共同对项目结果负责。

（4）如果项目团队成员的技能不能满足项目需要，项目团队成员可以从相应职能部门获得支持。

（5）项目团队成员能够无障碍地即时互动沟通。

（6）项目团队成员能即时共享相关项目信息。

（7）项目经理及项目团队成员熟练掌握简洁、有效的项目管理方法。

（8）基于规范、跨职能的创新流程进行有效的项目管理。

（9）所有团队成员均“忘记”跨职能。

创新者行动

组建真正的跨职能产品开发团队，又快又好地做好新产品开发项目，大幅提升公司新产品开发成功率，大幅提升企业创新投资回报率。

咨询实例

某仪器制造企业的整体组织模式优化

某仪器制造企业有200多名研发人员，经过近20年发展，年营业规模做到10亿元。公司原先业务比较单一，产品方向主要由公司董事长亲自把握。董事长亲力亲为，虽然很累，但企业基本上还是能有序发展。公司上市后，业务范围快速扩展，新产品开发和上市总是偏离预期，公司董事长感到越来越力不从心。部门多了，人也多了，但是部门之间的配合越来越低效了，很多重要的新产品开发项目必须董事长亲自介入，推进的速度才会比较快。公司董事长意识到再靠以前的组织模式，公司很难实现持续、快速增长，公司发展很难符合股东和投资人的期望。

咨询顾问经过深入诊断后发现，公司规模虽然在持续扩张，但组织模式一直沿用以前的职能式组织模式，新产品开发主要是由研发部负责。公司没有产品管理部门，没有产品经理职位。新产品开发项目的项目经理主要由研发部的研发工程师兼任，只能在研发内部协调技术人员，出了研发部就"不灵"。公司的新产品开发流程是沿用ISO 9000流程，由研发部起草并负责实施，实际上是研发部内部流程，牵涉到跨部门的工作只能通过部门之间开会协调，或者请上级领导出面协调解决。

顾问团队给该公司实施了"三强化一优化"的企业整体组织模式变革。

（1）设立公司级的产品管理部，由董事长亲自兼任产品总监，从研发、客服和销售等职能部门选拔产品线经理，负责各条产品线的规划和管理。

（2）设立公司级的项目管理部，负责公司所有创新项目的统筹管理，由研发部的项目变为"公司的项目"。从研发等部门选拔8名专职的项目经理，负责领导跨职能的新产品开发团队。公司还认证了10名兼职的项目经理。

（3）设立流程管理部，选拔对公司新产品开发过程非常熟悉的一个研发经理担任流程经理，负责公司级、端到端的规范的产品创新流程建设和管理。

（4）优化研发部内部管理。研发部的职能由新产品开发的主责部门变成一个资源部门，研发部不再直接负责新产品开发项目，而是为公司新产品开发项目培养和输送专业技术人员。

在公司整体组织模式优化的基础上，公司开展端到端的新产品开发流程规范，通过试点项目验证新产品开发流程的有效性，基于新产品开发流程进行有效的项目管理。

经过一年左右的体系建设和一年左右的体系推行，公司新产品开发周期缩短了、成本降低了，客户满意度提高了，新产品开发成功率大幅提升。公司董事长在与咨询顾问交流时深有感触地说，本次咨询项目我最大的感受就是两个字——分工。通过组织模式优化实现了有效的分工，同样200个研发人员的研发效率、投入回报有了很大的提升。我自己也从日常研发细节管理中解脱出来了，能够有更多精力思考公司的发展战略，寻找新的战略机会点了。

第二十二章
创新流程管理

我们在第三、四、五篇中介绍了从创意到退市的产品全生命周期管理的主要创新方法。我们要通过有效的流程体系将这些创新方法“固化”到公司管理体系之中，实现企业持续高效创新“可复制”。产品创新管理4P体系（见图22-1）。

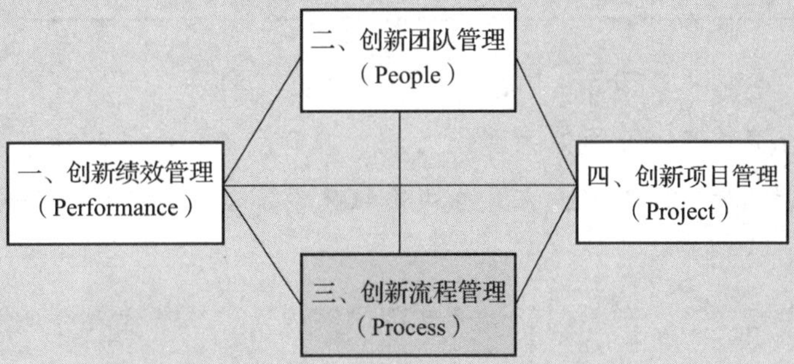

图22-1　产品创新管理4P体系

基于跨职能团队组织模式，才能建设公司级、端到端的有效的创新流程体系，才能进行有效的项目管理，才能实现创新项目预期的绩效目标。

在充满不确定性的时代，创新型企业需要通过流程体系的确定性应对市场（环境）的不确定性。

建立流程型组织，由“人治”走向“法治”，实现企业持续成功创新“可复制”。

公司首席产品官（CPO）要非常重视和关注创新流程体系建设，公司要任命副总一级的领导担任创新流程体系建设的负责人，要培养多名公司级的流程经理（Process Manager），在每个职能部门任命负责相应流程文件建设与维护的流程负责人（Process Owner）。创新流程体系建设的有效性很大程度上决定了企业能否持续开发和上市成功的精品创新产品，很大程度上决定了企业的创新投资回报率。

表22-1总结了创新流程管理的常见问题，创新型企业中高层管理者、流程管理部门、流程经理、流程Owner可以结合企业实际进行对照，分析是否存在类似问题，分

析产生这些问题的主要原因，结合本章内容的学习采取改善行动，提升流程体系的有效性，推动公司成为流程型企业。

表 22-1 创新流程管理常见问题

常见问题		是否存在（Y/N）	主要改善措施
（1）	缺乏端到端的公司级的新产品开发流程，只有部门内部流程，部门内部的工作运行还可以，跨部门工作很难开展		
（2）	只有由研发部门负责的设计开发流程，缺乏创新前端管理流程、产品上市发布流程、产品生命周期管理流程以及产品退市管理流程，新产品开发工作主要是“技术”工作		
（3）	新产品开发和技术开发共用一个流程，没有将新产品开发和技术开发分开，在新产品开发过程中解决关键技术问题，导致新产品开发项目一再延期，或者中途夭折		
（4）	缺乏科学的项目决策评审流程，项目决策评审领导拍脑袋决策，很多没有前景的项目进入了新产品开发流程		
（5）	不同复杂程度的项目走同样的流程，流程缺乏有效裁剪和变通，流程执行僵化、官僚，甚至流于形式，失去了通过流程管理提高项目质量和效率的本来意义		

本章共分三节。

第一节，流程体系建设方法。本节主要介绍流程原理、流程文件构成、流程体系建设五步曲。本节内容是公司流程体系建设负责人、流程经理和流程 Owner 要掌握的基本内容。

第二节，产品创新管理流程体系建设。本节主要介绍从创意到退市的产品创新管理流程体系的各个阶段、各个子阶段和子流程。创新型企业可以参照本节介绍梳理和建设自己的产品创新管理流程体系。

第三节，建设流程型企业。本节主要介绍流程管理不善的症状、流程体系建设的价值以及如何建立流程型组织。公司主要领导、各职能部门负责人、各事业部负责人等公司中高层领导要对建设流程型组织的意义与价值有深刻的理解与认识，要能积极推动公司流程型组织的建设。

第一节 流程体系建设方法

创新者思考

（1）我们的新产品开发主要是凭经验进行，还是遵循规范的流程？

（2）流程有多个评审点吗？评审人员专业吗？评审严肃吗？有被否决的项目吗？

（3）流程是谁写的？流程本身的可操作性如何？

（4）对违反流程的做法有处罚措施吗？处罚措施能严格执行吗？

（5）每做一个项目，我们都会从流程视角进行复盘吗？我们能够做到持续修订、完善、优化流程吗？

（6）公司有专职的流程经理吗？流程经理专业吗？流程经理的主要职责是哪些？能有效履责吗？

（7）导致企业流程有效性不高、流程执行不严格的主要原因有哪些？

本节先简要介绍流程原理、流程体系构成、流程体系建设方法，为后续重点介绍产品创新管理流程体系、订单交付管理流程体系奠定基础。

在英语里，流程（Process）一词是这样解释的：A series of things that are done in order to achieve a particular result. 翻译成中文的意思就是“通过做一系列的事情以实现特定的结果”。

从这个定义中可以看出，流程包含以下含义。

（1）流程的目的是实现某一特定的结果。

（2）流程中要做一系列的事情。

（3）要有合适的人来做这些事。

（4）要有合适的方法来做这些事情。

如同生产管理中提倡的“人、机、料、法、环”方法一样，流程也可以总结为**“人、事、法、果”**四大关键要素。“人”是团队，“事”是要完成的任务，“法”是完成各项任务的基于最佳实践的方法，“果”是完成每项任务需要提交的交付成果。

“管理”的最简单的定义为：**管理就是让人做事并取得结果**。可见，管理的定义与流程的定义高度一致。也可以说，**管理就是流程（Management is Process）**！

任何参与的人比较多、持续时间比较长，要做的事情比较复杂，要取得结果比较困难，需要多次进行的事项，都应该采取流程方法进行管理。

每个流程均由多个阶段和多个决策评审点组成，流程结构如图 22-2 所示。

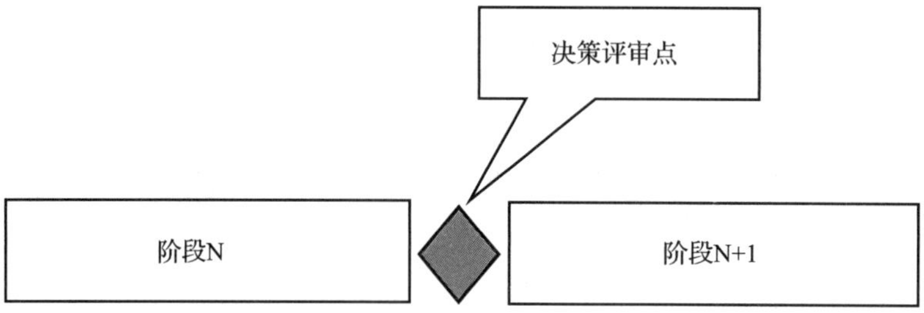

图 22-2　流程结构

每个流程阶段明确要做哪些事情，以及做事的方法；每个决策评审点检查上一阶段的交付成果，决定项目是否可以进入下一阶段。

一、流程阶段

流程阶段（Stage）是“做事”的地方。项目团队成员在每个阶段完成关键任务，提交交付成果，为决策评审团队提供项目向下一阶段推进所需的决策信息。

1. 每个流程阶段的规范内容

每个流程阶段需要定义“人、事、法、果”4 个关键要素，流程阶段的规范内容如表 22-2 所示。

表 22-2　流程阶段的规范内容

关键要素	描述	举例（产品设计开发阶段）
人	项目团队成员及职责	跨职能产品开发团队（PDT）
事	本阶段需要完成的主要任务	（1）概要设计 （2）详细设计 （3）单元开发 （4）单元测试 （5）集成测试 （6）系统测试
法	完成主要任务的方法	（1）DFX（产品系统设计方法） （2）产品测试方法
果	各项任务完成后需要提交的交付成果	（1）产品样机 （2）产品设计开发阶段文档 （3）更新后的项目立项分析报告 （4）产品测试矫正阶段工作计划

（1）项目团队成员及职责（人）。

每个阶段的任务都是由团队共同完成的。团队是由各职能部门代表组成的跨职能团队，要明确每个团队成员的分工与职责。比如产品设计开发阶段要明确项目团队由哪些职能代表组成，每个职能代表的分工和职责是什么，职能代表由谁担任等。创新团队管理内容详见第二十一章。

（2）本阶段需要完成的主要任务（事）。

为了给决策评审团队提供必要的决策信息，项目团队必须在每个阶段高质量地完成很多任务。

不同阶段有不同的任务，每个阶段的任务列表是基于最佳实践的总结。

如果一个流程阶段的项目任务比较多，则每项任务可能需要再定义子流程，进一步具体明确要做的事项及做事的方法，指导项目团队更加有效和高效地完成各项流程任务。比如在产品设计开发阶段，可以进一步定义硬件开发子流程、软件开发子流程、结构开发子流程和外观设计子流程等。

（3）完成主要任务的方法（法）。

要高质量地完成各项任务，必须要掌握相应的最佳实践方法。比如要做好客户需求研究工作，就必须掌握有效的深度现场访谈、现场观察和小组访谈等市场研究方法。

完成主要任务的方法在流程中通过流程指南进一步描述，明确任务完成步骤和注意事项等，以指导相关项目团队成员更为有效和高效地完成各项任务。

（4）各项任务完成后需要提交的交付成果（果）。

每项任务完成后必须提交交付成果，而交付成果清单是在每个流程阶段开始时就需要明确定义的。项目决策评审团队基于项目团队提交的项目成果信息对项目进行决策。项目团队提交的项目成果必须完整和可信，否则项目决策评审团队将要求项目团队整改后重新提交。

2. 规范流程阶段的主要价值

明确规范每个流程的主要作用包括以下方面。

（1）规范每个阶段要做的事情，避免重复犯同样的错误，提高工作效率和工作质量。

（2）能在已有流程的基础上，及时对流程中存在的问题及缺陷进行优化，实现持续改进，提升公司管理水平和竞争力。

（3）新进人员能够通过流程快速学习做事方法，减少对“师傅带徒弟”式学习模式的依赖，缩短学习周期，降低学习成本，快速为公司做出贡献。

（4）规范的流程还能实现隐性知识显性化，进行有效的知识管理，减少对个别“能人”的依赖，保证公司健康成长。

3. 规范每个流程阶段有助于降低项目风险

明确定义的流程阶段有助于降低项目风险，主要原因包括以下方面。

（1）每个流程阶段的团队成员组成是跨职能的。

跨职能团队由各职能部门代表组成，涵盖了完成本阶段任务所需的知识和技能。通过集思广益、群策群力的方式，跨职能团队共同完成各项阶段任务，共同提交阶段交付成果。由跨职能团队并行地完成阶段工作，各项任务完成的速度更快，提交的交付件质量更有保证。

（2）每个阶段的任务列表、任务完成方法和交付件模板都是基于最佳实践的。

这些内容都是绩效最好的公司的成功经验总结。跨职能团队采用最佳实践方法提交的决策信息质量更高。

（3）每个阶段都比前一阶段获得的信息更多，信息的质量也更高。

随着不确定性降低，企业可以增加投入，这样项目风险就能得到有效管理。

二、决策评审点

决策评审点（Decision Check Point，DCP）是检查上一流程阶段“做事”的质量，并决定项目是否可以进入下一阶段。决策评审点也称为入口（Gate）或阀点。

每个决策评审点的基本结构包括交付件、决策准则和输出等三个方面，如图 22-3 所示。项目决策评审的详细介绍请参见第十章第九节。

图 22-3　决策评审点的基本结构

1. 每个决策评审点的规范内容

与每个流程阶段一样，每个决策评审点也需要定义“人、事、法、果”四方面的内容。决策评审点的规范内容见表 22-3。

表 22-3　决策评审点的规范内容

关键要素	描述	举例（项目立项评审点）
人	决策评审团队成员及职责	产品审批委员会（PAC）
事	本决策评审点需要完成的主要任务	（1）检查立项评审文件的完整性、可信性 （2）基于决策评审准则对项目进行评审 （3）作出评审结论
法	决策评审方法	（1）必须满足的决策评审准则 （2）应该满足的决策评审准则
果	评审结论	（1）评审结论：通过、否决、重做、搁置 （2）如评审通过，审批下一阶段工作计划，承诺下一阶段创新资源

（1）决策评审团队（人）。

每个决策评审点都由跨职能的管理团队成员组成决策评审团队。不同决策评审点的团队组成成员数量会有所不同，越靠后的决策评审点，决策评审团队组成成员越多，人员的级别相应也越高。但对于每个项目应该有自始至终留在决策评审团队中的决策评审团队成员，以保持决策信息的连续性。比如市场及技术负责人应该始终留在决策评审团队中。

（2）主要任务事项（事）。

在每个决策评审点，决策评审团队需要做的事情主要包括：事先制定决策评审准则、检查交付件、进行决策评审、审批下阶段行动计划、承诺下阶段所需资源等。

（3）决策评审准则（法）。

在每个决策评审点都应该有事先定义的决策评审准则。决策评审准则分为两类：一类是必须满足的准则；一类是应该满足的准则。

必须满足的准则类似房屋建设中的“消防验收”，是“一票否决”式的决策准则，只要有 1 项不通过，则否决该项目。

应该满足的准则用于对项目进行打分及排序。如果某个项目必须满足的准则都通过，则可以采用应该满足的准则对该项目进行打分。比如，如果打分分数低于 60 分，说明该项目的投资吸引力小，该项目也不能进入下一阶段。打分的分数还可以用于对多个项目进行开发的优先顺序排列。

（4）决策评审结论（果）。

决策评审输出包括通过、否决、搁置和重做 4 种决策结论。创新项目的四种决策评审结论的含义如表 22-4 所示。

表 22-4　创新项目的四种决策评审结论的含义

决策评审结论	含义
通过	表示该项目可以进入下一阶段，决策评审团队要审批项目下一阶段的行动计划，并承诺项目下一阶段所需资源
否决	表示终止该项目，不再做有关该项目的任何工作，项目文档存档
搁置	表示该项目通过了决策评审，但是项目吸引力相对不够，需要等待释放出公司项目资源后再与其他项目一起排序，以决定是否可以进入下一阶段
重做	表示该项目提交的交付件不符合要求，需要返回上一阶段，项目团队重新做好上一阶段的工作后再提交评审

决策评审团队必须在每个决策评审点对每个项目进行严格的生 / 杀决策，不能拖延决策，更不能不做决策。

2. 规范决策评审点的价值

规范决策评审点的主要作用包括以下方面。

（1）能让公司管理团队基于一致的流程和相同的决策评审准则对项目进行决策评审，降低公司管理团队成员之间的沟通成本，达成决策共识。

（2）能通过有效的决策评审，及时终止没有前景的项目，降低项目风险，提升公司项目资源投资回报率。

（3）能通过多次决策评审，分阶段承诺项目所需资源，降低项目决策风险，避免“一锤子买卖”。

（4）能通过对项目进行吸引力打分，排定多个项目的优先顺序，确保最有前景的项目能够优先获得项目资源，提升公司项目资源的整体投资回报率。

3. 有效的决策评审有助于降低项目风险

项目决策评审是降低项目风险，提升公司投资回报率的关键最佳实践，原因包括以下方面。

（1）由跨职能的管理团队对项目进行决策评审，能大大提高项目决策的质量。

很多错误的项目决策往往是个别领导“拍脑袋”“一言堂”的结果。

（2）基于事先定义的明确的决策准则进行决策评审，能大大提高决策的正确性。

在没有明确的决策准则时，每个决策团队成员对项目是否应该继续下去缺乏一致的衡量标准，很可能出现从众现象，即“谁的嗓门大就听谁的”。

（3）规范的决策评审流程也能提升决策的质量。

决策评审团队是在对交付件的完整性与可信度审查的基础上进行决策的，高质量的决策信息为高质量的决策评审提供了输入。

创新者行动

公司分管流程体系建设的领导，组织各体系流程经理、各职能部门流程 Owner 讨论，明确公司的流程结构，明确每个流程阶段的关键管理要素，明确每个决策评审点的关键管理要素。

三、流程文件构成

一个标准的流程文件包括以下四个方面的内容。

（1）流程概述：简要介绍流程目的、该流程与其他流程之间的关系。

（2）流程图：描述各项任务之间的逻辑关系。

（3）流程指南：详细介绍每件事应该如何做。

（4）表单模板：定义完成每项任务后的输出文档的格式、内容。

参与流程建设的所有成员均必须了解流程文件构成要素。企业可以根据自身实际情况定义流程文件的标准模板。

以上流程内容中，流程指南和表单模板是核心，这两部分承载了公司内外的最佳实践。以下分别简要介绍流程文件的各个构成要素。

1. 流程概述

流程概述主要包括流程目的、客户、适用范围、流程责任人、流程定义、流程输入输出等内容。简洁、清晰的流程概述能够帮助流程使用者快速熟悉流程，有效应用流程。

流程概述的主要内容总结如表 22-5 所示。

表 22-5　流程概述的主要内容

目的	解决什么问题，产生什么价值
客户	流程的产出交付者，流程的内外部客户
适用范围	描述流程的起点和终点，适用于哪些业务
流程责任人	描述责任人的所属部门、所属岗位
定义	名词、术语、缩写
流程框架	符合流程框架定义要求（上下游流程）
输入	流程运作过程中产生的信息流载体，如表单、报告等
输出	有价值的交付物
角色	流程活动的操作主体
流程图	图形化完整展现流程角色、活动、逻辑等要素
流程指南	流程本身的描述，以及活动的详细描述，规范性说明
流程绩效指标	评价流程价值，以及流程执行效果的指标
模板和指导书	流程规范执行过程中必须遵守的标准
IT 支撑	IT 系统的功能模块
参考文件	理解本流程所需的其他参考文件

2. 流程图

从角色维度和阶段维度绘制流程图。角色维度描述流程涉及的岗位角色，阶段维度描述流程活动开展的先后顺序及依赖关系。可通过“贴纸法”呈现流程涉及的主要活动，然后采用 VISIO 工具绘制流程图。

图 22-4 列示了一家生活电器研发企业的新产品开发项目小批量试产流程。

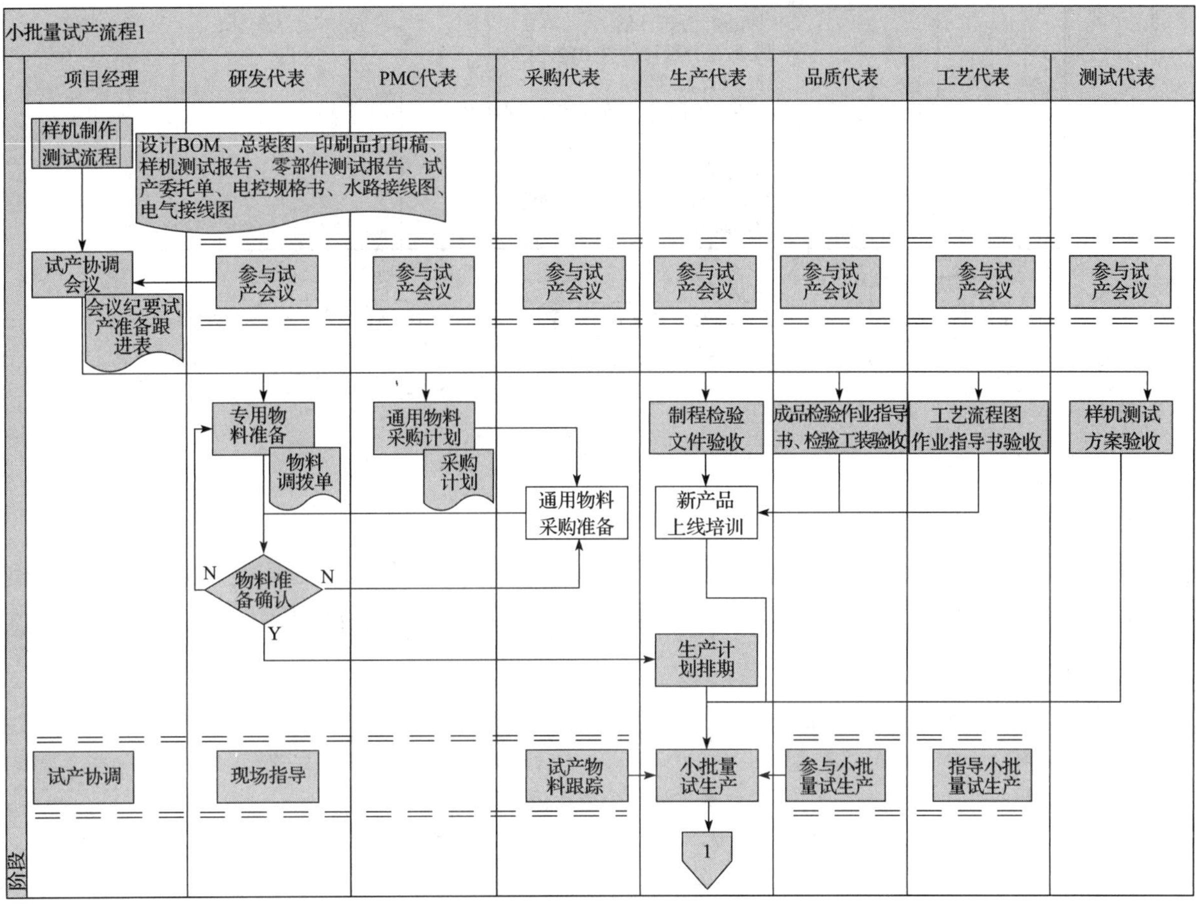

图 22-4 某企业的新产品开发项目小批量试产流程（示例）

流程图绘制是一个集思广益、群策群力的过程，与流程相关的职能代表都应该参与。流程活动的呈现需要遵循“完全穷尽、相互独立”的原则，将流程涉及的任务活动“可视化”地呈现在流程图上。

3. 流程指南

流程指南描述每项流程活动的开展步骤和注意事项，是“流程带徒弟”的关键文件。好的流程指南不需要“培训”，流程使用者通过阅读流程指南文件就知道如何有效“做事”。

流程指南包括活动名称、主责人、输入、主要程序与注意事项、输出、时间与频次，以及主要表单与模板等主要内容。图 22-5 列示了一个流程指南的示例。

流程指南撰写是企业流程规范中“隐性知识显性化”的关键环节，应该挑选企业中“最佳实践拥有者”撰写相关部分的流程指南。

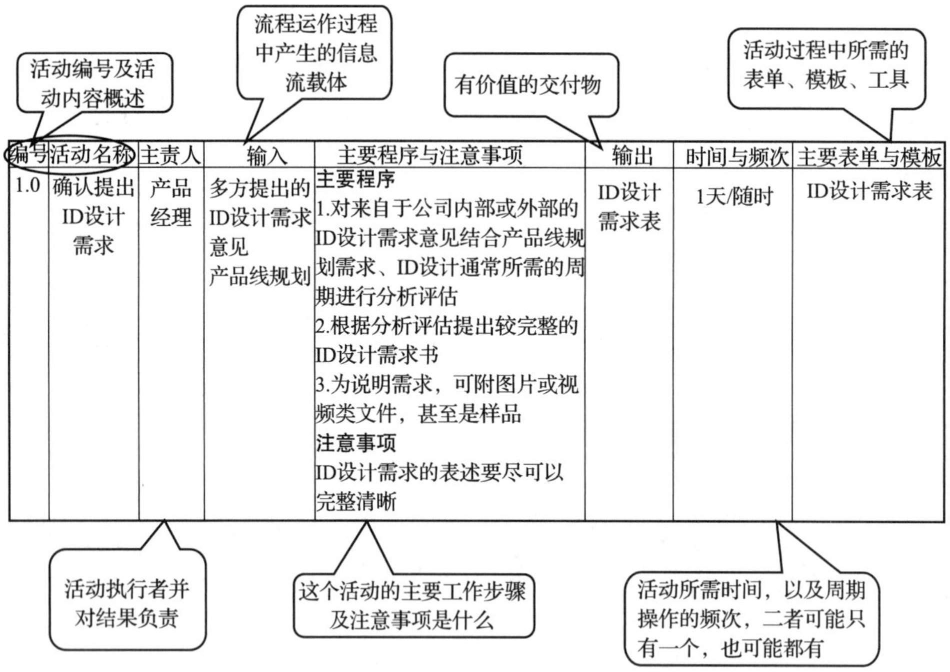

图 22-5 流程指南（示例）

4. 表单模板

表单模板是流程中信息流转的“载体”，表单模板设计的准确性很大程度上决定了流程的质量。在企业信息系统中，流程的流转实际上是表单模板的流转，流程图和流程指南的内容已经隐含在企业信息系统设计之中了。

表 22-6 是一个表单模板的示例。

表 22-6 表单模板示例

<table>
<tr><td colspan="17">XX 安装接口表</td></tr>
<tr><td colspan="4">XX-JS-QIV-A-61</td><td colspan="3">项目名称：</td><td colspan="3">令号：</td><td colspan="4">交货期：</td><td colspan="3">供货数量：</td></tr>
<tr><td rowspan="3">序号</td><td colspan="3" rowspan="2">终点设备</td><td rowspan="3">安装需求</td><td colspan="11">电缆敷设方式</td><td rowspan="3">备注</td></tr>
<tr><td colspan="3">桥架</td><td colspan="4">硬管 / 拖链</td><td colspan="4">软管</td></tr>
<tr><td>设备（功能描述）</td><td>代号</td><td>型号</td><td>类别</td><td>规格</td><td>m</td><td>规格</td><td>m</td><td>接头</td><td>数量</td><td>规格</td><td>m</td><td>接头</td><td>数量</td></tr>
<tr><td>1</td><td></td><td></td><td></td><td></td><td></td><td></td><td></td><td></td><td></td><td></td><td></td><td></td><td></td><td></td><td></td><td></td></tr>
<tr><td>2</td><td></td><td></td><td></td><td></td><td></td><td></td><td></td><td></td><td></td><td></td><td></td><td></td><td></td><td></td><td></td><td></td></tr>
<tr><td>3</td><td></td><td></td><td></td><td></td><td></td><td></td><td></td><td></td><td></td><td></td><td></td><td></td><td></td><td></td><td></td><td></td></tr>
<tr><td>4</td><td></td><td></td><td></td><td></td><td></td><td></td><td></td><td></td><td></td><td></td><td></td><td></td><td></td><td></td><td></td><td></td></tr>
<tr><td>5</td><td></td><td></td><td></td><td></td><td></td><td></td><td></td><td></td><td></td><td></td><td></td><td></td><td></td><td></td><td></td><td></td></tr>
<tr><td>6</td><td></td><td></td><td></td><td></td><td></td><td></td><td></td><td></td><td></td><td></td><td></td><td></td><td></td><td></td><td></td><td></td></tr>
</table>

为使流程使用者能够准确、高效地做好工作，流程的表单模板最好有范例呈现。流程使用者通过阅读范例，能够更加直观、准确地理解表单模板中各项内容的真正含义，减少理解“歧义”，

减少流程使用培训和指导的时间、精力投入。

流程的表单模板要采用适当的 IT 工具进行 IT 化，以提高流程运行的质量与效率，也方便对流程的执行情况进行有效监督。

创新者行动

公司流程管理负责人组织各体系流程经理、各职能部门流程 Owner 讨论确定公司的流程文件构成，规范公司流程文件的标准格式，确保整个公司“采用同一种流程语言”进行流程体系建设。

四、流程体系建设五步曲

知行信在多年帮助创新型企业进行流程体系建设的实践基础上，将流程体系建设总结为“梳写评用优”五步曲，如图 22-6 所示。

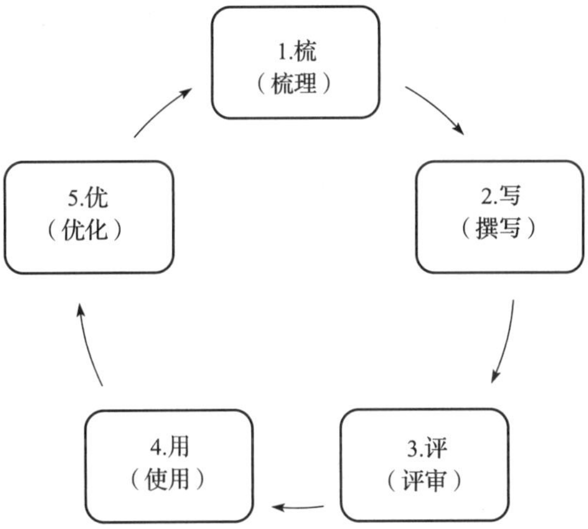

图 22-6 知行信流程体系建设五步曲

在系统梳理流程体系的基础上，撰写各个流程文件。流程文件通过评审后进行试用和使用，在流程使用过程中持续优化流程，“止于至善”。

知行信流程体系建设五步曲简明易懂，易学易用，建议各企业结合企业实际借鉴应用。

以下简要介绍流程体系建设五步曲的主要内容。

（一）流程梳理

流程梳理是指梳理公司流程现状、问题与根因，明确需要优先优化或建设的流程，制定流程体系建设工作计划并组织实施。

流程梳理包括企业流程体系梳理和业务领域流程梳理两个层面。

1. 企业流程体系梳理

创新型企业可以参照知行信企业管理要素体系梳理企业流程体系，如图 22-7 所示。

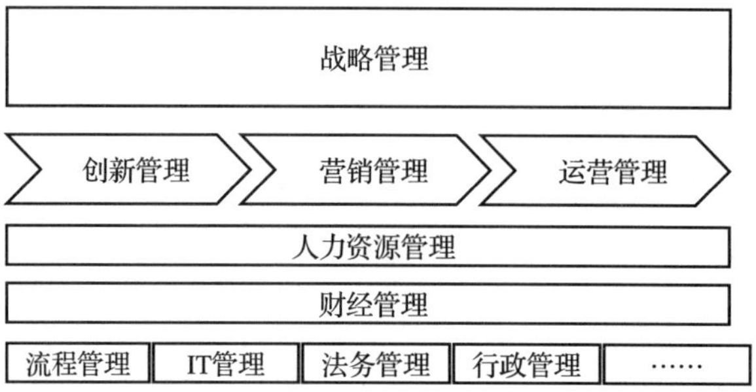

图 22-7 知行信企业管理要素体系

对于创新型企业而言，日常管理最基础、最重要的流程体系包括创新管理、营销管理和运营管理。

本书将展开介绍产品创新管理流程体系、订单交付管理流程体系（包括营销管理和运营管理的主要内容）的主要内容。

流程体系建设应该遵循“**系统诊断、整体规划、分步实施、急用先行**”的原则展开。

不同的企业流程体系建设的优先级是不一样的。如果企业订单交付老是延期，企业现金流很差，建议先开展订单交付管理流程体系建设，先解决生存问题。

如果企业订单交付管理没有原则性的问题，但是产品同质化竞争激烈、市场竞争力不强，建议先开展产品创新管理流程体系建设。

企业需要建立流程优化领导小组和流程优化执行小组负责流程建设工作。企业流程体系梳理先由企业流程优化执行小组梳理出初稿，提交企业流程优化领导小组评审，确定流程建设的先后顺序与计划。

企业流程优化执行小组成员选拔要求包括以下方面。

（1）熟悉相应职能工作，是相应职能工作的内部“最佳实践”拥有者。

（2）能承诺时间用于流程建设与优化工作。

（3）逻辑思维能力强，学习能力强。

（4）工作认真细致，对结果负责。

（5）能与相关职能员工密切配合工作，团队精神强。

（6）能认识到流程建设与优化工作对公司的价值，有“志愿者”意识。

（7）有推动流程执行的意愿和能力，在同事中威信较高。

（8）是公司拟培养的潜在管理者。

2. 业务领域流程梳理

业务领域流程梳理由负责该流程体系的流程经理主责，与该流程相关的职能部门派出专业代表参加梳理。业务领域流程梳理要点包括以下方面。

（1）明确端到端流程的各个阶段、各个决策评审点。

（2）明确每个流程阶段的各个子阶段、各个里程碑（技术评审点）。

（3）列出子流程清单。

图 22-8 列示了新产品开发流程梳理的层次。

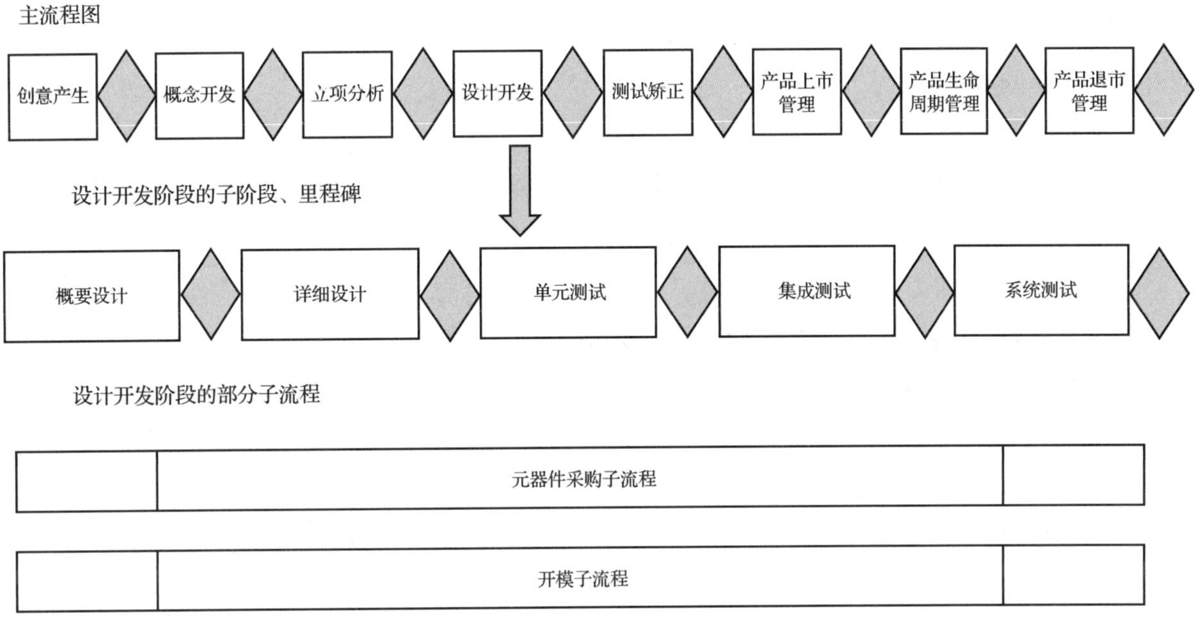

图 22-8　新产品开发流程梳理的层次（示例）

业务领域流程梳理要点包括以下方面。

（1）需要采用“完全穷尽、相互独立”的方法列出所有流程清单。

（2）可以参考最佳实践企业的流程清单，结合企业实际情况编制流程清单，切忌贪大求全、照搬照抄。

（3）流程清单可以在流程撰写过程中逐步完善和更新，但主流程及关键的子流程必须优先明确，避免在流程撰写过程中出现逻辑冲突而导致返工。

（4）每个子流程都要有明确的优化主责人及优化团队成员，一定要坚持“让最熟悉流程的人写流程”的原则。

（二）流程撰写

在流程梳理的基础上，企业流程优化执行小组按照制定的流程建设计划和分工有序地开展流程建设工作。

流程撰写团队要在掌握流程撰写方法的前提下基于流程撰写要求进行流程撰写，并对撰写完的流程进行“自检”。流程撰写团队要对所负责流程的有效性、易用性和扩展性等负责。

1. 掌握流程撰写方法

所有参与流程撰写工作的成员均要熟练掌握流程撰写方法。以下是我们对如何有效学习流程撰写方法的建议。

（1）了解流程要素：流程概述、流程图、流程指南、表单模板。

（2）统一公司流程文件规范，使全公司在流程方面“用同一种语言”交流。

（3）掌握流程图画法、流程指南撰写方法、流程表单模板设计方法。

（4）掌握方法的最佳方法是“行动学习法”——“干中学、学中干”，在撰写流程的过程中学习和掌握流程撰写方法。

2. 流程撰写要求

流程撰写的基本要求如下，各个流程的撰写要基于这些要求进行，确保“一次做对”。

（1）**简洁**：不简洁的流程，最终都会流于形式。

（2）**易用**：“一切为了用户”是流程设计者必须坚守的准则。

（3）**可重复**：不要为某个项目设计流程，要为一类项目设计流程。

（4）**基于最佳实践**：我们没有必要“重新发明轮子”，我们只要专注于做好客户想要的“车”（产品）就可以了。

（5）**可升级**：根据项目的实际需要持续更新和优化流程，定期发布新的版本。

（6）**有适用范围**：流程可以进行裁剪，公司应该使用“同一种语言”的不同版本的流程，适用于不同复杂程度的项目。

3. 撰写各个流程

在掌握流程撰写方法的前提下，流程建设小组基于上述流程撰写要求撰写各个流程。流程撰写要点包括以下方面。

（1）每个流程明确流程撰写主责人和团队成员，他们负责流程撰写和自评。

（2）每个流程可以分段并行展开流程撰写，以节约流程撰写时间。

（3）如果流程是公司级的，流程撰写也需要组建跨职能团队进行。

（4）流程撰写是一个将隐性知识显性化的过程，流程指南及表单模板是流程知识的关键载体。

（5）一开始就要明确公司的流程文件规范，确保一个公司只有一种“流程语言”。可以通过做一个流程范例来统一规范公司流程。

（6）流程图要直观地表明各项活动的先后顺序，明确每个角色在流程中的工作任务。

（7）流程指南要能指导每个角色高效、高质量地完成工作任务。每项活动的流程指南应该进行“模块化”设计，在 IT 系统中每个流程角色只要看到与自己相关的流程指南即可。

（8）表单模板是流程角色“工作的地方”，流程的流转其实是通过表单的流转进行的。表单的设计质量很大程度上决定了工作任务完成的质量。表单模板最好有注释或范例，为使用者提供指导。

4. 自评流程

撰写流程与软件开发一样，自己写的流程应该先“自检”，而不能将“测试”工作交给专业的测试部门。写得好的流程是评审部门提不出修改意见的流程，写得差的流程是评审部门认为还不如自己写，自己能写出更快、更好的流程。

流程撰写团队自评流程的要点包括以下方面。

（1）通过已经做过的真实的项目“模拟”一遍流程，以发现流程中的问题，反思正是由于哪些流程环节的缺失或不规范影响了项目绩效的哪些方面。

（2）最好通过组建多个模拟的“跨职能团队”一字一句地“读”流程，发现流程问题，集思广益地完善流程。同时，**“读”流程的过程也是流程培训和宣贯的过程。**

（3）流程优化执行团队应对照流程评审准则，对流程进行自评，而不要把发现流程问题的重任“委托”给流程优化领导团队。

（三）流程评审

图 22-9 是流程评审的简要流程。

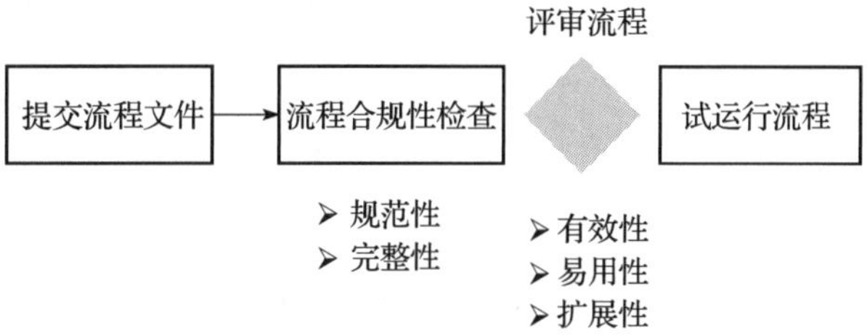

图 22-9　流程评审流程

流程撰写团队将“自评”通过的流程文件提交公司流程优化领导小组进行评审。公司流程管理部门应该从规范性和完整性等方面先检查流程文件的合规性。如果流程文件合规性有问题，应该退回流程撰写团队修订后再次提交评审。流程合规性检查通过的流程文件，提交公司流程优化领导小组进行评审，评审通过的流程进入试运行阶段。公司流程优化领导小组主要从有效性、易用性和扩展性等方面进行流程文件评审。

流程评审要点包括以下方面。

（1）流程优化领导团队依据事先设定的流程评审准则对每个流程进行评审。评审通过的流程进入试运行阶段。

（2）流程优化领导团队通过评审准则对流程进行检查，发现流程中存在的重大问题，提出流程改进意见。

（3）流程优化领导团队应该重点检查流程的有效性和易用性，不应将过多精力花费在流程细节上。

（4）对于存在重大问题的流程，需修改后再次提交评审才能进入试运行阶段。

（四）流程应用

评审通过的流程一般不能直接发布应用，往往需要通过“试用”优化后才能发布正式版本。越新颖、优化之处越多的流程越应该通过试用修订后再发布。很多流程只有通过“用”才能发现问题。

流程应用要点包括以下方面。

（1）写是为了用，写了不用的流程是毫无价值和意义的。

（2）通过试用，深入发现流程问题。每个流程最好通过3～5个实际项目进行试用，以便系统、完整、深入地发现问题。

（3）知易行难！流程使用是改变习惯的过程，流程使用是真正变革的开始。公司领导层一定要坚定不移地指导和支持新流程的推行。

（4）对于流程使用者，要求在应用了流程之后再提出问题，而不要还没有应用就对新流程说三道四。

（5）建议评审一个流程，就试用一个流程。不要等到所有流程做完了，再找试点项目进行流程“试运行”。这样做时间周期太长，可能开始流程试用时，团队已经“忘记”了流程的要点。比如在新产品开发流程体系中，评审了客户需求研究流程，就可以在客户需求研究的实际项目中试用该流程。

（6）对于流程优化执行小组而言，流程试用阶段是很好的发现流程推行阻力和障碍的阶段。

（五）流程优化

流程优化是持续性的工作，流程优化要点包括以下方面。

（1）在试用的基础上对流程进行系统优化，解决流程存在的重大问题，提高流程的有效性和易用性。

（2）在优化的基础上再次对流程进行评审，通过评审后的流程可发布正式版。

（3）流程优化是持续进行的工作，每做一个项目均应该从流程视角反思流程是否有优化的必要性。

与软件开发一样，创新型企业也需要对流程进行“版本管理”，如图22-10所示。

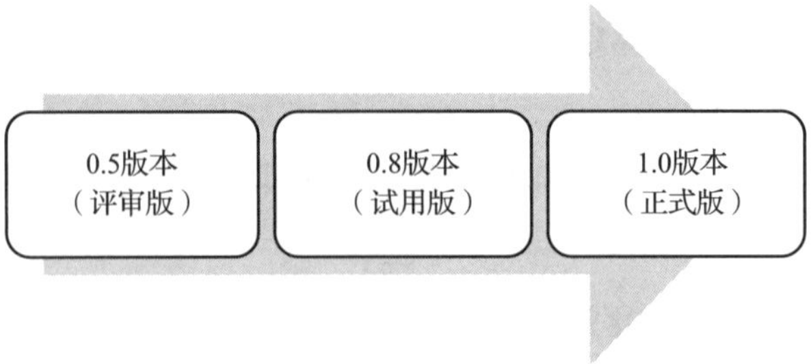

图 22-10　流程体系的版本管理

流程体系的版本管理包括以下内容。

（1）流程经公司流程优化领导小组评审通过并进入试用阶段时，发布0.5版本。

（2）流程试用修订后进入全面推行阶段，发布0.8版本。流程全面推行半年以上并修订后，发布正式版1.0版本。

（3）随着公司发展，流程持续优化，可以发布2.0版本、3.0版本等。

创新案例

华为公司持续优化创新流程体系

华为公司的产品创新管理体系（IPD，集成产品开发）20年来持续优化，持续进行版本升级，如图22-11所示。

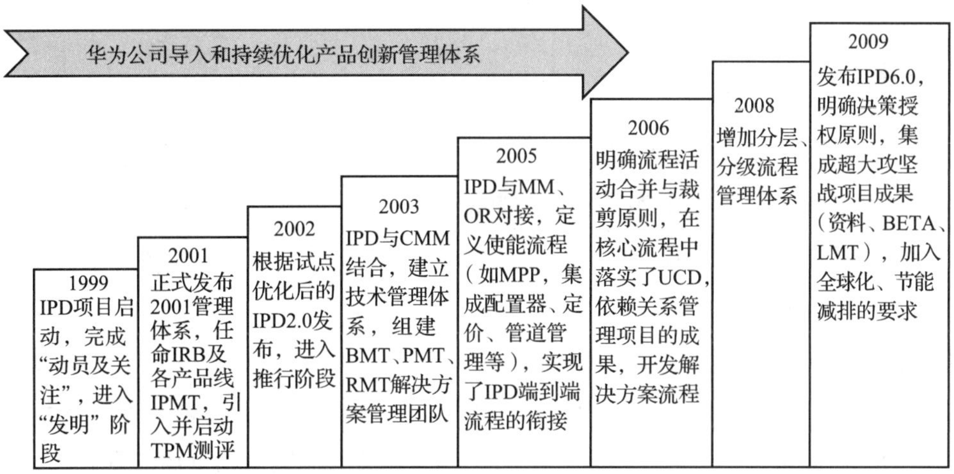

图22-11　华为公司导入和持续优化产品创新管理体系（1999—2009年）

1998年，华为公司导入集成产品开发（IPD）流程时，华为公司采取的是“先僵化、后固化、再优化”的方法。

华为总裁任正非说，如果这双美国鞋子（IBM公司总结的集成产品开发方法）你穿不进去，不是鞋子有问题，而是你的脚有问题。脚有问题怎么办？“削足适履”！把脚切掉一块穿进去。任正非说，IPD不是愿不愿意采用的问题，而是谁不愿意用谁走人的问题。确实有很多人由于不能适应这双“美国鞋子”而不得不离开了华为公司。经过5年的不懈努力，华为公司终于穿好了这双“美国鞋子”。华为公司刚开始导入IPD流程时，年营业收入才100亿元人民币左右，主要业务收入来自国内，全部员工不到2万人。而20年后，华为公司已经发展为年营业收入超过1000亿美元，员工人数超过18万人，在全球170多个国家和地区开展业务，70%以上的营业收入来自海外的全球化企业。试想一下，如果华为公司没有在20年之前开始在规范化管理方面打下良好的基础，能够取得如此快速、持续的增长吗？

对于大多数中小创新型企业而言，建议不要照搬IPD流程方法，也不一定有条件采取“削足适履”的流程导入方法，但是华为公司的这种规范化管理的前瞻思维和积极变革、坚定执行的精神是值得我们学习的。

创新者行动

公司分管流程体系建设的领导组织各体系流程经理、各职能部门流程Owner，研讨制定公司流程体系建设与管理“流程”，提升流程体系建设的质量与效率，建立高效的流程型组织。

第二节 产品创新管理流程体系建设

创新者思考

（1）我们有公司级、端到端的规范的产品创新管理流程体系吗？

（2）我们开展的每个创新项目均会遵循流程体系吗？

（3）针对不同复杂程度的创新项目，我们会对创新流程进行合理裁剪吗？

本节系统介绍产品创新管理流程体系各个阶段的主要内容，创新型企业分管流程体系建设的领导可以组织公司流程管理团队，对照企业自身情况，明确改进重点。对于很多由制造型企业走向创新型企业的公司而言，创新前端管理和产品交付管理是流程优化或重构的重点。

一、产品创新管理4D流程体系

从流程的视角，知行信将产品创新管理体系总结为4D流程体系，如图22-12所示。

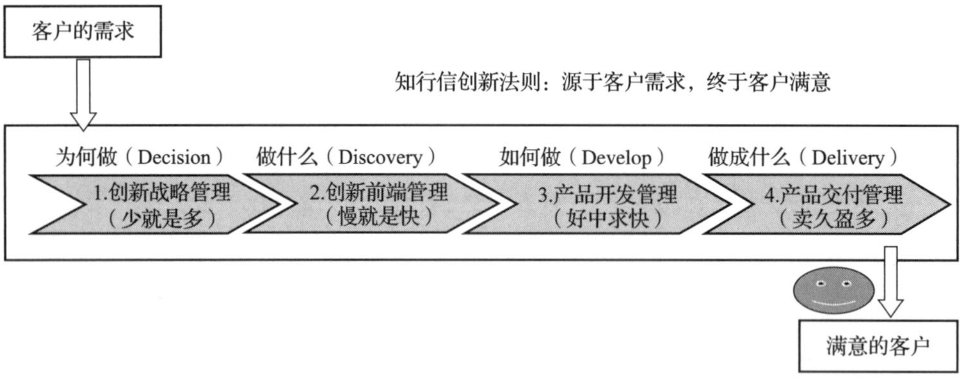

图22-12 知行信产品创新管理4D流程体系

创新战略管理主要回答进入什么业务领域；创新前端管理主要论证具体做什么产品；产品开发管理阶段的主要工作是开发、测试、上市新产品，实现盈亏平衡；产品交付管理阶段的主要工作是做好产品生命周期管理，实现尽可能大的投资回报。

创新战略管理的流程属性不是很强，可以通过制度性文件进行规范和管理。创新战略管理的主要内容请参见本书第二篇。

创新前端管理、产品开发管理和产品交付管理的主要内容在本书第三、四、五篇中进行了详细介绍。

本节重点介绍创新前端管理、产品开发管理和产品交付管理的流程体系建设。

（一）产品创新管理流程体系的阶段划分

从创意到退市的端到端的产品创新管理流程体系包括三大段，分别为创新前端管理（前段）、产品开发管理（中段）与产品交付管理（后段），如图 22-13 所示。

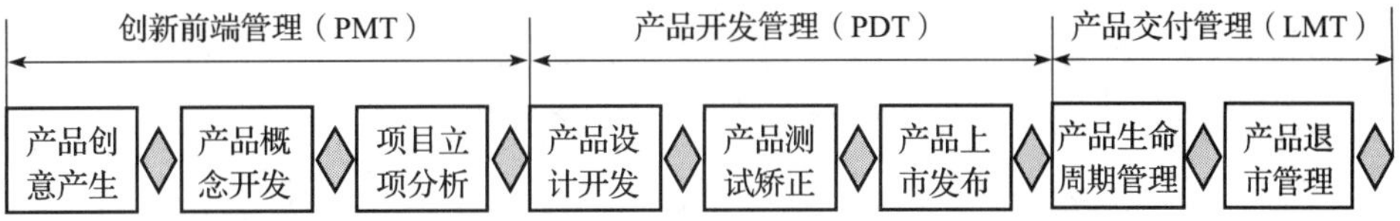

图 22-13　从创意到退市的端到端的产品创新管理流程体系

1. 创新前端管理

创新前端管理包括产品创意产生、产品概念开发和项目立项分析三个阶段，由产品线经理领导的产品管理团队（Product Management Team，PMT）负责管理。

创新前端管理的主要工作是在公司设定的战略"主航道"内，洞察目标客户"痛点需求"，激发突破性的新产品创意，提出值得开发的新产品项目，向公司产品审批委员会（PAC）提交系统、完整、可信的项目立项分析报告。

2. 产品开发管理

产品开发管理包括产品设计开发、产品测试矫正和产品上市发布三个阶段，由公司正式任命的跨职能产品开发团队（Product Development Team，PDT）项目经理负责管理。

产品开发管理阶段的主要工作是设计、开发、测试和上市创新产品，实现产品盈亏平衡。产品开发团队不只是对做出产品样机负责，也不只是对转量产负责，一定要对产品成功上市负责，对产品的商业化成功负责。产品上市成功的标志是实现盈亏平衡。

3. 产品交付管理

产品交付管理包括产品生命周期管理和产品退市管理两个子阶段。产品交付管理由产品生命周期管理团队（Life Cycle Management Team，LMT）负责管理。产品生命周期管理团队的主责人是产品线经理，主要团队成员为产品管理团队成员。

通过有效的产品生命周期管理实现产品预期的投资回报目标。产品退市管理是产品全生命周期管理的最后一个阶段，需要进行有效管理。敬始慎终！

在产品上市发布、产品生命周期及产品退市阶段均需要进行有效的产品订单交付管理。通过有效的订单交付管理实现产品的投资回报。订单交付管理在第二十四章深入介绍。

(二)产品创新管理流程体系的主要子流程

表 22-7 以软硬件结合产品开发企业为例，呈现了产品创新管理体系各个阶段的主要子流程，供创新型企业设计产品创新管理流程体系参考。

表 22-7 产品创新管理体系各个阶段的子流程(示例)

产品创新管理流程体系(36 个二级流程)			
产品创新管理一级流程	创新前端管理	产品开发管理	产品交付管理
各个阶段主要二级流程	(1)新产品创意激发与管理流程 (2)新产品概念开发流程 (3)市场调研流程 (4)客户需求管理流程 (5)产品定义流程 (6)产品概念测试流程 (7)项目可行性分析流程	(1)开发项目管理流程 (2)概要设计流程 (3)详细设计流程 (4)单元测试流程 (5)集成测试流程 (6)系统测试流程 (7)研发物料采购与领用流程 (8)新部件开发流程 (9)样机 / 样品制作流程 (10)小批试产流程 (11)试验与检验流程 (12)现场测试流程 (13)市场测试流程 (14)新品定价流程 (15)批量生产导入流程 (16)新品上市管理流程	(1)产品生命周期管理流程 (2)产品召回管理流程 (3)产品退市管理流程
共用流程	(1)技术评审流程;(2)项目决策评审流程;(3)项目变更管理流程;(4)质量管理流程;(5)配置管理流程;(6)文档管理流程;(7)专利管理流程;(8)重用技术要素(CBB)提取流程;(9)实验设备使用与管理流程;(10)测试设备使用与管理流程		

子流程包括各流程阶段子流程和共用子流程两部分。共用子流程是指在各个流程阶段都要用到的子流程。

(三)流程裁剪

根据项目的不同类型，可以对标准的产品创新管理流程体系进行适当简化，在不牺牲项目质量的前提下提升流程运作效率。基于项目的范围、投资和风险水平，可以定义三类不同的创新项目，并定义相应的产品创新管理流程。表 22-8 列出了不同类型的项目及其适用的产品创新管理流程。

表 22-8 不同类型的项目及其适用的产品创新管理流程

	全新项目	重大改进型项目	微小改进型项目
项目特点	对于公司来说是全新的	在现有产品的基础上有 30% 左右的变化	在现有产品基础上有少于 10% 的改进

续表

	全新项目	重大改进型项目	微小改进型项目
项目投资	大（500 万元以上）	中（300 万元以下）	小（100 万元以下）
项目周期	长（12 个月以上）	中（6 ～ 12 个月）	短（6 个月以下）
项目风险	高	中	低
团队成员	多（30 人以上）	中（20 人以下）	小（10 人以下）
适用流程	标准的六阶段六入口流程	简化的四阶段四入口流程	简化的三阶段三入口流程

注：表格中数据作为示例，仅供参考。

上表中列举的适用流程阶段是指从创意到上市的六个流程阶段，不包括产品生命周期管理阶段和产品退市管理阶段。因为这两个阶段对于任何新颖程度的新产品开发项目都是必须遵循的流程阶段，不能裁剪。

1. 全新产品开发项目

全新产品开发项目包括两类。一类是对于企业而言是新的（New to the Company），但是对于市场而言不是新的。比如某公司以前没做过电视机，现在进入电视机研发领域。另一类是对于世界而言是新的（New to the World），即某企业做的是全世界“首发”产品。比如大疆科技进入的消费级无人机市场。在两类“全新产品”中，相比较而言，对世界而言的新产品风险更高，更需要通过产品创新管理流程体系有效管控风险和不确定性，提升新产品开发成功率。

全新产品开发项目应该走全流程，如图 21-13 所示。每个阶段都要高质量地完成各项工作，每个评审点都要按照评审准则对项目进行严格的生 / 杀决策（第 1、2 个评审点除外）。

2. 重大改进型产品开发项目

重大改进型产品开发项目是指在已有产品的基础上进行的较大幅度的改进。这类产品的改进幅度一般在 30% 左右，包括增加功能或者提升性能指标等方面。

重大改进型产品开发的创新前端管理的三个阶段可以合并，但开发、测试和上市三个阶段原则上应该保留。适合重大改进型产品开发项目的产品创新管理流程如图 22-14 所示。

图 22-14　适合重大改进型产品开发项目的产品创新管理流程

该类项目可以简化创新前端管阶段，即将产品创意产生、产品概念开发和项目立项分析阶段合并为一个阶段，只进行一次评审。阶段合并并不意味这些阶段的内容可以省略，只是这些阶段内容不需要每个阶段提交决策评审团队进行评审。项目团队可以自己对照决策评审准则进行内部评审。重大改进型产品开发项目由于客户需求比较明确，产品定义也可借鉴，故可以简化创新前端的第 1、第 2 个入口的评审。

3. 微小改进型产品开发项目

微小改进型产品开发项目是指在现有产品的基础上进行的小改进，一般改进幅度小于 10%，改进的方面主要包括功能增加、性能提升或者成本降低（Cost Down）等。

微小改进型产品开发项目可以合并创新前端的三个阶段，开发过程等设计开发、测试矫正阶段。适合微小改进型项目的产品创新管理流程如图 22-15 所示。

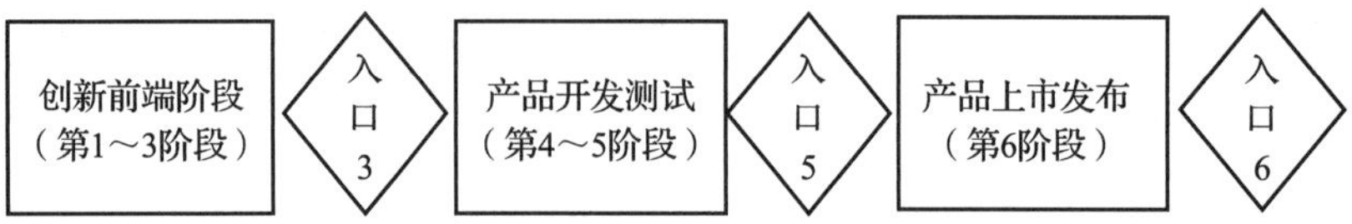

图 22-15　适合微小改进型项目的产品创新管理流程

微小改进型产品开发项目的创新前端阶段相对比较简单，只是在原有的产品定义基础上进行部分的改动，故第 1 ～ 3 阶段可以合并。同时，改进型项目只是对现有产品的部分改动，故开发和测试阶段也可以合并。

二、创新前端管理流程规范

创新前端管理包括产品创意产生、产品概念开发和项目立项分析三个阶段。创新前端是承上启下的阶段，前面承接战略，后面为产品开发提供“输入”。很多公司做不出有独特差异化的产品，其根本原因是创新前端的客户需求洞察不够。创新前端是产品经理负责的核心阶段。表 22-9 列出了创新前端管理各阶段的“人事法果”。

表 22-9　创新前端管理各阶段的“人事法果”

	产品创意产生阶段	产品概念开发阶段	项目立项分析阶段
团队（人）	创意提交人	概念提交人	立项分析小组
主要任务（事）	（1）创意激发 （2）创意提交 （3）创意评审	（1）概念完善 （2）概念分析 （3）概念评审	（1）行业研究 （2）竞争研究 （3）客户需求研究 （4）产品定义 （5）产品概念测试 （6）项目可行性分析
用到的主要创新方法（法）	突破性新产品创意激发方法	概念开发方法	（1）行业研究方法 （2）竞争研究方法 （3）客户需求研究方法 （4）产品定义方法 （5）概念测试方法 （6）项目可行性分析方法
主要交付成果（果）	《创意提交表》	《概念开发表》	（1）项目立项分析报告 （2）产品设计开发阶段工作计划

处于模仿阶段的企业普遍不重视创新前端，因为创新前端的客户需求研究等工作主要“友商”已经替自己做了。但处于领先阶段的企业必须自己“看路”，必须自己决定做什么样的产品。创新前端管理能力是领先型企业的核心能力。

创新前端管理的口诀是“慢就是快”，在创新前端多花时间研究客户需求、多花时间进行项目可行性分析，在产品设计开发阶段就会大幅减少“返工（Rework)”，大幅缩短开发阶段的时间。

1. 产品创意产生阶段

产品创意产生阶段的目的是源源不断地激发出尽可能多的突破性的新产品创意。产品创意产生阶段是新产品开发的源头，“为有源头活水来”！很多企业的新产品开发流程没有创意产生阶段，因而企业缺乏源源不断的新颖的新产品创意也就不足为奇，因为根本没有人负责新产品创意的激发、收集和管理工作。

有些企业新产品开发流程的第一个框图是“老板提出创意”，也就是说，公司老板是新产品创意的唯一来源，老板不提出创意就不会有新产品开发项目。老板提出的是平庸的创意，据此开发出的新产品自然也很平庸。

建议创新型企业将产品创意产生阶段作为正式的流程阶段，建立创意激发、收集和管理的规范的流程，确保企业有源源不断的突破性的新产品创意涌现。

2. 产品概念开发阶段

产品概念开发是指对创意的完善、分析和评审，以确定新产品创意是否具有进入立项分析阶段的机会。

一些企业老板提出一个创意就直接进入立项分析阶段，甚至设计开发阶段，这种“拍脑袋”决策的结果是企业做了很多项目，但是成功的项目非常稀少，大量创新资源被浪费。

产品概念开发阶段要对大量的新产品创意进行筛选，确保进入立项分析阶段的创意是真正值得进行深入研究的。毕竟在立项分析阶段要成立正式的跨职能团队，花费较多的创新资源对新产品项目进行比较深入地分析和论证。

3. 项目立项分析阶段

项目立项分析阶段是新产品开发中非常重要的一个阶段，主要目的是论证一个项目是否值得进入设计开发阶段。项目一旦进入设计开发阶段，就要花费大量的人力、财力和时间资源，企业要尽可能提高创新资源的投资回报率。

很多企业的新产品开发工作总是“很忙”，没有多少时间精力投入到客户需求研究、产品定义和项目可行性分析工作之中，其结果就是在产品设计开发阶段不断“返工（Rework)”，新产品开发的整体周期反而大幅延长了。

创新型企业应该严谨定义并严肃遵循项目立项分析流程，通过项目前期的扎实的工作大幅减少产品开发过程中的返工，大幅降低新产品开发失败风险，大幅提升新产品开发成功率。

三、产品开发管理流程规范

产品开发管理阶段包括产品设计开发、产品测试矫正和产品上市发布三个阶段，而不是只包括“产品设计开发阶段”！表 22-10 列出了产品开发管理各阶段的“人事法果”。

表 22-10　产品开发管理各阶段的“人事法果”

	产品设计开发阶段	产品测试矫正阶段	产品上市发布阶段
团队（人）	跨职能产品开发团队	跨职能产品开发团队	跨职能产品开发团队
主要任务（事）	（1）产品设计 （2）产品开发 （3）产品测试 （4）客户需求变更管理 （5）项目可行性分析报告更新	（1）现场测试 （2）客户测试 （3）市场测试 （4）产品矫正 （5）小批量试产 （6）批量生产准备 （7）项目可行性分析报告更新	（1）小规模上市 （2）规模上市
用到的主要创新方法（法）	产品系统设计方法（DFX）	（1）现场测试方法 （2）客户测试方法 （3）市场测试方法 （3）产品上市发布方法	（1）小规模上市方法 （2）规模上市方法
主要交付成果（果）	（1）试验环境下能够有效运转的样机 （2）项目可行性分析报告更新版 （3）产品测试矫正阶段工作计划	（1）经测试矫正后具备批量生产条件的产品 （2）项目可行性分析报告更新版 （3）产品上市方案 （4）产品上市发布阶段工作计划	（1）实现产品盈亏平衡 （2）产品上市后总结报告 （3）产品生命周期管理计划

很多企业的新产品开发团队在产品样机做出来之后就解散了，产品的现场测试、市场测试没人管，产品在上市过程中出现的问题更没人管。这种过早“解散”新产品开发团队的做法是导致很多新产品开发项目失败的重要原因。

新产品开发团队不是在样机做出来之后解散，也不是在测试转量产后解散，而要在产品上市并实现“盈亏平衡”后才能解散。“盈亏平衡”是指当产品实现一定的销售量后公司前期在该产品上的直接投入和间接投入都已经收回。这时候，公司才“不亏钱”了，这时候也才是该产品“赚钱”的开始。产品实现了“盈亏平衡”，也验证了产品上市后得到了足够多的客户的认可，产品可以进入生命周期管理阶段了。

涵盖各个必要的职能代表的真正意义上的跨职能团队是公司级的产品开发管理流程规范的前提和基础。很多企业的新产品开发是“研发部”的工作，其主要原因就是新产品开发只有研发部参加，新产品开发流程是研发部内部流程，而不是公司级的流程。**由研发部开发新产品走向全公司开发新产品对于很多企业而言是重大的组织变革！**

1. 产品设计开发阶段

产品设计开发阶段的主要任务是开发出在实验环境下能够有效运转的样机。产品设计开发阶段一般投入的研发力量最多，需要销售、研发、采购、生产、财务等各职能部门密切配合，以有效实行“并行工程”，大幅缩短新产品开发周期。

产品设计开发阶段一般包括概要设计、详细设计、单元开发、集成测试和系统测试等多个子阶段。每个子阶段系统工程师（技术负责人）要组织项目团队进行技术评审，确保“一次做对”，减少开发工程中的返工。

在产品设计开发阶段，产品经理要持续洞察客户需求，要及时将客户需求信息融入开发中的产品中。产品开发团队不能拒绝需求变更，但是也不能随意变更需求，要在技术评审点“批量”地进行需求变更。产品的新颖性越高，在开发过程中需求变更的比例一般越大。

产品开发过程一般持续半年以上，有的产品开发过程持续好几年。产品经理要及时更新项目可行性分析报告，要随时思考项目还是否有“钱景”，还是否值得继续往前走。

2. 产品测试矫正阶段

产品测试矫正阶段的主要任务是验证产品是否具有规模上市的条件。很多企业只进行产品测试和批量生产条件测试，忽略现场测试和市场测试。

现场测试是指到客户实际使用产品的情境下由客户使用产品，征求客户对产品的改进意见与建议。这是产品规模上市前非常重要的验证客户需求的方法。

市场测试是指通过模拟市场或受控市场测试验证产品的目标客户对象、市场规模、产品上市方案等，验证产品是否值得规模上市。

产品测试矫正不只是“技术”视角，更是客户和市场视角，一定要验证产品是否值得规模上市，是否值得投入大量的资源、资金进行广告宣传和批量生产。

3. 产品上市发布阶段

产品上市发布阶段的主要任务是实现产品“盈亏平衡”。很多企业的新产品开发流程中上市管理阶段缺失，或者产品开发团队在“转量产”的时候就解散了，新产品“移交”给销售部门负责销售。其实，新产品上市时，“战斗才刚刚打响”，新产品很容易在上市阶段“夭折”。产品开发团队应该一鼓作气，全力以赴保证产品上市成功。

产品上市成功的标志是“盈亏平衡”，即当新产品的销售量达到一定的规模后，该产品前期投入的直接成本和间接成本均已收回，企业从这个时间点开始真正“赚钱”了。

产品上市发布阶段包括小规模上市和规模上市两个子阶段。产品的新颖性越高，越应该慎重对待小规模上市阶段。通过小规模上市验证市场规模、产品定价、上市方案的可行性、规模交付订单的可行性等多个方面，为规模上市做好充分准备。

四、产品交付管理流程规范

产品交付管理包括产品生命周期管理和产品退市管理两个阶段。表 22-11 列出了产品交付管理各阶段的“人事法果”。

表 22-11　产品交付管理各阶段的“人事法果”

	产品生命周期管理阶段	产品退市管理阶段
团队（人）	产品生命周期管理团队	产品退市管理团队
主要任务（事）	（1）订单交付管理 （2）产品不同生命周期的策略制定与实施	产品退市
用到的主要创新方法（法）	（1）产品生命周期管理方法	产品退市管理方法
主要交付成果（果）	（1）实现预期的产品投资回报 （2）产品系列化 （3）产品改进升级 （4）产品退市建议报告	产品退市后总结报告

很多企业的产品创新管理体系是“前不着村、后不着店”，前面创新前端管理阶段缺失，后面产品交付管理阶段缺失，只有中间产品开发管理阶段。产品交付管理阶段是产品实现“投资回报”的阶段，产品管理团队不能将此阶段“移交”给运营团队，自己不再参与。相反，产品交付阶段是产品管理团队真正创造“价值”的阶段，产品管理团队需要全程管理，确保实现尽可能大的产品投资回报。

1. 产品生命周期管理阶段

产品生命周期管理阶段是产品实现“投资回报”的阶段，需要产品经理组建跨职能的产品生命周期管理团队进行有效管理。在产品的不同生命周期阶段，产品生命周期管理团队需要采取不同的市场策略，尽可能在一定的时间周期内实现尽可能多的产品销售收入和利润。

在产品生命周期管理阶段，产品可能要改进升级，也可能要扩展开发系列化产品。这些衍生产品的开发，需要发起项目立项，再次走产品创新管理流程。

在产品生命周期管理中，企业通过有效、高效的订单交付管理实现产品预期的投资回报。订单交付管理体系的建设与有效运行，对实现产品投资回报有重大的影响。

2. 产品退市管理阶段

很多企业的产品创新管理流程体系中没有产品退市管理阶段，因此产品“只有上市、没有退市”，导致“产品货架”上堆积的产品越来越多。

产品创新管理需要“善始敬终”，产品有上市就会有退市。产品退市最好的策略是企业自己的新一代产品“替换”掉上一代产品，而不是自己的产品被友商的产品替代，只能被动退市。

产品退市需要成立跨职能的产品退市管理团队，需要规范产品退市管理流程，确保产品退市有序进行，保护客户已有投资，保护企业声誉不会受损。

五、产品创新管理流程体系建设要点

产品创新管理流程体系建设对于大部分企业而言，均意味着巨大的挑战。以下流程体系建设要点供创新型企业首席产品官（CPO）、中高层管理者、流程管理部门参考。

1. 建立跨职能产品开发团队组织模式

跨职能产品开发团队是创新型企业建立“公司级”产品创新管理流程体系的前提。产品开发团队是部门级的，相应的产品创新管理流程体系也只能是“部门级”的，由“研发部”负责新产品开发就会成为“常态”。

创新型企业一定要认识到光靠“研发部”是不可能开发出“好卖”的新产品的。新产品开发一定是“全公司的事”，而不只是“研发部的事”。跨职能产品开发团队组织模式一定要成为创新型企业的“新常态”。各个职能部门甚至要“忘记跨职能”，要就新产品开发成功是各职能部门的共同职责达成共识，形成合力。

跨职能团队组织模式的详细介绍请参见第二十一章。

2. 结合内外最佳实践建立产品创新管理流程体系

在建立跨职能产品开发团队组织模式的基础上，创新型企业要结合内外最佳实践建立公司级、端到端的产品创新管理流程体系。

一些公司盲目、机械照搬照抄 IPD（集成产品开发）等流程体系，形成“小人穿大衣”的尴尬局面，最终导致流程体系被弃之不用。

有些企业自己“闭门造车”，在现有 ISO 9000 等流程体系的基础上“修修补补”，劳而无功。很多企业现有的流程体系“经验式”的痕迹很重，不系统、不完整、不科学，需要的不是“修补”，而是“重构”！

有效的流程体系建设方法应该是内外结合，求真务实。对于 IPD 及行业领先企业的流程体系需要借鉴、吸收其原理与精华，而不能简单模仿其“表”。企业要认识到行业的特性及企业自身的管理特点，将内部的最佳实践做法融入到产品创新管理流程体系中。

产品创新管理流程体系没有绝对的、统一的最佳实践，企业既需要借鉴外部的最佳实践，也要继承内部的有效做法，最终建设起一套真正有效、高效的，适合自己的流程体系。

3. 通过创新项目持续优化产品创新管理流程体系

流程体系建设不是一日之功，企业内外环境持续变化，流程体系也需要持续优化。企业每做一个创新项目，都要从流程体系层面进行反思。

（1）哪些流程是有效的，值得继续践行？

（2）哪些流程需要修订？重点修订哪些内容？

（3）哪些流程需要重构？

（4）哪些流程需要新增？

通过创新项目的实践，持续反思和优化流程，企业就会成为一家“学习型组织”，变得越来越“聪明”，流程体系越来越有效、高效，越来越具有适应性。

创新者行动

公司分管流程体系的领导组织流程管理团队梳理公司产品创新管理流程体系，完善、优化现有体系，或者“重构”现有体系。

第三节 建立流程型企业

管理就是流程！一流的企业通过建设和持续优化流程体系来实现“重复成功”！

创新型企业需要重点建设产品创新管理、订单交付管理两大流程体系，做好 0 → 1 和 1 → M 两件关键事项，如图 22-16 所示。

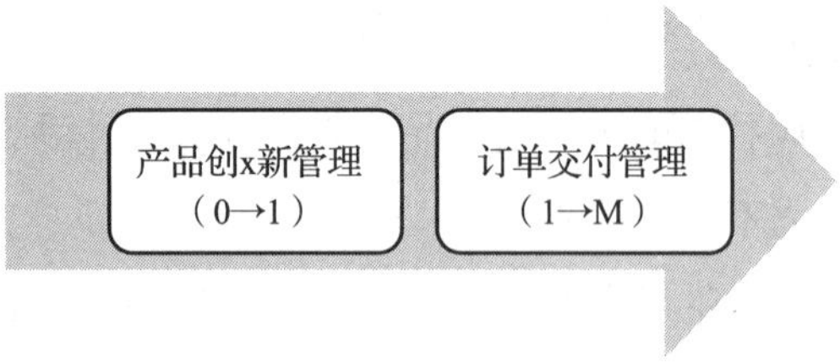

图 22-16 创新型企业两大流程体系

产品创新管理是 0 → 1 的过程，要做出“好卖”的产品；订单交付管理是 1 → M 的过程，要将“好卖”的产品卖给尽可能多的人，赚很多很多钱（Manny Many Money）。**“好卖”是前提，“卖好”是保证，两者缺一不可，必须并重。**产品本身不好卖，营销体系不可能卖好。产品越“好卖”，卖得会越好。产品卖得越好，就会有越多的钱投入研发和创新，企业就能开发出更多“好卖”的产品，从而实现企业“持续成功创新”的良性循环，“由胜利走向胜利”，甚至“除了胜利，已经无路可走”。

一些企业产品创新没做好，缺乏“好卖”的产品，却在宣传广告、产能扩展方面大肆投入，其最终结果必定是舍本逐末，走向衰亡。

流程体系建设是企业持续、健康、快速成长的保证。流程体系建设和管理能力不是企业的“软实力”，而是“硬实力”。**企业之间的竞争最终是管理水平的竞争！高效创新、卓越运营是创新型企业基业长青的关键“抓手”。**

建立流程型组织，由“人治”走向“法治”，实现企业持续成功创新“可复制”。

一、企业流程化管理不善的常见症状

创新型企业 CPO 可以对照以下企业流程化管理不善的常见症状描述，评估企业进行流程化管理的必要性与紧迫性。

1. 高层领导总是很忙

很多企业规模不大，但是高层领导却非常忙碌。高层领导的大多数时间主要被以下事项占用。

（1）忙于开会。

很多企业的典型特征就是“会多”。一些企业的中高层领导“开会就是工作，工作就是开会”。一些公司的中高层干部一个星期五天上班，有四天半以上在开会。一些企业需要“抢会议室”，一些企业是“夜总会”，经常晚上 9 点开始开会，一开开到凌晨一两点。很多企业的会议“只有起点、没有终点”，很多专题会议开成了“神仙会”，老板东拉西扯，没完没了，谁都不知道会议会何时结束。

（2）忙于听汇报、做指示。

一些企业事无巨细都要向高层管理者汇报，下属要听取高层管理者的指示后才知道下一步如何行动。企业很多重要的项目或任务在等待领导“指示”的过程中一再延期。有家机械类制造企业有 1000 多人，每位员工每月的薪酬核算和发放都必须由“老板”确定。有些企业 500 元以上的费用报销都必须经“老板一支笔”签字确认，老板的“老板桌”上总是堆满了等待老板签字的报销单据和“重要文件”。

（3）忙于迎来送往。

很多企业的高层领导在接待客户、合作伙伴以及相关领导视察等方面花费了大量时间。为了表示重视和支持，各种大小接待均需要老板“出面”。前几年“酒文化”盛行时，有家企业的总经理曾苦笑着说，我的主要日常工作就是一天两顿酒，每顿半斤、3 小时，经常中午的酒还没醒又要开始晚上的应酬了。

在企业高层管理者参加的一次创新战略研讨会上，对于老板从公司“消失（不参加远程视频会议、不接电话、不发邮件）”多长时间企业不会乱这个问题，有些企业的老板说 3 天、有的老板说一周，有的老板开玩笑说如果自己一个月不在公司出现，那这家公司到时候还是不是自己的都不好说。

很多的企业的日常管理到了“国不可一日无君”的境地！这样的企业，老板很累，中高层干部很累，员工也很累！公司高层管理者不能“用战术上的勤奋掩盖战略上的懒惰”，一定要静下心来，深入分析整日忙忙碌碌不能自拔的根本原因。这些企业的高层管理者要思考，是否由于公司缺乏规范、有效、得到严格执行的流程体系，导致“例行”事情太少。“例外”事情太多，公司高层领导无法“授权”，只能事必躬亲，终日忙于发号施令而不能自拔。

2. 部门之间沟通协调困难

很多企业习惯了制造型企业的管理模式，部门内部的工作通常能够比较有序地开展，但是牵涉到需要跨部门协调沟通的工作推进往往困难重重。

在新产品开发项目中，销售、研发、采购、生产等部门沟通协调困难是很多企业的常态。由于在部门之间的沟通协调中耗费了大量的时间和精力，新产品开发项目往往大幅延期，错过最佳上市机会窗，导致新产品开发项目投资回报不理想。一家 3000 人规模的军工研发企业的生产厂长曾说，他最大的苦恼就是平均每天要开 8 个会，每个会都很重要，每个会都需要自己亲自参加，但是自己一天最多只能参加 5 个会，没能参加的会议的召集人就会很不高兴，说自己不支持他们的工作。

在订单交付项目中，销售、售前、研发、采购、生产、工程、服务等部门沟通协调困难也是很多企业的常态。由于在部门之间的沟通协调中耗费了大量的时间和精力，订单交付项目往往大幅延期交付，导致客户延期付款，甚至中途取消项目，企业现金流不好，订单项目利润率低，甚至无利可图。一家软件集成企业有 400 人，各类大大小小的订单交付项目一年将近有 400 个，几乎所有项目都延期。公司基本上放弃了订单项目管理，无视合同约定的订单交付期限，项目做到哪儿算哪儿，反正大家都没闲着。

新产品开发项目和订单交付项目都是“公司级”的项目，但是很多企业的流程却是“部门级”的流程，部门之间是“平级的”，任何一个部门对另外一个部门都没有指挥权，导致部门之间的工作配合只能通过会议、邮件以及请示领导的方式协调进行。

部门之间工作沟通协调困难的企业要思考是否需要建立起端到端的“公司级”的流程体系，从而打破“部门墙”，炸掉“金字塔”，让跨职能团队有效、高效地运转起来。

3. 基层员工总是“重复犯同样的低级错误”

一些缺乏规范、有效做事流程的企业，基层员工总是“重复犯同样的低级错误”。张三在A项目犯过的错误，在B项目继续犯；张三犯过的错误，李四重复犯。一家装备制造企业的研发工程师总是在设计图纸输出时重复犯低级错误，该公司总经理非常恼怒地对研发部经理说，你有本事让你的下属犯些“高级”错误看看。

对于重复犯同样的低级错误的员工，一些企业的领导总是抱怨员工做事不认真、缺乏责任心，而不是从流程制度层面去反思，去填补漏洞，让员工没有重复犯同样的低级错误的“机会”。

二、企业流程化管理的价值

流程化管理是现代企业可持续发展的必由之路。企业规模越大、部门越多、业务越复杂，流程化管理对企业的价值越大。企业越早进行流程体系建设，受益越早、越大。

具体而言，流程化管理能给企业带来如下显著价值。

1. 释放中高层管理者的时间和精力，让高层管理者专注于“重要但不紧急”的战略性事项

规范、有效的流程化管理能够大大减少“例外”事项，能够帮助企业中高层管理者“放心”地授权下属去做好日常工作，从而将企业中高层管理者从“日理万机”的日常事务中解脱出来，有更多时间和精力去思考和决策战略性的“重要但不紧急”的事情。

企业高层管理者不要陷入“忙”“茫”“盲”的误区不能自拔，“忙要忙到点子上”。在企业中，职位越高的领导者应该是越“不忙”的人，而不是相反。公司高层管理者应该将主要时间和精力放在发展战略机会识别、重大项目分析与决策、流程与制度体系建设、骨干团队规划与赋能等方面，而不是忙于日常经营细节。企业高层管理者“忙”得越有效，企业的经营效益将会越好。

2. 提升员工赋能效率与质量

传统的员工培养模式是“师傅带徒弟”。“师傅”的水平不同、忙闲程度不同、对徒弟的态度不同，带出来的“徒弟”的水平也差异很大。而且，带徒弟要花费师傅很多时间和精力，影响师傅自身绩效目标的实现。

如果一个企业各个方面均有规范、有效的做事流程，流程就成为带徒弟的“师傅”。因为流程中已经涵盖了做事的最佳实践方法，每件事如何做都有流程指南作为指引，大大缩短了员工摸索做事方法的时间，大大减少了员工做事犯错的概率，也大大减少了对指导“师傅”的依赖。

思科等国际一流的科技企业新员工入职都会发一个公司知识库账号，与此员工职责相关的流程、制度、方法工具此员工均可自行上网学习，看不懂的地方再找相应“师傅”请教。这样的做法，大大提升了新员工的学习速度，大大降低了新员工的赋能成本。

3. 减少员工流动给公司带来的不利影响

“铁打的营盘流水的兵”！对于任何企业而言，员工流动都是非常正常的事情。华为公司现在有将近 20 万员工，30 年来从华为离职的员工也超过了 20 万人次。有些制造型企业年度员工流动率达到了 30% ～ 50%。当然，员工的过高流动率不是好事，企业要反思公司的人力资源政策。

既然员工流动是不可避免的，企业要做的是降低员工流动给公司带来的负面影响。上面提到的“铁打的营盘”不是指公司的厂房、写字楼和机器设备等固定资产，而是指公司的流程体系等知识资产。

如果公司做事的方法均已显性化，并已固化到各个流程之中，那么原理上讲，任何一个岗位的任何一个员工离职，都能够很快找到替代者补充上来，并有效地开展工作。相反，如果某个岗位的某个人是“不可或缺的”，离开了他很多工作就会“停摆”，公司就会面临重大损失，那么说明这个岗位的知识没有固化到公司的流程体系中，而只是存在于这个人的“脑袋中”，这样公司就会非常被动。

有效的流程化管理应该帮助公司摆脱对个别“能人”的依赖。各个岗位的流程化管理能够帮助公司实现“有你更精彩，没你照样转”，这样的公司才是健康的、可持续的。相反，如果一家公司多个岗位是“有你不精彩，没你转不了”，这样的公司是不健康的，“暴雷”事件很可能会此起彼伏。

4. 提升公司经济效益

管理出效益！流程化管理是提升公司经济效益的关键抓手。

端到端的公司级的新产品开发流程规范了，新产品开发和上市周期会大幅缩短，新产品质量会大幅上升，新产品成本会大幅下降，新产品的市场竞争力会大幅提升，公司的创新投资回报也会相应大幅提升。

端到端的订单交付管理流程规范了，订单交付项目的交期会大幅缩短，订单交付的质量会大幅上升，订单交付的成本会大幅下降，客户满意度会大幅上升，公司现金流会大幅改善，公司订单效益也会相应大幅提升。

流程化管理最终会带来企业人均产值和人均利润的大幅提升，人均薪酬也会大幅改善，由此企业对优秀人才的吸引力也会大幅提升。华为公司的人均产值近 400 万元，人均薪酬达到 60 万元以上，其持续的流程建设与优化功不可没。华为公司总部流程管理部门专职从事流程建设和优化的流程经理就超过 300 人。

5. 成为基业长青的可持续发展企业

一流的管理成就一流的企业！对于身处各种不确定性的企业而言，唯有以管理的确定性应对市场（环境）的不确定性！如果企业的管理体系是相对稳定、规范有效的，当机会来临时，这样的企业能够更好地抓住机会，促进发展；当威胁出现时，这样的企业也能够更加主动地应对风险，化险为夷。

一些企业快速扩张，然后“昙花一现”，轰然倒下，其中一个重要原因是企业的流程化管理没有跟上企业发展的速度。纵观全球能够“基业长青”的长寿企业，都是管理非常规范、有效的企业，都是能够与时偕行，持续优化或变革管理体系的企业，比如 IBM、波音、西门子、微软、英特尔、苹果、谷歌等。

一些企业由于管理体系不健全、管理流程漏洞太多，导致企业遭受巨大损失。某手机企业采购负责人一年受贿金额超过1000万元，某医疗器械企业某重点新产品开发项目的所有资料被一个工程师打包用U盘拷走后卖了50万元，一家消费电子企业投资一个手机创业项目损失近2亿元！

三、建立流程型企业的要点

管理就是流程！一流的企业通过建设和持续优化流程体系来实现“重复成功”！成为流程型组织、项目型组织是现代企业面对环境不确定性、面对激烈的市场竞争、实现高效运转的必然选择。

以下关于建立流程型组织的建议供创新型企业高层管理者参考。

1. 公司管理层认识到建立流程型组织的战略重要性

公司领导者的视野、格局、胸怀和观念对企业发展具有决定性的影响。公司领导者的决策、决心直接影响企业经营和管理的结果。在流程体系建设方面，一些企业的高层管理者特别是“老板”存在如下情形。

（1）自认为“一切均在自己掌控之内”，自己能够有效掌管企业，搞流程建设反而会降低公司运作效率。一些老板对所有人均听从自己的“指挥”感觉“很爽”，陷入“自嗨式”管理模式不能自拔。

（2）不认为流程建设是战略性的工作，安排辅助部门的中基层员工做些“形式上合规”的流程，主要是为了通过各种认证，符合内审外审的要求，实际操作根本不用这些流程。这也是很多企业认证很多，但实际运营时问题频出的主要原因。

（3）重视流程建设和推行，但是当流程建设与业务开展时间精力冲突时，选择业务开展优先，导致流程建设工作总是“进行时”，没有真正投入使用。

（4）一些公司领导认为流程主要是给中基层员工使用的，自己可以不遵守流程。这样做的结果是上行下效，流程的执行逐渐流于形式。

基础不牢，地动山摇！对于现代企业而言，流程体系建设是“打基础、管长远”的工作，是“一劳久逸”的战略性工作，而不是可有可无、无足轻重的战术性工作。

华为公司在1999年就对流程体系建设的战略重要性有深刻的认识，并将流程体系建设写入《华为基本法》。

> 第八十四条，推行业务流程重整的目的是，更敏捷地响应顾客需求，扩大例行管理，减少例外管理，提高效率，堵塞漏洞。
>
> 业务流程重整的基本思路是，将推行ISO 9001标准与业务流程重整和管理信息系统建设相结合，为公司所有经营领域的关键业务确立有效且简捷的程序和作业标准；围绕基本业务流程，理顺各种辅助业务流程的关系；在此基础上，对公司各部门和各种职位的职责准确定位，不断缩小审批数量，不断优化和缩短流程，系统地改进公司的各项管理，并使管理体系具有可移植性。（摘自《华为基本法》）

2. 成立专职的流程管理部门

体现一家公司对流程体系建设工作是否重视的直观标准就是公司是否设立流程管理部门，是否由公司主要领导亲自担任流程体系建设和管理的主责人，是否任命多位专职的流程经理。

如果一家 50 人以上的公司还未进行流程化管理，人均产值、人均利润就很有可能下降。500 人，甚至 5000 人的公司如果流程化管理做得不好，不但人均效益下降，公司很有可能失去市场竞争力，走向衰落。

对于规模以上的企业，有必要由公司副总一级的领导负责流程体系建设和管理工作，有必要设立正式的流程管理部，应该由专职的流程经理分别负责不同的公司级的流程体系的建设和管理。比如产品创新管理流程体系和订单交付管理流程体系应该分别有专职人员负责建设和管理。各个职能部门负责人应该是与该职能部门相关流程的第一责任人，各个职能部门应该根据需要设立部门级的专职或兼职的流程经理。

3. 以价值创造为导向进行流程建设与推行

流程体系建设不是搞“形式主义”，不能“为了流程而流程”。企业应该明确流程是为经营服务的，流程要能创造价值，要能改善或提升经营效益。业务部门执行流程不是为了给流程管理部门“面子”。不能创造价值的流程是无效的流程，不能有效度量“绩效”的流程也是低效或无效的流程。不能真正创造价值的流程不应该推行，不能真正创造价值的流程最终都会流于形式。

每个流程都要给企业创造价值，都要有利于经营效益改善或提升。比如新产品开发流程要有利于降低新产品开发风险，降低新产品开发失败率，提升新产品开发投资回报率，缩短新产品上市周期，提升新产品市场竞争力。

4. 公司领导带头遵守流程

流程执行的严肃性与流程本身的有效性同等重要。破坏流程执行的人往往是公司领导。一些公司领导认为自己在流程面前是“例外”“有特权”。比如有些公司的老板不经过项目决策评审流程就私自拍板一些新产品开发项目，并直接命令开发团队开发。

公司领导不遵守流程的直接后果就是上行下效，员工也学领导一样“走捷径”，导致最终流程执行流于形式。一家公司推行流程的最有效的方式就是公司领导以身作则、率先垂范，做流程遵守的榜样。现代企业要形成“在流程面前人人平等”的文化。

5. 对不遵守流程的行为进行问责与处罚

对于很多企业而言，新流程的建立与推行意味着强烈的“组织变革”，一定会遭遇较大阻力。每家企业总有一些“既得利益者”是不愿意改变现状的，是不愿意“公开透明”的，是不愿意被监督和管控的。企业领导者要有“不换思想就换人”的勇气和魄力，直面现实，坚定前行！

因此，对于流程执行，光“要求”“强调”还不够，还必须对不遵守流程的行为进行问责和处罚。部门员工不遵守流程，除了要处罚员工外，更要问责部门领导。部门领导作为管理者的核心，职责就是让员工遵循流程，按时、按质、按量地做好各项工作。

深圳某装备制造企业由一名副总分管流程体系建设与推行工作，在流程推行前该副总经理分别与各个部门负责人谈话并签订流程执行责任状：部门有员工不遵守流程，员工罚款 200 元 / 次，部门负责人“连坐”罚款 800 元 / 次。通过采取这种比较严苛的做法，各个部门领导都“积极主动”地培训员工掌握流程方法，都“以身作则”地要求员工务必遵守流程。通过半年左右的时间，整个公司从“老路”走上了“新路”，而且习惯了走“新路”，“老路”再也回不去了。

6. 与时偕行，持续优化流程

前面反复提到，流程是为企业经营服务的。内外环境发生了变化，企业相应的流程体系也应该“与时偕行”，持续优化或者重构，匹配企业业务发展的需要。没有一成不变的流程，只有因需而变的管理！

因此，企业高层领导者、流程管理部门要时刻关注企业经营环境的变化，及时做出流程优化与重构的决策。比如有些科技企业原先主要面向 B2B 市场，现在开始面向 B2C 市场，那么就有必要为 B2C 业务建立新产品开发管理、订单交付管理等流程体系。

创新者行动

公司主要领导组织中高层管理者明确公司在流程体系建设与管理中存在的主要问题，制定针对性的解决方案与措施，推动公司走向流程型企业。

咨询实例

某软件企业创新流程体系建设

北京某软件企业主要面向集团用户提供软件开发与系统集成服务，随着客户订单的快速增长，公司在5年左右的时间内由几十人快速发展到将近500人，每年签约的订单项目将近400个，订单金额从几十万元到上千万元不等。公司总经理对咨询顾问说，公司当前不缺订单，缺的是如何及时完成订单，及时将钱收回来。

经过深入调研，顾问团队了解到该公司是一家“项目型”的公司，总是在一个又一个地“做项目”，而没有意识或者时间精力开发标准化的软件产品，导致每个订单项目的个性化定制开发太多，项目交付周期太长。在订单交付方面，也缺乏公司级的流程体系，缺乏公司级的项目管理，各个订单项目处于放任自流的状态。

顾问团队认为，该公司大多数订单交付项目严重延期的根本原因是该公司没有进行“产品化”管理，重复开发工作量太大，需要建立起软件产品开发与管理流程体系。但是，该公司的订单交付处于无序放任的状态，更是当务之急。公司管理层采纳了顾问团队将流程体系建设分两期进行的建议：先治标“止血”，建立规范的订单交付管理流程体系；再治本“清源”，建立规范的产品创新管理流程体系。

公司任命一名威望很高，对公司情况非常熟悉的副总经理负责订单交付管理流程建设工作。订单交付管理流程涵盖从销售线索获取，到回款及售后服务全过程。公司订单交付项目采用矩阵式组织模式，由各个职能部门代表组成跨职能项目团队，共同对订单项目绩效目标负责。公司成立运营管理部，统筹公司所有订单交付项目的管理。运营管理部设多名项目总监，分别负责不同类型订单项目的统筹管理。通过培训和认证，公司任命多名专职或兼职项目经理，具体负责每个订单项目的管理。

在订单交付管理流程体系建立并进入试运行阶段后，公司启动了产品创新管理流程体系建设。产品创新管理体系建设的核心是帮助公司从“做项目”走向“做产品”，在标准化软件产品的基础上交付定制订单项目。产品创新管理体系建设的主要内容包括：技术重用管理、原材料/零部件归一化管理、模块化设计与运营管理、产品平台开发与运营管理、基型产品开发管理、定制研发管理等。

第二十三章

创新项目管理

创新型企业最终需要通过“项目”取得结果，实现创新绩效目标。跨职能项目团队组织模式和公司级的创新流程是企业做好创新项目的前提和基础。产品创新管理4P体系（见图23-1）。

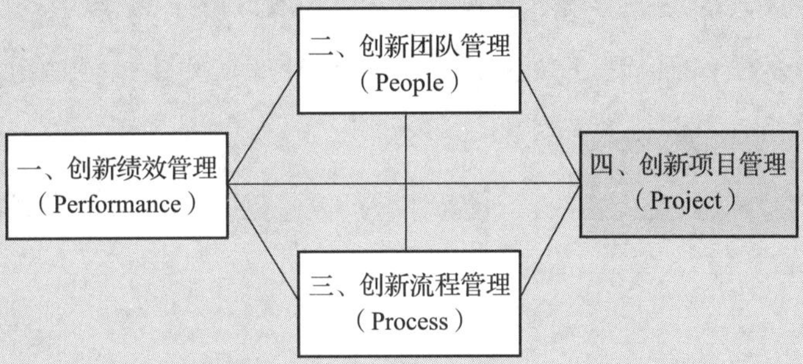

图23-1　知行信产品创新管理4P体系

创新型企业通过创新项目取得成果，实现创新投资回报。

表23-1总结了创新项目管理的常见问题，创新型企业的中高层管理者、项目管理办公室（PMO）成员、项目经理可以对照审视公司是否存在类似问题，结合本章内容学习解决这些问题，改善公司项目管理绩效。

表23-1　创新项目管理常见问题

创新项目管理常见问题		是否存在（Y/N）	主要改善措施
（1）	项目目标不明确，项目团队绩效难以考核，项目贡献难以评定，项目激励难以进行		
（2）	项目计划不严密，很多应该做的工作经常遗忘，难以进行“并行工程”，项目开发周期长，项目质量缺陷多		
（3）	项目经理的工作缺乏有效的流程和制度支持，项目经理领导和管理能力弱，无法有效把控项目，沦为项目协调人		
（4）	项目过程控制不严格，项目经常一再延期。项目资源冲突严重，缺乏有效的计划和协调，项目资源利用率低，有的人很忙，有的人无事可干		
（5）	项目缺乏有效的经验和教训总结，很多低级错误一犯再犯		

本章分为四节。

第一节，项目管理基础。本节简要介绍项目和项目管理的基本概念，并指出创新项目管理的常见误区。公司所有参与项目的人员，都要理解项目管理的基本概念。公司项目管理团队可对照创新项目管理的常见误区，分析企业存在的主要的项目管理问题，通过后续章节的学习提出问题解决方案与行动计划。

第二节，单项目管理。本节主要介绍单项目管理的五步曲方法，包括设定项目目标、制定项目计划、领导项目团队、监控项目过程和交付项目成果。单项目管理方法是项目管理办公室（PMO）成员、项目经理、项目管理工程师必须掌握的方法。

第三节，组织级项目管理。本节主要介绍项目组合管理、项目集管理方法，介绍项目管理办公室（PMO）如何有效运转，提出加快新产品开发进度的主要方法。组织级项目管理方法是公司项目管理办公室（PMO）团队成员、公司中高层管理者必须掌握的方法。

第四节，建立项目型企业。本节介绍由运营型企业走向项目型企业的要点，供公司中高层管理者、项目管理办公室（PMO）成员参考。

本章以创新项目为重点，介绍项目管理方法，这些项目管理基本方法也适合订单交付项目等其他项目类型应用。

第一节 项目管理基础

创新者思考

（1）我们公司有明确的项目定义吗？我们公司主要有哪些类型的项目？

（2）我们公司有明确的项目管理方法论吗？我们的项目团队主要掌握了哪些项目管理方法和工具？

（3）我们公司在项目管理方面是否存在一些认识上的误区？我们应该如何树立正确的项目管理观念？

本节我们对项目、项目管理的基本概念进行简要介绍，并指出项目管理的常见误区。创新型企业中高层管理者可以对照企业项目管理实际，分析企业项目管理中存在的主要问题，从后续章节的学习中寻求相关问题的解决方法。

一、什么是项目

在深入介绍项目管理方法前，我们有必要对项目的基本概念进行澄清。

在企业中，工作任务一般分为两类，一类是日常工作，一类是“项目工作”。比如一个软件开发工程师，在参与新产品开发项目时，他是在从事“项目工作”。当他没有参与新产品开发项目，在研究一些新的软件开发工具时，他是在从事“日常工作”。企业中，有些职能岗位的员工主要从事的是日常工作，比如生产线上的工人、人力资源部的招聘专员、财务部的出纳等。有些职能岗位的员工主要从事的是项目工作，比如研发部门的工程师，产品部的产品经理等。

项目（Project）是为取得特定的结果而进行的临时性的工作。项目通常是战略性的工作。

一般来说，项目可以在组织的任何层面上开展。一个项目可能只涉及一个人，也可能涉及很多人；可能只涉及一个组织单元，也可能涉及多个组织的多个单元。

1. 项目工作与日常工作的相同之处

日常工作和项目工作在以下三个方面是相同的。

（1）**都需要使用资源。**不管做什么工作都需要使用资源，资源包括人、资本和设备等。新产品开发项目需要投入团队和设备。招聘工作也需要投入资金和人力。

（2）**都是为了满足需要。**无论是项目工作还是日常工作都是为了满足某些特定需要而进行的。比如新产品开发项目是为了交付满足客户需要的产品。招聘工作是为了满足公司对人才的需求。

（3）**都有目标。**做任何工作都要实现相应的目标。做新产品开发项目要实现盈利，做招聘工作要在规定的时间内招聘到一定数量的合格的人员。

2. 项目工作与日常工作的不同之处

项目是为取得特定的结果而进行的临时性的工作。项目工作与日常工作的不同主要体现在以下三个方面。

（1）**项目是临时性的。**临时性意味着项目有开始和结束，不是无休无止的。项目在得到审批后启动，在满足需求后结束。管理得好的项目必须有结束点。

（2）**项目是独一无二的。**每个项目都是新颖的或者不同的，没有两个项目是完全相同的。即使是开发类似的安全软件，第二个项目的功能可能会与第一个有所不同，或者采用的开发工具会有所变化。如果两个项目完全一样，那就没有必要再做一次。

（3）**项目通常是分阶段进行的。**项目通常会根据控制的需要划分阶段或步骤。比如新产品开发项目通常划分为设计开发阶段、测试矫正阶段和上市发布阶段等。

由以上比较可以看出，项目不是日复一日的重复性劳动，项目需要创造新的结果。**项目通常是战略性的工作。**项目的规模可大可小，周期可长可短，参与的人员可多可少。项目集（Program）、项目（Project）、任务（Task）的概念是相对的。但一般项目集通常是由多个项目组成的，项目又是由多项任务组成的。登月计划也可以看作是由多个项目组成的大项目。微观地看，完成一项特定的任务也可以看作是一个项目。但我们通常指的任务一般是可以由一个人花费几小时或者几天的时间单独完成的工作。我们没有必要采用复杂的项目管理方法去完成一项不太复杂的任务。

3. 创新项目类型

对于创新型企业而言，可能有多种类型的项目，如图 23-2 所示。

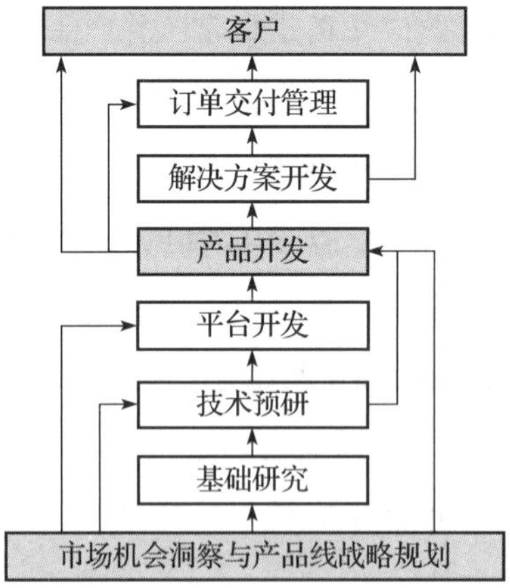

图 23-2　创新型企业的创新项目类型

（1）**市场机会洞察与产品线战略规划。**公司战略 Marketing 负责洞察新的战略机会，为公司寻找成长业务与未来业务。具有明确方向的战略机会洞察可以采取项目立项方式进行。比如某动力电池制造企业需要决策是否应该进入换电业务领域，可以组织团队进行立项研究，为公司领导提供决策建议。产品线战略规划工作也可以采取项目立项方式进行。市场机会洞察与产品线战略规划的详细内容，请参见本书第二篇相关章节。

（2）**基础研究。**对于走向全球领先的创新型企业而言，基础研究已经成为企业构筑持续领先优势的必然选择。比如华为公司的“2012 实验室”主要就是从事基础研究。华为公司数学家、物理学家、化学家和美学家等从事基础研究的科学家合计已经超过 1000 名。基础研究可以采取项目立项方式进行。

（3）**技术预研。**技术预研是平台开发、产品开发的前置条件。创新型企业在掌握核心技术的前提下才有可能开发出难以模仿、高度差异化、超出客户期望的精品创新产品。技术预研在第六篇产品标准化管理相关章节有详细介绍。

（4）**平台开发。**基于平台开发系列产品是创新型企业的最佳实践做法。产品平台开发应该采取项目管理方法，选派公司资深技术专家组成团队进行。

（5）**产品开发。**新产品开发周期长、投入大、风险高、参与人员多，是最需要采取项目管理方法进行的。新产品开发项目分为设计开发、测试矫正和上市发布等三个阶段。新产品开发项目管理的具体方法在第四篇相关章节中有详细介绍。

（6）**解决方案开发。**解决方案也是产品，也应该进行产品化，应该采取项目管理方法，组建跨职能团队，开发“解决方案产品”。

（7）**订单交付管理。**订单交付参与部门多，任务复杂，应该采取项目管理方法进行。复杂的订单交付项目还可能要划分子项目，要进行有效的项目集管理。比如某网络安全软件企业承接了某省党政机关的网络安全集成项目，项目金额近 2 亿元，需要分成 10 多个地市子项目进行管理。这时需要 1 个项目总监带领多个项目经理（项目团队）交付此订单项目。

基础研究项目服务于技术预研项目，技术预研项目服务于平台开发项目、新产品开发项目。新产品开发项目服务于解决方案开发项目、订单交付项目。解决方案开发项目也是服务于订单交付项目的。

新产品开发和解决方案开发的目的是形成标准化的产品和解决方案。在标准化的产品和解决方案的基础上，企业通过交付客户个性化的订单创造价值，实现投资回报。

基础研究、技术预研和平台开发是新产品开发的前提和基础，需要基于产品线规划提前进行“预研”。

不同类型的创新项目均应建立相应的流程，并基于流程进行项目管理。

二、什么是项目管理

由于项目是复杂的、战略性的，因而需要采用有效的方法进行管理。项目管理方法有助于项目目标的实现。**项目管理（Project Management）是用于项目的各种知识、工具和技能的应用。**

本节项目管理的主要内容来自美国项目管理协会（PMI），希望深入了解的朋友可以参看该机构的《项目管理知识体系指南》(第六版）一书。

项目经理对项目管理的十大知识领域应该有比较深入的了解和认识。

（一）项目管理的十大知识领域

根据 PMI 的定义，项目管理的十大知识领域如图 23-3 所示。

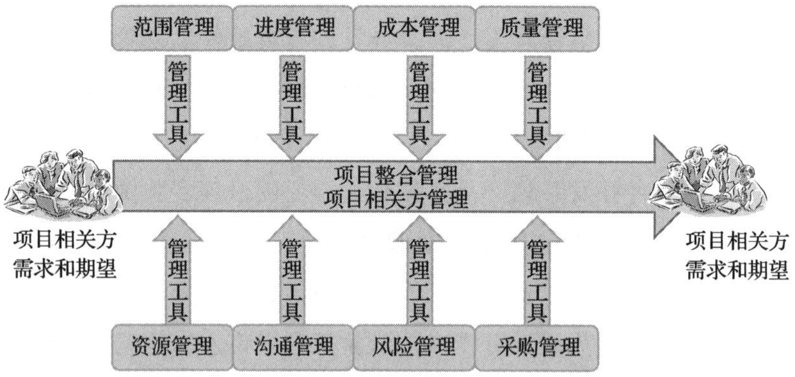

图 23-3　项目管理的十大知识领域

项目管理的十大知识领域包括项目整合管理、项目范围管理、项目进度管理、项目质量管理、项目成本管理、项目资源管理、项目沟通管理、项目风险管理、项目采购管理以及项目相关方管理。通过这十个方面的有效管理，满足项目各相关方的需求和期望。

PMI 认为，这十大知识领域在大部分时间适用于大部分项目。管理一个项目通常包括以下内容。

（1）识别需求和期望。

（2）在规划和执行项目时，处理项目相关方的各种需求、关注和期望。

（3）与项目各相关方建立并维护积极的沟通。

（4）平衡相互竞争的项目制约因素，包括但不限于：范围、质量、进度、预算、资源和风险。

1. 项目整合管理

项目整合管理是项目管理的起点，项目管理是集成的、综合的管理活动。项目团队要从整体的视角看待项目，不要将其他九大要素割裂开来。这些要素是相互影响，相互关联的。集成是项目管理的中心，也是区别卓越的项目经理与平庸的项目经理的关键。集成的经验与技术经验同等重要，集成为客户增值。

项目整合管理包括制定项目章程、制订项目管理计划、指导与管理项目工作、监控项目工作、实施整体变更控制和结束项目或阶段等内容。

2. 项目范围管理

项目范围管理包括确保项目做且只做所需的全部工作，以成功完成项目的各个过程。

项目范围管理是指项目内容的边界，要明确哪些内容在范围内，哪些内容在范围外。对于新产品开发项目而言有三种类型的范围。

（1）**问题范围**：定义问题或机会，经常称为需求。

（2）**产品范围：**项目要交付的产品的特性与功能。产品范围是满足客户需求的“解决方案”。

（3）**工作范围：**指创造产品以满足需求需要做的工作。

项目范围管理包括规划范围管理、收集需求、定义范围、创建 WBS、确认范围和控制范围等内容。

3. 项目进度管理

项目进度管理包括为管理项目按时完成所需的各个过程。

任何项目都需要有完成时限，需要进行时间进度安排。项目经理不但需要管理好时间进度，也要平衡好其他绩效目标的实现。应该在项目范围定义的基础上进行项目时间进度安排。

项目进度管理包括规划进度管理、定义活动、排列活动顺序、估算活动资源、估算活动持续时间、制订进度计划和控制进度等内容。

4. 项目成本管理

项目成本管理包含为使项目在批准的预算内完成而对成本进行规划、估算、预算、融资、筹资、管理和控制的各个过程，从而确保项目在批准的预算内完工。

项目成本不但包括资金成本，也包括人员的成本。项目成本管理需要预测、评估和管理资源。成本预测包括规划完成项目工作所需的资源，核实资源成本，计算出项目的总成本。成本预算是项目成本的基线计划，通过成本预算评估项目各阶段所需的资源及其变化。如果项目范围发生变化，预算也会随之改变，项目经理需要管理这些变化。

项目成本管理包括规划成本管理、估算成本、制定预算和控制成本等内容。

5. 项目质量管理

项目质量管理包括执行组织确定的质量政策、目标与职责的各个过程和活动，从而使项目满足其预定的需求。项目质量管理确保项目需求（包括产品需求）得到满足和确认。项目质量管理需要兼顾项目管理与项目可交付成果两个方面。

有以下 4 种感知质量的方法。

（1）产品需求的满足。

（2）标准和政策的符合。

（3）产品缺陷的弥补。

（4）使客户高兴。

项目质量管理中的一项重要活动就是定义产品和项目的质量。通常，根据客户的需求（已表达出来和未表达出来的需求）定义质量是最好的。项目经理通过质量规划、质量控制、质量保证和质量改进领导项目的质量工作。

6. 项目资源管理

项目资源管理是指对人员及人员的技能的管理，包括组织规划、人员获取和团队开发等。好的项目经理能有效地利用团队成员，将团队成员作为重要的利益相关者。项目成功的衡量指标之一是团队成员感到他们的参与是有价值的。

项目资源管理包括规划人力资源管理、组建项目团队、建设项目团队和管理项目团队等内容。

7. 项目沟通管理

项目沟通管理的目的是对信息进行正确的产生、收集、分发、存储以及最终处理。不同的项目利益相关方有不同的沟通需求。项目沟通管理的流程包括沟通规划、信息分发、过程汇报以及信息关闭。

8. 项目风险管理

项目风险管理包括规划风险管理、识别风险、实施风险分析、规划风险应对和控制风险等过程。项目风险管理的目标在于提高项目中积极事件的概率和影响，降低项目中消极事件的概率和影响。

9. 项目采购管理

项目采购管理包括从项目团队外部采购或获得所需产品、服务或成果的各个过程。项目组织既可以是项目产品、服务或成果的买方，也可以是卖方。

项目采购管理包括合同管理和变更控制过程。通过这些过程，编制合同或订购单，并由具备相应权限的项目团队成员签发，然后再对合同或订购单进行管理。

项目采购管理包括规划采购管理、实施采购、控制采购和结束采购等内容。

10. 项目相关方管理

项目相关方管理包括用于开展下列工作的各个过程：识别能影响项目或受项目影响的全部人员、群体或组织，分析各相关方对项目的期望和影响，制定合适的管理策略来有效调动相关方参与项目决策和执行。

相关方管理还关注与相关方的持续沟通，以便了解相关方的需要和期望，解决实际发生的问题，管理利益冲突，促进相关方合理参与项目决策和活动。应该把相关方满意度作为一个关键的项目目标来进行管理。

项目相关方管理包括识别相关方、规划相关方管理、管理相关方参与和控制相关方参与等内容。

项目经理正确识别并合理管理相关方的能力，能决定项目的成败。

对于新产品开发项目而言，项目相关方可以分为外部相关方和内部相关方两类。

（1）外部相关方：各类客户、供应商、合作伙伴、影响者（媒体、环保组织等）。

（2）内部相关方：公司领导、各相关部门、项目团队成员等。

（二）项目管理的五大阶段

PMI 将项目管理过程归纳为五大项目管理过程组：启动、规划、执行、监控和收尾。

（1）启动：定义一个新项目或现有项目的一个新阶段，授权开始该项目或阶段。

（2）规划：明确项目范围，优化目标，为实现目标制定行动方案。

（3）执行：完成项目管理计划中确定的工作，以满足项目要求。

（4）监控：跟踪、审查和调整项目进展与绩效，识别必要的计划变更并启动相应变更。

（5）收尾：正式完成或结束项目、阶段或合同所执行的过程。

（三）项目管理的主要内容

PMI 提出了 10 大知识领域在 5 大过程组中的主要项目管理内容，如表 23-2 所示。

表 23-2　项目管理的主要内容

知识领域	项目管理过程组				
	启动	规划	执行	监控	收尾
1. 项目整合管理	1.1 制定项目章程	1.2 制订项目管理计划	1.3 指导与管理项目工作 1.4 管理项目知识	1.5 监控项目工作 1.6 实施整体变更控制	1.7 结束项目或阶段
2. 项目范围管理		2.1 规划范围管理 2.2 收集需求 2.3 定义范围 2.4 创建 WBS		2.5 确认范围 2.6 控制范围	
3. 项目进度管理		3.1 规划进度管理 3.2 定义活动 3.3 排列活动顺序 3.4 估算活动持续时间 3.5 制订进度计划		3.6 控制进度	
4. 项目成本管理		4.1 规划成本管理 4.2 估算成本 4.3 制定预算		4.4 控制成本	
5. 项目质量管理		5.1 规划质量管理	5.2 管理质量	5.3 控制质量	
6. 项目资源管理		6.1 规划资源管理 6.2 估算活动资源	6.3 获取资源 6.4 建设团队 6.5 管理团队	6.6 控制资源	
7. 项目沟通管理		7.1 规划沟通管理	7.2 管理沟通	7.3 监督沟通	
8. 项目风险管理		8.1 规划风险管理 8.2 识别风险 8.3 实施定性风险分析 8.4 实施定量风险分析 8.5 规划风险应对	8.6 实施风险应对	8.7 监督风险	
9. 项目采购管理		9.1 规划采购管理	9.2 实施采购	9.3 控制采购	
10. 项目相关方管理	10.1 识别相关方	10.2 规划相关方参与	10.3 管理相关方参与	10.4 监督相关方参与	

基于知行信创新项目咨询服务经验，我们将单项目管理总结为 5 个阶段：设定项目目标、制订项目计划、领导项目团队、监控项目过程、交付项目成果。这 5 个阶段涵盖表 23-2 中主要的项目管理方法与工具，下节将深入介绍。

（四）项目管理与流程管理的关系

创新型企业要成为流程型组织、项目型组织，要基于流程进行项目管理。首席产品官（CPO)、产品经理、项目经理和流程经理的关系表述如图 23-4 所示。

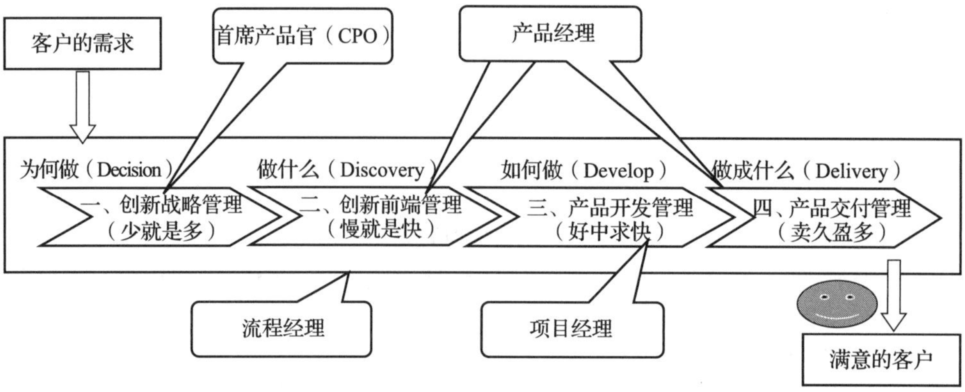

图 23-4　首席产品官、产品经理、项目经理和流程经理的关系

在知行信产品创新管理 4D 流程中，首席产品官（CPO）负责把握战略方向，产品经理负责从创意到退市的产品全生命周期管理。项目经理负责产品开发管理，流程经理负责产品创新管理流程体系建设与管理。

如果用开车来打个比方，首席产品官是指引方向的，产品经理是规划路线的，项目经理是负责开车的，而流程经理则是负责"修路"的。

流程可以理解为跑车的路（Way），而项目则是在路上跑的车。路是基本不变的，而车则是不断变化的。路修得越好，车跑得就越顺畅。路是服务于车的。

一些企业没有规范、有效的端到端的流程支持，只是依靠项目经理的经验和能力做项目，项目经理只能靠"刷脸"或"颜值"推进项目，不同水平的项目经理做的项目质量差别很大。

健康的企业应该在规范的流程的基础上做项目，项目经理基于规范的流程，采用有效的项目管理方法，领导跨职能团队推进项目。这样的企业，即使项目经理的能力有较大差异，但是不同的项目经理做的项目的质量差别不大。

项目管理的大多数"例行"的经验和最佳实践应该固化在流程体系中，项目经理的主要精力应该用于处理项目中的"例外"事项。

三、创新项目管理的常见误区

在介绍有效的创新项目管理方法前，我们有必要对创新项目管理中的常见误区做一归纳。改正错误观念是学习有效管理方法的第一步。

以下是创新项目管理中的常见错误观念。

1. 将创新项目与其他项目混为一谈，简单套用传统的项目管理方法

很多企业一谈到项目管理就想到项目管理知识体系（PMBoK）所定义的 10 大知识领域，在创新项目上简单地套用这 10 大知识领域介绍的项目管理方法。由于该体系过于庞大，企业很难在项目中全部应用这些方法和工具，也很难对该体系内容进行裁剪，结果项目管理方法的应用流于形式，没有起到应有的作用。

最佳实践观点：PMBoK是各种项目管理方法和工具的集成，是一种“普适性”的方法，不同类型的项目应该基于该体系选择性地采用其中的方法和工具，最好形成一套适合企业实际需要的项目管理方法。

2. 将项目管理与流程管理混为一谈

某从事自动控制的高科技企业导入了IPD流程体系，组建了由8人编制的项目管理部，但该公司的项目管理部经理却对开发流程与项目管理方法的关系感到困惑：我们导入了开发流程后应该怎么进行项目管理？项目管理与开发流程之间到底是什么关系？这或许也是很多科技型企业的困惑。很多企业认为开发流程可以代替项目管理，或者项目管理可以代替开发流程。

最佳实践观点：创新型企业应该基于流程进行项目管理。开发流程是公司层面的管理体系，是技术开发与新产品开发最佳实践方法的总结，企业遵循有效的开发流程体系，能够“多、快、好、省”地开发和上市成功的新产品。项目管理方法主要用于每个项目的开发管理，目的是在有限的资源条件下，按时、按质、按量地完成开发项目，实现预期的项目目标。简单而言，流程体系主要关注公司整体的创新绩效，而项目管理方法主要关注每个创新项目本身的成功。流程体系和项目管理方法都是创新型企业不可或缺的创新管理工具，每个创新项目既要遵循流程体系向前推进，也要采用项目管理方法实现项目目标。两者不是相互替代的关系，而是相互补充的关系。流程管理将重复性的工作内容标准化，让项目团队将主要的时间和精力用于“项目”的创造性工作。产品创新的不同流程阶段的任务均可采用项目管理方法进行管理。比如创意激发与筛选、客户需求研究、立项分析、开发管理、测试管理、上市管理、产品生命周期管理、产品退市管理等创新任务均可以采取项目管理方法进行管理。

3. 将技术开发项目与新产品开发项目混为一谈

很多企业将技术开发项目“隐含”在新产品开发项目之中，即在开发新产品的过程中，解决主要的技术问题。很多时候由于重大的技术问题无法解决导致新产品开发失败，或者新产品开发进度大幅延期，错失了最佳的新产品上市时机。

最佳实践观点：应该将技术开发与新产品开发分开，重大的技术问题必须在新产品项目正式进入开发阶段之前解决。技术开发与新产品开发在项目的目标、团队组成、风险和交付成果等方面有很大的不同，应该区别对待。技术开发中提到的“预研”的意思就是“预先研究”，也就是说，在新产品开发之前必须解决重大的、不确定性高的技术难题。

4. 认为请几个有PMP证书的人来当项目经理就可以做好项目

一些企业将做好开发项目的希望寄托在通过PMP（美国项目管理协会举办的项目管理专业认证考试）的人员身上，要么从外部聘请获得PMP认证的人员，要么鼓励内部员工通过PMP认证。这些企业将通过PMP认证的人员要么放在项目经理的职位上担当重任，要么放在项目管理办公室，作为项目管理工程师管理项目。但是，很多情况下，这些“科班出身”的项目管理专业人员并未能有效发挥作用。

最佳实践观点：期望通过PMP认证就能做好项目管理与期望通过ISO 9000认证就能做好质量管理一样，非常不现实。通过PMP认证是有价值的，应该有助于提升项目管理能力。但是，理论是一回事，实践往往又是另一回事。卓有成效的项目管理人员不但要熟练掌握各种有效的项目管理方法，而且要具有卓越的领导能力和管理能力。此外，卓有成效的项目管理人员还应该对企业本身、企业的市场以及企业的产品有着较为深刻的认识。一个不了解企业产品的“专业的”项目管理人员是很难赢得项目团队的尊重和认可的。

5. 谁的技术最好谁就当项目经理

一些企业认为，只有技术最好的工程师才能服众，所以通常任命技术最好的工程师担任项目经理。但往往事与愿违，技术最好的工程师不但没有将项目管理好，自己专长的技术工作也没做好。

最佳实践观点：项目经理的人选最重要的是要有与人交往的兴趣和技能。技术出众的工程师往往更喜欢与机器和数字打交道，而不擅长与人打交道。具有技术专长的工程师应该尽可能发挥其技术特长，而不应该放在项目经理的岗位上。**强迫技术专才当项目经理是一种巨大的创新资源浪费。**

6. 认为使用了项目管理软件就可以管理好项目

很多企业的开发项目周期长、参与的人员多、任务复杂，难于管理。于是，一些企业的管理者引入了微软的 Project 等项目管理软件，希望通过 IT 工具的运用规范项目管理，提高项目管理的有效性。但是，以我们的观察，很多企业的 IT 工具的应用是“雷声大、雨点小”。一些企业在运用 Project 软件做了项目计划之后，项目计划就再也没有更新过。一些企业的项目管理 IT 工具在“强制”推行了一段时间之后，由于团队成员的强烈反对或者消极抵制，最后不了了之。

最佳实践观点：IT 工具只是提高管理效率的“工具”，并不能代替管理。我们不要成为工具的“奴隶”！如果开发团队成员对项目管理方法本身没有深刻的认识，只是机械地套用项目管理软件，那么不但不能提高管理效率，而且会影响项目进度和质量。创新型企业应该首先对开发团队成员进行项目管理方法的培训，使开发团队成员在不使用 IT 工具的情况下也能有效地管理好项目，然后再导入合适的 IT 工具，以进一步提高管理效率。

7. 将项目经理与产品经理混为一谈

在新产品开发中，一些企业认为项目经理就是产品经理，产品经理就是项目经理，要求项目经理承担产品经理的职责。一些企业负责新产品开发项目的项目经理既要了解客户需求，也要组织技术预研，还要领导产品开发团队。

最佳实践观点：一般而言，产品经理可以做项目经理，但项目经理不一定能够成为产品经理。产品经理是对产品全生命周期负责的人，其可能领导多位项目经理工作。新产品开发项目经理对新产品成功上市，实现盈亏平衡负责。**项目经理管一段，产品经理管全程。**如果要求某位项目经理对新产品开发的成败负责，那么他就不只是一位项目经理，还是一位产品经理。此外，一般来说，对产品经理的素质和能力要求比项目经理更高。

8. 一切皆“项目”

一些企业只有“立项”才能有“项目奖金”，于是研发团队不停地提出项目立项，甚至为了增加项目数量，将大项目分拆为多个小项目。一家研发人数近 500 人的科技企业，A 类项目有 100

多个，B 类项目 300 多个，C 类项目上千个。研发人员“互为项目经理”，两三个研发人员负责的项目近 10 个。

最佳实践观点：这是一种将项目“庸俗化”的做法。创新型企业项目立项一定要严肃，不能让大大小小的项目无序蔓延。只有周期长、投入大、风险高、参与人员多、复杂度高的项目才正式采用项目方式进行管理。

创新者行动

公司分管创新项目管理的领导组织项目管理办公室（PMO）成员、项目经理分析企业创新项目管理中存在的主要问题及产生问题的原因，结合后续章节介绍的方法制定改进措施，提升公司创新项目管理水平与绩效。

第二节 单项目管理

创新者思考

（1）我们公司有足够数量的项目经理和项目管理工程师吗？

（2）我们的项目经理、项目管理工程师均掌握了主要的项目管理方法和工具吗？他们足够专业吗？

（3）我们有规范的项目管理流程吗？我们将项目管理的主要方法和工具融入了项目管理流程吗？

基于知行信 10 多年创新项目咨询服务经验，我们建议创新型企业采取以下项目管理五步曲对单个创新项目进行管理，如图 23-5 所示。

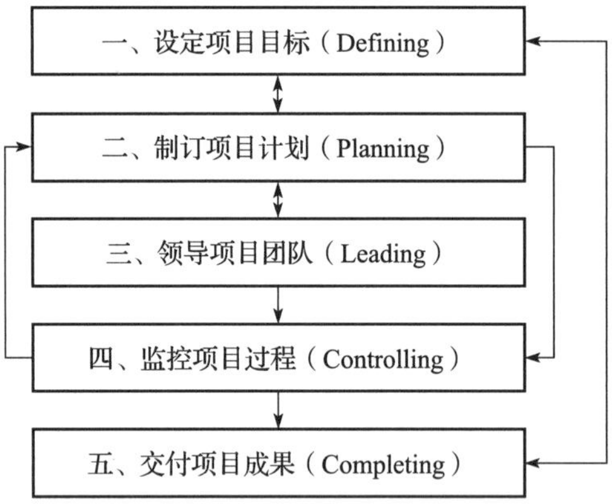

图 23-5 项目管理五步曲（DPLCC）

项目管理就是对以上五大基本管理活动及其变化进行管理。

1. 设定项目目标（Defining）

项目不是在最后才失败的；项目可能从一开始就注定了失败的命运。项目经理需要为项目定义期望与边界。项目经理需要提出问题并且确定项目的产品性能需求与交付日期、成本的期望。好的项目目标要符合 SMART 原则。

2. 制订项目计划（Planning）

项目计划制订包括预测资源需求、项目周期、预算等。项目团队成员也需要确定他们如何组织自身以满足客户的需求和内部的控制需求。

3. 领导项目团队（Leading）

项目经理需要对团队成员、扩展人员以及合作伙伴进行管理，以便他们及时、有效地做好工作。

4. 监控项目过程（Controlling）

项目经理需要及时评估项目绩效，以发现项目偏离计划的程度如何，并采取纠正措施。控制活动经常引致项目目标的调整。

5. 交付项目成果（Completing）

项目经理需要确认项目范围符合产品需求，符合企业的需求（比如文档要求和经验教训分享等）。

项目管理五步曲包括设定项目目标、制订项目计划、领导项目团队、监控项目过程和交付项目成果。其中，目标定义设定与项目计划制订是相互影响的，项目计划制订与项目团队领导又是相互影响的。因此，这三项管理活动中有一项发生变化，都会引起其他两项的变化。项目计划制订会影响项目进程监控，而项目进程的变更可能需要修改项目计划。此外，项目成果交付与项目目标定义也是相互影响的。项目目标定义规定项目需要交付什么样的成果，而项目最终交付的成果与项目目标定义可能会有差异或变化。

工欲善其事，必先利其器！项目管理方法是创新团队成员每天都要使用的方法。熟练掌握项目管理方法，能使创新团队达到事半功倍的工作效果。

以下详细介绍项目管理五步曲的主要内容，项目经理、项目管理工程师、项目团队成员、研发工程师可以结合实际创新项目学习和应用这些项目管理方法和工具，成为专业的项目管理者。

一、设定项目目标

项目管理从明确项目目标开始。

创新项目管理的目标就是在规定的时间周期内，以合理的创新资源投入，开发出符合客户需求的创新产品，实现企业预期的产品投资回报。

项目目标由相互关联、相互制约的三个方面组成，如图 23-6 所示。

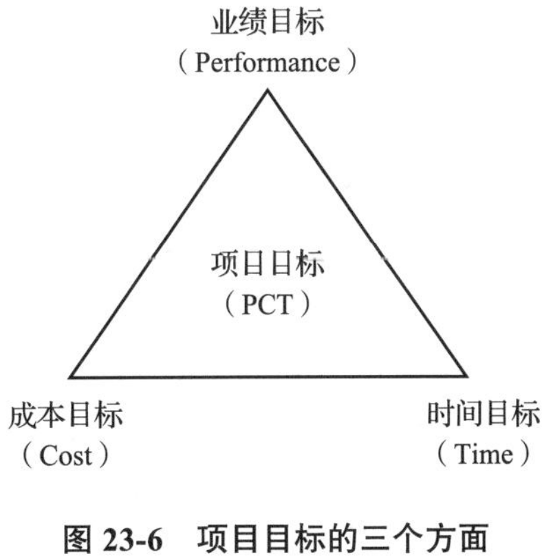

图 23-6　项目目标的三个方面

项目目标定义必须符合 SMART 原则。

（1）目标必须是具体的（Specific）。

（2）目标必须是可以衡量的（Measurable）。

（3）目标必须是经过努力可以达到的（Attainable）。

（4）目标要与其他目标具有一定的相关性（Relevant）。

（5）目标必须具有明确的完成截止期限（Time-bound）。

1. 业绩目标

在项目管理中，我们用业绩目标替代传统的“质量”目标。业绩目标主要是指满足客户的需求。对于新产品项目而言，主要需要满足两类“客户”的需求。一类客户是指产品的购买方，即要满足产品的客户的需求。客户需求主要在产品定义中阐明。另一类客户是指项目的投资方，即批准该项目，并为该项目提供资源的企业。企业的主要需求是开发出一款能够赚钱的新产品，企业的需求主要在立项分析报告中的财务分析中体现。所以，传统意义上的“质量”目标，不仅仅指开发出的产品本身没有“缺陷”，还要满足客户的需求，满足企业本身的需求。

如果一个产品客户不愿意购买，或者客户虽然愿意购买，但是企业赚不到钱，那这个产品就是一个有“质量”问题的产品。

2. 时间目标

时间目标是指项目必须在限定的时间周期内完成。对于新产品项目而言，上市时机非常重要。时间进度目标是新产品开发的关键绩效目标。项目团队需要列出项目任务清单，估计各项任务所需的时间周期，分析关键任务路径，估算出项目所需时间周期。

一个产品“质量”再好，成本再低，但是错过了上市的最佳“窗口期（Window of Opportunity）”，那么该产品也不可能取得好的绩效。

在项目的所有目标中，时间进度目标是最不能妥协的！

3. 成本目标

项目成本包括人员、资金及设备等的投入。新产品项目是一种投资项目。投资的目的就是获得预期的回报。控制投资成本和风险，提高投资回报率是企业始终追求的目标。

这三个目标之间是相互影响和相互制约的。一个目标的变化会影响其他一个或两个目标的变化。比如，新产品功能增加，如果时间周期不变，则需要加大人力资源的投入；如果人员投入不变，则需要延长时间周期。再比如，如果需要缩短新产品开发周期，那么要么少实现一些产品功能，要么增加人力资源投入。企业需要根据项目必须满足的主要目标，在三个目标的指标值之间进行适当的权衡。

项目目标的设定是基于项目计划分析的。项目目标设定与项目计划制订往往是同时进行的，并且是反复多次后才最终确定。比如，要核算项目周期，必须进行项目任务分解，计算各项活动所需的资源与时间周期，再根据关键路径确定项目周期。

新产品开发项目的关键绩效目标如表 23-3 所示。

表 23-3　新产品开发项目的关键绩效目标（示例）

目标方面	关键绩效目标（KPI）
时间目标	（1）样机评审时间 （2）批量上市时间 （3）盈亏平衡时间（上市后评审时间）
成本目标	（1）立项分析阶段成本 （2）设计开发阶段成本 （3）测试矫正阶段成本 （4）产品上市管理阶段成本
业绩目标	（1）批量上市后 1 年（2 年）内的营业收入目标 （2）批量上市后 1 年（2 年）内的利润目标 （3）批量上市后 1 年（2 年）内的市场份额目标

由于信息不充分，在项目正式启动前设定的项目目标一般不够准确和完整，在项目执行过程中可能需要对项目目标进行适当的调整。项目目标的调整必须由项目团队以书面的形式提出，在公司管理团队审批同意后变更。但是，企业不能因为项目目标会有变化就不设定目标！

为保证项目目标的实现，项目团队应该与公司管理团队签订书面的项目任务书。项目团队以项目任务书中约定的项目目标作为绩效承诺。如果项目有部分内容是外包或者合作开发，也同样应该签订项目合作合同。

表 23-4 是一个新产品开发项目的项目任务书模板。

表 23-4　新产品开发项目任务书（示例）

开发项目名称	×× 产品开发项目		
项目经理	××		
立项评审时间	样机评审时间	产品上市时间	盈亏平衡时间
×× 年 ×× 月 ×× 日	×× 年 ×× 月 ×× 日	×× 年 ×× 月 ×× 日	×× 年 ×× 月 ×× 日
预计开发总时间	6 个月（从 2009 年 5 月到 2009 年 11 月）		
产品定义：			
1. 产品主要面向 ×× 样的客户（目标顾客）； 2. 产品主要有以下卖点（需要重点或突出的顾客需求）： 2.1 3. 设计特性优化方案： 3.1 ……			
财务预期概述：			
预计开发费用	290,000	预计市场拓展费用	180,000
预计制造成本	3,100/pc	预计销售价格	5,000/pc
预计销售毛利率	38%	预计年销售量	15,000pcs
开发团队组成：			
××（市场）、××（硬件）、××（软件）、××（采购）、××（制造）……			
项目经理签名：	PM	产品审批委员会主席签名：	GM

由上表可以看出，项目任务书中约定的业绩目标包括产品定义和财务指标两大部分。时间进度目标包括新产品开发各阶段的时间节点及总体开发周期。成本预算目标包括资金投入与人员投入等。

项目任务书中最好也约定对产品开发团队的激励条款，即产品开发团队实现了什么样的业绩目标就能够得到多少“项目奖金”。这是一种“双向承诺”：项目团队承诺多长时间、花费多少钱、开发出一个什么样的产品；公司管理团队承诺在项目团队实现了预定的目标时能得到什么样的奖励。

项目目标设定要点主要包括以下内容。

（1）项目目标设定源于系统、科学、有效的项目立项分析，而不是个别人拍脑袋的结果。

（2）项目目标设定与项目计划制订是相互关联的活动，通过项目任务分解才能测算出项目周期和项目成本等目标。

（3）项目决策评审团队须与项目团队就项目目标达成共识，项目团队共同承诺的目标才有意义。

（4）根据需求及市场等情况的变化，在新产品开发过程中可以适当调整目标，但必须得到决策评审团队的批准。

（5）新产品开发项目最重要的目标是投资回报目标，而不是产品交付目标。产品是手段，盈利是目标。

创新者行动

项目经理组织核心团队成员明确新产品开发项目的关键绩效目标，制定并签署项目任务书。

二、制订项目计划

“凡事预则立，不预则废”。制订项目计划是项目管理中非常重要的一环。**项目计划不是浪费时间，而是确保项目成功的必不可少的投资**。不制订有效的项目计划，就没有人知道项目目标实现的概率有多大；不制订有效的项目计划，项目团队就很难有效开展工作。

一个有效的项目计划能实现以下目的。

（1）识别决定项目成败的关键工作内容，并进行有效管理。

（2）评估项目所需资源，并提前进行准备。

（3）为公司决策评审团队提供决策输入信息，提升决策的有效性，提升公司决策评审团队对项目的信心。

（4）识别项目主要风险，并进行有效管理。

（5）与项目团队成员进行有效沟通，并达成共识。

制订项目计划包括分解项目任务、规划项目时间、预算项目资源和分析项目风险四部分，如图 23-7 所示。

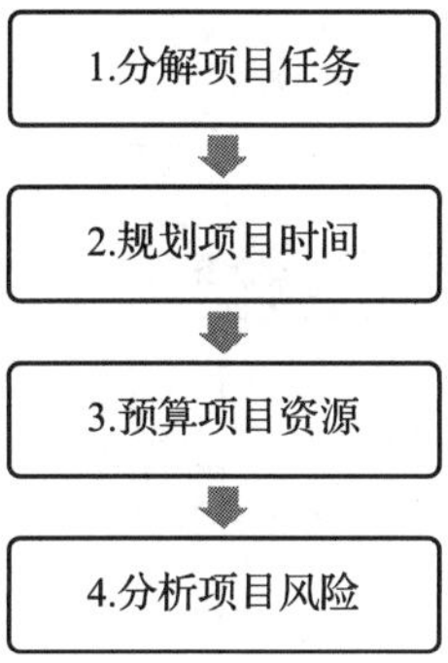

图 23-7　项目计划的主要内容

项目任务分解是项目时间规划、项目资源预算以及项目风险分析的前提和基础。只有在对项目任务进行有效分解的基础上，才能对各项任务进行时间估计，才能估算出项目的总体时间周期。明确了项目任务，才有可能安排合适的人员去完成相应的任务。明确了项目时间周期，才有可能计算需要相应的各专业人员投入的人 / 月（人 / 天）。项目风险分析则是在以上三方面分析的基础上进行的。当然，项目计划制订是一个多次反复的过程，需要项目团队成员分工配合，集思广益。

（一）分解项目任务

分解项目任务的方法包括工作分解结构和工作包。

工作分解结构（Work Breakdown Structure，WBS）是分层列出所有的项目工作。

工作包（Work Package）是将项目工作分拆成可控的基本单元。工作分解结构的最小单元是工作包。

分解项目任务是相关工作启动的基础和前提。

分解项目任务的主要作用包括以下方面。

（1）项目任务分解定义了工作范围，因而也就定义了项目。

（2）项目任务分解是项目时间规划的基础。

（3）项目任务分解是工作执行的基础。

（4）项目任务分解是项目成本预算的基础。

（5）项目任务分解是项目变更控制的基础。

（6）项目任务分解是项目职责沟通的基础。

（7）项目任务分解是项目风险管理的基础。

1. 工作分解结构（WBS）

分解项目任务的原则是“**完全穷尽，相互独立**”，列出成功地完成一个项目所需的全部工作内容。项目任务分解的基本单元是工作包。我们可以对新产品开发项目进行 WBS 分解，如图 23-8 所示。

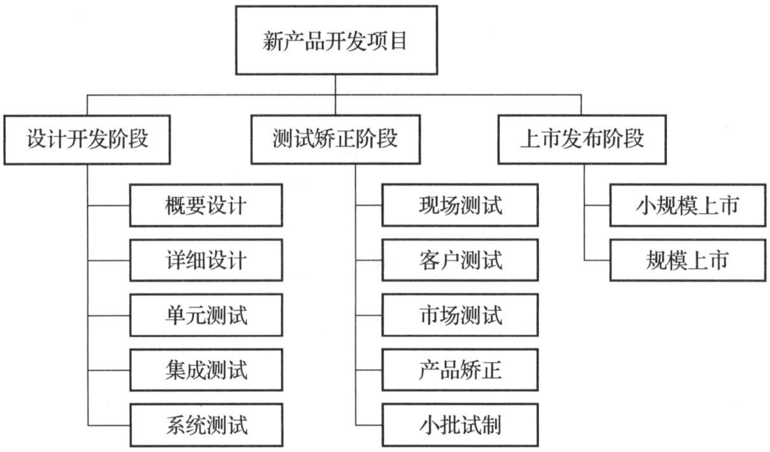

图 23-8　新产品开发项目的工作分解结构（示例）

根据项目的实际需要，可以对项目工作进行多层的 WBS 分解。WBS 的分解可以有三种方式。

（1）**按系统分**：开发大型的硬件产品通常按系统进行 WBS 分解。比如开发一台汽车，可以分为引擎子系统、车架子系统、电气子系统、底盘子系统等。

（2）**按职能部门分**：这种方法通常用于在企业内部开发的项目，这些项目的不同功能由不同的部门完成，或者不同的部分在不同的地点完成。比如休闲自行车开发，可以分为车型开发子系统、制造子系统和营销子系统等。

（3）**按时间阶段分**：这种方式是按照项目生命周期的阶段进行 WBS 分解。图 23-8 中新产品开发项目的 WBS 分解的第一层就是按照项目进行的时间阶段划分的。这种划分方式的项目，一般是以项目团队的方式分阶段地完成项目的。新产品开发项目大多数是按时间阶段划分的，每阶段的 WBS 内容大部分能够标准化并且通过流程固化。通过标准化各个开发阶段的工作任务内容，能够大大提升新产品开发的速度和质量。

WBS 分解可以采取由上到下或者由下到上的方式进行，最好是两种方式结合采用，并且由项目团队反复多次分解。根据项目的复杂程度不同，WBS 一般可以分解到 4 ～ 5 层，特别复杂的项目也可能分解到 8 ～ 10 层。如果一个项目的 WBS 分解到 5 层以上，说明这个项目过大、过于复杂，要考虑是否将 5 层以上的 WBS 内容外包出去。比如华为公司的新产品开发项目的部分软件开发内容是外包给专门的软件外包公司去做的。

WBS 需要识别项目需要做的所有工作，也只需要识别项目必须做的工作。

2. 工作包分解

WBS 分解的最后一层是工作包。工作包也可以称为任务（Tasks）或者活动（Activities）。通过工作包分解，项目经理和项目团队成员可以计划、执行和控制各项项目工作。工作包一般采用“动词 + 名词”即“做什么”的方式进行描述。图 23-7 中“分析项目风险”就是这种描述方式。工作包的大小没有绝对的定义，一般每个工作包的工作量在 40 ～ 80 小时。每个工作包内的内容一般由 1 个人完成。

工作包的详细程度取决于项目控制的需要。工作包的划分应能够便于项目团队成员理解工作的范围、自己的角色与工作职责、需要的时间周期、所需的资源和成本、任务的风险、任务间的相互依赖关系等。项目经理一般不监控工作包内部的工作内容，工作包内部的工作内容由相应的项目团队成员负责完成。

（二）规划项目时间

在分解项目任务的基础上，可以结合对完成各个工作包任务所需时间的估计来规划项目所需时间周期。规划项目时间是项目预算的前提之一。对于新产品开发项目而言，上市时机非常重要。**通过项目时间规划缩短新产品开发和上市周期，是具有战略重要性的工作任务。**

项目时间规划的工具主要有三种：条形图、里程碑图和网络图。

1. 绘制条形图

条形图（Bar Charts）描绘了活动或任务的起止时间及时间周期。条形图的优势是简明易懂，适合与公司管理层及项目团队外部人员沟通。条形图的不足是过于粗略，难以体现不同任务之间的相互依赖关系。图 23-9 是一个条形图的示例。

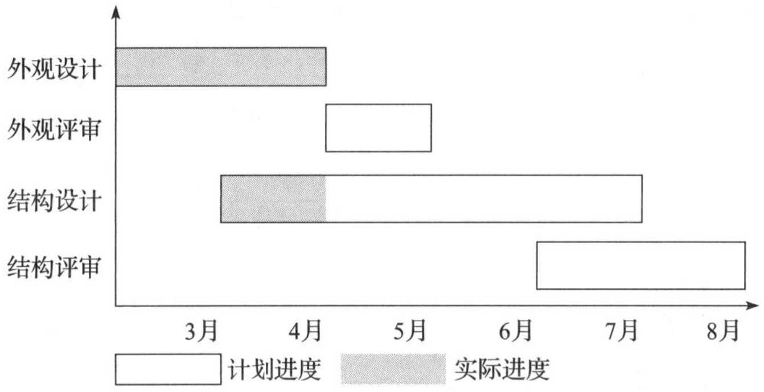

图 23-9　条形图（示例）

2. 绘制里程碑图

里程碑图（Milestone Charts）描述了关键事件的时间节点。里程碑图的好处是简明扼要地描述出了整个项目的关键事件及其截止期限，适合对新产品开发项目进行关键评审点描述。不足之处是不能反映所有项目任务及任务之间的相互关系。里程碑图适合项目团队与公司项目决策评审团队及项目合作伙伴之间进行沟通。图 23-10 是一个里程碑图的示例。

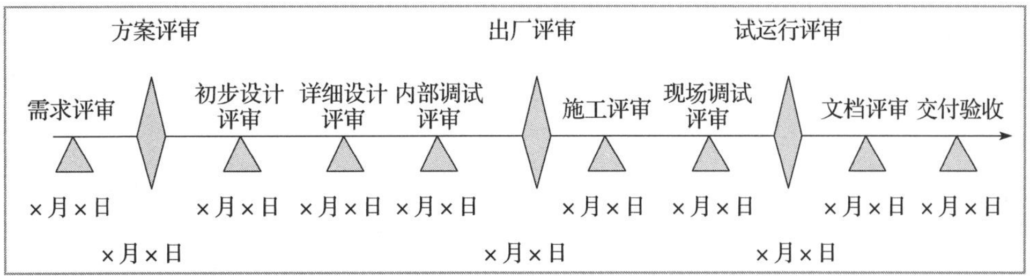

图 23-10　里程碑图（示例）

3. 绘制网络图

网络图（Network Diagrams）描述项目活动之间的先后顺序与依赖关系。

网络图是最有效的时间规划工具。画出了网络图，就能很轻松地画出条形图和里程碑图。

如果项目团队不能正确地画出网络图，说明项目团队对要完成的项目任务缺乏真正的理解。网络图相对于条形图和里程碑图而言更为复杂，但是项目团队不能因为画网络图比较复杂就放弃网络图的绘制。绘制网络图并不一定要借助 Project 等软件工具。如果你在纸上画不出项目的网络图，你也很难在 Project 软件上画出正确的网络图。

通过绘制网络图，能够找出决定项目时间周期的**关键路径**（Critical Path），从而估计出项目的整体时间周期。通过绘制网络图，还可以发现哪些活动可以提前启动、哪些活动可以延后启动、哪些活动可以并行启动，以优化关键路径，缩短项目的整体时间周期。图 23-11 是一个网络图的示例，其中粗体线条标注了项目的关键路径。

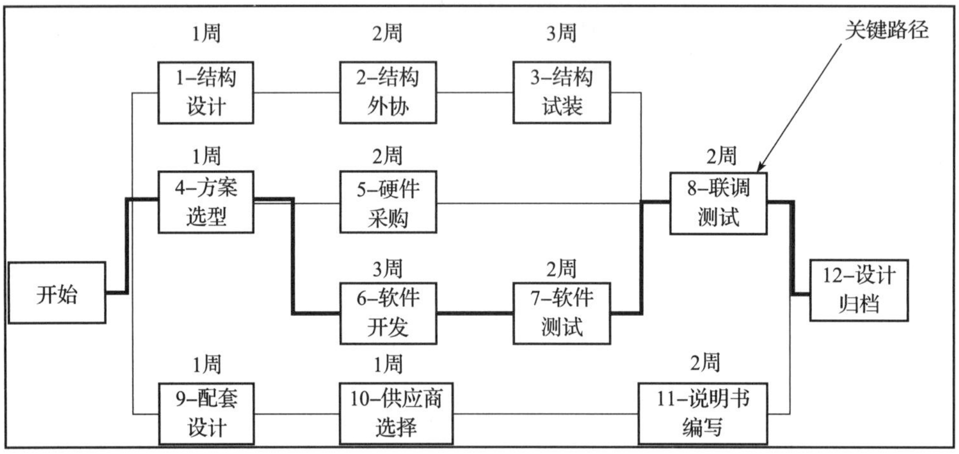

图 23-11 网络图（示例）

规划项目时间要点：**向关键路径要时间，向非关键路径要资源！**

4. 估计项目时间

通过绘制网络图，可以列出所有项目任务的时间周期及任务间的依赖关系。在此基础上，可以找出项目的关键路径并计算出完成关键路径任务所需的时间周期。但是，这些任务的时间周期估计都是不准确的。我们可以通过对每个活动估计 3 种时间周期来更为准确地估计完成各个活动所需的时间。

（1）最可能的时间（T_m）：最现实的时间估计。

（2）最乐观的时间（T_o）：可能的最短时间。

（3）最悲观的时间（T_p）：可能的最长时间。

基于以上三种时间估计，可以利用如下公式计算出期望的活动完成时间（T_e）：

$$T_e=\frac{T_o+4T_m+T_p}{6}$$

比如某项任务最可能、最乐观和最悲观的时间估计分别是 10 天，5 天和 15 天，那么期望的任务完成时间估计应该是 10 天。

在计算出每项活动的期望时间后，结合关键路径分析，就可以计算出整个项目的期望时间周期。

5. 思考如何缩短项目整体时间周期

在采用上述方法对项目时间周期进行计算后，项目团队估算出的项目周期可能是 12 个月，但是公司管理层期望的项目周期可能是 9 个月。那么项目团队需要考虑如何在 9 个月内完成项目。考虑缩短项目整体时间周期的原则是：**符合逻辑地规划，进行系统化地改善**。

以下方法可以帮助项目团队缩短项目周期。

（1）**重新考虑任务时间估计。**

一开始考虑的项目时间周期一般是偏保守的。项目团队成员可以反复对各项任务所需的时间周期进行深入分析，看看可否再节省一些时间。如果每项任务都能缩短几天的时间，那么整体项目的时间周期就可能缩短 2 ～ 3 个月。在此，我们可以套用这样一句俗语：时间就像海绵里的水，只要你愿意挤，它总是有的。

（2）**尽可能采用并行工程。**

很多看似有先后顺序的任务，其实可以提前启动或推后结束。反复审视项目的关键路径，看看关键路径上的哪些任务可以并行，或者可以部分并行，以缩短整体项目周期。采用跨职能团队组织模式是实施并行工程的前提。并行工程往往能大幅缩短项目整体时间周期。比如在产品设计阶段并行长周期研发物料的寻源工作，就可能缩短产品设计开发周期 1 ～ 2 个月。

（3）**增加资源。**

有些项目任务能够采用增加资源的方式缩短时间周期。对于处于关键路径上的项目任务，可以考虑适当增加人手来缩短项目时间周期。比如增加几个软件工程师可能可以缩短项目软件开发任务的整体时间周期。但是，资源的增加与项目任务时间的缩短并非线性关系。很多任务并非参与的人手越多，任务周期越短。此外，还要考虑资源的成本和资源的可获得性。

（4）**简化项目任务。**

缩短项目时间周期的最直接的方法就是简化项目任务。比如，新产品开发项目可以简化部分功能或者去掉一些功能。这些被简化或者去掉的功能可以在后续的升级产品中补充完善。不要试图一开始就开发出一个“完美的产品”，而是要开发出一个符合客户需求，客户能够接受的产品。所以，考虑产品的系列化，对产品进行“版本规划和管理”是缩短单个新产品开发项目上市时间周期的有效方法。

6. 过度强调开发速度可能带来的负面影响

过犹不及！过度强调新产品开发速度也会带来一些负面的影响。

（1）公司趋向于选择那些难度小、周期短的新产品项目，而放弃那些难度较大、周期较长的新产品项目。这样，最终导致公司开发出的主要是一些改进型的新产品，突破性的新产品非常缺乏，公司的战略目标很难实现。

（2）过于强调开发进度，产品开发团队可能会在很多关键任务的执行方面走捷径。项目执行的质量会得不到保证，比如产品定义不深入、客户测试不严谨、开发过程中基本不进行客户需求变更、降低一些产品功能的性能指标等。这样做的结果是企业新产品开发失败率很高。

（3）过大的时间压力，会抑制产品开发团队的创造性。如果开发团队成员天天加班，星期六、星期天也在加班，则很难有时间和精力思考如何创造性地解决开发中的技术问题。

（4）过大的时间压力会影响开发团队成员的心情。如果项目没有按期完成，开发团队成员之间可能会相互指责，甚至相互推卸责任。过大的工作压力和经常处于焦虑状态，容易使产品开发团队“身心疲惫”。“郁闷和不爽”是“知识工作者（Knowledge Worker）”离职的主要原因。

（三）预算项目资源

项目团队需要在项目资源预算的基础上，估计项目的成本，进行项目成本预算。项目资源预算的目的是确定项目所需资源的类型与数量。项目资源预算需要回答以下三个问题。

（1）项目需要哪些资源？

（2）完成项目任务需要哪些技能？

（3）这些所需技能的可获得性如何？

以上三个问题的回答需要在项目任务分解的基础上进行。项目团队需要采取自上而下与自下而上相结合的方法估计完成每个工作包所需的资源。在此基础上，结合完成每个工作包所需的时间，预算完成每个工作包的成本。所有工作包成本的总和就是项目的总成本。成本一般包括人员成本和资金成本两类。人员成本需要根据投入的人员的数量、投入的时间和人员的单位成本（比如每人每天的工资成本）折算成资金成本。资金成本主要包括元器件采购费用、外包或合作费用、差旅费用以及设备费用等。

虽然进行了比较详尽的资源预算，但是项目在实际运行过程中还是会经常出现资源冲突的问题。资源主要是指人和物，资源冲突主要体现在人方面。人力资源冲突主要表现在资源过载和资源闲置两方面。

资源过载表现在项目所需的人员数量不够，或者人员数量足够但是完成项目任务所需的技能不够。资源闲置主要是指有些人工作任务不饱和，或者未充分发挥其潜力和特长。人力资源的浪费是企业最大的浪费。项目资源管理是项目经理的重要任务。从某种意义上说，管理项目就是管理人。

1. 单项目的项目资源冲突解决方法

当只有一个项目时，可以采用以下方法解决资源冲突问题。

（1）保证关键路径上各项任务的资源需求。

（2）通过安排理想的启动时间，调节其他任务的资源需求。

（3）定期比较各项任务的资源需求与资源的可获得性，发现资源差距，提前制定应对措施。

2. 多项目的项目资源冲突解决方法

如果在多个项目之间存在资源冲突，那么除了要采用上述方法解决资源冲突问题外，还可以采取以下措施解决资源冲突问题。

（1）排列多个项目的优先顺序。

（2）优先顺序最高的项目优先获得可用的资源。

（3）优先顺序排第二的项目，第二个获得剩余的可用资源，依此类推。

3. 解决资源冲突的可能的应对措施

以下解决资源冲突的具体应对措施供项目经理参考。

（1）调整有时间弹性的任务的启动日期。

（2）调整项目进度计划以减少资源闲置。

（3）提高劳动生产率（采用新的工具、改进人员与任务的匹配性、改进激励机制）。

（4）动态调整资源的可获得性（通过规划资源闲置时间、调整团队成员休假期、争取临时人员，或者外包部分任务等）。

（5）改变资源的可获得性（通过培训或提升员工的技能以满足需求，或者聘用新的人员）。

（6）改变时间安排（加速关键路径）。

（7）改变计划（改变性能规格、任务的顺序或标准等）。

（四）分析项目风险

项目风险是在项目中“可能会发生，也可能不会发生”的事情。有发生概率，并且一旦发生会对项目产生不利影响的事情称为“风险”。而一定会发生，正在发生或者已经发生的事情是“问题”。“风险”是要考虑预防措施和应对策略的，而“问题”是必须解决的。

如果某个“风险”的发生概率是100%，那么这就不是“风险”，而是必须解决的一个“问题”了。

根据风险的性质不同，可以将风险分为“战略性风险”和“运营性风险”。

“战略性风险”主要是指影响客户的满意度和公司的收入、利润等的风险。战略性风险如果不能有效应对和化解，很可能会导致项目失败。

“运营性风险”主要是指项目中与技术相关的风险，这些风险一般都能化解，只是需要时间和投入。项目团队需要区分战略性风险和运营性风险。

战略性风险应该由项目经理亲自负责跟踪和管理，而运营性风险主要交由项目团队中的专业人士负责跟踪和化解。纯粹与技术相关的风险，可以采用失效模型分析（FMEA）来应对。

项目风险管理要诀：**防消结合，以防为主！**

项目风险管理可以分为三大步骤。

1. 识别项目风险

不同类型的项目有不同程度和概率的风险。突破性创新的项目（Radical Innovative Project）在项目启动前其需求确定性往往只有50%左右，因而出现风险的概率比较大，风险的破坏程度往往也比较高。而改进型的项目（Incremental Project）在项目启动前其需求确定性往往在80%以上，因而出现风险的概率比较小，风险的破坏程度往往也比较低。对创新性高的项目，企业应该有较高的风险容忍度。当然，创新性项目的风险管理能力也要求比较高。

项目风险的识别应该采取“集思广益、群策群力”的方式进行。可以从以下四个方面思考和分析项目风险的来源：技术风险、运营风险、管理风险和商务风险。识别出的风险可以按照风险发生的概率和风险的重要性进行排序。项目经理和项目团队应该重点关注发生概率高、重要性也高的风险。

2. 制定风险管理策略

“不怕一万，就怕万一”。制定风险管理策略的目的就是以防万一。在计划阶段就制定可能风险的规避措施与应对措施，能大大减少项目团队成员的焦虑，降低风险发生后给项目带来的不良后果。

主要有四种风险应对策略，分别举例如下。

（1）**风险规避**：设计人员计划采用某个新上市芯片，之前完全没有相关开发经验，为产品稳定性考虑，此次不采用。

（2）**风险转移**：客户指定某核心部件必须从某供应商采购，但该供应商不在我公司供应商体系内。我们建议由客户、我公司和供应商签订三方采购合同，以保证相应质量、周期和价格。

（3）**风险缓减**：由于交期紧张，采用相对成熟的外包商，成本虽有所上升，但延期风险降低。

（4）**风险接受**：某个新员工，技术能力不确定，但他负责的任务不是关键任务，给他一个观察和考验的机会。

3. 管理风险

项目风险管理不是一次性的工作，而是一个持续的流程。建议项目团队定期（比如每月）更新项目风险跟踪表（见表 23-5）。在项目的决策评审点，项目团队应该向公司决策评审团队汇报项目风险管理情况。

表 23-5　项目风险跟踪表（模板）

风险描述	风险等级	发生概率	可能影响	规避措施	应对措施

注：风险等级可分为重大、重要、一般。发生概率：大于 60% 为高，30% ～ 60% 为中，小于 30% 为低。

风险管理的关键在预防，最有效的风险管理就是从来没有真正发生过风险！在风险发生的萌芽阶段就将风险转化为“问题”加以解决是最好的。一旦风险发生，要辨别风险发生的根本原因，注重从源头上应对风险，而不要让风险演变成危机。危机的产生往往是风险管理不当造成的。

创新者行动

项目经理组织核心团队成员分解项目任务、评估项目周期、预算项目资源、分析项目风险，制订有挑战的、可行的项目计划。

三、领导项目团队

项目经理是项目的“总经理”。项目经理必须组织各种资源成功地完成项目，对项目的最终成败负责。

本部分讨论的主要内容包括：选择项目组织模式、招募项目团队成员、分配项目工作任务、激励项目团队成员、提升项目经理领导力等。

（一）选择项目组织模式

新产品开发项目均应采取跨职能团队组织模式。从原理上说，再差的跨职能团队的效果也要好于职能式团队。因为职能式团队成员对项目只是“帮忙”，缺乏真诚度，很难真正“用心出力”。而跨职能团队的成员是正式任命的，对项目是肩负任务与责任的，做不好是要问责的。

不同复杂程度的新产品开发项目可以分别采取弱矩阵、平衡矩阵或强矩阵跨职能团队组织模式。大多数新产品开发项目适合采取平衡矩阵组织模式。三种矩阵式跨职能团队组织模式见表 23-6。

表 23-6　三种矩阵式跨职能团队组织模式

	弱矩阵型	平衡矩阵	强矩阵
组织模式	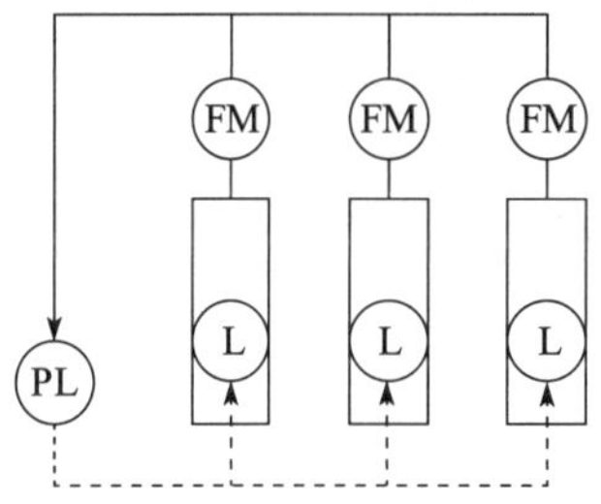	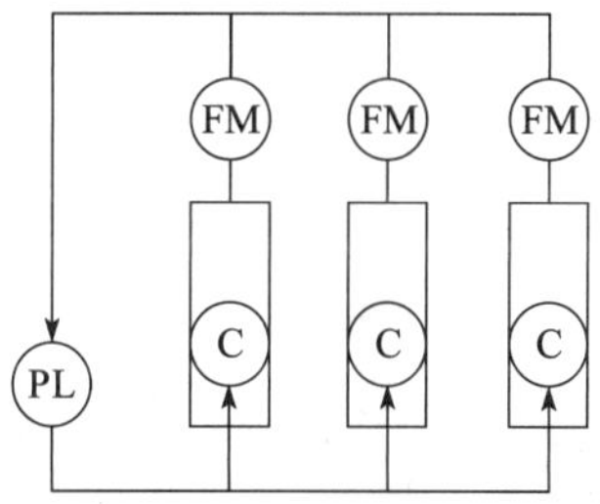	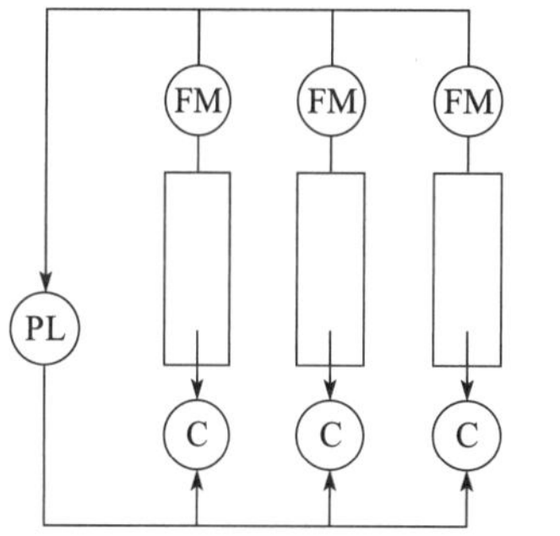
主要特点	• 任命项目经理或团队负责人负责该项目 • 与职能经理共享完成该项目的职责和权力 • 联合审批与指导	• 任命团队负责人负责该项目，对项目拥有主要的职责和权力 • 职能经理必要时安排人手并提供技术指导 • 在此职能部门成为“资源提供者”	• 项目经理负责管理项目团队，项目团队由来自多个职能部门的核心人员组成 • 职能经理没有正式的参与或权力 • 团队在传统的组织结构之外运作
适用项目	• 规模较小、不太重要、能快速完成的项目	• 规模适中、比较重要，但不太复杂的项目	• 周期长、重要而又复杂的攻关项目

跨职能团队管理要点包括以下内容。

（1）**团队组成**：项目团队是跨职能的，由来自各个职能部门的、敬业的团队成员组成。团队成员应该获得从他们的正常工作中解脱出来从而用在新产品项目上的时间。

（2）**团队领导**：项目团队要有明确指定的团队队长或者领导。这个领导人要专注于该项目（而不是负担着许多其他任务或者项目），并且在该项目的进程中始终都是可依靠的——而不是只负责一个阶段。

（3）**权责：**团队领导要有正式的权威，这意味着具有从职能部门的领导者那里“让渡”出来的权力。

（4）**资源：**部分团队资源是专用的，新产品开发是他们的全职工作。比如在开发阶段，多位研发工程师应该全职为项目工作。

（5）**核心成员：**团队成员根据项目的实际需要应该具有流动性，但核心团队成员应该始终在项目中。

（6）**组织绩效：**整个团队应对项目结果负责。报酬应与团队表现和取得的成果挂钩。

跨职能团队组织模式的详细介绍，请参见第二十一章。

（二）招募项目团队成员

团队建设是项目经理最重要的职责之一。我们前面提到过，“管理项目就是管理人”。项目经理要为项目挑选合适的团队成员，并且要让这些团队成员充分发挥作用。

团队成员选择好了，项目就成功了一半！团队成员没有选择好，项目要成功很难！

组建项目团队要点包括以下内容。

1. 明确核心团队与扩展团队人员需求

项目团队成员包括项目经理、核心团队成员和扩展团队成员。跨职能项目团队组织结构见图 23-12。

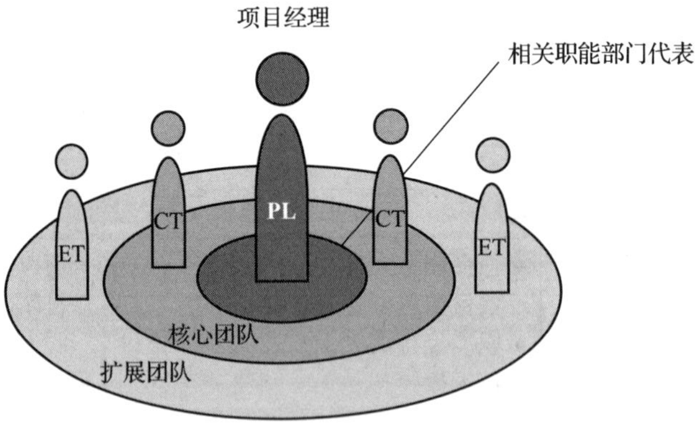

图 23-12　跨职能项目团队组织结构

如果项目比较复杂，项目周期较长，需要考虑采用核心团队组织模式。**核心团队**的（Core Team）组成成员通常不超过 10 个人，是由各个职能部门代表组成的。核心团队成员自始至终留在项目中。稳定的核心团队有助于减少信息在不同团队成员之间传递造成的误解，也有助于提高团队成员对项目结果负责的承诺。

扩展团队（Extended Team）成员通常向某个核心团队成员汇报，负责完成某个核心团队成员交付的项目任务。比如各专业的采购员关于项目事宜向采购代表汇报。扩展团队对项目任务的完成也非常重要，项目经理只有获得扩展团队成员的认可和承诺才能很好地完成项目任务。

以下措施有助于获得扩展团队成员的认同与支持。

（1）争取让扩展团队成员参与项目论证过程。

（2）尽早启动扩展团队成员负责的任务事项。

（3）与扩展团队成员签订书面的项目任务书。

2. 招募团队成员

采用以下步骤招募项目团队成员。

（1）**明确需求。**

满足客户和组织的需求是项目的任务。因此，首先要了解需要完成哪些任务（工作包），以及每个工作包的完成时限。

（2）**匹配能力。**

任何项目任务都需要由具有相应技能的人员来完成。项目经理需要分析每项工作任务需要由具备什么技能的人来完成。

（3）**确认可获得性。**

一旦你明确了需要具有什么技能的人来为项目工作，你就必须确定各种技能需要多少人，是需要全职还是兼职的人员，他们在哪里，我们能否获得这些人。

通过以上步骤，项目经理可以明确要找具备什么技能的团队成员，各种团队成员需要多少人，每人需要为项目工作多长时间，工作的起止时间等。接下来，项目经理就要去物色和招募所需的团队成员。

团队成员可能的来源主要有以下方面。

（1）**项目论证期间的参与人员。**

参与过项目论证的人员是最好的项目团队成员人选。他们了解项目的目的和意义，他们更加熟悉项目，他们更可能认同项目。对于新产品开发项目而言，大多数参与立项分析阶段工作的人员应该成为项目的核心团队成员。

（2）**公司内部的其他人员。**

除了项目论证期间的工作人员外，很多项目还需要从公司内部相关部门招募团队成员。比如新产品开发项目需要从研发部门招募结构工程师、硬件工程师、软件工程师、电气工程师等。

（3）**公司外部人员。**

如果通过以上两个途径还不能满足项目对人员的需要，项目经理还可以考虑从公司外部招募人员。比如招募新的员工，聘请咨询顾问，招募合同制人员或者寻求合作伙伴等。

（三）分配项目工作任务

项目经理必须将通过 WBS 分解和网络图明确的项目任务分配到各个团队成员。项目团队成员应该就负责的项目任务向项目经理提供详细的计划，说明如何完成任务、完成任务的周期、所需资源及协助等。项目经理需要根据项目任务计划按期检查项目进度。项目团队成员应该与项目经理签订书面的项目任务承诺书。

1. 管理不同类型的项目团队成员

很多企业的项目经理期望所有的团队成员只向自己汇报，全职为项目工作，而且从头到尾在项目中工作。这种不切实际的想法正是许多项目经理缺乏成就感，甚至对担当项目经理一职缺乏信心的原因。实际上，项目团队成员的构成远比项目经理想象的要复杂，不同类型的项目团队成员构成，如表 22-7 所示。

表 23-7　不同类型的项目团队成员

<table>
<tr><td colspan="2">汇报关系的特点</td><td colspan="2">向项目经理汇报</td><td colspan="2">为该项目工作但是向别的经理汇报</td></tr>
<tr><td colspan="2">项目任务的特点</td><td>只为该项目工作</td><td>还有其他任务</td><td>只为该项目工作</td><td>还有其他任务</td></tr>
<tr><td rowspan="2">在项目中
工作的时间</td><td>从头到尾
在项目中工作</td><td>C</td><td>C</td><td>E</td><td>E</td></tr>
<tr><td>只在项目中
工作一段时间</td><td>C</td><td>C</td><td>E</td><td>E</td></tr>
</table>

注：C= 核心团队成员；E= 外围团队成员。

由表 23-7 可以看出，在一个典型的项目团队中可能有 8 种不同类型的团队成员。这些不同类型的团队成员需要项目经理采取不同的方式进行管理和沟通。项目经理理想中的团队成员只是左上角的一种。还有 7 种团队成员是项目经理感到难于管理的。

项目经理应该将对以下团队成员的管理作为项目管理工作中的“常态”，而不是“例外”。

（1）项目团队成员同时为多个项目工作。

（2）项目团队成员为项目工作但是不向项目经理汇报。

（3）项目团队成员只为项目工作一段时间，不是从头到尾参与项目工作。

项目经理的领导和管理能力主要就是体现在协调好不同类型的团队成员，并让他们充分发挥作用，共同完成项目的各项任务。

2. 采用“并行工程”方法推进项目

新产品开发项目的主要任务不只是“设计与开发”，还包括很多“并行”的工作，比如持续了解客户需求，完善项目可行性分析报告等。新产品开发项目不是在多个部门之间传递的“串行”活动，而是由跨职能团队自始至终进行的“并行工程（Concurrent Engineering）”。

采用跨职能团队组织模式的主要目的就是“并行”地完成多项开发任务。采用并行工程方法不但可以加快开发进度，而且可以提高开发质量，降低开发成本。“并行工程”方法是新产品开发必须采取的开发模式，而不是可选模式。图 23-13 是一个新产品开发项目各阶段并行活动的示例。

3. 保持项目团队成员的稳定性

项目经理要保持团队成员的稳定性。团队成员可能由于种种原因进入或离开团队。正常流动的原因主要是工作任务完成后团队成员需要投入到其他项目之中。非正常流动的原因主要有调动、生病、请假、离职、对项目没兴趣、与其他项目时间冲突等。

项目经理应该将人员流动作为常态来进行管理，这也是项目风险管理的内容之一。但是，要尽可能保证项目经理及项目的核心团队成员的稳定。

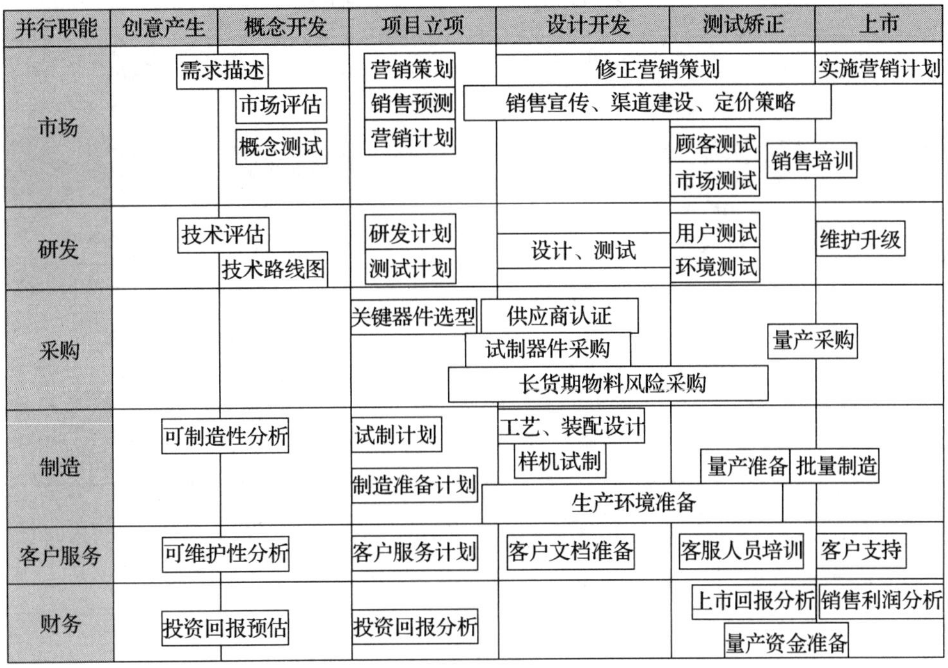

图 23-13 新产品开发项目各阶段并行活动示例

有研究表明，项目经理的变更会导致项目 3 个月的延期；一个核心团队成员的变更，会导致项目 1 个月的延期。在知识密集型的新产品开发项目中，存在一种 Brook 法则：“**增加人手应对延期的项目会使项目延期得更厉害**”，因为现有项目团队成员必须花时间让新的团队成员上手。

以下列出提升项目成员团队精神的 10 种方法，供项目经理进行团队建设参考。

（1）公司领导在全公司营造跨职能团队合作的良好氛围。

（2）各级领导带头合作，以身作则，率先垂范。

（3）培养和选拔优秀的项目经理。

（4）培养和选拔合作精神强的项目团队成员。

（5）项目团队成员掌握必需的项目管理方法和工具。

（6）项目团队成员尽可能在一起办公。

（7）每周召开项目进展例会。

（8）采用网络工具共享项目信息。

（9）以结果为导向对项目团队进行绩效考核和激励。

（10）阶段性庆祝取得的项目成果。

（四）激励项目团队成员

项目经理要采取多种有效的方式适时激励项目团队成员。新产品开发项目团队成员都是“知识工作者（Knowledge Worker），要物质激励与精神激励并重，要以正向激励为主，要慎用负向激励。表 23-8 列出了创新团队的主要激励方式。

表 23-8　创新团队的主要激励方式

	正向激励	负向激励
物质激励	（1）加薪 （2）提高福利待遇 （3）发放加班费 （4）发放奖金 （5）奖励股票期权 （6）奖励股票	（1）降薪 （2）罚款 （3）扣发奖金
精神激励	（1）表扬 （2）认可 （3）职位晋升 （4）安排更有挑战性的工作 （5）培训 （6）带薪休假 （7）弹性工作制	（1）个别批评 （2）通报批评 （3）辞退

创新团队激励的主要原则包括以下方面。

（1）物质激励应该适度，应该体现多劳多得原则。

（2）不要吝啬精神激励。

（3）慎用负向激励。

（4）激励要及时。

（5）最好是激励整个团队。

（五）提升项目经理领导力

要管理好项目，项目经理要管理能力与领导艺术并重。

作为项目的“总经理”，项目经理既要应用组织赋予的正式的项目管理“权力”，也要具备超强的领导力和影响力，要让全体团队成员心甘情愿、心情愉悦、积极主动、认真负责地投入到项目工作之中。

1. 项目经理必须直面各种“挑战”

在项目管理的全过程中，项目经理必须直面以下“挑战”。

（1）人不归我管，但我必须让人干活。

（2）有些项目团队成员职位比我高，资历比我老，也必须让其听我指挥。

（3）在资源不够的情况下必须按时、按质、按量完成项目任务。

（4）项目任务再紧也不能拒绝需求变更。

（5）不直接负责销售工作，但必须以销售业绩衡量项目绩效。

（6）项目开展过程中没有多少物质激励，但必须始终保持项目团队成员工作的积极性、主动性和团队精神。

（7）“拒绝”来自各级领导的“无理要求”。

2. 项目经理对团队成员施加影响力的主要方式

以下是项目经理可以采用的 9 种向项目团队成员施加影响的方式。

（1）**职权**：公司正式授予的发布命令的权力。

（2）**分配任务**：分配团队成员任务的权力。

（3）**预算**：授权他人使用资金的权力。

（4）**晋升**：提拔他人的权力。

（5）**工资**：增加人员工资的权力。

（6）**处罚**：对团队成员进行处罚的权力。

（7）**工作挑战**：内在的激励因素，利用团队成员对某项特定任务的喜爱，为团队成员提供有挑战性的工作。

（8）**专业技能**：项目经理拥有的、为团队成员所看重的专业知识。

（9）**友谊**：项目经理和团队成员之间友好的个人关系。

以上第（1）项“职权”是公司正式赋予项目经理的，但是很多团队成员并非向项目经理直接汇报。此外，对于知识工作者而言，简单的命令是无法让他们做好工作的。很多专业人员换工作就像换办公桌一样方便，换工作的原因就是“郁闷和不爽”。因此，通过正式的权力命令知识工作者工作往往不是有效的方式。所以，知识工作者的管理并不像一些项目经理所说的“只要这些人归我管，我就一定能将项目做好”那样简单。

第（2）～（6）项也是很多项目经理“渴望”的权力。有些项目经理说，“只要给我考核和奖惩权，我就能把项目管好”。这些“权力”的使用往往是一柄双刃剑，用得好确实能对项目起到促进作用，但是用得不好反而会影响团队成员的士气和绩效。

第（7）项是非常重要的影响力。很多知识工作者参与项目最大的动机是能从事有挑战性的工作。

第（8）项和第（9）项是项目经理必须具有的影响力。首先，项目经理自身必须足够专业，才能赢得团队成员的信任和认可。其次，人与人之间的关系不只是工作关系，有着良好的个人关系能有效地促进沟通和合作。

此外，利用权力、金钱和处罚对项目团队成员施加影响，项目失败的概率往往更高。

项目经理要利用多种影响力有效管理各利益相关方的需求与期望，项目经理需要管理的主要利益相关方见图 23-14。

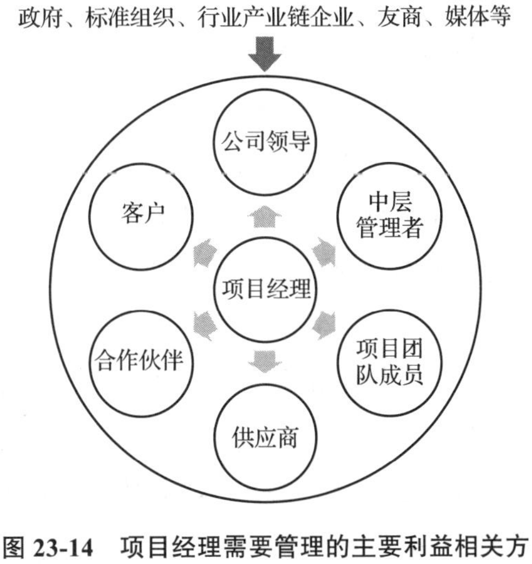

图 23-14　项目经理需要管理的主要利益相关方

3. 项目经理领导力自评

熟练掌握和运用项目管理的方法和工具是项目经理的基本功，但是要领导一个复杂的跨职能产品开发团队，项目经理还需要提升领导力——依靠自己的人格魅力和影响力而不是组织赋予的“正式权力”领导项目团队成员。项目经理可以通过项目经理领导力自检表（见表 23-9）对个人项目领导力进行评价，明确改进重点和改进措施，持续修炼自我，提升自我。

表 23-9　项目经理领导力自检表

序号	项目经理领导力内容	自评			
		优秀	良好	一般	较差
1	我非常渴望通过成功领导项目获得成就感				
2	我喜欢与人打交道，能够协同不同专业、不同级别的人实现项目目标				
3	我能以身作则地做好各项工作，获得同事的尊重与认可				
4	我熟练掌握项目管理方法，能高效、高质量地做好各项项目工作				
5	我主要靠自身的威信而不是公司授予的权力来领导和管理项目团队				
6	我能和不同性格的团队成员保持友好的个人关系				
7	我喜欢不断迎接新的挑战，而不喜欢墨守成规				
8	我喜欢解决复杂问题，而不是天天做重复的工作				
9	我视不确定性为常态，我有信心管理变化				
10	我既有全局观，又能抓细节				
通过以上十个方面的自检，我最需要改善或提升的是哪些方面？我计划如何行动？ 自检人：					

4. 项目经理实践建议

“纸上得来终觉浅，绝知此事要躬行”。“在干中学（Learning by Doing）”是最快速，最有效的学习方法。项目经理需要将书本上学习到的各种管理技巧和方法用于项目管理实践，在实践中提升项目管理能力。

以下是一些项目经理的实践建议。

（1）“打开门”欢迎项目团队成员即时沟通。

打开办公室的门表示欢迎项目团队成员就相关工作进行交流和沟通，可以设定固定的沟通时间，比如上班的第一个小时，或者下班前的最后一个小时。

（2）“关上门”集中时间处理重要的工作。

一天到晚敞开办公室的门也不是有效的项目经理的做法。项目经理必须有整块的时间集中精力处理重要的事情。这段时间建议不接电话、关闭即时通信工具，关闭电子邮件系统，不接受任何来访。一些项目经理忙忙碌碌一整天，很辛苦，但是发现自己什么也没干，或者什么也没干成。其主要原因就是工作时间都被太多的琐事占用了，没有安排整块时间做“重要的事”。

（3）“走出去”进行“现场办公”。

光在办公室听取汇报只能获取二手信息，要知道项目团队成员的真实工作状况，最好的方法是实行“走动式办公”。在团队成员的工作现场办公通常能了解到很多意想不到的重要信息，也能更好地融洽与项目团队成员之间的关系。

（4）**以身作则，率先垂范。**

“领导领导，引领指导；干部干部，先干一步”。要想获得项目团队成员的尊重和信任，项目经理首先要成为大家学习的榜样。比如上班早到下班晚走、开会准时守纪、做事认真细致、发言言简意赅、交流真诚有礼等都是项目经理应该做到的。

（5）**面对挑战，解决问题。**

不要回避问题，更不要隐瞒问题，“要报喜，也要报忧”。首先通过团队成员集思广益解决项目问题，如果还有不能解决的问题，应该寻求相关职能部门领导或者公司高层管理者的帮助。

（6）**动态调整资源分配。**

资源冲突是项目管理中的常态，项目经理应该基于项目任务的实际需要，动态地调整资源分配。简单地要求项目团队成员加班，或者给团队成员施加压力，不但不能解决问题，还会影响团队成员的工作情绪。

创新者行动

项目经理选择合适的项目组织模式，挑选专业的项目团队成员，对项目团队成员进行有效管理与激励，高质量地管理好项目，持续提升项目经理领导力。

四、监控项目过程

“计划没有变化快”。项目不会按照项目启动前制定的计划自动完成。为了确保项目目标的实现，必须在项目执行过程中对照项目目标，发现项目实际进展与计划之间的偏离情况，采取有效的修正措施，确保项目最终目标的实现。项目过程监控包括进度、成本和业绩三个约束条件的监控。

可能有些项目团队成员不太喜欢“监控”或者“控制”这样的字眼，认为自己承诺的每项任务都会尽力去做好，不需要谁来“监控”。但是，实践经验表明，缺乏有效监控的项目是不可能按照预定目标完成的。理性的管理者从项目结果导向看问题，对于管理工具的采用准则是基于“是否必要”，而不是基于“是否喜欢”。

监控不是不信任，监控是保证项目顺利进行的必要的管理手段。

项目过程监控的主要内容包括项目进度监控、项目成本监控、项目变更管理和项目问题处理等。

（一）项目进度监控

在项目管理中，最不能妥协的是项目进度！但妥协最多的往往正是进度。Delay，Delay，

Delay 成为很多项目的“常态”。

对于新产品开发项目而言，应该将新产品上市时间作为项目截止期限（Dead Time），倒推项目启动时间和项目各阶段时间。

企业可以建立公司、团队及任务三个层面的项目进度监控体系，对公司的项目进行有效的进度管理。三级项目进度监控见表 23-10。

表 23-10　三级项目进度监控表

监控层级	监控人	监控节点	交付件提交人	交付件
公司级	公司决策评审团队	项目的各个决策评审点	项目经理	决策评审报告
团队级	项目经理及项目核心团队	项目里程碑节点	项目工程师	里程碑报告
任务级	项目工程师	项目任务完成截止日期	任务小组或任务负责人	项目任务表

1. 公司级项目进度监控

公司级项目进度监控是指由公司的项目决策评审团队对多个项目的进度进行监控。公司级项目监控一般在大的决策评审点进行。如新产品开发项目，公司级项目监控点一般包括立项评审、样机评审和上市评审等几个关键决策评审点。公司决策评审团队在这几个关键决策评审点对项目进行严格的生 / 杀决策评审，排定多个项目的开发顺序，并且为多个开发项目分配资源。

公司的项目管理办公室代表公司决策评审团队负责多项目的日常管理，及时协调解决多项目间的资源冲突问题。公司项目管理办公室可以采用多项目进度跟踪表对公司的所有项目进行“可视化”管理，如表 23-11 所示。

表 23-11　多项目进度跟踪表（示例）

	立项评审时间			样机评审时间			上市评审时间		
	计划	变更后	实际	计划	变更后	实际	计划	变更后	实际
项目 1	5 月 6 日		5 月 7 日	7 月 10 日	7 月 30 日	**9 月 30 日**	8 月 10 日	9 月 5 日	11 月 10 日
项目 2	9 月 1 日		9 月 1 日	12 月 1 日	12 月 30 日		1 月 15 日		
项目 3	2 月 4 日		**4 月 4 日**	5 月 1 日	**6 月 1 日**	**8 月 10 日**	6 月 30 日	**7 月 30 日**	**10 月 5 日**
项目 4	5 月 1 日	5 月 10 日	5 月 10 日	6 月 15 日	6 月 30 日	7 月 5 日	8 月 1 日	8 月 1 日	8 月 1 日
项目 5	7 月 5 日	7 月 15 日	7 月 20 日	9 月 10 日	9 月 30 日	**12 月 30 日**	11 月 5 日	12 月 5 日	
……									

表 23-11 中，设定实际进度与计划进度或变更后计划进度之间的偏离值小于 30 天为可接受的偏差范围。表中加黑的日期表明实际进度偏离值大于计划进度 30 天以上。

上表横向看，可以一目了然地看到各个项目的计划进度、更变后进度及实际进度；纵向看，可以看到各个项目进入决策评审点的计划时间、变更后时间以及实际时间。项目管理办公室应该将类似的表格挂在墙上，对照该表格对各个项目进行可视化的“看板管理”。

通过对该表进行分析，项目管理办公室还可以得出很多有价值的管理信息。横向看可以比较不同项目的项目管理水平。比如上表中项目 3 在各个关键评审点都大幅延期，项目管理办公室要分析该项目管理不好的原因。从纵向看，可以比较不同决策评审点的管理。比如上表中在样机评审点延期的项目比较多，也要分析为何在该评审点有这么多的项目会延期。通过以上比较和分析，找出造成绩效差距的主要原因，寻求改进对策。通过这样的持续改进，公司的流程管理和项目管理水平都会不断得到提升。

2. 团队级项目进度监控

团队级项目进度监控主要是项目团队自身对两个决策评审点之间的里程碑节点进行内部监控。比如在新产品开发项目的开发阶段，项目团队可以组织概要设计、详细设计和原型测试等多个里程碑节点的评审，如表 23-12 所示。

表 23-12　项目里程碑节点进度评审模板

序号	里程碑	计划评审时间	变更后评审时间	实际评审时间	评审交付件清单
1	概要设计				
2	详细设计				
3	原型测试				
4	系统测试				
5	……				

项目团队内部组织多个里程碑节点评审能够降低项目风险，及时发现项目中存在的问题。通过及时采取改正措施，能够减少项目进度的整体偏离值。

3. 任务级项目进度监控

任务级项目监控是对各项项目任务完成的时间节点进行监控。项目的完成是各项任务完成的自然结果。如果项目的各个工作包能够按时完成，那么项目也能够按照进度向前推进。因此，项目的日常管理主要是对各个工作包的管理。项目团队最好有专人（比如项目工程师或项目经理助理）负责监控各个工作包的管理。项目任务进度监控也应该采取可视化的方式进行管理，如表 23-13 所示。

表 23-13　项目任务进度监控表（示例）

序号	任务名称	责任人	开始时间	完成时间	前置任务	后续任务	所需资源
1	制订市场研究计划	张三	5 月 3 日	5 月 10 日	明确市场研究目标		李 ×……
2	选择市场研究样本	李四	5 月 11 日	5 月 16 日	制订市场研究计划	预约拜访对象	
3	培训市场研究人员	王五	5 月 12 日	5 月 15 日	制订市场研究计划		李 ×……
4	制作现场调研表格	赵六	5 月 12 日	5 月 15 日	制订市场研究计划		李 ×、王 ×……
	……						

（二）项目成本监控

对于企业而言，项目是实现企业业绩目标的手段。成功的项目必须给公司带来利润和回报。客户能接受但是企业不能接受的项目也不是好项目！

经验表明，**很多复杂度较高的项目，项目实际周期一般是计划周期的一倍以上，项目实际成本也往往是计划成本的一倍以上。**因而，对于成本敏感型的项目，项目成本监控是项目监控的重要方面。

项目成本监控可以采用项目成本报告表的方式进行，如表23-14所示。

表 23-14　项目成本报告表模板

工作包	人员成本（人/天）		资金成本（元）	
	计划	实际	计划	实际
工作包 1				
工作包 2				
工作包 3				
……				
合计				

以工作包为单位进行项目成本监控，项目成本报告在里程碑节点及决策评审节点提交。

项目成本监控包括产品成本控制、研发成本控制、项目费用控制和项目收益分析等内容。

（三）项目变更管理

“唯一不变的是变化”。项目变更是项目管理的常态。

导致项目变更的主要原因包括以下四个方面。

（1）客户需求变化。

在新产品开发过程中，项目团队还需要及时倾听客户的声音，并将客户的需求融入开发的项目之中。对于创新性很高的项目，在项目立项评审时，客户需求的确定性通常只有50%，另外50%需要在开发过程中通过项目团队与客户的互动进行进一步的了解。可见，客户需求变化会影响项目的业绩目标、进度目标以及成本目标的变化。

（2）公司管理层期望变化。

在样机评审及上市评审时，或者在项目开发的过程中，公司管理层可能会要求项目提前上市或者延后上市，也可能会要求提高项目利润率。这些期望都会影响到项目的三个约束目标的变化。比如，管理层要求项目提前上市，项目团队可能需要考虑简化部分产品功能，或者要求增加开发人员。

（3）外部环境变化。

外部环境变化主要包括市场环境变化以及竞争环境变化。比如在企业新产品开发过程中，某竞争对手率先推出了比开发中的产品更为优秀的新产品。这时，项目团队可能要考虑调整项目的性能指标。

（4）项目相关方需求与期望变化。

项目管理主要是管理各类项目相关方的需求与期望。所以法规制定者、供应商、项目团队成员等项目相关方的需求与期望的变化也会导致项目变更。比如在新产品开发过程中，国家发布了一个相关的法规文件，项目团队可能需要对照该文件对产品的性能指标进行必要的调整。

由上述分析可以看出，在项目进展过程中，变更是不可避免的。理性的项目经理和项目团队成员不会厌恶变更，更不会抵制变更，而会积极地管理变更。因为**项目变更的目的是保证项目的成功，而不是给项目团队成员添加“麻烦”。**

但是，项目的变更管理必须非常严肃。任何项目变更都必须采取书面的方式提交，重大的变更必须得到公司决策评审团队的审批。企业须设定不同项目变更内容的审批权限。企业可以采用项目变更表的方式对项目进行变更管理，如表 23-15 所示。

表 23-15　项目变更表模板

申请变更名称		单请单编号	
申请人		申请时间	
项目当前所处阶段			
原项目目标			
变更后的项目目标			
项目变更的主要内容			
项目变更原因			
变更可能影响到的工作（项目经理可以补充）			
项目经理意见（如不能独自批准，需在下栏指定其他联合审批人，或向公司产品审批委员会报批）			
联合审批人意见			
		签名	
产品审批委员会意见			
		签名	
本申请单批准后须发送的人员（或部门）			
本申请单生效时间		项目经理签名	

（四）项目问题处理

项目中会遇到技术问题、人员问题、管理问题和资源问题等各种问题。**“做项目”的过程实际上就是不断地分析问题和解决各种问题的过程**。问题是不可避免的，发现和解决问题越快，项目取得成功也就会越快。遵循系统化的方法解决问题能收到“事半功倍”之效。

项目团队可以采用项目问题跟踪表对项目问题进行有效管理，如表 23-16 所示。

表 23-16　项目问题跟踪表模板

<table>
<tr><th colspan="8">项目问题跟踪表</th></tr>
<tr><td colspan="8">一、项目基本情况</td></tr>
<tr><td colspan="2">项目名称</td><td></td><td colspan="2">项目编号</td><td colspan="3"></td></tr>
<tr><td colspan="2">项目经理</td><td></td><td colspan="2">制作日期</td><td colspan="3"></td></tr>
<tr><td colspan="8">二、项目问题管理</td></tr>
<tr><td>序号</td><td>问题描述</td><td>问题提出时间</td><td>提出人</td><td>应对措施</td><td>责任人</td><td>计划解决时间</td><td>状态</td></tr>
<tr><td>1</td><td></td><td></td><td></td><td></td><td></td><td></td><td>Open</td></tr>
<tr><td>2</td><td></td><td></td><td></td><td></td><td></td><td></td><td>Open</td></tr>
<tr><td>3</td><td></td><td></td><td></td><td></td><td></td><td></td><td>Open</td></tr>
<tr><td>序号</td><td>问题描述</td><td>问题提出时间</td><td>提出人</td><td>应对措施</td><td>责任人</td><td>计划解决时间</td><td>状态</td></tr>
<tr><td>4</td><td></td><td></td><td></td><td></td><td></td><td></td><td>Open</td></tr>
<tr><td>5</td><td></td><td></td><td></td><td></td><td></td><td></td><td>Open</td></tr>
<tr><td>6</td><td></td><td></td><td></td><td></td><td></td><td></td><td>Close</td></tr>
<tr><td>7</td><td></td><td></td><td></td><td></td><td></td><td></td><td></td></tr>
<tr><td>8</td><td></td><td></td><td></td><td></td><td></td><td></td><td></td></tr>
<tr><td>9</td><td></td><td></td><td></td><td></td><td></td><td></td><td></td></tr>
<tr><td></td><td></td><td></td><td></td><td></td><td></td><td></td><td></td></tr>
<tr><td></td><td></td><td></td><td></td><td></td><td></td><td></td><td></td></tr>
<tr><td colspan="8">三、审核</td></tr>
<tr><td colspan="2">项目总监签字</td><td colspan="2"></td><td>日期</td><td colspan="3"></td></tr>
</table>

准确地定义问题等于解决了问题的一半。最大的问题往往是“什么是真正的问题”。不要针对问题的“症状”直接采取解决方案。

比如软件模块开发总是延期，跟不上项目的整体进度。那么由于软件开发进度延期而导致整个项目的开发进度延期是一个真正的问题。

要解决该问题就要分析导致软件模块开发进度延期的根本原因（Root Cause）。连续多问几次“为什么”是了解问题根本原因的最简便、最有效的方法。通过连续问几个“为什么”，我们可能发现导致软件开发项目进度延期的根本原因是某位关键的软件工程师的能力不能胜任该项目的开发工作。

基于该问题的根本原因我们可以制定几种解决问题的方案。

（1）更换一个能够胜任该工作的软件工程师。

（2）请资深的软件工程师培训该工程师。

（3）请资深工程师直接指导该工程师的开发工作。

（4）将此部分工作分包给外部的合作伙伴。

基于项目的安全性考虑以及公司的实际资源情况，项目经理可以从这些方案中选择一个最优的方案来解决软件开发进度延期的问题。可能某家公司的选择是方案（3），即请资深工程师直接指导该工程师的开发工作。**对于解决一个问题而言，最危险的解决方案是只有一个解决方案！**项目团队需要通过集思广益，制定多个可能的解决方案，然后通过权衡各种解决方案的利弊，选择一个最佳方案。

在执行最佳解决方案的过程中，需要就问题的解决方案与相关的项目团队成员及时沟通，让大家及时了解问题解决的进度。在问题解决后，应该召集相关人员对问题解决的结果进行评估。评估解决方案是否有效，评估问题是否解决，总结问题解决过程中的各种经验教训。如果问题具有典型性，应该将该问题的解决方案列入公司“经验库”，供其他项目团队成员参考。项目团队的能力正是在解决一个个难题的过程中提高的。

创新者行动

项目经理组织项目团队成员做好项目进度监控、项目成本监控、项目变更管理、项目问题处理等工作，确保项目尽可能不偏离预设的项目目标。

五、交付项目成果

做项目的最终目的是为了交付项目成果。项目成果交付是项目管理五大基本管理活动中的最后一项。项目成果交付不是一个单一时点的工作，而是一个有计划的过程。为了顺利完成项目成果交付，往往需要提前一个月甚至几个月开始启动项目成果交付工作。新产品开发项目的成果交付的标志是完成新产品上市后评审。

新产品项目成果交付主要包括以下几个方面的内容。

1. 客户认可上市后的新产品

新产品开发的成果首先必须得到客户的认可。客户认可的标志就是在新产品上市后一段时间内客户购买产品的数量能够实现预期的销售数量。在新产品的使用过程中，客户可能会发现产品的一些质量问题或者是性能问题，产品开发团队需要迅速响应，及时解决客户反馈的“批量问题”。可见，新产品上市之日并不是项目团队解散之日，更不是项目团队“成果交付”之日。

2. 公司认可新产品上市后取得的业绩结果

在新产品上市一段时间之后（比如说 6 个月），如果产品的销售数量和销售收入等指标能够实现项目任务书中承诺的目标，那么此项目对公司而言是一个“成功的项目”。一般而言，评估产品成功上市的指标是产品实现盈亏平衡。

3. 项目通过上市后评审

在新产品上市实现盈亏平衡后，应该组织项目的上市后评审会议。项目团队应该提交完整的项目文件，并与“产品生命周期管理团队”进行项目交接。项目团队还应该总结项目的经验教训，评价项目团队成员的表现，对项目团队成员进行激励。此时，公司决策评审团队将正式宣布解散项目团队，项目交付工作正式完成。

项目文档成果包括项目所有的过程文档和总结文档。项目文档是企业重要的知识资产。项目团队要总结和提炼出可以“重用”的各种知识资产。项目团队需要列出项目文档清单，逐一提交与审核项目文档。表 23-17 是新产品开发项目文档清单示例，供参考。

表 23-17 新产品开发项目文档清单（示例）

文档分类	文档清单	备注
技术文档	《需求分析说明书》	
	《项目专业术语表》	
	《项目设计方案》	
	《组件设计报告》	包括 PCB、单板、软件原理图和源代码、调试记录等
技术文档	《制造工艺文件》	包括 BOM 清单、加工工艺、装配图、生产测试说明等
	《项目测试报告》	包括测试计划、测试用例、测试技巧等
	《用户使用说明书》	
	《产品维护手册》	
管理文档	《项目任务书》	
	《项目团队任命书》	
	《项目调研报告》	包括调研计划、调研记录
	《项目工作分解结构》	表或图
	《项目网络图计划》	图
	《项目资源预算计划》	表
	《项目总结报告》	包括对项目开发的总体回顾、经验、教训
项目过程资料	《需求变更申请单》	
	《问题反馈单》	
	《过程会议记录》	包括例会、评审会
	《过程通知、决定》	

成功的项目需要总结，失败的项目更要总结。

我们从失败的项目中学习到的东西要远多于从成功的项目中学习到的东西。

创新者行动

项目经理组织项目团队开发和上市客户满意、公司满意的创新产品，并提交完整的项目文档，认真进行项目总结。项目通过上市后评审，正式解散跨职能产品开发团队。

第三节 组织级项目管理

创新者思考

（1）我们公司能够进行有效的项目组合管理吗？公司能够实现整体创新投资回报最大化吗？

（2）我们公司能够有效管理项目集吗？项目总监、项目经理足够专业吗？

（3）公司项目管理办公室（PMO）职责定位清晰、合理吗？PMO能够有效运转吗？PMO能够有效统筹管理公司所有创新项目吗？

PMI认为，组织级项目管理（Organizational Project Management，OPM）是一种战略执行框架，通过应用项目管理、项目集管理、项目组合管理及组织驱动实践，不断地以可预见的方式取得更好的绩效、更好的结果及可持续的竞争优势，从而实现组织战略。

组织级项目管理是指对公司各类创新项目进行统筹管理，以实现公司整体创新投资回报最大化。组织级项目管理包括项目组合管理、项目集管理两个层面。组织级项目管理的框架如图23-15所示。

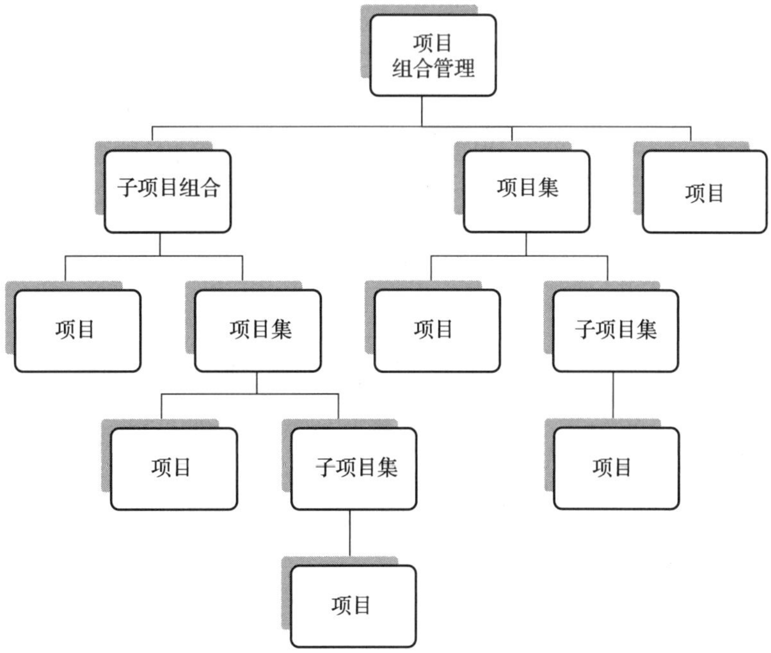

图23-15 组织级项目管理框架

项目组合可能由子项目组合、项目集、项目组成。

项目集可能由子项目集、项目组成。

子项目集由多个项目组成。

最终是各类项目组成了子项目集、项目集、项目组合。因此，管理好每个项目，最终才能实现企业整体价值最大化。单项目管理是企业项目组合管理、项目集管理的基础。这也是上节我们花了较大篇幅介绍单项目管理方法的原因。

组织级项目管理的核心目的是实现企业整体创新投资回报最大化。

以下我们分别介绍项目组合管理、项目集管理以及项目管理办公室（PMO）的设立与运行，并提出加快新产品开发项目进度的 10 种方法。

一、项目组合管理

项目组合管理（Portfolio Management）是为了实现战略目标而对一个或多个项目组合进行的集中管理。项目组合管理需要对为了实现战略目标而组合在一起管理的项目、项目集、子项目组合进行有效管理和运营。

项目组合管理是战略性的创新资源分配决策。同样的创新资源，分配不同，产生的回报可能会有几何级数的差异。项目组合管理的核心目标是通过有限的创新资源的有效分配，实现整体投资回报最大化。项目组合管理是各级领导者的核心职责。

对于一家集团公司而言，可能会有多个层级的项目组合管理，如图 23-16 所示。

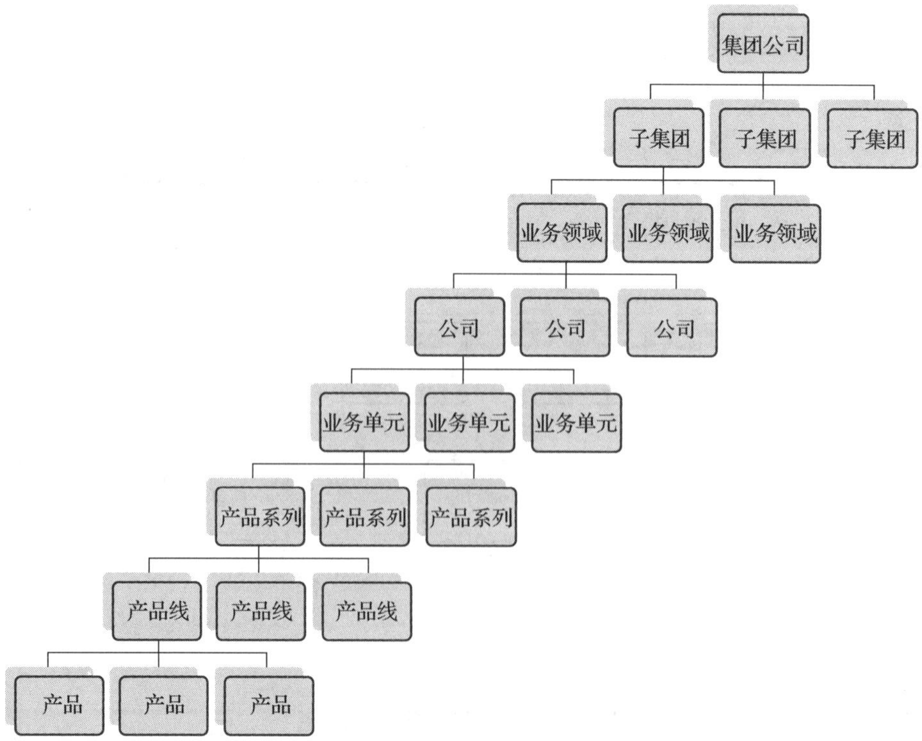

图 23-16 集团公司的项目组合管理层级

集团级的各种投资组合决策，也可以理解为集团级的项目组合管理。下面分别简要介绍各级项目组合管理。

1. 集团级项目组合管理

一家集团公司通常是多元化经营，涵盖的业务领域可能非常广。多元化经营的业务可能是相关多元化，也可能是无关多元化。国内某机械工业集团是世界 500 强企业，旗下有近 10 个子集团，有 10 多家上市公司，员工总人数超过 30 万人。集团企业的业务扩展方式包括自研、合资、投资和并购等多种方式。

对集团级项目组合管理有如下建议。

（1）最好有集团明晰的“主航道”，主营业务应该非常明晰，并且要做强做大。比如华为公司将通信业务作为主航道，“不在非战略机会点上消耗战略竞争力量”。

（2）最好不要涉足太多的业务领域，特别是不相关或者相关度很低的业务领域。比如有家房地产公司涉足饮料业务，几年内饮料业务巨幅亏损，最后不得不退出该业务领域，房地产主营业务的品牌也被“稀释”。

（3）对于相关度较大的业务最好在一个子集团内进行管理，以促进相互合作，发挥协同效应。比如上述机械工业集团将农业机械类业务放在一个子集团内进行管理。

（4）以自研为主的“有机”增长模式，应该是创新型企业的主要增长模式。比如华为公司 30 年来年营业收入从 0 做到 7000 亿元，主要是通过自主研发实现有机增长。华为公司 45% 以上的员工是研发人员，年收入的 10% 以上投入研发，研发经费中的 10% 以上投入基础研究。

（5）集团企业应该尽可能避免主要通过“并购”做大，人为“制造规模”，这样的做法很容易导致“大而不当”。近年国内一些企业拼命“买买买”，导致负债累累，业绩巨幅下滑，最终不得不通过“卖卖卖”断臂求生，回到原点，元气大伤。

（6）规模太大的集团企业要考虑“分拆”，以增强各业务板块的决策的及时性，降低管理成本。2018 年惠普公司“一拆为五”，主要目的是减少管理层级，降低管理成本，增强各块业务面对市场的快速反应能力。比如惠普企业业务和个人业务就分别分拆成了不同的子集团。

2. 子集团级项目组合管理

子集团级项目组合管理与集团级项目管理需要遵循的原则基本相同，只是子集团应该更加聚焦，尽可能避免无关多元化，业务领域扩展应该主要在相关产业内进行。

3. 业务领域级项目组合管理

一个子集团可能由多个业务领域组成，每个业务领域一般由一个子集团领导负责分管。一个业务领域可能由多家专业公司组成。

4. 公司级项目组合管理

公司级项目组合管理是项目组合管理的基本管理单元。一个集团、子集团或业务板块的业绩最终是由各个专业公司实现的。集团、子集团、业务板块层面的项目组合管理通常相对宏观，专业公司层面的项目组合管理就应该非常“微观”和具体了。因为项目组合管理的科学性和专业性直接影响了专业公司的经营业绩。

公司层面的项目组合管理要考虑公司战略一致性、长短期平衡和价值最大化。

由多个业务单元组成的公司，要在各个业务单元进行战略性的创新资源分配。比如一家安全软件公司，需要在硬件、软件和解决方案等业务单元进行创新资源分配。

由多条产品线组成的公司，要在各条产品线进行进行战略性的创新资源分配。

公司级项目组合管理应由企业董事长或企业首席产品官（CPO）主责。

5. 业务单元级项目组合管理

业务单元（Business Unit）实际上是企业内部的"虚拟公司"，需要进行独立经营核算。有多块相对独立业务的企业，可以采用事业部制进行管理，以提升各业务单元自主经营的积极性，降低企业管理成本。各业务单元需要在多个产品系列进行战略性的创新资源分配。比如华为消费者业务单元，需要在手机、电脑、平板等产品系列间进行创新资源分配。

业务单元级的系列产品的项目组合管理应该由业务单元负责人或业务单元产品总监主责。

6. 产品系列级项目组合管理

一个产品系列需要在多条产品线之间进行创新资源分配，比如某电脑厂家可能需要在学生、商务等产品线进行项目组合管理。

产品系列级的项目组合管理应该由系列产品负责人主责。

7. 产品线级项目组合管理

创新项目组合管理的最基本单元是产品线管理。产品线经理需要主责在各款产品之间进行创新资源分配。

单款产品是产品组合管理的最基本的单元。集团、子集团、业务板块、公司、业务单元等各个管理层级的最终业绩来源于每款产品的市场表现。产品经理的专业性最终很大程度上决定了各款产品的市场表现和投资回报。这也是我们反复强调产品经理重要性的原因。

各级首席产品官（CPO）的关键职责就是建立起有效、高效的产品创新管理体系，确保各款产品的产品经理均能有效、高效地开发和上市精品创新产品，实现预期的投资回报。

创新者行动

公司首席产品官（CPO）组织公司项目管理分管领导、项目管理办公室（PMO）成员分析公司项目组合管理的有效性，明确改进重点。

二、项目集管理

项目集管理（Program Management）是在项目集中应用知识、技能、工具与技术来满足项目集的要求，获得分别管理各项目所无法实现的利益和控制。项目集管理是对一组相互关联且被协调管理的项目、子项目集和项目集活动进行管理，以便获得分别管理所无法获得的利益。

项目组合管理是"战略层面的"，需要公司管理层决策；项目集管理是"战术层面的"，可以在项目管理办公室（PMO）或项目总监的层面决策。

项目集管理是对相互关联的多个项目进行统筹管理，以实现多个项目整体利益最大化。

复杂产品开发项目可以采用项目集方法管理。比如某大型软件开发项目，可以分解为多个子系统、多个功能模块。核心子系统、核心功能由企业自己开发，非战略重要性的功能模块可以外包给多家专业的软件外包公司进行开发。这样既可以缩短新产品开发周期，也可以降低产品开发成本，还可以降低企业人员招聘、培养和管理的压力。

大型、复杂的订单交付类项目也可以采用项目集方法管理。比如某软件企业承接了一个省级政府专用通信网络的集成项目，该项目金额达 2 亿元以上。该项目由省政府中心子项目和 15 个地级市子项目组成，一个地级市子项目的费用金额也达 500 万元以上。作为该项目的项目总监就要有效协同各子项目的进度，确保总体项目进度符合预期。

关于项目集管理，有以下要点与大家分享。

1. 要任命强有力的项目总监统筹项目集管理

项目集涉及项目多，项目之间的关系复杂，项目周期长，一定要选拔和任命经验丰富、沟通协调能力非常强的资深项目经理担任项目总监。项目总监的经验、能力和魄力对项目集的成败具有至关重要的作用。

2. 要厘清各子项目间的关键路径

项目总监要组织各子项目经理系统梳理各子项目之间的关系，要明确各子项目的起止时间，厘清各子项目之间的依赖关系，绘制出项目集的关键路径，确保关键路径上的子项目能够按时、按质、按量地向前推进，以确保项目集整体时间进度符合预期。

3. 要及时发现、分析和解决各子项目遇到的重大问题

项目集管理要建立项目例会制度和重大事项及时汇报制度。项目总监要及时组织相关子项目经理及团队成员就项目重大问题进行研究，明确解决方案，跟进落实，尽量减少局部问题对项目集整体目标造成的不良影响。

创新者行动

公司项目管理分管领导组织项目管理办公室（PMO）成员分析公司项目集管理的有效性，明确改进重点。

三、项目管理办公室（PMO）的设立与运转

近年来，越来越多的企业设立了**项目管理办公室**（Project Management Office，PMO）。不同企业对项目管理办公室的职能有不同的理解，因而项目管理办公室在不同的企业起到的作用也各不相同。

不管如何定位 PMO，PMO 的设立对大多数项目很多的企业而言是具有积极意义的。企业有专门的团队监控所有项目的进展，有专门的团队负责提升项目团队的项目管理能力，有专门的团队

负责管理和分配公司稀缺的项目资源。PMO 的设立还有利于企业“批量”培养合格的项目经理。

总体而言，PMO 是对所有创新项目进行统筹管理的部门。创新型企业创新团队组织模式见图 23-17。

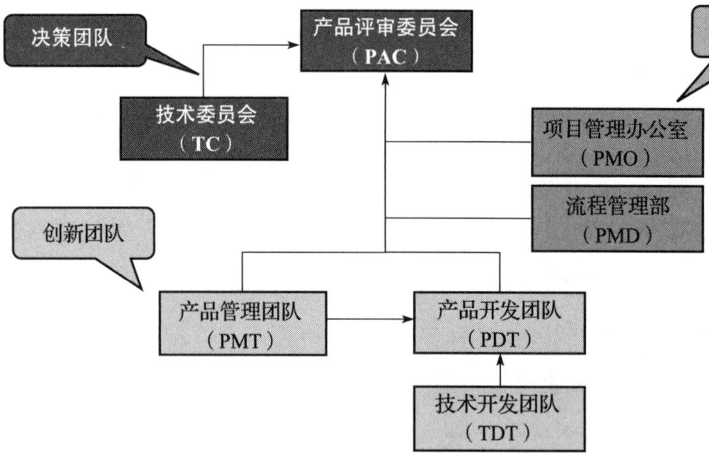

图 23-17 创新型企业创新团队组织模式

PMO 管理的创新项目应该包括技术预研项目、平台开发项目和新产品开发，不同类型的创新项目需要基于不同的流程进行管理，不同类型的项目需要任命不同背景和专业水平的项目经理。

关于 PMO 的设立与运转，有如下要点与大家分享。

1. 要明确企业 PMO 的定位

一些企业将 PMO 作为内部的顾问部门，主要是为企业项目的运作提供项目管理方法和支持。PMO 的主要职能包括培训项目团队成员掌握项目管理方法，导入项目管理软件，派出项目管理工程师指导和监督项目的进展以及及时解决项目开发中遇到的管理问题等。

另一些企业将 PMO 作为公司的项目管理部门，直接对项目的最终绩效结果负责。公司的所有项目均由 PMO 负责管理，所有项目均由 PMO 选派项目经理，PMO 负责监控所有项目的进展，PMO 负责分配和协调项目资源。

这是对 PMO 的两种比较极端的职责定位，企业可以根据自身的实际情况定位 PMO 的职责。

总体而言，不管企业如何定位 PMO 的角色，企业各类创新项目均应能够得到有效管理，企业的创新资源均应能够得到有效、高效利用。

2. 要将创新项目与运营项目分开管理

创新型企业一般有创新项目和运营项目两大类项目。一些企业将这两大类项目放在一个部门进行管理，造成了很多不必要的困扰。

这两类项目交付成果不同、走的流程不同、需要的团队资源不同、对项目经理的能力要求也不同，放在一个部门管理不但不能带来多少“合力”，反而会增大管理成本，降低管理效率。

我们建议创新类型项目放在 PMO 进行管理，订单交付类的运营项目由公司设立运营管理部进行专项管理。关于订单交付管理详见本篇第二十四章。

3. 要任命强有力的 PMO 主任

PMO 主任的能力和水平很大程度上决定了 PMO 运转的效率和效果。

PMO 主任的选拔建议考虑以下方面因素。

（1）有丰富的项目管理经验，是企业内部项目管理、项目集管理专家。

（2）担任过多个大型、复杂项目的项目总监，并取得良好的管理效果。

（3）既有全局观、又能抓细节。

（4）具有高超的组织协调与沟通能力。

（5）诚实坚韧，对结果负责，不达目的不罢休。

4. 要明确 PMO 的主要职责

PMO 只有职责明确，才能有效开展工作。

一般而言，PMO 有如下主要职责。

（1）统筹管理公司所有创新项目，对所有创新项目绩效负责。

（2）统筹公司各类创新资源管理与分配。

（3）负责项目总监、项目经理选拔、培养、任命与考核。

（4）建立项目“工时经验库”，合理评价各个项目、各项任务的工时量。

（5）协调解决项目内部、项目之间的难题。

（6）每做一个项目，组织项目团队从流程体系视角反思体系的有效性和高效性，持续优化各类创新流程体系。

5. 要规范 PMO 的工作流程

各类创新项目要有项目管理流程，PMO 本身也应该有明确的工作流程，方便项目总监、项目经理、项目管理工程师有效和高效地开展相关工作。

PMO 工作流程要明确 PMO 从项目启动到项目收尾全过程的工作职责、工作任务、工作方法与交付成果。有效的 PMO 工作流程能够让新的 PMO 团队成员快速上岗，并有效开展工作。

6. 要选拔和培养强有力的项目总监和项目经理

“主将无能，累死三军”。项目总监和项目经理是项目集和项目推进的灵魂人物，PMO 要将项目总监、项目经理的选拔和培养作为自身的核心职责。

PMO 要留意从各个职能部门选拔具有较强组织管理能力的人作为项目经理人选，要从优秀的项目经理中选拔项目总监人选。PMO 要进行项目总监和项目经理认证，要认证一批兼职的项目经理和项目总监，也要根据公司需要部署一批专职的项目经理和项目总监。

以下选拔项目经理的条件，供参考。

（1）**有“政治”头脑**。项目是在一定的组织文化背景下进行的，项目经理必须明白项目的目的，对企业“政治”也应该比较敏感。项目经理要整合各种资源“为我所用”，确保达成项目目标。

（2）**能与客户及利益相关者进行有效的沟通**。不同的客户和不同的利益相关者对项目有不同的期望。项目经理必须能够与大家进行有效的沟通，并就大家的期望达成一致意见。

（3）**熟练掌握项目管理方法**。这是项目经理必须具备的“基本知识”。可以通过 PMP 认证等来学习项目管理知识。但是，实际的项目管理经验非常重要。

（4）**具有领导力**。领导力的含义有很多种，但最重要的领导力是有效的影响力，即不借助组织的正式授权而让别人做好工作的能力。项目经理的领导力主要来自人品、以身作则以及过往所负责项目的绩效表现。

7. 要及时度量 PMO 的管理绩效

PMO 必须对单项目、多项目的绩效负责，要周期性地（比如以季度为单位）度量 PMO 的管理绩效，及时发现问题，提出改进方案并组织实施，形成持续改进机制，推动 PMO 组织由优秀走向卓越。

以下列出 PMO 管理绩效度量的主要方面，供参考。

（1）符合绩效目标的项目的比例。

（2）严重偏离绩效目标项目的比例（可具体定义）。

（3）创新资源利用效率。

（4）流程制度遵循度。

（5）项目总监、项目经理、项目管理工程师专业性。

创新者行动

公司项目管理分管领导组织项目管理办公室（PMO）成员分析公司项目管理办公室（PMO）运行的有效性，明确改进重点。

四、加快新产品开发进度的主要方法

设计开发阶段是新产品开发流程中周期最长、问题最多、管理最复杂的阶段。产品开发团队应该在不牺牲质量的前提下，尽可能加快新产品的开发速度。更快的开发速度意味着更少的“意外事件”出现，意味着更佳的上市时机，意味着更好的投资回报。

加快新产品开发速度的方法主要有以下几种。

1. 在进入新产品开发阶段之前，先解决关键的技术问题

很多新产品开发项目的延期是由于一些关键的技术问题迟迟不能解决。在一些公司，新产品开发项目最终演变成了“技术开发项目”。要将技术开发与新产品开发分开，如果关键技术问题没有解决，就不要进行新产品开发项目立项。

2. 进行项目优先顺序排列，保证重点项目的资源需求

对一个创新型企业而言，最影响新产品开发进度的就是同时开发太多项目（Too Many Projects）。同时开发太多项目的结果就是每个项目的资源都严重不足，每个项目都严重延期，每个项目的质量都难以保证。“伤十指不如断一指”，采用项目组合管理方法对项目进行优先顺序排列，优先保证重点项目的资源需求，不但可以加快新产品项目的开发速度，而且可以保证开发质量。

3. 做好坚实的前期准备工作和产品定义工作

对客户需求了解越充分，产品定义越清晰，新产品开发过程中的返工就会越少。“边了解需求、边开发技术、边开发产品”的“三边开发模式”其实是不“敏捷”的。

4. 采取规范的流程进行新产品开发，保证项目执行的质量

明确定义新产品开发阶段的步骤、任务和活动，确保“**一次做对**”。一次做对是减少返工（Rework），加快开发进度的最有效的方法。

5. 采用获得充分授权的跨职能团队进行新产品开发

跨职能团队可以打破“部门墙”，大大降低沟通成本，为“并行工程”的实施奠定基础。

6. 采用“并行工程”方法加快新产品开发速度

跨职能团队可以“并行”地完成很多开发任务，大大减少“串行”开发造成的时间浪费。

7. 利用有效的项目管理方法加快开发速度

画出项目的开发路线图，找出项目的关键路径，试图将关键路径上的每项任务的完成时间减少一半！

8. 采用模块化设计方法提高重用

对于重复要做的技术工作进行模块化设计，将共用模块组合成共用技术平台。新产品项目在共用技术平台的基础上进行开发，能大大缩短新产品开发周期。

9. 将复杂的项目分解为多个更为简单的项目

将一个复杂的项目分拆为三个较为简单的项目，三个简单项目的累计开发时间可能只有一个复杂项目的一半甚至三分之一。

10. 将截止期限作为最重要的项目目标

新产品项目的截止期限是“雷打不动”的，如果项目进度有可能延误，要么增加资源，要么适当简化项目功能。对于上市时机非常重要的新产品开发项目，这种做法是一种可行的平衡。为了在产品“机会窗（Window of Opportunities）”期间上市，可以考虑将产品的 1.0 版本设计为“最小可用产品（Minimum Viable Product，MVP）”版本，更多的功能、更高的性能参数可以在后续产品版本中考虑。

创新者行动

公司创新项目分管领导组织项目管理办公室成员、研发部门负责人、各事业部负责人等分析影响企业新产品开发进度的主要原因，结合以上方法缩短新产品开发周期，提升新产品开发成功率。

第四节 建立项目型企业

创新者思考

（1）我们公司是真正的项目型组织吗？我们的各个创新项目均能按时、按质、按量推进并取得预期的成果吗？

（2）我们的跨职能团队真正有效吗？我们的创新流程是公司级的吗？

（3）我们的项目管理办公室（PMO）能够有效、高效地运转吗？

创新型企业应该成为“流程型组织”“项目型组织”，以提升企业的市场适应力、竞争力，提升企业的管理效率、盈利能力。

跨职能团队组织模式为建立公司级的流程体系奠定了基础，公司级流程体系的建设又为项目型组织的实施提供了保障。

项目型组织是相对于职能型组织而言的。职能型组织的“好处”是稳定、有序，存在的主要问题是跨部门合作困难，容易滋生官僚主义和形式主义。

跨职能团队组织模式（项目型组织模式）的好处是可以“打破部门墙”“炸掉金字塔”，大幅提升组织运转效率，“坏处”是项目型组织难以真正跨越“职能部门”，容易“貌合神离”，难以真正形成合力。

总结项目型组织建设要点如下，供参考。

1. 公司高层领导要对组织模式变革的必要性、重要性有深刻认识

公司高层领导特别是公司“一把手“的观念对于公司组织变革的发起与成功通常具有决定性的影响。观念决定决策，决策决定行动，行动决定结果。

很多从制造型企业走向创新型企业的企业存在严重的“路径依赖”，习惯了制造型企业“分工越细、效率越高”的组织模式，难以适应项目型组织模式带来的“混乱”与“无序”。

在 10 多年的咨询实践中，我们发现，“偏爱”制造型组织模式的企业很难真正有效创新。这些企业将新产品开发当成“研发部的事”，其他部门只是有空时“帮帮忙”，对新产品项目的成功没有真正意义上的承诺。这样的新产品开发项目通常会大幅延期，开发出的产品成本很高，也很难真正满足客户的需求。基于职能式组织模式进行新产品开发的成功率非常低。或者说，成功是偶然现象，而不是必然的结果。

创新型企业高层管理者必须认识到，新产品开发是“全公司的事”，而不是“研发部的事”。跨职能项目团队组织模式是企业新产品开发的“必须的（Must)”组织模式，而不是一种选项。创新型企业需要做的是如何提升跨职能项目团队组织模式的有效性和效率，而不是老是在职能式组织模式与跨职能组织模式之间摇摆。

只有有效、高效的跨职能项目团队组织模式才有可能有效、高效地开发和上市成功的创新产品，实现企业预期的投资回报，“从胜利走向胜利”！

2. 要引导部门领导形成“合力”

很多企业的部门领导往往是跨职能团队组织模式实施的“阻力源”。很多制造型企业的部门负责人习惯了“我的地盘我做主”的职能型组织模式，喜欢待在“舒适区”，喜欢“国不可一日无君”的感觉，喜欢下属事无巨细向自己汇报，喜欢只有通过自己的批准，员工才能与别的部门开展有限的合作。这些部门负责人不愿意与项目经理“分享”对员工的领导和管理“权力”。

建议这样的部门负责人要“以大局为重”，以配合公司开发出“精品创新产品”为重，而不是以“个人权力”为重，甚至以个人私利为重。

在项目型组织中，职能部门的主要职责是“练兵（赋能）”，为“各场战争（各个项目）”及时输送足够数量、足够专业的“士兵（项目团队成员）”。各个职能部门负责人的主要业绩或者“成就感”主要来自派出去的“士兵”打了多少胜仗，赢得了多少“缴获（奖金）”。部门负责人要甘当“绿叶”，甘为“人梯”。

对于不能与时俱进，不能主动求变的部门负责人，公司管理层可能要做出“不换思想就换人”的艰难、坚定的决策。不能由于个别部门、个别人的不配合、不作为或者反对而影响了整个公司整体前行的步伐。

3. 要建立起真正的跨职能团队组织模式

公司领导要对跨职能项目团队组织模式推行的困难和挑战有充分的思想准备，不能浅尝辄止，不能半途而废，必须一举成功！

真正的跨职能团队一定要具有以下特征。

（1）项目经理是坚强有力的，是责权利对等的，对项目团队成员有选择、考核和评价的权力。

（2）确保项目成功所必需的职能部门都应该委派职能代表作为项目团队核心成员参与项目。

（3）各职能代表必须能够“完全代表”本职能部门，必须具备专业性，必须有充分的项目时间投入，必须能够调动本职能部门的资源。

（4）各职能部门负责人必须为项目成功提供及时的、必要的支持，包括技术、人员、人员的时间以及其他资源的支持。

4. 要建立起公司级的、端到端的、有效的流程体系

跨职能团队组织模式确保事情“有人做”，流程体系建设确保团队成员均“会做事”。公司级的流程体系是跨职能项目团队组织模式有效运行的“基石”。

有如下流程体系建设建议，供参考。

（1）要成立公司级的流程管理部门，统筹公司级的流程体系建设工作。

（2）要任命副总级别的公司领导担任公司流程体系建设负责人，确保能够建立起公司级的流程体系，确保公司级的流程体系能够得到有效推行。

（3）要任命专职（兼职）的公司级的流程经理，分别主责产品创新管理和订单交付管理等公司级流程体系的建设。

（4）公司级的流程体系建设也要成立由各相关职能部门代表组成的“跨职能项目团队”，而不只是各个部门各自撰写的流程的“汇总”。

（5）公司级的流程体系既要明确各职能代表的专业分工，又要强调项目成功是项目团队成员“共同的职责”。

（6）“流程面前，人人平等”。公司流程管理部门、质量管理部门、项目管理部门要敢于与流程破坏者“作斗争”。公司各级领导更要成为流程遵循的带头人，要以身作则，率先垂范。

（7）要明确“流程是为项目服务的”，有效的流程体系要能够提高项目运作的效率和质量，能够降低项目风险，提高项目成功率。企业不能“为了遵循流程而遵循流程”，不能机械、僵化地执行不合时宜的流程。流程体系建设要“与时偕行”，根据公司业务的发展、组织结构的变化等适时优化、完善，甚至重构。

5. PMO 部门要强势运转

建立起了真正的跨职能团队和公司级的流程体系，就一定要保证创新项目有效、高效地运行。PMO 部门是项目型组织的践行领导者，一定要坚持原则，遵循规范，通过项目绩效的大幅改善证明组建跨职能团队的必要性，证明建设公司级流程体系的必要性，给全公司成为项目型组织树立典范、坚定信心，形成习惯。

创新者行动

公司首席产品官（CPO）组织公司人力资源，流程体系建设、项目管理分管领导及各职能部门负责人分析公司在流程型组织、项目型组织建设中存在的主要问题，分析产生这些问题的根本原因，提出改进方案与行动计划，推动公司成为卓越的流程型企业、项目型企业，持续实现卓越的创新绩效。

第二十四章
订单交付管理

订单交付管理（Order Delivery Management，ODM™）是指从销售机会获取到订单交付回款的端到端的全流程管理。创新型企业通过高效的产品创新管理做好 0 → 1，通过卓越的订单交付管理做好 1 → M（Many Many Money），如图 24-1 所示。

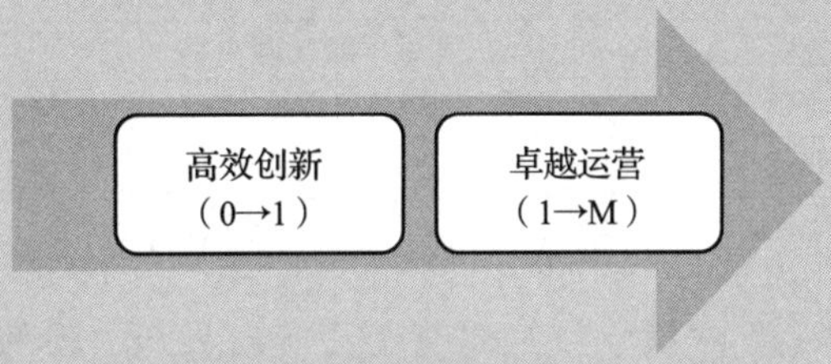

图 24-1　创新与运营的关系

创新型企业需要高效创新与卓越运营并重，既要做出“好卖”的产品，也要将“好卖”的产品“卖好”，实现企业预期的投资回报，确保企业持续、稳健增长。

与产品创新管理 4P 体系原理相同，我们也总结了订单交付管理 4P 体系，如图 24-2 所示。

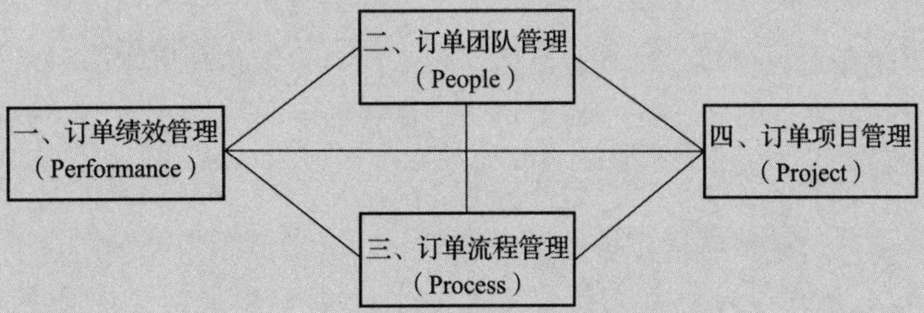

图 24-2　知行信订单交付管理 4P 体系

在订单交付方面，创新型企业要基于跨职能团队（People）和端到端的流程（Process），通过有效的项目管理（Project），实现卓越运营绩效（Performance）。

知行信订单交付管理 4P 体系包括订单绩效管理、订单团队管理、订单流程管理和订单项目管理四部分。知行信订单交付管理 4P 体系涵盖了企业卓越订单交付“可复制”的关键成功要素，每个方面都要进行有效管理。

订单绩效管理明确订单交付的绩效目标，“以终为始”，实施目标管理。订单团队管理明确订单项目的组织模式，订单流程管理规范公司级的端到端的订单交付管理流程。基于跨职能的订单团队和端到端的公司级的订单交付管理流程，做好订单交付项目管理，实现订单交付绩效目标。

建立卓越运营体系，实现预期投资回报。

具有如下特征的企业需要重视订单交付管理。

（1）订单交付为系统产品，订单金额大、交付内容多、交付周期长、交付任务复杂。

（2）订单交付时有定制研发、有定制生产、有现场安装调试。

（3）解决方案（系统集成）类企业、设备类、软件类企业的订单交付管理往往比较复杂。

表 24-1 总结了订单交付管理的常见问题，具有以上特征的企业可以进行对照，分析企业在订单交付管理方面存在的主要问题，通过本章内容的学习改进订单交付管理，成为卓越运营企业。

表 24-1 订单交付管理常见问题

常见问题		是否存在（Y/N）	主要改善措施
（1）	订单项目多，订单项目缺乏有效分类与排序，大幅延期交付的项目占比高		
（2）	订单交付质量问题多，客户投诉多，客户满意度不高		
（3）	回款周期长，进度款延期回款多，尾款回收难，公司现金流不理想		
（4）	各职能部门职责不清，配合不畅，沟通协调困难		
（5）	订单交付综合成本高，人均产值、人均利润低，订单项目利润微薄或亏损		

本章以一家涵盖招投标、定制研发、采购生产、现场安装调试等环节的装备类解决方案企业为背景，介绍订单交付管理流程体系。

本章分为四节。

第一节，订单绩效管理。明确企业与项目层面的订单绩效指标并对订单绩效进行有效管理，通过订单绩效度量明确改进重点，实施持续改进，实现业绩提升。

第二节，订单团队管理。明确订单管理组织模式，建立订单管理委员会，对公司各类订单项目进行统筹决策，设立运营管理部，负责公司所有订单项目的日常管理，组建跨职能订单交付团队，负责交付项目订单，降低部门之间的协调沟通成本，提升人均产值、人均利润、人均薪酬，提升企业对优秀人才的吸引力，降低骨干人才的流失率。强调建立客户经理、售前支持工程师与订单交付经理“铁三角”团队。

第三节，订单流程管理。建立公司级、端到端的订单交付管理流程体系，“将能力建立在组织上”，实现卓越订单交付“可复制”，大幅缩短订单交付周期，大幅减少订单交付质量问题，大幅降低订单交付综合成本，大幅提升客户满意度。

第四节，订单项目管理。从组织级项目管理、项目集管理和单项目管理等三个层面对订单项目进行有效管理，对订单项目进行分类和优先顺序排列，提升订单项目整体利润水平。

通过建立系统、完整、科学、有效的订单交付管理体系，提高企业订单获取概率，缩短订单交付周期，降低订单交付成本，提升客户满意度，实现按时、足额回款，保证公司现金流安全，提升公司订单交付项目利润率。

第一节 订单绩效管理

创新者思考

（1）订单交付管理的核心目标是什么？

（2）公司层面应该设定哪些订单交付指标？

（3）项目层面应该设定哪些订单交付指标？

订单交付绩效指标包括公司层面指标与项目层面指标。订单交付管理的核心目标是实现预期的订单绩效目标。通过订单实际绩效表现与预期的绩效目标的对比，发现存在的问题，明确改进方向和重点，实施持续改进，实现业绩提升。

一、明确订单交付管理的核心目标

建立与运行卓越订单交付管理体系要实现以下核心目标。

（1）签定能满足客户需求，能实现企业预期利润目标的订单合同。

（2）按时、按质、按量交付客户订单，实现客户满意。

（3）按时、足额回收各期合同款项，避免延期收款，避免坏账损失。

（4）订单获取与交付费用符合预期，实现人均产值、人均利润目标。

（5）运维服务费用符合预期，不会侵蚀订单利润。

（6）客户对订单交付与运维服务非常满意，持续带来更多重复购买、交叉购买、引荐购买订单。

（7）运营团队对绩效考核与激励方式满意，薪酬水平符合期望。

二、明确订单绩效指标设定原则

以下订单绩效指标设定原则，供企业设计和选择订单绩效指标参考。

（1）度量关键成功要素（KSF）。

（2）度量做得不好的方面。

（3）指标数据能够获取。

（4）从公司层面和项目层面进行度量。

（5）设定 3 ～ 5 项主要度量指标。

表 24-2 列出了在订单交付过程与结果方面需要重点度量与改善的内容。

表 24-2 订单交付项目需要重点度量与改善的方面

订单交付过程		订单交付结果
（1）需求变更频繁 （2）交付严重超期 （3）项目费用严重超支 （4）优质客户市场份额占比不高	→	（1）回款严重超期 （2）坏账损失高 （3）项目利润远低于预期 （4）运维服务费用远超预期

企业可以对照以上问题设定需要重点考核的订单交付项目指标与目标。

三、设定订单绩效指标

订单绩效指标包括公司层面和项目层面的指标。

1. 公司层面的订单绩效指标

以下公司层面的订单绩效指标供参考。

（1）**客户满意占比**：客户满意度可以用客户对项目质量、项目完成及时性、服务态度等指标进行评价，也可以通过回款及时率反映客户满意度。

（2）**及时回款率**：年度所有项目中按照合同约定按时回款的合同数量比例或者金额比例。

（3）**坏账比例**：年度（或者过去 3 年累计）不能收回（或者账期超期已列入坏账计提的款项）的销售款项占比，坏账产生的原因可能是项目服务质量不好，也可能是客户关系处理不好，或者客户方本身的问题。

（4）**项目费用比**：合同金额与工程费用的比值，工程费用主要包括项目实施人员工时（折算为人员薪酬金额）、差旅费用等。

公司层面的订单绩效指标主要考核运营管理部、项目总监。企业可以在公司层面的订单绩效指标中选取主要指标，并根据公司实际及与标杆企业对比设定各项指标的目标值。

2. 项目层面的订单绩效指标

以下项目层面的订单绩效指标供参考。

（1）**客户满意度**：可设计客户满意度评价表，用以征求客户意见，从交付进度、交付质量、交付范围及服务态度等方面进行评价。

（2）**进度符合度**：实际进度与计划进度的比值，度量各个里程碑节点和整个项目。

（3）**项目工时符合度**：重点度量订制开发和现场实施工时。

（4）**项目费用符合度**：重点考核销售费用和工程实施差旅费用。

项目层面的订单绩效指标主要考核订单交付项目经理、项目团队。企业可以在项目层面的订单绩效指标中选取主要指标，并根据公司实际与标杆企业对比设定各项指标的目标值。

四、制定订单项目考核与激励制度

以下是企业制定订单项目考核与激励制度的几个关键要点。

（1）订单项目必须考核项目团队，必须考核项目结果，而不能基于员工个人在项目过程中的表现发放奖金。

（2）订单项目奖金来源于项目团队高效协同节省的项目费用，而不是需要公司额外支出的费用。

（3）项目组织模式、流程体系、考核与激励模式不是一成不变的，需要持续优化，导向持续改进，止于至善！

订单项目绩效考核与激励制度设计要体现“利出一孔，力出一孔”的原则，各职能部门要通过订单交付团队的高效运作，成为“利益共同体”“命运共同体”，实现“多打粮食多分钱”！

创新者行动

公司分管订单交付管理的领导组织人力资源部门、运营管理部门及各相关职能部门负责人分析哪些是公司需要重点改善的订单交付绩效指标，明确公司层面、项目层面的订单关键绩效指标，推动公司成为卓越运营企业。

第二节 订单团队管理

创新者思考

（1）订单项目应该如何有效评审与决策？

（2）是否应该有职能部门负责所有订单项目的统筹管理？

（3）是否应该成立跨职能团队负责订单项目的交付？

创新型企业要树立正确的订单团队管理观念。

（1）公司每个部门、每个员工都是“利益共同体”“命运共同体”。一荣俱荣，一损俱损！

（2）各个部门、各个岗位，既要明确分工，也要高效协同。

（3）单个部门、单个员工水平再高、工作再勤奋，也很难靠一己之力交付客户订单。高效协同是订单准交的必然举措。

（4）只有订单交付让客户满意、企业满意，员工才能得到更好的回报。

（5）局部必须服从和服务于全局，任何部门、任何个人不能凌驾于客户与公司之上。

（6）各级领导不应该是拥有权力的发号施令的行政领导，而应该成为能够为员工赋能，帮助员工成功的专家型领导。

（7）好的领导能让平凡的团队做出不平凡的业绩，差的领导只有自己“优秀”，下属都不行。

订单交付团队由三部分组成：订单管理委员会、运营管理部和订单交付项目团队，订单交付团队组织结构（见图 24-3）。

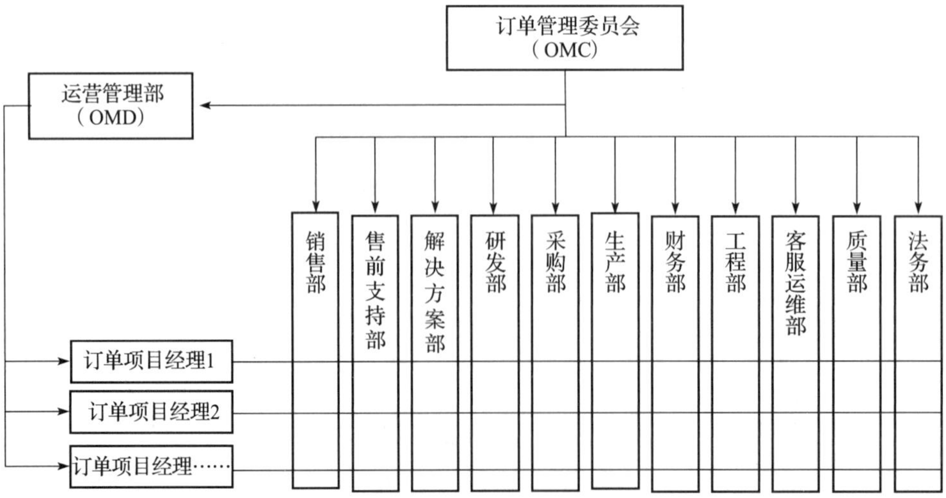

图 24-3　订单交付团队组织结构

订单管理委员会负责对订单进行决策，运营管理部负责订单项目的日常统筹管理，订单交付项目团队负责各个订单项目的管理和交付。

以下分别介绍各部分内容。

一、订单管理委员会

订单管理委员会（Order Management Committee，OMC）是公司订单交付项目的决策机构，由公司总经理、分管运营副总经理、需要参与订单交付项目的各职能部门负责人组成，主要职责包括以下内容。

（1）组织建设与持续优化订单交付管理流程与制度体系。

（2）在关键节点对订单项目进行决策。

（3）审批订单项目下一阶段计划，承诺订单项目下一阶段所需资源。

（4）为多个订单项目进行排序决策与资源分配决策。

重大订单项目需要公司订单管理委员会决策和把关，一般项目可由运营管理部进行决策与日常管理，有必要时向订单管理委员会报告。

二、运营管理部

运营管理部（Operation Management Department，OMD）是公司订单交付项目的日常管理部门，由运营管理部总监、订单管理总监、订单交付项目经理、订单项目管理工程师等职位人员组成，主要职责包括以下内容。

（1）为公司订单管理委员会的日常工作机构，负责公司所有订单项目的日常管理工作，对订单管理委员会负责。

（2）负责收集、预审订单项目决策评审资料。

（3）组织召开订单项目决策评审会议。

（4）监督落实订单管理委员会的决策事项。

（5）负责订单项目团队组建、订单项目经理任命及每个订单项目日常推进管理。

（6）及时向订单管理委员会汇报订单项目风险及订单项目存在的重大问题。

（7）组织订单项目总结评审，组织订单项目绩效考核工作。

（8）负责订单项目经理选拔、培训、培养和职级认定工作。

（9）负责订单项目文档、资料归档管理工作。

创新型企业应该将创新项目与订单交付项目分开进行管理。两类项目绩效考核指标不同、团队组成不同、遵循的流程不同，对项目经理的背景与素养要求也不同，不应该放在一个部门进行管理，更不应该一个项目经理兼做创新项目和订单交付项目。

对于订单交付项目数量多、类型多的企业，可以在运营管理部设置项目总监职位，分别负责不同类型的订单交付项目管理。比如某系统集成企业分别设立硬件、软件、安全、集成类项目总监，分别负责相应类别项目的管理。

订单交付项目经理可以是兼职或者专职的，可以采取认证的方式进行管理。不同级别的项目经理分别负责不同复杂程度的订单项目的管理。对于订单项目较多的企业，应该在运营管理部部署一批专职的订单项目经理。

订单项目管理工程师部署在运营管理部，协助项目经理做好订单交付项目的日常管理工作。

三、订单交付项目团队

订单交付项目团队由跨职能团队组成，如图 24-4 所示。

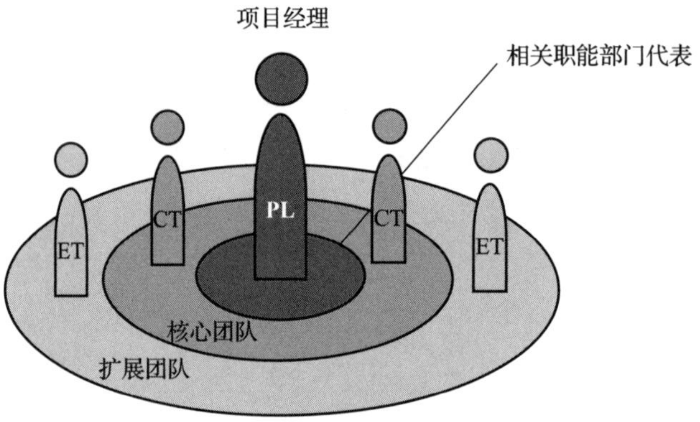

图 24-4　订单交付项目团队组成

订单交付项目团队分为三层：项目经理、核心团队和扩展团队。原则上，项目经理只负责领导和管理核心团队成员，扩展团队成员由各职能核心代表负责领导和管理。

1. 项目经理

订单交付项目经理部署在运营管理部，主要职责包括以下内容。

（1）负责订单项目全程管理。

（2）对订单项目的进度、质量和成本等关键绩效目标负责。

（3）负责领导与考核项目核心团队成员。

2. 核心团队

核心团队由订单交付项目所必需的各职能部门代表组成，主要职责包括以下内容。

（1）完全代表所属职能，对订单项目中所属职能工作任务负责。

（2）在项目经理领导下负责协调与其他职能的工作。

（3）负责职能内项目扩展团队成员的工作任务安排、工作协调与绩效考核工作。

3. 扩展团队

扩展团队成员由订单交付项目所必需的各职能部门相关人员组成，主要职责为：在相应职能代表领导下完成相关职能工作任务。比如生产代表领导的扩展团队成员可能包括生产计划、工艺、设备管理等相关专业人员。

4. 订单项目管理工程师

订单项目管理工程师部署在运营管理部，主要职责包括以下内容。

（1）协助订单项目经理做好订单项目日常管理工作。

（2）负责订单项目日常进度跟进、协调工作。

（3）负责订单项目文档、资料汇总与存档工作。

5. 职能部门

各个职能部门负责为订单交付项目培养和输送专业的、足够数量的项目团队成员，主要职责包括以下内容。

（1）为订单项目输送合格的职能代表与相应扩展团队成员。

（2）确保职能代表完成订单项目任务所需时间和资源。

（3）帮助职能代表解决订单项目中遇到的难题。

创新者行动

公司分管订单交付管理的领导组织人力资源部门、运营管理部门及各相关职能部门负责人分析公司订单交付组织模式存在的主要问题，提出优化方案并组织实施，持续提升订单交付团队人均产值、人均利润与人均薪酬。

第三节 订单流程管理

创新者思考

（1）我们公司有公司级、端到端的订单交付管理流程体系吗？执行有效性如何？

（2）我们需要新增或完善哪些子流程？

（3）我们如何确保订单交付“铁三角”团队高效运转？

订单交付是公司的事，而不是哪个部门的事。因此，订单交付流程也应该是公司级的流程，而不是哪个部门的流程。

建立公司级、端到端的订单交付管理流程体系，“将能力建立在组织上”，实现卓越订单交付“可复制”，大幅缩短订单交付周期，大幅减少订单交付质量问题，大幅降低订单交付综合成本，大幅提升客户满意度。

一、订单交付框架流程

订单交付管理流程体系是以客户为中心、公司级、端到端、客户全体验周期的管理体系。

订单交付流程体系一般可以分为前、中、后三个阶段，如图 24-5 所示。

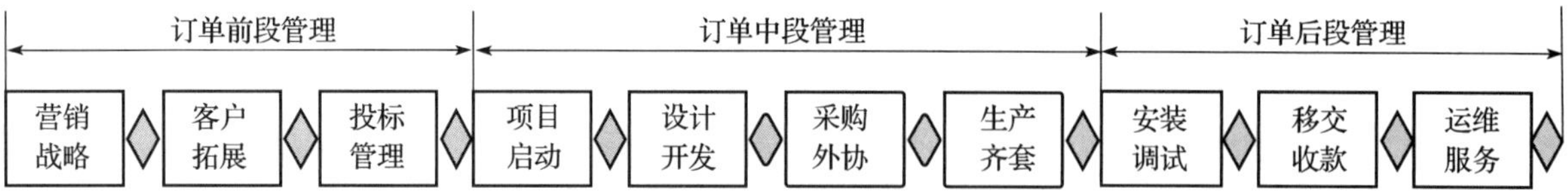

图 24-5 订单交付流程体系

表 24-3 总结了订单交付管理各阶段的核心目标与常见问题，企业可以对照公司实际，明确各阶段改进重点。

表 24-3 订单交付管理各阶段的核心目标与常见问题

	订单前段管理	订单中段管理	订单后段管理
阶段核心目标	（1）制定正确的销售策略，指引销售团队有效、高效行动 （2）获取尽可能多的意向客户 （3）持续提升中标率 （4）持续降低合同需求变更比例 （5）签署符合公司利润目标的合同	（1）尽可能缩短订单成套周期，按时成套发货 （2）尽可能减少定制开发	（1）按时完成设备安装调试与项目移交 （2）按时、足额回收项目款项 （3）运维服务费用符合预期

续表

	订单前段管理	订单中段管理	订单后段管理
阶段常见问题	（1）缺乏有效的销售策略，总体签约额不符合预期 （2）销售团队人均签约金额低，人均奖金低 （3）销售团队与售前支持团队配合不好，中标率低 （4）销售人员错误理解客户需求，售前团队做方案不专业，导致订单在执行过程中需求变更多，利润率低或亏损	（1）缺乏有效的订单项目管理，各相关职能部门之间协同配合低效，订单迟迟不能成套发货 （2）定制开发非常多，开发周期长，开发质量不能保证，外协加工多，导致成套周期长，安装调试周期长，设备运行后质量问题多运维服务成本高	（1）安装调试周期长，项目迟迟不能交付客户验收 （2）回款严重超期，坏账损失多 （3）运维服务费用远超预期，侵蚀项目利润

下面分别简要介绍订单交付各阶段的管理要点。

1. 订单前段流程

订单前段流程是从销售线索到签约，由销售团队主责，包括营销战略制定，客户拓展和投标三个子阶段。

（1）营销战略制定阶段要明确公司的业务重点、产品的特色与优势、公司的重点客户、重点客户区域、商务策略，以及服务策略等，指导销售团队高效开展业务拓展工作。

（2）客户拓展阶段是指销售团队通过拜访客户，确定客户有业务需求，然后申请公司参与投标，公司评审通过后，销售团队组织招投标工作。

（3）投标阶段是指从参与投标到中标签约的阶段，一般需要销售团队和售前支持团队紧密配合。销售团队主要负责客户关系管理，售前支持团队主要负责项目方案制定。如果项目有很多新的需求，解决方案团队要为售前支持团队提供技术支持。

客户经理、售前工程师和订单交付经理是订单交付项目的三个关键角色，共同构成订单交付管理的“铁三角”，如图 24-6 所示。

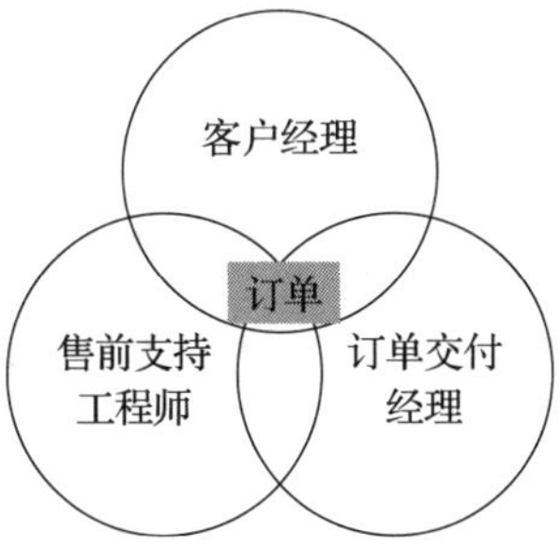

图 24-6 订单交付管理的“铁三角”团队

在订单交付“铁三角”团队中，客户经理主要负责把握客户关系，售前支持工程师主要负责做好项目方案，两者“狼狈”配合，共同将项目订单签下来。订单交付经理则负责组织跨职能订单交付团队，交付客户满意的订单项目，将项目合同约定的金额及时、足额收回来。

企业在每个重要订单项目中，都要建立起强有力的“铁三角”团队，提升订单项目签约成功率，提升订单项目准时交付率，从而实现企业预期的订单项目利润目标。

2. 订单中段流程

订单中段流程是从项目启动到齐套发货，由订单交付经理主责，包括项目启动、设计开发、采购外协和生产齐套四个子阶段。

（1）项目启动阶段任命订单交付项目经理和项目团队，制订订单交付项目计划，明确项目团队成员任务分工，正式宣布项目启动。

（2）设计开发阶段由研发代表主责，主要负责项目订单中的定制开发任务。创新型企业要通过模块化设计大幅提升产品的标准化程度，大幅降低订单项目中的定制研发比重。

（3）采购外协阶段由采购代表主责，主要负责采购和外协工作。定制研发内容大幅减少了，定制件外协或生产的比重也会大幅减少，生产齐套的周期会大幅缩短，订单产品的质量也会大幅提升。

（4）生产齐套阶段由生产代表主责，主要负责订单产品生产和齐套发货工作。

设计开发、采购外协和生产齐套阶段是一个大致的先后顺序，其实很多公司是“并行”展开的。比如在进行定制研发的同时，可以开展标准件采购和生产等工作，尽可能缩短从项目启动到生产齐套的周期。订单项目经理要组织项目团队制订严密的项目计划，尽可能通过“并行工程”缩短产品齐套周期，进而缩短订单项目的整体交付周期。

3. 订单后段流程

订单后段流程是从现场施工到项目移交，由工程代表主责，包括安装调试、移交收款和运维服务三个子阶段。

（1）安装调试阶段的工作由工程部主责，主要工作包括设备安装、调试、试运行等工作。

（2）移交收款阶段主要由销售、财务部门负责，主要工作包括项目移交、客户培训、尾款回收等工作。项目“成功移交”的典型标志是客户全部付完了项目尾款，项目进入质保阶段。

（3）运维服务阶段由运维客服部门主责，主要工作包括客户服务、保质期内的维护工作、保质期外的维护工作等。

对于企业而言，完成项目移交、收到项目尾款代表订单项目结束。而对于客户而言，项目移交是客户正式使用企业产品的开始，离客户实现“投资回报”还有很长的时间。企业应该“敬始善终”，为客户提供优质的产品全寿命周期服务，帮助客户实现预期的投资回报。

二、订单交付子流程

订单交付各个阶段由多个子流程组成，子流程包括阶段流程和共用流程，订单交付子流程清单（见表 24-4）。

表 24-4　订单交付子流程清单（示例）

	1.0 订单交付前段流程	2.0 订单交付中段流程	3.0 订单交付后段流程
阶段流程	1.1 意向信息分析流程	2.1 项目启动流程	3.1 工程分包管理流程
	1.2 客户拜访流程	2.2 总体方案设计与合同分解流程	3.2 进场准备流程
	1.3 立项可行性分析流程	2.3 订制研发流程	3.3 现场安装流程
	1.4 需求明确与方案设计流程	2.4 外购采购流程	3.4 现场调试流程
阶段流程	1.5 投标前准备流程	2.5 外协采购流程	3.5 试运行与验收流程
	1.6 投标实施流程	2.6 分包采购流程	3.6 回款管理流程
	1.7 合同洽谈与签订流程	2.7 生产制造流程	3.7 运维移交流程
		2.8 齐套发货流程	3.8 项目总结流程
		2.9 物流管理流程	3.9 运维管理流程
共用流程	订单项目管理流程，项目评审流程，质量保证流程，项目变更管理流程，项目文档管理流程		

订单交付前、中、后段子流程共列举了 25 个，共用子流程共列举了 5 个。企业可以参照上表梳理企业订单交付各阶段子流程。

各个子流程规范的制定，既要借鉴外部最佳实践，也要结合公司实际。应该选拔公司内部最佳实践拥有者撰写各个子流程。比如现场安装流程应该请现场安装工作做得最好的同事主责撰写。

创新者行动

公司分管订单交付管理的领导组织流程部门、运营管理部门及与订单交付相关的职能部门负责人，梳理公司订单交付流程现状，明确需要新增或者优化的流程清单，完善公司订单交付管理流程体系，成为高效的流程型企业。

第四节 订单项目管理

创新者思考

（1）我们有足够数量、足够专业的订单项目总监、项目经理与项目管理工程师吗？
（2）我们的订单项目管理是基于跨职能团队和公司级、端到端的流程进行的吗？
（3）在订单项目管理中，哪些是我们最需要改善的关键绩效指标？如何有效改善？

有效的跨职能团队和端到端的公司级流程是做好订单交付项目的前提。订单项目经理的核心职责是采用有效的项目管理方法，基于端到端的订单交付管理流程，领导跨职能订单交付团队，实现订单项目绩效目标。

一、掌握订单项目管理方法

我们推荐订单项目经理采用项目管理五步曲方法进行有效的订单交付项目管理，如图 24-7 所示。

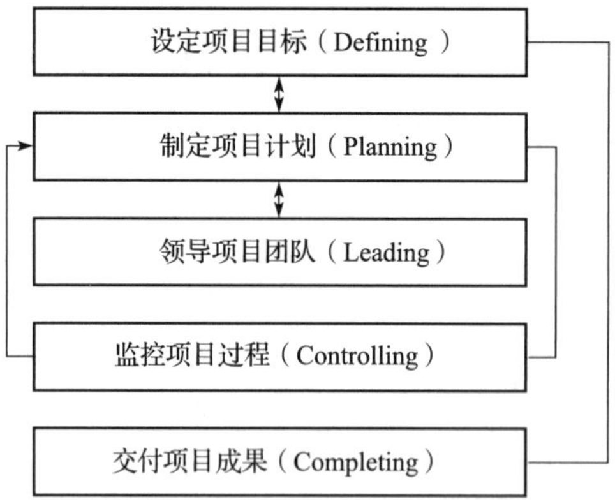

图 24-7 项目管理五步曲

以上项目管理方法在第二十三章第二节有详细介绍。订单项目经理既要熟悉订单交付管理流程，又要掌握项目管理方法，要基于订单交付管理流程，采取有效的项目管理方法做好订单交付项目。

二、交付精品订单项目

创新型企业要通过交付精品订单项目，实现“客户更满意、企业更赚钱，员工更幸福，社会更美好”！交付精品订单项目的要点总结如表 24-5。

表 24-5　精品订单项目要点总结

精品订单项目	要点描述
客户更满意	（1）按时、按质、按量交付订单 （2）客户购前、购中、购后全接触周期体验“非常好” （3）重复购买、交叉购买、引荐购买率高
企业更赚钱	（1）所有订单项目均能按时、全额回款，没有延期付款，没有坏账损失 （2）人均产值、人均利润行业领先 （3）企业投资回报率行业领先
员工更幸福	（1）所有员工都认为，参与订单交付项目是有价值、有挑战的美好的体验，人人争着“上项目” （2）员工整体薪酬水平行业领先 （3）核心员工离职率低，企业对人才吸引力大
社会更美好	（1）企业纳税额在园区领先 （2）是环境友好型企业 （3）企业积极参加公益事业，社会美誉度高

创新者行动

公司分管领导组织订单交付团队，对照精品订单项目的描述，明确企业在订单交付项目管理中的改进重点与改进措施，通过持续提升项目管理水平，推动公司成为卓越的项目型企业。

创新案例

中集集团打造“世界冠军产品群”的八大成功要素

中集集团（以下简称中集）是中国改革开放后，在深圳经济特区的蛇口工业区成立的第一批中外合资企业。

现任中集董事长兼 CEO 的麦伯良自 1982 年大学毕业就加入了中集，他从技术员做起，在 1993 年临危受命担任中集总经理至今。当时年仅 30 多岁的麦伯良带领中集人走过了充满传奇色彩的二次创业历程。中集凭借艰难探索、自主创新、转型升级和国际化运营几个阶段，从濒临破产的 59 人的集装箱小厂，发展到今天拥有 5 万员工和 100 多家制造企业的跨国企业集团，年销售从几百万美元增长到近千亿元人民币。

1996 年首次在集装箱领域成为世界冠军之后，中集集团又陆续打造了物流装备领域的冷藏集装箱、罐式集装箱、机场登机桥等，以及能源装备的 LNG 储运车和海洋油气钻井平台等 20 个世界冠军产品。这些世界冠军产品不仅为中集带来了 70% 的赢利，也为中集带来了全球范围内的行业影响力和声誉，为提升中集的行业竞争力，保障企业的可持续增长和业务升级都发挥了举足轻重的作用。因此，提升现有产品的竞争力、打造更多未来冠军产品，对于中集集团实现转型升级和有质增长都具有非凡意义。

中集从 2018 年正式启动“打造冠军产品工程”，由集团总部和业务中心协同成立冠军产品推进组，全面系统地研究标准体系和实施激励推进工作。中集希望通过打造更多冠军产品，提升创新能力和竞争力，完善卓越运营体系；也希望在打造世界冠军产品过程中，传承中集 36 年沉淀的自强不息、追求卓越的冠军精神。

中集在回顾梳理世界冠军案例的时候，发现中集在 36 年的时间，能够打造出 20 个世界冠军产品的八大成功要素，包括：企业家的雄心壮志，聚焦与专注，持续创新，质量取胜，贴近客户，全球化运营，高效的员工与敏捷的组织，打造核心竞争力。

1. 企业家的雄心壮志

中集打造世界冠军产品的八大成功要素中，最基础、最重要的就是中集领导者身上所具备的企业家的雄心壮志和中集拥有一支具备自强不息创业精神的卓越团队。

2. 聚焦与专注

中集集团多年来一直都持守着聚焦与专注战略，即使是多元化，也是紧贴客户需求，围绕核心业务进行所谓的“柔性”多元化。

3. 持续创新

持续创新是冠军产品的不可或缺的成功因素。作为隐形冠军的中集各业务单元，创新不同于大型企业，它们将客户的需求和科技更好地融为一体。它们常常以小型的专业团队来解决具体问题，这样很节省费用，高层管理人员也会亲自参与研发，尤其是倾听并且实现客户的需求。这种特别的创新过程带来更短的研发时间。

4. 质量取胜

一直以来，中集秉承着靠产品质量起步，在“制造＋服务”升级中延伸产品线，其宗旨就是要根据客户需求，在为客户提供最优质产品的同时，也为客户提供高品质的售前和售后服务。

5. 贴近客户

隐形冠军最大的优势是贴近客户。绝大多数隐形冠军只依赖于少量的客户，与重要客户紧密合作。中集的集装箱、专用车、罐式化学品储运设备和油气开采装备等系列产品，不管是自主开发还是技术引进或并购整合的产品，能够续创新 30 多年引领行业发展趋势，离不开与客户的深度融合与合作创新，以及嵌入客户的运营环节。在集装箱和空港设备等领域的许多产品改进或新产品研发，不仅创意来源于客户，技术创新和产品升级的实现过程也离不开客户的深度参与。

6. 全球化运营

中集的全球化运营策略可分为两个阶段。第一个阶段是 1982—2003 年，该阶段的策略是“中国制造，全球销售”。在这个阶段，中集的产品主要是集装箱，其中 80% 的集装箱都是海外销售。第二个阶段是 2004—2018 年，该阶段的策略是“全球并购，全球运营，地方智慧”。在这一阶段，中集的产品扩展至车辆、能化、空港等领域，其中 40% 的产品在海外制造，60% 的产品销往中国的海外市场。

7. 高效的员工与敏捷的组织

高绩效的员工队伍、敏捷化的产品经理组织，是中集成功打造世界冠军的成功要素之一。

中集在早期集装箱和登机桥产品开发的产业阶段，由于蛇口工业区的企业完全具有自主用工和薪酬奖金的机制，公司的产品项目组具备足够的人员和经费支配权，加上毗邻香港的国际化商业环境优势，项目组成员可以方便地与海外客户和供应商直接交流，以及采购进口零部件，产品开发和营销效率非常高。随着企业的目标客户群和应用领域不断增多，中集在企业内部采取事业部制组织的形式将权力下放，以便于在新领域也具备集中优势、深入市场、贴近客户等竞争优势。仅 2018 年，中集集团又设立了专门的创新创业基金，实施开放式“双创百人计划”，以此吸引公司内外创业者，在中集的大平台上，在智能制造和智慧物流领域内，以事业合伙人机制参与中集的共同事业。

8. 打造核心竞争力

中集秉承卓越企业造就冠军产品的理念，以卓越运营的过程，保证优异的产品。冠军企业的核心竞争力是一整套系统能力，至少在产品质量、服务、性价比和交货期几个方面具备远超出同行企业的竞争力。

在继续打造世界冠军产品方面，中集未来会沿着“智能制造、智慧物流”的发展方向，打造具有中集的“大平台支撑 + 小兵团作战”的冠军产品工程。根据各 SBU 和企业的未来战略规划，展望未来中集产品组合的蓝图，到 2022 年左右，中集将在智慧物流、冷链物流、天然气储运、环保新材料和智能化等产业链中具备核心优势的细分领域内增加 10 多个冠军产品，有希望形成 30 个冠军产品群蓝图，大约贡献 500 亿～ 600 亿销售规模和不错的利润。

（本案例改编自《清华管理评论》2019 年 4 月刊，作者刘春峰、杨一安，原标题：中集：八大关键要素打造世界冠军产品群）

附件 A

企业创新能力成熟度（ICMM^{TM}）评估表

请对贵公司研发与产品创新管理水平从以下六个方面进行评级，并根据评级结果与Ⅳ级标准对照，发现差距和改进重点。

评级	Ⅰ级（不规范）	Ⅱ级（有规范）	Ⅲ级（有效）	Ⅳ级（高效）
1. 创新战略管理（　　）	● 无明确的新产品开发目标 ● 无明确的新产品开发重点和方向，拍脑袋项目普遍存在 ● 缺乏产品线概念，无明确的产品线战略规划 ● 产品缺乏差异化，同质化竞争激烈，主要靠价格战进行竞争 ● 研发投入为被动响应型，缺乏计划性	● 有不清晰的新产品开发目标，未对新产品开发目标进行有效分解 ● 有不清晰的新产品开发重点和方向，有一些拍脑袋项目进入开发流程 ● 有产品线概念，对针对不同细分市场的产品进行了大致划分 ● 部分产品有些差异化，但差异化优势不明显，容易被模仿 ● 比较注重研发投入，但计划性不够	● 有明晰的新产品开发目标，按产品线进行目标分解 ● 有明晰的新产品开发重点和方向，新产品项目基于创新战略进行选择，很少有拍脑袋项目 ● 有明晰的产品线规划，各产品线有明晰的技术路线图 ● 产品有明显的差异化优势，差异化不易被模仿 ● 基于创新战略进行创新资源规划和配置，不同类型项目有明确的创新资源分配比例	● 定义多个维度的创新战略目标，对照目标的实现差距进行持续改进 ● 通过明晰的创新战略规划指导新产品项目的选择，所有项目的选择都是基于战略的 ● 产品线战略规划符合“上市一代、开发一代、储备一代”的原则，能够有计划地推陈出新 ● 能“定量”地实现产品差异化，差异化很难模仿，产品差异化能带来高附加值 ● 创新资源规划和配置具有前瞻性，创新能力成为公司的核心能力
2. 创新前端管理（　　）	● 新产品创意主要来源于个别领导 ● 不能对新产品创意进行有效的完善、筛选和评审 ● 基本上未进行系统的市场研究，新产品开发以模仿竞争对手产品为主 ● 市场人员和技术人员沟通困难，技术人员很难真正了解市场要的是什么样的产品 ● 认为技术基本可行，项目就进入开发阶段了	● 有专人负责收集新产品创意，但新颖的创意很少 ● 会对新产品创意进行筛选，但缺乏有效的评审准则 ● 主要通过销售人员做一些市场研究，但对需求信息了解不系统、不完整 ● 市场人员和技术人员会一起沟通客户需要什么样的产品，但沟通不够充分，技术人员对客户需求的理解不系统、不完整 ● 主要对技术可行性进行一些分析，可行性分析报告不系统、不完整，难以作为项目决策评审的依据	● 有专人负责收集和管理新产品创意，有一些突破性的新产品创意 ● 能对新产品创意进行有效筛选 ● 有专职或兼职的市场研究人员，重要的新产品都进行比较系统和完整的需求研究，能对需求信息进行有效的分类与整理，在开发过程中还持续了解和验证客户需求 ● 掌握了有效的产品定义方法，能将客户需求转化为产品功能定义，市场人员与技术人员之间沟通充分 ● 进行比较系统的市场、技术和财务可行性分析，可行性分析报告能作为项目决策评审的依据	● 掌握有效的突破性创意激发方法，新产品创意中突破性创意较多 ● 掌握有效的概念开发方法，能快速对新产品创意进行完善和筛选 ● 由产品经理组织团队进行系统、完整的市场研究，通过深入洞察客户需求寻求产品差异化 ● 掌握有效的产品定义方法，由市场人员与技术人员共同完成产品定义，“定量”地实现产品差异化 ● 由产品经理组织跨职能团队进行项目可行性分析，项目可行性分析报告的完整性和可信度高，在新产品开发过程中还持续完善和修订项目可行性分析报告

续表

评级	Ⅰ级（不规范）	Ⅱ级（有规范）	Ⅲ级（有效）	Ⅳ级（高效）
3. 创新技术管理（　）	• 无技术研发战略规划，新产品开发中临时寻找或开发相关技术 • 没有专门的技术研发流程，技术研发流程与新产品开发流程混为一谈，在新产品开发过程中解决重大技术问题 • 技术开发采用任务式管理，未成立项目组负责相关技术的开发 • 很少与外部合作进行技术研发 • 基本上没有技术专利	• 列出了技术开发重点，但缺乏系统的技术战略规划 • 有专门的技术开发流程，但流程的执行有效性不高 • 任命了技术研发项目经理和项目小组，但是项目小组无须对项目最终结果负责 • 与外部一些高校及科研院所建立了一些合作关系，但是合作效果不理想 • 有一些技术专利，没有专人负责专利管理工作	• 有规范的技术研发战略规划，并用于指导公司日常技术研发工作的开展 • 技术研发项目基于规范的技术研发流程进行，在重大技术问题解决后才进入新产品开发流程 • 技术研发团队对最终的研发结果负责，根据研发结果对项目团队进行激励 • 能根据实际需要与相关高校或研究院所进行合作，合作项目大多数能取得预期成果 • 技术专利数量在同行中处于领先地位，有专人负责专利管理工作	• 在技术研发战略指导下，进行平台化、模块化开发，技术重用度高 • 技术研发流程有效用于技术开发和技术平台开发 • 核心技术人员主要负责解决关键、共性技术问题，基本不参与日常“救火”项目的开发和维护 • 有系统地开展开放式创新、协同创新项目，有较大比例技术成果来自于合作开发 • 有明确的技术专利战略，能运用专利战略保持公司竞争优势
4. 创新团队管理（　）	• 无项目评审团队，项目决策个人说了算 • 无产品经理岗位，无专人负责市场研究工作 • 新产品开发是“研发部”的事，各职能部门只是“帮忙”，部门之间沟通协调困难 • 无人对项目的过程监控和最终结果负责 • 无人对流程的有效性负责	• 有由相关领导组成的项目评审团队，但评审流于形式，主要还是老板个人说了算 • 有兼职或专职人员负责市场研究工作，但是市场研究工作不够专业，对客户需求了解不够深入和完整 • 有项目经理负责制的产品开发团队，但组织形式比较松散，项目经理主要是起协调和跟进作用，项目团队并不承诺对项目的最终结果负责 • 有项目工程师负责项目的跟进和监控工作，但对项目团队缺乏必要的影响力 • 有专人负责流程的设计和完善，但对各个项目是否走流程缺乏必要的影响力	• 评审团队基于事先定义的评审流程和评审准则对项目进行评审，项目由评审团队集体决策 • 产品线经理对整条产品线的收入及利润目标负责，产品线经理组织团队进行有效的市场研究、产品定义和项目可行性分析工作 • 产品开发采用项目经理负责制的跨职能团队进行，项目团队对项目的结果目标负责 • 成立项目管理办公室，对所有项目进行进度和质量管理，项目管理办公室能较好地安排和调度创新资源 • 任命流程经理对流程的有效性负责，流程经理能有效监控项目是否走流程，能及时修订和完善流程	• 不同类型的项目以及项目的不同阶段由不同的决策评审团队进行决策，在保证决策质量的前提下提升了决策效率 • 产品线经理是客户的代言人，整个公司的创新工作围绕产品线经理展开，公司每条产品线都有称职的产品线经理 • 不同类型的新产品项目采用不同复杂程度的跨职能团队进行，在保证项目进度和质量的同时，能大大节省创新资源 • 项目管理办公室持续培养项目管理人员，并给予项目团队成员及时的指导和帮助，根据项目绩效及时改进和优化项目管理方法 • 流程管理团队及时将公司最佳实践做法融入创新流程，创新流程成为公司的核心竞争力

续表

评级	Ⅰ级（不规范）	Ⅱ级（有规范）	Ⅲ级（有效）	Ⅳ级（高效）
5. 创新流程管理（　　）	• 无规范的新产品开发流程，新产品开发活动管理混乱，效率低下 • 每个阶段要做什么事由经验丰富的前辈安排 • 项目无评审流程与评审准则，项目决策个人说了算	• 有基于 ISO 9000 等的流程，但流程的执行流于形式，很多人在实际工作中“忘记”了流程 • 大致规定了每个阶段的工作内容，但交付标准不清晰 • 由团队进行项目决策，但决策流程不规范，评审准则不科学	• 技术研发流程与新产品开发流程分开，新产品开发流程是基于跨职能团队的，是“公司级”的流程，大多数项目都能按照流程运行 • 明确规定了每个阶段的工作任务和交付件，每个阶段的工作任务有明确的说明指南，每个阶段的工作进度和质量基本符合预期 • 有明确的决策评审流程和决策评审准则，项目决策分多次进行，项目的风险能有效掌控	• 不同类型的项目适用于不同复杂程度的流程，每类项目都有适用的流程，所有项目均按流程运行 • 有明确的流程绩效目标，流程管理团队根据流程绩效目标定期对流程进行审计，及时修订和完善流程 • 不同类型项目及项目的不同阶段由不同的决策评审团队进行决策，在保证决策质量的同时提高了决策效率 • 将流程进行了 IT 化，IT 化的流程成为公司知识管理的重要组成部分
6. 创新项目管理（　　）	• 无明确的项目目标定义 • 无明确的项目进度计划 • 项目负责人及项目团队成员未接受过有效的项目管理方法培训 • 项目过程缺乏监控 • 项目结果缺乏评估	• 定义了项目目标，但项目团队未与公司决策评审团队签订书面的项目任务书 • 项目开始时制订了项目计划，但项目启动后基本没有按照项目计划实施 • 项目负责人及项目团队成员接受过一些项目管理方法和工具培训，但很少有效应用到实际项目管理中 • 过程中设定了里程碑，但很少在里程碑进行严格的节点检查 • 有项目结果验收，但未根据项目结果对项目团队进行绩效考核和激励	• 项目团队与公司决策评审团队签订书面的项目任务书，项目团队基于项目任务书设定的项目目标开展项目工作 • 制订严密的项目计划，项目依据项目计划展开，定期修订和更新项目计划 • 组建明确任命的跨职能项目团队，项目经理和项目团队成员掌握了必要的项目管理方法 • 采取“项目看板”等可视化方法对项目进程进行监控，及时发现项目进度偏差并采取有效方法纠正偏差 • 由公司决策评审团队进行正式的项目评审，根据项目结果对项目团队进行绩效考核和激励	• 项目任务书制定科学合理，绝大部分项目能基于设定的目标完成 • 双周滚动制订和更新项目计划，每周检查项目进展，项目实际进度与计划进度偏差控制在 10% 以内 • 跨职能团队组织模式成为项目组织模式的常态，项目团队成员之间配合默契，不同类型的项目采用不同强度的跨职能团队组织模式 • 通过可视化项目看板同时监控多个项目的进展，及时在不同项目之间动态调整创新资源 • 通过规范的项目总结评审总结项目经验和教训，通过创新流程与制度的优化避免重复再犯同样的错误，通过经验库的总结和分享缩短同类项目的开发周期

附件 B

工业和信息化部教育与考试中心“产品创新管理”系列线上人才培养项目

——培养卓越创新人才，成就一流创新企业

工业和信息化技术技能人才网上学习平台：www.tech-skills.org.cn

学习咨询电话：400-887-0803，0755-26978504

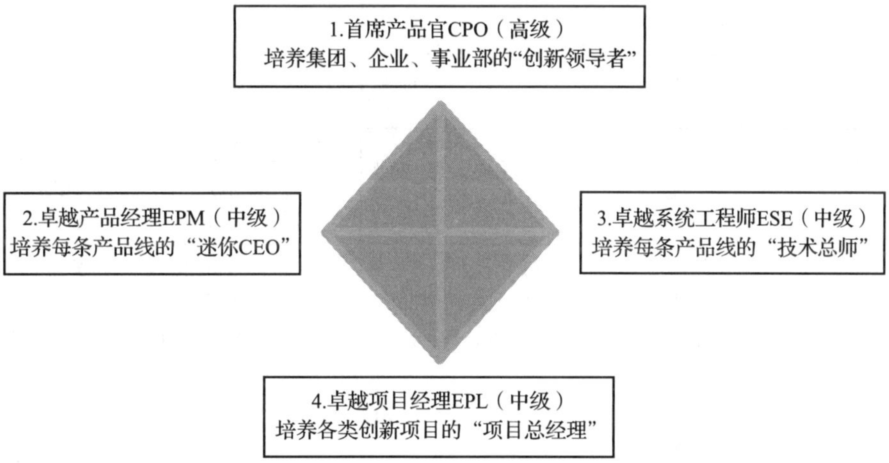

图附 B-1 “专精特新”科技企业“1+3”核心创新人才培养项目

一、项目简介

（1）**项目目的**：进一步提升工业和信息化领域技术技能人才素质，助力制造强国、网络强国建设。

（2）**依托平台**：工业和信息化技术技能人才网上学习平台 http://www.tech-skills.org.cn。

（3）**培训领域**：突出“高精尖缺”岗位需求，以及人力资源和社会保障部公布的新职业和社

会急需岗位等。

（4）**培训证书**：线上学习、线上考试，经考核合格后由工业和信息化部教育与考试中心向学员发放《工业和信息化职业能力证书》（电子证书），有关信息纳入“工业和信息化技术技能人才信息库”，并在推荐就业、持续培训等方面优先考虑。

（5）“产品创新管理”系列线上人才培养项目包括首席产品官 CPO（高级）、卓越产品经理 EPM（中级）、卓越系统工程师 ESE（中级）和卓越项目经理 EPL（中级）四个类别。

二、招生对象

学员对象以“专精特新”科技创新型企业的中高层管理者与研发骨干为主。欢迎企业“组团”报名参加各个角色的学习，系统培养各类创新人才。也欢迎个人自主报名学习，为自己的职业生涯“投资”。

首席产品官是企业的创新领导者，产品经理、系统工程师和项目经理是产品线经营的“金三角”团队组合。这四类人才是科技创新型企业需要优先、重点培养的核心创新人才。

表附 B-1 “1+3”核心创新人才培养项目招生对象

培养职位	学员基本要求	学员对象
首席产品官 CPO（高级）	5 年以上产品管理、研发管理、项目管理、流程管理等相关管理职位工作经验，部门经理级以上管理者	科技企业董事长、总经理、分管研发与创新的副总经理，各事业部总经理、产品总监、技术总监、研发总监、体系总监、项目总监、质量总监，各职能部门正副职，科技创业团队高管
卓越产品经理 EPM（中级）	3 年以上产品（线）经理、市场研究经理等相关职位工作经验	科技企业产品总监、产品线经理、产品经理、市场研究经理，希望往产品管理方向发展的各专业研发工程师
卓越系统工程师 ESE（中级）	3 年以上结构、机械、硬件、软件和电气等各专业技术开发、产品开发、产品标准化管理等相关职位工作经验	科技企业技术总监、研发总监、平台管理总监、技术总工、主任工程师，研发部经理，各产品线系统工程师、标准化工程师，各专业研发工程师
卓越项目经理 EPL（中级）	3 年以上技术开发、产品开发、项目经理、项目管理工程师等相关职位工作经验	科技企业项目管理办公室（PMO）主任、项目总监，项目经理、项目管理工程师，希望往项目管理方向发展的各专业研发工程师

三、学习内容与学习目标

不同职位需要重点掌握的产品创新管理体系内容有所不同。标注重点掌握的内容必须精通，以便做出卓越岗位贡献，成为卓越创新人才。

建议大多数中基层管理者和研发骨干根据岗位需要，先学习产品经理、系统工程师或项目经理其中一类课程，再学习首席产品官课程。管理素养较好，管理经验丰富的中高层管理者可以直接学习首席产品官课程。

表附 B-2 “1+3”核心创新人才学习内容与培养目标

《产品创新管理》书籍	首席产品官 CPO（高级）	卓越产品经理 EPM（中级）	卓越系统工程师 ESE（中级）	卓越项目经理 EPL（中级）
第一篇，产品创新管理概述	***	**	**	**
第二篇，创新战略管理	***	***	**	*
第三篇，创新前端管理	**	***	**	*
第四篇，产品开发管理	**	***	**	**
第五篇，产品交付管理	**	***	**	*
第六篇，产品标准化管理	**	**	***	*
第七篇，创新体系建设	***	**	**	***
培养目标	培养集团、企业、事业部的“创新领导者”	培养每条产品线的“迷你 CEO”	培养每条产品线的“技术总师”	培养各类创新项目的“项目总经理”
胜任岗位	能够胜任科技企业首席产品官（CPO）及与研发创新相关的中高层管理职位	能够胜任产品管理部部长、产品总监、产品线经理、产品经理等职位	能够胜任研发总监、技术总监、研发部经理、产品线系统工程师、标准化工程师等职位	能够胜任项目管理办公室（PMO）主任、项目总监、项目经理、项目管理工程师等职位
学习费用	3980 元	2980 元	2980 元	2980 元

说明：***，重点掌握；**，一般掌握；*，一般了解。

四、学习与考试说明

（1）学习费用包含课程费用与考试费用，无其他收费。

（2）每个项目每年安排 3 次考试，分别为 4 月、8 月和 12 月。

（3）每个学员有三次考试机会，多次考试，每次收取考试费 300 元。

（4）每个项目学习与考试两年内有效。

五、项目特点

（1）企业选拔骨干创新人才参加各类创新职位学习，为骨干创新人才精准“赋能”。边学习创新方法，边应用于企业创新实践，及时解决企业创新管理难题，提升企业创新绩效，提升企业骨干创新人才的创新能力，实现企业中高层创新领导者“同频共振”。

（2）个人“投资”于自己的职业梦想，根据自己的特长、兴趣与职业生涯规划，选择合适的课程学习，由技术走向管理，由管理走向经营；由基层走向中层，由中层走向高层，实现个人职业梦想，实现物质、精神双丰收。

（3）产品创新管理“1+3”职位均为“专精特新”科技企业热门职位，人才稀缺，职业生涯广阔，升值潜力巨大。

（4）各门课程所有创新方法均经过知行信顾问团队15年以上创新咨询项目实践验证，具有系统性、完整性、实操性与易用性等特点，可以做到“即学即用”。

（5）所有课程均由知行信创新咨询创始人成海清博士亲自讲授。线上视频学习结合线下《产品创新管理：方法与案例》《产品经理实务》《首席产品官》等配套书籍阅读，名师授课，实践导向，辅导答疑，快速提升核心创新技能，实效超值。

（6）线上学习、线上考试，灵活安排学习时间，可以利用上下班路途等碎片时间学习。

（7）国家级认证，工信部颁证，通过考试者纳入国家“技术技能人才数据库”，有助于企业项目投标加分。

（8）与全国各地众多创新精英互动交流，相互学习，终身学习，持续进步。

2011年5月

2016年7月

2018年3月

2019年7月

2021年9月

2023年8月

附件 C

主要中英文缩写对照表

英文缩写	表示内容
BIG	突破性新产品创意激发方法
CBB	共用构建模块
CPO	首席产品官
DFC	产品成本设计
DFMA	制造与装配设计
DFMEA	设计失效模式与影响分析
DFR	产品可靠性设计
DFX	产品系统设计方法
EPL	卓越项目经理
EPM	卓越产品经理
ESE	卓越系统工程师
ID	工业设计
IPD	集成产品开发
IPMT	集成组合管理团队
LMT	产品生命周期管理团队
MVP	最小可行产品
OPM	组织级项目管理
PAC	产品审批委员会
PACE	产品及周期优化法
PDT	产品开发团队
PESTEL	政治、经济、社会文化、技术、环境、法律等宏观环境分析
PLM	产品生命周期管理
PMI	项目管理协会
PMO	项目管理办公室

续表

英文缩写	表示内容
PMT	产品管理团队
QFD	质量功能展开
RDIM®	知行信研发与产品创新管理体系
SE	系统工程师
SGS	门径管理系统
SWIFT	产品概念开发方法
UD	通用设计
VOC	客户心声
WBS	工作分解结构

参考文献

[1] 彼得·德鲁克. 创新与企业家精神 [M]. 蔡文燕，译. 北京：机械工业出版社，2007.

[2] 成海清. 产品创新管理 [M]. 北京：电子工业出版社，2011.

[3] 成海清. 创新辞典 [M]. 2 版. 北京：企业管理出版社，2021.

[4] 成海清. 华为“傻”创新 [M]. 北京：企业管理出版社，2016.

[5] 成海清. 产品经理实务 [M]. 北京：电子工业出版社，2018.

[6] 成海清. 首席产品官 [M]. 北京：企业管理出版社，2019.

[7] 吉姆·柯林斯. 从优秀到卓越 [M]. 俞利军，译. 北京：中信出版社，2006.

[8] 吉姆·柯林斯，杰里·波勒斯. 基业长青 [M]. 真如，译. 北京：中信出版社，2006.

[9] 老子. 道德经 [M]. 长春：吉林文史出版社，2006.

[10] 史蒂芬·柯维. 高效能人士的七个习惯 [M]. 高新勇，王亦兵，葛雪蕾，译. 北京：中国青年出版社，2008.

[11] 孙武. 孙子兵法 [M]. 上海：上海古籍出版社，2009.

[12] 项目管理协会. 项目管理知识体系指南 [M]. 6 版. 北京：电子工业出版社，2018.

[13] 产品开发与管理协会. 产品经理认证（NPDP）知识体系指南 [M]. 2 版. 楼政，译. 北京：电子工业出版社，2022.

[14] 杨汉录，刘晓峰，陈龙. 集成产品开发与创新管理 [M]. 北京：企业管理出版社，2021.

[15] Mcgrath Michael E. Product Strategy for High Technology Companies [M]. New York: The McGraw-Hill Companies, 2001.

[16] Belliveau P, Griffin A, Soermeyer S M.The PDMA ToolBook 1 for New Product Development [M]. New York: John Wiley & Sons, 2002.

[17] Belliveau P, Griffin A, Somermeyer S M.The PDMA ToolBook 2 for New Product Development [M]. New York: John Wiley & Sons, 2004.

[18] Rosenau M D, Jr, Githens G D. Successful Project Management: A Step-By-Step Approach with Practical Examples [M]. New York: John Wiley & Sons, 2005.

[19] Cooper R G.Winning at New Products: Accelerating the Process From Idea to Launch [M]. New York: Basic Books, 2001.

[20] Cooper R G, Edgett S J, Kleinschmidt E J. Portfolio Management for New Products [M]. New York: Basic Books, 2002.

[21] Cooper R G. Product Leadership: Pathways to Profitable Innovation [M]. New York: Basic Books, 2005.

[22] Cooper R G, Edgett S J. Generating Breakthrough New Product Ideas: Feeding the Innovation Funnel [M]. San Diego: Product Development Institute Inc. 2009.

[23] Robert G. Cooper and Scott J. Edgett. Product Innovation and Technology Strategy [M]. Lexington: BookSurge Publishing, 2009.

[24] Robin Karol and Beebe Nelson. New Product Development for Dummies [M]. Hoboken: Wiley Publishing Inc.2007.

[25] Steven Haines. The Product Manager's Desk Reference [M]. New York: The McGraw-Hill Companies. 2008.

[26] Manning T.Making Sense of Strategy [M]. New York: Amacom, 2002.

[27] Kim W. Chan, Mauborgne R. Blue Ocean Strategy: How to Create Uncontested Market Space and Make the Competition Irrelevan [M]. Boston: Harvard Business School Press. 2006.

[28] Cooper R G, Edgett S J. Lean, Rapid, and Profitable New Product Development [M]. Lexington: Booksurge Publishing, 2005.

（注）本书引用内容、图表等如涉及知识产权问题，请与作者联系。

致　谢

任何人类进步的取得，都是基于前人的工作。一本书的写作，更是与前人的工作及周边亲友的关心与支持密不可分。

首先要感谢各位导师，是他们的指导和教诲使我逐步走上了创新管理实践、研究和咨询之路。他们分别是复旦大学的项保华教授，天津大学的李敏强教授，深圳现代计算机公司的顾学道教授以及浙江大学的吴晓波教授。

其次，要感谢引领我走上创新管理研究之路的多位“高人”。正是他们让我体味到了“书中自有颜如玉”“书中自有黄金屋”。他们分别是管理学大师彼得·德鲁克，新产品开发管理知名学者库珀教授，以及一位不太“知名”的南非独立咨询顾问 Tony Manning。

再次，我要特别感谢近 20 年来为我们提供服务机会的咨询客户和培训学员。正是他们的支持和配合，让我们有了验证各种创新方法和工具的平台。在与咨询客户和培训学员的相互交流之中，我也收获颇丰，所谓“教学相长”。

特别要感谢很多热心的读者，有的朋友 10 年后还在阅读我 2011 年出版的《产品创新管理：方法与案例》绿皮书，有的朋友在 40 余万字的《首席产品官》一书中帮我找出了多个错别字，有的朋友指出我书中的某张图片的某个箭头方向画反了。正是读者们的热心与严谨，督促我持续精进，力图将自己的学识、思考和实践尽可能通俗易懂地呈现给大家。

我还要感谢知行信创新咨询公司的各位咨询顾问，可以说本书是知行信同仁共同研究和实践的结晶。

最后，我要感谢家人无微不至的关爱和对我阶段性“沉湎”于书籍写作的“宽容”！